모방의 법칙

LES LOIS DE L'IMITATION
Les lois de l'imitation, 2ᵉ édition, 1895 par Gabriel Tarde
Korean Translation Copyright ⓒ 2012 by Lee, Sang Lyull
All rights reserved.

This Korean edition was published by Moonye Publishing Co., Ltd. in 2012.

모방의 법칙

—사회학적 연구—

가브리엘 타르드 지음 · 이상률 옮김

문예출판사

오귀스탱 쿠르노를 추모하며
그에게 이 책을 바친다.

일러두기
1. 원저자의 주에는 일련번호를 부여했으며, 옮긴이 주는 *로 표시했다.
2. 원서에서 이탤릭체로 강조된 부분은 굵은 글씨로 표기했다.
3. 〔 〕는 내용 이해를 돕기 위해 옮긴이가 덧붙인 것이다.

제2판 서문

이 책의 초판이 나온 다음 나는 《사회논리학 Logique sociale》이라는 제목으로 그 후속편이자 보완편을 출간했다.

그것으로 나는 《모방의 법칙 Les lois de l'imitation》을 읽을 때 생겨날 수 있는 몇 가지 반론에 대해 이미 은연중에 대답했다고 생각한다. 그렇지만 이 문제에 약간의 짧은 설명을 보태는 것이 쓸모없지는 않을 것이다.

나는 여기저기에서 "**모방**이라는 말을 쓰기에는 거의 적절하지 않은 사실들을 종종 모방이라고 불렀다"고 비판받았다. 나에게 놀라운 것은 이러한 비판이 철학자 쪽에서 나왔다는 사실이다. 실제로 철학자가 새로운 일반화를 표현하기 위해 어떤 말을 필요로 할 때, 그는 다음의 두 가지 중 어느 하나를 선택할 수밖에 없다. 즉 달리 방법이 없다면 새 용어를 만들어내거나, 아니면 의심할 바 없이 더 좋은 방법으로는 전부터 쓰고 있는 어떤 말의 의미를 확대해야 하는 것이다. 정말 큰 문제는 내가 모방이라는 말의 의미를 지나치게, 즉 사전적인 정의가 아니라 사물의 깊은 의미라는 관점에서 확대했는지를 아는 것이다.

그런데 어떤 사람이 자신도 모르는 사이에 또 본의 아니게 다른 사람의 의견을 반영하거나 다른 사람의 행동에서 암시받은 것을 가리켜, 그가 그 관념이나 행위를 모방한다고 말한다면 이는 보통의 용법과 일치하지 않는다는 것을 나는 잘 알고 있다. 그러나 그가 일부러 또 곰곰이 생각한 끝에 이웃 사람에게서 사고방식이나 행동 방식을 빌려온다면, 사람들은 이 경우 모방이라는 말의 이용이 정당하다는 데 동의한다. 그렇지만 자발적인 것과 비자발적인 것 사이에, 의식적인 것과 무의식적인 것 사이에 세운 이 절대적인 구분, 즉 이 분명한 비연속성보다 더 비과학적인 것은 없다. 우리는 은연중에 심사숙고한 의지에서 거의 기계적인 습관으로 조금씩 이행하지 않는가? 그리고 이처럼 이행하는 동안에 하나의 같은 행위가 그 성질을 절대적으로 바꾸는가? 이 말은 내가 그런 식으로 일어나는 심리적 변화의 중요성을 부정한다는 것이 아니다. 그러나 사회적인 측면에서 그 현상은 여전히 똑같은 것이다. 내가 의미를 확대하면서 그 말을 왜곡하고 무의미하게 만들었을 때에만, 문제의 그 말의 의미를 지나치게 확대했다고 비판할 권리가 사람들에게 있을 것이다. 그러나 나는 '모방'이라는 말에 항상 매우 명확하고 독특한 의미를 부여했다. 한 정신에서 다른 정신으로의 원거리 작용, 즉 어떤 뇌 속에 있는 음화陰畵를 다른 뇌의 감광판感光板에 거의 사진처럼 복제하는 것으로 이루어지는 작용이라는 의미다.[1] 어떤 순간에 사진기의 감광판이 그 안에서 일어나는 것을 의식하게 되었다면, 그 현상은 본질적으로 성질이 바뀌는가? 내가 말하는 모방이란 말하자면 의도된 것이든 아니든, 수동적인 것이든 능동적인 것이든 정신 간에 이루어진 사진 촬영의 모든 흔적을 뜻한다. 두 생물 사이에 어떤 형태로든 사회적 관계가 존재하는 곳 어디에서나 이런 의미의 모방(한쪽이 다른 쪽을 모방하는 것이든, 아니면 그 둘이 제3자를 모방하는 것이든 간에 말이다. 후자의 예로는 한 사람이 다른 사람과 동일한 언어로 이야기할 때 매우 오래된 음화에서 새롭게 인화하는 경우〔옛날 관습을 모방하는 경우〕를 들 수 있다)이 있다는 것을 보게 된다면, 사회학자는 이 개념을 강조해도 무방하다는 내 생각에 사람들은 동의할 것이다.

내가 **발명**이라는 말의 의미를 지나치게 확대했다고 비난하는 사람도 있

---

[1] 또는 자기 자신을 모방하는 경우 동일한 뇌 안에서 일어나게 된다. 사실 이 자기 자신의 모방의 두 갈래인 기억과 습관을 잘 이해하기 위해서는, 그것들을 우리가 여기에서 다루는 유일한 대상인 다른 사람을 모방하는 것과 연관시켜야 한다. 심리적인 것은 사회적인 것을 통해 설명될 수 있다. 왜냐하면 정확하게 말해서 사회적인 것은 심리적인 것에서 생겨나기 때문이다.

을 것이다. 〔오히려〕 이러한 비난이 훨씬 더 정당하다. 내가 이 이름을 개인적인 모든 **창의**에 부여한 것은 확실하다. 이때 나는 그것의 의식意識 정도를 고려하지 않았을 뿐만 아니라—왜냐하면 종종 개인은 자기도 모르는 사이에 혁신하며 또 사실 가장 모방적인 자가 어떤 면에서는 혁신자이기 때문이다—또한 혁신의 난이도와 그 이점이 많은지 적은지도 전혀 참작하지 않았다. 이것은 후자의 관점의 중요성을 인식하지 못해서가 아니다. 어떤 **발명**은 생각해내기가 매우 쉬워 원시사회 거의 어디에서나 빌려오지 않고서도 저절로 나타났다고 인정할 수 있을 것이다. 그런 경우 그 발명이 어쩌다가 여기서 처음 나타났는지 저기서 처음 나타났는지 하는 문제는 별로 중요하지 않다. 이와 반대로 또 어떤 발견은, 그것을 이루어낸 어느 천재의 행운이 완전히 특이하고 대단히 중요한 것으로 간주될 수 있을 만큼 매우 어렵다. 그럼에도 나는 여기에서조차 가장 단순한 혁신이라도 발명이나 발견이라고 부르면서 보통의 일반적인 말을 가볍게 왜곡하는 것이 옳다고 생각한다. 그리고 이것은 가장 쉬운 혁신이라고 해서 항상 가장 결실이 없는 것이 아니며, 또 가장 어려운 혁신이라고 해서 가장 쓸모 있는 것도 아니기 때문에 더욱더 그러하다. 반면에 정말 부당한 것은 **유전**이라는 말에 많은 자연주의 사회학자들이 부여하는 유연한 의미다. 그들은 생식에 의한 생물학적 특성의 전달과 조상의 전통, 가정교육 및 관습 모방에 따른 관념, 풍습, 사회적인 일의 전달을 〔구분하지 않고〕 그 유전이라는 말로 무차별적으로 표현하고 있다.

    게다가 개념을 만들어내는 일에서 아마도 가장 쉬운 것은 그리스어에서 신어新語를 얻는 일일 것이다. **발명**이나 **모방**이라는 말 대신에 나는 두 개의 새로운 말을 힘들이지 않고 만들어낼 수도 있었을 것이다. 그러나 이 중요하지 않은 말다툼은 그만두자.

    더 심각한 것은 내가 문제의 두 개념을 과장해서 사용했다고 이따금 비난하는 일이었다. 사실 이는 약간 진부한 비난이다. 그렇지만 그러한 비난은, 혁신자가 자기 생각을 표현할 때 지나치게 신중해서 잘못을 저질렀다 하더라도 혁신자라면 누구나 각오해야 하는 것이다. 그리스의 어떤 철학자가 태양이 아마도 펠로폰네소스 반도만큼이나 클 것이라고 마음먹고 말했을 때, 가장 친한 친구들조차 그들 모두는 그 기발한 상식 밖의 말 밑바닥에 어떤 진실이 있다 해도 분명히 그가 과장했다고 틀림없이 생각했을 것이다. 일반적으로 사람들은 내가 제시한 목적, 즉 인간에 관한 사실들에서 가정상 생물학적 측면은 제외하고 순수하게 사회학적 측면을 끌어낸다고 하는 목적에 대해서는 주목하지 않았다(물론 생물학적 측면과 사회학적 측면을 분리할 수 없다는 것은 나도 매우 잘 알고 있다). 나의 계획은, **보편적 반복의 세 가지 주요 형태** 사이의 관계 특히 유전과 모방의 관계를 지적만 할 뿐 길게 상술하지 않는 것이었다. 그렇지만 인종과 물리적 환경의 중요성에 관해서는 내 견해에 어떤 의심도 남기지 않을 만큼 충분히 말했다고 나는 생각한다.

    게다가 모든 사회적 관계, 즉 모든 사회적 사실의 특징이 모방적이라고 말하는 것은 몇몇 피상적인 독자가 생각하듯이, 내 눈에는 모방 말고는 다른 사회적 관계, 다른 사회적 사실, 다른 사회적 원인이 없다고 말하는 것이 되는가? 그렇다면 모든 생물에서 모든 것은 생식에 따라 생겨나고 유전되기 때문에, 모든 생명 기능은 생식으로 귀착되고 모든 생명현상은 유전으로 귀착된다고 말하는 것이나 마찬가지일 것이다. 사회적 관계는 여러 가지다. 즉 사회적 관계는 인간의 욕구와 관념의 대상만큼이나 그 수가 많고 다양하다. 또한 각각의 욕구와 관념이 다른 사람의 비슷하거나 다른 성향 및 의견에 도움을 주거나 장애물을 놓는 만큼이나 사회적 관계는 그 수가 많고 다양하다. 이 무한한 복잡성 한가운데서도 매우 다양한 사회적 관계(말하는 것과 듣는 것, 기도하는 것과 기도의 대상이 되는 것, 명령하는 것과 복종하는 것, 생산하는 것과 소비하는 것 등)가 두 그룹으로 나뉜다는 것은 주목할 만하다. 한쪽은 설득을 통해서건 권위를 통해서건 또는 자발적이건 강제적이건 간에 한 사람에게서 다른 사람에게 믿음을 전하는 경향이 있고, 다른 쪽은 욕망을 전하는 경향이 있다. 달리 말하면 한쪽은 다양한 형태의 가르침이거나 가벼운 가르침이며, 다른 한쪽은 다양한 형태의 명령이거나 가벼운 명령이다. 그리고 모방이 하나의 사회적 유대인 것은 바로 모방되는 인간의 행위가 이처럼 교의적이거나 명령적인 성격을 갖기 때문이다. 왜냐하면 인간들을 묶는 것은 교의[2] 아니면 권력이기 때문이다(사회적 사실의 특징이 구속적이며 강제적이라고 말한 사람이 있다면 그는 이러한 진실의 반만 본 것이며, 따라서 그 진실을 잘못 본 것이다[이 부분은 뒤르켐을 염두에 두고 쓴 것으로 보인다]. 그것은 대중의 경신적經信的이며 순종적인 성질 대부분에는 자발성이 있다는 것을 인정하지 않는 것이다).

그러므로 나는 이 책에서 과장이라는 잘못을 저지르지 않았다고 생각한다. 따라서 나는 이 책의 그 어느 것도 삭제하지 않고 재판을 냈다. 나는 오히려 생략이라는 잘못을 저질렀다. 이 책에서 나는 특히 현대사회에서 큰 역할을 하는 모방의 한 형태에 대해서는 전혀 말하지 않았다. 그래서 여기서는 이 누락을 서둘러 메우고 싶다. 실제로 모방하는 방법에는 두 가지가 있다. 즉 자신의 본보기와 완전히 똑같이 하거나, 아니면 완전히 정반대로 하는 것이다. 스펜서H. Spencer[영국의 사회학자, 1820~1903]가 그의 점진적인 분화의 법칙으로 설명은 하지 않고 확인만 해주는 분기分岐의 필연성은 여기에서 생긴다. 조금이라도 복잡한 사회 환경에서는, 관념에 대한 긍정뿐만 아니라 그 관념의 부정을 암시하지 않고서는 그 어느 것도 주장할 수 없을 것이다. 이것이 바로 초자연적인 존재가 신학의 출현으로 긍정되면서 그 부정인 자연주의를 암시하는 이유다.[이에 관해서는 에스피나스A. Espinas[프랑스

---

[2] 여기에서 교의란 종교적인 관념이든 아니든, 예를 들어 정치적인 관념이든 그 밖의 다른 관념이든 상관없이, 주위의 압력에 의해 집단 구성원 각각의 정신 속에 뿌리내리는 모든 관념을 가리킨다.

의 사회학자, 1844~1922)를 보라] 이것이 바로 유심론이 주장되면서 유물론이라는 관념을, 군주제가 확립되면서 공화제라는 관념을 낳는 이유다.

따라서 우리는 이제 사회란, 모방에 의해 또는 **반대 모방**contre-imitation**에 의해** 생겨난 많은 유사를 서로 간에 나타내는 사람들의 집단이라고 더욱 폭넓게 말할 수 있다. 왜냐하면 사람들은 특히 순전히 모방만 하는 겸손함도 발명하는 힘도 없을 때에는 반대 모방을 많이 하기 때문이다. 사람들은 자기 주위에서 행해지거나 말해지는 것을 그대로 행하거나 말함으로써 서로 점점 더 동화되어가는 것만큼이나, 반대 모방을 하는 것으로도, 즉 자신들이 보는 것과는 정반대로 행하거나 말하는 것으로도 점점 더 동화되어간다. 장례식, 결혼식, 방문, 예의 등의 관습에서 일치가 이루어진 다음에는, 그러한 흐름을 따라가려는 그 자신의 성향과 싸우거나 그러한 흐름에 역행하는 체하는 것보다 더 모방적인 것은 없다. 이미 중세 시대에 **흑미사**messe noire[악마를 찬양하는 미사]는 가톨릭 미사의 반대 모방에서 생겨났다. 다윈은 감정 표현에 대한 책[《인간과 동물의 감정 표현The Expression of the Emotions in Man and Animals》(1872)]에서 올바르게도 **반대로 표현**하고 싶은 욕구에 중요한 자리를 부여하고 있다.

어떤 교의가 선언될 때나 어떤 정치 계획이 알려질 때 사람들은 서로 다른 두 범주, 즉 열렬히 찬성하는 사람들과 열렬히 반대하는 사람들로 분류된다. 시위자들을 모으려고 하지 않는 시위도 없지만, 또 그 시위에 반대하는 집단의 형성을 유발하지 않는 시위도 없다. 모든 강력한 주장은 평범하고 맹종적인 사람들의 마음을 사로잡는 동시에, 태생적으로 반항적인—이것은 태생적으로 창의적이라는 것을 뜻하지 않는다—뇌의 어디에선가는 정반대의 또 거의 같은 정도의 부정을 유발한다. 이것은 물리학에서 **유도 전류**를 생각나게 한다. 그러나 그 둘 모두는 똑같은 내용의 관념과 구상을 갖고 있으며, 그것들은 반대임에도 아니 오히려 반대이기 때문에 결합되어 있다. 이 경우 문제의 모방적 전파와 해결책의 모방적 전파를 잘 구분해야 한다. 왜냐하면 여기에서는 이런 해결책이 저기에서는 저런 해결책이 퍼져 있다고 해서, 그 문제가 여기나 저기에 퍼지지 못하는 것은 아니기 때문이다. 사람들 간의 교류가 잦은 시대에는, 특히 오늘날에는(국제 관계가 지금보다 더 많았던 적은 결코 없었기 때문에), 사회적인 토론과 정치적인 토론의 의사일정이 어디에서나 똑같은 것은 분명하지 않은가? 그리고 이 유사성은, 그 자체가 이전의 모방적 전염에 의해 퍼진 욕구 및 관념으로 설명될 수 있는 어떤 모방 흐름에서 비롯하는 것이 아닌가? 노동 문제가 이 순간 유럽 전체에서 활발하게 논의되는 것도 이런 이유 때문이 아닌가? 반복해서 말하지만, 언론이 날마다 제기하는 그 어떤 관념에 대해서도 공중公衆은 두 진영으로 나뉜다. 의견에 '찬성하는' 사람들과 '찬성하지 않는' 사람들. 그러나 양쪽 모두 현재 자신들에게 그와 같이 제시되고 주어지는 문제 말고는 관심이 없다는 것을 인정한다. 단지 거칠고 국외자적인 정신의 소유자들 몇몇만이 잠수종을 타고 소란스러운 사회라는 큰 바다 밑으로 내려가, 여기저기에서 시사성이라고는 전혀 없는 묘한 문제들을 되새기고 있다. 그들이야말로 내일의 발명자들이다.

발명과 그것의 위험한 위조품인 반대 모방을 혼동하지 않도록 주의해야 한다. 그렇다고 해서 반대 모방이 쓸모없다는 것은 아니다. 호전적이든 평화적이든 반대 모방이 당파 정신이나 분파 정신을 사람들 사이에 키워준다 하더라도, 반대 모방은 사람들을 토론이라는 완전한 사회적 즐거움으로 안내한다. 그리고 반대 모방은 반박이라는 것 자체의 기원이 공감이라는 것을 입증한다. 역류 자체도 흐름에서 생겨나기 때문이다. 또한 반대 모방과 철저한 비모방non-imitation을 혼동해서는 안 된다. 이 비모방에 대해서도 나는 이 책에서 말해야 했을 것이다. 비모방이 언제나 단순히 부정적인 것만은 아니다. 사람들 사이에 접촉이 없으면—커뮤니케이션이 실제로 불가능해 사회적인 접촉이 없으면—서로 모방하지 않는다는 사실은, 그들의 관계가 비사회적이라는 것을 뜻할 뿐이다. 그러나 우리와 접촉하고 있는 어떤 이웃을 모방하지 않는다는 사실은 우리를 그 이웃과 실제로 반反사회적인 관계에 놓이게 한다. 한 민족, 어느 민족의 한 계급, 한 도시나 마을, 문명화된 대륙에 고립되어 있는 한 야만 부족이 이웃 문명을 구성하는 의복, 풍습, 언어, 산업, 예술을 모방하기를 완강하게 거부하는 것은 그 사회 형태에 대해 반감을 계속 선언하는 것이다. 즉 그 사회 형태를 절대적으로 영원히 낯선 것으로 선포하는 것이다. 그리고 이와 마찬가지로 한 민족이 의식, 관습, 관념에서 조상의 예를 더 이상 재생산하지 않겠다는 태도를 철저하게 취한다면, 그것은 조상과 자손의 진정한 **분리**, 즉 옛날 사회와 새로운 사회를 잇는 탯줄의 단절이다. 자발적이고 끈질긴 비모방은 이런 의미에서 정화淨化 역할을 지니는데, 이 역할은 내가 **논리 결투**duel logique라고 부른 것이 수행하는 역할과 상당히 비슷하다. 논리 결투가 사회적으로 잡다하게 혼합된 관념과 의지를 정화해 부조화와 불협화를 제거하며, 그렇게 해서 **논리 결합**accouplement logique이라는 조직화 작용을 좀 더 쉽게 하는 것처럼, 외부의 이질적인 본보기에 대한 비모방은, 내부 본보기로 조화를 이루고 있는 집단에게 그 내부 본보기를 대상으로 한 모방을 확대하고 연장해서 관습 속에 뿌리박는 것을 가능하게 한다. 그리고 이와 똑같은 이유에서, 예전 본보기들에 대한 비모방은 문명화의 혁명이 일어나는 순간이 오면 유행 모방에게 길을 터준다. 그렇게 되면 유행 모방은 자신의 정복 활동을 막을 장애물을 더 이상 만나지 않을 것이다.

이 비모방이라는 극복할 수 없는—일시적으로 극복할 수 없는—완고함의 유일한 또는 주된 원인은, 자연주의 학파가 몇 년 전만 하더라도 생각했던 것처럼 인종 차이인가? 전혀 그렇지 않다. 우선 혁명의 시대에는 조상의 본보기에 대한 비모방이 문제가 되는데, 이때 인종 차이를 내세울 수 없다는 것은 분명하다. 왜냐하면 새로운 세대가 거부하는 것은 이전 세대의 전통인데, 새로운 세대도 이전 세대와 똑같은 인종에 속하기 때문이다. 그다음 외국인에 대한 비모방이 문제가 될 경우, 역사적인 관찰은 외부 영향에 대한 이러한 저항이 민족들을 구분짓는 신체적 특징의 차이에 결코 상응하지 않는다는 것을 보여준다. 로마에 정복된 모든 국가 중에서 그리스 출신의 주민들만큼 로마인과 가까운 혈통은 없었다. 그렇지만 그들은 로마인의 언어가 유입되기를 피하고, 로마의 문화 및 정신에 동화되기를 피한 유일한 주민들이다. 왜 그러했는가? 그것은 그리스인들이 전쟁에서 패배했음에도 그들만이 끈질긴 자부심, 즉 지워지지 않는 우월감을 유지할 수 있었고 또 그렇게 될 수밖에 없었기 때문이다. 서로 다른 인종이 소위 상호 차용에 둔감하다는 생각에 찬성하면서 30년 전만 하더라도 인용할 수 있었던 가장 강력한 논거 중 하나는 극동의 민족들, 즉 일본이나 중국이 유럽 문화 전체에 대해 굳게 닫아둔 울타리였다. 그러나 일본인들은 얼굴빛, 용모, 체격에서 우리〔유럽인〕와 매우 다르지만, 우리가 자기들보다 우월하다는 것을 처음으로 느낀 아주 최근부터는 예전처럼 불투명한 칸막이로 우리 문명의 모방적 방사를 막지 않았다. 반대로 그들은 우리 문명을 열렬하게 요구했다. 그리고 언젠가 중국이 몇 가지 점에서—모든 점에서가 아니기를 나는 중국을 위해 바란다—우리가 자신들보다 우월하다고 인정할 생각을 한다면, 중국도 마찬가지가 될 것이다. 일본의 유럽 방향으로의 변화는 실제적이기보다는 겉보기에 지나지 않고 깊숙하기보다는 피상적인 것이며, 아울러 그러한 변화는 상류계급 중 일부만이 따르는 몇몇 지식인이 주도한 것일 뿐, 국민 대다수는 외국의 이러한 침투에 여전히 반발하고 있다고 반론을 제시하는 사람도 있을지 모르지만 그러한 반론은 무의미하다. 이러한 반론의 제시는 한 민족을 다시 깊이 주조하게 될 모든 지적이고 도덕적인 혁명이란 언제나 다음과 같이 시작한다는 것을 무시하는 것이다. 즉 언제나 엘리트가 외국의 실례를 들여왔으며, 그 실례들은 유행에 따라 조금씩 퍼지다가 관습으로 굳어지고 사회 논리에 따라 발전되고 체계화되었다. 기독교가 게르만족, 슬라브족이나 핀족〔핀란드 및 북서 러시아 부근의 민족〕에 처음 유입되었을 때도 그와 똑같이 시작했다. '모방의 법칙'이 이보다 더 잘 들어맞는 경우는 없다.

　이것은 문명의 흐름에 대한 인종의 영향이 내 관점에 의해서 부정된다는 것을 뜻하는가? 결코 그렇지 않다. 나는 모방적 방사가 한 인종 환경에서 다른 인종 환경으로 넘어갈 때 굴절된다는 사실을 말한 것이었다. 덧붙여 말하면, 이러한 굴절은 엄청나게 클 수 있지만, 이 책에서 전개한 생각과 모순되는 결과는 조금도 생겨나지 않는다. 그러나 내가 보기에 인종이란, 특정한 문명의 도가니 속에서 선사시대의 여러 인종이 교배되고 가루로 부서져서 동화되어 융합된 국가적인 산물이다. 왜냐하면 거의 어디에서나 생기는 천재적인 아이디어로 형성되고 어디에선가 논리적으로 조화를 이룬 각각의 주어진 문명은, 결국 그 문명이 한동안 구현되는 인종이나 인종들을 만들어내기 때문이다. 이와 반대로 각각의 인종이 고유한 문명을 만들어낸다는 것은 사실이 아니다. 근본적으로 그것은 여러 인종이 — 이 점에서 인종은 여러 생물종과 다르다 — 경쟁자이면서 협력자라는 것을 의미한다. 다시 말하면 인종들은 소수 생존자의 가장 큰 이익을 위해서 서로 싸우고 파괴할 뿐만 아니라 협력도 해서 최종적인 큰 사회라는 공통된 사회적 성과를 오랜 시간에 걸쳐 이루어낸다는 것을 의미한다. 이때 그 큰 사회의 통일성은 인종들의 다양성 자체의 산물일 것이다.

　따라서 동식물학자가 열심히 연구한 **유전의 법칙**은 나의 '모방의 법칙'과 어떤 점에서도 모순되지 않는다. 오히려 유전의 법칙은 모방의 법칙을 보완해준다. 그리고 이 두 영역의 고찰을 분리할 수 있는 구체적인 사회학은 없다. 내가 그것들을 여기에서 분리한다면, 반복해서 말하지만 그 이유는 본 연구의 고유한 주제가 순수한 추상적인 사회학이기 때문이다. 그래도 나는 나보다 더 능력 있는 사람들에게 맡기려고 다루지 않는 생물학적 고찰에서, 그 두 영역의 위치가 어떠한 것인가는 지적하겠다. 그리고 그 위치는 삼중적이다. 우선, 국가는 분명히 가족에서 생겨났다(왜냐하면 원시적인 유목민 무리도 가족에서 탈출한 자나 추방된 자로 이루어져 있기 때문이다). 따라서 나는 만일 사회적 사실이 모방 관계라면, 사회적 **유대**나 사회 **집단**이 모방적인 동시에 유전적이라는 것을 분명하게 주장했다. 둘째, 나는 사회적인 모든 것을 발명에서 이끌어내지만 이 발명은 내가 보기에 그 원천에서는 순수하게 사회적인 사실이 아니다. 발명은 인종의 간헐적이며 독특한 산물이자 일련의 행복한 결혼들의 훌륭한 결실인 개인의 천재성이 어느 날 다소 예외적인 뇌 안에서 교차된 모방의 흐름 및 방사와 만나는 데에서 생겨난다. 독자는 원한다면 드 고비노J. A. de Gobineau〔1816~1882, 프랑스의 인류학자〕씨와 함께 백인종만이 창조적이라고 인정해도 좋고, 아니면 현대 인류학자와 함께 이러한 특권은 전적으로 장두長頭 인종〔두개골의 폭보다 앞뒤가 긴 인종〕만 갖고 있다고 인정해도 좋다. 이런 것은 나의 관점에서는 별로 중요하지 않다. 심지어 나는 몇몇 특권적인 인종의 창의성과 모든 인종의 모방성 사이에 그와 같이 세운 근본적인, 즉 생물학적인 구분은 내 관점이 옳다는 것을 돋보이게 하는 데—이렇게 말하면 약간 지나치겠지만—적합하다고 주장할 수도 있을 것이다. 마지막으로 나는 모방에 관해서, 앞에서 말한 것처럼 모방이 굴절하면서 퍼져 나가는 **생물 환경**의 영향을 인정했다. 더욱이 유행에서 관습으로의 정상적인 회귀 법칙, 즉 혁신이 관습 및 전통으로 뿌리박는 법칙을 제시하면서도, 나는 다시 한번 모방에 필요한 버팀목으로 유전을 제시하지 않았는가? 그러나 원시적이며 **전前사회적**이라고 추정되는 여러 인종 사이에 마침내 모방의 그 어떠한 **내삼투**나 **외침투**도 불가능하게 하는 방수벽을 세우지 않고서도, 사회학적 사실들의 생물학적 측면에 가장 큰 중요성을 부여할 수 있다. 그리고 나는 이 방수벽만은 부정한다. 인종 개념을 이처럼 자의적이고 잘못된 의미로 이해하면, 그 개념을 안내자로 삼는 사회학자는 사회 진보의 끝을 사람들이 방벽을 쌓고 성채를 만들어 서로 폐쇄적이 되며 또 영원히 싸우는 분열 상태로 생각하게 된다. 또한 일반적으로 이러한 종류의 자연주의는 군국주의의 옹호와 결합되는 것도 볼 수 있다. 이와는 반대로 발명, 모방, 사회 논리학이라는 개념들을 길잡이로 선택하면, 우리는 다양한 인류가 미래에는—슬프게도 가까운 장래에는 아니지만—호전적인 갈등 없이 단 하나의 인간 가족으로 크게 합류한다는 마음이 놓이는 전망을 갖게 된다. 매우 막연하면서도 끈질긴 이 **무한한 진보**라는 관념은 이러한 관점에서만 분명하고 명확한 의미를 지닌다. 겉으로 보기에는 후퇴하기도 하지만 이것은 일시적인 것에 불과하며, 점점 더 달성되는 멀고도 위대한 목표, 즉 단일한 사회—제국 형태냐 연방제 형태냐는 중요하지 않다—의 탄생, 발전 및 보편적인 확산을 **향해** 앞으로 전진한다는 **필연성**은 실제로 모방의 법칙에서 나오기 때문이다. 그리고 사실, 미래의 진보에 관한 콩도르세A. N. Condorcet〔프랑스의 철학자, 1743~1794〕의 예언 중에서 옳은 것으로 드러난 유일한 것—예를 들면 유럽 문명의 확대와 점진적인 평준화에 관한 것—도 모방의 법칙의 귀결이라고 지적할 수 있을 것이다. 그렇지만 콩도르세가 이 법칙을 고려했다면, 그는 자신의 생각을 더 정확하고도 명확하게 표현했을 것이다. 콩도르세가 특히 여러 나라 간의 **불평등**이 줄어들 것이라고 예언할 때, 그는 불평등이라고 말하지 말고 **사회적 상이성**dissemblance sociale이라고 말해야 했을 것이다. 왜냐하면 그의 예언과는 반대로 가장 작은 국가와 가장 큰 국가 사이에 군사력, 크기, 심지어 부의 불균형은 갈수록 커지지만, 그렇다고 해서 그러한 사정이 국제적인 **동화**의 끊임없는 진척을 막지는 못하기 때문이다. 이 유명한 철학자가 또 예언한 바와 같이 개인 간의 불평등 역시 모든 면에서 틀림없이 계속 줄어들 것이라는 점도 확실한가? 지식과 재능에 관해서 그들의 불평등은 줄어들고 있는가? 전혀 그렇지 않다. 물질적인 충족과 부에 관해서는? 그것도 의심스럽다. 법 앞에서의 그들의 불평등이 완전히 사라졌거나 곧 사라질 것이라는 것은 사실이다. 그렇지만 왜 그러한가? 왜냐하면 개인 간 유사성의 증가는 그들에게 특권이라는 불의를 더욱더 강하게 마침내는 못 견딜 정도로 느끼게 하기 때문이다. 이때 개인 간 유사성의 증가는 상호적인 모방의 모든 관습적인 장벽이 무너져서 개인들이 점점 더 자유롭게, 달리 말하면 점점 더 필연적으로 서로 모방하는 데서 기인한다.

그렇지만 개인들이 서로 점점 더 유사해지고 있다는 것에 대해서는 합의하자. 유사는 개인의 고유한 독창성을 질식시키기는커녕 오히려 독창성을 촉진하고 북돋워준다. 개성의 강조와 반대되는 것은 단 한 사람을 모든 점에서 본받는 모방이다. 그러나 어느 한 사람이나 몇 사람을 본받는 것이 아니라 백 명, 천 명, 만 명에게서 각각 어떤 특정한 측면을 고려해 관념이나 행동의 요소들을 빌려온 다음 결합시킨다면, 그 모방한 요소들의 성질 자체 및 선택과 또한 그것들의 결합은 우리의 독창적인 개성을 표현하며 증대시킨다. 그리고 이것이야말로 아마도 모방의 지속적인 작용 중 가장 명확하게 나타나는 이익일 것이다. 사회라는 이 고통스러운 규율, 이 기만적이고 폭군 같은 위세는 개인 마음의 아주 깊숙한 곳에서 매우 자유로운 충동을 조금씩 불러일으키고 외부 자연과 자기 자신에 대해서 매우 대담한 시선을 낳는다. 게다가 사회는 더 이상 예전처럼 요란하고 난폭한 정신적 특색과 거친 개성이 아니라, 분명하면서도 세련된 깊이와 뉘앙스를 지닌 정신을 어디에서나 불러일으키고 있다. 즉 가장 순수하면서도 강력한 개인주의와 아울러 능란한 사교성을 꽃피우고 있다. 그러나 그것이 바로 개인을 해방하는 데 도움이 되지 않는다면, 우리는 이 사회라는 오랜 집합적인 꿈에—그것은 매우 자주 집합적인 악몽이 되기도 하는데—어느 정도로까지 피와 눈물을 흘릴 가치가 있는지 우리 자신에게 물어볼 수 있을 것이다.

G. T.
1895년 5월

초판 서문

이 책에서 나는 인간에 관한 사실들 중에서 단순히 생명에 관계되거나 물리적인 것은 제외하고 **순수하게 사회적인** 측면을 가능한 한 분명하게 끄집어내려고 시도했다. 그러나 바로 그 차이를 잘 지적하도록 도와준 관점 덕분에 나는 사회현상과 자연현상 사이에 매우 많은 수의 대단히 일관성 있고 자연스러운 유사성이 있다는 것을 깨달았다. 이미 오래전에 나는《철학평론 Revue philosopique》여기저기에서 내 주된 생각을 분명하게 말하고 전개했다. 이에 대해 우리나라의 가장 위대한 역사철학자 중 한 명인 어느 분[이폴리트 텐H.A. Taine, 프랑스의 철학자 겸 역사가이자 비평가, 1828~1893]은 친절하게도 "거의 모든 자물쇠를 여는 열쇠"라고 나에게 편지를 썼다. 그리고 그때부터 이 책의 계획이 내 생각 속에 있었기 때문에 그 논문 중 몇몇을 장章의 형태로 이 책의 구성에 어렵지 않게 넣을 수 있었다.[1] 나는 다만 그 논문들을 다시 다듬어서 처음 계획했던 곳에 갖다놓았을 뿐이다. 영광스럽게도 때때로 내 관점을 주목해온 사회학자들은, 이제는 필요하다 싶으면 따로따로 떨어진 단편을 놓고서가 아니라 사정을 잘 알면서 비판할 수 있을 것이

---

1 그 논문들은 제1장, 제3장, 제4장과 제5장인데 수정되거나 확대되었다. 제1장은 1882년 9월에 발표했고, 제3장은 1884년에, 제4장은 1883년 10월과 11월에, 제5장은 1888년에 발표했다. 나는 같은 논문집(《철학평론》)에 발표된 다른 많은 사회학 논문을 여기에 다시 옮겨 실을 필요는 느끼지 못했다. 그것들은 나중에 수정할 예정이다.

다른 책(《형사철학 La Philosophie pénale》, Storck et Steintheil, 1890)에서는 내 관점을 사회의 범죄와 형벌의 측면에 적용했다. 이는 내가 《비교범죄론 Criminalité comparée》(Alcan, 1886)에서 이미 시도한 것과 같다.

다. 그들이 내 생각에 호의적이라면(이러한 일이 전혀 불가능하지는 않을 것이다) 나는 그들이 나에게 가혹해도 용납할 것이다. 사실 내 생각은 마치 씨앗이 땅에 대해 불평하는 것처럼 나 자신에 대해 불평할지도 모른다. 그러나 만일 그렇다면, 나는 이 책의 발간을 통해서 나보다 더 잘 활용할 준비가 되어 있는 사람에게 내 생각이 닿기를 바란다.

따라서 나는 **순수사회학**의 윤곽을 나타내려고 노력했다. 그것은 차라리 일반 사회학이라고 말하는 편이 나을 것이다. 내가 이해하는 바의 일반 사회학 법칙은, 일반 생리학의 법칙이 살아 있건 절멸되었건 또는 상상의 것이건 간에 모든 종種에 적용되는 것과 마찬가지로, 현재와 과거 또는 앞으로 있을 수 있는 모든 사회에 적용된다. 일반적인 만큼 단순한 이 원리들을 제시하고 증명하는 일이 개별적인 적용이라는 미로 속에서 그것들을 따라가는 일보다 훨씬 더 쉽다는 것을 나는 부인하지 않는다. 그래도 역시 그 원리들을 명확하게 표현할 필요는 있다.

이에 반해 **역사철학**이나 **자연철학**이라고 하면 전에는 일군의 또는 일련의 역사적 사실이나 자연현상을 설명하려고 하는 엄밀한 체계의 역사적 설명이나 과학적 해석을 의미했는데, 이때 그 설명이나 해석은 역사적 사실이나 자연현상을 이것들이 전혀 다르게 결합되거나 전혀 다르게 연속될 가능성은 배제한 채 제시했다. 그러한 시도들이 실패한 것은 이 때문이다. 현실태le réel는 무수히 많은 가능태le possible, 즉 조건이 주어지면 필연적으로 되는 것과 관련해서만 설명할 수 있다. 현실태는 무한한 우주 속의 별처럼 그 수많은 가능태 속에서 떠돌기 때문이다. 법칙이라는 관념 자체는 이러한 우주에 대한 이해다.

물론 모든 것은 엄격하게 결정되어 있다. 현실은 그 최초의 알 수 없는 조건이 주어지면 다르게 될 수 없었다. 그러나 왜 다른 조건이 아니고 바로 그러한 조건이 주어졌는가? 필연적인 것의 밑바닥에는 비합리적인 것이 있다. 또한 물리 영역과 생물 영역에서도 사회계에서와 마찬가지로, 실현된 것은 실현될 수 있는 것의 단편에 불과한 것 같다. 항성과 성운이 제멋대로 뿌려져 있는 하늘의 어수선하고 뿔뿔이 흩어져 있는 특성을 보라. 동물상動物相과 식물상植物相의 기묘한 모습을 보라. 나란히 놓여 있는 사회들의 절단되고 일관성 없는 모습을 보라. 마치 뒤죽박죽 섞여 있는 잡동사니나 폐허 같다. 이러한 점에서 보면 내가 도중에 지적할 다른 많은 측면과 마찬가지로, 현실의 세 가지 큰 구획〔물리계, 생물계, 사회계〕은 너무나도 서로 유사하다.

'모방의 논리적 법칙'이라고 제목 붙인 5장은 이 책을 보충할 목적으로 펴낼 다음 책의 대물림돌로만 쓰인 것이다. 만일 이 주제에 들어 있는 모든 것을 발전시켜 그 장에 담았다면 이 책만으로는 충분하지 않았을 것이다.

내가 표명하는 견해는, 현재 우리가 대립하는 정치 문제나 그 밖의 문제에 새로운 해결책을 줄 수 있을 것이라고 생각한다. 그렇지만 나는 그 해결책까지 상술해야 한다고는 생각하지 않았으며, 그리고 내가 대상으로 삼는 부류의 독자들도 시사성이 있는 그러한 매력을 무시했다고 나를 비난하지는 않을 것이다. 게다가 그러한 설명을 하려고 했다면 이 책의 한계를 벗어날 수밖에 없었을 것이다.

내 헌사를 변호하기 위해 한마디 더 말하면, 나는 쿠르노A. A. Cournot〔프랑스의 경제학자이자 수학자 겸 철학자, 1801~1877〕의 학생도 아니고 제자도 아니다. 나는 그를 본 적도 없고 친분을 맺은 적도 없다. 그렇지만 나는 대학을 졸업하고 그의 저작을 많이 읽은 것을 인생의 행운으로 여기고 있다. 나는 종종 다음과 같이 생각했다. 즉 만일 그가 영국이나 독일에서 태어나 오류에 가득 찬 프랑스어로 번역되었다면, 그가 우리나라에서 유명해지는 데 부족한 것은 오직 그 점만이 아닐까라고 생각했다. 특히 나는 눈병을 앓아 어쩔 수 없이 책을 단 한 권밖에 읽지 못한 불행한 청년기에 정신적 배고픔에 전혀 빠지지 않은 것이 쿠르노 덕분임을 결코 잊지 못할 것이다. 그러나 지적으로 도움 받은 것에 감사하는 마음을 지닌다고 하는, 시대에 뒤떨어진 이 감정에 훨씬 더 이기적인 또 하나의 감정이 결합되어 있다는 것을 서둘러서 부언하지 않으면 사람들은 분명히 나를 비웃을 것이다. 내 책이 환영받지 못해도—이것은 지금까지는 독자의 호의에 만족하기만 하면 되었다 하더라도 프랑스의 철학자라면 항상 대비해야 하는 사태다—이 헌사는 나에게 적절한 위안거리가 될 것이다. 쿠르노는 철학 비평 분야의 생트 뵈브Sainte Beuve〔프랑스의 비평가, 1804~1869〕로서 독창적이고 판단이 정확하며 박학하고 포괄적인 동시에 통찰력 있는 정신의 소유자였으며, 심오한 기하학자이고 비범한 논리학자이자 특별한 경제학자, 즉 현대 경제학자들 중 알려지지 않은 선구자였다. 요컨대 쿠르노는 순화되고 응축되고 세련된 오귀스트 콩트A. Comte〔프랑스의 사회학자, 1798~1857〕였다. 그러한 인물이 평생 주목받지 못했으며 사후에도 그리 알려지지 않은 것을 생각해본다면, 어떻게 내가 감히 하루라도 더 많은 성공을 얻지 못했다고 불평할 수 있겠는가?

차 례

제2판 서문 7
초판 서문 20

1장 보편적 반복
1. 일정한 관점에서 간과된 사회적 사실의 규칙성 29
2. 물리학, 생물학, 사회학에서의 세 가지 유사한 법칙 43
3. 반복의 세 가지 형태 간의 유사 46
4. 모방의 행복한 간섭과 불행한 간섭 52
5. 반복의 세 가지 형태 간의 차이 65

2장 사회적 유사와 모방
1. 모방에 의하지 않은 사회적 유사와 생식에 의하지 않은 생물의 유사 73
2. 문명에 공통된 방향이나 적어도 공통된 끝을 강요하는 문명의 법칙은 있는가? 그리고 결국 모방이 없어도 증가하는 유사의 법칙은 있는가? 89

3장 사회란 무엇인가
1. 경제적인 정의나 법적인 정의의 불충분성 101
2. 사회유형의 정의 111
3. 완전한 사회성 112
4. 이폴리트 텐의 생각 117

4장 고고학과 통계학

1. 인류학자와 고고학자의 구분 137
2. 고고학이 우리에게 가르쳐주는 것 144
3. 통계학자는 사물을 근본적으로 고고학자처럼 본다 152
4. 통계학은 이런 것이 되어야 할 것이다―그 요구 사항 159
5. 곡선(상승부, 고평부, 하강부)에 대해 내 관점이 제시하는 해석 164
6. 통계 곡선과 새의 비상 184
7. 역사의 정의 191

5장 모방의 논리적 법칙

1. 모방되는 것은 믿음이거나 욕망이다―근본적인 반대 명제 200
2. 논리 결투 210
3. 논리 결합 230
4. 그 밖의 고찰 242

6장 논리 외적인 영향

1. 안에서 밖으로의 모방 255
2. 하위자의 상위자 모방 276

7장 논리 외적인 영향(계속)

관습과 유행 311
1. 언어 323
2. 종교 334
3. 통치 357
4. 법률 382
5. 관례와 욕구―정치경제학 395
6. 도덕과 예술 419

8장 논평과 결론
    1. 일방적인 것에서 상호적인 것으로의 이행 450
    2. 역사에서 가역적인 것과 불가역적인 것의 구분 459

부록 I:
지울리오 피오레티에게 보낸 가브리엘 타르드의 편지 476

부록 II:
게오르크 지멜의 서평 483

해설 486

옮긴이의 말 565

1장
보편적 반복

1. 일정한 관점에서 간과된 사회적 사실의 규칙성

사회적 사실에 대한 과학은 있을 수 있는가? 아니면 사회적 사실의 역사만 또는 기껏해야 사회적 사실의 철학만 있을 수 있는가? 이 문제는 언제나 미해결 상태에 있지만, 실상 사회적 사실은 일정한 관점에서 자세하게 바라보면 다른 사실과 마찬가지로 서로 비슷한 일련의 작은 사실들로, 그리고 그 일련의 사실들을 요약하는 법칙이라 불리는 공식들로 귀착될 수 있다. 그러면 왜 사회과학은 아직도 태어나지 않았는가? 또는 태어나자마자 성숙하고 힘이 넘치는 그 모든 자매 과학들 속에 있는가? 내 생각에 그 주된 이유는 개가 그림자 때문에 먹이를 놓아버린 것처럼 우리들의 말 때문에 현실을 놓쳐버렸기 때문이다. 우리는 사회학에 생물학적 외관이나 더 좋게는 기계론적 외관을 줄 때에만 과학적인 모습을 줄 수 있다고 믿었다. 이것은 알고 있는 것을 알지 못하는 것으로 해명하려고 애쓰는 것이었으며, 태양계를 더 잘 이해하기 위해 그것을 분해될 수 없는 성운으로 변형시키는 것이었다. 사회에 관한 한, 우리는 예외적인 특권에 힘입어, 사실을 만들어낸 진정한 원인인 개인의 행위를 수중에 갖고 있다. 이러한 것은 우리가 보기에 다른 모든 주제에는 결코 없다. 따라서 물리학자나 자연과학자는 사물의 분명한 근본을 모르기 때문에 힘, 에너지, 존재 조건, 그 밖에 임시변통으로 만든 용어의 이름으로 이른바 일반적인 원인들을 설정해야 하지만, 사회현상을 설명하는 데에는 그러한 것들에 의존할 필요가 없는 것 같다.

그런데 인간의 행위를 역사의 유일한 요인으로 간주한다! 그것은 너무 단순하다. 그래서 우리는 다른 데서 억지로 통용되고 있는 그 유용한 허구의 유형에 근거해서 다른 요인을 만들어낼 수밖에 없었으며, 그리하여 가끔은 매우 높은 곳에서 바라본—사실은 시야에서 놓쳐버린—인간에 관한 사실들에 완전히 비인격적인 색채를 부여할 수 있었다고 기뻐했다. 이처럼 모호한 관념론은 피해야만 한다. 또한 사회 변화를 몇몇 위대한 사람들의 변덕으로 설명하는 진부한 개인주의도 피해야 한다. 오히려 사회 변화는 몇몇 위대한 관념의 출현, 아니 그보다는 사소하든 위대하든 쉽든 어렵든, 상당한 수의 관념의 출현—그 장소와 시기는 어느 정도 우연이지만—으로 설명된다고 말해야 한다. 이때 그러한 관념들은 처음 태어났을 때 대체로 눈에 띄지 않았고 영광을 누리는 경우도 드물었으며 일반적으로 작자 불명이지만, 그래도 항상 새로운 관념이다. 그리고 이 새로움 때문에 나는 감히 그것들을 일괄해서 **발명**이나 **발견**이라고 이름 붙일 것이다. 이 두 용어는 언어, 종교, 정치, 법률, 산업, 예술 등 모든 종류의 사회현상에서 앞서 일어난 혁신에 뒤따르는 그 어떠한 혁신이거나, 아무리 사소하더라도 향상시키는 것을 뜻한다. 작건 크건 간에 이 새로움이 한 인간에 의해 생각나거나 결정되는 순간에는—해롭건 유익하건 세균이 들어간 유기체의 물리적 측면에는 아무런 변화가 없는 것처럼—사회체는 겉으로는 아무것도 변하지 않는다. 그리고 이 새로운 요소의 도입이 사회체에 가져다주는 점진적인 변화는 앞서 일어난 변화를 눈에 띄는 중단없이 뒤따르며 서로 이어져 흐름을 이루는 것 같다. 그 때문에 속이는 환상이 생겨나 역사철학자들은 역사 변화의 실제적이며 근본적인 연속성을 주장하게 된다. 그렇지만 역사 변화의 진정한 원인은 사실 그 수는 매우 많지만 각각 별개이며 불연속적인 관념들의 연쇄로 귀착된다. 비록 그 관념들을 본보기로 삼는 훨씬 더 많은 모방 행위에 따라 그 관념들이 서로 결합하지만 말이다.

바로 여기에서, 즉 혁신적인 창의에서 출발해야 한다. 이 창의는 새로운 욕구와 새로운 만족을 동시에 세상에 가져다주고 그다음에는 강제적이건, 자발적이건, 선택적이건, 무의식적이건 간에, 모방을 통해 다소 빠르지만 규칙적인 속도로 빛의 파동이나 흰개미 가족처럼 퍼져 나가는 경향이 있다. 내가 말하는 규칙성은 사회적 사실에서는 거의 눈에 띄지 않는다. 그렇지만 만일 사회적 사실을 그 안에 들어 있는 많은 요소들로 분해한다면 그 사회적 사실들 중 가장 단순한 것에서도, 즉 별개의 발명들이 결합된 것 중 가장 단순한 것에서도, 천재적인 번뜩임들이 축적되어 진부한 빛이 된 것 중 가장 단순한 것에서도 그 규칙성을 발견할 것이다. 이것이 대단히 어려운 분석인 것은 사실이다. 모든 것은 사회적으로는 발명이나 모방에 불과하다. 모방은 강이고 발명은 〔그 원류가 있는〕 산이다. 확실히 말해 이러한 관점은 전혀 섬세하지 않다. 그러나 그 관점을 과감하게 무조건 따라가서 사실의 가장 작은 세부부터 가장 완전한 전체까지 펼치면, 아마도 역사의 생생함과 아울러 단순함을 부각시키는 데 그 관점이 얼마나 적합한지를 알 것이며, 또한 바위의 풍경처럼 기괴하거나 정원의 통로처럼 규칙적인 전망을 드러내는 데 얼마나 그것이 적합한지를 알 것이다. 이것 또한 관념론이다. 그렇게 부르고 싶다면 말이다. 그러나 그것은 역사가의 관념으로 역사를 설명하는 것이 아니라 그 행위자들의 관념으로 역사를 설명하는 관념론이다.

우선 사회과학을 이러한 시각에서 고찰하면, 인간사회학과 동물사회학의 관계는 (말하자면) 종種과 속屬의 관계와 같다는 것을 알 수 있다. 인간이라는 종은 매우 독특하고 다른 종들에 견주어 훨씬 더 우월하지만, 그럼에도 다른 종들과 비슷하다. 본서의 초판보다 훨씬 전에 나온《동물사회 Sociétés Animales》라는 훌륭한 책〔1877년 출간〕에서, 에스피나스A. Espinas 씨는 개미들의 노동은 "**모방이 뒤따르는 개개의 창의**"라는 원리에 의해 대단히 잘 설명된다고 분명하게 말한다. 이 창의도 언제나 정신의 대담함이라는 점에서는 인간의 정신과 대등한 혁신이자 발명이다. 개미가 아치나 터널을 여기저기에 또는 저기보다는 여기에 만들 생각을 하려면, 지협이나 산을 뚫는 우리 엔지니어들의 성향과 대등하거나 그것을 능가하는 혁신적인 성향을 지니고 있어야 한다. 여담이지만, 따라서 동물에게 있다고 생각되는 새로운 것에 대한 혐오증misonéisme은 많은 개미들이 그처럼 매우 새로운 창의를 모방한다는 사실을 근거로 분명하게 부정된다.[1] 에스피나스 씨는 우리보다 열등한 형제들의 사회〔동물 사회〕를 관찰하면서 개체의 창의가 그 사회에서 행하는 중요한 역할에 매우 자주 강한 인상을 받고 있다. 각각의 들소 무리에는 **리더**, 즉 영향력 있는 우두머리들이 있다. 이 저자에 따르면 새들의 본능의 발전은 "부분적인 발명"으로 설명되며, "이 부분적인 발명은 직접적인 교육을 통해 세대에서 세대로 전달된다"고 한다. 본능의 변화가 아마도 종의 변화나 새로운 종들의 발생과 관계 있는 바로 그 원리와 관련이 있을 것이라고 생각한다면, 어쩌면 모방한 발명의 원리나 이와 생리학적으로 유사한 원리가 종의 기원이라는 영원한 미해결 문제에 대해 가장 분명한 설명이 될지도 모른다고 우리는 자문해보고 싶을 것이다. 그렇지만 이러한 문제는 제쳐놓자. 그리고 동물 사회든 인간 사회든 사회란 이러한 관점으로 설명될 수 있다는 것을 확인하는 것으로 만족하자.

둘째—그리고 바로 이것이 이 장의 특별한 주장인데—이러한 관점에서 보면 사회과학의 대상은 일반과학의 다른 영역들과 주목할 만한 유사성을 나타낸다. 따라서 사회과학의 대상이 말하자면 전에는 우주 안에서 이물질 같은 인상을 주었지만 이제는 우주의 나머지 부분에 다시 편입된다.

---

[1] 에스피나스 씨에 따르면 개미 중에서도 고등종은 "개체가 놀라운 창의를 발휘한다." 개미 무리의 노동과 이동은 어떻게 시작하는가? 모든 협동자에게서 동시에 나오는 공통의 본능적이고 자연발생적인 충동에 따른 것인가 아니면 모든 개미가 동시에 겪는 외부 환경의 압력에 의한 것인가? 둘 다 아니다. 한 마리의 개미가 무리에서 나와 제일 먼저 일을 시작한다. 그리고는 더듬이로 이웃 개미들을 쳐서 도와달라고 알린다. 그다음에는 모방적 전염이 나머지 일을 한다.

모든 연구 영역에서는 그저 단순하게 확인된 것들이 설명된 것들보다 엄청나게 더 많다. 그리고 단순히 확인되는 것은 모두 우연적이며 이상야릇한 일차 자료로서, 설명되는 모든 것이 유래하는 전제이자 원천이다. 이러저러한 질량과 부피를 지니고 얼마만 한 거리에 있는 이런 성운, 저런 천체가 있거나 또는 있었다. 이러한 화학물질이 있다. 빛, 전기, 자기로 불리는 이런저런 유형의 에테르$_{éther}$* 진동이 있다. 어떠한 주된 유기체 유형들이 있으며, 우선 동물과 식물이 있다. 알프스, 안데스 등으로 불리는 이런저런 산맥들이 있다. 천문학자, 화학자, 물리학자, 동식물학자, 지리학자가 그 나머지가 모두 연역되는 주요한 사실을 우리에게 가르쳐줄 때 그들은 진정한 의미에서 과학자의 일을 하고 있는가? 아니다. 그들은 단순한 **확인**을 하는 것이며, 알렉산더의 원정이나 인쇄술의 발견을 상세하게 이야기하는 연대기 작가와 전혀 다르지 않다. 차이가 있다면 우리가 앞으로 보게 되겠지만, 그것은 연대기 작가의 작업이 역사가에게 아주 도움이 된다는 것이다. 그러면 그 말의 **과학적인** 의미에서 우리는 무엇을 알고 있는가? 사람들은 틀림없이 원인과 결과라고 대답할 것이다. 두 개의 다른 사실을 놓고 한쪽이 다른 쪽에 의해서 생겨난다든가 그 둘이 동일한 목적에 협력한다는 것을 알게 되었을 때, 우리는 그것으로 그 두 사실을 설명했다고 말한다. 그렇지만 어느 것도 서로 유사하지 않고 반복되지 않는 세계를 가정해보자. 이것은 이상한 가설이지만 엄밀하게 말하면 생각해볼 수 있는 가설이다. 온통 뜻밖의 일과 새로운 것으로 이루어진 세계, 말하자면 기억은 전혀 없고 창조적인 상상력이 마음껏 발휘되는 세계. 별들의 운동에 주기가 없고 에테르의 흔들림에 진동 주기가 없으며, 계속 이어지는 세대에

---

* 19세기에 음파가 공기와 같은 탄성매질에 힘입어 전달되듯이 전자기파(예를 들면 빛과 X선)의 전달 매질로 작용한다고 믿었던 이론적인 우주의 물질. 그러나 1881년 마이컬슨-몰리 실험에 의해 그 존재가 완전히 부정되었다.

공통된 성격과 유전적인 유형이 없는 세계. 그럼에도 이 환영 같은 세계에서 모든 출현이 또 다른 출현에 의해 생겨나고 결정되며, 심지어는 그것이 다른 출현을 일으키려고 애쓴다고 가정해도 아무 지장이 없다. 그러한 세계에도 원인과 결과는 여전히 있을 것이다. 그러나 그러한 세계에 과연 어떤 과학이 있을 수 있겠는가? 아니, 있을 수 없을 것이다. 왜냐하면 다시 한번 말하지만 그곳에는 유사도 반복도 없을 것이기 때문이다.

이것이 바로 본질적인 점이다. 원인을 아는 것, 이것은 종종 예측을 가능하게 해준다. 그러나 유사점을 아는 것, 이것은 항상 수를 세고 측정할 수 있게 해준다. 그리고 과학은 무엇보다도 수와 측정으로 살아간다. 게다가 본질적이라는 것은 충분하다는 것을 의미하지 않는다. 새로운 과학이 일단 그 고유한 유사 및 반복의 영역을 찾아내면, 과학은 그것을 서로 비교해서 그것에 수반되는 변화를 연결시키는 상관관계를 관찰해야만 한다. 그러나 사실 정신이 인과관계를 잘 이해하고 결정적으로 인정하는 것은 결과가 원인과 유사하거나 원인을 반복하는 한에서만이다. 예를 들면 하나의 음파가 또 다른 음파를 일으키거나 하나의 세포가 또 다른 비슷한 세포를 낳는 한에서만이다. 이러한 재생산만큼 신비한 것은 없다고 사람들은 말할 것이다. 그건 사실이다. 그러나 이 신비를 받아들이면 그러한 연쇄보다 더 분명한 것은 없다. 그리고 **생산**한다는 것이 결코 **자신을 재생산**한다는 것을 의미하지 않을 때마다 우리에게는 모든 것이 암흑이 된다.[2]

일정량의 수소 분자들, 한 나무의 목질木質 세포들 또는 한 연대의 병사

---

2 "과학적인 지식이라고 해서 반드시 불확실하고 모르는 매우 작은 사물에서 출발하는 것은 아니다. 과학적인 지식은 물질이 비슷한 단위를 형성한 곳이면 어디에서나 출발점을 찾아낸다. 비슷한 단위는 서로 비교되고 서로에 의해 측정될 수 있기 때문이다. 또한 그 단위들이 결합해 더 높은 수준의 복합 단위가 되며, 따라서 그 단위들 자체가 복합 단위들의 비교 기준을 제공하는 모든 곳에서도 과학적인 지식은 출발점을 찾아낸다."(Von Nægli, 《독일 동식물학자 회의에서 한 연설 Discours au congrès des natural. allem.》, 1877)

들처럼 비슷한 것들이 전체의 부분들이거나 그러한 것으로 여겨질 때, 유사는 단순히 집단이라는 이름이 아니라 양이라는 이름을 갖는다. 달리 말해서 **반복되는** 것들이 늘어나면서도 여전히 합쳐져 있을 때―예를 들면 한 물체 안에 쌓이면서 그것을 뜨겁게 하거나 점점 더 전기를 띠게 하는 열 또는 전기의 진동처럼, 성장하는 아이의 몸에서 증가하는 비슷한 세포의 조직처럼, 또는 이교도들이 개종해 동일한 종교에 입문하는 것처럼―그런 경우 반복은 단순히 연쇄가 아니라 증대라고 불린다. 이 모든 것에서 나는 사회과학의 대상을 유별나게 할 어떤 것도 볼 수 없다.

게다가 현상의 유사와 반복이 내적이든 외적이든, 양이든, 집단이든, 증대이든 연쇄이든 간에, 그것들은 보편적인 차이와 변이의 필수적인 주제다. 그것들은 자수로 말하면 바탕천이며 음악으로 말하면 박자다. 내가 조금 전에 가정한 환영적인 세계는 요컨대 있을 수 있는 세계 중에서는 가장 차이가 일어나지 않는 세계일 것이다. 현대사회에서 노동은 서로를 모방한 행위의 축적임에도 혁명보다 훨씬 더 혁신적이지 않은가! 문명인의 속박된 생활과 비교해서 원시인의 자유로운 생활보다 더 단조로운 것이 있을까? 유전이 없다면 유기체의 진화가 있을 수 있을까? 천체 운동에 주기성이 없다면, 지구 운동에 물결 같은 리듬이 없다면 지질연대와 생물의 넘쳐 나는 다양성이 생겨났을까?

따라서 반복은 변이를 위해 있다. 그것을 인정하지 않는다면 죽음의 필연성―이것은 델뵈프J. Delboeuf[벨기에의 철학자, 1831~1896]가 무생물과 생물에 대한 저서에서 거의 해결할 수 없는 것으로 여겼던 문제다―은 이해되지 않을 것이다. 살아 있는 팽이가 한번 돌기 시작하면 왜 영원히 돌지 않을까? 그러나 반복은 하나의 존재 이유, 즉 나타나려고 하는 독특한 독창성을 그 모든 측면에서 보여주기 위해서만 존재한다는 이 가설에서는, 변이가 남김 없이 다 표현되면 죽음은 불가피하게 올 수밖에 없다. 이와 관련해서 말이 나온 김에, 명목론과 실재론에 관한 중세의 모든 철학 논쟁거리인 보편적인 것과 개별적인 것의 관계가 바로 반복과 변이의 관계라는 것을 주목해야 한다. **명목론**은 개체가 고려해야 할 유일한 실재라는 학설이다. 그리고 개체는 차이라는 측면에서 생각해야 할 존재를 의미한다. 이와 반대로 **실재론**은, 주어진 한 개체에서 그것이 다른 개체들과 유사하고 또 다른 비슷한 개체들 속에서 재생산되는 경향이 있는 특징에만 주의를 기울여, 실재라고 부를 만한 가치가 있는 것으로 간주한다. 이러한 종류의 사변의 중요성은 정치에서 개인주의적 자유주의가 특별한 종류의 명목론이고, 사회주의가 특별한 종류의 실재론이라는 것을 고려할 때 나타난다.

(보편적 반복 중에서 가장 두드러지고 전형적인 형태들만 고려하면) 사회적 반복이든 유기체의 반복이든 물리적 반복이든 상관없이, 다시 말해 **모방적** 반복이든 **유전적** 반복이든 **진동적** 반복이든, 모든 반복은 모든 빛이 어떤 광원에서 나오는 것처럼 어떤 혁신에서 나온다. 그리고 이처럼 모든 지식 영역에서 정상적인 것은 우연적인 것에서 유래하는 것 같다. 사실 어떤 천체에서 생기는 인력이나 광파의 전달, 어떤 동물종의 최초의 쌍에서 시작된 번식, 어떤 학자나 발명가 또는 선교사에게서 생겨난 관념이나 욕구 또는 종교의식의 전국적인 보급은 보기에 자연스러우며 일정한 순서가 있는 현상인 반면에, 그 모든 방사放射의 발생원들(예를 들면 여러 산업, 종교, 사회제도, 다양한 유형의 유기체, 다양한 화학물질이나 천체)이 출현했거나 나란히 놓인 순서는 부분적으로는 공식화할 수 없기 때문에 우리는 언제나 그 기이함에 놀라게 된다. 하늘의 모든 별들에 퍼져 있는 무수한 수소 원자들의 동일성, 광대한 우주 공간에서 어느 한 별빛의 전파, 생물 단계의 한쪽 끝에서 다른 쪽 끝까지 동일한 원형질, 지질학적 시대 이래로 해양 생물종의 무수한 세대를 거쳐도 변함없는 연속성, 문명화된 민족 거의 모두에게 동일한 인도—유럽어족의 어근語根, 고대 이집트의 콥트어〔고대 이집트어의 계통을 따른 언어로서 기독교 콥트 교회 신도들이 16세기경까지 일상어로 사용하던 언어〕에서 몇몇 단어가 우리에게 놀라울 만큼 충실하게 전해져온 것 등 이 모든 아름다운 균일성

과 연쇄, 즉 비슷하거나 비슷하게 관련된 이 무수히 많은 것들에도 역시 마찬가지로 조화로운 공존과 연속이 있다는 것에 우리는 감탄한다. 그렇지만 그것 모두는 물리적이든 생물학적이든 사회적이든 우연한 일과 관련 있으며, 그 관련에 우리는 당황해한다.

여기에서도 사회적 사실과 자연의 다른 현상 간의 유사가 계속된다. 그렇지만 역사학자와 심지어는 사회학자를 통해 고찰되는 사회적 사실은 우리에게 혼란된 인상을 주는 반면에, 물리학자, 화학자, 생리학자를 통해 고려되는 자연현상은 매우 잘 정리된 세계의 인상을 준다 해도, 그것은 놀랄 일이 아니다. 이 후자의 과학자들은 그들의 과학 대상을 고유한 유사와 반복의 측면에서만 우리에게 보여주며 그에 상응하는 이질성과 변형(또는 실체의 변화)의 측면은 조심스럽게 덮어둔다. 이와 반대로 역사학자와 사회학자는 사회적 사실의 단조롭고 규칙적인 측면, 즉 유사하고 반복되는 한에서의 사회적 사실에 대해서는 언급하지 않고 까란만갛고 흥미로우며 무한히 새롭고 다양해진 측면만을 우리 눈앞에 제시한다. 예를 들어 갈로로망인Gallo-Romains*이 주제라면, 냉철한 역사가조차 우리를 갈리아 전체로 한 걸음 한 걸음 데리고 가, 카이사르의 정복 직후 로마에서 도입된 각각의 라틴어 낱말, 로마 의식, 로마 군단에서 쓰는 구령과 군사훈련, 직업, 관행, 접대, 법률 말하자면 특정한 관념과 욕구가 피레네 산맥에서 라인 지방까지 점점 퍼져서, 켈트족의 오랜 관념 및 관행과 다소 격렬하게 싸운 뒤 갈리아인의 입, 팔, 가슴과 정신 모두를 점차 사로잡아 이들이 카이사르와 로마의 열렬한 모방자가 된 것을 보여줄 생각은 하지 않을 것이다. 물론 역사가가 우리에게 한번은 이 기나긴 산책을 하게 할 수 있다. 그렇지만 그는 로마어의 낱말이나 문법 형태, 로마 종교의 의례 형식, 교관이 군단원들에게

---

* 기원전 50년경 카이사르는 갈리아 지방(현재의 북이탈리아, 프랑스, 벨기에)을 정복해 로마의 영토로 삼고 많은 로마인을 이주시켰는데, 이 이주자들을 가리키는 말.

가르쳐 준 군사훈련, 사원, 바실리카 회당, 극장, 원형 경기장, 수로, 안뜰이 있는 별장 같은 다양한 로마식 건축물, 학교에서 수많은 학생들에게 가르친 베르길리우스Vergilius〔로마시인, 기원전 70~19〕와 호라티우스Horatius〔로마 시인, 기원전 65~기원후 8〕의 시, 로마식으로 제정된 법률, 장인과 교사가 도제와 학생에게 끊임없이 충실하게 전했던 로마 문명의 산업 및 예술의 방법 등이 있을 때마다 우리에게 그 긴 산책을 다시 시키지는 않을 것이다. 그러나 아무리 변동이 심한 사회라도 그러한 대가를 치를 때에만 그 안에 들어 있는 엄청난 양의 규칙성을 정확하게 계산할 수 있다.

그다음 기독교가 출현했다면, 이 역사가는 저항 속에서도 이미 진동하고 있는 공기의 음파처럼 이교도의 갈리아 지방에 퍼져 나가는 각각의 교리, 각각의 기독교 의식에 대해서 그 지루한 긴 여행을 우리에게 분명히 다시 시키지는 않을 것이다. 그 대신 그는 율리우스 카이사르가 어느 날에 갈리아를 정복했고, 또 어느 날에 이런저런 성인이 이 지방에 기독교 교리를 설교하러 왔다고 우리에게 가르쳐줄 것이다. 그는 어쩌면 갈리아 세계에 도입된 로마 문명이나 기독교 신앙 및 도덕을 구성하고 있는 다양한 요소도 우리에게 열거할 것이다. 이때 그 역사가에게는 로마주의에 기독교가 이처럼 기묘하게 중첩되는 것, 아니 그보다는 점진적인 로마화에 점진적인 기독교화가 중첩되는 것을 합리적이며 논리적이고 과학적인 관점에서 이해하고 기술하는 문제가 제기될 것이다. 그리고 이에 못지않게 어려운 것은, 로마주의와 기독교를 따로따로 다루면서 로마주의를 구성하는 에트루리아, 그리스, 오리엔트 및 그 밖의 나라들의 대단히 이질적인 단편들과 기독교를 구성하는 그 자체 안에서조차 거의 일관성이 없는 유대교, 이집트, 비잔틴의 사상들의 기이한 병존을 합리적으로 설명하는 일일 것이다. 그렇지만 역사철학자는 이 힘든 일을 떠맡을 것이다. 그는 학자의 일을 하려 한다면 그것을 피할 수 있다고는 생각하지 않을 것이다. 그는 이 우연한 것들의 법칙과 그것들이 만난 이유를 찾아 무질서에서 질서를 만들어내려고 고심할 것이다. 그는 오히려 이러한 만남에서 이따금 조화가 생겨나는 것은 어째서일까, 왜 그럴까, 그리고 그 조화는 무엇으로 이루어지는가를 탐구하는 편이 더 좋을 것이다. 우리는 그것을 나중에 시도할 것이다.

요컨대 그러한 역사가는 동일종이나 동일 변종에 속하는 식물들의 발생과 또한 일종의 세포 발생이나 조직 재생인 식물들의 성장 및 영양 섭취에 관한 모든 것을 무시해도 된다고 생각하는 식물학자와 같다. 또는 소리, 빛, 열의 파동이 스스로 진동하는 여러 매질媒質을 통해 전파되는 방식에 대한 연구를 무시하는 물리학자와 같다. 자신이 연구하는 과학의 고유한 절대적인 대상은 서로 다른 종들의 연쇄(예를 들면 맨 처음에는 해초로 시작해 마지막에는 난초로 끝나는 연쇄)이며, 아울러 그 연쇄의 철저한 증명이라고 확신하는 식물학자를 생각할 수 있는가? 그리고 자신이 행하는 연구의 유일한 목적은 왜 바로 우리가 아는 일곱 가지 방식의 빛의 파동이 있는지, 왜 전기와 자기 이외에 다른 종류의 에테르 진동이 없는지를 연구하는 것이라고 확신하는 물리학자를 생각할 수 있는가? 이것들은 확실히 흥미로운 문제지만, 철학자가 논의할 수 있는 문제지 과학자가 논의할 수 있는 문제는 아니다. 왜냐하면 그런 문제들의 해답은 과학이 요구하는 고도의 개연성을 결코 지닐 수 있을 것 같지 않기 때문이다. 해부학자나 생리학자가 되기 위한 첫 번째 조건이 여러 조직(서로 비슷한 세포, 섬유, 혈관의 집합체)에 대한 연구거나 여러 가지 기능(서로 유사한 미세한 수축 작용, 신경 감응, 산화 작용, 탈산화 작용의 축적)에 대한 연구지만, 무엇보다도 그 조건은 먼저 유전이라는 이 생명의 위대한 일꾼에 대한 믿음이라는 것은 분명하다. 그리고 이에 못지않게 분명한 것은, 화학자나 물리학자가 되기 위해서는 무엇보다도 먼저 많은 기체, 액체, 고체—완전히 비슷한 미립자들로 이루어진—를 조사하거나 또는 많은 이른바 물리적인 힘들—유사한 미세한 파동들의 거대한 누적인—을 조사해야 한다는 것이다. 사실 물질계에서는 모든 것이 파동으로 귀착되거나 또는 귀착 중에 있다. 생물계에서도 생식 능력, 즉 미세한 특징들(대부분의 경우 어떻게 생겨났는지 모르는)을 유전적으로 전하는 속성이 점점 더 가장 작은 세포에도 내재하는 것으로 여기고 있는 것처럼, 모든 것이 점점 더 본질적으로 파동적인 성격을 띠고 있다.

이제 이 책을 읽으면서 우리는 아마도 사회적 존재가 사회적인 한에서는 본질적으로 모방자이며, 또한 모방이 유기체에서 유전의 역할이나 무기물에서 파동의 역할과 비슷한 역할을 사회에서 행한다는 것을 인정하게 될 것이다. 그러하다면 다음과 같은 사실 역시 인정할 수밖에 없을 것이다. 즉 새로운 종류의 모방이 시작되고 새로운 연쇄가 열리는 인간의 한 발명(예를 들면[3] 화약이나 풍차 또는 모르스식 전신의 발명)과 사회과학의 관계는, 새로운 종의 식물이나 동물의 생성(또는 진화가 천천히 일어난다는 가정 아래 그 새로운 종을 만들어낸 각각의 개별적인 변화)과 생물학의 관계와 같고, 전기나 빛 등에 맞설 만한 새로운 운동 방식의 출현과 물리학의 관계와 같으며, 또는 새로운 물질의 생성과 화학의 관계와 같다는 것을 인정할 수밖에 없을 것이다. 그러므로 올바른 비교를 하려면, 과학, 산업, 예술, 정치에서 연속적으로 일어나거나 엉뚱하게 결합된 발명의 법칙을 찾아내려고 매우 애쓰는 냉철한 역사가는, 우리가 아는 바와 같은 생리학자나 물리학자 특히 클로드 베르나르Claude Bernard[프랑스의 생리학자, 1813~1878]나 틴들 J. Tyndall[영국의 물리학자, 1820~1893] 같은 사람들과 비교해서는 안 되고 예전의 셸링F. Schelling[독일의 철학자, 1775~1854]이나 상상에 취해 있을 시절의 헤켈 E. Haeckel[독일의 동물학자이자 진화론자, 1834~1919] 같은 자연철학자와 비교해야 할 것이다.

---

[3] 내가 대포 화약의 발명, 전보의 발명, 철도의 발명 등을 말할 때는 당연히 대포 화약, 전보, 철도를 만들어내는 데 필요했던 축적된 (각각 식별할 수도 있고 그 수를 셀 수도 있는) 일련의 발명들도 의미한다.

그러면 우리는 다음과 같은 것을 알아차리게 될 것이다. 즉 역사의 사실 모두가 여러 가지 예의 흐름으로 분해될 수 있고 또한 그 자체가 다소 정확하게 모방될 운명에 있는 [그 여러 가지 예의] 만남이므로, 그 역사의 사실들의 무질서한 비일관성이 사회계의 근본적인 규칙성이나 사회과학의 가능성에 어긋나지 않는다는 것을 말이다. 또한 이러한 과학은 우리 각자의 작은 경험 속에 흩어져 있는 상태로 존재하며 그 작은 경험의 단편들을 이어 맞추는 것으로 충분하다는 것도 알아차리게 될 것이다. 게다가 역사적 사실들의 수집이 확실히 생물 유형이나 화학물질의 수집보다 더 일관성 없는 것 같지는 않을 것이다. 왜 사람들은 자연철학자에게는 요구할 생각조차 안 하는 그 아름다운 대칭적이고 합리적인 질서를 역사철학자에게는 요구하는가? 그러나 여기에 역사철학자에게 완전히 명예가 되는 하나의 차이점이 있다. 생물종이 서로에게서 생겨난다는 것을 박물학자들이 어느 정도 분명하게 엿본 것은 거의 최근이었던 것에 반해, 역사가들은 역사의 사실이 서로 연결되어 있다는 것을 알기 위해 그리 오랫동안 기다리지 않았다. 화학자와 물리학자에 대해서는 말하지 말자. 그들은 단순한 실체들의 계통도를 이번에는 자신들이 작성할 수 있는 시기가 언제인지, 그들 중 누군가가 다윈의《종의 기원》만큼 성공을 거둘 책을 출판할 수 있는 시기가 언제인지 아직도 감히 예측조차 못하고 있다. 르코크 드 부아보드랑Lecoq de Boisbaudran[프랑스의 화학자, 1838~1912]과 멘델레예프Mendeleef[러시아의 화학자, 1834~1907]는 원소의 자연주기를 예감했다고 믿었으며, 또한 이 주제에 대한 르코크 드 부아보드랑의 완전히 철학적인 사색이 갈륨Gallium의 발견과 무관하지 않은 것도 사실이다. 그러나 자세하게 살펴보면 이 주목할 만한 시도와 또 생명종의 계통수에 대한 우리 진화론자들의 다양한 체계에서도, 이른바 주기적이고 운명적인 사회 진화에 대한 허버트 스펜서Herbert Spencer나 심지어는 비코G. Vico[이탈리아의 철학자, 1668~1744]의 사상에서 빛나고 있는 것보다 더 많은 정밀함과 확실함은 찾아볼 수 없을 것이다. 원자의 기원은 종의 기원보다 훨씬 더 신비로우며, 종의 기원은 여러 문명의 기원보다 훨씬 더 신비롭다. 우리는 현재의 생물종들을 그것보다 먼저 있었던 종과 비교할 수 있으며, 이 먼저 있었던 종들의 잔해는 지구 지층에서 찾을 수 있다. 그렇지만 천문학적인 선사시대에, 즉 상상할 수도 없을 만큼 무한히 먼 과거에, 지구나 별들에 현존하는 화학물질보다 먼저 있었음이 틀림없는 화학물질의 흔적은 현재 조금도 남아 있지 않다. 따라서 화학에서 기원의 문제는 제기할 수조차 없다. 이러한 본질적인 의미에서 화학은 생물학보다 뒤떨어져 있다. 또 이와 똑같은 이유에서 생물학은 사실상 사회학보다도 뒤떨어져 있다.

지금까지 말한 것에서 분명하게 드러나는 것은 사회과학과 사회철학이 별개라는 것이다. 즉 다른 과학과 마찬가지로 사회과학은 전적으로 역사가들이 조심스럽게 감춘 수많은 유사한 사실들을 대상으로 하는 데 반해서, 새로우며 서로 다른 사실들(엄밀한 의미에서 역사적인 사실들)은 사회철학을 위한 특별 영역이라는 것이다. 이러한 관점에서 보면 사회과학은 다른 과학들과 같은 정도로 앞으로 나갈 수 있겠지만 사회철학은 현재 다른 모든 철학보다 훨씬 더 앞서 나가 있다.

이 책에서 우리가 다루는 것은 사회과학뿐이다. 그리고 또 모방과 그 법칙만이 문제가 될 것이다. 발명의 법칙(또는 의사擬似 발명의 법칙)은 다른 곳에서 나중에 연구해야 할 것이다. 이것은 모방과 완전히 분리될 수는 없지만 전혀 다른 문제이기 때문이다.[4]

---

4 이 부분을 쓴 다음 나는 《사회논리학 Logique sociale》(F. Alcan, 1895)에서 발명에 관한 이론을 개괄적으로 기술했다.

2. 물리학, 생물학, 사회학에서의 세 가지 유사한 법칙

긴 서두를 끝마쳤기 때문에, 이제는 모호하면서도 난삽하게 제시된 중요한 명제 하나를 끄집어내야 한다. 이미 나는 과학은 양과 증가 또는 좀 더 일반적인 말로 하면 현상의 유사와 반복만을 다룬다고 말했다.

그러나 사실 이 구별은 쓸데없고 피상적이다. 지식의 모든 진보는 실제로 **모든 유사가 반복에서 비롯한다**는 우리의 확신을 강화하는 경향이 있다. 이 일반적인 명제는 다음의 세 명제로 발전되어야 할 것이라고 나는 생각한다.

(1) 화학, 물리학, 천문학의 세계에서 관찰되는 모든 유사(동일한 물질의 원자, 동일한 빛의 파, 각 천체를 중심으로 하는 인력의 동심원적 계층 등)는 주기 운동과 주로 진동 운동에 의해서 생겨나고 또 그러한 운동으로만 설명될 수 있다.

(2) 생물계에서 생명에 기원을 둔 모든 유사는 유전적 전달, 즉 유기체의 (체내이건 체외이건) 생식에서 생겨난다. 비교해부학이 밝혀낸 종들 간의 갖가지 종류의 상사相似*나 상동相同** 또 조직학에서 밝혀진 신체 요소들 간의 상사나 상동은 오늘날 세포들의 유연類緣***관계와 종들의 유연관계에 의해서 설명된다.

(3) 사회계에서 눈에 띄는, **사회적 기원을 지닌** 모든 유사는 관습 모방이

---

* 상사analogie : 종류가 다른 생물의 기관이 발생 계통으로는 그 기원이 다르지만 모양과 기능은 일치하는 현상. 예를 들어 새의 날개와 곤충의 날개는 모두 하늘을 날 수 있는 기관이지만, 새의 날개는 앞다리가 변화한 것인데 반해 곤충의 날개는 껍데기의 일부가 변화해서 생긴 것이다.

** 상동homologie : 생물의 기관이 형태나 기능은 서로 다르지만 발생 기원이 같은 것. 예를 들면 새의 날개와 짐승의 앞다리 관계.

*** 유연관계parenté : 생물의 분류에서 발생 계통이 어느 정도 가까운가를 나타내는 관계.

나 유행 모방, 공감 모방이나 복종 모방, 훈계 모방이나 교육 모방, 무심코 하는 모방이나 깊이 생각해서 하는 모방 등 모든 형태의 모방의 직접적인 또는 간접적인 산물이다. 교의나 제도를 그 역사를 통해 설명하는 현대의 방법이 탁월한 이유는 바로 거기에 있다. 이러한 경향은 일반화될 수밖에 없다. 위대한 천재들이나 위대한 발명가들은 서로 생각이 일치한다는 말이 있다. 그러나 우선, 이 동시 발생은 매우 드물다. 그다음, 그 동시 발생을 확인해보면 그것들은 언제나 똑같은 발명을 한 두 장본인이 서로 독립적으로 어떤 공통된 교육 자산에서 비롯되었다. 그리고 이 자산은 다듬어지지 않았든 다소 조직화되었든 잡다한 과거의 전통과 경험으로 이루어져 있다. 그것들은 모든 모방의 위대한 전달자인 언어를 통해 모방되어 전해진다.

주목해야 할 것은 금세기의 문헌학자들이 암암리에 우리의 세 번째 명제를 따른다는 것이다. 그들은 산스크리트어와 라틴어, 그리스어, 독일어, 러시아어 및 같은 어족에 속하는 그 외 언어들의 유사점을 비교함으로써, 그것들이 사실상 하나의 어족에 속하며, 또한 그 어족은 몇 가지 변화를 제외하면 전통적으로 전해진 동일한 언어를 최초의 조상으로 삼는다는 것을 인정하게 되었다. 아울러 그들은 그 각각의 변화가 익명의 진정한 언어학적 발명이었으며 이러한 발명 자체도 모방을 통해 전해졌다는 것을 인정하게 되었다. 그러나 이 세 번째 명제에 대해서는 다음 장에서 다시 다루면서 발전시키고 바로잡을 것이다.

보편적 유사의 단 하나의 큰 범주만은 애초부터 그 어떤 반복에 의해서도 생겨날 수 있었던 것 같지 않다. 그것은 광대한 공간의—나란히 놓여 있으며 움직이지 않는—부분들의 유사인데, 이것은 진동적이든 생식적이든 전파적이든 정복적이든 간에 모든 운동의 조건이다. 그러나 이 명백한 예외에 신경쓰지 말자. 다만 그것을 지적하는 것으로 충분하다. 그것에 대한 논의는 우리를 너무 멀리 나가게 할 것이다.

어쩌면 착각일지도 모르는 이 변칙적인 것은 제쳐놓고, 우리의 일반적인 명제를 옳은 것으로 간주해 거기에서 직접 나오는 귀결 하나를 지적해보자. 만일 양이 유사를 의미하고 모든 유사는 반복에서 생겨나며 모든 반복이 진동(또는 그 나름의 주기적인 운동), 생식 또는 모방이라면 다음과 같은 결과가 나온다. 즉 어떤 운동도 진동적인 것이 아니거나 아니었고 어떤 기능도 유전적인 것이 아니거나 아니었으며 또 어떤 행위나 관념도 배우고 모방한 것이 아니거나 아니었다는 가정에서는, **우주에는 양이 전혀 없을 것이며** 그곳에서는 수학이 아무런 소용도 없을 것이며 어떤 식으로도 응용되지 않을 것이다. 또한 반대의 가정에서는, 즉 우리의 물리계, 생물계, 사회계가 그 진동, 생식, 전파의 활동을 더욱더 크게 보여준다면, 그곳에서는 계산 영역이 더욱 넓어지고 깊어질 것이라는 결론이 나온다. 이것은 우리 유럽 사회에서 명백하다. 갖가지 형태의 유행, 즉 옷, 음식물, 집, 욕구, 관념, 제도, 예술에서 유행의 놀라운 진척이 유럽을 수억 개의 견본에 찍어대며 동일한 인간 유형판版으로 만들고 있는 중이기 때문이다. 이 경이로운 평준화가 처음부터 통계학이나 **사회물리학**이나 정치경제학이라고 이름을 매우 잘 붙인 것의 탄생 및 발전을 가능하게 한다는 사실이 보이지 않는가? 유행과 관습이 없다면 사회적인 양, 특히 가치나 돈이라는 것도 없을 것이고 따라서 부와 재정에 대한 과학도 없을 것이다. (그러므로 모방 관념이 전혀 개입하지 않는 가치 이론을 어떻게 경제학자들이 제시할 생각을 할 수 있었겠는가?) 그러나 사회에 이처럼 수와 측정을 현재 적용하려고는 하지만, 그러한 적용은 아직은 조심스럽고 부분적일 수밖에 없을 것이다. 미래는 이 주제에 대해서 우리에게 많은 놀라움을 남겨두고 있다!

3. 반복의 세 가지 형태 간의 유사

이제는 보편적 반복의 세 가지 주요 형태가 나타내는 두드러진 유사, 그에 못지않게 의미 있는 차이, 그리고 그 상호관계를 상세히 설명할 시점이 된 것 같다. 또한 우리는 이 장대한 리듬이 일정한 간격으로 계속되고 서로 얽히는 이유를 찾아야 할 것이다. 그리고 그 형식의 내용이 그 형식 자체와 유사한지, 그 질서정연한 현상의 활동적이며 실질적인 기반이 현상들의 절도 있는 균일성에 관여하는지, 또는 그 기반이 혹시 본질적인 이질성으로 인해 그 현상과 대조를 이루지는 않는지 자문해보아야 할 것이다. 자유분방한 독창성이 그 국민의 체질이며 행정부나 군대라는 기구를 움직이지만, 그러한 독창성이 행정부나 군대의 표면에서는 전혀 나타나지 않는 국민의 경우처럼 말이다.

이 이중적인 주제는 너무 방대할 것이다. 그렇지만 첫 번째 것에 대해서는 우리가 지적해야 할 명백한 유사가 있다. 우선 반복은 증가인 동시에 퍼져 나가는 전염이다. 돌 하나를 물에 떨어뜨리면 그때 생기는 첫 번째 물결은 반복되어 대야의 가장자리까지 확대된다. 성냥에 불을 붙이면 내가 에테르에 전하는 첫 번째 파동이 순식간에 광대한 공간에 퍼진다. 어느 한 대륙을 몇 년 안에 황폐하게 만드는 데는 한 쌍의 흰개미나 포도나무뿌리진디를 그 대륙에 옮겨놓는 것으로 충분하다. 캐나다의 망초는 최근 유럽에 유입된 잡초인데 이미 경작되지 않은 들판 어디에나 많이 있다. 우리는 한 종의 개체들이 기하급수적으로 늘어나는 경향에 대한 맬더스와 다윈의 법칙들을 알고 있는데, 이것들은 생물 개체의 생식적 방사放射의 진정한 법칙이다. 마찬가지로 몇몇 가족이 쓰는 지역 방언이 모방에 의해 점점 국민의 고유 언어가 된다. 사회의 초기에는 부싯돌을 깎아 만들고 개를 길들이며 활을 만들어내는 기술이, 나중에는 빵을 부풀어 오르게 하고 청동을 가공하며 철을 뽑아내는 기술이 전염처럼 퍼져 나갔음에 틀림없다. 각각의 화살촉, 각각의 빵조각, 각각의 청동 브로치, 깎아 만든 각각의 부싯돌이 모방인 동시에 본보기이기 때문이다. 오늘날에도 갖가지 훌륭한 조리법들의 방사적인 전파는 그와 같이 이루어진다. 다만 소리의 속도가 환경의 밀도에 비례하는 것처럼, 인구밀도의 증가와 실행된 진보가 그 확대를 놀랄 만큼 빠르게 하고 있다는 차이점을 제외한다면 말이다. **사회적 사물**chose sociale 하나하나, 말하자면 발명이나 발견 하나하나는 그 사회 환경 속에서 퍼져 나가는 경향이 있으며, 덧붙여 말하면 이 환경 자체도 퍼져 나가는 경향이 있다. 왜냐하면 환경은 본질적으로 비슷한 사물들로 구성되어 있으며 그것들 모두 무한히 퍼져 나가고 싶어 하기 때문이다.

그러나 이러한 경향은 외부 자연에서와 마찬가지로 여기에서도 경쟁하는 경향들과 경합해 대개의 경우 결실을 맺지 못한다. 그런데 이러한 사실은 이론상으로는 별로 중요하지 않다. 게다가 경향이라는 말은 은유적이다. 파波나 종種에 고유한 욕망이 있다고 할 수 없는 것처럼 관념에도 고유한 욕망이 있다고 할 수 없을 것이다. 경향이라는 말은, 여러 형태의 환경을 구성하는 무수한 존재들에 내재하는 분산된 개개의 힘들이 공통된 방향을 가졌다는 것으로 이해되어야 한다. 이러한 의미에서 이 퍼져 나가는 경향은 문제의 환경이 동일하다는 것을 전제하는데, 파동의 에테르나 공기의 환경은 이 조건을 잘 만족시키는 것 같다. 그렇지만 생물종의 지리적 화학적 환경은 그 조건을 만족시키는 정도가 훨씬 떨어지며, 관념의 사회 환경은 그 정도가 한없이 더 떨어진다. 그러나 사회 환경이 다른 환경들보다 더 복잡하다고 말하는 것으로 그 차이를 표현하는 것은 잘못이라고 생각한다. 반대로 사회 환경이 필요한 만큼의 동질성을 나타내는 것과 거리가 더 먼 이유는 아마도 사회 환경이 수적으로는 훨씬 더 단순하기 때문일 것이다. 사실 표면상으로 나타나는 실제적인 동질성은 충분하지만 말이다. 또한 인간 결합체들이 늘어남에 따라 관념의 전파는 규칙적이면서 기하급수적으로 진행되어 더욱 두드러진다. 이 수적인 증가를 끝까지 밀고 나가보자. 그리고 관념이 전파될 수 있는 사회 영역이, 인류의 주요한 정신적 다양성을 나타내기에 충분할 만큼 그 구성원의 수가 많은 하나의 집단으로 구성되어 있을 뿐만 아니라 그러한 종류의 집단들이 한결같이 수천 번 반복된 것으로도 구성되어 있다고 가정해보자. 이때 그 부분들 각각은 내부적으로는 복잡함에도 그러한 한결같은 반복은 전체를 표면상으로는 동질적이게 한다. 외부 자연이 우리에게 보여주는 단순하고 균일한 모습의 모든 현실에 고유한 바로 그러한 종류의 동질성이 이것이라고 생각할 몇 가지 이유는 없는가? 이러한 가정에서는 어떤 관념이 크게 성공했는가의 여부, 전파 속도가 빠른가의 여부, 그 출현 시기가 그 관념의 차후 진행에 대해서 소위 수학적인 비율을 제시할 수 있다는 것은 분명하다. 그렇게 되면 이제부터는 일차적인 필요의 욕구에 부응하며 따라서 보편적인 소비에 충당될 물품의 생산자들은, 어떤 해에 일정한 가격으로 있었던 수요에 근거해서 다음 해에 똑같은 가격으로 팔 경우 수요가 얼마나 될지를 예측할 수 있다. 적어도 보호주의적인 방해나 그 밖의 방해가 없거나 또는 더 개선된 비슷한 물품이 등장하지 않는다면 말이다.

예측 능력이 없으면 과학이 아니라고 말한다. 이 말은 **조건부** 예측 능력이 없으면 과학이 아니라는 식으로 수정해야 한다. 식물학자는 꽃을 보면 적어도 건조한 탓에 그 꽃이 죽어버리지 않는 한 또는 (일종의 이차 생물학적 발명인) 새로운 예상 밖의 개별적인 변이가 나타나지 않는 한, 그 꽃이 맺을 열매의 형태와 색깔이 어떻게 될지 미리 말할 수 있다. 물리학자는 총성이 울리는 순간, 그 소리를 차단하는 것이 도중에 아무것도 없기만 하다면 또는 그 사이에 더 큰 소리 (예를 들면 대포 소리)가 들리지만 않는다면, 그 총성이 얼마만큼 떨어진 곳에서는 몇 초 후에 들릴 것이라고 예고할 수 있다. 그렇다면 바로 이와 똑같은 이유로 사회학자는 진정한 의미에서 과학자라는 이름을 가질 자격이 있다. 오늘날 모방적 방사의 이런저런 발생원들이 있으며 그것들은 대략 이런저런 속도로 따로따로 또는 서로 경쟁하면서 전진하는 경향이 있기 때문에, 사회학자는 어떤 개혁이나 정치적인 혁명이 그 확대를 방해하지 않고 또 경쟁적인 발생원도 나타나지 않는다는 조건에서 사회 상태가 10년 후, 20년 후에 어떻게 될지를 예측할 수 있다.

조건부 사건이 일어날 가능성이 여기에서는 매우 높으며 어쩌면 다른 곳보다 더 높을 것이라는 것은 의심할 바 없다. 그러나 그것은 정도의 차이에 불과하다. 게다가 (이것은 역사과학의 문제가 아니라 철학의 문제지만) 이미 행해져서 성공적으로 퍼진 발견과 창의創意가, 앞으로 성공할 발견과 창의가 일어나는 방향을 어느 정도는 막연하게나마 결정한다는 것에 주목하자. 더욱이 어느 한 시대에 실제적인 중요성을 갖고서 작용하는 사회적인 힘은, 최근의 발명에서 나오는 어쩔 수 없이 아직도 미약한 모방적 방사로 이루어져 있는 것이 아니라, 옛날의 발명에서 나오는 훨씬 더 광범위하고 강렬한 모방적 방사로 이루어져 있다. 왜냐하면 그것은 퍼져 나가서 습관, 풍습, 이른바 생리적인 '인종 본능'[5]으로 확립되는 데 필요한 시간을 가졌기 때문이다. 따라서 10년 후, 20년 후, 50년 후에 이루어질 예상 외의 발견, 그때 나타날 혁신적인 예술 걸작품들, 그때 소란을 피울 전투와 쿠데타 또는 폭력 행위에 대해서는 모른다 하더라도, 내가 앞에서 말한 가정에 따르면 정치가들, 위대한 장군들, 위대한 시인들, 위대한 음악가들이 따르거나 거스르거나 해야 할 또는 그들이 일정한 방향으로 이끌거나 맞서 싸워야 할 갈망 및 관념의 흐름이 어느 방향으로 얼마만큼 깊게 흘러갈지에 대해서 우리는 거의 확실하게 예측할 수 있을 것이다.

모방의 기하급수적 확대를 뒷받침해주는 예로는 커피, 담배 등이 처음

---

[5] 내가 사회적 사실에 대한 인종의 영향을 그 모든 점에서 부정한다는 불합리한 생각을 했다고 간주하지 않기를 바란다. 그러나 나는 인종이란 그 획득된 특징의 수로 보면 그 사회적 사실들의 결과이지 원인이 아니라고 생각한다. 그리고 내가 보기에 인종이 사회학자의 고유 영역에 들어가는 것은 단지 이 망각된 측면에서만이다.

수입되었을 때부터 시장에 넘쳐나기 시작한 시기까지의 소비에 관한 통계나 기관차가 처음부터 지금까지 제작된 수에 관한 통계 등을 내세울 수 있을 것이다.[6] 나는 내 주장에 겉으로 보기에는 유리하지 않은 하나의 발견, 즉 아메리카 대륙의 발견을 인용하겠다. 유럽에서 아메리카 대륙으로의 최초 여행은 콜럼버스가 생각해내고 실행한 것인데, 이 여행은 그 후 다른 항해자들이 약간 변경을 가하면서 계속 늘어났다. 이러한 각각의 변경도 위대한 제노바인의 발견에 덧붙여지는 작은 발견이었으며, 이러한 의미에서 아메리카 대륙의 발견은 **모방되었다**.

이 예를 이용해 나는 잠시 여담을 하겠다. 아메리카 대륙은 어떤 상상의 항해자가 두 세기 더 빨리 또는 두 세기 더 늦게 상륙할 수도 있었을 것이다. 두 세기 더 빠른 1292년은 미남왕 필리프Philippe le Bel〔프랑스의 왕 필리프 4세, 1268∼1314〕가 통치하던 때인데, 그때 그의 왕국은 로마와 분쟁 중에 있었으며 세속화와 행정의 중앙집권화를 과감하게 시도하고 있었다. 신세계라는 돌파구가 필리프 왕에게 제시되었다면 그것은 틀림없이 그의 야심을 강하게 자극해서 근대 세계의 도래를 앞당겼을 것이다. 혹은 두 세기 더 늦은 1692년이었다면 아메리카 대륙이 확실히 스페인보다는 앙리 4세〔1692년의 프랑스 왕은 루이 14세이다. 타르드의 착오인 것 같다〕의 프랑스에게 더 이익이 되었을 것이다. 스페인은 200년에 걸쳐 뜯어먹을 이 호화로운 먹잇감이 없었다면

---

6 상당한 수의 해에 걸쳐 계속된 통계를 보면 증가 진행이나 감소 진행이 결코 규칙적이지 않고 이따금 정체나 반대 방향의 움직임으로 중단되었다고 내게 반박하는 사람도 있을 것이다. 세부적인 것에 대해서는 언급하지 않겠지만, 내 생각에 그러한 정체나 후퇴는 언제나 어떤 새로운 발명이 개입했다는 표시며, 이번에는 그 새로운 발명이 다시 전파되고 있다고 말할 수밖에 없다. 나는 감소 진행도 마찬가지로 똑같이 설명한다. 즉 이 경우에도 어떤 사회적 사물이 점점 더 많이 모방된 다음 어느 정도 시간이 지나면 **모방되지 않는** 경향이 있다고 결론내리지 않도록 조심해야 할 것이다. 아니, 그것이 세계를 뒤덮으려는 경향은 언제나 변함없다. 그리고 그 사회적 사물이 모방되지 않는 것이 아니라 점점 더 모방되지 않는다면, 그 책임은 그 경쟁자들에게 있다.

당시에 그만큼 풍요롭지도 번영하지도 못했을 것이다. 첫 번째 가정에서는 백년전쟁을 피할 수 있었을지, 그리고 두 번째 가정에서는 찰스 5세의 제국이 생겨나지 않았을지 누가 알겠는가? 어쨌든 **식민지를 갖고 싶다는 욕구**, 즉 크리스토퍼 콜럼버스에 의해 **창조된 동시에 충족된 욕구**, 15세기 이후 유럽의 정치 생활에서 매우 중대한 역할을 해온 이 욕구는 17세기에 들어와서야 비로소 생겨났을 것이다. 만일 그랬다면 현재 남아메리카는 프랑스의 것이 되었을 것이며 북아메리카는 아직도 정치적으로 중요하지 않았을 것이다. 우리에게는 얼마나 큰 차이인가! 그리고 크리스토퍼 콜럼버스는 하마터면 그의 사업〔아메리카 대륙 발견〕에서 실패할 뻔했다! 그러나 우연적인 과거에 대한 이러한 공론은 그만두자. 물론 그것들이 내가 보기에는 우연적인 미래 못지않게 중요하며 또한 근거도 있지만 말이다.

또 하나의 예가 있는데 그것은 모든 것 중에서 가장 명백한 예이다. 로마제국은 무너졌다. 그러나 사람들이 매우 잘 말한 바와 같이 로마의 정복은 여전히 살아 있으며 이어지고 있다. 샤를마뉴Charlemagne〔카롤링거왕조의 프랑스 왕, 742~814〕에 의해 로마의 정복은 게르만인에게 확대되었는데, 게르만인은 기독교도가 됨으로써 로마화되었다. 정복왕 윌리엄 1세〔1066년 영국을 정복한 노르망디 공, 1027~1087〕에 의해서는 앵글로색슨인에게까지 확대되었고, 콜럼버스에 의해서는 아메리카 대륙에까지, 러시아인과 영국인에 의해서는 아시아와 오스트레일리아까지, 그리고 곧이어 오세아니아 전체로까지 확대되었다. 일본은 이미 이번에는 자신들에게 몰려 들어오기를 바라고 있다. 단 중국만은 심상치 않은 저항을 할 것 같다. 그러나 중국도 역시 언젠가는 동화될 것이라고 가정하자. 그러면 예루살렘을 포함해 아테네와 로마, 다시 말하면 잘 정리되고 결합되어 하나의 다발을 이룬 그들의 창의성과 천재적인 아이디어에 힘입어 형성된 문명 유형이 전 세계를 정복했다고 말할 수 있을 것이다. 모든 인종, 모든 국민이 그리스-로마 문명에 대한 이 한없는 모방적 전염에 협력했을 것이다. 만일 다리우스Darius〔페르시아의 왕,

기원전 550~486)나 크세르크세스 1세Xerxès I [페르시아의 왕 기원전 519?~465)가 그리스를 이겨 페르시아의 지방으로 전락시켰다면, 또는 이슬람교가 샤를 마르텔Charles Martel[카를 마르텔이라고도 함. 프랑크왕국의 재상, 688~741]을 쳐부수고 유럽을 침략했다면, 또는 지난 3,000년 동안 부지런하면서도 호전적이었던 중국이 그들의 발명 정신을 평화의 예술 쪽만큼이나 무기 쪽으로 돌렸다면, 또는 아메리카 대륙 발견 당시에 유럽인이 여전히 화약과 인쇄술을 발명해내지 못해 아즈텍인과 잉카인보다 군사적으로 열등했다면 확실히 사정은 달라졌을 것이다. 그러나 우연은 모든 문명 유형 중에서, 즉 지구상의 여러 곳에 자연 발생적으로 나타난 모든 방사적 발명의 결합체 중에서 우리가 속해 있는 문명 유형이 이기기를 바랬다. 우리의 유형이 우세하지 않았더라도 결국은 다른 유형이 승리했을 것이다. 확실하고 불가피한 것은, 결국 그것들 중 어느 하나가 보편적이 되었다는 것이다. **왜냐하면 모든 것은 보편성을 열망했기 때문이다.** 다시 말하면 모든 것은 광파나 음파처럼, 동물이나 식물의 종처럼, 모방을 통해 기하급수적으로 전파되는 경향이 있었기 때문이다.

4. 모방의 행복한 간섭과 불행한 간섭

이번에는 새로운 종류의 유사를 지적해보겠다. 모방(한 언어의 말, 한 종교의 신화, 한 전술의 비책, 문학 형식 등)은 한 인종이나 국민에서 다른 인종이나 국민으로 넘어가면서 변한다. 예를 들면 인도인에서 게르만인으로 또는 라틴 민족에서 갈리아인으로 넘어가면서 변한다. 이는 물리적 파동이나 생물의 형태가 한 환경에서 다른 환경으로 넘어가면서 변화를 겪는 것과 같다. 몇몇 경우에는 이러한 종류의 확인된 변화들만도 상당히 많아서 그 변화들이 이루어지는 일반적이고 한결같은 방향을 알아볼 수 있을 정도였다. 언어의 경우가 특히 그러하다. 따라서 일반 언어 연구에서 그림Grimm의 법칙*이나 아니 그보다는 레누아르F. Raynouard〔프랑스의 언어학자, 1761~1836〕의 법칙은 언어학의 굴절법칙이라고 말할 수 있다.

이들의 법칙은 다음과 같은 것을 우리에게 가르쳐준다. 레누아르의 법칙은 라틴어의 여러 낱말이 로마 사회에서 스페인이나 갈리아 사회로 넘어가면서 동일한 특징적인 방식으로 변했다는 것, 즉 각각의 문자가 특정한 다른 문자가 되었다는 것을 가르쳐준다. 그림의 법칙은 독일어나 영어의 이런저런 자음이 산스크리트어나 그리스어의 어떤 다른 자음에 대응한다는 것을 가르쳐준다. 이는 근본적으로 모어母語가 원시 아리아 사회에서 게르만이나 고대 그리스 또는 힌두 사회로 넘어가면서 앞에서 지적한 방향으로 자음들을 바꾸었다는 것을 뜻한다. 즉 어떤 경우에는 유기음有氣音을 경음硬音으로, 다른 경우에는 경음을 유기음으로 대체하는 식이다.

만일 종교가 언어만큼 그 수가 많다면(언어는 그 수 자체가 그렇게 많지 않아 법칙으로 공식화할 수 있을 만큼 일반적인 고찰에 충분한 비교 기반을 제시하지 못하지만), 그리고 특히 각각의 종교에서 종교적인 관념들이 각 언어의 말만큼이나 그 수가 많다면, 비교신화학에도 앞서 말한 언어학의 법칙과 유사한 신화학의 굴절법칙이 있을 것이다. 사실 어느 한 주어진 신화, 예를 들면 케레스Ceres〔로마 신화에 나오는 농업의 여신〕나 아폴론Appolon의 신화는 그것을 받아들인 여러 민족들의 천재성이 그 신화에 새겨넣은 수정 사항들을 통해서 잘 이해될 수 있다. 그러나 그렇게 비교할 수 있는 신화들은 많지 않기 때문에, 그 신화들이 동일한 민족에게서 서로 다른 시기에 받은 변경에서 포

---

* 그림의 법칙 : 인도-유럽어족과 게르만어 사이의 자음추이子音推移의 법칙. 독일의 언어학자 그림 J. Grimm〔1785~1863〕이 《독일어 문법Deutsche Grammatik》에서 제창했다. 자음추이의 개략은 ① 인도-유럽어족의 무성 폐쇄음 p, t, k는 게르만어에서 무성 마찰음 f, θ, h로, ② 인도-유럽어족의 유성 폐쇄음 b, d, g는 게르만어에서 무성 폐쇄음 p, t, k로, ③ 인도-유럽어족의 유성 대기음 bh, dh, gh는 게르만어에서 유성 폐쇄음 b, d, g로 된다.

착할 수 있는 공통된 특징들은 찾아볼 수 없으며 일반적으로 유사하다는 것만 볼 수 있을 것이다. 그럼에도 동일한 종교 관념들이 베다교에서 브라만교나 조로아스터교로, 또 모세의 율법에서 그리스도나 마호메트로 넘어가면서, 또는 기독교의 이단 종파들과 그리스정교, 로마교회, 영국 국교회, 프랑스 교회 등의 여러 교회를 거쳐가면서 취했던 형태들에 관한 연구에서 관찰할 만한 것이 많이 없는가? 아니 오히려 이와 같은 문제에서 주목할 수 있는 것은 이미 모두 말해졌다. 추려내기만 하면 된다.

예술 비평가들도 마찬가지로 회화, 음악, 건축, 시에서 민족마다 시대마다, 그리고 네덜란드, 이탈리아, 프랑스 같은 일정한 예술 지역마다 고유한 예술의 굴절법칙이라고 부를 만한 것을 어렴풋이나마 예감했다. 나는 고집부리지 않는다. 그렇지만 테오크리토스Theokritos〔그리스의 시인, 기원전 310~250〕가 베르길리우스에게서, 메난드로스Menandros〔고대 그리스의 신희극 작가, 기원전 342~292〕가 테렌티우스Terentius〔고대 로마의 극작가, 기원전 185?~159〕에게서, 플라톤Plato이 키케로Cicero〔로마의 정치가, 기원전 106~43〕에게서, 에우리피데스Euripides〔그리스의 비극 시인, 기원전 484~406?〕가 라신Racine〔프랑스의 비극 작가, 1639~1699〕에게서 굴절되었다고 말하는 것은 단순한 은유와 말장난인가?

또 하나의 유사를 보자. 즉 파동이나 생물 유형 사이에 간섭이 있는 것처럼 모방이나 사회적 사물 사이에도 간섭이 있다. 두 개의 파동, 즉 거의 비슷한 두 개의 물리적 **사물**이 각기 다른 두 발생원에서 따로따로 전파된 다음 동일한 물리적 **존재**, 즉 동일한 물질의 입자에서 만나게 될 때, 그것들의 충돌이 동일 직선상에서 같은 방향으로 일어나느냐 아니면 정반대 방향으로 일어나느냐에 따라 그 충격은 강해지거나 약해진다. 첫 번째 경우에는 복합적인 더 강력한 새로운 파가 생겨나 이 새로운 파 자체가 퍼지는 경향이 있다. 두 번째 경우에는 경쟁하는 두 파동 중 어느 한쪽이 다른 한쪽을 이길 때까지 투쟁과 부분적인 파괴가 있다. 마찬가지로 매우 비슷한 두 종의 유형, 즉 두 개의 생물적 사물이 세대에서 세대로 따로따로 번식한 다음 같은 장소에서 만날 뿐만 아니라(서로 싸우거나 잡아먹는 여러 동물의 경우인데, 이것은 엄밀하게 말하면 물리적인 만남일 것이다), 더 나아가 하나의 같은 생물 존재, 즉 이종교배를 통해 수정된 하나의 같은 난세포에서 만나게 될 때에도(이것이야말로 유일한 종류의 진정으로 생물적인 만남이자 간섭이다) 무슨 일이 일어나는지를 우리는 안다. 이때 그 산물이 부모보다 더 우월한 생명력을 지니며 동시에 생식력이 더 커서 번식이 더 빠른 경우, 그것은 계속 그 수가 더 늘어나는 후손에게 독특한 성격을 전해준다(이것이야말로 생명의 진정한 발명이다). 그렇지 않고 그 산물이 더 허약해서 몇몇 퇴화한 후손을 낳는 경우, 이때에는 원종原種이 억지로 결합된 양립할 수 없는 두 성격은 지체 없이 결별하며 하나의 성격이 다른 성격을 밀어내고 최종적으로 승리한다. 또 마찬가지로 두 개의 믿음과 두 개의 욕망 또는 하나의 욕망과 하나의 믿음, 한마디로 말해 두 개의 사회적 사물들이(사회적 사실은 교의, 감정, 법칙, 욕구, 관습, 풍속 등의 다양한 이름으로 불리지만 그것을 끝까지 분석해보면 그 안에는 욕망과 믿음밖에 없다) 일정한 시간 동안 교육이나 본보기 말하자면 모방을 통해서 세상에서 각자 따로따로 자신의 길을 갔지만, 결국 그것들은 종종 서로 만난다. 진실로 심리적이며 사회적인 만남과 간섭이 일어나기 위해서는, 그 두 사회적 사물이 동일한 뇌 안에 공존하면서 동일한 정신 상태나 마음 상태의 일부를 이루어야 할 뿐만 아니라, 또한 한쪽이 다른 쪽에 대해 수단이나 장애로도 나타나거나 아니면 다른 쪽이 그 귀결이 되는 원리로 또는 다른 쪽이 부정하는 긍정으로도 나타나야 한다. 서로 돕지도 해치지도 않고 또 서로 옳다고 증명해주지도 모순되지도 않는 것 같은 믿음과 욕망의 경우, 그것들은 서로 간섭할 수 없을 것이다. 이는 이질적인 두 파동이나 너무 멀리 떨어져 있어 교미할 수 없는 두 생물 유형이 서로 간섭할 수 없는 것과 같다. 만일 그것들이 서로 도와주거나 확증해줄 것 같으면, 그것들은 그렇게 보이거나 그렇게 인식된다는 것만으로도 결합해 하나의 새로운 실천적이거나 이론적인 발명이 된다. 그리고 이번에는 이 새로운 발명이 또다시 그 구성 요소들처럼 모방적 전염에 따라 퍼지게 된다. 이 경우에는 욕망의 힘이나 믿음의 힘의 증가가 있었다. 이는 그에 해당하는 행복한 물리적 또는 생물적 간섭의 경우에 추진력과 생명력의 증가가 있었던 것과 같다. 이와 반대로 만일 서로 간섭하는 사회적 사물들(명제나 계획, 교의나 관심, 확신이나 정열)이 한 개인의 정신이나 한 국민 전체의 정신에서 서로 해치거나 모순된다면, 이 개인의 정신이나 국민의 정신은 정체되어 망설임과 의심에 빠지며, 마침내는 급격한 노력에 의해서든 완만한 노력에 의해서든 그 개인의 정신이나 국민은 둘로 찢어지고 가치가 덜 한 믿음이나 정열 쪽을 희생시킨다. 이렇게 해서 생명은 잘못 짝지은 두 유형 사이에서 선택을 행한다. 앞의 것과는 약간 다르지만 특히 중요한 경우는 다음과 같은 것이다. 즉 한 개인의 정신에서 좋게 또는 좋지 않게 간섭하는 두 개의 믿음, 두 개의 욕망, 또한 하나의 믿음과 하나의 욕망이, 그 한 개인에게만 속하는 것이 아니라 일부분은 그에게 또 일부분은 그의 동료들 중 어느 한 사람에게 속하는 경우이다. 이때 간섭은 문제의 개인이 그 자신의 관념에 다른 사람의 관념이 주는 확증이나 반박을 인식하거나, 그 자신의 의지에 다른 사람의 의지가 일으키는 이익이나 손해를 인식하는 것으로 이루어진다. 바로 여기에서 공감과 계약이, 아니면 반감과 전쟁이 생겨난다.[7]

---

[7] 내가 유전과 모방 사이에 밝혀낸 유사는, 그 두 형태의 보편적 반복이 각각 자신에게 고유한 창조나 발명의 형태와 맺는 관계에서조차 증명된다. 사회가 젊고 상승세에 있으며 생명력이 넘쳐 흐르는 동안에는, 우리는 그 사회에서 발명, 새로운 계획, 뛰어난 창의가 빠르게 계속 이어지며 사회 변화를 가속화하는 것을 볼 수 있다. 그다음 발명의 활기가 다 고갈된다 하더라도, 인도, 중국, 로마제국의 말기와 같이 모방이 그 흐름을 계속 이어간다. 그런데 생물계에서도 사정은 똑같다. 예를 들면 고드리A. Gaudry〔프랑스의 고생물학자, 1827~1908〕 씨는 《동물세계의 연쇄Enchaînement du monde animal》(중생대)에서 부수적으로 갯나리류(극피동물)에 대해서 말한다.

그러나 이 모든 것은 명료해질 필요가 있다고 나는 느낀다. 세 개의 가정을 구분해보자. 두 믿음의, 두 욕망의, 그리고 하나의 믿음과 하나의 욕망의 행복한 간섭. 그리고 간섭하는 사물들이 동일한 개인에게서 나타나는지 나타나지 않는지에 따라서 그 각각의 구분을 세분해보자. 그다음에는 불행한 간섭에 대해서 한마디 하겠다.

(1) 내가 **상당히 그럴 듯하다**고 간주해온 하나의 추측이, 내가 **거의 확실하다**고 여기는 하나의 사실을 읽거나 상기하면서 나라고 하는 동일한 정신 상태 안에 떠오를 때, 만일 이 사실이 그 추측을 확증하며 그 사실이 그 추측에서 유래한다는 것(다시 말하면 그 사실을 표현하는 특칭 명제가 그 가정을 표현하는 일반 명제 안에 포함된다는 것)을 내가 갑자기 알아차리게 된다면, 곧 이 가정은 내가 보기에는 훨씬 더 그럴 듯한 것이 되며 이와 동시에 그 사실은 나에게는 완전히 확실한 것처럼 보인다. 그래서 전적으로 **믿음의 증가**가 있었다. 그리고 그 결과는 하나의 발견이다. 사실 이 논리적 포함 관계에 대한 인식은 그중 하나다. 뉴턴이 인력의 법칙을 추측한 다음 그것을 달에서 지구까지 거리의 계산과 대조하고 그 사실이 그의 가설을 확증한다는 것을 알아차렸을 때, 그는 다른 것을 발견한 것이 아니었다. 어느 한 국민 전체가 한 세기 내내, 예를 들면 성 토마스 아퀴나스St. Thomas Aquinas〔이탈리아의 신학자, 1225?~1274〕, 아르노A. Arnauld〔프랑스의 신학자,

---

"그것들은 고생대의 화려함의 하나였던 형태의 놀랄 만한 다양성을 잃어버렸다. **그것들은 많이 변형될 힘은 더 이상 없었지만 유사한 개체를 재생산할 능력은 여전히 지니고 있었다.**" 그러나 이것은 항상 그렇지는 않다. 지질학 시대에 동물의 몇몇 과科와 몇몇 속屬은 가장 화려한 시기를 거친 다음 사라진다. 암모나이트가 그러했다. 이 놀라운 화석은 중생대에 돌연변이를 거쳐 매우 다양하게 번성한 다음 영원히 사라졌다. 역사라는 하늘에서 하루살이 별처럼 어느 날 빛났다가 갑자기 꺼져버린 저 화려하고 단명한 문명도 역시 그러하다. 키루스 2세Cyrus Ⅱ〔페르시아 제국의 건설자, 기원전 585~529〕의 페르시아, 그리스의 몇몇 도시국가들, 알비Albi 전쟁(1209~1229) 당시의 남프랑스, 이탈리아의 공화국들 등이 그러하다. 이 문명들이 생산하다 지쳐버렸을 때는 자신을 재생산할 힘조차 더 이상 남아 있지 않았다. 사실 대부분의 경우 그 문명들은 격렬한 파괴로 말미암아 자신을 재생산하지 못했다.

1612~1694), 보쉬에J. B. Bossuet(프랑스의 신학자, 1627~1704)처럼 박식한 사람을 따라, 그들의 교의가 당시의 과학 상태와 비슷하게 일치한다고 확인하거나 확인했다는 생각을 한다고 가정해보자. 그러면 여러분은 믿음이 넘치는 이 큰 강이 흘러서, 이치를 따지기 좋아하고 창의적이며 호전적인 13세기와 또한 얀센파* 및 갈리아주의gallicanisme**가 활약하는 17세기를 풍부하게 한 것을 볼 것이다. 이러한 조화도 또한 하나의 발명에 불과하다.《신학대전》, 포르 루아이얄Port-Royal(프랑스 파리 근교의 수녀원으로 얀센파의 본거지)과 프랑스 성직자의 교리문답, 그리고 정도는 다르지만 데카르트에서 라이프니츠에 이르기까지 그 시대의 모든 철학 체계가 그 발명의 다양한 표현이다. 이제 우리의 일반적인 가설을 조금 수정해보자. 나와 이야기하고 있는 친구들 중 한 명이 전혀 인정하지 않는 하나의 원리를 나는 인정하고 싶다고 가정해보자. 그런데 그 친구는 진실이라고 간주하지만 내 생각으로는 증명이 이루어지지 않은 사실들을 그를 통해 알게 된다. 게다가 그 사실들이—만일 그것들이 증명되었다면—내 원리를 완전히 증명하는 것 같다. 아니 오히려 **나에게는 그러한 것 같았다**. 그때부터는 나도 그 사실들을 받아들이고 싶어 한다. 그러나 그 사실들에 관해서만 믿음이 증가하는 것이지 원리에 관해서는 아니다. 따라서 이러한 종류의 발명은 불완전하다. 그리고 내 친구가 증거를 제시하면서 그 사실들의 진실성에 대해 나보다 더 큰 믿음을 나에게 전하기 전에는, 또는 나 자신이 내 원리의 진실성을 그에게 보여주기 전에는 그 발명은 사회적 효과가 전혀 없을 것이다. 그러나 바로 그것이 자유롭고 폭넓은 지적 교류의 장점이다.

(2) 탐욕스러우면서 허영심이 강한 중세 최초의 상인을 생각해보자. 그

---

* 17세기 네덜란드의 코르넬리우스 얀세니우스Cornelius Jansenius가 주장한 교회개혁운동, 극도로 엄격한 신앙생활과 윤리를 강조.
** 프랑스 교회의 자주권과 자유권을 옹호하는 이론.

는 장사로 부자가 되고 싶었지만 귀족이 아니라는 것에 괴로워했다. 그런데 그는 그 허영심을 위해서 자신의 탐욕을 이용할 가능성(나중에 자신과 가족을 위해 돈을 주고 귀족 신분을 얻을 수 있는 가능성)을 엿보았다. 그때 그는 훌륭한 발견을 했다고 생각했다. 그리고 사실 그를 모방한 자도 많았다. 이 뜻밖의 전망에서 그의 두 정열이 동시에 더 심해진 것은 사실이 아닌가? 금이 그의 눈에는 새로운 가치를 지녔기 때문에 그의 탐욕이 커지지 않았는가? 간절히 바랐지만 지금까지 낙담시켜 온 꿈의 대상〔귀족 신분〕을 얻을 수 있게 되었기 때문에 그의 허영심도 커지지 않았는가? 어쩌면 과거로 그렇게 멀리 거슬러 올라갈 것도 없을 것이다. 상인과는 반대로 재산을 모으기 위해 정치를 하려던 최초의 변호사의 생각만큼 매우 나쁜 생각도 또 호응받지 못한 행동도 없는데, 이 경우를 생각해보아도 좋을 것이다. 다른 예들을 보자. 내가 사랑을 하고 있고 또 시를 쓰고 싶은 열정도 갖고 있다고 가정해보자. 그때 나는 이 사랑을 시작열詩作熱을 고취하는 데 쓴다. 그러면 나의 사랑 감정은 더해지며 시작열은 더 뜨거워진다. 얼마나 많은 시들이 그런 간섭에서 생겨났는가! 또 다른 예를 보자. 내가 박애주의자이며 또 세상 사람들의 이야깃거리가 되기를 좋아한다고 가정해보자. 그러면 나는 동포들에게 좋은 일을 더 많이 하기 위해 이름을 떨치려 하거나 아니면 유명해지기 위해 그들에게 도움이 되려고 한다. 역사적으로 보면 이와 동일한 사실은 특히 호전적인 원정대의 정열과 기독교의 열광이 오랫동안 대립한 다음 서로 지지한 데서 생겨난 십자군의 발발에 의해서, 또는 이슬람교의 침입에 의해서, 1789년 프랑스 혁명과 그 후 수년에 걸친 농민 반란에 의해서, 그리고 수많은 비열한 정열이 고귀한 정열과 손잡은 모든 혁명에 의해서 표현된다. 그러나 다행히도 사회의 기원으로까지 거슬러 올라가면, 다음과 같이 혼자 중얼거린 최초의 인간의 예는 더 전염적이었다. 나는 배가 고프고 나의 이웃은 춥다. 나에게는 소용없는 이 옷을 그에게 주고 그가 너무 많이 갖고 있는 양식과 교환하면, 먹고 싶은 **나의** 욕구는 입고 싶은 **그의** 욕구를 만족시키는 데 쓸모 있으며 그 반대도 마찬가지다. 훌륭한 생각이다. 오늘날에는 매우 단순한 생각이지만 역사의 초기에는 매우 독창적인 것이었다. 노동, 상업, 돈, 법률 및 모든 예술은 거기에서 생겨났다(나는 사회가 그러한 생각에서 생겨났다고 말하는 것은 아니다. 왜냐하면 사회는 이미 의심할 바 없이 교환 이전에 어떤 사람이 다른 사람을 모방한 날부터 존재했기 때문이다).

주목해야 할 것은 새로운 종류의 전문 노동, 새로운 직업이 각각 이전의 것과 유사한 발명의 결과로 생겨났다는 점이다. 이전의 발명은 대부분의 경우 작자 불명이지만 그래도 역시 확실하며 그런 이유에서 중요하다.

(3) 그렇지만 역사적 중요성으로는 그 어떤 정신적 간섭도 욕망과 믿음의 간섭에 미치지 못한다. 그러나 확신이나 의견이 어떤 성향과 접목되어 그 성향에 영향을 끼치면서 또 다른 욕망을 불러일으키는 수많은 경우들은 이 범주에 넣어서는 안 된다. 이러한 경우들을 제외해도, 불시에 떠오르는 관념이 명제로서 어떤 욕망과 만나 그 욕망을 자극해 영향을 미치는 수많은 경우는 여전히 있다. 예를 들면 나는 연설을 잘 하는 하원의원이 되고 싶었는데, 친구는 내가 조금 전에 진정한 연설 재능을 발휘했다고 찬사를 보내면서 내게 그 말을 믿게 한다고 가정해보자. 이러한 설득은 나의 야심을 증대시킨다. 그런데 내 야심은 내가 확신을 갖게 하는 데 기여한다. 이와 똑같은 이유에서 역사적 오류, 잔악하거나 터무니없는 중상모략, 광기는 모두 정치적 열정 덕분에 쉽게 퍼지며, 정치적 열정은 바로 그러한 것들에 힘입어 불타오른다. 게다가 믿음은 욕망을 부추긴다. 어느 때는 믿음이 그 욕망의 대상을 더 실현 가능한 것으로 판단하게 하기 때문이며, 또 어느 때는 믿음이 그 욕망에 대한 동의이기 때문이다. 또한 우리의 믿음과 욕망의 대조를 끝까지 계속하면, 다음과 같은 일도 있을 수 있다. 즉 비록 어떤 사람이 다른 사람과 같은 믿음을 갖고 있지 않으며 또 그 다른 사람도 그와 같은 계획을 갖고 있지 않지만, 그는 자신의 계획에 유리하게

끔 다른 사람의 믿음을 이용할 수 있음을 알아차린다는 것이다. 바로 그러한 알아차림은 많은 사기꾼들이 이용해왔고 아직도 이용하는 하나의 **뜻밖의 발견**이다.

이 특별한 종류의 간섭과 거기에서 생겨나는 이름 없는 중대한 발견들은 세계를 이끄는 주요한 힘에 속한다. 그리스인이나 로마인의 애국심은 환상에 의해 부채질된 열정 또는 열정에 의해 부채질된 환상이 아니라면 도대체 무엇인가? 여기에서 열정이란 야심, 탐욕, 명예심이며 환상이란 자신들의 우월성에 대한 과장된 믿음, **인간중심주의적인** 편견, 즉 우주에서 이 작은 점에 불과한 지구가 온 세상이며 아울러 지구라는 이 작은 점에서 로마나 아테네만이 신의 관심을 받을 가치가 있다고 생각하는 오류다. 그리고 아랍인의 광신, 기독교의 포교열, 혁명적인 자코뱅 당파의 선전이 대부분 열정과 환상이 서로를 부추기면서 열정이 환상으로 환상이 열정으로 놀랄 정도로 발전하는 것이 아니라면 도대체 무엇인가? 그리고 이 세력들이 (사실 그것들이 폭발해 역사적으로 자리 잡기 훨씬 이전에) 태어나는 것은 언제나 한 사람, 즉 하나의 **발생원**에서다. 정복, 불멸, 인간의 갱생이라는 헛된 욕망에 시달린 한 정열적인 인간이 그의 갈망에 뜻밖의 출구를 열어주는 어떤 관념을 우연히 만난다. 그것은 부활이나 천년왕국의 관념일 수도 있고, 인민주권이라는 교의와 **사회계약론**의 그 밖의 문구일 수도 있다. 그가 그 관념을 껴안으면 그 관념은 그를 끓어오르게 한다. 그리하여 그는 사도가 된다. 정치적 또는 종교적인 전염은 이런 식으로 퍼진다. 이렇게 해서 국민 전체가 기독교나 이슬람교로 개종되며, 사회주의로의 개종도 어쩌면 내일 이루어질지도 모른다.

그런데 지금까지 말한 것에서는 **결합으로서의 간섭**만이 문제였다. 그 결과 생겨나는 것은 욕망과 믿음이라는 두 심리량心理量의 발견이자 덧셈이며 증가다. 그렇지만 역사라는 이 정신적인 계산 활동의 긴 연속은 적어도 결합으로서의 간섭만큼이나 많은 **투쟁으로서의 간섭**도 불러일으킨다. 이 내적인 대립이 한 개인의 욕망들이나 믿음들 사이에서 일어날 때에는—그리고 이런 경우에만—그 심리량을 고스란히 잃어버리거나 그 양이 감소하는 일이 생겨난다. 이러한 간섭이 고립된 개인 내면 여기저기에서 어렴풋이 일어날 때, 그것은 심리학자가 아니라면 거의 눈치채지 못하는 현상이다. 그때 (1) 한편으로 경솔한 이론가나 정치 예언가의 경우, 자신의 이론을 부정하거나 예언을 비웃는 사실을 보게 될 때 그들은 실망하고 점점 회의를 느끼게 된다. 그리고 진지하고 학식 있는 신자들은 자신들의 학문이 종교나 제도와 상충되는 것을 느끼게 될 때 지적으로 허약해진다. 또 다른 한편으로 사적인 논의, 재판상의 논의, 의회의 논의 경우에는 믿음이 식어버리기는커녕 반대로 다시 뜨거워진다. (2) 한편으로는 양립할 수 없는 두 재능이나 두 성향 사이에서—학문에 대한 욕구와 문학적 갈망 사이에서, 사랑과 야심 사이에서, 게으름과 자존심 사이에서—싸우는 사람이 고통스러운 무기력 상태에 어쩔 수 없이 빠지면서 조금씩 자살에 이르는 경우가 있다. 다른 한편으로는 모든 종류의 경합이나 경쟁이 모든 기력을 발휘하게 하는 경우가 있는데, 이것은 오늘날 생존 경쟁이라고 불린다. 마지막으로는 다음과 같은 것이 있다. (3) 한편으로는 실망의 병—매우 강해지고 싶지만 그럴 수 없다고 매우 강하게 믿는 정신 상태, 기다림에 지친 연인이나 결혼 상대자들이 빠지는 파탄—에 걸리거나 아니면 양심의 가책이나 후회의 고뇌—자신이 소망한 대상을 나쁘다고 여기거나 자신이 혐오한 대상을 좋다고 여기는 정신 상태—를 하는 경우가 있다. 다른 한편으로는 어떤 것을 매우 강하게 바라는 아이들의 기획과 열정에 대해서, 그것은 불가능하거나 위험하다고 매우 강하게 믿는 부모가 반대하는 경우나 또는 어떤 개혁가들의 기획과 열정에 대해서 신중하고 경험 많은 사람들이 저항하는 경우가 있다. 그렇지만 이때의 저항은 그들의 열정을 조금도 가라앉히지 못한다는 것을 우리는 잘 알고 있다.

    이러한 현상이 대규모로 일어나고 커다란 사회적 흐름, 즉 강력한 모방열에 힘입어 증폭되면, 그 현상은 근본적으로는 언제나 똑같지만 여러 가지 이름으로 역사의 영광을 얻는다. 그러한 현상은 다음과 같은 것이 된다. (1) 한편으로는 서로 대립하는 두 종교나 두 교회 사이에서 또는 서로 모순되는 사제와 학자 사이에서 국민을 무기력하게 하는 회의주의가 된다. 다른 한편으로 신앙의 불일치가 그 유일한 주된 동기일 때에는 한 국민과 다른 국민 간의 종교전쟁이 된다. (2) 한편으로는 어떤 국민이나 계급이 그들의 영원한 관심사인 안락함이나 평화의 욕구와는 반대되는 새로운 욕구를 만들어냈을 때—예를 들면 호전적인 정신의 증가가 꼭 필요하다고 할 때—나, 아니면 그들의 자연적인 본능(자연적인 본능도 말하자면 근본적으로는 역시 인위적인 것, 즉 외부에서 도입되어 채택된 것으로 시작했다. 그렇지만 부자연스러운 열정보다는 훨씬 오래전부터 있었다)과 모순되는 부자연스러운 열정을 만들어냈을 때에는, 그 국민이나 계급의 무기력과 실패가 된다. 다른 한편으로는 외국과의 정치 전쟁 대부분이 이 경우에 해당된다. (3) 한편으로는 어떤 국민이나 계급을 전에는 열광과 신앙의 폭발로 벗어났던 역사의 허무 속으로 점차 되돌아가게 하는 쓰라린 절망이 된다. 아니면 기독교와 기사도의 전통적인 옛 준칙이 열심히 일하며 실리를 추구하는 새로운 갈망과 어울리지 않는 사회의 경우, 거북하고 고통스러운 대립 상태가 된다. 다른 한편으로는 진정한 의미에서의 대립, 즉 보수주의자들과 혁명가들 사이의 투쟁이나 내전이 된다.

그런데 개인의 경우건 국민의 경우건 회의, 무기력, 절망이라는 이 괴로운 상태와 더욱이 논쟁, 싸움, 대립이라는 이 격렬한 상태는 인간에게 그런 상태를 넘어서도록 강하게 압박한다. 그러나 인간은 믿음과 욕망이라는 그의 주된 두 힘이 직접적으로 약해진 괴로운 상태에서 벗어나는 데는 매우 자주 또 오랫동안 성공하지만, 바로 그 격렬한 상태는 결코 넘어서지 못하거나 아니 벗어난다 하더라도 곧 거기로 되돌아간다. 격렬한 상태는 괴로운 상태보다 더 고통스러워도 어느 정도까지는 또 일시적으로는 믿음과 욕망의 증가이기 때문이다. 바로 그래서 인간들 사이의 이 끝없는 분열, 경쟁, 충돌이 생겨난다. 각각의 개인은 어떤 논리적인 사상체계와 일관성 있는 행동을 채택함으로써 그 자신과 최종적으로 타협했지만 말이다. 또한 모든 사람을 괴롭히는 전쟁과 소송을 근절하는 것이 불가능하거나 거의 불가능한 것처럼 보이는 것도 그래서 생겨난다. 몇몇 사람이 겪는 욕망 또는 의견 간의 내면적인 싸움은 대부분 마음속에서 최종적인 평화 조약에 이르지만 말이다. 그리고 또한 우리 시대에만 고유하지 않고 모든 시대에 존재하는 이 영원한 사회 문제라고 하는 머리가 백 개 달린 히드라의 무한한 재탄생도 그래서 생겨난다. 왜냐하면 그것은 의기소침하게 하는 상태가 어떻게 끝날 것인가를 묻는 것이 아니라 격렬한 상태가 어떻게 끝날 것인가를 묻는 것이기 때문이다. 달리 말하면 그것은 다음과 같은 문제들은 묻지 않는다. 과학과 종교 중 어느 것이 대다수 사람들의 정신에서 이길 것인가 또는 이겨야 하는가? 최종적으로 사람들의 마음에서 우세할 것이며 또 우세해야 하는 것은, 사회적 규율을 향한 욕구인가 아니면 질투, 자부심, 증오심에서 나오는 반역을 향한 충동인가? 예전 지배계급이 현재의 무기력 상태에서 훌륭히 빠져나오게 되는 것은, 그들이 지닌 과거의 특권을 과감하게 적극적으로 포기하고 물려주는 것에 의해서 비롯될 것인가 아니면 그와는 반대로 성공에 대한 희망과 믿음의 새로운 폭발에서 비롯될 것인가? 그리고 새로운 사회는 그에 어울리게끔 도덕과 명예에 관한 문제를 정당하게 개조할 것인가 아니면 오래된 도덕이 사회를 다시 사로잡는 힘과 권리를 가질 것인가? 이러한 문제들은 확실히 곧 해결될 것이며 현재로서도 그 해결을 예감하는 것은 쉬운 일이다. 그러나 이와는 아주 달리 까다롭고 어려운 것은 다음과 같은 문제들인데 이런 것들이 진정으로 사회문제를 이룬다. 소수의 분리파를 다소 강제로 배제하거나 개종시켜서 어느 날 정신의 완전한 만장일치가 확립되는 것은 좋은 일인가 아니면 나쁜 일인가? 그리고 이런 일이 언젠가 확립될 것인가? 개인 간의 야심에 찬 상업 및 직업상의 경쟁과 아울러 국민 간의 정치적 군사적 경쟁이, 그토록 꿈꿔온 노동조직이나 적어도 국가사회주의에 의해서 또는 세계적인 거대 연방이나 적어도 유럽합중국을 향한 첫발인 새로운 유럽 균형에 의해서 억제되는 것은 좋은 일인가 아니면 나쁜 일인가? 그리고 미래는 우리에게 그것을 보장하는가? 절대적으로 최고의 권한을 가졌으며 매우 많은 것을 할 수 있는 강력하면서도 자유로운 사회적 권위가, 모든 통제와 모든 저항에서 벗어나 마침내는 어떤 당이나 국민의 독재적이거나 인습적인 절대권력이면서도, 또 한편으로는 상상할 수 있는 것 중에서 가장 박애적이고 지혜로운 절대권력의 모습을 보여준다면 그것은 좋은 일인가 아니면 나쁜 일인가? 그리고 우리는 이러한 전망을 기대해야 하는가?

  이것이야말로 문제다. 그 문제가 두려운 것은 그것이 이런 식으로 제기되기 때문이다. 왜냐하면 개인과 마찬가지로 인류도 언제나 가장 큰 진리와 힘의 방향, 즉 확신과 신뢰의 합이 가장 큰 방향으로, 한마디로 말해서 믿음의 합이 가장 큰 방향으로 움직이기 때문이다. 그리고 그 믿음의 **최대치**에 도달할 수 있는 것은 토론, 경쟁 및 비판의 발전을 통해서인지, 아니면 반대로 그것을 억제하고 단 하나의 사상이나 의지만이 모방을 통해 무제한 펼쳐져 그 사상이나 의지가 확산되는 동시에 공고해지는 것을 통해서인지는 생각해볼 문제다.

5. 반복의 세 가지 형태 간의 차이

그런데 지금까지의 여담은 우리에게 다른 곳에서 더 잘 다루어질 문제를 예감하게 해준다. 이 장의 주제로 돌아가 반복의 세 가지 형태 간의 주요 유사점을 검토한 다음, 그것들의 차이에 대해 한마디 해보자. 그것들의 차이도 역시 도움이 되기 때문이다. 우선 이 세 형태 간의 상관성은 일방적인 것이지 상호적인 것이 아니다. 생식은 파동이 없으면 안 되지만 파동은 생식을 필요로 하지 않는다. 그리고 모방은 파동과 생식에 의존하지만, 그 둘은 모방에 의존하지 않는다. 키케로의 《국가론 la République》 수사본은 이 천 년이 지나서 재발견되었으며, 우리는 그것을 인쇄하고 거기에서 영감을 얻고 있다. 만일 양피지의 분자가 오래가지도 확실하게 진동하지도 않았다면(진동은 주변 온도의 영향을 받는 것에 불과하더라도), 게다가 만일 인간의 생식이 키케로 이후 현재까지 끊임없이 일어나지 않았다면 이 사후 모방은 일어나지 않았을 것이다. 다른 모든 경우와 마찬가지로 이 경우에도 가장 복잡하고 가장 자유로운 항목(모방)이 가장 그렇지 못한 항목들(파동과 생식)에게서 도움을 받는다는 것은 주목할 만하다. 이 점에 관한 세 항목 간의 불평등은 실제로 명백하다. 파동은 등시적等時的이고 연속적이며 서로 연결되는 반면에, 생물은 그 존속 기간이 아주 다양하며 서로 떨어져 있고 분리되어 있다. 또 고등생물일수록 그만큼 더 독립적이다. 생식은 자유로운 파동인데, 그 파波는 각각 별개의 세계를 만들어낸다. 모방은 그보다 더하다. 모방은 매우 멀리에서뿐만 아니라 긴 시간 간격을 두고서도 행해진다. 모방은 수천 년이나 떨어져 있는 발명가와 모방자 사이에, 예를 들면 리쿠르고스 Lycurgus(기원전 9세기 고대 스파르타의 입법자)와 파리의 국회의원 사이에, 폼페이의 프레스코 벽화를 그린 로마의 화가와 거기에서 영감을 얻는 현대의 도안가 사이에, 비옥한 관계를 확립한다. 모방은 원거리의 생식이다.[8] 반복의 세 가지 형태는 반복이 행해지는 영역을 확대하기 위해서, 법칙의 지배를 부술 준비가 항상 되어 있는 요소들의 모든 반란 출구를 성공적으로 봉쇄하기 위해서, 그리고 점점 더 독창적이고 강력한 방법을 통해 소란스러운 군중을 더욱더 강력하고 잘 조직된 대중이 되게끔 강제하기 위해서, 동일한 노력이 세 가지로 되풀이되는 것이라고 말할 수 있을 것이다. 이러한 의미에서 이루어진 진보를 보여주기 위해 물리계에서 태풍, 생물계에서 전염병, 사회계에서 폭동을 비교해보자. 태풍은 차츰 퍼진다. 그 하나의 파만이 떨어져 나와 매질도 없이 폭풍우라는 바이러스를 멀리 옮기는 일은 전혀 없다. 전염병은 이와는 다르게 창궐한다. 전염병은 사방팔방으로 엄습하며 여러 집이나 도시 중 이런 집 저런 도시를 건너뛰기도 하지만, 매우 멀리 떨어져 있는 집과 도시를 거의 동시에 습격한다. 폭동은 전신기가 알리는 소식으로부터 수도에서 수도로 공장에서 공장으로 더 자유롭게 퍼진다. 때로는 전염이 과거, 즉 죽은 시대에서 온다.

또 하나의 중요한 차이가 있다. 모방되는 작품은 최초 작자의 암중모색을 거치지 않고 보통 그것의 완전한 발전 상태에서 모방된다. 따라서 예술의 이 모방 방식은 생물의 모방 방식보다 속도가 빠르다. 그것은 태아(배아), 유년기 및 청년기의 상태를 무시한다. 생명 그 자체가 생략 기술을 모르는 것은 아니다. 왜냐하면 사람들이 믿는 것처럼 (무조건적으로는 아니지만) 일련의 태아 단계가 그 이전의 조상뻘 되는 종의 동물학적 고생물학적인 일련의 단계를 반복한다 하더라도, 개체에서 축소된 모습으로 나타나는 이 느린 생명 형성이 시간이 지나면서 놀랄 정도로 간결해진 것은 분명하기 때문이다. 그러나 우리 눈앞에서 지나가는 세대의 연속에서는 임신과 성장의 기간이 줄어드는 것을 결코 볼 수 없다. 이 관점에서 확인할 수 있는 것은 아버지에서 자녀에게 전해지는 그 어떤 질병이나 개성적인 성격이, 아버지에게 나타난 나이보다 약간 더 이른 나이에 자녀들에게 나타난다는 것이다. 이 미미한 진보를 우리 제조품들의 진보와 비교해보라. 회중

---

8 리보T. Ribot(프랑스의 심리학자, 1839~1916)가 생각하는 것처럼, 기억이 뇌의 영양 섭취의 한 형태일 뿐이라면, 다른 한편으로 영양 섭취가 내적 생식일 뿐이라면, 마지막으로 모방이 사회적인 기억일 뿐이라면(이 주제에 대해서는 나의 《사회논리학》을 보라), 생식과 모방 사이에는 내가 보여준 것처럼 유사뿐만 아니라 근본적인 동일성도 있다는 것이 된다. 그렇다면 기초적이며 지속적인 사회현상인 모방은 영양 섭취를 포함한 폭넓은 의미에서 생식의 결과이자 그 사회적인 등가물일 것이다.

시계, 직물, 핀 등 모든 상품은 처음보다 열 배, 백배나 더 빨리 만들어진다. 파동의 경우 그것은 이 가속 능력에 얼마나 무한히 작은 정도로 참가하는가! 계속 이어지는 파들은 그 온도가 일정하다면 완전히 등시적일 것이다. 즉 그 파들은 발생하고 커지고 소멸하는 데 똑같은 시간이 걸릴 것이다. 그러나 그것들의 운동은 필연적으로 그 매질에 열을 주어 결국에는 그 파들의 연속을 가속화하는 효과가 있다(라플라스P. Laplace〔프랑스의 천문학자이자 수학자, 1749~1827〕는 적어도 이 점에서는 뉴턴의 공식을 수정하면서 음파에 관해 이 사실을 지적했다). 그렇지만 그렇게 해서 단축되는 시간은 얼마 안 된다. 생명에 고유한 반복 메커니즘과 특히 사회에 고유한 반복 메커니즘으로 단축되는 시간은 그보다 훨씬 더 많다. 왜냐하면 이미 말한 바와 같이 모방 작품들은 이전의 진보 단계를 요약해서라도 거쳐야 하는 의무에서 완전히 벗어나기 때문이다. 또한 생물계의 변화도 사회계의 변화보다 훨씬 더 느리다. 진화는 갑작스럽게 일어나지 느리게 일어나지 않는다는 학설의 지지자라 하더라도, 기관차가 승합마차를 대체한 만큼 빠르게 새들의 날개가 파충류의 두 앞다리를 대신하지 못했다는 것은 어렵지 않게 인정할 것이다. 이러한 고찰은 다른 여러 결론을 낳지만 그 중에서도 특히 역사적 자연주의를 본래의 위치로 돌려보낸다. 이 역사적 자연주의에 따르면 한 민족의 제도, 법률, 관념, 문학, 예술은 반드시 또 언제나 그 민족의 토대에서 태어나 싹처럼 천천히 움터서 꽃피운다. 국민이라는 토양 위에서는 그 어느 것도 완전하게 만들어질 수 없다. 이러한 명제가 옳은 것은 한 민족이 그 존재의 자연적인 단계를 다 끝마치지 못한 한에서다. 나중에 말하겠지만, 그 단계에서는 그 민족은 **관습 모방**의 지배적인 영향하에 있으며 그 민족의 변화도 유전〔세습〕과 순수하고 단순한 모방에 제약되어 있다. 그러나 모방이 해방됨에 따라서 예를 들어 혁명적인 프로그램을 하룻밤 사이에 실행하겠다고 위협하는 어떤 급진주의가 나타날 경우, 이른바 역사의 생장 법칙에 근거해서 그럴 위험이 일어날 가능성은 없다고 지나치게 안심해서는 안 될 것이다. 정치에서의 잘못은 있음직하지 않다고 해서 믿지 않는 것이며 또 지금까지 한 번도 본 적이 없다고 해서 전혀 예측하지 않는 것이다.

2장
사회적 유사와 모방

앞 장에서 우리는 모든 사회적 유사의 원인이 모방이라는 명제를 말하기는 했지만, 그 명제를 상세하게 설명하지는 않았다. 그러나 이 공식을 가볍게 받아들여서는 안 될 것이다. 그 명제의 진실과 생물적 물리적 유사에 관한 그와 비슷한 다른 두 공식의 진실을 파악하기 위해서는 그 명제를 잘 이해하는 것이 중요하다. 사회를 보면 첫눈에도 예외와 반론이 많은 것 같다.

1. 모방에 의하지 않은 사회적 유사와 생식에 의하지 않은 생물의 유사

우선 서로 다른 유형에 속하는 두 개의 생물종 사이에는 해부학적인 것이든 생리적인 것이든 종종 많은 유사한 특징들이 있지만, 이 유사한 특징들은 유전적 반복으로는 설명될 수 없을 것 같다. 왜냐하면 많은 경우 그 두 종을 서로 연결해주는 공동의 조상은 그러한 성격이 없었거나 없었음이 틀림없기 때문이다. 고래의 외적인 형태는 어류와 비슷하다. 그렇지만 그 외적인 형태가 어류와 포유류가 생겨났을 것이라고 가정되는 공동의 조상에서 물려받은 것이 아니라는 것은 확실하다. 꿀벌의 나는 기능이 새를 생각나게 한다고 해서, 새와 꿀벌이 그들의 매우 먼 조상에서 날개나 겉날개를 물려받았다고는 더더욱 생각할 수 없다. 왜냐하면 그들의 매우 먼 조상은 아마도 날지 못하고 기어다녔을 것이기 때문이다. 이와 똑같은 고찰은 다원과 로매니스G. Romanes〔영국의 생물학자, 1848~1894〕가 관찰한 것처럼 관계가 매우 먼 많은 동물종이 나타내는 비슷한 본능에도 적용된다. 위험을 피하기 위해 죽은 체하는 본능을 예로 들어보자. 이것은 여우, 곤충, 거미, 뱀, 새에게 공통된 본능이다. 여기에서 관찰되는 본능의 유사성은 물리적 환경의 동일성으로만 설명될 수 있다. 그 이질적인 존재들은 모든 생명에게 본질적이며 그 각각의 존재에게 똑같은 근본적인 욕구를 충족하기 위해 동일한 물리적 환경을 이용하려고 했다. 그런데 물리적 환경의 동일성이, 공기나 물을 통한 빛, 열, 소리라는 파동—공기나 물 자체도 항상 진동하며 게다가 언제나 똑같은 방식으로 진동하는 원자로 구성되어 있다—의 균일한 전파가 아니라면 도대체 무엇인가? 모든 세포와 모든 원형질의 근본적인 기능과 속성의 동일성(예를 들면 영양 섭취와 자극 감응성)에 대해서는, 그 원인을 생명체의 언제나 똑같은 화학 요소들의 분자 구성에서 구해야 하지 않겠는가? 다시 말하면 가령 최초의 단 하나의 원형질 핵만은 자연 발생적으로 형성되었다는 것을 인정하더라도, 분열 생식이건 다른 생식이건 어쨌든 생식에 의해 최초의 원형질 핵에서 전해진 고유한 특이성에서 그 동일성의 원인을 구하기보다는, 오히려 그 화학 요소들의 무한히 반복되는 내부적인 운동 리듬에서 구해야 하지 않겠는가? 결국 내가 말하는 유사의 원천은 반복에 있지만 사실 그 원천은 반복의 물리적인 파동 형태에 있는 것이지, 반복의 생물적인 유전 형태에 있는 것이 아니다.

마찬가지로 독립된 경로를 거쳐 따로따로 독창적인 문명에 도달한 두 민족 사이에도 언제나 언어, 신화, 정치, 산업, 예술, 문학의 관점에서는 일반적인 유사점들이 있다. 한쪽의 또 다른 한쪽에 대한 모방이 전혀 관여하지 않는데도 말이다. "쿡J. Cook〔오스트레일리아를 탐험한 영국의 항해가, 1728~1779〕이 뉴질랜드 사람을 방문했을 때 그들은 롭 로이Rob Roy나 맥키보이MacIvoy의 스코틀랜드 북부 고지 사람과 기이할 정도로 유사했다"(《인종 Espèce humaine》, p. 336)고 카트르파주Quatrefages〔프랑스의 동식물 연구가, 1810~1892〕는 말한다. 마오리족의 사회 조직과 스코틀랜드의 옛 씨족 간의 이 유사성은 분명히 그 어떠한 공통된 전통 자산에서도 비롯하지 않는다. 그리고 언어학자들도 그들의 언어를 어떤 동일한 모어母語에서 이끌어내려고 하면서 시간을 보내지 않을 것이다. 코르테스H. Cortès가 멕시코에 도착했을 때 아즈텍족은 구대륙의 많은 민족과 마찬가지로 왕, 귀족, 농민 계급, 산업 계급이 있었다. 부도浮島와 개량된 관개시설을 지닌 그들의 농업은 중국을 생각나게 했다. 그들의 건축, 그림, 상형문자는 이집트를 생각나게 했다. 그들의 역법曆法은 기이한 것임에도 같은 시기 유럽인의 것과 비슷한 천문학 지식을 갖고 있었음을 증명했다. 그들의 종교가 잔인하긴 해도 그 종교의 식 중 몇 가지, 특히 세례와 고해의 의식에서는 우리 종교와 비슷하다. 세부 사항의 일치는 때때로 매우 놀랄 정도여서, 몇몇 표류자를 통해 구세계에서 제도와 예술이 직접 도입되었다고 믿을 이유가 있다고 보는 사람들도 있었다.[1] 그렇지만 이러한 비교들과 또 동일한 종류의 그 밖의 무수한 비교에 비추어보면, 한편으로는 인간 본성의 근본적인 통일성을, 또 다른 한편으로는 외부 자연의 균일성을 인정하는 것이 더 그럴듯하지 않은가? 인간 본성의 경우, 인간의 유기체적 욕구를 충족시키는 것이 모든 사회진화의 목적인데 이때 그 욕구는 어디에서나 동일하며 또한 인간의 감각과 뇌 구조도 똑같기 때문이다. 외부 자연의 경우, 그 균일성은 거의 비슷한 욕구에

---

[1] 사실 유사한 점들은 여러 가지 있으며 놀랄 정도다. 유럽과 마찬가지로 아메리카 대륙에서도 문명은 "석기시대에서 청동기시대로 동일한 방법에 따라 동일한 형태로" 계속 이행했다. "멕시코의 **구상제단**(丘上祭壇, teocalli)은 이집트의 피라미드에, 북아메리카의 **큰 무덤**mounds은 프랑스의 브르타뉴 지방 및 스키타이[흑해 북부의 초원 지대]의 **봉분**에 견줄 만하다. 그리고 페루의 탑문pylônes은 에트루리아와 이집트의 탑문을 재현한다."(Clémence Royer, 《과학 평론 Revue scientifique》, 1886년 7월 31일) 더욱 놀라운 것은 [스페인 북부 피레네 산맥 지방의] 바스크어가 아메리카 대륙의 몇몇 언어하고만 유사성을 나타낸다는 것이다. 이러한 유사점들의 의의가 떨어지는 것은, 구대륙이건 신대륙이건 두 문명 사이에서가 아니라 수많은 다른 문명들 사이에서 비교 사항들을 약간 인위적으로 끌어오기 때문이다.

거의 똑같은 자원을 제공하며 거의 비슷한 눈에 거의 똑같은 광경을 보여준다. 따라서 외부 자연의 균일성은 불가피하게 어디에서나 상당히 비슷한 산업, 예술, 인식, 신화, 이론을 부추길 수밖에 없기 때문이다. 따라서 앞에서 언급한 것들과 마찬가지로 사실 이 유사들은 다음과 같은 일반 원리, 즉 모든 유사가 반복에서 생겨난다는 일반 원리에 포함될 것이다. 그러나 이러한 유사들이 아무리 사회적인 것이라 해도, 그것들은 생물적 수준과 물리적 수준의 반복을 원인으로 할 것이다. 즉 인간이라는 종을 구성하는 기능 및 기관의 유전적 전달〔생물적 수준의 반복〕과, 인간이 사는 기후와 경작하는 땅을 구성하는 온도, 색깔, 소리, 전기, 화학적 친화력의 파동적 전달〔물리적 수준의 반복〕을 원인으로 할 것이다.

여기에는 전력을 다하는 반론이나 예외가 있다. 겉으로는 그 반론이나 예외가 중대하게 보이지만, 거기에서 나오는 결론은 그저 비교해부학에서 보통 행하는 **상사**analogies와 **상동**homologies을 본 뜬 구분을 사회학에서 할 이유가 있다는 것뿐이다. 그렇지만 예를 들면 곤충 앞날개와 새 날개의 비교처럼 앞에서 문제가 되었던 첫 번째 종류의 일치〔상사〕는 동식물학자에게는 피상적이며 무의미한 것처럼 보일 것이다. 그 일치가 아무리 놀라운 것이라 하더라도 그는 그것에게 눈길조차 주지 않고 그것을 거의 부인한다. 반면에 그는 새 날개, 파충류 발 그리고 어류 지느러미 사이의—그의 관점에서 볼 때 훨씬 더 깊고 분명한—유사에는 가장 높은 가치를 부여한다.[2] 이러한 판단 방식을 동식물학자에게는 허용하면서도, 여러 언어, 종교, 정부, 문명 간의 **기능적 상사**는 동식물학자처럼 무시하고 그것들의 **해부학적 상동**은 동식물학자처럼 존중하면서 다룰 권리를 왜 사회학자에게는 주지

---

2 동식물학자는 의태(擬態, mimétisme)라는 사례에 더 많은 주의를 기울이고 있다. 의태는 지금까지는 해독할 수 없는 수수께끼다. 그러나 자연선택이 사실상 그 열쇠를 제공한다면, 의태는 보통 유전법칙으로, 즉 그 종이 살아남는 데 가장 적합한 개체 변이가 유전에 의해 축적되고 정착되어 마치 변장한 것처럼 다른 종의 겉모습을 띠는 것으로 설명될 수 있을 것이다.

않는지 나는 그 이유를 모르겠다. 이미 언어학자들과 신화학자들은 이러한 정신으로 가득 차 있다. 아즈텍족의 언어에서 테오틀teotl이라는 말이 아무리 그리스어에서 테오스théos라는 말과 똑같이 신을 의미하더라도, 그 어떤 언어학자든 거기에서는 우연한 일치³ 말고는 아무것도 보지 못할 것이다. 따라서 테오틀과 테오스가 똑같은 말이라고는 인정하지 않을 것이다. 그러나 그는 비숍bishop(주교)이 에피스코푸스episcopus(주교)와 똑같은 말이라는 것은 증명할 것이다. 그 이유는 언어의 어떤 요소도 진화하던 도중에 갑자기 그 이전까지의 변형 모두와 분리될 수 없으며, 또한 그 요소가 반영하고 그 요소를 반영하는 다른 요소들과 별개로 생각할 수 없기 때문이다. 따라서 그 요소가 동떨어져서 변화할 때의 어느 한 단계와 다른 어족에서 빌려온 다른 언어가 변화할 때의 어느 한 단계 사이에서 확인되는 유사는 두 추상물 간의 인공적인 관계지 두 실제적인 존재 간의 진정한 관계가 아니다. 다른 어족에서 빌려온 단어의 경우, 그 단어 역시 마찬가지로 그것의 생성과 현실성을 만드는 모든 것으로부터 분리되었지만 말이다. 이러한 고찰은 일반화될 수 있다.⁴

---

3 게다가 'téotl'에서 'tl'은 중요하지 않은 만큼 이 일치는 더욱더 기묘하다. 왜냐하면 이 자음의 연결은 멕시코 말에서 통상적으로 볼 수 있는 어미기 때문이다. 'téo'와 'théô'(여격에서)는 절대적으로 똑같은 의미와 똑같은 발음을 갖고 있다.
4 예를 들면 할례, 문신, 단발처럼 신이나 우두머리에 대한 복종을 나타내기 위해 몸을 여러 가지 방식으로 절단하는 관습이 구세계뿐만 아니라 아메리카 대륙 및 폴리네시아처럼 매우 멀리 떨어져 있는 지구상의 여러 지점에 존재한다 해도, 그리고 남아메리카 미개인의 토템이 우리 중세 기사들의 문장紋章을 약간 생각나게 하더라도, 이 **우연한 일치**, 즉 유사에서는 단지 다음과 같은 증거를 볼 수 있을 뿐이다. 즉 그러한 행동이 믿음에 지배받고 있다는 것과, 그 믿음이 대부분 사실상 어디에서나 동일한 인간 본성의 타고난 성향에 의해서, 그리고 기후의 다양성에도 불구하고 다른 점보다는 비슷한 점이 훨씬 더 많은 외부 자연현상에 의해서 인간에게 암시된다는 것이다. 사실 이러한 유사들은 모방이 그 원인일 수는 없다. 그러나 그 유사들은 조잡하고 모호할 뿐이며 사회학적 의의를 지니지 않는다. 이는 곤충들이 척추동물과 마찬가지로 사지四肢를 갖고 있고 새와 마찬가지로 눈과 날개를 갖고 있다는 사실이 생물학적으로 무의미한 것과 완전히 똑같다. 이에 반해 새의 날개와 박쥐의 날개는 겉모습으로는 매우 다르지만 동일한 진화의 일부분이며 똑같은 과거를 갖고 있고 또 똑같은 미래의 가능성도 지니고 있다. 그 날개는

그러나 이러한 대답은 난처하게 만드는 유사들을 사실상 부정하는 것이어서 만족스럽지 않을 것이다. 그와 반대로 나는 서로 교류가 있었다고 알려진 바도 없고 그럴 가능성도 없는 문명들 사이에서 자연발생적으로 생겨난 많은 유사들을 진짜 중대한 것으로 간주한다. 그리고 나는 일반적으로 다음과 같은 것을 인정한다. 즉 강이 작은 언덕들에 의해 좁아지는 것처럼 인간의 재능도 일단 발명과 발견의 길에 나서면 내적이거나 외적인 조건들 전체에 의해서 좁아진다는 것, 다시 말해 발전의 좁은 한계 사이에 놓인다는 것이다. 따라서 서로 멀리 떨어져 있는 유역에서도 어느 정도 대충 비슷한 강의 흐름이 나타나는 것처럼, 매우 단순한 것이든 때로는 아주 복잡한 것이든, 독립적으로 출현했으며 똑같지는 않더라도 서로 동등한 가치를 지닌 천재적인 아이디어들의 병렬[5]도 우연히 — 그렇지만 사람들이 생각하는 것보다는 드물게 — 나타난다.[6] 그러나 우선 인간은 유기체적 욕구의 균일

계속 변형되고 있으면서도 무수히 많은 점에서 서로 닮았다. 게다가 그것들은 상동이다. 반면 곤충의 날개와 새의 날개는 그것들의 매우 상이한 진화의 한 국면에서만 공통점을 지니고 있다.
아즈텍족에서 할례는 히브리인의 그것과 똑같은 의식을 수반했는가? 또 똑같은 종교적 의미를 지녔는가? 아니다. 아즈텍족의 신앙고백이 우리의 그것과 비슷하지 않은 것만큼이나 그것들은 비슷하지 않다. 그렇지만 그 의식의 세부 사항은 사회적으로 중요한 것이다. 왜냐하면 그것은 개인의 행위에 의해 좌우되는 사회 환경의 고유한 부분이기 때문이다. 그리고 그 부분은 끊임없이 커져갈 것이다.

5 더구나 매우 단순한 아이디어, 즉 아주 적은 상상력밖에는 필요하지 않는 아이디어의 경우에는 말할 것도 없다. 많은 특별한 관습들 심지어는 매우 기괴한 관습들의 경우에도 그러하다. 예를 들면 나는 잠텔M. Jametel(프랑스의 동양학자, 1856~1889) 씨의 중국에 관한 책을 읽으면서, 회식자가 식사 후에 **예의상 트림**을 하는 관습을 상세하게 기술한 것을 보고 놀랐다. 그런데 가르니에Garnier와 위고네Hugonnet(《새로운 그리스 La Grèce nouvelle》, 1889)에 따르면, 근대 그리스인들도 똑같은 예절을 행하고 있다. ……확실히 여기서든 저기서든, 배불리 먹었다는 분명한 증거를 제시하고 싶은 욕구가 이 기이한 관습이라는 우스꽝스럽지만 자연스러운 관념을 암시했다.

6 예를 들면 똑같은 욕구가 구대륙에서는 소를 길들이겠다는 생각을 낳았고, 아메리카 대륙에서는 들소와 물소를 길들이겠다는 생각을 낳았다.(부르도Bourdeau, 《동물 세계의 정복 Conquête du monde animal》, p. 212를 보라) 또는 저기에서는 낙타를, 여기에서는 라마를 길들이겠다는 생각을 낳았다.

성으로 인해 이 똑같은 아이디어의 길을 따라갈 수밖에 없었던 만큼, 거기에서는 사회적 수준이 아니라 생물학적 수준의 유사가 문제가 된다. 이때 적용할 수 있는 것은 사회계의 공식이 아니라 생물계의 공식이다. 따라서 그들의 생존이라는 목적에 맞게 인식해야 할 빛이나 소리의 현상들이 거의 비슷하다는 조건이, 여러 가지 문門[동식물 분류상의 한 단계]의 동물들로 하여금 어떤 유사점이 없지 않은 눈과 귀를 갖게 했다. 이런 면에서 그것들의 유사는 물리적인 것이지 생물적인 것이 아니며, 따라서 물리계의 공식에 따라 파동에 속한다.

이어서, 인간의 재능은 어떻게 해서 또 왜 문제의 경로를 달려오게 되었는가? 그것은 처음의 원인들이 인간의 재능을 마비 상태에서 끌어내어 각성시키고 또한 인간 정신의 잠재적인 깊은 욕구를 잠에서 차례차례 깨어나게 했기 때문이다. 그리고 그 처음의 원인들이 대단히 중요하고 훌륭한 몇몇 발명이나 발견이 아니라면 도대체 무엇인가? 왜냐하면 그러한 발명이나 발견은 모방을 통해 퍼져 나가기 시작하면 그 모방자들에게 발견하거나 발명하고 싶은 의욕을 갖게 했기 때문이다. 처음에는 한 유인원이 일정한 틀이 없는 언어와 조잡한 종교의 기초를 생각해냈다(이것이 어떻게 해서 일어났는지에 대해서는 나중에 추측할 것이다). 그때까지 짐승이나 마찬가지였던 인간에게 사회 세계의 문턱을 넘어서게 한 이 힘든 발걸음은 유례 없는 사건이었음에 틀림없다. 이러한 사건이 없었다면 이 세계는—나중에는 풍부함을 지녔지만—아직도 실현되지 않은 가능태의 혼돈 상태에 빠져 있었을 것이다. 이 불티가 없었다면, 진보라는 화재는 야수들로 가득 찬 원시림에서 결코 신고되지 않았을 것이다. 그 불티, 모방을 통한 그 불티의 전파야말로 진보의 진정한 원인이자 필수불가결한 조건이다. 이 원초적인 상상 행위는, 그 행위에서 직접 생겨나는 모방 행위뿐만 아니라 그 상상 행위가 암시한 모든 상상 행위도 낳았다. 그리고 이 상상 행위 자체가 또다시 상상 행위를 암시하는 등 이런 식으로 무한히 계속된다.

따라서 모든 것은 원초적인 상상 행위와 관련되어 있으며, 모든 사회적 유사는 이 원초적인 행위를 대상으로 삼았던 그 최초의 모방에서 유래한다. 나는 그 원초적인 행위를, 그에 못지않게 이례적인 사건에 견줄 수 있다고 생각한다. 그 이례적인 사건은 무수히 많은 세기 이전에 최초로 소량의 원형질이 어떤 알 수 없는 방식으로 형성되어 분열생식을 통해 증가하기 시작했을 때 지구에서 일어났다. 현재 모든 생물 사이에서 관찰되는 모든 유사는 이 최초의 유전적 반복에서 나온 것이다. 게다가 원형질의 최초 발생원도 언어와 신화의 발생원과 마찬가지로 하나가 아니라 많이 있었다고 근거없이 추측하는 것은 아무 소용없을 것이다. 사실 발생원이 다수였다고 가정해도 그처럼 자연 발생적으로 생겨난 여러 희미한 형태들 중에서 가장 우수하고 가장 번식력이 있는 것만이, 다소 오랜 경쟁과 투쟁 끝에 승리를 거두고 그 경쟁자들을 전멸시키거나 흡수했음이 틀림없다는 사실은 부인할 수 없을 것이다.

두 가지 사실을 잊어서는 안 된다. 그 하나는 발명하거나 발견하고 싶은 욕구도 다른 모든 욕구와 마찬가지로 충족되면서 발전한다는 사실이다. 또 하나는 모든 발명이란 결국 어떤 영리한 뇌 안에서 한 모방 흐름이 그것을 강화하는 다른 모방 흐름과 행복하게 교잡交雜한 것이거나, 기존 관념을 뜻밖의 새로운 측면에서 드러내 보이는 강렬한 외부 지각과 행복하게 교잡하는 것이거나, 아니면 일상적인 방식에서 예상 밖의 능력[가능성]을 찾는 어떤 자연스러운 욕구의 생생한 감정과 행복하게 교잡하는 것이라는 사실이다. 그러나 여기에서 문제가 되고 있는 지각과 감정을 분해해보면, 우리는 그것들 자체가 거의 모두 그리고 문명이 발전함에 따라 점점 더 완전히 본보기의 영향 아래서 형성된 심리적인 요소들로 분해된다는 것을 볼 수 있다. 모든 자연현상은 모국어, 국가 종교, 지배적인 편견, 지배적인 과학이론이라는 프리즘과 색안경을 통해 보인다. 아무리 편견이 없고 냉정한 관찰이라도 자신을 파괴하지 않고서는 그 프리즘이나 색안경에서 벗어날 수 없을 것이다. 그리고 모든 유기체적 욕구는 주위의 본보기에 의해 통례적인 것으로 인정되는 어떤 특징적인 형식으로 느껴진다. 이 형식을 통해 사회 환경은 그 욕구를 명확하게 하고 현실화하면서 사실상 자신의 것으로 삼는다. 음식물에 대한 욕구와 성관계 욕구조차 말하자면 국가적인 산물로 변형되었다. 음식물에 대한 욕구는, 여기에서는 검은 빵이나 흰 빵과 이런저런 고기를 먹고, 저기에서는 쌀과 이런저런 채소를 먹는 욕구가 되었다. 그리고 성관계 욕구는 지역마다 다른 신성한 의식에 따라 결혼하는 욕구가 되었다. 자연스러운 오락 욕구에는 말할 것도 없다. 이 욕구는 서커스 놀이, 투우, 고전 비극, 자연주의 소설, 체스, 피케piquet[카드놀이의 일종], 휘스트whist[카드놀이의 일종]에 대한 욕구가 되었다. 따라서 공장에서 이미 사용되어온 증기기관을 원양 항해의 욕구―항해에 관한 그 이전의 모든 발명과 그것의 전파에서 생겨난 욕구―를 만족시키는 데 이용하겠다는 생각이 18세기에 처음 생겼을 때, 우리는 이 천재적인 아이디어에서 한 모방과 다른 모방들의 교잡을 봐야 한다. 나중에 생각난 것이지만, 프로펠러를 증기선에 단다는 아이디어의 경우에도 마찬가지다. 그 둘 모두 이미 오래전부터 알려져 있었기 때문이다. 혈관 판막의 시각적인 확인이 하비W. Harvey[영국의 의사이자 생리학자, 1578~1657]의 정신 속에서 오래된 해부학적 지식의 기억과 만나 그로 하여금 피의 순환을 발견하게 했을 때, 이 발견은 거의 결국에는 전통적인 교육과 다른 교육들(말하자면 하비가 제자로서 오랫동안 순순히 따랐으며 어느 날 그에게 훌륭한 증명을 가능하게 해준 방법 및 실무 경험)의 만남에 불과했다. 이것은 이미 배운 두 정리의 연결이 한 기하학자에게 제3의 정리를 번뜩이게 한 것과 완전히 같거나 아니면 그와 거의 비슷하다.

따라서 모든 발명과 발견은, 외부로부터의 본질적으로 빈약한 몇몇 기여를 제외하면 이전의 모방을 요소로 하는 복합체다. 그리고 이 복합체는 이번에는 자신이 모방되어 더 복잡한 새로운 복합체의 요소가 되는 운명에 처해 있다. 그렇기 때문에 이 성공한 창의創意들의 계통수, 즉 그것들의 출현에는 엄격하지는 않지만 **불가역적인** 연쇄가 있다는 결론이 나오는데, 이 연쇄는 옛날 철학자들이 꿈꾼 원인들의 접합을 생각나게 한다. 꽃을 피우는 모든 발명은 무수한 가능태, 즉 여러 가지 다른 가능태 중에서 실현된 하나의 가능태다. 이때 여러 가지 다른 가능태 중에서라는 말은, 그 꽃을 피우는 발명의 모체가 되는 발명이 그 뱃속에 지니고 있는 조건부의 필연성 중에서라는 의미다. 그리고 발명은 그것이 출현함으로써 이제부터는 그 가능태들의 대부분을 불가능하게 만들며, 그때까지는 가능하지 않았던 그 밖의 많은 발명을 가능하게 해준다. 그 밖의 많은 발명이 존재할 것인지 존재하지 않을 것인지는, 그 모방의 방사가 이미 이런저런 다른 빛으로 비춰진 사람들을 거쳐 어느 방향으로 어느 정도 이루어지느냐에 달려 있다. 사실 존재하게 될 발명 중에서는, 말하자면 가장 유용한 것만이 살아남을 것이다. 이때 가장 유용한 발명이란 시대의 문제에 가장 잘 대답하는 것을 뜻한다. 왜냐하면 모든 발명은 모든 발견과 마찬가지로 어떤 문제에 대한 대답이기 때문이다. 그러나 이 문제problèmes[7]는 욕구와 마찬가지로 언제나 불명확하다. 문제란 욕구의 애매한 표현이기 때문이다. 그러므로 그 문제에 대해서는 대단히 다양한 해결책들이 있을 뿐만 아니라, 중요한 것은 그 해결책들이 어떻게, 왜, 누구에 의해서, 또 하필 다른 날이 아니라 바로 그 날 제기되었는지를, 그리고 왜 여기에서는 이런 해결책이 저기에서는 저런 해결책이 선호되어 채택되었는지를 아는 것이다.[8] 이것은 개인의 창의에

---

[7] 정치에서는 이것을 오리엔트 문제, 사회 문제 등 **문제**questions라고 부른다(question은 어려움이나 논쟁을 일으키는 문제라는 의미고, problème은 해결이 요구되는 문제라는 의미다).

[8] 문제에 다른 해결책도 있었음에도, 거의 어디에서나 받아들인 해결책이 똑같은 경우가 종종 일어난다. 그 이유에 대해서 그 해결책이 가장 자연스러운 것이기 때문이라고 말하는 사람도 있을 것이다. 그렇다. 그러나 모든 곳에서 동시에 생겨난 것이 아니라 어딘가에서만 생겨난 그 해결책이 결국 모든 곳에 퍼진 이유는, 아마도 바로 가장 자연스럽다는 것 때문이 아닌가? 예를 들면 원시 민족들은 거의 어디에서든 악인이 죽으면 지하 세계로 가고 선인이 죽으면 천상

달려 있기도 하고, 이전의 발명가들과 학자들의 성질에 달려 있기도 하다. 그리고 그 이전의 발명가들과 박식한 사람들의 경우 어쩌면 가장 위대했을 최초의 발명가들과 박식한 사람들로까지 거슬러 올라가야 할 것이다. 왜냐하면 역사의 꼭대기에서 우리에게 진보라는 눈사태를 떠민 것은 그들이기 때문이다.

아무리 단순한 아이디어라도 얼마나 많은 비범한 재능과 특별한 기회를 필요로 했는지 우리로서는 상상하기 힘들다. 예를 들면 어느 지방에 널리 퍼져 있는 무해한 동물을 단순히 수렵하지 않고 길들여서 이용하겠다는 창의가 언뜻 보기에는 모든 창의 중에서 가장 생산적일 뿐만 아니라 가장 자연스럽다고도 생각할 수 있다. 그리고 당연히 그러한 창의를 불가피한 것으로 판단하게 된다. 그렇지만 말이 오랜 옛날에는 아메리카 대륙의 동물상에 속했지만 그 대륙이 발견되었을 때에는 아메리카에서 이미 사라졌다는 것을 우리는 알고 있다. 그리고 부르도L. Bourdeau〔프랑스의 철학자, 1824~1900〕는 "유목민들이 말을 길들일 생각을 하기 전에 사냥꾼들이 많은 곳에서 (먹기 위해) 말을 전멸시켰음이 틀림없다(이러한 사실은 구세계에서도 일어났기 때문이다)"(《동물 세계의 정복Conquête du monde animal》)는 것을 인정하면서, 말의 소멸을 설명하는 데 사람들의 의견이 일치한다고 말한다. 따라서 말을 길들이겠다는 생각은 결코 불가피한 것이 아니었다. 말이 어딘가에서 길들여지기 위해서는 어떤 개별적인 사건이 필요했으며, 말을 길들이는 것은 그곳에서 모방에 의해 퍼져 나갔다. 그러나 이 네발 짐승에 해당하는 것은 아마도 모든 가축과 모든 재배식물에도 해당할 것이다. 그런데 이처럼 모체가 되는 발명들이 없었다면 인류가 과연 어떻게 되었을지 생각해보라!

의 세계로 간다고 생각했다. 유사는 때때로 매우 멀리 나아간다. 타일러E. Tylor〔영국의 인류학자, 1832~1917〕에 따르면, 오레곤 주의 샐리시Salish 어군〔북미 인디언 말 모산Mosan 어군의 한 파〕의 인디언족은 악인들이 죽은 다음 만년설로 덮인 곳에 살게 되며 "그곳에서 그들은 죽일 수 없는 사냥감과 마실 수 없는 물을 영원히 보는 진짜 괴로운 고통을 겪게 된다"고 말한다.

일반적으로, 다소 극복할 수 없는 (그러나 과거에는 극복할 수 없었던 것은 아닌) 장애에 의해 분리된 민족들 간의 사회적 유사를 기억에서 완전히 사라진 어떤 원초적인 본보기로 설명하고 싶지 않다면, 대개의 경우 그 유사는 다음과 같이 설명할 수밖에 없다. 즉 각각의 민족이 그 주어진 주제에 대해 채택된 것을 제외하면 있을 수 있는 발명은 다 써버리고 또 쓸모없거나 쓸모가 적은 그 밖의 아이디어들도 모두 없애버렸다는 것이다. 그러나 신생 민족을 특징짓는 상상력의 상대적인 부진은 이 뒤의 가설과 모순된다. 따라서 되도록이면 앞의 가설에 전념하고 명백한 이유 없이 그것을 포기하지 않는 것이 좋다. 예를 들어 스위스의 원주민과 뉴기니의 원주민에게 공통된 생각, 즉 호수에 집을 짓겠다는 생각이 그들에게 모방적 암시 없이 왔다는 것은 확실한가? 똑같은 문제는 부싯돌을 깎거나 연마한다는 생각, 물고기의 뼈와 힘줄로 꿰맨다는 생각, 두 나무조각을 비벼서 불을 피운다는 생각과 관련해서도 제기될 수 있다. 이러한 생각의 전파가 느리면서도 점차적인 모방에 의해 결국은 지구 거의 전부를 뒤덮었을 가능성을 부정하기 전에, 우선 선사시대에 흘러간 엄청난 시간을 상기해야 한다. 또한 종종 주석을 매우 먼 곳에서 가져왔음에 틀림없는 청동기시대의 사람들뿐만 아니라 간석기 시대와 어쩌면 뗀석기 시대의 사람들도 거리가 매우 먼데도 관계를 유지했다는 증거가 있다는 것을 생각해야 한다. 모든 시대에 창궐한 대규모의 정복적인 침략은 문명 관념의 전파를 선사시대에서조차, 아니 오히려 선사시대에는 특히 더 쉽게 하고 자주 일반화했음에 틀림없을 것이다. 왜냐하면 정복당하는 민족이 분열되어 있고 원시적일수록 대규모 정복이 더욱더 쉽기 때문이다. 13세기 몽고인의 침입은 이 주기적인 홍수의 좋은 견본이다. 우리가 알고 있는 바와 같이, 그 침입은 중세 시대가 한창이던 때 매우 폐쇄적인 민족 간의 장벽을 부수고 중국과 인도 북부지방을 서로 교류하게 하고 또 유럽과도 교류하는 결과를 낳았다.[9]

그러나 이 폭력적인 사건들이 없었어도 본보기들의 보편적인 교환은 결국 일어날 수밖에 없었을 것이다. 이 점에 대해 일반적인 고찰을 해보자. 대부분 역사학자들이 한 문명의 다른 문명에 대한 영향을 인정하게 되는 것은 그들이 그 문명들 사이에서 상업 관계나 군사전쟁의 존재를 확인하는 데 성공하는 경우뿐이다. 역사가들은 예를 들면 메소포타미아에 대한 이집트의 영향 또는 로마제국에 대한 중국의 영향처럼, 어느 한 나라가 멀리 떨어져 있는 다른 나라에 미치는 영향은 어느 한쪽에서 다른 쪽으로 부대의 수송, 선단의 파견이나 대상의 왕래를 전제한다고 암암리에 생각하는 것 같다. 그들은 예를 들면 바빌로니아 문명의 흐름과 이집트 문명의 흐름이 기원전 16세기경 이집트가 메소포타미아를 정복하기 이전에 서로 교류했을지 모른다는 것을 인정하지 않는다. 또는 반대로—그렇지만 언제나 그와 똑같은 관점에서—예술 작품, 기념비, 무덤, 유골 잔해에서 확인된 유사에 힘입어 한 문명의 다른 문명에 대한 영향이 증명된 것처럼 보이자마자, 그들은 곧바로 그 두 문명 사이에 틀림없이 전쟁이나 정기적인 교역이 있었을 것이라고 결론짓는다.

---

9 고블레 달비엘라Goblet d'Alviella[벨기에의 종교사가, 1846~1925] 씨는 1890년 5월 1일자의 《두 세계 평론Revue des Deux Mondes》에 발표한 매우 흥미로운 논문에서, 종교 상징물이 여행, 노예 및 돈(이것은 진짜 이동하는 얕은 돋을새김을 한 작품bas-reliefs이다) 덕분에 빠르면서도 쉽게 널리 퍼진다고 올바른 생각을 하고 있다. 정치 상징물의 경우에도 마찬가지다. 예를 들면 오스트리아 황제 군대와 러시아 차르 군대의 **쌍두 독수리 문장**紋章은 옛날 신성로마국에서 유래한다. 그렇지만 신성로마제국이 이 표시를 사용한 것은 13세기에 프리드리히 2세의 동방 원정 때부터였으며, 그는 그것을 터키인들에게서 차용했다. 또 다른 한편으로, 인용된 저자에 따르면 이 쌍두 독수리와 견주어, 메소포타미아의 매우 오래된 얕은 돋을새김 작품들에 보이는, 똑같이 머리가 두 개인 독수리의 매우 놀라운 유사가 일련의 모방에서 비롯한다고 생각할 이유들이 있다. 또한 같은 논문에서 행운의 상징으로 만卍자형 십자가가 매우 널리 전파된 것은 모방과 연관이 있다는 지적도 보라. 또한 이와는 반대로, 십자가로 바람의 신이나 풍향도를 상징한다는 생각은 메소포타미아와 아즈텍 제국에서 그 어떤 모방도 없이 자연 발생적으로 생겨났을 가능성이 있다.

내가 보편적 반복의 세 가지 형태 사이에 세운 관계를 참작한다면, 이 선입관은 옛날 물리학자들의 편견을 상기시킨다. 그들은 어느 한 물체가 멀리 떨어져 있는 다른 물체에 행한, 빛이나 열 같은 물리적인 작용을 확인한 곳이면 어디에서나, 그것이 물질 이동의 증거라고 보았다. 뉴턴 자신도 태양 빛의 전파는 태양에서 광대한 우주로 내뻗은 미립자들의 방사에 따라 생겨났다고 생각하지 않았는가? 광학에서 파동이론이 방사이론과 멀리 떨어져 있는 것만큼이나 역사에 대한 내 관점은 보통의 관점과 멀리 떨어져 있다. 물론 나는 사회적인 작용이 군대나 상선의 이동에 의해 행해졌거나 아니 오히려 발생했다는 것을 부정하지 않는다. 그러나 나는 그것이 문명이 사방으로 퍼져 전염되는 유일한 또는 주요한 방식이라는 것을 인정하지 않는다. 무력 충돌이나 상업적인 물물교환과 상관없이 문명들은 그 경계선에서 만난다. 거기에서는 그 문명을 대표하는 사람들이 서로를 모방하는 자연스러운 성향이 있다. 그들은 자신의 본보기가 전파되는 방향으로 이동할 필요가 없다. 그들은 서로에게 한없이 먼 거리에도 계속 영향을 미친다. 이것은 바닷물의 분자들이 그 물결 방향으로 이동하지 않고서도 물결을 매우 멀리 보내는 것과 같다. 따라서 파라오의 군대가 바빌로니아에 오기 훨씬 전에 많은 의식이나 산업상 비결이 말하자면 손에서 손으로 이집트에서 바빌로니아로 건너갔다.

이것은 역사의 첫머리에서 인정해야 하는 것이다. 그리고 그 작용이 지속적이고 강력하며 돌이킬 수 없다는 것을 주목하자. 필요한 시간이 주어진다면 그 작용은 반드시 지구 끝까지 달려갈 것이다. 그런데 인류의 과거를 계산하면 수십만 년이나 된다. 따라서 우리가 고대라는 이름을 부여하는 시대처럼 거기에 매우 가까운 시대부터 그 작용이 틀림없이 전 세계에 퍼져 나갔다고 생각하는 것은 당연하다.

그리고 이를 위해서 전파되는 것이 반드시 쓸모 있는 것, 합리적인 것이나 아름다운 것일 필요는 없다. 그 하나의 예가 있다. 중세에는 아내에게

맞은 남편을 당나귀 등에 거꾸로 앉혀서 돌아다니게 하는 기괴한 풍습을 여러 많은 곳에서 볼 수 있는데, 이러한 풍습이 모방에 따른 것이 아니라면 어떻게 중세에 확립될 수 있었겠는가? 그처럼 괴상망측한 생각이 별개의 두뇌에서 자연 발생적으로 동시에 떠오를 수 없었다는 것은 분명하다. 그럼에도 보드리야르H. Baudrillart〔프랑스의 경제학자, 1821~1892〕씨는 일반적인 편견에 이끌려서 여전히 서민 축제가 그 어떤 의식적이거나 의도적인 개인의 창의도 없이 저절로 만들어졌다고 확신한다. 그는 다음과 같이 말한다. "타라스콩Tarascon〔프랑스 남부 도시〕에서 타라스크Tarasque 축제가, 메스Metz〔프랑스 동부 도시〕에서 그라우이이Graouilli 축제가, 쥐미에주Jumièges〔프랑스 북부 마을〕에서 루베르Loup vert〔녹색 늑대〕 축제가, 루앙Rouen〔프랑스 북부 도시〕에서 가르구이유Gargouille 축제가, 그리고 그 밖의 많은 축제가 자리잡은 것은 십중팔구 위원회에서 결정된 법령 때문도 아니고(이 점에 대해서는 동의한다), 미리 계획한 의지 때문도 아니다(이것은 오류다). 그 축제가 정기적으로 이뤄진 것은 **자연 발생적인** 만장일치의 동의다." 수천 명이나 되는 사람들이 그 같은 기이한 짓을 동시에 생각해내고 **자연 발생적으로** 행하고 있다고 생각해보라!

요컨대 사회현상에서 사회적인 것─생물적이거나 물리적이 아닌 것─은 차이만큼이나 유사에서도 모두 모방을 원인으로 하고 있다. 따라서 사람들이 일반적으로 모든 종류의 사회적 사실들 중 여러 사회 사이에서 생겨나는 자연 발생적이고 암시에 따르지 않은 유사에 **자연적인**이라는 형용사를 주는 데에는 이유가 없는 것이 아니다. 사회를 자연 발생적으로 유사한 측면에서 고찰하고자 할 때, 그 사회의 법, 신앙, 정체政體, 관습, 범죄 같은 측면을 자연법, 자연종교, 자연 정치, 자연 산업, 자연 예술(나는 자연주의 예술을 말하지 않는다), 자연 범죄라고 부를 권리는 있다. ……물론 그러한 자연 발생적인 유사는 확실히 중요하다. 그러나 불행하게도 그러한 유사를 명확히 하려는 것은 시간 낭비가 된다. 그리고 그러한 유사는 치유할 수 없을 정도로 모호하고 자의적인 성격을 갖기 때문에 과학적인 엄밀성에 익숙한 실증주의 정신은 결국 좌절할 수밖에 없을 것이다.

모방이 사회적인 것이라 해도 사회적이지 않은 것, 즉 최고도로 자연적인 것은 본능적인 게으름이며, 발명하는 수고를 피하기 위해 모방하는 성향 역시 그 본능적인 게으름에서 생겨난다고 지적하는 사람도 있을 것이다. 그러나 이러한 성향이 처음의 사회적 사실, 즉 그 성향을 만족시키는 행위보다 당연히 먼저 존재한다 해도, 그 성향 자체의 강도와 방향은 이미 형성된 모방 습관의 성질에 따라 상당히 변할 수 있다. 또한 나에게 다음과 같이 말하는 사람도 있을 것이다. 그러한 성향은 당신이 선천적이며 뿌리 깊다고 판단한 욕구, 아울러 당신이 사회 논리학의 모든 법칙을 이끌어내는 욕구(이에 관해서는 나중에 볼 것이다), 다시 말하면 최고로 강력하며 견고한 믿음에 대한 욕구의 여러 형태 중 하나에 불과하다. 그러한 법칙이 존재한다 해도 그것의 기원은 사회적인 것이 전혀 아니기 때문에, 그 법칙이 민족의 제도와 관념에서 만들어내는 유사도 사회적인 원인이 아니라 자연적인 원인을 지닌다. 예를 들면 병을 악마의 홀림으로, 즉 악령이 환자의 몸에 들어가는 것으로 설명하는 것은 아프리카나 아시아의 미개인뿐만 아니라 아메리카의 미개인에게서도 나타났는데, 이것은 이미 그것만으로도 상당히 기이한 일치다. 그다음에는 이러한 설명을 일단 받아들여, 신세계에서나 구세계에서나 사람들은 액막이exorcisme로 치료한다는 생각을 논리적으로 이끌어냈다고 말이다. 그러나 이 점에 대해서 나는 다음과 같이 대답한다. 즉 사회화되기 이전의 인간이라 할지라도 일정한 논리적 지향을 지니고 있다는 것은 부정할 수 없지만, 논리 조정의 욕구는 사회 환경의 영향에 의해 커졌으며 분명하게 나타났다. 따라서 그 욕구는 매우 광범위하게 변화를 겪을 뿐만 아니라, 다른 모든 욕구와 마찬가지로 그 욕구가 얻는 만족의 정도에 따라 강화되기도 하고 내키는 쪽으로 향하기도 한다. 우리는 다른 곳에서 그 증거를 볼 것이다.

2. 문명에 공통된 방향이나 적어도 공통된 끝을 강요하는
   문명의 법칙은 있는가? 그리고 결국 모방이 없어도
   증가하는 유사의 법칙은 있는가?

이것은 나에게 제기될 수 있는 또 하나의 주요한 반론을 검토하게 해준다. 어느 단계를 넘어서면 모든 문명의 다양성은 증가하지 않고 오히려 감소하며, 또 그 출발점이 무엇이었든 간에 언어, 신화, 기술, 법률, 과학, 예술의 진화가 점점 더 가까워져 사람들이 많이 몰리는 길을 따라가게 된다. 따라서 불가피하게 그 끝은 언제나 미리 정해지고 숙명적으로 똑같을 수밖에 없다고 생각할 이유가 있다면, 아무리 다양한 문명이라 해도 그 모든 문명이 동일한 원초적인 발생원의 방사임을 증명하는 것에서 나는 사실 얻는 게 별로 없었을 것이다.

 남아 있는 문제는 이 가설이 옳은지를 알아보는 것이다. 그 가설은 옳지 않다. 우선 그 가설이 내포하는 극단적인 결론을 보여주겠다. 그 가설에 따르면 과학 정신은 그 어떤 사색의 길을 가더라도 충분한 시간이 주어지면 수학에서는 미적분학에, 천문학에서는 뉴턴의 법칙에, 물리학에서는 힘의 결합에, 화학에서는 원자론에, 생물학에서는 자연선택이나 생물 변이설의 어떤 다른 후일의 형태에 도달할 수밖에 없다는 결론이 나온다. 그리고 산업적, 군사적 또는 예술적인 상상력은, 잠재적으로 내재적인 욕구에 대한 대답을 찾을 때 저 유일하며 불가피한 것이라고 자처하는 과학에 의지하지 않으면 안 되었기 때문에, 예를 들어 기관차나 전신, 어뢰, 크루프Krupp 포, 바그너의 오페라, 자연주의 소설 같은 발명은 필연적인 것이었으며 어쩌면 가장 단순한 토기 제작 기술보다 더 필연적이었을지도 모른다. 그런데 이러한 생각은—아니 내가 대단히 잘못 생각하는 것이 아니라면—생명이란 애초부터 그 모든 변형을 거쳐도 이미 일정한 생물 형태를 나타나게 하는 경향이 있으며, 예를 들면 오리너구리나 선인장, 도마뱀

이나 흑란黑蘭, 심지어는 인간도 출현할 수밖에 없었다는 것을 의미하는 것이라 해도 과언이 아니다. 생명이 매순간 제기하는 문제는 본래 결정되어 있지 않았으며 여러 가지 해결책이 있을 수 있었다는 것을 인정하는 것이 더 그럴듯하지 않은가?

내가 반박하는 환상이 그럴 듯하게 보이는 것은 일종의 착각 때문이다. 확실히 문명의 진보는 그 문명이 계속 영토를 넓혀가면서 확립하는 점차적인 평준화로 알아볼 수 있다. 따라서 안정적이며 결정적인 동일한 사회유형이 전에는 서로 무관하거나 경쟁 관계에 있는 수많은 여러 사회유형으로 분할되었던 지구 전 표면[10]을 아마도 언젠가는 뒤덮을 것이다. 그러나 우리가 목격하고 있는 이 보편적인 단일화 작업은 여러 다양한 사회가 동일한 극점으로 향하는 공통된 지향을 조금이라도 나타내는가? 전혀 그렇지 않다. 왜냐하면 그 작업은, 독창적인 문명들 중 끊임없이 확대되는 모방의 널따란 평면에서 흘러가는 어느 한 문명의 홍수 속에, 그 대부분의 문명이 잠기는 것을 명백한 원인으로 하고 있기 때문이다. 독립된 문명이 자연발생적으로 수렴하는 경향에서 얼마나 멀리 떨어져 있는가를 알기 위해서는, 끝에 도달해서 거기에서 쉬고 있는 두 문명(예를 들면 중세 비잔틴 제국과 같은 시대의 중국)을 비교해보라. 그 두 문명 모두는 그때 오래전부터 모든 결실을 맺었으며 성장의 극한에 도달했다. 문제는 이 최종적인 완성 상태에서 그 두 문명이 과거에 유사했던 것보다 더 많이 유사했는지를 아는 것이다. 그렇지 않다. 그 반대가 더 사실인 것 같다. 모자이크 장식을 한 성 소피아 성당과 자기磁器들이 있는 중국의 사찰을 비교해보라. 수사본에 그려진 신비한 세밀화와 도자기 꽃병의 평범한 그림을 비교해보라. 문예상의 대수롭

---

[10] 그렇지만 나중에 보게 되는 바와 같이 틀림없이 결국에는 **관습**(배타적인 모방)이 **유행**(포교적인 모방)을 틀림없이 이길 것이다. 그리고 이러한 법칙의 결과로, 인류는 최종적인 사회 상태에서도 과거 및 현재의 사회 상태와 마찬가지로 서로 다른 국가와 여러 문명으로 분할되어 있을 가능성이 매우 크다. 다만 그때의 문명은 현재보다 그 수가 적지만 규모는 더 클 것이다.

지 않은 것에 몰두하면서도 틈틈이 밭을 가는 모범을 보여주는 중국의 고관과 교활한 술책을 섞은 신학상의 번쇄한 이론에 열중한 비잔틴 주교의 생활 등을 비교해보라. 그 두 민족 중 한쪽에게 소중한 이상—세련된 정원, 우글거리는 가족[대가족], 느슨한 도덕이라는 이상—과 다른 한쪽이 사로잡혀 있는 이상—기독교적인 구원, 수도사의 독신 생활, 금욕의 완성이라는 이상—사이의 모든 것은 대조를 이룬다. 그들 중 한쪽이 의지하는 조상숭배와 다른 쪽의 영혼인 신적인 인물과 성인에 대한 숭배를 종교라는 같은 말 속에 넣기는 어렵다. 그러나 그리스인과 로마인의 가장 옛날 시대로 거슬러 올라가면(그들의 이중적인 문화는 동로마제국에서 융합되고 완성되었다), 중국의 가족제도를 본떴다고 말해도 좋을 가족제도를 볼 수 있다. 사실 아리아족과—덧붙이면—셈족의 고대 가족에서는 중국 가족과 마찬가지로 화덕의 불과 조상의 영혼에 대한 숭배뿐만 아니라, 죽은 사람을 공경하기 위해 만들어낸 똑같은 절차, 말하자면 음식물의 봉헌과 무릎을 꿇고 송가를 부르는 것도 찾아볼 수 있다. 또한 우리는 똑같은 허구, 특히 양자결연이라는 허구도 찾아볼 수 있는데, 이것은 여자가 우연히 아이를 낳지 못하면서도 가문이라는 작은 종교를 가족과 함께 영원히 이어간다는 주요 목적을 이루기 위한 것이다.

저마다 특성이 있는 두 민족을 그들 역사의 연속되는 두 국면에서 비교하지 않고 두 민족 각각의 두 계급이나 두 사회계층을 비교하면, 이러한 진실이 옳다는 것을 역으로 증명해주는 증거를 얻을 것이다. 사실 유럽의 여러 나라를 돌아다니는 여행자는, 아무리 뒤떨어진 나라들이라 할지라도 상류 계급 사람들 사이보다는 옛 관습에 아직도 충실한 서민들 사이에서 더 많은 차이를 보게 된다. 그러나 그것은 이 상류 계급이 침입해 들어오는 유행의 빛을 제일 먼저 받았기 때문이다. 여기에서 유사는 분명히 모방의 산물이다. 이와는 반대로 두 국민이 각각 밀폐되어 서로 폐쇄적일 때에는, 농부들이나 일꾼들보다 귀족 계급이나 성직자 계급의 구성원들이 관념, 취향 및 습관 등에서 서로 간에〔귀족 계급 간에 또는 성직자 계급 간에〕확실히 더 많이 차이가 난다.

그 이유는 다음과 같다. 즉 국민이나 계급이 문명화되면 될수록, 그들은 어디서나 똑같은 육체적 욕구의 구속이 그들의 발전을 옥죄는 좁은 테두리에서 벗어나, 심미적인 생활의 자유로운 공간으로 흘러들어가기 때문이다. 그곳에서는 예술이라는 배가 그 국민이나 계급의 과거에서 불어오는 바람에 따라 떠돈다. 만일 문명이 사회 환경에 따른 유기체적 생명의 완전한 개화開花에 불과하다면 그렇게 되지는 않을 것이다. 그러나 생명이란 이런 식으로 꽃피면서 무엇보다도 자신에서 벗어나 그 자신의 한계를 깨뜨리려고 하며, 또 말라 죽기 위해서만 꽃피는 경향이 있다고 말할 수 있을 것이다. 마치 생명에게는 그 본질 자체에서 벗어나는 것보다 더 본질적인 것은 없는 것처럼 말이다. 이는 어쩌면 모든 실재의 경우에도 그럴지 모른다. 따라서 여분, 사치, 미―각 시대, 각 민족이 만들어내는 특별한 미를 뜻한다―가 모든 사회에서는 가장 두드러지게 사회적인 것이다. 그리고 그것은 나머지 모든 것, 즉 필요한 모든 것과 유용한 모든 것의 존재 이유다. 그렇지만 사람들이 사실의 두 질서 중 두 번째〔필요한 것과 유용한 것〕에서 첫 번째〔여분, 사치, 미〕로 올라갈수록, 유사의 기원이 오로지 모방이라는 것은 점점 더 이론의 여지가 없다는 것을 보게 된다. 예술을 보는 눈의 습관은 예술의 오래된 개인적인 변덕에서 생겨났지만, 이제는 예술가가 만족시켜야 하며 또 그의 공상의 범위를 제한하는 초유기체적인 욕구가 되고 있다. 그러나 이러한 제한은 생물적인 것이 아니다. 그리고 그것은 시간과 장소에 따라 크게 변할 수 있다. 따라서 그리스인의 눈은 일정한 시대부터 둥근 기둥에 대해 이오니아 형태나 코린트 형태를 보고 싶은 욕구를 지녔다. 반면에 이집트인의 눈은 고왕국〔기원전 2688~2181〕 때에는 사각형 기둥을 요구했는데 중왕국〔기원전 2040~1782〕 때에는 꼭대기에 연꽃 봉오리가 있는 둥근 기둥을 요구했다. 여기 이 순수예술, 아니 오히려 거의 순수한 예술 영역(왜냐하면 건축은 언제나 산업 예술일 것이기 때문에)에서는, 진정한 사회적 유사의 유일한 원인으로 간주되는 모방에 관한 나의 공식이 이미 문자 그대로 적용된다.

그 공식은 조각, 회화, 음악, 시에 더 정확하게 적용될 것이다. 사실 예술에 의해서 충족되는 심미적인 취향의 관념과 판단이 예술보다 먼저 존재하지 않는다. 그것들은 육체적인 욕구와 감각적인 인식과는 달리 고정되고 획일적인 것을 갖고 있지 않다. 육체적인 욕구와 감각적인 인식은 산업 생산물을 어느 정도 미리 결정하며 여러 민족으로 하여금 그 산업 생산물들을 대충 반복하게 한다. 따라서 어떤 작품이 산업과 예술 양쪽 모두에 속할 경우, 산업적인 성격에서는 외국의 독립된 원산지에서 만들어진 그 밖의 생산물과 유사하지만, 심미적인 측면에서는 그 작품이 그 밖의 생산물들과 다르다는 것을 예상해야 한다. 일반적으로 이 차이를 나타내는 요소는 실용적인 사람에게는 보잘것없는 중요성을 지닌다고 보일 것이다. 여러 문명에서 기념비, 꽃병, 가구, 송가, 서사시가 서로 다른 것은 단지 세부 사항에서만이 아닌가? 그러나 이 세부 사항, 즉 특징적인 뉘앙스, 문장의 표현법, 고유한 색의 배합이야말로 스타일이자 방식이다. 예술가에게는 이것이 무엇보다도 중요하다. 여기에서는 뾰족아치, 저기에서는 합각合閣[지붕의 위쪽 양옆에 박공들이으로 '人'자 모양을 이룬 구조] 머리, 다른 곳에서는 반원형 아치가 각 사회의 가장 두드러진 특징인 동시에 가장 깊은 특징이다. 그것은 유용성에 지배되는 것이 아니라 오히려 유용성을 지배하는 주요한 형식이다. 이 점에서 그 형식은, 완전히 생물의 기능을 지배하며 아울러 생물 유형을 식별하게 해주는 형태학적 특징에 견줄 만하다. 다른 작품들은 세부 사항에서만 실제로 유사한 것이라는 견해를 우리가 심미적인 관점에서, 즉 가장 순수한 사회적인 관점에서 부정할 수 있는 것은 바로 그런 이유에서다. 예를 들면 엘레판티네Éléphantine[이집트 나일 강에 있는 섬]에 있는 우아하고 작은 이집트 사원은 겉모습에도 불구하고, 원기둥으로 둘러싸인 그리스 사원과 비슷하지 않다고 말할 수 있다. 따라서 이 유사성이 샹폴리옹J. F. Champollion[프랑스의 이집트학자, 1790~1832]이 생각한 것처럼 그리스가 이집트를 모방했다는 증거인지 아닌지 검토해야 할 문제도 제쳐놓을 수 있다. 결국 이것은 다음과 같이 말하는 것이 된다. 즉 인공적인 성격이 더 강하고 자연적인 성격은 더 적은 욕구, 말하자면 생물적 차원은 더 적고 사회적 차원이 더 많은 욕구에 부응하는 유사한 작품들이 문제가 되면 될수록 유사의 기원은 모방이라는 내 공식이 더욱더 정확하게 적용된다는 것이다. 여기에서 우리는 다음과 같은 결론을 끌어낼 수 있다. 즉 오로지 사회적인 동기에 이끌렸으며 생물적인 기능과는 절대적으로 무관한 작품들이 언젠가 서로 만난다면, 그 원리는 어김없이 입증될 것이다.

미학자들은 미술 작품이 계속 똑같은 원을 돌고 무한히 반복되는 이른바 미술의 발전 법칙에 대해 많이 말했다. 불행하게도 누구든 그 법칙을 반박하는 사실에 부딪치지 않고서는 그러한 법칙을 조금이라도 정확하게 공식화할 수 없었다. 그리고 이러한 관찰은 지금까지 말한 것에서 예상해야 하듯이, 비록 그 정도는 덜하더라도 종교, 언어, 정체, 법률, 도덕, 과학의 발전 법칙에도 마찬가지로 적용된다. 페로G. Perrot[프랑스의 그리스 연구가이자 고고학자, 1832~1914] 씨는 우리 시대의 이러한 편견을 공유하면서도, 그의 《미술사 Histoire de l'Art》에서 건축양식의 진화가 이집트와 그리스에서는 비슷한 단계를 거치지 않았다는 것을 시인해야만 했다. 그리스에서나 이집트에서나 가장 오랜 옛날의 돌기둥이 나무기둥 뒤를 이어 나타났을 때 그 나무기둥을 다소 충실하게 모방하는 것으로 시작했으며, 그것을 본딴 흔적을 오랫동안 지녔다는 것은 의심할 여지가 없다. 그 두 나라 모두 기둥 윗부분을 장식하기 위해 기둥머리에 새겨 넣은 것은 현지 식물이었다. 그리스에서는 아칸서스Acanthus[쥐꼬리망초과의 다년초 또는 관목. 코린트식 건축은 기둥머리에 이 아칸서스 잎의 무늬를 장식한 것이 특색이다]였으며, 이집트에서는 연꽃이나 종려나무 잎이었다. 또한 의심할 바 없이 그리스에서나 이집트에서나 기둥은 처음에는 육중하고 하나의 덩어리로 되어 있었지만 점점 세 부분, 즉 기둥머리, 기둥몸, 주춧돌로 세분되었다. 마지막으로 그리스에서는 기둥머리의 장식이, 이집트에서는 기둥 전체의 장식이 점점 더 복잡해지고 새로운 장식물이 지나치게 덧붙여졌다는 것은 확실하다.

그러나 이 세 개의 상사相似 중 첫 번째 것은 우리의 첫 번째 원리, 즉 사회적 인간의 본능적인 모방성을 다시 한번 증명해주는 것에 불과하다. 그리고 세 번째 것은 우리에게 이 원리의 필연적인 귀결을 보여준다. 그것은 그 각각의 발명을 중심으로 모방의 방사가 이루어져 확산되고 보존된 덕택에, 서로 모순되지 않은 발명들이 점점 축적된다는 것이다. 두 번째 것에 대해 말하면, 그것은 내가 앞에서 말한 그 기능적 상사들 중 하나이다. 사실 몸을 피하고 싶은 욕구가 일정한 고도의 주거지를 요구하자마자, 기둥을 세 부분으로 나누는 것은 사용되는 재료의 성질과 중력의 법칙 때문에 거의 불가피하게 되었다. 내가 방금 지나가면서 비판한 종교적, 정치적 또는 그 밖의 의사擬似 발전 법칙들에게 그것들의 진리의 몫을 알리고 싶다면, 그 몫은 앞에서 말한 세 가지 범주에서 들어맞는 유사로 분해된다는 것을 볼 것이다. 거기에 들어맞지 않는 유사가 있다면, 그것은 모방이 개입했기 때문이다. 예를 들면 기독교와 불교 간의 유사점 특히 기독교와 크리슈나Krishna 숭배 간의 유사점은, 가장 권위 있는 여러 학자들 특히 베버G. Weber(독일의 역사학자, 1808~1888)에게는 역사적인 연관을 증명하기에 충분한 것처럼 보일 정도로 매우 많다. 이러한 추측은 두 종교 모두 포교열이 강하다는 것을 고려하면 그리 놀랄 이유도 없다.

게다가—그리고 여기에서는 중요한 차이점들이 곧 명백하게 나타날 것이다—그리스에서는 "지주의 비율이 항상 같은 방향으로 변했다. 즉 기둥의 지름에 대한 높이의 비는 점점 더 높은 수치를 나타냈다. 파르테논 신전의 도리스식 기둥은 코린트 옛날 사원의 도리스식 기둥보다는 더 가늘지만 로마의 도리스식 기둥보다는 더 굵다. ……이집트에서는 그렇지 않았다.

그 형태는 수세기가 흘러도 끝이 뾰족해지는 경향이 없었다. 베니하산Beni-Hassan(나일 강 중류의 마을)의 16각형 기둥이나 섬유 묶음 모양의 기둥은 훨씬 후대에 만들어진 대건축물의 기둥보다 더 굵지 않다." 심지어는 이와 반대되는 것, 정확하게 말하면 헬레니즘 진화와는 반대되는 방향도 발견된다. 따라서 페로는 다음과 같이 말한다. "이집트 예술의 진행에는 변덕스러운 동요가 있다. 이 진행은 그리스 고전 예술의 진행보다 덜 규칙적이며, 그리스만큼 엄격한 내적 논리에 지배되는 것 같지 않다."

나는 오히려 다음과 같이 말하겠다. 지금까지 말한 바에서 예술은 하나의 공식에 갇히기를 원하지 않는다는 결론이 나온다는 것이다. 왜냐하면 공식이 있다 하더라도 그 공식이 어떤 때는 적용되는 것처럼 보이지만 또 어떤 때는 분명히 전혀 적용되지 않으며, 또한 전문가의 눈에 가장 중요하고 가장 표현력이 풍부하며 가장 심오한 성격과 관련된 바로 그러한 것에는 적용되지 않기 때문이다. 실리주의적인 관점에서 기둥을 생각할 경우, 외부 조건은 건축 발명의 영역을 좁게 제한하며 그 영역에 마치 변주되어야 할 주제처럼 몇 가지 기본적인 관념을 강요한다. 그러나 모든 유파가 그 흐름을 거의 평행하게 따라가야만 했던 좁은 길을 일단 벗어나면 그 유파들은 각자 따로 흘러가고 다양하게 방향을 잡았다. 그럼에도 그 유파들은 저마다 자기 재능의 영감만 따랐을 뿐 역시 더 자유롭지는 않았다. 이때부터 우연의 일치는 더 이상 일어나지 않으며 불일치가 깊어진다.[11] 그리고는 예술의 변형에 과거 또는 현재 거장이 미치는 개인적인 영향이 우세해지고 최고의 권위를 갖는다. 이집트 건축의 '변덕스러운 동요'는 그렇게 설명될 수 있다. 그리고 그리스 건축의 발전이 더 직선적인 것처럼 보인다면 그것

---

11 이집트 이외의 곳에서는 오벨리스크obélisque와 유사한 것을 찾아볼 수 없는가? 찾아볼 수 없다면, 그 이유는 오벨리스크가 문, 창 그리고 버팀대로서의 기둥처럼 주로 자연적인 욕구에 응한 것이 아니라 거의 완전히 사회적인 욕구에 응했기 때문이다.

은 착각이 아닌가? 그리스 건축이 두드러지게 발전한 두세 세기만을 고려하는 데 그치지 않고, 잘 알려지지 않은 그 시초부터 비잔틴 시대의 최후 변형에 이르기까지 그리스 예술의 전개 전체를 포괄한다면, 페로 씨가 지적한 가늘면서 길어지는 것에 대한 욕구도 어느 시대부터는 줄어드는 것이 보이지 않겠는가? 이러한 시각적 욕구를 낳고 키운 것이 일련의 우아하고 고상한 예술가들인 것과 마찬가지로, 덩치가 크고 탄탄한 건축물을 세우고 싶은 욕구를 나일 강가에 일반적이고 영원하게 한 것도 수세대에 걸친 건장한 건축기사들이다. 그래도 국민의 특성에 순응하기보다 그것을 바꾸려고 한 독창적인 기질의 건축가가 나타났을 때는 다른 취향이 들어갈 수밖에 없었을 것이다. 그런데 이러한 고찰이 고급 예술, 즉 회화, 시, 음악에서 끌어온 예로 증명되면 아주 많은 것을 얻을 수 있을 것이다.

3장
사회란 무엇인가

내가 **사회**라는 말로 의미하는 바는 앞 장에서 말한 것에서 상당히 분명하게 나오지만, 이 기본적인 개념을 더욱 명확하게 하는 것이 중요하다.

1. 경제적인 정의나 법적인 정의의 불충분성

사회란 무엇인가? 일반적으로 사회란 서로 간에 도움을 주는 별개 개인들의 집단이라고 대답해왔다. 분명한 만큼이나 또한 잘못된 이 정의에서, 이른바 동물 사회 또는 대부분의 동물 사회와 유일하게 진정한 사회 사이에 매우 자주 일어나는 모든 혼란이 나온다. 왜냐하면 그 진정한 사회에는 어떤 관계에서 보면 소수의 동물도 있기 때문이다.[1]

사회 집단의 기초를 상호간의 도움에 놓는 이 순전히 경제적인 개념 대신에 전적으로 법적인 개념을 사용하는 것이 유익할 수도 있을 것이다. 이 법적인 개념은 개인을 서로에게 유용한 사람들과 관련시키지 않고, 상호 관계가 있든 없든 공인된 법, 관습 및 예절을 통해 확립된 권리를 서로에게 갖고 있는 사람들 모두와 또 그런 유사한 권리를 지닌 사람들과만 관련

---

[1] 여기에서 내가 《동물 사회》에 대한 에스피나스의 저서를 은근히 비판하고 있다고 생각한다면 나는 유감스럽게 생각할 것이다. 이 책에는 내가 지적한 혼동이 있긴 하지만, 그래도 강조할 만한 가치가 있는 정확하면서도 깊은 통찰이 그러한 결점을 메울 정도로 매우 많다.

시킨다. 그러나 앞의 경제적인 관점은 사회 집단을 지나치게 확대하는 반면, 이 법적인 관점은 아무리 더 낫다 하더라도 사회 집단을 너무 좁힌다. 마지막으로 사회적 유대에 관한 완전히 정치적이거나 완전히 종교적인 개념도 있을 수 있을 것이다. 똑같은 신앙을 공유하거나, 모든 구성원에게 공통되고 그들의 개별적인 여러 욕구와는 몹시 다른 동일한 애국적인 관심사에 참여하는 것(이때 자신의 개별적인 여러 욕구를 만족시키기 위해 서로 돕느냐 돕지 않느냐는 별로 중요하지 않다), 이것이야말로 진정한 사회적 관계일 것이다. 그런데 마음과 정신에서의 이러한 일치가 바로 완전한 사회의 특징이라는 것은 확실하다. 그러나 사회적 유대의 시작이 그러한 일치 없이 존재한다는 것도 확실하다. 예를 들면 여러 국적의 유럽인들 사이에서처럼 말이다. 따라서 이러한 정의는 너무 배타적이다. 게다가 여기에서 문제 되는 관심사와 믿음의 일치, 즉 수천만이나 수억의 인간들이 동시에 지니고 있는 이 정신적 유사는 갑자기 태어나지 않는다. 그렇다면 그것은 어떻게 생겨났는가? 조금씩 모방을 거쳐 생겨났다. 그러므로 항상 거기로 돌아가야 한다.

어떤 사회 단위와 또 다른 사회 단위의 관계가 본질적으로 도움의 교환이라면, 동물 사회가 사회라는 그 이름을 받을 만하다는 것뿐만 아니라 더할 나위 없이 좋은 사회라는 것도 인정해야 할 것이다. 목동과 농부, 사냥꾼과 어부, 빵 장수와 정육점 주인이 서로 도움을 주는 것은 의심할 바 없지만, 여러 성性의 흰개미들이 서로 간에 도움을 주는 것보다는 못하다. 동물 사회 자체 안에서도 가장 진정한 사회는 꿀벌, 개미, 말이나 비버의 사회처럼 가장 높은 사회가 아니라, 예를 들면 한쪽은 다른 쪽을 위해 먹고 그 다른 쪽은 그 한쪽을 위해 소화할 만큼 분업이 이루어진 관수모류管水母類의 사회처럼 가장 낮은 사회일 것이다. 이보다 더 각별한 도움은 생각할 수 없을 테니 말이다. 인간에게 한정해보면 그 어떤 아이러니도 없이 다음과 같은 결론이 나온다. 즉 인간들 간의 사회적 유대의 정도는 그들의 상호 유용성 정도에 비례할 것이라는 사실이다. 노예와 농노가 주인이나 영주를 위해 수행하는 하위 기능의 대가로 주인은 노예를 보호해주고 먹여주며 영주는 농노를 지켜주고 보호해준다. 거기에는 도움의 상호성이 있다. 그것이 강제로 부과된 상호성인 것은 사실이지만, 경제적인 관점이 우세해져서 법적 관점을 점점 더 이기게끔 되어 있다고 생각한다면 그러한 사실은 중요하지 않다. 따라서 스파르타인과 노예, 영주와 농노, 그리고 힌두교의 전사와 상인은, 스파르타의 여러 자유 시민들 간의 관계, 같은 나라의 봉건 영주들 간의 관계 또는 마을, 풍습, 언어 및 종교가 같은 노예들이나 농노들 간의 관계보다 훨씬 더 사회적으로 결합되어 있을 것이다!

사람들은 사회가 문명화되면서 법적 관계보다 경제적 관계를 택했다고 잘못 생각했다. 그런 생각은, 모든 노동, 업무, 교환이 점점 더 규정투성이인 복잡한 법률로 보증된 진정한 계약에 기초를 둔다는 것을 잊는 것이다. 아울러 축적된 법적 규정 말고도 법적 효력을 갖는 상업상의 관행이나 그 밖의 관행, 그리고 단순하면서도 일반화한 예의범절 형식부터 선거 및 의회의 관례에 이르기까지 갖가지 종류의 많은 **절차**가 만들어졌다는 것도 잊는 것이다.[2] 사회란 상호 부조라기보다는 오히려 계약이나 동의, 권리와 의무의 상호 규정이다. 사회가 서로 비슷하거나 별로 다르지 않은 존재들 사이에서 확립되는 것은 그 때문이다. 경제 생산은 능력의 전문화를 요구하는데, 이 전문화는—경제학자들이 말로 표현하지 않지만 논리적으로는 불가피한 그들의 소망에 따라서 끝까지 전개되는 경우—광부, 농부, 섬유 노동자, 변호사, 의사 등을 각각 다른 인종의 수만큼이나 많이 만들어낼 것

---

[2] 스펜서가 말하는 것처럼 **의례** 및 **의례적인 정부**의 지배력이 약해지고 있다고 생각하는 것은 잘못이다. 쇠퇴하는 의례라 불리는 낡은 절차도 있지만, 소송이라는 이름으로 최근에 생겨나 늘어나는 유효한 의례도 있다.

이다. 그러나 다행히도 법적 관계의 확실한 우위—부정해보았자 소용없는—는 노동자들의 이러한 분화가 지나치게 뚜렷해지는 것을 막고 있으며 또 그 분화를 날마다 한층 더 약하게 한다. 법이란 사실 여기에서는 인간의 모방 성향에서 생겨난 하나의 결과이자 형식일 뿐이다. 우리가 농민에게 그의 권리를 가르친다면, 즉 우리가 농촌 주민들이 쟁기와 가래를 버릴 경우 경작과 방목이라는 이중적인 젖통이 말라비틀어지는 것을 볼 위험을 무릅쓰면서도 농민에게 그의 권리를 가르친다면, 우리는 과연 공리주의 관점에서 그렇게 하는 것인가? 아니다. 평등 숭배가 그러한 고려보다 우세했다. 그 이전에 사람들은 도움의 끊임없는 교환에도 불구하고 많은 점에서 상류사회에 속하지 못한 계급을 상류사회에 넣고 싶어 했다. 그런데 그렇게 하려면, 그 계급들을 **모방전염을 통해** 상류사회의 구성원들에게 **동화시키지** 않으며 안 된다는 것을 깨달았다. 더 정확하게 말하면, 그 계급들의 정신적 **사회적인** 생활을 관념, 욕망, 욕구, 한마디로 말해서 그 상류사회 구성원들의 정신과 특징을 이루는 것들과 비슷한 개별적인 요소들로 구성해야만 한다는 것을 깨달았다.

예를 들면 상어와 상어의 이쑤시개 역할을 하는 작은 물고기처럼 또 인간과 가축처럼 아무리 다른 존재라 해도 서로 도움을 줄 수 있으며, 사냥꾼과 사냥개처럼 또 종종 비슷하지 않은 두 남녀처럼 아무리 다른 존재라 해도 하나의 공통된 일에 협동할 수 있는데, 이를 위해서는 하나의 조건이 있다. 그 조건이 없다면 두 존재는 서로에 대해서 의무도 질 수 없을 것이고 권리도 인정할 수 없을 것이다. 그 조건이란 그들에게 공통된 관념과 전통이라는 자산, 공통된 언어나 통역가가 있다는 것이다. 이 모든 가까운 유사점들은 모방이 전해지는 형식 중 하나인 교육에 의해 형성된다. 아메리카 대륙을 정복한 스페인 사람이나 영국 사람이 원주민의 권리를 결코 인정하지 않은 것도, 원주민이 정복자의 권리를 인정하지 않은 것도 그 때문이다. 인종의 차이는 여기에서 언어, 관습, 종교의 차이보다 훨씬 적은 역할을 했거나, 아니면 방금 지적한 서로 맞지 않는 원인의 보조 원인으로만 작용했다.³ 이와 반대로 상호간의 권리와 의무의 긴밀한 연쇄가 가장 높은 가지부터 가장 낮은 뿌리에 이르기까지, 봉건제도라는 나무의 모든 구성원들을 매우 분명하게 법적인 제도로 결합시킨 것도 그 때문이다. 여기에서는 사실 기독교 전파가 12세기에 황제에서 농노에 이르도록 지금까지 본 것 중에서 가장 깊은 정신적 동화를 만들어 냈다. 그리고 봉건 유럽이 처음부터 끝까지 진정한 사회, 즉 로마제국 최전성기 때의 **로마 문명권** 못지않게 넓은 **기독교 세계**를 형성한 것도 본질적으로 이러한 권리의 망網 때문이다. 서로 유사하지 않았기 때문에 사회가 형성되지 않았다는 이와 반대되는 증거를 원하는가? 그것은 다음과 같다. 서인도제도로 이민 온 중국인과 인도인은 서로 간의 도움, 심지어는 쌍무계약으로 그들의 백인 주인과 아무리 관련되어 있어도 결코 그들 간에는 진정으로 사회적 유대가 확립되지 않는다. 왜냐하면 그들은 결코 서로 동화되지 않기 때문이다. 거기에는 두세 개의 서로 다른 문명, 자신들의 고유 영역에서 모방을 통해 방사하는 두세 개의 서로 다른 발명 집단이 계약을 맺고 서로를 이용하지만, 그 말의 진정한 의미에서 사회는 없다.

힌두교의 카스트 구분이 확립된 것은 주로 경제적인 사회관 때문이었다. 카스트들은 서로를 강력하게 도와주는 별개의 인종들이었다. 따라서 권리라는 도덕적 고려보다 도움과 일이라는 실리적인 고려를 중시하는 경향은 선진 문명 상태를 의미하는 것이 결코 아니다. 그리고 그러한 경향도 인류가 발전하고 대규모 산업이 그곳에서 진척됨에 따라 힘을 잃어

---

3 군인과 민간인이 근본적으로 구분되었던 16세기와 17세기에는, 전쟁 중의 군인들이 당시 국제법에 따라 자기편이든 상대편이든 상관없이 민간인에 대해서 절도, 약탈, 학살 등 모든 것이 허용된다고 생각했다. 그러나 그들 **자기들끼리는** 서로 더 너그럽게 대했다.

버리게 된다.⁴ 사실 오늘날의 문명화된 인간은 인간의 도움 없이 지내는 경향이 있다. 그는 자기와는 몹시 다르며 직업상 전문화된 다른 사람에게는 점점 덜 의지하고 정복된 자연의 힘에는 점점 더 의지한다. 미래의 사회 이상은 다음과 같은 고대 도시의 대대적인 재현이 아닌가? 즉 싫증 날 정도로 반복한 것처럼 노예는 기계로 대체되며, 아울러 끊임없이 서로 모방하고 동화하지만 적어도 평화 때에는 독립적이고 다른 사람들에게 도움이 안 되는, 평등하고 서로 비슷한 시민들의 작은 집단이 문명화된 인간의 전부가 되는 고대 도시의 대대적인 재현이 아닌가? 경제적인 연대는 노동자 사이에 사회적 유대보다는 생물적 유대를 확립한다. 그리고 어떤 노동 조직도 이 점에서는 가장 불완전한 유기체에도 결코 맞설 수 없을 것이다. 법적 연대는 순전히 사회적 성격을 지니고 있는데 이는 모방에 의한 유사를 전제로 하기 때문이다. 그리고 공인된 권리가 없어도 그러한 유사가 존재하면 이미 사회의 시작이 있다. 루이 14세는 그의 신하들에게 자신에 대한 어떤 권리도 인정하지 않았지만 신하들은 그의 생각을 공유했다. 그런데도 그는 신하들과 사회적 관계를 유지했다. 왜냐하면 첫째, 신하들과 왕 모두 똑같이 고전적이고 기독교적인 교육의 산물이었기 때문이고, 둘째, 궁정과 파리에서부터 프로방스와 브르타뉴의 오지에 이르기까지 왕을 모

---

4 독일의 베를린 공과대학 학장인 로일로F. Reuleaux(수학자 겸 기계공학자. 1829~1905)는 그의 주목할 만한 책 《운동학 Cinématique》에서 다음과 같이 지적하고 있다. 즉 무엇보다 그 가치를 인정해야 하는 것은 분업으로 얻어진 노동의 조정인데도, 경제학자들은 분업에 중요성을 부여하고 있다. 이것이 피상적이며 잘못되었다는 사실을 산업의 진보가 나날이 더욱 분명하게 보여준다는 것이다. '유기체 기관의 분업'의 경우에도 마찬가지다. 이것은 그 기관 간의 경탄할 만한 조화가 없으면 결코 생명의 진보를 나타내지 못할 것이다. 그는 특히 다음과 같이 말한다. "기계 작업의 원리는 적어도 부분적으로는 분업의 원리와 모순된다.…… 현대의 대단히 발전된 공장에서는 일반적으로 노동의 단조로움을 피하게끔 노동자들을 교대로 여러 기계를 담당하게 하는 습관이 있다." 기계의 일은 점점 더 전문화되고 있지만, 노동자의 일에서는 그와 반대되는 현상이 일어난다. 아니면, 기계가 더 좋은 노동자가 됨에 따라서 노동자는 더 기계적이 될 것이라고 로일로는 말한다.

방하기 위해 사람들이 그를 주시했기 때문이며, 셋째, 왕 역시 자신도 모르는 사이에 그의 궁정 사람들로부터 영향을 받았기 때문이다. 즉 왕도 그가 **방사하는** 모방의 반사로 일종의 **흩어진** 모방의 영향을 받았기 때문이다.

반복해서 말하지만, 인간은 가장 많이 필요로 하는 사람들보다는 직업과 교육의 동일성으로 인해 자신과 가장 많이 비슷한 사람들—설령 그들이 경쟁자라 하더라도—과 훨씬 더 밀접한 사회적 관계를 맺는다. 그것은 변호사들 사이에서, 신문기자들 사이에서, 행정관들 사이에서, 모든 직업에서 명백하다. 또한 생각과 감정은 다를지라도 비슷하게 교육을 받아 동일한 공통의 자산을 갖고 있으며 심심풀이로 서로 만나고 영향을 주고받는 사람들의 집단을 일상어로 사회라고 부르는 것도 당연하다. 이에 반해 같은 공장, 같은 가게에 고용되어 서로 돕거나 협동하기 위해 모이는 사람들의 경우, 그들은 상업 사회 또는 산업사회를 형성하지만 그것은 형용어가 없는 사회, 즉 무조건적인 사회가 아니다.[5]

일종의 초유기적인 유기체며 협동하는 카스트, 계급이나 직업들로 구성되어 있는 **국민**은 **사회**와는 별개다. 이러한 차이는 오늘날 수많은 사람들이 **국민성을 잃어버리면서** 동시에 점점 더 **사회화되고** 있는 데서 잘 볼 수 있다. 내가 보기에 우리는 여러 가지 측면(언어, 교양, 교육 등)에서 획일성을 향해 달려가고 있는 데, 이러한 획일성이 국민들 간에 또는 결합

---

5 어느 마을에서건 변호사들과 의사들은 고객을 둘러싸고 같은 직업인들끼리 경쟁한다. 그러나 변호사라는 직업은 그들을 보통 함께 일하게 하며 재판소에서 날마다 서로 만나게 하기 때문에, 경쟁의 열의와 이해관계가 얽힌 격렬한 반감이 이 일의 공통성에서 반드시 발전하는 동업자 관계에 의해 완화된다. 이와 반대로 의사들 사이에서는 그 어느 것도 경쟁심과 경쟁의 매서움을 약하게 하지 않는다. 왜냐하면 보통 그들은 각자 따로따로 일하기 때문이다. 직업상의 증오와 동업자 간의 반감이 가장 크다는 것이 의사업계의 특징이라는 것도 종종 지적된 바 있다. 그리고 덧붙여 말하면 약사, 공증인, 대부분의 상인처럼 일이 경쟁자들을 따로따로 떼어놓는 모든 직업도 그러하다.

된 개인들 간에 구분된 무수한 일들을 행하는 데 가장 적합한 길이라는 것은 증명된 것 같지 않다. 학식이 있다고 해서 농민이 더 훌륭한 농부가 되는 것도 아니며, 군인이 규율을 더 잘 지키거나 심지어—누가 알겠냐마는—더 용감한 사람이 되는 것도 아니다. 그러나 어쨌든 그 가능성이 임박했다는 것을 진보의 지지자들에게 정면으로 내세운다면, 이는 그들의 관점(자신들은 아마도 자기 관점을 의식하지 못하겠지만)을 받아들이지 않기 때문이다. 그들이 원하는 것은 가장 강렬한 사회화이지 가장 강력하고 수준 높은 사회조직(이것은 매우 다른 것이다)이 아니다. 어쩔 수 없는 경우 사회조직은 약하더라도 사회생활이 넘쳐흐른다면 그들은 그것으로도 만족할 것이다. 이러한 목적이 얼마나 바람직한지 아직 모른다. 이 문제는 남겨두자.

현대사회의 불안전성과 불안이 경제학자들의 눈에는, 그리고 일반적으로 사회의 기반을 상호적인 유용성에 두는 사회학자들의 눈에는 틀림없이 설명할 수 없는 것처럼 보일 것이다. 사실 국민의 여러 계급 그리고 여러 국민이 서로 주고받는 도움의 상호성은 명백하게 존재하며, 아울러 그 상호성은 관습과 법의 협력 덕분에 인간이 할 수 있는 한 가장 빠르게 또한 날마다 증가하고 있다. 그러나 우리는 이 계급과 국민을 구성하는 개인들이 훨씬 더 크고 훨씬 더 빠른 모방을 통해 동화되고 있다는 것을 잊고 있다. 비록 그러한 모방을 통한 동화가 아직도 관습에서 심지어 법에서도 성가신 장애물을 만나고 있지만 말이다. 아마도 그 관습과 법에서 생겨나는 장애물이 꿋꿋하면 할수록 그 모방을 통한 동화는 어려워질 것이다.

문명은 남자와 여자를 구분하는 간격을 매우 오랫동안 움푹하게 파고 넓히고 키웠는데, 프랑스, 아메리카, 영국처럼 근대화된 모든 나라에서는 오늘날 여성에게 남성의 직업 대부분을 개방하고 거의 공통된 교육이나 훈련의 이익을 함께 나누도록 하면서 두 성 간의 지적 차이를 줄이는 경향이 있다. 이 점에서 문명이 여성을 다루는 방식은 그것이 전에 농민이나 자유 농업 노동자를 다루었던 방식과 같다. 문명이 전에는 농민을 점차 별도의 카스트로 만들었는데, 지금은 다시 농민을 커다란 사회집단 속에 포함시키기 때문이다. 그런데 농민의 경우나 여성의 경우나 나는 다음과 같이 묻고 싶다. 이러한 변화가 일어나는 것은 사회적 유용성이라는 목적에서인가? 즉 농민과 여성에게 밭의 경작, 아이에게 젖먹이고 돌보는 그들 고유의 기능을 더 잘 수행하도록 하기 위해서인가? 아니다. 많은 비관론자들은—나도 그중의 한 명인데—그러한 변화의 결과로 더 이상 농업 노동자도 없고 또 점점 줄어드는 아이들을 키울 수 있거나 키우고 싶어 하는 유모도, 심지어는 그런 엄마도 없는 순간이 온다고 보고 있다. **그렇지만 사람들은 사회권**le cercle sociale**이 확대되기를 바랐으며, 여성의 남성으로의 동화와 농민의 도시인으로의 동화는 이러한 사회화의 필수불가결한 조건이었기 때문에** 그들은 그렇게 동화될 수밖에 없었다.

이미 18세기에 당시 화려한 사회권—지금보다는 제한된 사회권이긴 하지만—에서는, 남녀 모두에게 공통된 살롱 생활을 통해 남녀의 생각과 취향이 중세 때보다 더 비슷해졌다. 이러한 사회적 이익이 가족의 다산과 정절을 희생시켜 얻어졌다는 것은 잘 알려져 있다. 그러나 사람들은 그로 인해 행복했다. 왜냐하면 어떤 더 높은 필연성이 사회권으로 하여금—그것이 무엇이든 간에—끊임없이 그 범위를 넓히도록 만들기 때문이다.

나는 다른 사람들이 나와 똑같은 육체적인 모습, 기관 및 감각을 갖고 있는 한에서 그들과 사회적인 관계를 맺고 있는가? 나는 몸과 얼굴이 나와 많이 닮은 교육받지 못한 귀먹은 벙어리와 사회적 관계를 맺고 있는가? 아니다. 이와 반대로 라퐁텐J. La Fontaine〔프랑스의 시인이자 우화작가, 1621~1695〕의 우화에 나오는 동물들, 즉 여우, 황새, 고양이, 개 등은 서로를 갈라놓는 종의 차이에도 불구하고 사회 속에서 산다. 왜냐하면 그들은 똑같은 말을 하기 때문이다.⁶ 사람들은 배우지 않았는데도 먹고 마시고 소화하고 걷고 소리 지른다. 또한 그런 행위는 순전히 생물적이다. 그렇지만 말할 수 있기 위해서는 누군가가 말하는 것을 들었어야 한다. 귀먹은 벙어리의 예가 그것을 증명한다. 그들이 벙어리인 것은 그들이 듣지 못하기 때문이다. 따라서 나는 설령 외국어라도 말하는 사람이면 누구와도—매우 약하고 불충분한 것은 사실이지만—사회적인 관계를 느끼기 시작한다. 그러나 이것은 우리의 두 언어가 공통된 기원을 지녔다는 생각이 나에게 든다는 조건 아래서다. 기원이 모방에 있는 그 밖의 다른 공통된 특징과 사회적 유대가 결합함에 따라서 그 모두의 사회적 유대는 더욱 강화될 것이다.

여기에서 사회 집단에 대한 다음과 같은 정의가 나온다. 즉 사회 집단이란 서로 모방하는 중에 있거나, 아니면 현재 모방하지는 않더라도 서로가 비슷하며, 아울러 그들의 공통된 특징들이 예전에 동일한 본보기를 모방한 데서 유래하는 존재들의 집합체다.

---

6 로매니스G. Romanes(영국의 박물학자, 1848~1894)의 《동물에서의 정신 진화 l'Évolution mentale chez les animaux》에는, 모방이 본능의 형성과 발전에 미치는 영향에 관해 쓴 매우 흥미로운 장이 있다. 이 영향은 우리가 추측하는 것보다 훨씬 더 크고 넓다. 친족관계이든 아니든 같은 종의 개체들은 서로 모방할 뿐만 아니라—잘 지저귀는 많은 새들은 어미 새나 동료 새에게서 지저귀는 법을 배워야 한다—다른 종의 개체들도 쓸모 있든 무의미하든 특성을 서로 빌려온다. 여기에서 모방을 위해 모방하고 싶은 깊은 욕구가 드러나는데, 이것은 우리 예술의 최초의 원천이다. 사람들이 아는 바와 같이, 개똥지빠귀는 암탉이 속을 정도로 수탉의 울음소리를 흉내낸다. 다윈은 꿀벌을 관찰한 끝에 다음과 같이 생각했다. 즉 꿀벌이 몇몇 꽃을 옆으로 구멍을 뚫어 빨아먹는 천재적인 아이디어는 뒤영벌에게서 얻었다는 것이다. 그 어떤 새, 곤충, 짐승에도 천재가 있으며, 동물 세계에서도 천재는 어떤 성공을 기대할 수 있다. 다만 언어가 없기 때문에 그 사회적인 시도들이 무위로 끝난다. 인간만이 아니라 모든 동물도 정도가 다르긴 하지만 정신적인 존재인 만큼, 그 정신 발전의 필수불가결한 조건으로서 사회생활을 갈망한다. 왜 그런가? 뇌의 기능, 즉 정신은 특정한 수단에 따라 특정한 목적에 단순히 적응하는 측면이 아니라, 확정되지 않은 많은 목적들에 적응한다는 점에서 다른 기능과 구분되기 때문이다. 그 목적은 어느 정도 우연히 그것들을 추구하는 데 쓸모 있고 엄청난 수단 자체에 의해서, 즉 외부의 모방에 의해서 명확해지지 않으면 안 된다. 이 무한한 외부—감각과 지성에 따라 묘사되고 표현되며 **모방되는** 외부—란 무엇보다도 동물의 뇌에, 그다음에는 근육조직에 계속적이고 저항할 수 없는 암시 작용을 행하는 보편적인 자연이지만, 그다음으로는 무엇보다도 사회 환경이다.

2. 사회유형의 정의

어느 특정한 시기와 지역에서 집단 구성원들 각자가 조금 불완전하게 재생산하는 사회유형은 사회집단과 잘 구분해야 한다. 이 사회유형은 무엇으로 구성되어 있는가? 그것은 시대의 연속 속에서 축적된 무수한 발명이나 발견에 의해 만들어진 일정한 수의 욕구와 관념으로 구성되어 있다. 이 경우 욕구들은 어느 정도 서로 일치한다. 말하자면 어느 한 시대나 국민의 정신인 어떤 지배적인 욕망의 승리에 조금은 협력한다. 그리고 관념이나 믿음도 마찬가지로 어느 정도 서로 일치한다. 말하자면 서로 논리적으로 연결되어 있거나 아니면 적어도 일반적으로 서로 모순되지 않는다. 이 이중적인 일치는 언제나 불완전하며 또 일치하지 않는다는 느낌이 없지는 않지만, 우연히 만들어지고 모인 사물들 사이에서 마침내 확립된 것인데, 그것은 완전히 한 생물에서 기관들의 **적응**이라고 불리는 것에 비길 만하다. 그러나 이중적인 일치는, 그 생물의 조화에 내재하는 신비에 영향을 받지 않고 목적과 수단의 관계나 원인과 결과의 관계(이 두 관계는 결국 하나, 즉 후자의 관계일 뿐이다)를 매우 분명한 용어로 나타내는 장점이 있다. 서로 다른 두 개의 종에서 끌어온 두 기관, 두 형태, 두 형질 간의 불일치나 부조화는 무엇을 의미하는가? 우리는 그에 관해서 모른다. 그러나 두 관념이 불일치할 때 그것은—우리가 알고 있는 바와 같이—한쪽이 긍정하는 것을 다른 쪽은 부정한다는 것을 뜻한다. 마찬가지로 두 관념이 일치한다면 그것은 그 두 관념이 그러한 부정을 조금도 함축하지 않거나 함축하지 않는 것처럼 보이기 때문이다. 마지막으로 그 두 관념이 어느 정도 일치한다면, 그것은 한쪽이 주장하는 것들 중 다소 많은 것을 다른 한쪽이 어느 정도 많은 면에서 긍정한다는 것을 함의하기 때문이다. 긍정하는 것과 부정하는 것, 즉 정신의 모든 생활이 귀착되는 이 두 정신 활동보다 더 모호하지 않고 분명한 것은 없다. 그것들의 대립보다도 더 잘 이해하기 쉬운 것은 없다. 욕망과 혐오의 대립도 **의욕**velle과 **철회**nolle의 대립도 그것들의 대립으로 귀착된다. 따라서 하나의 사회유형, 즉 사람들이 하나의 특별한 문명이라고 부르는 것은 하나의 진정한 체계, 즉 어느 정도 일관성 있는 하나의 이론인데, 그것의 내부 모순이 마침내 강화되거나 터지면 그 이론은 둘로 찢어진다. 그렇다면 우리는 왜 어떤 유형의 문명은 순수하고 강하며 또 어떤 유형의 문명은 혼합되어 있고 약한지를 분명하게 이해할 수 있다. 또한 왜 새로운 욕망이나 믿음을 불러일으키고 옛 욕망이나 믿음의 균형을 흐트러뜨리는 새로운 발명이 풍부해지면 아무리 순수한 유형이라도 변질되어 결국은 무너지는지도 분명하게 이해할 수 있다. 그리고 달리 말하면 왜 모든 발명이 **축적될 수** 없으며, 많은 발명이 **대체될 수 있는 것**—즉 논리적으로 엄밀한 의미에서 암암리에 또는 명백하게 모순되는 욕망과 믿음을 일으키는 발명—에 불과한지도 분명하게 이해할 수 있다. 따라서 역사의 굽이치는 요동 속에는 믿음의 양이나 욕망의 양의 영속적인 덧셈과 뺄셈밖에 없는데, 그 믿음이나 욕망의 양은 발견에 자극을 받으면 마치 서로 간섭하는 파동처럼 서로 더해주거나 중화시킨다.

이상과 같은 것이 국민 유형인데, 이것은 우리가 말하는 것처럼 한 나라의 모든 구성원에서 반복된다. 그것은 매우 큰 국새國璽에 비유할 수 있다. 왜냐하면 그것을 눌러 찍은 다소 좁은 여러 봉랍封蠟에는 그 자국이 언제나 부분밖에 남지 않아, 그 자국 모두를 대조하지 않고서는 매우 큰 그 국새가 완전히 재구성될 수 없기 때문이다.

3. 완전한 사회성

사실 내가 앞에서 정의한 것은 보통 이해하는 바의 **사회**société라기보다는 **사회성**socialité이다. 사회란 언제나 정도의 차이가 있긴 하지만 하나의 결합체이다. 결합체와 사회성, 즉 **모방성**의 관계는 말하자면 생물체와 생명력의 관계 또는 분자 구성과 에테르의 탄성의 관계와 같다. 이것들은 보편적 반복의 세 가지 큰 형태가 이미 매우 많이 제시했다고 여겨지는 것들에 덧붙여야 할 새로운 유사다. 그러나 사회적 사실들은 우리에게 상대적인 사회성만을 다양한 정도로 보여주기 때문에 그 상대적인 사회성을 잘 이해하기 위해서는, 아마도 절대적이며 완전한 사회성을 가정해서 상상해보는 것이 좋을 것이다. 절대적이며 완전한 사회성은, 하나의 뇌 안 어디에선가 나타난 어떤 좋은 생각이 도시의 모든 뇌에 순식간에 전해질 만큼 매우 강렬한 도시 생활에 있을 것이다. 이러한 가정은 에테르의 탄성이 완전하면 빛의 자극이나 그 밖의 자극이 지체 없이 전달될 것이라는 물리학자들의 가설과 비슷하다. 생물학자들도 그들 나름대로 일종의 이상적인 원형질에서 구현되는 절대적인 피자극성을 생각해보는 것이 유익하지 않겠는가? 이 이상적인 원형질은 그들에게 현실의 원형질들의 생명력이 큰지 작은지를 평가하는 데 도움을 줄 것이다.

이와 같은 것에서 출발해 유사가 세 세계(물리계, 생물계, 사회계)에서 유지되기를 바란다면, 생명은 단순히 원형질의 피자극성 조직이어야 하고 물질은 단순히 에테르의 탄성 조직이어야 하며 사회도 마찬가지로 모방성의 조직에 불과해야 한다. 그렇지만 오늘날 모든 사람이 받아들이는 생명의 원형질 이론과 마찬가지로, 원자와 분자의 기원에 대해서 톰슨W. Thompson 〔영국의 물리학자, 1824~1907〕이 생각해내고 뷔르츠C. Wurtz〔프랑스의 유기화학자, 1817~1884〕가 받아들인 견해, 즉 적어도 매우 그럴듯하고 사실임직한 소용돌이 원자 가설도, 우리의 관점이 요구하는 것 중 하나에 완전히 부합한다는 것은 지적할 필요조차 거의 없다. 공동으로 양육되고 똑같은 장소에서 똑같은 교육을 받으며 또 아직 계급과 직업의 분화를 겪지 않은 많은 아이들, 이들이야말로 사회의 원료다. 사회는 이 원료를 반죽해서 불가피하며 강제적인 기능적 분화의 길을 거쳐 국민으로 만들어낸다. 일정한 양의 원형질, 말하자면 조직화되지는 않았지만 조직화될 수 있으며 아울러 자신들이 생겨난 미지의 재생산 방식에 따라 서로 모두 동화된 일정한 양의 똑같은 분자들, 이것이야말로 생명의 원료다. 생명은 이것으로 세포, 조직, 개체, 종을 만든다. 마지막으로, 진동에 의해 움직이고 매우 비슷하며 아울러 서로 빠르게 교환되는 요소들로 구성된 동질적인 에테르 덩어리, 이것이야말로—우리의 순수 이론적인 화학자들을 믿는다면—물질의 원료다. 아무리 이질적인 것이라 하더라도 모든 물체의 미립자는 모두 그 원료로 만들어진다. 왜냐하면 물체는 서로 다르면서도 얽힌 계열들로 따로따로 재생산되는, 분화되고 서열화한 진동의 일치에 불과하기 때문이다. 이것은 유기체가, 서로 다르지만 조화를 이루는 기초적인 **내부 생식들**의 일치—조직 요소들의 서로 다르면서도 서로 얽힌 계통의 일치—에 불과한 것과 같다. 또한 국민이, 모방에 의해 여러 경로로 퍼지지만 서열에 따르고 형제처럼 서로 도와주는 전통, 관습, 교육, 경향, 관념의 일치에 불과한 것과 같다.

    따라서 차이화 법칙은 여기에서 개입한다. 그러나 다음과 같은 것을 지적하는 것은 쓸모없지 않을 것이다. 즉 그 법칙이 세 가지 형태로 겹쳐서 작용하는 동질성은 실제로 있긴 하지만 표면상의 동질성에 불과하다는 것이다. 그리고 유추를 계속해 나간다면, 우리의 사회학적 관점은 원형질에는 겉으로는 획일적인 모습을 하고 있어도 매우 개성적인 특색이 있는 요소들이 있으며 또 아무리 규율이 엄격한 학교라도 아이들이 개별적인 특징을 지닐 수 있는 것처럼, 에테르 자체에서도 원자들이 개별적인 특징을 지닐 수 있다는 것을 우리로 하여금 인정하게 한다. 동질성이 아니라 이질성이 사물의 핵심에 있다. 무수히 많은 요소가 생겨날 때부터 함께 영원히 비슷한 것으로 공존한다는 생각만큼 거짓말 같고 터무니없는 것이 있는가? 사람들은 비슷하게 태어나는 것이 아니라 비슷해지는 것이다. 게다가 요소들의 내재적인 다양성이야말로 그것들의 **변이 가능성**을 증명해줄 수 있는 유일한 것이 아니겠는가?

기꺼이 더 멀리 가보자. 이 최초의 근본적인 이질성이 없다면 그것을 다시 덮고 감추는 동질성은 결코 없었을 것이며, 또 있을 수도 없었을 것이다. 모든 동질성은 사실 부분들의 유사며, 모든 유사는 처음에는 개별적인 혁신이었던 것이 자발적으로든 강제적으로든 반복되면서 생겨난 동화의 결과이다. 그러나 이것으로는 유사를 설명하기에 충분하지 않다. 내가 말하는 동질적인 것, 즉 에테르, 원형질, 평등화되고 평준화된 인민 대중이 분화되어 조직될 때, 동질적인 것을 그 자신에서 벗어나도록 강제하는 힘은—적어도 우리 사회에서 일어나고 있는 일로 판단한다면—똑같은 원인을 갖고 있는 것이 아닌가? 개종 운동의 열기가 국민을 동화시킨 다음에는 전제정치가 나타나 국민을 이용하고 그들에게 계급제도를 받아들이게 한다. 그러나 전제군주나 포교자는 둘 다 모두 다른 사람의 말에 귀를 기울이지 않는 사람인 만큼, 이들에게는 평등주의식으로든 귀족주의식으로든 다른 사람과 함께하는 것이 부담으로 여겨졌다. 한 이단파나 개인의 반란이 그처럼 승리를 거둘 때, 그 밑에서는 수백만 수십억의 사람들이 짓눌려 있다. 그러나 이 수많은 사람들도 역시 미래의 대혁신의 묘상苗床이다. 자연은 법칙, 반복, 수백 년의 주기라는 엄격한 장치 밑에서 변이의 화려함, 그림 같은 공상과 변덕스러운 자수刺繡의 풍부함을 멋지게 전개하지만, 그러한 것들의 원천은 하나밖에 없을 것이다. 그 원천이란 자연의 그러한 굴레들(법칙, 반복, 수백 년의 주기)로는 잘 제어되지 않는 요소들의 요동치는 독창성, 즉 그 모든 법칙적인 획일성을 뚫고 사물의 아름다운 표면에 변화된 모습으로 돌연히 다시 나타나는 근원적이며 타고난 다양성이다.

나는 방금 말한 그러한 고찰을 더 이상 계속하지 않을 것이다. 왜냐하면 그러한 고찰은 이 책의 주제에서 벗어날 것이기 때문이다. 나는 다만 법칙에 대한 연구, 즉 자연에서든 역사에서든 비슷한 사실에 대한 연구가 우리에게 그것의 숨어 있는 개별적이며 독창적인 동인을 잊어버리게 해서는 안 된다는 것을 보여주고 싶었을 뿐이다. 따라서 그러한 것들을 제쳐놓는다면 우리는 지금까지 말한 것에서 유익한 교훈을 이끌어낼 수 있다. 즉 한 사회의 구성원들의 평등화에 더해지는 동화는—사람들이 생각하는 것처럼—그전에 있었던 사회 진보의 최종 상태가 아니라 반대로 새로운 사회 진보의 출발점이라는 유익한 결론을 이끌어낼 수 있다. 문명의 새로운 형태는 모두 거기에서 시작한다. 초기 기독교인들의 평등하고 획일적인 공동체에서는 주교가 다른 사람과 마찬가지로 한 명의 신자였으며 교황은 주교와 구별되지 않았다. 프랑크왕국의 군대에서는 전리품이 왕과 병사들 사이에 균등하게 분배되었다. 이슬람 사회 초기에도 그러했다. 마호메트를 계승한 초기 칼리프들〔이슬람교 국가의 통치자들〕이 재판받을 때는 단순한 이슬람교도로서 재판에 나섰다. 코란 앞에서는 마호메트의 자손들이 모두 평등하다는 생각이 아직은 단순한 허구가 아니었다. 프랑스인이나 유럽인은 법 앞에서 평등하다는 관념도 언젠가는 불가피하게 허구가 되겠지만 말이다. 그 후 깊은 불평등이 견고한 조직의 조건으로서 아랍 세계에 점점 깊어졌다. 이것은 중세 때 가톨릭교의 성직자 계급제도나 봉건사회의 위계질서가 형성된 것과 약간 비슷하다. 과거는 미래를 대변한다. 자유가 두 규율 간의 다리에 불과한 것처럼 평등은 두 계급제도 간의 과도기에 불과하다. 그렇지만 이것은 시민 개개인의 신뢰와 능력, 지식과 안전이 시대의 흐름 속에서 갈수록 커지지 않는다는 것을 뜻하는 것은 아니다.

이제는 이러한 생각을 또 다른 측면에서 다시 한번 다루어보자. 세포조직이 기관보다 먼저 존재하는 것과 똑같은 이유에서 동질적이며 평등한 공동체가 교회와 국가보다 먼저 존재한다고 우리는 말했다. 게다가 일단 형성된 세포조직들과 공동체들이 조직화되고 계층화되는 이유는 그것들이 처음에 형성된 이유와 다르지 않다. 이런 식으로 퍼져 나가는 식물의 배아에서 아직 분화되지도 이용되지도 않는 세포조직의 성장은 그 배아의 특별한 야심과 탐욕의 증거인 것처럼, 동등한 사람들로 이루어진 어떤 클럽이나 서클, 조합의 창설은 그것을 탄생시킨 적극적인 사람의 야심의 증거다.

그는 그렇게 해서 자신의 개인적인 생각이나 개인적인 계획을 퍼뜨린다. 그런데 공동체가 공고해져서 위계질서를 갖춘 조직이 되고 세포조직이 기관이 되는 것은 자신을 더 확대하고, 눈앞에 나타났거나 예상되는 적들로부터 자신을 보호하기 위해서다. 생물적 존재나 사회적 존재의 경우 활동하고 기능하는 것은, 그 자신이 품고 있는 주요 관념[생물적 존재의 경우에는 본성]을 보존하고 확대하는 데 필수불가결한 조건이다. 그리고 그 주요 관념이 얼마 동안 발전하기 위해서는 그 사회적 존재[또는 생물적 존재]가 우선은 획일적인 견본으로 늘어나는 것으로 충분했다. 그렇지만 **생물적 사물**과 마찬가지로 **사회적 사물**이 무엇보다 원하는 것은 퍼져 나가는 것이지 조직되는 것이 아니다. 조직화는 전파—**생식에 의하든** 또는 **모방에 의하든** 반복—를 위한 하나의 수단에 지나지 않는다.

  요약하면, 시작하면서 제기한 질문, 즉 사회란 무엇인가라는 질문에 대해서 우리는 그것이 모방이라고 대답했다. 이제 남아 있는 것은 다음과 같이 묻는 것이다. 모방이란 무엇인가? 여기에서 사회학자는 심리학자에게 발언권을 넘기지 않으면 안 된다.

4. 이폴리트 텐의 생각

  1 텐H.A.Taine은 가장 뛰어난 생리학자들의 견해를 요약해, 뇌란 감각중추의 **반복** 기관이며 그 자체가 반복하는 요소로 구성되어 있다고 매우 잘 말한다. 사실, 그렇게 많은 유사한 세포와 섬유가 실뭉음처럼 감겨 있는 것을 보면 다른 생각을 할 수 없을 것이다. 게다가 수많은 경험과 관찰이 직접적인 증거를 제시한다. 즉 대뇌 반구의 한쪽을 절제해도 심지어는 다른 한쪽에서 상당 부분을 떼어내도 지적 기능의 강도에만 영향을 미칠 뿐, 그 지적 기능 전체는 손상되지 않는다는 것을 수많은 경험과 관찰이 보여준

다. 따라서 절제된 부분은 남아 있는 부분과 협력하지 않았다. 즉 그 둘은 서로 모방하고 강화하는 것만 할 수 있었다. 그것들의 관계는 결코 경제적, 즉 실리적인 것이 아니라, 내가 그 말을 이해하는 의미에서 모방적이고 사회적인 것이었다. 생각을 불러일으키는 세포의 기능이 무엇이건 간에(혹시 매우 복잡한 진동이 아닐까?), 우리 정신생활의 매순간 뇌 안에서 생각이 재생산되고 늘어나며 아울러 각각 다른 지각에는 서로 다른 세포의 기능이 대응한다는 것은 의심할 수 없다. 이 뒤얽히고 풍부하게 교차하는 방사들이 계속해서 무궁무진하게 이어지면 어느 때는 기억만을 구성하지만 또 어느 때는 습관을 구성하게 된다. 바로 그 증가하는 반복이 신경계 안에 갇혀 있으면 기억을 구성하는 것이고, 신경계를 넘어서 근육계까지 퍼지면 습관을 구성하는 것이다. 기억이란 말하자면 오로지 신경만의 습관인 것에 반해, 습관이란 신경의 기억인 동시에 근육의 기억이다.

따라서 모든 지각 행위는 그것이 기억 행위를 내포하는 한 언제나 일종의 습관, 자기 자신에 의한 자기 자신의 무의식적인 모방을 전제하고 있다. 이것은 분명히 사회적인 것을 갖고 있지 않다. 신경계가 어떤 근육군을 움직이게 할 만큼 매우 강하게 흥분할 때 엄밀한 의미의 습관이 나타나는데, 이것은 자기 자신에 의한 자기 자신의 또 하나의 모방이지 결코 사회적인 것이 아니다. 나는 그것을 오히려 전사회적인présociale 또는 하위 사회적인 sub-sociale 모방이라고 말하고 싶다. 그렇다고 해서 관념이—사람들이 주장해온 바와 같이—이루어지지 못한 행위라고 말하는 것은 아니다. 행위란 어떤 관념의 추구, 안정된 믿음의 획득에 불과하다. 근육은 신경과 뇌를 풍부하게 하기 위해서만 움직일 뿐이다.

그러나 만일 기억난 관념이나 이미지가 처음에 대화나 독서를 통해 정신 속에 가라앉은 것이었다면, 또는 습관적인 행위가 다른 사람의 비슷한 행위를 보거나 안 것에서 유래했다면, 이 기억과 이 습관은 심리학적인 사실인 동시에 사회적인 사실이다. 그리고 그것이야말로 내가 앞에서 그토록 많이 말한 종류의 모방이다.7 그것은 개인적인 것이 아니라 집합적인 기억이나 습관이다. 인간이 보고 듣고 걷고 서 있고 쓰고 피리를 불고, 게다가 발명하고 상상할 수 있는 것은 오로지 다수의 연계된 근육 기억들 덕분인 것과 마찬가지로, 사회가 존재하고 한 걸음 전진하고 변화할 수 있는 것도 연속되는 세대들을 통해 끊임없이 늘어나는 인습, 흉내 및 이해할 수 없는 맹종의 막대한 저장 덕분이다.

2 정신생활을 구성하며 한 뇌세포에서 다른 뇌세포로 작용하는 이 암시의 내적 성질은 무엇인가? 우리는 모른다.8 우리는 한 사람에서 다른 사람으로 작용하며 사회생활을 구성하는 이 암시의 본질을 더 잘 알고 있는가? 아니다. 왜냐하면 만일 우리가 암시라는 이 사실을 그 자체로, 즉 아주 순수하고 강력한 상태에서 받아들인다면, 그것은 가장 신비로운 현상 중 하나로 돌아가기 때문이다. 오늘날 우리의 철학적인 정신의학자들이 열렬한 호기심을 갖고 연구하고 있지만 잘 이해하는 데는 성공하지 못하고 있는 그것, 바로 몽유 상태le somnambulisme라는 현상이다.9 이 주제에 대한 현대

---

7 나는 이 책 제2판의 교정쇄를 교정하는 중에 《형이상학 평론 Revue de métaphysique》지에서 볼드윈J. Baldwin〔미국의 심리학자, 1861~1934〕씨가 《마음 Mind》이라는 잡지(1894~1895)에 〈모방 : 의식의 자연사의 한 장Imitation : a chapter in the natural history of consciousness〉이라는 제목으로 발표한 논문에 대한 간략한 비평을 읽었다. 비평가는 다음과 같이 말한다. "볼드윈 씨는 타르드의 이론을 일반화하고 명확히 하고 싶어 한다. 생물학적 또는 일차 수준의 대뇌피질하의 모방은 순환적인 신경 반응이다. 즉 그 자극을 재생산한다. 심리학적 또는 대뇌피질의 모방은 **습관**(동일성 원리에서 그대로 표현되는)과 **적응**(충족 이유의 원리에서 표현되는)이다. 그것은 결국 사회학적이고 유연하며, 이차 수준의 대뇌피질하의 모방이다."
8 앞서 말한 고찰과 다음에 이어질 고찰이 《철학평론》지에 처음(1884년 11월) 발표되었을 때 최면 암시에 대해 말하는 사람은 거의 없었으며, 따라서 나의 보편적인 사회적 암시 개념은 지지할 수 없는 패러독스라고 비난받았다. 그렇지만 그 개념은 후에 베르넴Bernheim 및 그 밖의 사람들에게서 강력한 지지를 받았다. 현재 이 견해보다 더 통속화된 것은 없다.
9 시대에 뒤떨어진 이 표현은, 내가 이 구절을 처음 발표했을 때만 해도 최면hypnotisme이라는 말이 아직도 몽유 상태라는 말을 대신하지 못했다는 것을 보여준다.

저작들, 특히 리셰C. R. Richet〔프랑스의 생리학자, 1850~1935〕, 비네A. Binet〔프랑스의 심리학자, 1857~1911〕, 페레Féré〔프랑스의 심리학자, 1852~1907〕, 보니H. Beaunis〔프랑스의 심리학자, 1830~1921〕, 베르넴Bernheim〔프랑스의 의사, 1840~1919〕, 델뵈프 Delboeuf〔벨기에의 철학자이자 심리학자, 1831~1896〕 등의 저작을 다시 읽는다면, 사회적 인간을 진정한 몽유병자로 간주한다고 해서 내가 공상의 과오에 결코 빠지지 않았다는 것을 확신할 것이다. 반대로 나는 내가 가장 엄격한 과학적인 방법을 따른다고 생각한다. 즉 나는 복잡한 것을 단순한 것으로, 화합물을 요소로 해명하려고 하며, 아울러 우리가 알고 있는 것처럼 혼합되고 복잡한 사회적 유대를 매우 순수하며 동시에 가장 단순한 표현으로 환원된 사회적 유대로 설명하려고 한다. 그리고 그러한 사회적 유대는 사회학자를 깨우쳐줄 정도로 매우 다행히도 몽유 상태에서 실현되고 있다. 가령 한 인간이 사회 이외의 영향은 전혀 받지 않고 자연의 사물을 직접 보지도 않으며, 여러 감각에 본능적으로 사로잡히지도 않고 자신과 비슷한 사람들하고만 의사소통한다고 가정해보자. 우선 문제를 단순화하기 위해 그가 그들 중에서 단 한 사람하고만 의사소통한다고 가정해보자. 이 정선精選된 실험 대상이라면, 이런 식으로 해서 복잡하게 하는 자연이나 물리 영역의 모든 영향으로부터 벗어난 사회적 관계의 참된 본질적인 성격을 실험과 관찰로 연구하는 것이 적절하지 않겠는가? 그러나 최면 상태와 몽유 상태가 바로 이러한 가설의 실현이 아닌가? 그러므로 독자들은 내가 이 기이한 상태의 주요 현상을 하나하나 검토하며 사회 현상들 가운데 그 상태의 강해진 형태와 약해진 형태, 숨어 있는 형태와 공공연한 형태를 한꺼번에 다시 찾아내는 것을 본다고 해서 놀라지는 않을 것이다. 아마도 이러한 접근 방식을 이용하면 비정상으로 여겨지는 사실이 얼마나 일반적인지를 확인하면서 그것을 더 잘 이해할 수 있을 것이다. 또한 일반적인 사실도 그 독특한 특징을 명백한 비정상 속에서 뚜렷하게 인식하면서 더 잘 이해할 수 있을 것이다.

사회 상태란 최면 상태와 마찬가지로 꿈의 한 형식에 불과하다. 즉 조종

받은 꿈이며 활동하고 있는 꿈이다. 암시된 관념들을 갖고 있는 것에 불과한데도 그것들을 자발적인 것이라고 믿는 것. 이것은 몽유 상태에 있는 사람만이 아니라 사회적인 인간에게도 있는 고유한 착각이다. 이 사회학적 관점이 옳다는 것을 알아보기 위해 우리가 우리 자신을 고찰해서는 안 된다. 왜냐하면 우리 자신과 관련시켜서 그 관점이 옳다고 인정하는 것은 그것이 주장하는 맹목성에서 벗어나는 것이 되며, 그렇게 되면 그 관점이 옳다는 것에 대해서 반론이 제기될지도 모르기 때문이다. 그러므로 이집트인, 스파르타인, 히브리인 등 우리와는 매우 무관한 문명에 속하는 몇몇 고대 민족에 대해서 생각해보아야 한다. 그 사람들은 자동인형(태엽을 서로가 감은 것은 아니었지만 그들의 조상, 정치 지도자, 예언자 등이 감은 자동인형)이었으면서도—그들은 이를 알지 못했지만—우리처럼 자율적이라고 생각하지 않았겠는가? 우리의 현대 유럽 사회와 저 외국의 원시사회를 구분 짓는 것은, 최면 상태la magnétisation가 우리 사회에서는 말하자면 적어도 어느 정도 상호적인 것이 되었다는 것이다. 그리고 우리는 이 상호성을 우리가 평등하다는 자부심 속에서 약간 과장하기 때문에, 더욱이 상호적이 되면서 모든 믿음과 복종의 원천인 이 최면 상태가 일반적이 되었다는 것을 잊고 있기 때문에, 우리가 우리 조상보다 덜 쉽게 믿으며 덜 유순하다고, 한마디로 말해 덜 모방적이라고 우쭐대는 잘못을 저지르고 있다. 그것은 잘못된 생각이므로 우리는 그것을 지적해야 할 것이다. 그러나 그것이 사실이더라도, 그래도 본보기가 되는 사람과 모방자, 지배자와 신하, 사도와 새 신도 같은 관계가 우리의 평등화된 세계에서 흔히 보이는 것처럼 상호적 또는 교대적이 되기 전에는, 틀림없이 처음에는 일방적이고 불가역적인 관계에서 시작했을 것이라는 사실은 분명하다. 여기에서 계급이 생겨난다. 가장 평등한 사회에서조차 생겨나는 문제의 일방성과 불가역성은 인간이 사회에 입문할 때 기반이 되는 가족에서도 계속 존재한다. 왜냐하면 아버지는 아들의 최초의 주인, 최초의 사제, 최초의 본보기며 항상 그러할 것이기 때문이다. 오늘날에도 모든 사회는 거기에서 시작한다.

따라서 모든 고대사회의 시작에는 더구나 최고로 강압적이며 단호한 몇몇 사람들이 행하는 권위의 커다란 과시가 필요했다. 사람들이 주장하는 바처럼, 그들은 특히 공포와 사기를 통해서 지배했는가? 그렇지 않다. 이러한 설명으로는 분명히 불충분하다. 그들은 **위세**prestige로 지배했다. 최면술사magnétiseur라는 예만이 우리에게 이 말의 깊은 뜻을 이해하게 해준다. 최면술사는 최면에 걸린 사람에게서 맹목적인 믿음을 얻기 위해 거짓말을 할 필요가 없다. 그는 수동적인 복종을 얻기 위해 공포에 떨게 할 필요가 없다. 그에게는 위세가 있으며, 이것이 모든 것을 말해준다. 내 생각에 최면에 걸린 사람에게는 믿음과 욕망의 일정한 잠재력이 있는데 이 잠재력은 갖가지 종류의 기억 속에 비활성화되어 있다는 것, 즉 잠들어 있을 뿐 죽은 것은 아니라는 것이다. 그리고 이때 그 힘은 연못의 물이 흐르기를 갈망하는 것처럼 현실화되기를 갈망하는데, 최면술사만이 일련의 특이한 상황을 통해 그 힘에 필요한 출구를 열어줄 수 있다는 것이다. 정도의 차이를 제외하면 모든 위세는 비슷하다. 사람들은, 현실의 어떤 것을 주장하고 싶거나 바라는 어떤 다른 사람의 욕구에 부응하는 한, 그에게 위세를 지녔을 것이다. 최면술사는 또한 믿음과 복종을 얻기 위해서 말할 필요가 없다. 그는 행동하는 것으로, 즉 어떤 몸짓이든 거의 알아차릴 수 없는 몸짓을 하는 것으로 충분하다. 그 몸짓의 움직임은 그것이 표현하는 생각 및 감정과 함께 즉시 재현된다. 모즐리H. Maudsley(영국의 정신의학자이자 심리학자, 1835~1918)는 "최면 상태에 있는 사람이 과연 그가 근육의 수축까지 **본능적으로 정확하게 흉내 내는** 사람의 태도와 표현을 **무의식적**으로 **모방**함으로써 그 사람의 정신을 자신도 모르게 읽어낼 수 있는지 나는 확신이 서지 않는다"(《정신병리학 Pathologie de l'esprit》, p. 73)라고 말한다. 여기에서는 최면 상태에 있는 사람이 최면술사를 모방하는 것이지 최면술사가 최면 상태에 있는 사람을 모방하는 것이 아니라는 것에 주목해야 한다. **상호적인 모방**, 아담 스미스

Adam Smith가 말하는 의미의 **공감**sympathie이라고 불리는 그 상호적인 위세가 생기는 것은, 오직 깨어 있는 생활과 서로 최면 행위를 행하지 않는 것처럼 보이는 사람들 사이에서뿐이다. 그러므로 내가 공감이 아니라 위세를 사회의 기초와 기원에 놓은 것은 앞에서도 말했듯이 일방적인 것이 상호적인 것보다 먼저 존재했음이 틀림없기 때문이다.[10] 이러한 사실이 놀라울지 모르지만, 권위의 시대가 없었다면 상대적으로 박애의 시대도 결코 없었을 것이다. 그러나 다시 문제로 돌아가보자. 왜 우리는 최면 상태에 있는 사람의 일방적이고도 수동적인 모방에 사실상 놀라는가? 우리 중 누군가가 어떤 행위를 할 때 그 행위는 그것을 보고 있는 우리에게 그 행위를 다소 무심결에 모방하려는 생각을 심어준다. 그리고 우리가 이러한 경향에 때때로 저항한다면, 그것은 그때 그 경향이 우리에게서 현재 기억이나 외부 지각에서 생기는 대항對抗 암시로 중화되었기 때문이다. 최면에 걸린 사람은 최면 상태로 인해서 이 저항력을 일시적으로 빼앗겼기 때문에 우리에게 사회적 존재의 모방적인 수동성을 보여주는 데 도움을 줄 수 있다. 여기에서 사회적 존재라고 말할 때, 그것은 그가 사회적인 한에서, 말하자면 오로지 자신과 비슷한 사람들하고만 관계를 맺고 또 우선 그들 중에서 한 사람하고만 관계를 맺는 한에서라는 의미다.

사회적인 존재가 동시에 자연적인 존재가 아니라면, 즉 외부 자연과 외부 사회의 인상에 민감하며 열려 있지 않다면, 그는 결코 변할 수 없을 것이다. 자신과 비슷한 사람들로 결합되어 있는 사람들의 경우 부모, 지도자, 사제(이들 자신도 과거의 모방자다) 등의 교육이 자신들에게 전하는 전통적인 유형의 관념이나 욕구를 자발적으로 바꾸는 것은 영원히 불가능할 것이다.

---

[10] 이 점은 수정해야 할 것이다. 확실히 공감은 사회성의 첫 번째 원천이며, 아울러 부러워하는 계산된 모방뿐만 아니라 적대자의 모방마저 포함하는 모든 종류의 모방의 명백한 또는 감추어져 있는 영혼이기도 하다. 다만 공감 자체가 상호적인 것이 되기 전에 일방적인 것으로 시작된다는 점은 확실하다.

잘 알려져 있는 몇몇 민족은 내 가정의 조건에 기이할 정도로 가까웠다. 일반적으로 인류 초기의 민족들은 낮은 연령의 아이들과 마찬가지로, 자신들과 비슷한 인간이나 인종, 즉 자신들의 종족이나 부족의 인간과 관계없는 모든 것에 대해서는 무관심하고 냉담하다.[11] 모리A. Maury(프랑스의 학자, 1817~1892)는 "최면 상태에 있는 사람은 그의 꿈이 몰두하는 것 속에 들어오는 것만 보고 듣는다"라고 말한다. 달리 말하면 그의 믿음과 욕망의 모든 힘이 단 하나의 극으로 집중된다는 것이다. 이것이 바로 **매혹에 의해** 일어나는 복종과 모방의 효과가 아니겠는가? 그리고 이 매혹은 진정한 신경증, 즉 일종의 사랑과 믿음의 무의식적 **편극**偏極이 아니겠는가?

람세스에서 알렉산더, 알렉산더에서 마호메트, 마호메트에서 나폴레옹에 이르기까지 정말로 얼마나 많은 위인들이 이처럼 그들 백성들의 혼을 집중시켰겠는가? 한 인간의 영광이나 재능이라는 이 빛나는 점에 대한 오랜 시선 고정이 얼마나 자주 사람들 전체를 강경증에 빠지게 했는가! 마비 상태란 우리가 알고 있는 것처럼 최면 상태에서는 겉으로 보이는 것에 불과하다. 그 마비 상태는 극도의 과도한 흥분을 숨기고 있다. 최면 상태에 있는 사람이 전혀 의심하지 않으면서 어려운 일을 하거나 놀라운 재주를 부리는 이유가 거기에 있다. 이와 비슷한 어떤 일이 19세기 초에 일어났다. 당시 프랑스군은 상당히 둔해 있는 동시에 매우 지나친 흥분 상태에 있었으며 들떠 있는 만큼 수동적이었는데, 황제라고 하는 그들을 매혹하는 사람의 신호에 따라서 기적 같은 일들을 이루어냈다. 우리가 먼 과거로 거슬러 올라가면, 모든 문명이 그들의 시작에 놓으며 직업, 지식, 법 등에 대한 계시를 받았다고 그들의 전설 속에 전해지는 저 반半신화적인 위인들이 등

---

[11] 모든 사회 혁명의 첫 번째 원천은 따라서 과학, 즉 사회 밖에 있는 것에 대한 연구다. 왜냐하면 과학은 우리가 살고 있는 사회적인 생활 공동체의 창을 열어서 우리에게 우주의 빛을 비춰주기 때문이다. 이 빛으로 얼마나 많은 망령들이 사라지는가! 그러나 또한 그때까지 완전하게 보존된 얼마나 많은 시체들도 가루가 되는가!

장한다. 바빌로니아의 오아네스Oannès 신〔바빌로니아인에게 문명을 가르쳐주었다는 수신水神〕, 멕시코의 케찰코아틀Quetz-alcoatl〔멕시코 신화의 태양신〕, 이집트에서는 메네스Ménès왕〔이집트의 파라오, 기원전 3100년경 이집트 제1왕조 창건〕 이전의 **신성 왕조** 등이 그러하다. 이들이 동시대인에게 미친 작용을 이해하는 데는 이 조상 대대로 내려온 현상보다 더 적절한 것이 없다.[12] 자세하게 보면 이 **신으로서의 왕**은 모든 인간 왕조와 모든 신화의 공동 원리인데, 그들은 발명자였거나 외부 발명의 도입자였다. 한마디로 말하면 선도자였다. 그들이 보여준 최초의 기적들은 사람들에게 깊고 확고한 마비를 일으켰다. 이 때문에 그들의 주장과 명령 하나하나는 그들이 탄생시킨 어찌할 바를 모르며 막연하기만 했던 무수한 갈망들, 즉 맹목적인 믿음 욕구와 행동 수단이 없는 활동 욕구에 거대한 출구를 열어주었다.

현재 우리가 복종에 대해서 말할 때, 그 말은 의식적이고 의도적인 행위를 의미한다. 그러나 원시적인 복종은 전혀 다르다. 최면술사가 최면 상태

---

[12] 알프레드 리올Alfred Lyall〔영국의 행정관이자 인도 북서구 부총독, 1835~1911〕 경(그는 인도의 몇몇 지역에서 부족과 씨족의 형성 현상에 대해 현장에서 연구한 것 같다)은 《극동의 종교적 사회적 풍속에 대한 연구Études sur les moeurs religieuses et sociales de l'Extrêmes-Orient》라는 심오한 연구에서, 원시 사회에 나타나는 지배적인 영향이 눈에 띄는 사람들의 개인적인 행위에서 나온다고 여긴다. 그는 다음과 같이 말한다. "칼라일T. Carlyle〔영국의 사상가, 1795~1881〕의 말을 빌리면, 원시사회라는 얽혀 있는 정글은 수많은 뿌리를 갖고 있지만, 영웅이 그 나머지 대부분을 먹여 살리는 곧은 뿌리다. 나라별로 국경선이 확정되어 있고 문명 체계가 강력하게 구축되어 있는 유럽에서는, 원시 인종이 자신들의 인종 및 제도들의 창시와 관련해 영웅적인 조상들에게 부여하는 엄청난 역할을 이따금 전설로 취급하는 경향이 있다. 그렇지만 한 위인의 자유로운 힘의 발휘가 전하는 자극을 막아낼 인위적인 장벽이 거의 없는 원시 세계에서, 과감하고 성공을 거둔 위업들이 틀림없이 일으켰을 영향을 과대평가하기는 아마도 곤란할 것이다. …… 그러한 시대에 사회의 표면에 형성된 집단이 씨족이나 부족으로 발전하는지, 아니면 너무 일찍 부서지는지는 그 창시자의 힘과 에너지에 크게 달려 있는 것 같다." 근대에는 위인들의 위세의 감소가 그들의 행동 수단의 증가로 보충되는 것보다 더 크며, 또한 위인들의 위세는 처음에도 매우 우월했지만 지금도 여전히 그러하다는 것을 제외하면 나는 이 인용문에 덧붙일 것이 없다. 그러나 다시 한번 말하면 모든 위인이 힘을 얻은 것은 위대한 사상에 의한 것이지만, 그들은 그 사상의 발명자라기보다는 실행자였다. 그 위대한 사상은 대부분의 경우 알려지지 않은 일련의 하찮은 사람들에 의해 발명되었다.

에 있는 사람에게 울라고 명령하면 그는 운다. 여기에서는 자아만이 복종하는 것이 아니다. 몸 전체가 복종한다. 군중이 선동가에게 복종하거나 군대가 지휘관에게 복종하는 것도 종종 거의 마찬가지로 기이하다. 그리고 그들이 쉽게 믿는 것도 마찬가지다. 리셰C. R. Richet 씨는 "최면 상태에 있는 사람에게 이것은 암모니아라고 말해주면서 그의 코앞에 비어 있는 플라스크를 내밀면 그가 역겨워하고 구역질하고 진짜 호흡곤란을 겪는 모습을 볼 수 있다. 또 다른 한편으로 그에게 이것은 깨끗한 물이라고 말해줄 때는 조금도 거북해하는 모습을 나타내지 않으면서 그 암모니아를 들이마시는 것을 볼 수 있다. 이것은 기이한 광경이다"라고 말한다. 이와 비슷한 기이함은, 고대 민족의 부자연스러우면서도 힘찬 욕구—심지어는 모든 고대 민족 중 가장 자유롭고 세련된 민족에게서도 나타나는— 와 터무니없으면서도 깊고 기괴하면서도 집요한 믿음에서도 볼 수 있다. 또한 전제적인 신성 정치라는 초기 국면을 끝낸 지 한참 지난 고대 민족에게서도 그것을 볼 수 있다. 우리는 그들의 그러한 욕구와 믿음에서 가장 혐오스럽고 기괴한 것들을 보지 않는가? 예를 들면 아나크레온Anacreon〔기원전 6세기의 그리스 서정시인〕과 테오크리토스Theokritos〔기원전 3세기의 그리스 시인〕가 노래할 만하다고 여기거나 플라톤이 교의로 만든 그리스식 사랑〔동성애〕, 또는 사람들이 무릎 꿇고 숭배하는 뱀, 고양이, 황소나 암소, 또 아니면 점술, 점성술, 주술처럼 그 누구나 믿었던 불합리한 것들은 말할 필요도 없고, 감각의 직접적인 증거와 가장 모순되는 교의들, 즉 비교, 윤회설 등도 마찬가지가 아닌가? 다른 한편으로는 그들의 그러한 욕구와 믿음에서, 우리는 가장 자연스러운 감정들(아버지의 형이나 동생이 아버지보다 더 중요했던 민족에게 나타나는 부성애, 여성이 공유되었던 부족들에서의 사랑의 질투 등)이 지나치게 억압되고 있는 것을 보지 않는가? 또는 가장 인상적인 자연이나 예술의 아름다움이 심지어는 근대에도 시대의 취향과 맞지 않기 때문에 무시되고 부정되는 것(알프스 산맥과 피레네 산맥의 그림 같은 모습에 대한 로마인의 태도, 셰익스피어의 걸작이나 네덜란드 그림의 걸작에 대한 17세기와 18세기 사람들의 태도)을 보지 않는가? 한마디로 말해서, 아무리 분명한 경험과 관찰이라 하더라도 또는 아무리 명백한 진실이라 하더라도 그것들이 위세와 믿음의 오랜 소산인 전통적인 관념과 대립하게 되면, 그때마다 그것들에 이의나 반론이 제기되는 것은 확실하지 않은가?

문명화된 민족들은 이 **독단의 잠**에서 벗어났다고 우쭐대고 있다. 그들의 잘못된 생각은 설명할 수 있다. 최면에 걸리는 경우가 잦은 사람일수록 그는 더 쉽게 더 빨리 최면에 걸린다. 이러한 사실은 사람들이 점점 더 쉽고 빠르게 서로 모방하는 이유, 말하자면 그들이 문명화될수록 결국은 더욱더 모방했을수록 자신들이 서로 모방하고 있다는 것을 점점 더 의심하지 않는 이유를 우리에게 말해준다. 이 점에서 인류는 개인과 비슷하다. 아이가 진짜 최면 상태에 있다는 것은 부정할 수 없을 것이다. 아이는 꿈이 매우 복잡해서 자신이 깨어났다고 생각할 때까지 나이가 들수록 복잡한 꿈을 꾼다. 그렇지만 아이의 그러한 생각은 잘못된 것이다. 열 살이나 열두 살 된 학생이 집을 떠나 학교에 가면 그 아이는 처음에는 자신이 최면 상태에서 깨어난 기분, 즉 그때까지 어머니나 아버지를 존경하며 소중히 여기는 꿈에서 깨어난 기분이 든다. 그러나 사실 그는 선생님 중의 어느 한 분, 아니 오히려 어떤 매우 멋진 동료의 영향력에 복종하면서 전보다 더 많이 감탄하고 더 많이 모방하게 된다. 이른바 잠에서 깨어났다는 것은 잠의 변화나 누적에 불과하다. 규모가 더 클 뿐이지 이와 비슷한 현상은 **유행 최면** magnétisation-mode이 **관습 최면**magnétisation-coutume을 대체할 때 일어난다. 유행 최면이 관습 최면을 대체한다는 것은 사회 혁명이 시작되었다는 통상적인 징후다.

그렇지만 여기에는 다음과 같은 두 가지를 덧붙여야 한다. 즉 하나는 본보기의 암시가 늘어나고 개인 주위에서 다양해질수록 그 각각의 강도가 점점 더 약해진다는 것이며, 또 하나는 개인이 선택할 때 한편으로는 그의 고유한 성격에서 나오는 선호에 따라서 또 다른 한편으로는 5장에서 설명할 논리적 법칙에 따라서 선택하기로 결정한다는 것이다. 그러므로 문명의 진보가 모방에 대한 복종을 점점 더 **개인적인** 동시에 **합리적이게** 하는 결과를 지닌다는 것은 매우 확실하다. 우리도 우리 조상들과 마찬가지로 주위의 본보기들을 따르고 있지만, 우리는 더 논리적이고 더 개인적인 선택을 통해(우리의 목적과 특별한 성질에 더 적합한 선택을 통해) 그 본보기들을 우리 자신의 것으로 만든다. 그렇다고 해도—더욱이 나중에 보게 되듯이—논리 외적이며 위세에서 나오는 영향의 몫은 언제나 매우 상당하다.

  본보기가 빈약한 환경에서 갖가지 종류의 암시가 상대적으로 풍부한 환경으로 넘어가는 개인의 경우, 논리 외적이며 위세에서 나오는 영향의 몫은 눈에 띌 정도로 강력하고 흥미롭기 때문에 연구할 만하다. 그러므로 우리를 매혹하고 잠들게 하는 데는 그 대상이 한 인간의 영광이나 천재성처럼 반짝이고 눈부실 필요는 없다. 학교 수업에 출석한 신입생뿐만 아니라 유럽 여행을 하는 일본인, 파리에 도착한 시골 사람도 강경증 상태에 견줄 만큼 깜짝 놀라 어안이 벙벙해진다. 그들의 주의는 보고 듣는 모든 것에 특히 주위 사람들의 행동에 쏠려 있어, 그들은 자신들이 보고 들은 모든 것 심지어는 자신들의 과거 생활의 행동 및 사고와도 완전히 멀어진다. 이것은 그들의 기억이 사라졌다는 것이 아니다. 왜냐하면 그들에게 먼 고향, 예전 생활, 집 등을 환각처럼 세세하고도 풍부하게 떠올려주는 말을 조금이라도 하면 **그들의 기억은 그처럼 생생하고** 신속하게 펼쳐지고, 또 변경된 적이 전혀 없었기 때문이다. 그러나 그들의 기억은 완전히 마비되었으며, 그 어떤 고유한 자발성도 없다. 완전히 주의를 집중하고 생생한 상상력을 수동적으로 발휘하는 이 기이한 상태에서 어안이 벙벙해 흥분한 사람들은, 그 새로운 환경의 마술 같은 **매력**을 꼼짝 못하고 경험한다. 그들은 그들이 보는 모든 것, 이루어지는 모든 것을 믿는다. 그들은 오랫동안 그러한 상태에 있을 것이다. 자발적으로 사고하는 것은 다른 사람을 통해 사고하는 것보다 언제나 더 피곤하다. 또한 사람이란 활기찬 환경, 즉 항상 새로운 광경과 콘서트, 대화와 독서 등을 제공하는 긴장되고 변화가 많은 사회에서 살 때마다 점점 더 모든 지적인 노력을 그만둔다. 그의 정신은 점점 둔해지는 동시에 점점 더 지나치게 흥분되어—내가 반복해서 말하는 바와 같이—최면 상태에 들어간다. 이것이 바로 대다수 도시인에게 고유한 정신 상태다. 거리의 움직임과 소음, 상점의 쇼윈도, 생활의 과도한 충동적인 흥분은 그들에게 최면술사의 손놀림 효과를 준다. 그런데 도시 생활이란 사회생활을 집중시켜 끝까지 밀고 나간 것이 아닌가?

그렇지만 마침내 이번에는 그들 자신이 때때로 **본보기**가 된다면, 이것 또한 모방에 의해서가 아닌가? 어떤 최면 상태에 있는 사람이 그의 매체 médium를 계속 모방해서 그 자신이 매체가 될 정도에 이른 다음 또 제3자를 매혹하고, 이번에는 다시 그 제3자가 그를 모방하고 그런 식으로 계속된다고 가정해보자. 그것이 바로 사회생활이 아닌가? 차례로 계속되며 사슬처럼 묶여 있는 최면 작용의 이러한 연쇄가 일반적이다. 내가 방금 전에 말한 상호적인 최면 작용은 예외에 불과하다. 보통 자연스럽게 위세를 지닌 한 사람이 충격을 주며, 곧이어 많은 사람들이 그 충격을 받아 그를 완전히 모방하고 심지어는 그에게서 위세마저 끌어온다. 그리고 그들은 다시 그 위세를 통해 자신보다 못한 수많은 사람들에게 영향을 준다. 그리고 이 위에서 아래로의 작용이 다 끝났을 때에만, 그것도 민주주의 시대나 그 반대의 작용이 일어나는 것을 볼 수 있다. 어떤 때에는 수많은 사람들이 집단적으로 그들의 옛 매체〔자신보다 우월한 사람들〕를 매혹해서 그들을 자기들 마음대로 하는 것을 볼 수 있는데 이런 경우는 아주 드물다. 모든 사회가 위계 구조를 나타낸다면, 그것은 모든 사회가 내가 방금 말한 최면 작용의 연쇄를 나타내기 때문이다. 그러므로 사회의 위계 구조가 **안정되기 위해서는**, 그것이 그 연쇄와 일치해야 한다.

더구나 사회적인 최면 상태를 일으키는 것은—내가 반복해서 말하는 바와 같이—두려움이 아니라 감탄이며, 승리의 힘이 아니라 부담감을 느낄 정도로 현저한 우월성의 광채다. 또한 승리자가 패배자에게 매료되는 경우도 종종 일어난다. 이와 마찬가지로 대도시에 온 미개민족의 우두머리나 지난 세기의 귀족 살롱을 본 벼락 출세자도—자부심이 있음에도—눈과 귀에 들어오는 것에 온 정신이 팔려 매혹되거나 위축된다. 그러나 그는 자신을 놀라게 하고 이미 그의 마음을 사로잡은 것만 보고 듣는다. 왜냐하면 감각의 마비와 과민증의 기묘한 혼합이 최면 상태에 있는 자들의 지배적인 성격이기 때문이다. 따라서 그는 이 새로운 세계의 모든 관행, 언어, 억양을 모방한다. 로마 세계에서 게르만인들이 그러했다. 그들은 독일어를 잊어버리고 라틴어로 말했으며, 라틴 시의 6운각 시구를 지었고 대리석 욕조에서 목욕했으며 자신들을 파트리스patrices〔고대 로마의 귀족 호칭〕라고 부르게 했다. 아테네를 무력으로 정복한 뒤 이주해 온 로마인들 자신도 그러했다. 이집트를 정복했지만 이집트 문명에 사로잡힌 힉소스Hycsos인들〔기원전 1750~1580년경까지 이집트를 지배〕도 그러했다.

    그렇지만 역사를 뒤질 필요가 있는가? 우리 주위를 살펴보자. 정신, 언어, 팔 같은 종류의 일시적인 마비, 존재 전체의 심각한 동요와 이른바 **위축**이라는 자아 상실은 별도로 연구할 가치가 있다. 위축된 자는 다른 사람의 시선을 받으면 자신에게서 도망쳐서 다른 사람들에게 조종당하고 영향받는 경향이 있다. 그도 그것을 알고 저항해보고 싶지만, 그는 어색하게 가만히 있는 데 성공할 뿐이다. 그는 여전히 외부 자극을 중화할 만큼은 강하지만, 자신의 충동을 회복할 정도는 아니다. 아마도 사람들은 우리 모두가 일정한 나이가 되면 어느 정도 거치는 이 기이한 상태가 최면 상태와 아주 큰 관계를 나타낸다는 점에 동의할 것이다. 그러나 소심함이 끝났을 때, 즉 이른바 홀가분해졌을 때, 그것은 최면 상태에서 벗어난 것이라고 말할 수 있는가? 결코 그렇지 않다. 사회 안에서 홀가분해진다는 것은 그 환경의 말투와 유행을 따르는 것, 즉 은어를 말하고 몸짓을 따라하는 것이다. 그것은 마침내 이제는 그 흐름에 거슬러보았자 소용없는 주변 영향의 이 다양하고 지각할 수 없을 정도로 미세한 흐름에 순순히 자신을 맡기는 것이며, 그 포기 의식조차 잃어버렸을 만큼 그 흐름에 몸을 맡기는 것이다. 소심함은 의식적인, 따라서 불완전한 최면 상태인데, 이것은 최면에 걸린 자가 깊이 잠든 상태에서 말하고 움직일 때 이 깊은 잠에 선행하는 반수면 상태에 견줄 수 있다. 이것은 한 사회에서 다른 사회로 이행할 때마다, 가족에서 나와 외부 사회생활로 들어갈 때마다 생겨나는, **막 나타나기 시작하는** 사회적인 **상태**다.

이것이 아마도 이른바 거친 사람들, 말하자면 어떤 동화에도 유달리 저항하고 사실상 비사교적인 사람들이 평생 소심하고 반쯤은 최면에 반응이 없는 상태에 있는 이유일 것이다. 이와 반대로 그 어떤 것에 대해서도 어색해하지도 거북해하지도 않는 사람들이나, 살롱이나 학교 수업에 들어갈 때에도 진정한 의미에서 소심함을 느끼지 않으며 또 어떤 학문이나 예술에 처음 입문할 때에도 그와 비슷한 마비 상태를 전혀 느끼지 않은 사람들은 (왜냐하면 새로운 직업의 어려운 점들이 사람을 두렵게 만들고 새로이 따라야 할 절차가 옛 습관과 맞지 않아 생기는 입문할 때의 불안은 완전히 위축에 견줄 만하기 때문에) 최고도로 사교적인 사람들이 아닌가? 그들은 탁월한 모방자들, 즉 고유한 자질이나 자기 나름의 주된 생각이 없는 자들로서 주변 사람들을 매우 빨리 본받는 중국인이나 일본인의 능력을 두드러지게 갖고 있는 사람들이 아닌가? 또한 그들은 대단히 빨리 잠든다는 점에서 일급 몽유병자들이 아닌가? 누구나 인정하듯이 위압감은 존경이라는 이름으로 엄청난 사회적 역할을 한다. 때로는 그 역할에 대해 오해가 있긴 하지만 그 역할은 결코 과장된 것이 아니다. 존경이란 두려움만도 아니고 사랑만도 아니다. 또 그 둘의 결합만도 아니다. 물론 존경은 그것을 느끼는 자가 **좋아하는 두려움**이지만 말이다. 존경이란 무엇보다도 어떤 사람이, 심리적으로 **몰두해 있는** 다른 사람에게 **본보기로서 인상을 주는 것**이다. 물론 사람들이 의식하고 있는 존경과 사람들이 무시하는 체하면서 시치미 떼는 존경을 구분해야 한다. 그러나 이러한 구분을 고려하면, 우리는 우리 자신이 모방하는 사람이면 누구나 그를 존경하며 또한 우리 자신이 존경하는 사람이면 누구나 그를 모방하거나 모방하는 경향이 있다는 것을 볼 수 있다. 본보기의 흐름의 방향이 바뀌는 것보다 사회적 권위의 이동을 더 확실하게 나타내는 표시는 없다. 노동자의 은어와 단정치 못한 옷차림을 흉내 내는 상류사회 남자나, 노래하면서 여배우 억양을 흉내 내는 상류사회 여자는 여배우와 노동자에게서 자신들이 생각한 것보다 더 많은 존경과 경의를 받는다. 그렇지만 앞에서 지적한 존경의 두 형태의 일반적이며 계속적인 순환이 없다면 어떤 사회가 단 하루라도 존속하겠는가?

그렇지만 나는 이러한 최면 상태와 사회 상태의 비교를 더는 주장하고 싶지 않다. 어쨌든 나는 독자에게 적어도 다음과 같은 사실만은 느끼게 하고 싶다. 즉 내가 인식하는 바와 같은 본질적인 사회적 사실을 잘 이해하기 위해서는, 뇌에 대한 무한히 섬세한 사실들을 알아야 한다는 것, 그리고 사회학이 겉으로 보기에는 가장 분명하고 심지어 가장 피상적이기도 하지만 그 뿌리가 심리학과 생리학의 가장 깊숙하고 가장 잘 알려지지 않은 부분에까지 내려가고 있다는 것이다. **사회는 모방이며 모방은 일종의 몽유 상태**[최면 상태]**다**. 이 장은 이렇게 요약될 수 있다. 명제의 두 번째 부분에 대해서는 독자에게 내가 과장하고 있다는 것을 참작해주기를 부탁한다. 또한 나는 있을 수 있는 하나의 반론을 무시해야 할 것인데, 사람들은 나에게 아마도 다음과 같이 말할 것이다. 즉 영향을 받는다고 우리가 복종하거나 신뢰하는 사람의 본보기를 항상 따른다는 것은 아니라고 말할 것이다. 그러나 어떤 사람을 믿는 것은 그가 믿거나 믿는다고 여겨지는 것을 항상 믿는 것이 아닌가? 어떤 사람에게 복종하는 것은 그가 원하거나 원한다고 여겨지는 것을 항상 원하는 것이 아닌가? 발명은 명령한다고 해서 되는 것이 아니며, 발견도 설득을 통한 암시로 이루어지는 것이 아니다. 따라서 쉽게 믿으며 온순하다는 것, 그것도 최면 상태에 있는 자로서 또는 사회적 존재인 인간으로서 최고도로 그렇다는 것은 무엇보다도 모방적이라는 것이다. 혁신하기 위해서, 발견하기 위해서, 그리고 그의 가족이나 국민이라는 꿈에서 한순간이라도 깨어나기 위해서, 개인은 일시적으로 그의 사회를 벗어나야 한다. 이 매우 드문 대담성을 지니면 그는 사회적이라기보다는 초사회적이다.

한마디만 더 해보자. 최면 상태나 유사 최면 상태에 있는 사람들의 경우 기억과 습관(앞에서 말한 근육상의 기억)은 매우 생생하지만, 한편 경신성輕信性과 유순함은 지나칠 정도라는 것을 우리는 보았다. 달리 말하면, 그들에게는 **그들 자신에 의한 그들 자신의 모방**(기억과 습관은 그 이외의 것이 아니다)이 다른 사람에 대한 모방과 마찬가지로 주목할 만하다. 이 두 사실 사이에는 관계가 없을까? 모즐리는 "신경계에는 타고난 모방성이 있다는 것을 분명하게 이해해야 한다"고 힘주어 말한다. 이러한 성향이 신경의 마지막 요소들에 내재한다면 다음과 같이 추측할 수 있다. 즉 동일한 뇌 안에서 세포와 세포의 관계는 한쪽이 다른 쪽을 매료시키는 두 뇌 간의 기이한 관계와 유사하지 않을 수 없을 것이며, 또한 그 두 뇌 간의 기이한 관계처럼 그 뇌의 요소들 각각에 저장된 믿음과 욕망의 특별한 편극偏極으로 이루어져 있을 것이라고 추측할 수 있다. 아마도 몇 가지 기이한 사실들은 그런 식으로 설명할 수 있을 것이다. 예를 들면 어떤 내재적인 논리에 따라 결합되는 이미지들이 자연 발생적으로 정리된다고 하는 사실을 들 수 있는데, 이때 그 이미지들은 분명히 자신을 인정하게 하면서 본보기를 보이는 그것들 중 어느 한 이미지의 영향 아래 있을 것이다. 그리고 말하자면 아마도 그 이미지가 머물러 있다가 나오는 어떤 신경 요소의 우세한 힘에서 그 이미지의 영향력이 생길 것이다.[13]

---

13 이 견해는 폴랑F. Paulhan[프랑스의 심리학자, 1856~1931] 씨가《정신 활동 Activité mentale》(Alcan, 1889)에 대한 매우 깊은 고찰을 담은 자신의 책에서 전개한 주된 생각과 일치한다.

4장
고고학과 통계학

역사란 무엇인가? 이것은 우리에게 제시되는 첫 번째 질문이다. 이 질문에 대답하고 모방의 법칙을 공식화하는 가장 자연스러운 길은, 우리 시대가 커다란 경의를 표한 매우 다른 두 종류의 연구, 즉 고고학적 연구와 통계학적 연구로 우리를 이끌 것이다. 우리는, 그 두 학문이 유용하고 성과 있는 길을 잘 개척해나가면서 무의식적으로 사회현상을 나와 비슷한 관점에서 고찰해왔다는 점을 보여줄 것이다. 아울러 이와 관련해서 이 두 학문, 아니 오히려 매우 다른 이 두 방법이 일반적인 결과와 두드러진 특징에서 주목할 만한 일치를 나타낸다는 것도 보여줄 것이다. 우선 고고학을 살펴보자.

1. 인류학자와 고고학자의 구분

갈로 로망 시대의 묘나 석기시대의 동굴에서 여러 도구와 더불어 인간의 두개골이 발견된다면, 고고학자는 도구들은 갖고 두개골은 인류학자에게 보낼 것이다. 인류학자가 인종에 관심을 두는 동안 고고학자는 문명에 관심을 둔다. 그들이 아무리 서로 가깝게 지내거나 서로의 속을 잘 알아도 소용없다. 그래도 그들은 여전히 근본적으로 다르다. 이는 마치 수평선이 수직선과 그 교차점에서조차 다를 수 있는 것과 같다. 인류학자는 그가 연구하는 크로마뇽인이나 네안데르탈인의 생애에 대해서는 전혀 모르며 관심도 거의 없다. 그는 오로지 두개골과 두개골 사이에서, 뼈대와 뼈대 사이에서 인종마다 똑같은 특징을 밝히는 데에만 몰두한다. 바로 그 특징 은 어떤 개인의 특이성에서 시작되어 유전에 따라 재생산되고 증대된 것 이지만, 인류학자가 그 개인의 특이성에까지 거슬러 올라가려고 노력해보 았자 헛수고일 것이다. 마찬가지로 대부분의 경우 고고학자도 수수께끼처 럼 풀어야 할 유해의 재만 남긴 죽은 자들의 이름을 모른다. 고고학자가 유해에서 보거나 찾는 것은 예술이나 공예의 수법, 교의, 의례, 특징적인 욕구와 믿음, 말과 그 문법적인 형식 등 그 무덤의 내용이 증명하는 것뿐 이다. 그 모든 것은 거의 언제나 잊힌 한 발명가에서 시작되어 모방에 의 해 전해지고 보급된 것들이다. 그 발굴된 익명의 것들 각각은 발명가에게 서 시작된 다양한 방사들의 일시적인 전달 수단이자 단순한 교차 지점이 었다.

고고학자는 더 깊은 과거 속으로 들어갈수록 시야에서 개성을 더 많이 놓친다. 12세기보다 더 멀리 올라가면 수사본들은 이미 그에게 부족해지 기 시작한다. 게다가 그것들조차 대부분의 경우 공문서들이다. 그런데 그 수사본들이 그의 관심을 끄는 이유는 특히 그것들의 비개인적인 성격 때 문이다. 그다음에는 건축물이나 건축물의 잔해가 있고, 마지막으로는 도 기나 청동의 몇몇 조각, 부싯돌로 만든 몇몇 무기나 도구만이 그의 추측에 제공될 뿐이다. 그리고 귀중한 추론, 사실 및 정보의 보물이 이탈리아, 그 리스, 소아시아, 메소포타미아, 아메리카에서 현대의 발굴자들이 곡괭이 를 내려친 곳이면 어디에서나 땅 깊숙한 곳에서 저 보잘것없는 형태로 꺼 내진 것은 얼마나 놀라운 일인가! 고고학이 고전학古錢學[화폐나 메달류의 연구 및 수집]과 마찬가지로 실제적인 역사의 하녀에 불과했으며, 또한 고대 이 집트 연구가들의 실제적인 노고에서 인정할 만한 공적도 마네톤 Manéthon[기원전 3세기경의 이집트 역사가]이 쓴 단편을 확인하는 것에 불과했던 시대가 있었다. 그러나 지금은 역할이 바뀌었다. 역사가들은 이제 곡괭이를 든 사람들(고고학자)의 이차적인 안내자나 보조자일 뿐이다. 왜냐하면 이 곡괭이를 든 사람들은 저 역사가들이 침묵하는 것을 밝혀주면서, 말하자면 풍경화가들이 그린 각 나라의 동물상 및 식물상과 아울러 그 그림 같은 생생함 속에 숨어 있는 생명과 조화로운 규칙의 풍부함도 상세히 설명하기 때문이다. 고고학자들을 통해 우리는 연대기 작가들이 로마인, 이집트인, 페르시아인이라고 부르는 사람들이 어떤 일련의 특정한 관념, 직업 또는 종교의식의 비밀, 고유한 욕구를 가졌는지를 안다. 그리고 어떻게 보면 정복, 침략, 혁명이라고 불리는 저 폭력적이며 이른바 정점을 이루는 사실들의 아랫부분에서, 고고학자들은 진정한 역사의 침전물들이 매일 무한히 확대되고 누적된 것, 즉 전염을 통해 퍼진 연속적인 발명의 층을 언뜻 보여준다.

따라서 고고학자들은 서로 비슷하지 않고 산의 능선처럼 불규칙하게 줄지어 있는 격렬한 사건들이, 그 경계가 잘 정해지지 않은 영역에서 이런저런 천재적인 아이디어의 꾸준하며 조용한 전파를 촉진시키는 데 도움이 되었는지 방해하는 데 도움이 되었는지, 또는 그 전파 범위를 좁히는 데 도움이 되었는지 넓히는 데 도움이 되었는지를 판단하기에 가장 좋은 관점으로 우리를 안내한다. 그리고 투키디데스Thucydides(고대 그리스의 역사가, 기원전 460?~400?), 헤로도토스Herodotos(고대 그리스의 역사가, 기원전 484?~425?), 리비우스Titus-Livius(고대 로마의 역사가, 기원전 57~기원후 17)가 골동품 연구가들에게 어느 때는 유용하고 어느 때는 거짓말하는 단순한 안내자가 되는 것처럼, 역사가들의 영웅들, 즉 장군, 정치가, 입법자도 저 수많은 이름 없는 발명가들의 무의식적인 하수인으로, 때로는 그 발명을 방해한 하수인으로 간주될 수 있다. 골동품 연구가들은 청동, 노, 돛, 쟁기, 베 짜는 기술, 문자의 발명가에 대해서 그 이름을 찾아내기보다는 그 날짜와 발상지를 발견하거나 그 경계를 긋는 데 더 많은 노력을 기울이고 있다! 물론 위대한 정치가나 투사도 새롭고 빛나는 아이디어, 즉 넓은 의미에서 진정한 발명을 가졌다. 그러나 **그들의 발명은 모방되지 않는 운명에 있었다.**[1] 그 어떠한 작전 계획이나 의회 조치, 법률, 칙령, 쿠데타 등으로 불리더라도 이 발명들은, 그것들이 평화적으로 모방되는 이미 알려진 다른 범주의 발명을 도입하거나 억압하는 데 기여하는 한에서만 역사 속에 자리 잡는다. 그 승리가 그리스 예술의 아시아로의 전개나 프랑스 제도의 유럽으로의 확대에 우리가 알고 있는 바대로 영향을 미치지 않았다면, 역사는 마라톤Marathon[그리스 아테네의 북동 평원], 아르벨라Arbèles[이라크 북부에 있는 고대도시], 아우스터리츠 Austerlitz[체코에 있는 동부 도시]의 작전에 대해서 체스의 멋진 승부 이상으로 관심을 두지 않을 것이다.

우리가 이해하는 역사란, 결국 **모방할 수 없고** 일시적으로만 유용한 발명이 무한히 모방될 수 있는 유용한 발명 전체에 행하는 협력 또는 방해에 불과하다. 피레네 산맥의 융기가 영양을 생기게 할 수 없었고 안데스 산맥의 융기가 콘도르의 날개를 자라게 할 수 없었던 것처럼, 모방할 수 없고 일시적으로만 유용한 발명도 무한히 모방될 수 있는 유용한 발명을 **직접** 일으킬 수 없다. 그렇지만 그것들의 간접적인 영향은 상당하다. 발명이란 결국 어느 한 뇌 안에서―사실은 이례적인 한 뇌 안에서―이질적인 모방들이 기묘하게 만나 생기는 결과이기 때문에, 여러 가지 모방 방사에 새로운 출구를 열어주는 모든 것은 그러한 특별한 기회를 늘리는 경향이 있다.[2]

---

1 만일 그 발명들이 모방된다면, 그것은 그 발명가들의 의도에 반하는 것이 된다. 예를 들면 독일군들이 매우 교묘하게 흉내 내서 나폴레옹 3세에게 써먹은 울름Ulm 우회 작전이 그러했다. [울름은 독일의 중남부에 위치한 도시. 울름 전투는 1805년 나폴레옹이 약 21만의 대군을 이끌고 오스트리아군과 싸워 이긴 전투다]
2 발명에 대해서 모방이 간접적인 영향을 준 예를 들면 다음과 같다. 온천에 가는 것이 유행이 되고 이 유행이 점점 더 널리 퍼지면서 새로운 광천을 발견한 것이 유용하다(?)는 것을 사람들이 느끼게 되었다. 그 결과 **프랑스에서는** 1838부터 1863년까지 234개의 새로운 광천을 발견하거나 끌어모았다.

그렇지만 나는 반론을 예방하기 위해 여담을 시작하겠다. 사람들은 나에게 다음과 같이 말할 것이다. 내가 인간의 맹종하는[모방하는] 성향과 그 사회적 중요성 그리고 발명의 상상력의 중요성을 과장하고 있다는 것이다. 인간은 발명의 즐거움을 위해서 발명하는 것이 아니라 어떤 필요를 느끼고 그 필요에 답하기 위해서 발명한다. 천재성은 때가 되어야 피어난다. 그러므로 무엇보다도 주목해야 하는 것은 발명의 계열이 아니라 욕구의 계열이다. 왜냐하면 문명이란 산업과 예술의 점진적인 축적이요 대체인 만큼이나 욕구의 점진적인 증가 또는 교체이기 때문이다. 또 다른 한편으로 인간은 그의 조상들을 모방하건 동시대의 외국인들을 모방하건 간에 언제나 모방하는 즐거움을 위해서 모방하는 것이 아니다. 모방을 권하는 발명 중에서, 즉 지지(지적인 모방)를 권하는 발명이나 이론적인 관념 중에서 인간은 유용하거나 옳다고 생각되는 것만을 가장 자주 또는 점점 더 많이 모방하고 채택한다. 따라서 사회적인 인간을 특징짓는 것은 유용성과 진실의 탐구이지 모방하는 성향이 아니다. 그러므로 문명은 근육과 뇌 활동의 동화가 증가하는 것으로 정의되기보다는 오히려 노동의 이용과 사상의 검증이 증가하는 것으로 정의될 수 있을 것이다.

나는 우선 다음과 같은 것을 상기시키면서 이러한 반론에 대답하겠다. 즉 어떤 대상을 향한 욕구도 그것에 대한 관념보다 먼저 있을 수 없는 것처럼, 어떤 사회적인 욕구도 그 욕구를 만족시키기에 알맞은 식료품, 물품, 서비스를 생각해낸 발명보다 먼저 있을 수 없었다는 것이다. 발명이 어떤 막연한 욕망에 대한 반응이었던 것은 사실이다. 예를 들면 전신電信 아이디어가 '더 빠른 서신 왕래'라는 오래전부터 제기된 문제에 응답한 것은 사실이다. 그러나 전신이 사회계에 생겨난 것은 그 욕망이 그런 식으로 명확해지면서 널리 퍼지고 강화되었기 때문이다. 그리고 그러한 욕망 자체도 더 오래된 어떤 발명이나 일련의 발명들에 의해서, 가령 선택된 예에서는 우편제도의 확립, 그다음에는 공중선 전신의 설치에 의해서 발전되지 않았는가? 나는 육체적인 욕구라고 해서 예외로 두지 않는다. 왜냐하면 그 욕구도 내가 이미 지적할 기회가 있었던 것처럼 역시 마찬가지로 명백해져야만 사회적인 힘이 되기 때문이다. 담배를 피우고 싶은 욕구, 커피나 차를 마시고 싶은 욕구 등이 커피, 차, 담배를 발견한 다음에야 나타났다는 것은 너무나도 분명하다. 수많은 것 중에서 또 하나의 예를 들면 다음과 같다. 비너C. Wiener〔오스트리아 출신의 프랑스 과학자이자 탐험가, 1851~1919〕씨는 "옷은 부끄러움에서 생겨난 것이 아니다"(《페루 Le Pérou》)라고 매우 잘 말한다. "그러나 반대로 부끄러움은 옷 입는 것의 결과로서 나타난다. 말하자면 인간 몸의 이런저런 부분을 가리는 옷은, 옷으로 가려진 것을 보는 데 습관이 되어 있는 그 부분이 노출되어 있으면 그 노출을 추잡한 것처럼 보이게 한다." 달리 말하면 옷을 입고 싶은 욕구는 그것이 사회적인 욕구인 만큼, 옷을 입고 싶은 욕구가 생기는 원인은 옷을 입는다는 것과 이런저런 옷의 발명 때문이다. 따라서 발명은 사회적 필요의 단순한 결과가 결코 아니다. 오히려 발명이 사회적 필요의 원인이다. 나는 발명을 과대평가했다고 생각하지 않는다. 어떤 특정한 순간에 발명가들이 일반적으로 그들의 상상력을 일반 사람들의 어렴풋한 욕구가 가리키는 쪽으로 돌린다면─반복해서 말하지만─그 발명가들보다 앞선 발명가들이 이미 일반 사람들을 그 욕구의 방향으로 부추겼기 때문이며, 또 그 앞선 발명가 자신도 역시 더 옛날의 발명가들에게서 간접적으로 영향받았기 때문이라는 것을 잊어서는 안 된다. 이런 식으로 계속하다 보면, 결국 모든 사회와 모든 문명의 기원에는 최초의 필수적인 기반으로, 한편으로는 아마도 아주 힘들기는 하지만 아주 단순한 영감(매우 적은 수의 타고난, 순전히 생물적인 욕구에서 비롯한 영감)이, 다른 한편으로는 더 본질적인 것으로서 발견의 즐거움(창조적인 상상력을 자연스럽게 발휘하는 것에 지나지 않는 즐거움)에서 생겨난 우연한 발견이 있다는 사실을 알게 될 것이다. 참으로 많은 언어, 많은 종교와 시, 심지어는 많은 산업조차 이러한 출발점을 갖고 있다!

발명에 대해서는 이상과 같다. 모방에 대해서도 똑같은 대답을 할 수 있을 것이다. 우리는 사람들이 인습이나 유행을 따라 한다고 해서 그들이 하는 모든 것을 하지는 않는다. 우리는 사람들이 편견이나 신의 말씀에 따라 믿는다고 해서 그들이 믿는 모든 것을 믿지는 않는다. 사실 사람들의 경신성, 유순함과 수동성은 보통 인정하는 한계를 엄청나게 넘어서고 있지만 말이다. 그러나 모방이 선택적이고 심사숙고한 것일 때에도, 즉 가장 유용하다고 생각되는 것을 하고 가장 진실되다고 생각되는 것을 믿을 때에도, 우리가 선택한 행동과 사상은 다음과 같은 이유에서 선택된 것이다. 행동의 경우에는, 다른 발명에 대한 이전의 모방이 우리에게 그 최초의 씨앗을 심어놓은 욕구를 그 행동이 만족시키고 발전시키기에 가장 적합했기 때문이다.[3] 사상의 경우에는, 그 사상이 여러 사상들 중에서 우리가 이미 얻은 지식과 가장 잘 일치했기 때문이다. 이때 그 여러 사상들 역시 우리에게 먼저 온 다른 관념에 의해서나 아니면 촉각, 시각 및 그 밖의 감각을 통한 인상에 의해서 확인되었기 때문에 받아들여진 것이다. 그리고 그러한 인상은 그 사상들의 최초의 고안자를 본받아 과학적인 실험이나 관찰을 우리 스스로 되풀이하면서 얻은 것이다. 따라서 우리는 모방도 발명과 마찬가지로 차례차례 연관되어 있고—그 각각이 독립적인 것은 아니고—서로 의지하고 있다는 것을 볼 수 있다. 그러므로 발명의 연쇄와 마찬가지로 모방의 연쇄를 거슬러 올라가면, 우리는 논리적으로는 마침내 이른바 **자기 자신에게**

---

3 우리에게 이미 존재하는 욕구나 계획의 성질만이 우리가 직업이나 교의, 행동이나 관념(이것들은 언제나 다른 사람에게서 모방한 것이다)을 선택할 때 영향을 미치거나 결정하게 하는 것이 아니다. 예를 들어 이런저런 산업의 금지, 자유무역, 이런저런 지식 분야의 의무교육에 관한 국가법의 성질도 영향을 미치거나 결정하게 한다. 그러나 법도 근본적으로는 욕구나 계획과 마찬가지로 모방에 영향을 미친다. 욕구나 계획도 법처럼 우리에게 명령한다. 이 두 가지 종류의 명령 간의 유일한 차이는 법이 외부의 지배자인 데 반해 욕구나 계획은 내부의 폭군이라는 것이다. 게다가 법은 주어진 순간에 지배계급의 지배적인 욕구나 계획의 표현에 불과하다. 그리고 그 욕구나 계획도 언제나 이미 지적한 방식으로 설명될 수 있다.

서 생겨난 모방, 즉 미개 원시인들의 정신 상태에 도달한다. 그들에게는 어린아이의 경우와 마찬가지로 모방을 위한 모방의 즐거움이 대부분 행위의, 즉 사회생활에 속하는 그들의 모든 행위의 결정적인 동기다. 이렇게 해서 나는 모방의 중요성도 과대평가하지 않았다.

2. 고고학이 우리에게 가르쳐주는 것

요컨대 새의 날갯짓이 호수에 물결을 일으켜 그 물결이 퍼져 나가는 것처럼, 그 모든 엉뚱한 짓을 받아들이고 영원히 전하는 광범위한 수동적인 **모방성** 한가운데서 빈약하고 제멋대로인 상상력을 여기저기에서 드문드문 나타내는 것. 이것이 바로 우리 머리에 나타나는 초기 사회의 모습이다. 그것은 고고학자들의 연구로 완전히 입증된 것 같다. 섬너 메인H. J. Sumner Maine(영국의 법학자이자 역사학자, 1822~1888)은 그의 《원시 제도 Institutions primitives》*에서 다음과 같이 말한다. "테일러Taylor 씨가 올바르게 관찰한 것처럼, 비교신화학이라는 새로운 과학의 진정한 성과는 우리가 지적인 풍부함의 최고 조건으로 삼는 정신 능력, 즉 상상력이 원시시대에는 불모였다는 것을 분명하게 한 것이다. 법과 관습의 안정성에서 예상할 수 있는 것처럼 비교법학은 더욱더 확실하게 같은 결론에 도달한다." 이러한 관찰은 일반화하기만 하면 된다. 예를 들면 풍요의 뿔(코르누코피아)을 든 포르투나Fortune(고대 로마의 운명의 여신)나 손에 사과를 든 비너스Vénus를 떠올리는 것보다 더 간단한 일이 있겠는가? 그러나 파우사니아스Pausanias(고대 그리스의 지리학자, 2세기경에 활약)는, 그 상징물들 중 첫 번째 것은 그리스에서 가장 오래된 조각가 중 한 사람인 부팔루스Bupalus가 처음 생각해낸 것이며 두 번

---

* 이 책의 영어 원제는 《Lectures on the Early History of Institutions》이다.

째 것은 그리스 에기나 섬 출신의 조각가 카나쿠스Canachus가 생각해냈다는 사실을 우리에게 알려주는 수고를 했다. 따라서 그 두 사람의 정신을 관통한 어떤 평범한 아이디어에서, 그러한 상징을 나타내는 포르투나와 비너스의 무수한 상像이 나온 것이다.

고고학 연구 중에는 역시 마찬가지로 중요하지만 덜 주목받은 또 하나의 결과가 있다. 그것은 고대에는 인간이 그의 지역적인 전통과 관습에 폐쇄적으로 갇혀 있기보다는, 우리가 흔히 생각하는 것보다 훨씬 더 **외부에 대해서 모방적이었고** 외국의 유행, 가령 보석, 무기, 심지어는 제도와 산업의 유행에도 개방적이었다는 것이다. 고대의 어떤 시기에는 호박처럼 쓸모없는 물질이 원산지인 발트 해에서 남부 유럽의 구석구석까지 수입된 것을 볼 수 있는데, 매우 멀리 떨어진 지점에 사는 여러 종족들의 당시 무덤에서 나온 장식들이 유사하다는 것을 확인하는 것은 진실로 놀라운 일이다. 모리Maury 씨는 "우리가 이제야 그 작품들을 알아보기 시작한 한 예술 유파는 매우 먼 동일한 시기에 소아시아의 연안 지방, 에게 해와 그리스에 퍼졌다. 에트루리아인들은 이 유파에 속한 것 같다. 각각의 민족은 그 재능에 따라서 유파의 원리를 수정했다"(〈에우가네이 골동품에 대해〉,《학자저널Journal des savants》, 1882)라고 말한다. 마지막으로 우리는 가장 원시적인 선사시대조차 부싯돌, 그림, 뼈로 된 도구 같은 모습이 지구상의 거의 모든 범위에 걸쳐서 어디에서나 똑같다는 것에 경탄한다.[4] 고고학적으로 명확하게 구별

---

4 아메리카 대륙과 구대륙에서 발견된 도끼, 화살촉, 부싯돌로 만든 그 밖의 무기나 도구의 매우 놀라운 유사성이, 언뜻 보기에는 전쟁, 사냥, 의복 등에 대한 인간 욕구의 동일성으로 충분히 설명할 수 있는 단순한 우연의 일치의 결과라고 생각할지도 모른다. 그러나 우리는 이러한 설명에 대해서 제기될 수 있는 반론을 이미 알고 있다. 게다가 마제 도끼, 화살촉 심지어는 연옥이나 경옥—**아메리카 대륙 전체에는 결코 알려지지 않은** 암석—으로 된 우상이 멕시코에서 발견되었다는 사실을 덧붙일 수 있다. 그것은 **석기시대에** 문명의 씨앗이 구대륙에서 신대륙으로 전해졌다는 증거가 아닌가? 그러한 도입이 나중 시대에 있었을 것이라는 것은 납득하기 어렵다. (드 나다이약de Nadaillac, 《선사시대의 아메리카 L'Amérique préhistorique》, p. 542를 보라)

되는 시대는 모두, 경쟁하거나 종속된 모든 문명을 자신의 빛으로 덮어버리고 자신의 색을 새겨넣는 어떤 특정한 문명의 우월한 위세가 특징인 것 같다. 이것은 각각의 고생물학 시대가 어떤 거대 동물종, 연체동물, 파충류, 후피동물〔코끼리, 하마처럼 가죽이 두꺼운 동물〕이 지배하는 시기였다는 것과 약간 비슷하다.

게다가 고고학은, 인간들이 언제나 스스로 자신하는 것보다는 훨씬 덜 독창적이라는 것을 우리에게 가르쳐줄 수 있다. 우리는 결국 더 이상 주의를 기울이지 않는 것은 알아차리지 못하며, 항상 보는 것에는 더 이상 주의를 기울이지 않는다. 이런 이유에서 우리 모두는 함께 사는 같은 나라 사람들의 얼굴이—같은 인종에 속함에도—비슷하지 않고 서로 다른 특징을 가졌다고 생각한다. 이와는 반대로 우리가 세계를 여행할 때 모든 아랍인, 모든 중국인, 모든 흑인이 비슷하다고 생각하는 것도 같은 이유에서다. 아마도 사람들은 이 반대되는 두 인상 사이에 진실이 있다고 말할 것이다. 그러나 거의 모든 곳에서와 마찬가지로 여기에서도 이 중용의 방법이 틀렸다는 것이 드러난다. 왜냐하면 같은 국민 속에 머물러 사는 사람을 부분적으로 눈멀게 하는 착각의 원인, 즉 습관이라는 맹점이 결코 외국인들 속에 있는 여행자의 눈마저 흐리지는 않기 때문이다. 따라서 여행자의 인상이 같은 국민 속에 사는 사람의 인상보다 더 정확하다고 생각되는 것은 당연하다. 그러므로 여행자의 인상은, 동일한 인종에 속하는 개인들에게는 유전에 따른 비슷한 특성들이 서로 다른 특성들보다 항상 우세하다는 것을 분명히 보여준다.

자, 그럼 마찬가지 이유로 생물계에서 사회계로 넘어가보자. 가령 전시회에서 현대 화가와 조각가의 그림이나 조각을 두루 살펴보거나 도서관에서 오늘날 작가의 작품을 읽어보면, 그리고 살롱에서 친구들이나 아는 사람들의 태도, 몸짓, 재치를 관찰해보면, 우리에게 언제나 온전히 깊은 인상을 주는 것은 일반적으로 그들 간의 분명한 차이지 결코 그들 간의 유사가 아닌 것을 알 수 있다. 그러나 캄파나 박물관에서 에트루리아인의 예술 작품들을 한번 보거나 네덜란드, 베니스, 피렌체, 스페인의 미술관에서 같은 시대의 같은 유파에 속하는 그림을 통해서 처음 여행할 때에는, 또는 기록보관소에서 중세의 수사본을 훑어보거나 역사 미술관에서 이집트 유적의 발굴물이 우리 눈앞에 펼쳐져 있을 때에는, 그것이 똑같은 본보기를 거의 분간할 수 없을 정도로 모방한 것이라는 생각이 든다. 뿐만 아니라 예전에 한 나라 한 시대에는 글씨 쓰는 모든 방식, 그림 그리는 모든 방식, 조각의 모든 방식, 건축의 모든 방식, 사회생활의 모든 방식이 사실상 혼동될 정도로 비슷했다는 생각도 든다. 다시 말하지만 이것이야말로 거짓된 겉모습일 리 없다. 오히려 우리는 오늘날에도 우리 자신이 혁신하기보다는 한없이 모방한다는 것을 유추를 통해 인정해야 할 것이다. 이것은 고고학 연구에서 이끌어내야 할 보잘것없는 교훈이 아니다. 오늘날 거의 모든 소설가, 예술가, 특히 시인들은 대부분 빅토르 위고Victor Hugo의 흉내쟁이거나 **여우원숭이**인데, 우리는 순진하게도 그들의 독창성을 칭찬하고 있다. 그렇지만 그들은 한 세기 후에는 확실히 또 당연히 서로에 대한 맹목적인 모방가로 간주될 것이다.

앞 장에서 우리는 모든 또는 거의 모든 생물적 유사가 유전을 원인으로 하는 것처럼 모든 또는 거의 모든 사회적 유사가 모방에서 유래한다는 것을 증명하려고 했다. 매우 단순한 이 원리는 금세기의 고고학자들에 의해 암암리에 또 만장일치로, 그들의 엄청난 지하 발굴의 매우 어두운 미로에서 길을 안내하는 길잡이로 받아들여져왔다. 그 원리가 지금까지 준 것을 보면 아직도 고고학자들에게 얼마나 더 많은 것을 주게 되어 있는지를 예감할 수 있다. 예를 들어 대벽화로 장식한 에트루리아의 옛 무덤이 발견되었다고 가정해보자. 그 연대를 어떻게 측정할 것인가? 그 그림의 주제는 무엇인가? 이러한 문제는 그 그림과 그리스를 기원으로 하는 다른 그림들과의 가벼운 때로는 파악하기 어려운 유사를 지적함으로써 해결한다. 그리고 이렇게 해서 우리는 그 지하 묘소를 팔 당시에 에트루리아인이 이미 그리스를 모방했다고 곧바로 결론 내린다. 그 유사를 우연의 일치로 설명하는 것은 머리에 떠오르지 않는다. 모방은 이러한 문제들에서 안내자 역할을 하며 아울러 명민한 사람들이 이용한다면 결코 속이지 않는 공준公準이다. 사실 학자들은 그들 시대의 박물학자들의 편견에 너무 자주 끌려다닌 나머지, 유사에서 모방을 추론하는 데 만족하지 않는다. 그들은 그 유사에서 동족성을 결론으로 끌어낸다. 예를 들면 베니스의 에스테에서 행해진 조사에서는 단지, 시툴라situles[일종의 들통이나 항아리] 및 그 밖의 물품들이 발굴되었는데, 그것들은 베로나, 벨루노 및 다른 곳에서 얻은 발굴물과 이상하리만큼 유사성을 보여주었다. 그래서 모리 씨는 그 여러 무덤을 만든 사람들이 같은 민족에 속한다고 생각하는 경향이 있는데, 이는 전혀 정당화될 수 없는 추측이다. 그렇지만 그는 다음과 같이 덧붙여 말하는 배려도 한다. "**아니면 적어도** 똑같은 장례의식을 지키며 공통된 산업을 갖고 있는 주민들에게 속할 것이다." 그러나 이것은 전혀 같은 것이 아니다. 어쨌든 베니스의 자칭 **북부 에트루리아인들**이 혈관 속에 에트루리아인의 피를 상당히 가졌다 하더라도 켈트족의 피가 많이 섞인 것은 매우 확실한 것 같다. 게다가 모리 씨는 이와 관련해서 문명화된 나라가 이웃 야만 국가들을 정복하지 않고서도 언제나 영향을 미친 점을 언급한다. "알프스 남쪽 골 지방의 갈리아인들은 에트루리아인의 작품을 눈에 띌 정도로 모방했다"라고 그는 말한다. 따라서 예술 작품들의 유사는 혈족 관계에 유리한 어떤 것도 증명하지 않고, 오직 모방에 의한 전염만을 나타낸다.

모르는 것을 알고 있는 것과 연결하기 위해 고고학자들은 형태, 양식, 장면, 비유적인 전설, 언어, 관습 같이 아주 막연해서 문외한의 눈으로는 감지할 수 없는 유사를 통해 사라진 세대들의 비밀을 찾아야만 했다. 그래서 그들은 어디에서나 예기치 못한 것들을 발견하려고 애썼다. 이때 그들은 매우 폭넓은 개연성의 범위에 따라서 그 예기치 못한 것들 중 어떤 것들은 확실하다고 또 어떤 것들은 다양한 정도로 사실임직하다고 판단한다. 이렇게 해서 고고학자들은 인간의 **모방성** 영역을 확대하고 심화시켜 각 민족의 문명—첫눈에는 가장 독창적인 문명인 것 같아도—을 다른 민족들에서 유래하는 모방들이 결합된 하나의 묶음으로 거의 완전히 바꾸어놓는 데 훌륭하게 기여했다. 고고학자들은 아랍 예술에 매우 분명한 특색이 있음에도 그것이 페르시아 예술과 그리스 예술의 단순한 혼합이고, 그리스 예술은 이집트 예술에서 어쩌면 다른 원천으로부터도 이런저런 수법들을 빌려 썼으며, 또한 이집트 예술은 아시아나 심지어 아프리카의 많은 공헌으로 차례차례 형성되었거나 커졌다는 것을 알고 있다. 문명에 대한 이 고고학적 분해에는 정해질 수 있는 끝이 결코 없으며, 그들의 화학이 사회라는 분자를 당연히 더 단순한 원자들로 분해하기를 바란다. 그동안 고고학자들의 노고는 더 이상 분해할 수 없는 문명 발생원의 수를 구세계에서는 서너 개로 신세계에서는 한두 개로 줄였다. 이상하게도 그 발생원들 모두가 신세계에서는 고원(멕시코와 페루)에, 구세계에서는 큰 강의 하구나 강가(나일 강, 유프라테스 강, 갠지스 강, 황허 강)에 자리 잡고 있다. 드 캉돌 A. L. P. de Candolle [스위스의 식물학자, 1806~1893] 씨가 올바로 지적한 것처럼, 큰 물길이 유럽과 아시아보다 아메리카 대륙에서 결코 더 드문 것도 아니고 더 건강에 해로운 것도 아닌데 말이다. 또한 사람이 살 수 있는 고원이 유럽과 아시아에 없는 것도 아닌데 말이다. 문명의 최초 전파자들이나 도입자들이 천막을 고정시킬 장소를 선택할 때 그 선택을 좌우한 자의성이 여기에서 나타난다. 그리고 그들에게서 유래하는 우리 문명은 이 첫 번째 변덕의 지울 수 없는 흔적을 시간이 끝날 때까지 지닐 것이다!

   고고학자들 덕분에 우리는 새로운 발견이 어디에서 언제 처음으로 나타났는지, 그 발견이 어느 시대의 어디까지 전파되었는지, 그 발견이 발상지에서 채택 국가로 어떤 경로를 거쳐 도달했는지를 배운다. 그들은 우리에게 청동과 철을 만들어낸 최초의 가마까지 거슬러 올라가게 하지는 못하더라도, 적어도 첨두아치, 유채화, 인쇄술, 심지어는—훨씬 더 먼 과거이지만—그리스 건축의 기둥 양식, 페니키아 문자 등이 출현하게 된 그 빛나는 세계의 최초의 지방과 최초의 세기까지는 거슬러 올라가게 한다. 고고학자들은 그들의 모든 호기심[5]과 정력을 바쳐서 어느 한 주어진 발명의 변형과 변장을 추적한다. 그들은 수도원에서 로마 건축의 안뜰을, 로마 양식의 교회에서 로마 재판소의 법정을, 고대 로마 때 상아로 만든 고관 의자에서 에트루리아의 의자를 알아낸다. 또한 그들은 어떤 발명이 점점 퍼져 널리 보급되다가, 어떤 이유인지는 더 연구해보아야겠지만 어쨌든 (내 생각으로는 언제나 경합하는 발명들과 경쟁한 결과로) 그 발명이 넘어설 수 없었던 지역의 경계를 그린다. 그리고 그들은 아주 멀리 퍼져 나가서 마침내 상상력이 풍부한 어느 뇌 안에서 서로 만난 여러 발명들의 교잡 결과를 연구한다.

한마디로 말해서 이 학자들은 어쩔 수 없이 또 어쩌면 그들도 모르는 사이에, 과거의 사회계를—내 주장대로 하면—사회학자가 의식적으로나 자발적으로나 마땅히 취해야 하는 관점에 점점 더 가까워지는 관점에서 고찰한다. 이때 사회학자라는 말은 인위적이긴 하지만 필연적인 추상을 한다는 점에서 박물학자와 구분되는 순수한 사회학자를 뜻한다. 이에 반해 역사가들은 역사 속에서 경쟁하거나 갈등하는 개인만을, 말하자면 개인들의 팔과 다리, 뇌를 고찰한다. 그리고 그들은 그 개인의 뇌 안에서, 새로운 것과 개성적인 것이 여기저기에서 스며들고 단순한 많은 모방과 뒤섞여 있어 그 기원이 매우 다양한 관념과 욕망에 관심을 갖는다. 생물적 사실과 사회적

---

5 나는 골동품 연구가들의 호기심이 종종 유치하고 허영심에 가득 차 있다는 것을 알고 있다. 슐리만H. Schliemann(독일의 고고학자, 1822~1890)처럼 가장 위대한 사람들조차도 과거의 주요 발명들의 운명을 따라가기보다는 헥토르Hector, 프리암Priam, 아가멤논Agamemnon(이들 모두는 호메로스의 시 《일리아드》에 등장하는 인물이다) 같은 유명한 개인과 관련된 점을 발견하는 데 더 관심이 있는 것 같다. 그러나 일을 하는 사람들의 개인적인 동기나 목적과 그 일의 순수한 성과 및 결정적인 이득은 별개다.

사실의 진정한 접합부, 즉 그것들이 고통 없이 분리되는 지점을 포착할 수 없었던 이 서투른 현실 절단 시종들〔역사가들〕과는 달리 고고학자들은 순수한 사회학을 행한다. 왜냐하면 고고학자들은 자신들이 발굴해낸 개인이 누구인지는 알 수 없어, 고대의 관념 및 욕구의 흔적인 그 죽은 사람들의 작품만을 조사하기 때문이다. 그들은 어떻게 보면 바그너W. R. Wagner〔독일의 작곡가, 1813~1883〕의 이상을 따라서 오케스트라를 보지 않고 과거의 음악을 듣고 있다. 거기에 국한된다면 그것은 그들이 보기에는 끔찍한 손해라는 것을 나는 알고 있다. 그러나 시간은, 비문, 프레스코화, 토르소〔머리, 손발이 없는 조상〕, 단지의 깨진 조각, 양피지를 제공한 화가, 제조인, 작가의 시신과 기억처럼 고고학자들이 힘들여 해독하거나 해석해야 할 것들은 파괴했지만, 그래도 고고학자들이 인간적 사실들 속에 있었던 진정으로 사회적인 것을 끄집어내는 데 도움을 주었다. 왜냐하면 시간은 생물적인 것은 모두 없애면서 진실로 부활할 가치가 있는 이 영광스러운 형태의 덧없는 육신을 마치 불순물처럼 버렸기 때문이다.

그러므로 고고학자들에게 단순화되고 변형된 역사는 독창적인 관념이나 독창적인 욕구, 한마디로 말하면 발명의 출현, 전개, 경쟁 및 갈등으로만 구성되어 있다. 발명은 이렇게 해서 역사상의 위대한 배역이자 인류 진보의 진정한 동인이 된다. 완전히 관념주의적인 이 관점이 옳다는 증거는 그 관점에서 얻는 바가 많다는 것이다. 그러한 관점을 취함으로써—반복해서 말하지만 이것은 어쩔 수 없었기도 했지만 행운에 따른 것이기도 하다—서로 다른 이름을 지닌 오늘날의 문헌학자, 신화학자, 고고학자가 모든 어려운 문제를 해결하고 역사의 모든 불명료한 점을 해명하지 않는가? 아울러 그 관점은 역사에서 그 생생함과 우아함을 전혀 빼앗지 않으면서도 이론의 매력을 주지 않는가? 역사학이 과학이 되고 있는 중이라면, 이것은 그러한 관점 덕분이 아닌가?

3. 통계학자는 사물을 근본적으로 고고학자처럼 본다

그것은 고고학자 덕분이기도 하지만 또 통계학자 덕분이기도 하다. 통계학자도 고고학자와 마찬가지로 인간에 관한 사실들에 대해서 완전히 추상적이면서 비개인적인 시선으로 바라본다. 그는 피에르냐 폴이냐 하는 개인들에게는 관심을 두지 않는다. 그는 그들의 작품 또는 정확히 말해서 그들의 관념이나 욕구를 드러내주는 그들의 행위에 관심을 둔다. 즉 이런저런 제품을 만들어내고 팔거나 사는 행위, 이런저런 범죄를 저지르거나 처벌하는 행위, 별거를 위해 소송하는 행위, 이런저런 방향으로 투표하는 행위, 심지어는 태어나서 결혼하고 아빠가 되고 죽는 행위에 관심을 둔다. 어떤 사례와 편견의 전파가 출생이나 결혼의 건수, 결혼한 사람들의 출산율, 신생아 사망률의 다소 빠르거나 느린 증가에 영향을 미치는 한, 이 개인 생활의 모든 행위는 몇 가지 측면에서는 사회생활과도 관련이 있다.

고고학이 유사한 물품을 수집하고 분류한다면—그 물품들에서는 가능한 한 가장 확실한 유사가 가장 중요하다—통계학은 최대한 유사성을 나타내는 행위들을 센다. 여기에서 기술은 단위의 선택에 있다. 그 단위들이 서로 비슷할수록 또 같을수록 더욱더 좋다. 통계학이 고고학과 마찬가지로 발명과 그 **발명의 모방판**éditions imitatives에 관심을 두지 않으면 무엇에 관심을 두겠는가? 다만 고고학은 대부분 죽은 발명, 즉 그 자신이 넘쳐흐른 나머지 고갈되어 버린 발명을 다룬다. 이에 반해 통계학은 이따금 근대 또는 동시대의 살아 있는 발명, 즉 아직도 영향을 미치거나 그 영향력이 계속 올라가고 있거나 아니면 영향 주는 것을 멈추었거나 그 영향력이 감소하고 있는 발명을 다룬다. 고고학은 사회의 고생물학이고 통계학은 사회생리학이다. 페니키아 배들이 그리스 도기들을 지중해의 강에서 그곳을 훨씬 넘어 어디까지 어떤 속도로 운반했는지를 고고학이 우리에게 말해주는 동안, 통계학은 영국 배들이 오늘날 면제품을 오세아니아의 어느 섬까지, 북극이나 남극에 얼마나 가까운 곳까지 운반하는지, 게다가 그 배들이 해마다 몇 미터를 수출하고 그렇게 실어 나르는지를 우리에게 가르쳐준다. 그렇지만 발명의 영역은 고고학에, 모방의 영역은 통계학에 특별히 더 알맞은 것 같다는 점을 인정해야 한다. 고고학이 연속적인 발명들의 계보를 밝히는 데 몰두하는 만큼이나 통계학은 그 발명들 각각의 전파를 탁월하게 잘 측정한다. 고고학의 영역은 통계학보다 더 철학적이고, 통계학의 영역은 고고학보다 더 과학적이다.

이 두 학문의 방법이 정반대인 것은 사실이다. 그러나 그러한 사정은 두 학문의 연구 외적인 조건에서 비롯한다. 고고학은 어떤 기술이 사방으로 흩어져 있는 예들을 오래 연구한 다음에야 그 기술이 생겨난 유래와 그 당당한 진행 과정의 시기를 감히 추측할 수 있다. 예를 들면 고고학은 인도-유럽어족의 모든 언어를 그것들의—어쩌면 상상일지도 모르는—공동 어머니인 아리아어나 아니면 그것들의 큰누이인 산스크리트어와 연결하기 전에, 그 모든 인도-유럽어족의 언어들을 알아야 한다. 고고학은 모방들에서 그것들의 원천으로까지 힘들게 거슬러 올라간다. 반면에 통계학은 그것이 측정하고 있는 결과의 원천을 거의 언제나 알고 있다. 통계학은 원인에서 결과로, 발명에서—연도별 나라별로 더 많거나 더 적은—성과로 나아간다. 통계학은 연속적인 기록을 근거로 여러분에게 다음과 같이 말할 것이다. 즉 증기기관의 발명이 퍼지기 시작해 프랑스에서 점점 석탄 수요가 늘어난 때부터 프랑스의 석탄 생산이 완전히 규칙적으로 증가했으며, 그 결과 1759년부터 1869년까지 생산량은 62.5배 늘어났다는 것이다. 통계학은 또한 다음과 같이 말할 것이다. 즉 사탕무로 만든 설탕이 발견된 때부터, 아니 오히려 이 발견의 유용성에 대해 논란이 없어진 때부터, 이 상품의 제조가 마찬가지로 규칙적으로 증가해 1828년에는 700만 킬로그램이었는데(그때까지는 생산량이 앞서 지적한 이유로 거의 정체 상태에 있었다) 30년 후에는 1억 5,000만 킬로그램으로 늘어났다는 것이다.(모리스 블록Maurice Block
〔베를린 출신의 유대인 경제학자, 1816~1901〕)

나는 여기에서 가장 재미없는 예를 선택했다. 그렇지만 이 따분한 숫자 덕분에 일반인의 새로운 욕구와 새로운 유행의 탄생, 발전 및 강화를 목격하지 않는가? 일반적으로 통계학자의 연대표보다 더 유익한 것은 없다. 연대표에서 통계학자들은, 우리에게 어떤 특별한 소비나 생산, 투표용지에 나타나는 특정한 정치 의견, 화재보험료나 저축통장으로 표현되는 일정한 안전 욕구 등이 해마다 증가하거나 감소하는 것을 보여준다. 말하자면 근본적으로 이것들은 언제나 유입되고 모방된 믿음이나 욕망의 일생이다. 그 연대표 하나하나, 아니 오히려 그 연대표를 나타내는 그래프 곡선 하나하나는 어떻게 보면 역사 모노그래프다. 그리고 그것들 모두는 우리가 서술할 수 있는 최상의 역사다. 이에 반해 국가 간, 지방 간의 비교를 제시하는 공시적共時的인 표들은 보통 흥미로움이 훨씬 적다. 철학적인 반성의 자료로서 각 도마다의 범죄 발생 건수를 나타내는 프랑스 지도와 지난 50년 동안 재범자들의 증가를 나타내는 그래프 곡선을 비교해보라. 아니면 도마다 농촌 인구에 대한 도시 인구 비율을, 해마다 이 도시 인구 비율과 대조해보라. 예를 들어 1851년에서 1882년까지 그 비율이 규칙적이면서도 꾸준히 증가해 25퍼센트에서 33퍼센트로 (말하자면 4분의 1에서 3분의 1로) 늘어난 것을 보면, 여러분은 이 사실에서 어떤 특정한 사회적 원인의 작용을 포착할 것이다. 반면 예를 들어 이웃하는 두 도道 간의 26퍼센트와 28퍼센트의 대조는 여러분에게 대단한 것을 가르쳐주지 않을 것이다. 파리나 지방에서 지난 10년 동안 시민 장례식[종교의식을 따르지 않고 치러지는 장례식]의 증가를 나타내는 표는 의미가 있지만, 어떤 특정한 때에 프랑스, 영국, 독일에서 시민 장례식 건수를 비교하는 것은 상대적으로 가치가 없을 것이다. 나는 1879년에 사적인 전보의 수가 프랑스에서는 1,400만 통, 독일에서는 1,100만 통, 영국에서는 2,400만 통이 있었다는 것을 언급하는 것이 쓸모없다고 주장하지 않는다. 그러나 특히 프랑스에서 1851년에는 9,000통이었던 전보가 1859년에는 400만 통으로, 1869년에는 1,000만 통으로, 마침내 1879

년에는 1,400만 통으로 늘어났다는 것을 아는 것이 훨씬 더 유익하다. 그리고 처음에는 빠르다가 그다음에는 느린 이러한 진행을 따라가면 생물의 성장을 떠올리지 않을 수 없다. 분포 지도와 곡선 그래프 간의 이 차이는 왜 생겨나는가? 왜냐하면 많은 예외가 있긴 하지만 분포 지도가 아니라 곡선 그래프만이 일반적으로 모방의 진행과 연관이 있기 때문이다.

 보는 바와 같이 통계학은 고고학보다 훨씬 더 자연스러운 절차를 따르고 있다. 그리고 통계학이 우리에게 제공하는 정보는 훨씬 더 정확하다. 비록 그 정보의 성질이 고고학과 같더라도 말이다. 또한 통계학은 더할 나위 없이 좋은 사회학적 방법이다. 다만 통계학은 죽은 사회에 적용할 수 없어서 어쩔 수 없는 수단으로서 고고학 방법을 그 죽은 사회에 적용하는 것이다. 우리는 로마제국의 산업과 상업, 심지어는 범죄 통계를 위해서 얼마나 많은 흔한 메달과 잡문집, 묘비문, 유골 단지를 제시할 것인가? 그러나 통계학이 사람들이 기대하는 모든 도움을 주면서 아울러 자신에 대한 냉소적인 비판에 의기양양하게 대답하기 위해서는, 고고학과 마찬가지로 자신의 진정한 유용성과 실제적인 불충분함을 동시에 의식해야 한다. 통계학은 자신이 어디로 가고 있는지 어디로 가야 하는지를 알아야 하며, 또한 그 목적을 향해 가는 도중에 만나는 위험에 대해 잘못 생각해서는 안 된다. 통계학 자체는 불가피한 수단에 지나지 않는다. 어떤 혁신가에 의해 생겨난 특별한 믿음과 욕구의 개인적인 증가 및 감소에 주의하는 심리학적 통계학만이 ―그것이 실제로 가능하다면―보통의 통계학이 제공하는 수치들의 심층적인 이유를 제공할 것이다.[6] 보통의 통계학은 무게를 재지 않는다. 그것은 계산할 뿐이다. 그것은 행위, 즉 구매, 판매, 제조, 소비, 범죄, 소송 같

---

[6] 철도, 합승마차, 유람증기선 등에 대한 통계에 따르면 매주 **금요일**이면 수입이 어김없이 떨어진다. 이것은 금요일에 어떤 일을 하는 것은 위험하다는 매우 널리 퍼져 있는―지금은 매우 약해졌지만―편견과 분명히 관계가 있다. 이 정기적인 감소의 변화를 해마다 따라가보면, 문제의 어리석은 믿음이 점점 쇠퇴하고 있다는 것을 쉽게 헤아릴 수 있다.

은 행위만을 계산할 뿐이다. 그러나 어떤 욕망이 점점 커져서 행위가 되거나 아니면 어떤 욕망이 점점 작아지다가 갑자기 가면을 벗고서는 그때까지 꼼짝 못했던 반대되는 욕망을 행동에 옮기는 것은, 그 욕망이 일정한 강도를 넘어설 때뿐이다. 믿음에 대해서도 똑같이 말할 수 있다. 통계학자들의 저작을 훑어볼 때 매우 중요한 것은, 통계적으로 측정해야 할 사항들이 근본적으로 믿음과 욕망이라는 내적인 성질이며 아울러 그들이 계산한 수치는—비록 그 수는 같더라도—종종 그 사항들 간의 매우 다른 **비중**을 나타낸다는 것을 잊어서는 안 된다는 점이다. 예를 들면 19세기의 어떤 시기에는 교회 입문자의 수가 변함없이 똑같았지만 신앙은 점점 약해졌다. 그리고 어떤 정부가 그 위세에서 타격을 받았을 때 그 지지자들의 수는 거의 줄어들지 않았어도 그들의 열의는 반쯤 사라지는 일이 일어날 수 있다. 이러한 사실은 정부의 급작스런 붕괴 직전에 시행되는 투표에서 볼 수 있다. 선거 통계에 지나치게 안심하거나 낙담하는 사람들이 착각하는 이유가 여기에 있다.

    실현된 모방은 수없이 많다. 그러나 실현되지 않고 바라기만 한 모방에 견주면 실현된 모방은 얼마나 적은가? 예를 들어 어떤 특정한 순간에 한 작은 마을 주민들이나 한 계급 구성원들의 소망이라고 부르는 것은, 오로지 자신보다 더 부유한 다른 어떤 도시나 어떤 상위 계급을 모든 점에서 흉내 내는—불행하게도 아직은 실현할 수 없는—경향으로 이루어져 있다. 이 흉내 내고 싶은 선망 전체가 사회의 잠재적인 에너지를 구성한다. 이 잠재적인 에너지를 현실 에너지로 바꾸는 데에는 어떤 통상조약이나 새로운 발명 또는 어떤 정치혁명이 하나만 있어도 충분할 것이다. 이러한 사건은 지갑이 더 얇거나 능력이 더 적은 사람들에게, 전에는 재산이나 지성에서 특출났던 행운아들만이 누린 이런 사치와 저런 권력에 접근할 수 있게 해준다. 따라서 잠재적인 에너지는 대단히 중요하며, 그것의 증가나 감소의 변화를 파악하는 것이 좋을 것이다. 그렇지만 보통의 통계학은 그것에 신경 쓰는 것 같지 않다. 여러 간접적인 처리 방법을 통해 그 힘[잠재적인 에너지]을 대략적으로 평가하는 것이 이따금 가능한데도, 보통의 통계학은 그 힘에 신경 쓰는 것을 우스꽝스러운 짓으로 판단할 것이다. 이러한 점에서 보면, 고고학이 묻혀버린 사회들에 대해 우리에게 주는 정보에서 우월함을 나타낸다. 왜냐하면 고고학은 그 사회의 활동에 대해서 세세하고 정확하게 가르쳐주지는 못하지만 우리에게 그 사회의 갈망을 더 충실하게 그려주기 때문이다. 모든 통계 자료집이 우리에게 프랑스 한 도청 소재지의 현재 소망을 알게 해주는 것보다, 폼페이의 한 프레스코 벽화가 로마제국 시대 한 지방도시의 심리 상태를 훨씬 더 잘 나타낸다.

덧붙여 말하면 통계학은 최근에 태어났기 때문에 아직도 그 모든 가지를 뻗칠 수 없었지만, 그 협력자인 고고학은 통계학보다 오래되어서 이미 모든 방향으로 퍼져 나갔다. 그중 하나가 언어고고학인데 이것은 비교언어 연구다. 이 학문은 각 언어의 뿌리와 그 운명—한 고대인의 입에서 제멋대로 나온 말이 무수한 세대들의 놀랄 만한 동조주의에 따라 무한히 반복되고 늘어난 것—에 대해 따로따로 모노그래프를 작성한다. 또한 종교 고고학, 즉 비교신화학도 있다. 언어 연구가 각각의 말을 다루는 것처럼 이 학문은 각각의 신화와 그 끊임없는 모방판을 따로따로 다룬다. 그리고 법 고고학, 정치 고고학, 민족 고고학, 예술 고고학, 마지막으로 산업 고고학도 있다. 이 학문들도 마찬가지로 모든 법적 관념이나 법률상의 의제擬制*, 모든 제도, 모든 풍속 특징, 모든 유형의 예술이나 예술 창작품, 모든 산업 방식, 그리고 본보기를 재생산하는 그 고유한 힘에 개별 논문을 바친다. 이만큼이나 서로 다른 많은 학문들이 저마다 번창하고 있다. 그러나 진짜 전적으로 사회학적인 통계에서는, 지금까지 인구 통계, **출생**, **결혼**과 **사망**에 관

---

* 성질이 다른 것을 같은 것으로 보고 법률상 같은 효과를 주는 일. 예를 들면 실종된 것을 사망한 것으로 간주하는 것.

한 통계, 의학 통계처럼 생리적인 세계와 사회 세계에 동시에 걸쳐 있는 몇몇 혼합된 통계는 말할 필요도 없고, 산업 및 상업에 관한 통계, 사법 통계에 만족해야 한다. 정치 통계에 대해서 우리가 갖고 있는 것은 선거 투표 형태라는 하나의 씨앗밖에 없다.[7] 종교 통계는, 여러 종파의 상대적인 확대가 해마다 나타내는 움직임과 그 신자들의 어떻게 보면 온도계 같은 신앙의 변화를 그래프로 나타내주어야 할 것이다. 언어 통계의 경우 그것은 여러 방언의 확대를 비교한 것뿐만 아니라, 각 방언마다 말과 말투 각각의 유행이나 쇠퇴도 수치로 나타내야 할 것이다. 가정에 근거한 이러한 학문에 대해 더 길게 말한다면 독자를 미소 짓게 하지는 않을까 걱정된다.

그러나 통계학자가 인간에 관한 사실을 고고학자와 똑같은 관점에서 고찰하고 있으며, 아울러 그 관점은 내 관점과 일치한다는 이러한 주장이 옳다는 것을 증명하기 위해 충분히 논했다. 더 나아가기 전에, 단순화할 경우 왜곡될 위험을 무릅쓰고 지금까지 말한 것을 짧게 요약해보자. 이 일관성 없이 뒤죽박죽 쌓여 있는 역사적 사실들, 즉 수수께끼 같은 꿈이나 악몽 속에서 인간의 이성은 헛되이 질서를 찾아보지만 찾아내지 못한다. 이성은 질서를 그것이 실제로 있는 곳에서 보기를 거부하기 때문이다. 때때로 이성은 질서를 상상하며, 또 역사를 마치 전체가 없으면 단 한 구절도 이해할 수 없는 시詩로 인식한다. 이성은 인류의 최종적인 목적이 달성되고 인류의 아주 먼 기원이 완전히 알려지는 시기를 가르쳐주는데, 그때가 되어야 이 수수께끼를 이해할 수 있을지 모른다. 저 유명한 구절을 반복하는 것이 낫겠다. **우리는 모르며 앞으로도 모를 것이다**Ignorabimus〔고대 회의론자들의 슬로

---

[7] 보통선거는 아마도 지금까지는 주목받지 못한 측면에서만 가치가 있을 것이다. 그렇지만 그것은, 말하자면 국민에게 매우 중요한 문제를 놓고 그들의 소망과 의견에서 일어나는 변화를 의식하도록 하는 **간헐적인 정치 통계** 작업으로서 중대한 가치다. 그 작업은 확률론이 권하는 조건에서 행해지려면, 매우 큰 수에 근거를 두어야 한다. 여기에서 선거를 가능한 한 확대해야 할 필요성, 특히 이른바 보통선거를 완전히 보편화해야 할 필요성이 나온다.(이 주제에 대해서는 나의 《형벌과 사회에 대한 연구 Études pénales et Sociales》에서 발표한 연구를 보라)

건). 그렇지만 역사상의 이름, 날짜, 전투, 혁명 밑을 보면 무엇이 보이는가? 한편으로는 여러 발명이나 실용적인 창의에 의해 생겨나거나 강하게 자극된 특별한 욕망이 보인다. 그 각각의 발명이나 창의는 어느 한 지점에서 나타나 거기에서 마치 발광체처럼 끊임없이 방사한다. 이때 방사된 그 빛은 그와 비슷한 수많은 파동들과 조화를 이루고 뒤섞이지만, 비슷한 파동이 많다고 해서 혼란이 일어나지는 않는다. 또 한편으로는 여러 발견이나 이론적인 추측이 가져다주는 특별한 믿음도 보인다. 이러한 발견이나 이론적인 추측도 마찬가지로 빠르게 또 여러 가지 한계 안에서 방사한다. 이러한 발명과 발견이 나타나고 연속되는 순서는 대체로 그저 변덕스럽고 우연적일 뿐이다. 그러나 결국에는 서로 대립되는(말하자면 근본적으로 그 발명이나 발견에 암암리에 들어 있는 명제들 중 몇몇 개가 다소 **서로 모순되는**) 것들이 불가피하게 제거되면서, 이와 동시에 만들어지는 발명이나 발견의 덩어리는 조화를 이루고 일관성을 지니게 된다. 이처럼 국민이나 도시를 여러 발생원에서 나오는 파동의 확대로 또 그 발생원이나 파동에 뒤따르는 것들의 논리적인 배열로 간주한다면, 이른바 역사라는 시 중에서 가장 보잘것없는 에피소드인 국민이나 도시는 살아 있는 독특한 전체, 즉 철학자의 눈에는 숙고해야 할 아름다운 광경이 된다.

4. 통계학은 이런 것이 되어야 할 것이다—그 요구 사항

이러한 관점이 옳다면, 즉 그 관점이 진실로 사회적 사실을 규칙적으로 측정할 수 있으며 셀 수 있는 측면에서 해명하는 데 가장 적합하다면, 사회학적 통계학은 그 관점을 대략적이면서 무의식적으로가 아니라 의식적이면서 전적으로 채택해야 하고, 아울러 그렇게 함으로써 고고학과 마찬가지로 사회학적 통계학도 비생산적인 많은 시행착오와 기록을 하지 않아도 될 것이라는 결론이 나온다. 그리고 우리는 거기에서 나오는 주요 결과들을 열거할 것이다.

첫째, 사회학적 통계학은 자신에게 속하는 것과 속하지 않는 것을 알아볼 수 있는 시금석을 지녔으며, 아울러 인간의 모방이라는 엄청난 영역, 바로 이 영역만이 자신에게는 전부라고 확신한다. 그렇기 때문에 사회학적 통계학은 예를 들면 프랑스의 여러 도에서의 군복무 면제자에 대한 통계표처럼 그 결과에서 순전히 인류학적인 통계표를 작성하는 수고나 사망률 통계표를 작성하는 수고는 자연과학자들에게 넘겨줄 것이다(나는 출생률 통계표는 말하지 않는다. 왜냐하면 이 경우에는 다른 사람의 예가 한 인종의 출산을 제한하거나 자극하는 데 강력하게 개입했기 때문이다). 그것은 순수한 생물학에 속한다. 이는 마레É. J. Marey〔프랑스의 생리학자, 1830~1904〕씨가 이용한 그래프 방법, 즉 위축, 맥박, 호흡운동에 관한 일종의 기계적 통계인 근육운동 기록기, 맥박계, 호흡운동 기록기를 통해 환자를 관찰하는 것이 순수한 생물학에 속하는 것과 같다.

둘째, 사회학적 통계학자는 자신의 고유 과제가 특별한 믿음과 욕망을 측정하는 것이며, 아울러 매우 얻기 어려운 이 양을 가능한 한 자세히 파악하기 위해서는 가장 직접적인 방법을 사용해야 한다는 것을 결코 잊어서는 안 된다. 또한 사회학적 통계학자가 잊어서는 안 되는 것은 가능한 한 **서로 간에 유사한**(이것은 무엇보다도 범죄 통계들이 잘 충족시키지 못하는 조건이다) 행위들의 조사와 역시 마찬가지로 서로 유사한 제품(예를 들면 무역 상품)의 조사—그런 행위들이 없다면—가, 언제나 다음과 같은 최종적인 목적, 아니 오히려 다음의 두 목적을 지향해야 하며 그 두 목적과 관련이 있어야 한다는 것이다. (1) 그러한 조사는 행위나 제품의 수를 기록해, 새로운 것이든 오래된 것이든 각각의 관념과 욕구가 퍼져서 강화되었는지 아니면 억압되어 뿌리가 뽑혔는지에 따라서 그 관념과 욕구가 증가, 정체 또는 감소를 거듭하는 곡선을 그려야 한다. (2) 그러한 조사는 그렇게 해서 얻은 계열을 능숙하게 비교하고 또 그 계열의 동시적인 변화도 강조하면서, 그 욕구와 관념이 모방을 통해 퍼지거나 강화되는 데 서로 도움을 주는지 (도움을 준다면 얼마나 주는지) 아니면 서로 방해를 하는지 (방해를 한다면 얼마나 하는지) 표시해야 한다(그리고 그 욕구들과 관념들은 언제나 그렇듯이 은연중에 나타나는 명제들로 이루어져 있기 때문에, 그러한 명제들 중에 서로 긍정하는 것들이 많으면 그 욕구와 관념이 모방을 통해 퍼지거나 강화되는 데 도움이 되고 서로 부정하는 것들이 많으면 방해가 된다). 그렇지만 이때 성, 나이, 온도, 기후, 계절 같은 자연적인 요인들이 그 욕구와 관념에 미칠 수 있는 영향을 무시해서는 안 된다. 그 자연적인 요인들의 힘은 필요에 따라서는 물리학적 통계나 생물학적 통계로 측정된다.

달리 말하면 사회학적 통계학에서 중요한 것은 다음과 같다. (1) 어떤 특정한 시기와 특정한 나라에서 각각의 발명에 고유한 모방의 힘을 규명하는 것이다. (2) 그 각각의 발명에 대한 모방이 낳는 유익한 효과나 해로운 효과를 보여주는 것이다. 그렇게 되면 결국 그 수치상의 결과를 아는 사람들은, 그들이 이런저런 예들을 따르는 (또는 따르지 않는) 경향에 영향을 받게 된다. 요컨대 모방을 확인하거나 모방에 영향을 미치는 것, 이것이 이런 종류의 연구가 지닌 목적의 전부다. 이 두 가지 목적 중 두 번째 것을 달성한 방식에 대한 예로 의료 통계학을 인용할 수 있다. 의료 통계학은 각각의 질병에 대해서 예전에 발견되거나 새로 발견된 여러 방법이나 특수 요법을 이용해 치료되는 환자들의 비율을 비교하는 만큼, 그것은 사실상 사회과학과 관련이 있다. 의료 통계학은 이렇게 해서 예방접종, 살충제를 통한 옴 치료 등을 일반화하는 데 기여했다. 범죄, 자살, 정신이상에 관한 통계 역시 도시 거주가 그러한 것들을 큰 비율로 증가시킨다는 것을 보여준다면, 그 통계는 농촌 주민을 도시 생활로 옮겨 오게 하는 큰 모방 흐름을 완화할 수 있을 것이다. 사실 완화하는 정도는 매우 약하지만 말이다. 베르티용 Bertillon[프랑스 인구학자이자 통계학자, 1851~1922] 씨는, 심지어 결혼 통계가 결혼한 사람의 사망률이 같은 나이의 독신자와 비교했을 때 더 낮다는 것을 보여주기 때문에, 그 통계는 우리에게 조상들의 매우 오래된 이 발명[결혼] ― 여담이지만 겉보기보다는 더 독창적이다 ― 을 지금보다 더 많이 이용하는 데 격려가 될 것이라고 단언한다. 그러나 이 미묘한 주제에 오래 머물지 말자.

내 생각에 통계학자에게 꼭 필요한 것으로서 내가 방금 구분한 두 가지 문제 중 두 번째 것은 첫 번째 문제가 해결된 다음에야 비로소 해결될 수 있을 것이다. 아마도 이러한 사실을 지적하는 것이 좋을 것이다. 예를 들면 사람들이 종종 행하는 것처럼, 그 제멋대로 발휘된 경향 ― 가령 주민들이 근위기병, 사제, 교사로부터 해방된 농민폭동 시절[1358년]에, 이 나라의 한쪽 끝에서 다른 쪽 끝까지 순식간에 모방되어 그 모두 비슷비슷한 방화, 참수, 약탈로 나타난 경향들 ― 의 힘을 측정하기도 전에 이런저런 형벌, 종교 신앙, 교육이 범죄 경향에 미치는 영향을 측정하려고 하는 것, 이런 식으로 처리하는 것은 소 앞에 쟁기를 매는 것이 아닌가?

그러므로 예비적인 첫 번째 작업은, 결혼하거나 아빠가 되고 싶은 사회적 욕구를 시작으로 타고났거나 점차 획득한 주된 욕구의 일람표, 오래되거나 새로운 주된 믿음의 일람표, 또는 ― 하나의 똑같은 것이지만 ― 동일한 유형에 속하며 그 내적인 힘을 다소 정확하게 표현하는 **행위 가계**家系의 일람표를 작성하는 것이어야 한다. 이 작업에 특히 도움이 될 수 있는 것은 상업 및 산업의 통계인데, 이러한 각도에서 본다면 그 통계는 매우 흥미로운 것이 된다. 제조되거나 판매되는 각각의 물품은 사실상 어떤 특별한 욕구, 어떤 특별한 관념에 대응하는 것이 아닌가? 어떤 특정한 시기와 장소에서 그 물품의 판매와 제조가 증가하는 것은 그 물품의 원동력, 말하자면 그 물품의 전파 속도와 어떻게 보면 그 물품의 **질량**, 말하자면 그 물품의 중요성을 나타내지 않는가? 따라서 산업과 상업의 통계는 다른 모든 통계의 주요한 기초이다. 이보다 더 좋은 것은 고고학이 죽은 사람들에 대해서 행하는 조사 방법을 살아있는 사람들에게 더 큰 규모로 적용하는 것 —문제는 실천할 수 있느냐인데—이다. 내 말은 한 나라의 모든 동산動産을 집집마다 조사해 각각의 가구 종류가 해마다 수량적으로 변하는 것에 대해 정확하면서도 완전한 목록을 만드는 것을 의미한다. 그것은 우리의 사회 상태에 대한 훌륭한 사진이 될 것이다. 이는 과거의 발굴자들이 이집트, 이탈리아, 소아시아, 아메리카 등 모든 곳에서 찾아낸 무덤 및 죽은 사람들의 주거지 내용을 사람들이 익히 알고 있는 정성을 들여 목록으로 작성해, 우리에게 사라진 문명에 대한 가장 정확한 이미지를 제공한 것과 거의 같다.

그러나 내가 상상하는 정밀한 조사도 없고 또 그러한 조사가 이루어지려면 먼저 필요조건이 되는 유리로 된 집들도 없다. 그렇지만 완전하고 체계화된 상업 및 산업의 통계, 특히 해마다 발간되는 분야별 책의 상대적인 비율에서 돌발적으로 일어나는 변화를 우리에게 밝혀주는 도서 통계만으로도 이미 우리가 필요로 하는 자료는 충분히 제공된다. 사법 통계는 이론상으로 그다음에야 온다. 사법 통계는 나름대로 깊은 중요성을 지니고 있지만 다른 점에서는 아직도 도서 통계보다 못하다. 사법 통계가 더하는 단위들은 유사성이 없기 때문이다. 예를 들어 어떤 제철소가 올해 100만 개의 철강 레일을 만들어냈고, 어떤 공장은 면화 꾸러미 1만 개를 수령했다고 하자. 이것들은 비슷한 욕구와 관계 있는 비슷한 단위다. 그러나 예를 들어 도둑질이나 지역권 소송을 어떤 등급과 그 하위 등급으로 세분해, 기원이 다른 여러 가지 욕구 및 관념에서 생겨난 아주 다른 행위들을 한데 묶어서 여러 행위가계와 연결해보았자 소용없다. 물론 그렇게 하는 것을 말릴 수는 없지만 말이다. 기껏해야 여성 살인이 토막 살인인지, 스트리키닌에 의한 독살인지 아니면 최근에 발명된 것으로서 실제로 하나의 분류군을 형성하며 특징적인 범죄 **유행**을 나타내는 그 밖의 중죄인지에 따라 각각 다른 항목의 난을 만드는 데 그칠 것이다. 중죄와 경범죄를 적절하게 분류하려면 그것들을 특히 그 실행 수단에 따라서 나누어야 할 것이다. 그러면 모방의 영향력이 이러한 문제에서 어느 정도인지를 보게 될 것이며, 이를 상세히 밝혀야 할 것이다. 악행을 그 피해자의 성질에 따라서 아니면 그 수단이 덜어주는 고통의 성질에 따라서 분류할 수 있다면, 지금까지와는 다르지만 그래도 여전히 자연스러운 분류를 얻게 될 것이다. 이러한 분류는 선량한 사람들이 구입할 경우 비슷한 만족을 얻게 되는 산업 물품 및 서비스 분류를 새로운 형태로 재생산할 것이다.

5. 곡선(상승부, 고평부, 하강부)에 대해 내 관점이 제시하는 해석

사회학적 통계학의 범위가 명확하게 한정되었고 전파에 관한, 말하자면 수년 동안 일정한 범위의 지역에서 각각의 특별한 욕구와 의견의 강화에 관한 그래프 곡선이 분명하게 그려지는 만큼, 이제부터는 때로는 산의 윤곽처럼 그림 같고 기묘하며 흔히는 살아 있는 모습처럼 꾸불꾸불하고 우아한 이 상형문자 같은 곡선을 해석해야 한다. 내가 매우 잘못 생각하고 있거나, 아니면 내 관점이 여기에서 우리에게 매우 큰 도움이 되거나 둘 중 하나다. 문제의 선들은 항상 상승, 수평, 하강이며 또는 그 선들이 불규칙하더라도 언제나 그 선들을 상승부, 고평부, 하강부라는 세 종류 선의 요소들로 분해할 수 있다. 케틀레L. A. J. Quételet[벨기에의 통계학자, 1796~1874]와 그의 학파에 따르면 고평부가 통계학자가 특히 머물러야 할 곳이며, 그 고평부의 발견이야말로 통계학자의 가장 아름다운 승리이거나 변함없는 갈망이 되어야 한다. 케틀레에 따르면 **사회물리학**을 창시하는 데에는, 출생과 결혼뿐만 아니라 범죄와 소송에서조차 똑같은 수치가 상당 기간 동안 균일하게 재생산되는 것만큼 더 적합한 것이 없다. 범죄와 소송의 수치가 실제로 균일하게 재생산되었다고 생각하는 환상은 바로 거기에서 생겨났다(이 환상은 사실 그 후 지난 반세기 동안의 범죄 증가에 대한 특히 최근의 공식적인 통계에 의해 사라졌다). 그러나 만일 독자가 나를 따라오는 수고를 했다면, 그는 수평선의 중요성을 전혀 깎아내리지 않으면서도 어떤 모방의 규칙적인 전파를 나타내는 상승선에 매우 우월한 이론적 가치를 부여해야 함을 인정할 것이다. 그 이유는 이러하다.

어떤 새로운 관념이나 취향이 일정한 식으로 형성된 뇌 안 어딘가에 뿌리내렸다는 사실 자체가, 서로 비슷하며 의사소통한다고 추측되는 무수한 뇌에 그 혁신이 다소 빠르게 퍼지는 이유가 된다. 모든 뇌의 유사성이 완전하다면 또 모든 뇌가 완전히 절대적으로 자유롭게 서로 의사소통한다면, 그 혁신은 그 **모든** 뇌에 **순식간**에 퍼질 것이다. 전화기가 출현한 직후부터 그것이 미국에서 매우 빠르게 보급되었다는 사실에서 확신할 수 있는 것처럼, 우리는 다행히도 도달할 수 없는 이 이상理想을 향해 큰 걸음으로 걷고 있다. 이 이상은 입법 개혁에 관한 것에서는 이미 거의 도달했다. 다른 시대에는 단지 차례차례 느리게만 각 나라의 여러 지방에 겨우 적용된 법률이나 칙령이 지금은 공포된 그날에 영토의 한쪽 끝에서 다른 쪽 끝까지 시행된다. 여기에는 어떤 방해도 없기 때문이다. 사회물리학에서 커뮤니케이션의 결여는 물리학에서 탄성의 결여와 똑같은 역할을 한다. 탄성의 결여가 파동을 해치는 만큼이나 커뮤니케이션의 결여는 모방을 해친다. 그러나 사람들이 알고 있는 몇몇 발명(철도, 전보 등)의 모방을 통한 전파는 다른 모든 발명에 도움이 되면서 정신 접촉의 이 불충분함을 끊임없이 감소시키는 경향이 있다. 그리고 정신의 상이성相異性의 경우, 이것도 마찬가지로 과거의 발명에서 생겨난 욕구와 관념이 전파됨으로 말미암아 사라지는 경향이 있다. 그러므로 그러한 전파는 이런 의미에서 미래 발명의 전파를 수월하게 해주는데, 이때 그 미래의 발명이란 과거의 발명에서 생겨난 욕구 및 관념의 전파와 모순되지 않는 발명을 뜻한다.

관념이나 욕구는 일단 한번 분출되면 언제나 진짜 기하급수적으로 더 많이 퍼져 나가는 경향이 있다.[8] 그것들이 서로 부딪치지 않고 퍼질 수 있다면 그것들의 그래프 곡선은 바로 이 이상적인 도식을 따를 것이다. 그러나 충돌은 언젠가는 불가피하며 또 계속 늘어나기 때문에, 결국 그 사회적인 힘 하나하나는 일시적으로는 극복할 수 없는 한계에 부딪히기도 하고, 또 결코 자연적인 필연성이 아니라 우연에 의해서 한동안 정체 상태에 머무를 수밖에 없다. 그런데 통계학자들은 일반적으로 이 정체 상태의 의미를 별로 잘 이해하지 못한 것 같다. 다른 모든 곳에서와 마찬가지로 여기에서도 정체란 균형, 즉 경쟁하는 힘들 간의 상호 저지를 의미한다. 나는 이 상태의 이론적 중요성을 결코 부정하지 않는다. 왜냐하면 이 균형은 균등 상태와 같기 때문이다. 예를 들어 커피나 초콜릿 같은 상품의 소비가 어떤 나라에서 어느 날부터 성장을 멈추는 것을 본다면, 나는 그에 해당하는 욕구의 강도가 이것과 경쟁하는 욕구의 강도와 완전히 똑같다는 것을 알 수 있다. 운명의 추를 보면 전자에 대한 넉넉한 만족은 그것과 경쟁하는 욕구들의 희생을 요구할 것이기 때문이다. 그 위에서 각각의 상품 가격이 정해진다. 그러나 증가하는 수열數列, 즉 **상승부**의 각 연도별 수치 역시 특정한 날짜에서의 문제의 욕구 강도와 그 욕구가 더 많이 진행되는 것을 막은 똑같은 날짜에서의 경쟁 욕구 강도 사이의 균등 상태를 나타내지 않는가? 게다가 그 진행이 각각의 경우에 다른 점에서 멈추지 않고 이 점에서 멈추었다면, 즉 그 고평부가 더 높아지거나 낮아지지 않았다면, 그것은 순수한 역사적 우연 때문이 아닌가? 말하자면 그 진행을 막은 대립하는 욕구를 생겨나게 한 상반되는 발명이 저기보다는 오히려 여기에서 나타났고, 다른 시기보다는 이 시기에 나타났으며, 또 나타나지 않기는커녕 마침내 나타났다

---

8 동시에 관념과 욕구는 뿌리를 내리는 경향이 있다. 또한 그것들의 범위의 확대는 그것들의 깊이에서의 확대도 재촉한다. 그리고 자신에 대한 모방과 다른 사람에 대한 모방, 이 두 모방의 상호작용으로 설명되지 않는 현재나 과거의 열광 또는 광신, 즉 역사의 힘은 없다는 것도 부수적으로 지적할 수 있다.

는 사실 때문이 아닌가?

덧붙여서 말하면 **고평부**는 언제나 불안정한 균형이다. 약간은 대략적인 수평 상태가 어느 정도 이어진 다음에는 곡선이 다시 올라가거나 내려갈 것이다. 즉 수열은 보조적인 새로운 발명이 나타나느냐 적대적인 새로운 발명이 나타나느냐, 아니면 옳다고 확인해주는 새로운 발명이 나타나느냐 모순되는 새로운 발명이 나타나느냐에 따라서 증가하거나 감소할 것이다. 감소하는 수열의 경우 우리가 아는 바대로 그것은 다른 수열의 의기양양한 **증가**에 불과하다. 이 다른 수열의 의기양양한 증가가 최근이나 예전에 증가했던 일반적인 의견이나 취향을 물러나게 하기 때문이다. 그러므로 이론가에게 감소하는 수열은 그것이 전제로 삼고 있는 증가하는 수열의 **거꾸로 된 이미지**로 간주될 뿐이다.

또한 다음과 같은 사실도 인정해야 할 것이다. 즉 통계학자가 어떤 발명을 그것이 탄생했을 때 포착해 그 운명의 수치상 흐름을 해마다 그릴 수 있다면, 그때마다 그 통계학자는 적어도 일정한 시기까지는 꾸준히 상승하는 선, 심지어는 훨씬 더 짧은 일정한 시기 동안만이라도 **매우 규칙적으로** 상승하는 선을 우리에게 보여준다는 것이다. 만일 이 완전한 규칙성이 지속되지 않는다면 그것은 우리가 곧 지적하게 될 이유들 때문이다. 그러나 일부일처제나 기독교식 결혼처럼 매우 오래된 발명, 즉 그 증가 시기를 통과한 발명, 말하자면 그것들 고유의 모방 풀[저수조]을 가장자리까지 가득 채운 발명의 경우에는, 그 발명의 시작을 목격하지 못한 통계학이 그 발명들에 대해서 거의 굴곡 없는 수평선을 보여준다 해도 놀랄 필요는 없다. 인구수에 대해 해마다 결혼 건수의 비율이 거의 변함없는 상태에 있는 것(이 비율이 천천히 감소하고 있는 프랑스는 예외지만)과 심지어는 범죄나 자살에 대한 결혼의 영향이 해마다 거의 똑같은 수치로 나타나는 것도 방금 말한 것에 따르면 전혀 놀라운 사실이 아니다. 기후, 온도, 성, 나이, 계절 같은 자연 요인처럼 한 민족의 **피 속에 들어간** 오래된 제도는 그러하다. 인간의 행위를 전체적으로 보았을 때, 그러한 제도는 매우 놀라운 획일성(이 획일성이 매우 과장되고 있지만 사실 사람들이 일반적으로 생각하는 것보다는 훨씬 더 제한적이다)과 주목할 만한 규칙성, 즉 질병이나 죽음과 같은 생물적 사실들보다는 훨씬 더 주목할 만한 규칙성을 띠면서 영향을 미친다.

그렇지만 여기에서조차 우리는 이 획일적인 수열의 근본에서 무엇을 찾아내는가? 자, 이를 위해 짧은 여담을 하겠다. 통계학은 예를 들면 한 살에서 다섯 살까지 어린이의 사망률이 프랑스의 다른 곳보다, 아니면 적어도 가장 많은 특혜를 받는 지방보다 지중해 연안 지방에서 언제나 **세 배** 이상 높다는 것을 보여주었다. 이러한 사실은 여름에 프로방스 지방의 기후가 대단히 덥다는 것으로 설명될 수 있을 것 같다. 즉 겨울이 노인들에게 해로운 것처럼 여름은 유아에게 해롭다는 것이다(이것 또한 편견과는 반대되는 통계학의 새로운 발견이다). 어쨌든 기후는 여기에서 언제나 똑같은 고정 요인으로 개입한다. 그러나 기후라는 것은 다음과 같이 현실의 일정한 집합이 표현되는 하나의 명목상 실체가 아니라면 무엇이겠는가? 첫째 햇빛으로, 이것은 무한한 우주 안에서 한없이 퍼져 나가는 경향이 있는 빛의 방사인데, 땅이라는 장애물이 그것을 가로막으며 저지한다. 둘째 바람으로, 이것은 말하자면 끊임없이 확대되어 지구 전체에 퍼지려는 경향이 있는 저기압의 일부인데, 그것은 산맥이나 맞부딪친 다른 저기압에 의해서만 멈춘다. 셋째 표고標高로, 이것은 다행히도 단단한 지각地殼의 끝없는 확장을 갈망하는 지하 융기력의 결과다. 넷째 위도로, 이것은 말하자면 점점 더 수축하려는 헛된 노력을 하면서도 여전히 액체 상태에 있는 지구가 자전하는 결과다. 다섯째 토양의 성질로, 즉 항상 불완전하게 충족되는 친화성이 헛되이 작용하는 분자들의 성질이다. 분자들 간의 인력은 아무리 떨어져 있어도 작용하며 접촉할 수 없는 것에까지 미친다. 마지막으로 식물상植物相도 어느 정도는 기후에 영향을 미친다. 그것은 말하자면 식물의 여러 종이나 변종들이다. 식물의 종이나 변종 각각은 그 서식지에 만족하지 못하기 때문에, 다른 모든 종이나 변종의 경쟁이 그 갈망을 억제하지 않는다면, 그것들은 저마다 지구 전체를 자신의 무수한 견본들로 뒤덮을 것이다.

앞서 기후에 대해서 말한 것은 나이, 성 및 그 밖의 자연 질서의 영향에 대해서도 똑같이 해당될 것이다. 요컨대 물리적인 것이든 생물적인 것이든 모든 외부 현실은 실현되지 못한 또 실현될 수도 없는 무한한 야심이 서로 자극하고 무력화하는 똑같은 광경을 우리에게 제공한다. 그 외부 현실에서 사람들이 자연법칙의 고정성 또는 불변성이라고 부르는 것, 즉 최고의 현실réalité par excellence은 근본적으로 그 야심이 진실로 자연스러운 방향으로 더 멀리 나가지 못하고 완전히 실현되지 못한 것에 불과하다. 그런데 통계학이 발견하거나 발견한다고 주장하는 사회질서의 고정된(일시적으로 고정된) 영향의 경우에도 마찬가지다. 왜냐하면 관념과 욕구라는 사회 현실도 자연 못지않게 야심적이기 때문이다. 사람들이 풍습, 제도, 언어, 법률, 종교, 과학, 산업 및 예술이라고 부르는 이 사회적 실체들을 분석하면 그것들은 관념과 욕구로 분해된다. 이러한 것들 중에서 가장 오래된 것, 즉 성인 나이를 지난 것은 성장을 멈추었지만, 젊은 것은 계속 발전하고 있다. 그 증거 중 하나가 무엇보다도 국가 예산의 끊임없는 확대다. 그 예산은 지금까지 커왔으며 지금도 커지고 있고 또 최종적인 파국에 이를 때까지 계속 커질 것이다. 이때 이 최종적인 파국은 다시 비슷한 결말을 향하는 새로운 진행의 출발점이며, 이런 식으로 무한히 계속된다. 1819년보다 더 멀리 올라갈 필요도 없다. 이 시기부터 1869년까지 간접세의 총액은 5억 4,400만 프랑에서 13억 2,300만 프랑까지 매우 규칙적으로 늘어났다. 3,300만 또는 3,700만 명의 사람들이—1819년에 3,300만 명, 1869년에는 3,700만 명—서로를 점점 더 모방하기 때문에 점점 더 커지는 욕구를 지니게 되었고, 그들은 이 커진 욕구를 만족시키기 위해 점점 더 많이 생산하고 소비하지 않으면 안 된다. 그리고 그들의 공공 지출이 그들의 사적인 지출과 비례해

서 늘어나는 것은 불가피하다.[9]

만일 우리 유럽 문명이 중국 문명처럼 발명과 발견에 관해서 할 수 있는 모든 것을 오래전부터 이미 다 했다면, 그리고 만일 유럽 문명이 이 아주 오래된 자산으로 먹고 살면서 조금이라도 주목할 만한 최근의 그 어떤 것도 덧붙이지 못한 채 오로지 낡은 욕구와 낡은 관념으로만 구성되어 있다면, 앞에서 말한 바대로 케틀레의 소망은 아마도 이루어질 것이다.

통계학이 사회생활의 모든 측면에 적용된다면 그것은 어디에서나 획일적인 수열에 도달할 것이다. 즉 통계학은 수평적으로 전개되면서 저 유명한 '자연법칙'에 완전히 견줄 만한 획일적인 수열에 이를 것이다. 우리가 그토록 강력하게 찬양하는 그 고정성이나 제자리 회전rotation sur place을 자연에서 찾을 수 있는 것은, 아마도 자연이 우리보다 더 오래되었고 아울러 그 자신의 모든 문명―말하자면 그 생명 유형(우리가 알고 있는 바대로 진정한 세포 사회)―을 발명의 고갈 상태로 이끄는 데 필요한 모든 시간을 이미 거쳤기 때문일 것이다. 이른바 사회학적·생리학적 통계학이 제시하는 수치의 그토록 아름다우며 경외된 규칙적인 주기성은 여기에서 나온다. 말하자면 사회학적·생리학적 통계학은 나이와 성이 범죄율과 **결혼률**에 꾸준히 똑같은 영향을 미친다는 것을 강조하려고 끈질기게 애쓰는 것이다. 물론 이러한 규칙성은 미리 확신할 수 있었는데, 이는 우리가 다음과 같이 확신할 수 있는 것과 같다. 즉 만일 피고인들을 신경질[담즙질], 흑담즙질[우울질], 점액질[의지가 강하고 인내력이 있다], 다혈질[쾌활하나 성급함. 이상은 히포크라테스가 분류한 네 가지 종류의 인간의 기질이다]로 분류하거나 또는―누가 알겠는가? 다음과 같은 것으로도 분류할지―금발과 갈색머리로 분류한다면, 매년 저질러지

---

[9] 이러한 증가는 19세기의 특성이 아니다. 구체제에서는 "일반세가 정부에 1억 프랑에서 1억 6,000만 프랑으로 **계속 상승하는 수입**을 가져다주었다"고 들라앙트[A. Delahante[프랑스의 은행가, 1815~1884] 씨는 말한다.(《18세기의 한 금융 가문 Une famille de finance au XVIIIᵉ siécle》)

는 범죄에 대해 각각의 범주가 해마다 차지하는 몫이 항상 똑같을 것이라는 것이다.

겉보기에는 다른 종류에 속할 것 같은 몇몇 통계상의 규칙성도 근본적으로는 앞에서 말한 규칙성으로 귀착된다는 사실에 주의를 환기시키는 것이 어쩌면 더 나을지도 모르겠다. 예를 들면 적어도 지난 50년 동안 경범재판소에서 유죄 선고를 받은 피고인들이 1,000명 당 거의 45명의 비율로 항소하는 데 반해, 같은 기간 동안 검찰의 항소 건수는 계속 줄어 절반까지 떨어졌는데 그 이유가 무엇인가? 검찰의 항소가 줄어든 것은 끊임없이 증가하는 직무상 모방의 직접적인 결과다. 그렇지만 피고인들의 항소 수가 정체 상태에 있는 것은 어떻게 설명할 수 있는가? 유죄 선고를 받은 사람은 자기가 항소할지 망설일 때 일반적으로 비슷한 처지에 있는 그의 동료들이 하거나 할 것으로 생각되는 것에 따라 행동하지 않는다는 것을 주목해야 한다. 그는 대부분의 경우 그러한 예를 모른다. 통계는 더더욱 참고하지 않는다. 왜냐하면 통계를 보면 그는 항소법원이 일심 판결을 인정하는 경향이 점점 더 많아지고 있다는 증거를 읽게 되기 때문이다. 그러나 또 한편으로 모든 것들이 똑같다면(소송 상황에서 희망을 지닐 만한 이유나 걱정할 만한 이유가 평균적으로 **해마다** 동일한 무게를 갖고 있다면), 성공의 희망과 실패의 두려움 사이에서 그를 다른 쪽보다 이런 쪽으로 기울어지게 하는 것은 대담한 성질이 그에게 더 많은가 아니면 적은가에 달려 있다. 따라서 이때 저울을 한쪽으로 기울게 하는 보충 무게로 개입하는 것은 범죄자들의 평균적인 기질의 일부를 이루는 일정한 양의 대담함과 확신이다. 그리고 그 대담함과 확신 자체는 반드시 그들의 항소에서 획일적인 비율로 나타난다.

케틀레의 오류는 역사적으로 설명될 수 있다. 초기의 통계 논문은 사실상 인구, 즉 나이와 장소, 성性에 따른 출생률이나 사망률 그리고 결혼률을 대상으로 했다. 또 기후 및 생리적인 원인이나 매우 오래된 사회적 원인의 영향은 당연히 거의 변함없는 수치의 규칙적인 반복을 낳았기 때문에, 사람들은 그러한 관찰을 일반화하는 오류를 저질렀다(물론 그 관찰은 나중에 부정되었다). 따라서 통계학은, 자신의 규칙성이 근본적으로 표현하는 것은 상위에 있는 자들의 개인적인 공상이나 관념에 대한 대중의 모방적인 맹종에 지나지 않는데도, 사회생활의 일반적인 사실이 인간의 의지나 지성이 아니라 자연법칙이라 불리는 신화에 지배된다고 하는 당시에 유행한 편견을 굽힐 수 있었다!

그렇지만 이미 인구 통계는 깨우쳐주어야 했을 것이다. 인구는 어느 나라에서도 결코 정체 상태에 있지 않다. 인구는 민족마다 세기마다 아주 다른 속도로 증가하거나 감소한다. 이러한 사실은 사회물리학의 가설에서는 어떻게 설명될 수 있는가? 그리고 우리 자신은 그러한 사실을 어떻게 설명할 것인가? 그것은 확실히 매우 오래된 욕구, 즉 아버지가 되고 싶은 욕구다. 해마다 출생 수는 일반 사람들의 그 욕구가 높은지 낮은지를 웅변적으로 말해준다. 그렇지만 그 욕구가 아무리 오래된 것이라 하더라도, 통계학은 그 욕구의 변동 폭이 엄청나게 크다는 것을 우리에게 보여준다. 그리고 역사를 참조해보면 우리는 과거(예를 들면 프랑스의 과거)에는 영토 내의 인구가 연속해서 점차 줄어들다가 다시 늘어나고 또 이러한 감소와 재증가가 교대로 일어났다는 것을 알 수 있다. 그것은 이 오래되었다는 것의 성격이 순전히 겉보기에 지나지 않기 때문이다. 아버지가 되고 싶은 본능적이고 자연적인 욕망과 아버지가 되고 싶은 사회적이고 모방적이며 깊이 생각한 욕망은 별개의 것이다. 전자는 변하지 않을 수 있다. 그러나 후자는 관습, 법이나 종교가 크게 바뀔 때마다 전자와 접목되어 요동치면서 오랜 시간을 거친 뒤 새로운 모습을 띠는 경향이 있다. 경제학자들의 오류는 그 둘을 혼동하거나 아니 오히려 본능적이며 자연적인 욕망만을 고려하는 것이다. 이와 달리 사회적이고 모방적이며 깊이 생각한 욕망은 사회학자만이 중요시할 뿐이다.

그렇지만 사회 속의 인간이 아이들을 갖고 싶어 하는 데는 분명하고도 지속적인 동기들이 있는 것만큼이나, 두 번째 의미에서 아버지가 되고 싶은 것에도 분명하고 새로운 욕구가 있다. 그리고 우리는 그 동기들 각각의 기원을 설명할 때에는 언제나 실제적인 발견이나 이론적인 발상을 찾아낸다. 예를 들면 아메리카 대륙의 스페인계 민족이나 앵글로색슨계 민족은 출산율이 높다. 왜냐하면 그들에게는 사람들로 가득 채울 수 있는 아메리카 대륙이 있기 때문이다. 크리스토퍼 콜럼버스의 발견이 없었더라면 참으로 많은 사람들이 태어나지 못했을 것이다! 섬에 사는 영국인도 출산율이 높다. 왜냐하면 그들은 지구의 3분의 1을 식민지로 다스리고 있기 때문이다. 그것은 그중에서도 행운이 따르는 일련의 탐험, 항해나 전쟁에 대한 천재적인 재능, 그리고 무엇보다도 식민지를 얻게 해준 개인적인 창의의 직접적인 결과다. 아일랜드에서는 감자의 유입이 인구를 1766년 300만 명에서 1845년에는 830만 명으로 증가시켰다. 고대 아리아인은 화덕의 불이 꺼지지 않게 하거나 그 불에 날마다 성유를 끼얹기 위해서 후손을 바란다. 왜냐하면 그들이 믿는 종교에서는 만일 그 불이 꺼지면 그의 영혼에 불행이 오기 때문이다. 열렬한 기독교인은 성서에 나오는 "늘리고 번성하라 multiplicamini"〔〈창세기〉 1장과 9장〕는 명령에 순순히 복종하기 위해 대가족의 가장이 되기를 꿈꾼다. 초기 시대 로마인에게는 아이를 갖는다는 것은 공화국에 전사를 제공하는 것이다. 에트루리아인, 사빈인Sabine〔고대 중부 이탈리아의 한 종족〕, 라틴인이나 그 밖의 민족에서 생겨나 로마가 이용한 일련의 발명들, 군사 제도나 정치제도가 없었다면 로마공화국은 없었을 것이다. 광산, 철도, 면 공장의 노동자에게는 아이를 갖는다는 것은 근대적인 발명에서 생겨난 산업에 새로운 일꾼들을 제공하는 것이다. 크리스토퍼 콜럼버스, 와트J. Watt〔영국의 발명자, 1736~1819〕, 풀턴R. Fulton〔미국의 증기선 발명자, 1765~1815〕, 스티븐슨G. Stephenson〔영국의 증기기관차 발명자, 1781~1848〕, 앙페르A. Ampère〔프랑스의 물리학자, 1775~1836〕, 파르망티에A. Parmentier〔프랑스의 의사, 1737~1813〕는 독신이건 아니건 전례 없이 인류의 인구를 증가시킨 가장 위대한 사람들로 간주될 수 있다.

이제 그만두자. 내 주장을 이해시키는 데는 지금까지 말한 것으로 충분하다. 아버지라는 사람들은 그들이 존재하는 이래로 언제나 자기의 현재 자녀들을 똑같은 시선으로 볼 것이다. 그러나 사람들이 자신의 미래 자녀들을 놓고, 고대의 매우 권위적인 **가장**처럼 어떤 일이 있어도 자신에게는 거역할 권리가 없는 가정 노예로 보느냐, 아니면 현재 유럽인처럼 자신들이 언젠가는 그들의 노예가 되는, 아마도 요구하는 바가 많은 주인이나 채권자로 보느냐에 따라서, 그들을 완전히 다르게 보게 된다는 것은 확실하다. 이것은 관념과 욕구가 만들어낸 관습과 법이 다른 데서 나온 결과다. 보는 바와 같이 다른 곳에서와 마찬가지로 여기에서도, 전염을 통해 모방되는 개인의 창의들이 모든 것을 사회적으로—내가 말하는 의미에서— 만들어냈다. 어떤 천재적인 사람이 어느 때는 인간의 활동에 식민지나 산업을 통해 새로운 출구를 열어주고, 또 어느 때는 루터 같은 종교 개혁가로서 들판의 새들을 길러주는 섭리에 대한 대중의 열정과 일반적인 믿음을 완전히 새로운 형태로 되살리거나 오히려 젊게 함으로써, 역사의 과정에서 때때로 인류의 출산력에 강력한 자극을 주지 않았다면, 아마도 지난 수천 세기 동안 인류는 지극히 적은 수의 개인들로 줄어들어 들소나 곰처럼 진보하지 못했을 것이다. 이런 종류의 자극이 있을 때마다 사회적인 의미에서 아버지가 되고 싶은 새로운 욕구가 생겨났으며, 또한 그 새로운 욕구가 이전의 욕구에 더해지거나 그것을 대신해서 아니 대신하는 경우보다 더해지는 경우가 더 많지만, 어쨌든 이번에는 그 새로운 욕구가 그 자체 발전의 길로 들어갔다고 말할 수 있다.

이제 출산이라는 순수하게 사회적인 욕구 중 어느 하나를 그 시작부터 파악해 진행 과정을 추적해보자. 우리가 곧 공식화할 일반 법칙을 이끌어내는 데는 다른 어느 것보다 이 사례에 몰두하는 편이 더 낫기 때문이다. 아이를 갖고 싶은 욕망이 아이가 늘어나면 더 가난해질지 모른다는 두려움과 정확하게 균형을 이루고 있기 때문에 인구가 오래전부터 정체 상태에 있는 상황에서, 같은 나라의 어떤 사람이 큰 섬을 발견해 정복했는데 그 섬이 가족을 가난하게 하지 않고 심지어 부유하게 해주는 새로운 수단을 제공한다는 소식이 순식간에 퍼진다고 가정해보자. 이 새로운 소식에 그리고 그 소식이 퍼지고 사실로 확인됨에 따라서, 아버지가 되고 싶은 욕망이 커진다. 말하자면 이전의 욕망이 새로운 욕망으로 한층 커진다. 그러나 새로운 욕망이 즉각 실현되지는 않는다. 그 새로운 욕망은 깊게 뿌리박은 습관과 오랜 인습에 젖어 있는 사람들 전체와 싸운다. 왜냐하면 그 사람들에게는 그렇게 멀리 떨어져 있는 땅에는 적응할 수 없으며 배고픔, 열병과 향수병으로 죽을 것이라는 일반적인 확신이 생겨나기 때문이다. 주위의 이러한 저항을 일반적으로 이겨내기까지는 긴 세월이 흐른다. 그때 이민이라는 풍조가 확립되며, 모든 편견에서 벗어난 이민자들은 그들의 왕성한 출산력을 발휘하기 시작한다. 이때 출산 욕구뿐만 아니라 모든 욕구의 법칙인 기하급수적 증가의 경향이 현실화되며 어느 정도 만족된다. 그러나 이러한 시기는 오래가지 않는다. 곧이어 이 출산율 증가에 따른 번영의 증가 효과 자체 때문에 그 출산율은 둔화된다. 이러한 출산율 자체가 낳은 사치, 여가 및 자유분방한 독립 생활에 대한 욕구에 따라 그 출산력은 날마다 한층 더 억제된다. 그러한 출산율이 어느 정도에 이르면 극도로 문명화된 인간l'homme ultra-civilisé은 다음과 같은 딜레마에 직면한다. "우리가 당신에게 제공하는 기쁨과 대가족의 기쁨 사이에서 선택하라. 후자의 기쁨을 원하는 자는 전자의 기쁨을 포기하게 된다." 앞에서 지적한 기하급수적 증가의 불가피한 정지는 여기에서 나온다. 이어서 과도한 문명화가 오래 지속되면, 로마제국이 겪었고 또 근대 유럽과 심지어는 아메리카도 역시 언젠가는 분명히 겪게 될 인구 감소가 시작된다. 그러나 이같은 인구 감소는 지금까지 매우 멀리 나간 적이 결코 없으며 또 앞으로도 매우 멀리까지 나가는 일이 결코 없을 것이다. 왜냐하면 인구 감소가 일정한 한계를 넘어가면 그것은 문명의 쇠퇴, 따라서 사치에 대한 욕구의 감소를 낳을 것이며 이는 또다시 인구 수준을 높일 것이기 때문이다. 그러므로 새로운 일이 전혀 일어나지 않는다면, 증감을 몇 번 반복한 후에는 정체 상태가 필연적으로 확립되며 이러한 상태는 우연 또는 천재가 만들어내는 새로운 질서가 생겨날 때까지 계속된다.

우리는 이러한 관찰을 두려움 없이 일반화할 수 있다. 그 관찰은 아버지가 되고 싶은 욕구처럼 겉보기에는 원초적인 욕구에 적용할 수 있기 때문에, 이른바 사치에 대한 욕구(사치 욕구는 분명히 모두 어떤 발명의 결과다), 예를 들면 증기기관차를 타고 싶은 욕구에는 훨씬 더 쉽게 적용할 수 있을 것이다. 증기기관차를 타고 싶은 욕구는 처음에는 사고의 두려움과 이동하지 않는 생활 습관 때문에 억제되었지만 지체 없이 오늘날까지 당당하게 펼쳐졌다. 오늘날 그 욕구는 더 무서운 다른 적들과 마주치고 있다. 이 다른 적들은 부분적으로는 그 욕구에 의해 형성되거나 커진 것으로, 말하자면 문명 생활이 가져다주는 저 수많은 다양한 만족에 대한 욕구이다. 여행의 즐거움은 그러한 만족이 없으면 무한히 커질 수 없을 것이다. 이와 똑같은 고찰은 평등, 정치적 자유, 여기에 덧붙인다면 진리에 대한 욕구 같은 상위 수준의 욕구에도 덜 분명하긴 하지만 여전히 확실하게 적용된다. 세 번째 것을 포함한 이 세 가지 욕구는 아주 최근에 생겨난 것이다. 첫 번째 평등 욕구는 18세기 인도주의 및 합리주의 철학에서 생겨난 것으로 그 주창자와 원천은 잘 알려져 있다. 두 번째 정치적 자유 욕구는 영국의 의회정치에서 탄생한 것으로, 매우 멀리 거슬러 올라가지 않아도 그것을 생각해내고 전파한 일련의 사람들의 이름을 어렵지 않게 말할 수 있을 것이다. 진리 욕구의 경우, 뒤부아 레이몽E. H. Dubois-Reymond〔독일 생리학자, 1818~1896〕을 믿는다면 이러한 고뇌는 고전적인 고대에는 알려지지 않았다고 한다. 이 고뇌가 없었다는 것이, 그 시대가 뛰어난 재능에 비추어 매우 이상할 정도로 과학 및 산업이 뒤떨어진 이유를 설명해준다. 그리고 그 고뇌는 기독교의 고유한 산물이라고 한다. 이 정신적인 종교는 행동보다는 믿음을, 그것도 역사적인 것으로 간주된 사실들에 대한 믿음을 강요하면서 인간에게 진리의 드높은 가치를 가르치기 때문이다. 그 결과 기독교 신앙은, 커다란 경쟁자이자 그때까지 승승장구해온 그 자신의 전파에 대한 근대적인 방해물, 즉 과학을 낳았다고 한다. 과학은 16세기가 되어서야 비로소 생겨났다. 당시에 진리에 대한 사랑은 엄청났지만 소수의 신자들에게 한정되어 있었다. 그렇지만 진리에 대한 사랑은 그 이후 넘쳐흘렀으며 계속 넘쳐흐르고 있다. 그러나 지난 300년처럼 사심 없는 호기심에 굶주린 20세기를 너무 기대해서는 안 된다는 것은 이미 몇 가지 징조로도 쉽게 알아차릴 수 있다. 그리고 과학의 소산인 산업이 지나치게 확대시키고 있는 안락함의 욕구가 과학에 대한 열정을 질식시킬 날이 멀지 않았다고 확실하게 예언할 수 있다. 그렇게 되면 새로운 세대는 실리적으로 위안과 편리함을 주며 어쩌면 국가가 강요할지도 모르는 어떤 공통된 환상에 대한 사회적 욕구 때문에, 어찌할 도리가 없는 진리에 대한 자유로운 개인적인 숭배는 포기할 것이다. 그리고 정치적 자유에 대한 이미 많이 줄어든 갈증도, 평등에 대한 우리의 현재 열정도 비슷한 운명을 피할 수 없다는 것은 확실하다.

아마도 토지에 대한 개인 소유 욕구에 대해서도 똑같이 말해야 할 것이다. 이 주제에 대한 드 라블레이E. L. de Laveleye〔벨기에의 경제학자, 1822~1892〕 씨의 사상을 모두 받아들이지 않는다 하더라도 우리는 다음과 같은 사실을 인정해야 한다. 즉 무엇보다도 문명화의 촉진자였으며 일단의 농업 발명에서 생겨난 이 욕구는 공동 소유 욕구(북아메리카의 **푸에블로족**, 인도의 원시공산제, 러시아의 **미르**mir〔제정 러시아의 촌락공동체〕 등)보다 나중에 생겨났으며, 아울러 아직도 미분할 상태로 있는 것, 예를 들면 프랑스 시골 공유지의 점차적인 분할이 증명하는 바처럼, 실제로 그 개인 소유 욕구가 공동 소유 욕구를 희생시키면서 오늘날까지 계속 성장해왔다는 사실이다. 그러나 그 개인 소유 욕구는 더 이상 증대하지 않을 것이다. 또 그 욕구가 더 좋은 음식과 일반적인 복지에 대한 욕구와 경쟁하게 되는 날, 우리는 그 개인 소유 욕구가 그 자신이 낳은 이 경쟁자 앞에서 뒷걸음질 치는 모습을 볼 수 있을 것이다.

모든 사회적 욕구뿐만 아니라 모든 새로운 믿음도, 퍼져 나갈 때에는 앞에서 말한 세 단계를 거친 다음 최종적인 휴식에 이른다. 그러므로 요컨대 믿음이나 욕구는 언제나 그것이 우선 사회적인 씨앗 상태에 있을 때에는 반대되는 습관이나 믿음의 망을 통해 힘들게 나타날 수밖에 없다. 그다음 장애물을 벗어나 승리를 하게 되면, 그 믿음이나 욕구는, 그 승리에 자극받은 새로운 적들이 그 행진을 막고 마침내는 그것이 더 이상 퍼지지 못하게끔 뛰어넘을 수 없는 경계를 세울 때까지 퍼져 나간다. 욕구의 경우, 그 새로운 적은 대부분 그 욕구가 직접으로나 간접으로 유발한 습관일 것이다. 믿음의 경우, 우리가 알기에는 믿음이란 언제나 부분적으로는 틀린 것인데, 그 새로운 적은 부분적으로는 상반된 관념일 것이다. 사람들이 그 믿음에서 이끌어낸 것이건 아니면 그 믿음으로 인해 다른 곳에서 발견된 것이건 간에 말이다. 예를 들면 어떤 교의에서 생겨났거나 그 교의와 반대되는 이단이나 과학들, 그리고 이전의 이론에 의해 시사된 과학 이론이나 산업 발명이 그 새로운 적들이다. 전자의 경우 그 이단이나 과학들은 그 교의가 세계적으로 성공을 거두며 도약하는 것을 가로막기 때문이며, 후자의 경우 그 과학 이론이나 산업 발명은 그 이전 이론들의 응용을 제한하고 아울러 그것들의 성공 또는 진리 여부에 경계선을 긋기 때문이다.[10]

---

[10] 믿음이나 욕망이 퍼지기를 멈추었을 때에도 그것들은 더 이상 늘어날 수 없게 된 그것들의 영역 안에서 계속 뿌리를 내릴 수 있다. 예를 들면 정복 시기 이후의 종교나 혁명적인 사상이 그러하다. 게다가 문제의 점차적인 뿌리내리기는, 그것이 동반하거나 뒤따르는 점차적인 전파와 마찬가지로 매우 분명하면서도 유사한 단계를 보여준다. 믿음이란 아직도 논란의 대상이 되는 초기에는 의식적인 판단이다. 그리고 발생기의 욕구도 똑같은 이유에서 의욕이며 계획이다. 그다음에는 각각의 개인에게서 확신과 의지를 증대시키고 강화하는 의견의 일치 덕분에, 판단은 원칙, 신조, 거의 무의식적인 준지각quasi-perception의 상태로 이행한다. 계획은 진정한 의미에서의 열정과 욕구의 상태로 이행한다. 이러한 것은 다음과 같은 일이 일어날 때까지 계속된다. 즉 더 강력한 반대되는 감각들의 직접적인 지각과 점점 더 자주 부딪치기 때문에 그 독단적인 준지각이 강화되는 것을 멈출 때까지, 또한 몇몇 타고난 강력한 욕구와 점점 더 대립되기 때문에 획득된 욕구가 이번에는 마음속 깊이 내려가는 움직임을 멈출 때까지 그러한 이행은 계속된다.

처음에는 천천히 발전하다가 중간에서는 한결같이 가속도가 붙어 빠르게 발전하며, 마지막에는 그 진행이 점점 느려지다가 멈춰버린다. 이러한 것들이 내가 발명이나 발견이라고 부르는 모든 진정한 사회적 존재가 거치는 세 시기다. 어떠한 생물도 이와 유사한 아니 더 정확히 말해 동일한 필연성에서 벗어나지 못하는 것과 마찬가지로, 그 어떤 사회적 존재도 그러한 발전에서 벗어나지 못한다. 아주 조금씩 올라가다가 비교적 갑작스럽게 상승하고 그다음에는 경사가 고평부에 이를 때까지 다시 완만해지는 것, 이것은 또한, 요컨대 모든 언덕의 단면도이자 독특한 지리적 곡선이다. 이 법칙을 통계학자와 일반적으로 사회학자가 지침으로 받아들인다면, 그것은 그들을 많은 착각에서 벗어나게 해줄 것이다.

예를 들면 러시아, 독일, 미국, 브라질에서는 인구가 오늘날 같은 속도로 계속 늘 것이라고 믿는 착각, 그리고 러시아나 독일의 인구가 백 년 후에는 수억에 달해 프랑스는 이들과 싸울 수밖에 없다고 예측하면서 겁에 질리는 착각, 또는 철도 여행을 하거나 편지를 쓰거나 전보를 보내거나 신문을 읽거나 정치에 관심을 쏟는 욕구가 프랑스에서 미래에도 과거만큼이나 빠르게 발전하리라는 착각 등이 그러한 것들인데, 이는 많은 대가를 치르게 할 수 있는 오류다.

이 모든 욕구는 멈출 것이다. 비교할 필요도 없지만, 먼 옛날에는 매우 빠르게 퍼져 나간 유행이었을 것으로 생각되는 문신 새기기, 식인 풍습, 천막 생활에 대한 욕구가 오래전에 멈추었던 것처럼, 근래에 와서는 금욕주의와 수도원 생활의 열정도 멈추었다. 타고난 욕구들 중에는 획득된 욕구보다 강한 것이 언제나 있긴 하지만, 획득된 욕구가 너무 커져 타고난 욕구를 무시하는 때가 있다. 이것이 가장 독창적인 문명이 자유롭게 발전하다가 어느 시점부터는—내가 앞서 말한 것처럼—차이를 더욱 강화하는 것을 멈추는 이유다. 심지어는 그 문명이 나중에는 그 차이를 약하게 하는 성향을 갖는다고 생각할 수도 있을 것이다. 그러나 그것은 하나의 착각일 것이다. 이러한 착각은, 문명들 간의 잦은 접촉과 또 그 문명들 중 어느 하나가 다른 것들에 미치는 압도적인 영향에서 비롯된다고 쉽게 설명할 수 있다. 모방을 통해 느리면서도 불가피하게 동화작용이 일어나고 겉으로는 본성으로 돌아가는 듯 보이는 일이 생겨나는 것은, 서로 인접한 두 문명 간의 충돌이 한편으로는 그 각자에게 두 문명을 차이 나게 하고 부딪히게 하는 인위적인 욕구를 약화시키고, 또 다른 한편으로는 그 두 문명을 서로 비슷하게 해주는 원초적인 욕구들을 강화하기 때문이다. 그러면 외부 현실이 결국 사고의 흐름을 지배하는 것처럼, 결국 유기적인 욕구가 산업 및 예술의 진행 과정을 많이 좌우하게 되는가? 아니다. 왜냐하면 어떤 국민이 자신들의 문명을 고도로 발전시켜 그 차이의 한계에 도달할 수 있는 경우는, 그들이 대단히 보수적이어서 이집트인, 중국인, 그리스인처럼 그 차이가 가장 잘 표현되는 자신들의 특별한 전통에 집착할 때뿐이라는 것을 관찰할 수 있기 때문이다. 그러나 이제 여담은 그만두자.

 이제 앞서 지적한 세 단계 중에서 어느 것이 이론적으로 가장 중요하다고 보아야 하는가를 묻는다면, 대답하기 쉽다. 그것은 두 번째지, 결코 세 번째 단계의 단순한 한계를 나타내는 최종적인 정체 상태가 아니다. 통계학자들은 그 최종적인 정체 상태에 매우 많은 가치를 부여하고 있는 것 같지만 말이다. 산의 둥그스름한 꼭대기와 그 아랫부분의 완만한 경사 사이에는, 꼭대기가 노출되거나 산기슭이 쌓이기 전에 그 산을 들어올린 힘들의 정확한 에너지를 다른 어느 곳보다 잘 나타내주는 방향이 있다. 따라서 문제의 중간 단계는 그에 상응하는 혁신이 인간의 정신에 각인시킨 용기의 에너지를 가장 잘 보여준다. 선택적이고 사려 깊은 모방이 모든 것에서 또 어디에서나 무분별하고 판에 박힌 모방을 완전히 대신한다면, 이 중간 단계만이 유일하게 있을 것이다. 즉 이 중간 단계가 다른 두 단계를 흡수해버릴 것이다. 또한 이러한 대체가 이루어짐에 따라 어떤 새로운 제조 물품이 사람들에게 받아들여지는 데 시간이 덜 걸릴 것이며, 또 그것의 보급이 갑자기 멈추는 데에도 마찬가지로 시간이 덜 걸릴 것이라는 점은 분명하다.

이제 남아 있는 문제는 첫눈에는 가장 복잡하고 가장 무미건조해 보이는 그래프 곡선을 앞에서 말한 법칙을 활용해 얼마나 거침없이 해독해서 설명할 수 있는지를 보여주는 것이다. 사실 내가 지금까지 묘사한 이상적인 형태와 분명하게 일치하는 곡선은 거의 없다. 왜냐하면 발명이 퍼져 나가다가 다른 발명과 충돌할 때, 성공을 촉진하는 원인인 어떤 개선점을 그 다른 발명 중 어느 하나와 주고받지 않는 발명은 거의 없기 때문이다. 또는 다른 발명들에 의해 방해받지 않는 발명이나, 심지어는 정치적인 사건은 말할 것도 없고 흉작이나 전염병 같은 물리적 또는 생리적인 사건의 여파를 겪지 않는 발명은 거의 없기 때문이다. 그러나 이때 우리의 모범적인 형태는 전체 속에서는 찾아볼 수 없지만 적어도 세부 속에서는 찾아볼 수 있다. 자연재해나 혁명, 전쟁 등이 교란시키는 영향은 제쳐놓자. 밀 가격 폭등에 따른 절도 곡선의 상승에 대해서도, 포도나무뿌리진디병에 의한 술주정뱅이 곡선의 하락에 대해서도 신경 쓰지 말자. 이 외부 영향의 몫은 쉽게 알아낼 수 있기 때문에, 어떤 곡선을 면밀히 조사할 때 특히 그 곡선이 몇 페이지 앞에서 제시한 규칙에 따라 그려졌다면 우리는 다음과 같이 확신할 수 있다. 즉 그 곡선이 처음의 장애물을 극복하고 일정한 각도로 매우 확연한 상승 움직임을 취한 순간부터, 수직을 향한 모든 상승 편향은 해당 시점에서 보충적인 발견이나 개선이 추가되었다는 것을 나타낸다는 것이다. 이와는 반대로 수평을 향한 모든 하락은 위에서 말한 우리의 법칙에서 드러나는 바와 같이, 어떤 대립되는 발명과의 충돌을 나타낼 것이라고 확신할 수 있다.[11]

---

11 그렇지 않으면 하락은 겉으로 보이는 것에 불과하다. 구체제에서도 오늘날과 마찬가지로 담배 소비는 계속 늘었다. 이것은 일반세로 거둬들인 세금의 계속적인 증가가 증명한다. 담배 소비량이 1730년에는 1,300만이었는데 세수 감소가 갑자기 일어난 1758년에는 2,600만에 이르렀다. 처음에는 소비 감소가 있었을 것이라고 생각했지만, 곧 그것은 단지 대규모로 행해진 부정의 결과일 뿐이었다는 것이 밝혀졌다. 이 주제에 대해서는 들라앙트 씨의 《18세기의 한 금융

그리고 만일 잇달아 나타나는 개선이 낳는 효과를 하나하나 연구한다면, 문제의 법칙에 따라서 그 개선 자체가 받아들여지는 데 어느 정도 시간이 걸렸고 그다음에는 매우 빨리 퍼졌으며, 그리고 나서는 속도가 줄어들다가 마침내는 더 이상 퍼지기를 멈추었다는 것을 우리는 인정하게 될 것이다. 면직 기계, 전신기, 강철 제조에서 이루어진 개량 하나하나가 섬유 산업, 전신 행위, 철강 생산을 갑작스럽게는 아니지만 어느 정도 시험 기간을 거친 다음 놀랄 만큼 확대시킨 것을 상기할 필요가 있는가? 그리고 각각의 개량은 이전의 발명가들에 추가된 새로운 발명가 덕분이 아닌가? 그러나 어떤 국지적인 산업, 예를 들면 국내 관세의 철폐 덕택에 또는 생산품 판매를 두 배나 세 배 늘어나게 한 국제 통상조약 덕택에 철강 산업에 뜻밖의 돌파구가 열렸을 때, 우리는 거기에서 모방의 커다란 두 흐름, 즉 하나는 애덤 스미스를 원천으로 하고 또 하나는 두발카인Tubalcaïn[성서에 나오는 날붙이를 만드는 사람.〈창세기〉 4장 22절]이나 야금술冶金術의 그 어떤 최초 선구자를 원천으로 하는―신화를 믿어야 한다면―두 개의 큰 흐름의 행복한 합류 말고 무엇을 볼 수 있겠는가? 어떤 시기에 화재 곡선이나 부부 별거 곡선이 갑자기 상승하는 것을 본다면, 조사를 통해 여러분은 첫 번째 사실에 대한 설명에서는 해당 시기에 그 나라에 도입된 보험회사라는 발명을 발견하게 될 것이고, 두 번째 사실에 대한 설명에서는 부부 별거가 급증하기 직전에 가난한 사람들에게 무료로 변론해주는 법률 지원이라는 입법적 발명을 발견하게 될 것이다.

예외적으로 어떤 불규칙한 통계 곡선이 앞선 분석에 맞지 않고 또 정규 곡선이나 정규 곡선의 부분들로 분해되지 않는다면, 이는 그 곡선 자체가

가문》 2권, p. 312 이하를 보라. 담배 소비의 증가로 되돌아가 보자. 1730년의 1,300만이 1835년에는 7,400만, 1855년에는 1억 5,300만, 1875년에는 2억 9,000만이 되었다. 그렇지만 이러한 진도도 주춤해지는 경향이 있다. 담배를 우리에게 가르쳐준 아메리카 인디언이 담배를 피우고 코담배를 맡는 습관을 오늘날 완전히 잃어버린 것은 주목할 만하다.

무의미하기 때문이다. 즉 그 곡선이 흥미로울지는 몰라도 시사해주는 바가 전혀 없고 유사하지 않은 단위들, 즉 자의적으로 모은 행위나 대상의 열거에 바탕을 두고 있기 때문이다. 그렇지만 어떤 일정한 욕망이나 믿음의 존재가 그런 행위들이나 대상들의 밑바닥에서 드러난다면, 어떤 질서가 갑자기 나타난다. 1833년부터 오늘날까지 프랑스 국가가 공공사업을 위해 해마다 지출하는 비용의 표를 한번 보자. 그 일련의 연대별 수치들만큼 요동치는 것은 없다. 전체적으로는 그 수치가 연속적인 증가는 아닐지라도 주목할 만한 증가를 뚜렷하게 나타내고 있지만 말이다. 그 수치는 갑자기 증가해 1843년에서 1849년까지 1억 2,000만이라는 매우 높은 수준을 유지하지만, 그다음에는 매우 빠르게 다시 내려간다. 우리가 아는 바대로 이 갑작스런 상승은 이 시기에 착수된 철도 건설 때문이다. 이것은 결국 이 시기에 이 발명의 모방적 방사가 프랑스에서 다른 공공사업들(도로, 항구, 운하 등) 전체를 이루는 훨씬 오래된 발명들의 모방적 방사에 간섭했다는 말이나 마찬가지다. 수열의 규칙성에서 불운인 것은 아마도 국가가 끼어들어 이 새로운 종류의 사업을 독점했다는 사실일 것이다. 왜냐하면 그렇게 함으로써, 개인의 창의에 맡겨놓았더라면 틀림없이 만들어냈을 증가의 연속성을 국가가 법이라 불리는 집합 의지의 간헐적인 폭발에 특유한 비연속성으로 대체했기 때문이다. 그럼에도 국가의 개입이 통계 해석가에게 제공하는 이 수치들의 불안정성 밑에는 진짜 이론의 여지가 없는 규칙성이 숨어 있다. 왜 정말이지 사람들은 우리나라 최초의 거대한 철도망 확립을 규정하는 1842년 6월 11일의 법을 가결했는가? 그것은 그 시점 이전에 철도 관념이 일반인 사이에 퍼졌기 때문이 아닌가? 또 처음에는 논란이 있었으며 매우 약했던 이 새로운 발견의 유용성에 대한 믿음과, 처음에는 그저 호기심에 지나지 않았지만 그것이 실현되는 것을 보고 싶다는 욕망이 조용히 커졌기 때문이 아닌가?

이것이 바로 앞에서 말한 공공사업 지출액의 그래프가 우리에게 숨기고 있는 변함없는 규칙적인 진행인데, 그 표를 설명해줄 수 있는 것은 오직 그것뿐이다. 사실 최근 수년 동안 의회가 프레이시네Freycinet 계획[1878년에 제정된 육해상 교통망의 정비를 위한 법률]을 통과시키고 공공사업을 위한 지출액이 다시 엄청나게 늘어나는 것을 보게 된 것은, 믿음과 욕망의 이 이중적인 증가가 정규 곡선을 따라 중단 없이 전개되었기 때문이 아닌가? 우리가 여론의 이러한 증가를 대략 수치로 측정할 생각이었다면, 앞에서 말한 표를 작성한다는 생각이 확실히 그 목적에 가장 적합하지 않다는 것은 이제 분명하지 않은가? 당연히 철도를 이용한 여행 건수, 여행자 수, 화물 수송량의 증가를 해마다 표시하는 편이 확실히 더 나을 것이다.

6. 통계 곡선과 새의 비상

지금까지는 모방과 그 법칙의 응용 연구로 간주되는 사회학적 통계학의 대상, 목적 및 수단을 말한 만큼, 이제는 사회학적 통계학의 앞으로 운명에 대해 말해야 할 것이다. 이 사회학적 통계학이 만족시켰다기보다는 오히려 자극한 특별한 갈망, 즉 수학적 엄밀성과 객관적인 공정함에 대한 갈증은 이제 막 생겨나기 시작했으며 아직도 그 미래는 창창하다. 그 갈증은 여전히 **첫 번째 단계**에 머물러 있을 뿐이다. 그리고 그 갈증은 다른 모든 욕구와 마찬가지로 그 최종적인 끝에 이르기까지 당연히 엄청난 성과를 꿈꿀 수 있다.

아무 그래프 곡선이나 한번 보자. 예를 들면 지난 50년 동안 중범이나 경범에서 나타난 재범 그래프 곡선을 한번 보자. 그 곡선이 나타내는 모습은, 인간 얼굴의 곡선 같은 모습은 아니라 해도 적어도 산과 계곡의 윤곽 같은 모습을 갖고 있지 않은가? 아니 오히려 여기에서 문제되는 것은 움직임mouvement이기 때문에—왜냐하면 통계학에서는 범죄율, 출생률 또는 결혼률의 움직임에 대해 매우 많이 말하기 때문이다—제비가 날 때의 굴곡,

급강하, 급상승 같은 모습을 갖고 있지 않은가? 이러한 비교는 그만두고, 그 비교가 겉만 그럴듯한 것이 아닌지 생각해보자. 말하자면 중범죄와 경범죄의 조서는 검찰로 넘겨지고 검찰에서는 연례 보고서를 파리에 있는 통계국으로 보내는데, 이 통계국에서는 그 보고서들을 가제본한 책의 형태로 여러 재판소의 사법관들에게 보낸다. 이 계속되는 중범죄와 경범죄의 누적이 장기에 걸쳐서 종이에 그리는 통계 도표, 다시 말해서 동시에 일어나거나 연속해서 일어나는 사실의 덩어리 및 계열을 우리 눈에 들어오게 해주는 그 윤곽은 상징적인 것으로 여겨지고, 반면에 제비의 비상이 내 망막에 그리는 선은 왜 존재 자체에 내재하는 하나의 실재로 간주되는가? 그 선이 표현하는 존재 자체는 본질적으로 움직이는 수치, 즉 그림 같은 공간에서의 움직임으로 이루어져 있는 것 같은데 말이다. 근본적으로 후자에는 전자보다 상징성이 더 적은가? 내 망막에 맺힌 이미지, 즉 저 제비의 비상이 내 망막에 그리는 **그래프 곡선**은 사실의 덩어리(저 새의 다양한 상태)를 표현한 것에 불과하지 않은가? 우리에게는 그 사실의 덩어리를 우리의 시각적 인상과 유사하다고 간주할 이유가 조금도 없다.

그렇다면 철학자들은 내 생각에 기꺼이 동의할 것이기 때문에 논의를 계속하겠다.

그때 통계학자들의 그래프 곡선과 시각적인 이미지의 가장 분명한 차이는, 전자는 그것을 그리거나 심지어는 해석하는 사람에게 수고를 끼치는 반면에, 후자는 우리로서는 아무런 노력을 하지 않아도 우리 망막에서 만들어지며 아울러 매우 쉽게 해석될 수 있다는 것이다. 게다가 전자는 사실이 발생해서 그 사실이 매우 이따금씩 불규칙하게 또 매우 뒤늦게 나타내는 변화가 일어난 지 한참 지난 다음에야 비로소 그려지는 반면에, 후자는 방금 행해졌거나 행해지고 있는 것을 그것도 계속해서 중단 없이 우리에게 보여준다. 그렇지만 이러한 차이를 하나하나 따로 살펴본다면, 그 차이는 모두 실제적이기보다는 표면적인 것이며 결국 정도의 차이에 불과하다는 점을 우리는 보게 될 것이다. 만일 통계학이 지난 수년 전부터 해온 발전을 계속해 나간다면, 또 통계학이 우리에게 제공하는 정보들이 계속해서 더 완벽해지고 더 빨라지며 더 잘 정리되고 더 많아진다면, 진행 중에 있는 각각의 사회적 사실에서 이른바 자동적으로 어떤 수치가 새어 나오는 때가 올지도 모를 것이다. 그때에는 수치가 일반인에게 계속 전달되는 통계표에 즉시 기록되고 도표로 일간신문을 통해 널리 퍼질 것이다. 그렇게 되면 우리는 사실상 게시판 앞에 서거나 신문을 읽을 때마다, 현재 사회 상태의 모든 세부 사항(예를 들면 주식시장의 상승이나 하락, 이런저런 정당 지지율의 상승이나 하락, 이런저런 주의主義의 발전이나 쇠퇴 등)에 대한 통계 정보와 정확하면서도 종합된 자료로 둘러싸일 것이다. 이는 우리가 눈을 뜨면 이른바 이런저런 물체가 가까이 있다거나 멀리 떨어져 있다는 것에 대해서, 또 같은 성질을 지닌 다른 모든 것들에 대해서 알려주는 에테르 진동으로 둘러싸이게 되는 것과 완전히 똑같다. 앞에서 말한 **뉴스**가 우리의 사회적 존재, 즉 평판, 재산, 권력, 명예의 보존 및 발전의 관점에서 흥미로운 것과 마찬가지로, 에테르 진동도 우리 기관器官의 보존 및 발전의 관점에서 흥미롭다.

결국 통계학이 이 정도로까지 완전해지며 확대될 것이라고 인정한다면, 통계국은 완전히 인간의 눈이나 귀에 견줄 만한 것이 될 것이다. 마치 눈이나 귀처럼 통계국은 분산되어 있는 유사한 단위를 수집해 종합함으로써 우리에게 수고를 덜어줄 것이며, 아울러 이 공들인 작업의 분명하면서도 명확하고 투명한 결과를 우리에게 제시할 것이다. 그리고 확실히 이러한 경우에는, 나이가 들어 잘 보이지 않는 사람도 멀리 있는 친구를 알아본다거나 장애물이 다가오는 것을 제때에 피하는 것이 어렵지 않은 것처럼, 교육받은 사람이라면 그 순간의 종교나 정치에 대한 의견에서 조그마한 변화가 일어나도 그 흐름을 끊임없이 따라가는 일이 어렵지 않을 것이다. 사법제도나 형법을 개혁하라는 임무를 부여받았지만 만약 범죄 통계를 모르는 대의원이나 입법가가 있다면, 그런 사람은 오늘날 장님 버스 운전기사나 귀

먹은 오케스트라 지휘자만큼이나 찾아볼 수 없고 생각할 수도 없는 존재가 되는 날이 오기를 바란다.[12]

그러므로 나는 우리의 감각기관이 우리를 위해 제각각 또 그것들의 특별한 관점에서 외부 세계에 대한 통계를 행한다고 기꺼이 말하고 싶다. 감각기관이 저마다 얻는 감각은 어떻게 보면 그 감각기관이 그리는 특별한 그래프다. 각각의 감각, 즉 색, 소리, 맛 등은 하나의 **수**nombre, 즉 무수히 많은 유사한 파동 단위를 하나로 묶어 특정한 수치로 나타내는 것에 불과하다. 여러 감각들의 **감정적**affective 특징은 그것을 구분짓는 표시일 따름이며 그 표시는 우리가 세는 수를 특징짓는 차이와 유사하다. 우리는 도, 레, 미라는 소리를 어떻게 아는가? 그것은 음파라 불리는 초당 몇 회의 진동이 우리를 둘러싸고 있는 공기 속에서 이런저런 시간 단위 동안 있기 때문이 아닌가? 빨강, 파랑, 노랑, 초록 같은 색은 무엇을 뜻하는가? 그것은 에테르가 광파라 불리는 이런저런 수의 진동에 따라 이런저런 시간 단위 동안 흔들린다는 것이 아닌가?

온도 감각으로서의 촉각도 역시 에테르의 열 진동에 관한 통계에 불과하며, 저항과 무게의 감각으로서의 촉각은 우리의 근육 위축에 관한 통계에 불과하다. 단 시각과 청각의 인상과는 달리 촉각의 인상은 일정하게 비례하지 않으면서 이어진다. 즉 음계나 색계 같은 촉계(觸界, gamme tactile)라는 것은 없다. 이 감각의 상대적인 열등함은 바로 여기에서 나온다. 이것은 통계학자들이 있는 그대로의 수치만 우리에게 제공할 뿐 그것들의 비례관계를 함께 제시하지 못하는 경우와 같다. 후각과 미각의 경우, 그것들도 당

---

12 부르크하르트J. Burckhardt(스위스의 역사학자, 1818~1897)에 따르면 베니스와 피렌체가 통계학의 발상지였다고 한다. "선대船隊, 군대, 지배력, 정치적 영향, 이 모든 것이 마치 장부에서처럼 차변과 대변에 기재되었다." 1288년부터는 밀라노에서도 상세한 통계를 볼 수 있다. 사실 어느 시대에나 아무리 태평하고 무지한 국가라도 통계의 싹이 되는 약간의 것이 틀림없이 있었을 것이다. 이는 아무리 열등한 동물이라도 초보적인 감각을 갖고 있는 것과 같다.

연하게 완전히 열등한 것으로 간주된다면 이는 다음과 같은 이유 때문이 아닌가? 즉 서투른 통계학자처럼 기본적인 규칙을 따르지 않고, 통계학자들이 가령 갖가지 종류의 신경 진동과 화학 작용처럼 지극히 서로 다른 단위를 뒤죽박죽—부정확한 예산의 무질서에 견줄 만큼—모은 잘못 처리된 수치와 잘못 계산된 덧셈에 만족하기 때문이 아닌가?

우리는 몇몇 신문이 주가 변동과 알면 유용한 그 밖의 변화를 나타내주는 그래프 곡선을 날마다 제공하는 것을 볼 수 있었을 것이다. 지금은 제4면에 처박아두고 있지만 이 곡선은 다른 면에도 밀려 들어가는 경향이 있으며, 아마 오래지 않아 또 미래에는 확실하게 명예로운 자리를 차지할 것이다. 그때에는 마치 매우 학식 있는 사람들이 문학에 싫증나기 시작하는 것처럼, 과장적인 수사와 논쟁에 싫증난 사람들은 신문에서는 그야말로 정확하고 냉정하며 아울러 방대한 정보밖에 찾지 않을 것이다. 그렇게 되면 감각기관이 생물에 대해 하는 역할을 신문이 사회에 대해 할 것이다. 각각의 편집국은 여러 통계 사무소의 합류점에 불과할 것이며, 이는 망막이 각각 그 특징적인 인상을 가져오는 특별한 신경들의 묶음인 것과 거의 같다. 또는 고막이 청각 신경의 묶음인 것과 거의 같다. 현재 통계학은 일종의 맹아 상태에 있는 눈이며, 그것은 적이나 먹잇감이 가까이 있다는 것을 알아차리기에 충분할 만큼만 보는 하등동물의 눈과 비슷하다. 그렇지만 통계학은 이미 큰 도움을 주고 있어서 중대한 위험을 겪는 것을 피하게 해줄 수 있다.

유사는 명백하다. 지능이 가장 낮은 것에서 가장 높은 것에 이르기까지 동물 세계 전체에서 감각이 하는 역할과 문명화 과정에서 신문이 행하는 역할을 비교한다면, 그 유사는 더욱 명백해진다. 연체동물, 곤충, 심지어는 네발 동물에게도 감각은 거의 완전히 지성의 **조언자**가 되는 것에 머무르지 않는다. 감각은 그것이 불완전하면 할수록 그만큼 더 중요해진다. 그러나 감각이 정밀해질수록 그 임무는 줄어든다. 그리고 인간 쪽으로 올라올수록 감각은 그 지위가 낮아지지만 기능은 더 좋아진다. 이와 마찬가지로 프랑스처럼 발생기에 있고 열등한 문화에서는(이렇게 말하는 이유는 우리가 열등한 형제들을 깔보는 것처럼 우리의 후손 또한 우리를 깔볼 것이기 때문이다) 신문은 그 독자에게 생각을 자극하기에 적합한 정보들만을 제공하지 않는다. 신문은 독자를 대신해서 생각하고 독자를 대신해서 결정한다. 독자는 신문에 의해 기계적으로 형성되고 이끌린다. 문명이 진보하고 있다는 확실한 징조가 일정한 부류의 독자층에서 나타나고 있음을 보여주는 것은, 그 부류를 대상으로 하는 신문에서 미사여구를 쓰는 부분은 줄어들고, 사실과 수치 및 간결하고 확실한 정보에 할애되는 부분이 늘어나고 있다는 사실이다. 이러한 종류의 이상적인 신문은 정치 관련 기사가 없고 그 대신 그래프 곡선, 무미건조한 짤막한 기사나 주소와 이름으로 가득 차 있는 신문일 것이다.

내가 통계학의 역할과 사명을 과소평가하지 않는다는 것을 보았을 것이다. 그렇지만 통계학이 미래에 아무리 중요한 것이 된다 하더라도, 통계학에 대해서 어떤 희망을 품을 때 그것을 과대평가하는 것은 아닌가 하는 점은 이 장을 마치면서 지적해야 할 것이다. 통계학이 더 큰 숫자를 다룸에 따라 그 수치의 결과가 점점 더 규칙적이고 일정해지는 것을 볼 수 있기 때문에, 우리는 다음과 같이 생각하는 경향이 종종 있다. 즉 인구의 밀물이 계속 커지고 큰 나라들이 계속 커진다면, 나중에는 사회현상의 모든 것이 수학 공식으로 환원되리라는 것이다. 천문학자가 금성의 다음 번 식蝕을 예측하는 것만큼이나 확실하게, 통계학자도 언젠가는 미래의 사회 상태를 예측할 수 있을 것이라는 사람들의 그릇된 추론은 여기에서 나온다. 따라서 고고학이 과거 속으로 더 멀리 올라가는 것처럼 통계학은 미래에 점점 더 멀리 빠지는 운명에 놓일 것이다.

그러나 우리는 지금까지 말한 것으로 볼 때, 통계학은 모방의 영역에 한정되며, 발명의 영역은 통계학에는 금지되어 있다는 것을 알 수 있다. 미래는 통계학이 알지 못하는 발명가들이 만들어내는 것이 될 것이고, 그 발명가들의 연속적인 출현은 진정한 법칙으로 공식화할 수 없을 것이다. 이런 의미에서 미래는 과거와 비슷할 것이다. 고고학자가 고대의 한 민족이 역사의 어떤 시기에 사용한 예술이나 산업의 수법들을 확인한다 하더라도, 그 역시 그 확인된 수법이 이전 시대의 어떤 수법을 대신했는지를 정확하게 말하지 못한다. 반대 방향에 있는 통계학자라고 해서 어떻게 더 행복하겠는가? 예측된 곡선을 교란시킬 가능성이 있는 위인들의 영향력은 줄어들기는커녕 증대될 뿐이다. 왜냐하면 인구의 증가는 그들을 모방하는 추종자들을 확대할 뿐이며, 또한 문명의 진보는 그들의 본보기에 대한 모방을 더 쉽게 하고 가속화하며 동시에 발명의 천재들을 한동안 늘어나게 할 뿐이기 때문이다. 우리가 앞으로 나아가면 갈수록 예상하지 못한 것이 발명가라는 지배계급에서는 갖가지 종류의 새로운 형태로 더욱더 넘쳐날 것 같고, 또 모방자라는 피지배계급에서는 예상한 것이 그 어느 때보다 더 획일적이고 단조롭게 펼쳐질 것 같다. 그렇지만 이때 예상한 것도 예상하지 못한 것에서 나온 것일 따름이다.

그렇지만 더 자세히 보면 진보는 발명의 천재성을 풍요롭게 했다기보다 오히려 발명을 흉내 내는 모방의 재능을 자극했다. 진정한 발명이라고 부를 만한 가치가 있는 발명은 나날이 더 어려워지고 있다. 그렇게 되면 진정한 발명은 가까운 미래에 더 희귀해질 것이다. 따라서 진정한 발명이라는 것은 마침내 고갈될 것이 틀림없다. 왜냐하면 그 어떤 인종의 뇌도 무한히 발전할 수는 없기 때문이다. 그 결과 조만간 아시아 문명이건 유럽 문명이건 그 어떤 문명도 자신의 한계에 부딪혀 원 속에서 끝없이 돌게 될 것이다. 그때는 아마도 통계학이 사람들이 장담하는 예언 재능을 지닐 것이다. 그러나 우리는 아직 이 기슭에서 멀리 떨어져 있다. 기슭에 도착하기를 기다리면서 말할 수 있는 것은 다음과 같은 것뿐이다. 즉 미래 발명의 방향은 이전 발명의 방향에 따라 결정되는 만큼, 그리고 이전 발명의 몫이 그 축적에 힘입어 점점 더 우세해지고 있는 만큼, 통계학에서 이끌어낸 예측을 언젠가는 어느 정도 개연성을 갖고서 감히 제시할 수 있다는 것이다. 이는 고고학이 큰 신빙성을 갖고서 역사의 기원에 빛을 비출 수 있는 것과 같다.

7. 역사의 정의

요컨대 앞 장이 "사회란 무엇인가"라는 어려운 질문에 대답한 것처럼, 이 장이 "역사란 무엇인가"라는 또 다른 어려운 문제에 대한 대답임을 지적하는 것은 쓸모없지 않다. 사람들은 역사적 사실들의 독특한 표시가 무엇인지, 또 역사가가 주목할 가치가 있는 인간적 또는 자연적 사건들은 어떤 성격으로 알아볼 수 있는지를 많이 물어보았지만 성과가 없었다. 학자들에 따르면 역사란 가장 유명한 사실들의 수집이라고 한다. 나는 오히려 역사란 가장 성공한 사실들, 즉 가장 많이 모방된 창의들의 수집이라고 말하고 싶다. 엄청나게 성공한 사실이라 해도 결코 유명하지 않을 수 있다. 예를 들면, 어느 날 한 언어 속에 스며들어 사람들의 주의를 끌지 않으면서 조금씩 자리를 차지하는 어떤 새로운 말, 또는 사람들 속에 느낄 수 없을 정도로 암암리에 퍼져 나가는 종교의식이나 새로운 사상, 또는 그것을 만들어 낸 사람의 이름은 몰라도 전 세계에 퍼져 나가는 산업상의 어떤 수법 등이 그러하다. 다음 세 가지 범주 중의 어느 하나에 들어갈 수 있는 것이 아니면, 진정으로 역사적 사실이라고 할 만한 것은 없다. (1) 어느 한 종류의 모방의 진보 또는 쇠퇴 (2) 내가 발명이라고 부르는 것으로, 이번에는 그 자신이 모방되는 여러 모방의 결합 중 어느 하나의 출현 (3) 어떤 모방들이건 그 모방들의 전파에 새로운 조건을 부과해 그 모방들의 진행 및 관계를 변화시키는 효과를 지닌 것으로서 인간이나 심지어는 동물, 식물 또는 물리적인 것의 힘이 미치는 작용. 이 마지막 관점에서는 화산 폭발, 섬이나 대륙의 침몰, 일식(이것이 미신을 믿는 어떤 군대의 패배를 일으켰을 때), 그리고 말할 것도 없이 어떤 위대한 인물의 우연한 질병이나 사망도 전쟁, 평화 협정, 국가 간 동맹과 똑같거나 비슷한 역사적 중요성을 지닐 수 있다. 문명의 운명이 걸린 전쟁의 결과가 악천후에 좌우된 적도 이따금 있었다. 1811년 겨울의 혹독한 추위는 나폴레옹이 세운 작전 계획만큼이나 프랑스와 러시아의 운명에 영향을 주었다. 이렇게 보면, 실제적인 역사나 심지어는 일화 중심의 역사도 철학자들이 종종 인정하지 않았던 그 지위를 되찾는다. 그래도 역시 결국은 **모방의 운명**이 역사의 관심을 끄는 유일한 것이다. 거기에 역사의 진정한 정의가 있다.

5장
모방의 논리적 법칙

통계학은 개별적으로 고찰한 갖가지 종류의 모방적 전파가 지닌 매우 복잡한 원인들에 대해서 일종의 경험적 법칙이나 그래프식을 우리에게 제공한다. 이제는 일반적인 법칙, 즉 모든 모방을 지배하며 과학이라는 이름에 진정으로 걸맞는 법칙을 끌어내야 한다. 이 목적을 위해서는 이제까지 뒤섞어놓은 원인의 여러 범주들을 따로따로 연구해야 한다.

동시에 생각해낸 100개의 서로 다른 혁신—말의 표현이건 신화적인 사상이건 아니면 산업이나 그 밖의 수법이건 간에—중에서 왜 10개는 그것을 만들어낸 사람을 본받아 일반인들에게 퍼지고 90개는 잊히는가? 바로 이것이 문제다. 이 문제에 질서정연하게 대답하기 위해서는, 성공한 혁신들의 전파를 도와주고 다른 것들의 성공을 방해한 영향들을 우선 물리적인 원인과 사회적인 원인으로 나누어야 한다. 그러나 이 책에서는 첫 번째 종류의 원인들, 예를 들어 남프랑스 지방에서는 무성모음으로 구성된 새로운 말보다 유성모음으로 구성된 새로운 말을 좋아하지만 북부 프랑스에서는 그 반대 현상을 보여주는 것에 대한 원인은 다루지 않겠다. 마찬가지로 신화, 산업이나 예술상의 기술, 정치에도, 각 인종의 후두나 귀의 구조, 뇌 기질, 동물상이나 식물상의 성질, 평소 때의 대기 현상에서 비롯하는 많은 특수성들이 있다. 이 모든 것도 제쳐놓는다. 그렇다고 해서 그 모든 것이 사회학에서 실제적인 중요성이 없다는 것은 아니다. 예를 들면 어떤 문명이 처음으로 탄생한 곳의 토양에서 자연 발생적으로 생산되는 산물의 성질이 그 문명의 진행 전체에 미치는 영향을 연구하는 것은 흥미롭다. 문명이 기름진 유역에서 탄생하느냐 아니면 방목지가 어느 정도 많은 초원 지대에서 탄생하느냐에 따라 노동조건이 다르며, 그 결과 가족 집단의 결합이 달라지고 그다음에는 정치제도가 달라진다. 이러한 종류의 연구에 헌신하는 학자들에게 감사해야 한다. 기후나 일반적으로 환경의 작용으로 생물종이 변하는 것에 관한 연구들은 생물학에 유용한 것만큼이나 사회학에도 유용하다. 그렇지만 특정한 생물종이나 사회유형―왜냐하면 이런 것이 먼저 존재해야 말이 되기 때문이다―이 외부 조건들에 적응한 것을 확인했다고 해서, 그 생물종이나 사회유형을 설명했다고 생각하는 것은 잘못일 것이다. 그러한 설명은 살아 있는 세포나 결합된 뇌의 내적 관계를 지배하는 법칙에서 찾아야 한다. 이것이 바로, 여기에서는 구체적인 응용사회학이 아니라 추상적인 순수 사회학에 관심을 두기 때문에 내가 위에서 지적한 종류의 고찰을 피해야 하는 이유다.

그런데 사회적인 원인에는 논리적인 원인과 비논리적인 원인이라는 두 가지 종류가 있다. 이 구분은 가장 큰 중요성을 지닌다. 논리적인 원인이 작용하는 것은 다음과 같은 경우다. 즉 어떤 개인이 어떤 특정한 혁신을 선택하는 이유는 그가 그 혁신이 다른 혁신들보다 더 유용하거나 옳다고 판단하기 때문이다. 즉 그 혁신이 다른 혁신보다 그의 마음속에 (언제나 모방을 통해) 이미 확립된 목적이나 원리에 더 잘 일치한다고 판단하기 때문이다. 이 경우에는 어떤 발명이나 발견을 퍼뜨린 사람들의 인격, 그 발명이나 발견이 생겨난 시대나 장소의 위세나 불신은 고려하지 않는다. 오로지 옛날 것이든 최근 것이든 발명이나 발견만이 서로 대치하고 있을 뿐이다. 그렇지만 논리적인 작용이 이처럼 순수하게 행해지는 경우는 매우 드물다. 일반적으로 방금 언급한 논리 외적인 영향도 어떤 예들을 선택하고 따라야 하는지에 개입한다. 그리고 우리가 앞으로 보게 되듯이 논리적으로 가장 나쁜 예들이 그 출신이나 시대 때문에 더 선호되는 경우도 종종 있다.

이 필요한 구분을 계속해서 고려하지 않는다면, 가장 단순한 사회현상마저 이해하는 것은 불가능하다. 언어가 특히 그러하다. 언어는 이러한 생각을 적용하면 (만일 전문적인 언어학자가 그러한 생각을 받아들이는 영광을 우리에게 베풀어준다면) 어려움 없이 풀릴 수 있을 테지만, 만일 그렇지 않다면 그것은 풀 수 없는 실타래에 불과하다. 언어학자들은 그들이 보기에 언어의 형성과 변형을 지배할 것이라고 생각되는 법칙을 탐구한다. 그렇지만 지금까지 그들은 소리 변화(발음 법칙), 의미 변화, 오래된 어근들의 결합에 따른 새로운 말의 생성, 또는 오래된 형식의 변화에 따른 새로운 문법 형식의 형성 등에 관해서 매우 많은 예외가 있는 규칙밖에는 만들어낼 수 없었다. 왜 그런가? 사실 모방만이 엄밀한 의미에서의 법칙에 복종할 뿐 발명은 결코 그렇지 않기 때문이다. 그렇지만 어느 한 관용어를 형성하거나 변형시키기 위해서는 언제나 연속되는 작은 발명들이 축적되지 않으면 안 되었다. 또한 언어학에서는, 우선 개인에게 비롯하는 우연적이며 자의적인 것에 큰 역할을 부여하는 것으로 시작해야 한다. 다른 특성들 중에서도 한 언어의 어근이 이런저런 수에 이르고(여기에서는 세 개의 자음으로 되어 있고 저기에서는 단 하나의 음절로 되어 있다), 또는 생각의 어떤 뉘앙스를 나타내기 위해 다른 어미가 아니라 이런 어미를 사용하게 된 것은 바로 그러한 우연적이며 자의적인 것 때문이다. 발명과 생리학적 또는 기후적인 영향 이 둘 모두에 몫을 주더라도, 언어의 법칙이 적용될 수 있는 영역은 아직도 많이 남아 있다.

내가 방금 언급한 것들은 사실 천재적인 것이라고는 할 수 없지만 그래도 비합리적인 동시에 중요한 것이라고 말할 수 있는데, 그와는 별도로 상당히 많은 작은 언어 발명은 그 아이디어가 최초 익명의 발명자에게 유추를 통해서, 즉 자신이나 타인에 대한 모방을 통해서 시사된 것이다.[1] 언어 발명이 법칙으로 파악될 수 있는 것은 그 때문이다. 존경한다는 입장을 나타내기 위해, 가령 amabilis[친절함, 호의]라는 복합어에서 이미 사용되고 있는 bilis라는 어

---

[1] 모든 언어학자는 그들의 학문이 다루는 대상에서 유추가 행하는 큰 역할을 인정한다. 이 주제에 대해서는 특히 세이스Archibald Sayce[영국의 언어학자, 1845~1933]의 논의를 보라.

미를 veneratio[존경, 숭배]라는 말의 어간에 덧붙일 아이디어를 처음 생각해냈 거나, 또는 italicus[이탈리아의]라는 말을 본보기로 해서 germanicus[게르만의]라는 말을 처음 만들어낸 사람은 자신도 알지 못하는 사이에 발명가가 되었다. 그러나 결국 **그는 발명하면서 모방했다**. 어미가 이처럼 점점 더 확대되고 일반화될 때마다 또 마찬가지로 어미 변화나 동사 변화가 점점 더 확대되고 일반화될 때마다. 자신과 다른 사람에 대한 모방이 있다. 그리고 바로 이러한 한에서 언어의 형성과 변형은 공식화할 수 있는 규칙에 따른다. 그러나 이 규칙은 부족. 시민 또는 국민의 정신에 경쟁적으로 제공된 거의 비슷한 여러 가지 말하기 방식 중에서 왜 한 가지 방식만이 일반적으로 우월하게 사용되었는지를 설명해야 하는데. 그 규칙은 매우 분명한 두 범주로 나뉜다. 우선 한편에서 작은 언어 발명의 끊임없는 경쟁은 결국 언제나 그중 어느 하나를 모방하고 다른 것들은 도태되는 것으로 끝나는데, 그 경쟁이 그 민족의 특성에 따라서 외부 현실과 언어의 사회적인 목적에 다소 빠르고 완전하게 적응하는 방향으로 언어를 변형시키는 데 성공하는 것을 볼 수 있다. 어휘가 풍부해지는 것은 사람들의 수와 생활방식의 수가 더 늘어나는 것과 일치한다. 문법은 동사들의 더욱 유연한 활용이나 문장의 더욱 분명하고 논리적인 배열에 의해 시간이나 공간에서 더욱 섬세한 관계의 표현에 순응한다. 한 언어가 점점 더 쉬워지고 다루기 편해지는 것은 모음이 부드러워지고 세분화될 때(산스크리트어에서는 모든 모음이 a나 o의 분명한 모음밖에 없지만, 그리스어와 라틴어에서는 e, u, ou, i 등이 모음 음역에 추가되었다)거나, 아니면 철자가 생략되어 단어가 축약될 때다. 레뇨Paul Régnaud[프랑스의 언어학자, 1838~1911] 씨[2]처럼 뛰어난 언어학자도 인도-유럽어족에서 나타나는 모음의 순화와 단어들의 축약을 법칙으로까지 높였다. 실제로 젠드어Zend[조로아스터교의 경전인 《아베스타》에 쓰인 고대 이란어 중의 하나], 그리스어, 라틴어, 프랑스어, 영어, 독일어에서 e는

---

2 이미 인용한 바 있는 그의 《진화론적 언어학에 대한 시론》을 보라.

"무수히 많은 경우 a의 약해진 대용물로 나타나지만", 이와 달리 "그 반대는 전혀 또는 거의 전혀 일어나지 않는다." 여담이지만, 이런 규칙을 전적으로 받아들일 수 있다면 그것은 언어학적 불가역성의 좋은 예다.

그러나 또 다른 한편에서 우리는 가장 완전한 관용어[고유어]에서조차, 또 "그 동사 변화가 응용논리학의 결정적인 모델"³이라고 할 수 있는 그리스어에서조차, 시대의 흐름 속에 행해진 많은 변형이 유용성과 진리를 향한 진보와는 거리가 멀다는 것을 볼 수 있다. 그리스어가 j 및 v[디감마, 고대 그리스 문자의 F]와 또 많은 경우에 초기 치찰음[s나 z처럼 혀를 이에 마찰시켜 내는 소리]을 잃어버린 것은 그리스어에 어쨌든 유용한가? 그것은 오히려 그리스어가 조악해진 원인이 아닌가? 프랑스어에서 우리는 단어 축약이라는 법칙과는 반대로 확대된 형태가 축약된 형태의 뒤를 잇는 것을 보지 않았는가? 예를 들면 portique[주랑 현관]가 porche[현관]의 뒤를, capital[자본]이 cheptel[가축]의 뒤를 잇지 않았는가? 여기에서는 논리성이나 목적성이라는 욕구와는 아무 관계없는 영향들이 우세했기 때문이다. 이 마지막 예에서 우리는 유명한 문인들이 라틴어를 맹목적으로 모방해 portique나 capital 같은 단어들을 완전히 새로 만들어냈으며, 아울러 그들 자신에게 내재하는 위세를 이용해서 그 말을 유포시키는 데 성공했다는 것을 볼 수 있다.⁴

---

3 역사학자 쿠르티우스E. Curtius[독일의 고고학자이자 역사학자, 1814~1896]는 그의 《그리스 사 Histoire grecque》 1권에서 문헌학자인 그의 동생[게오르크 쿠르티우스Georg Curtius]에게서 이러한 표현을 빌려왔다.

4 우리는 또한 한 방언이 처음에 그리스나 중세 프랑스 같은 지역에서 다른 많은 방언들과 싸워, 그 모든 경쟁자를 결국 밀어내어 사투리 수준으로 물러나게 할 때, 그 방언이 그러한 특권을 누리는 것은 언제나 그 방언의 내재적인 장점 때문이 아니며 또 오로지 그러한 장점 때문만이 아니라는 것도 알고 있다. 그것은 무엇보다도 정치적 승리와 그 방언을 가장 먼저 말한 지방의 실제적인 우월성이나 우월하다고 추정하는 것 때문이다. 일 드 프랑스l'Isle de France[프랑스의 파리를 중심으로 한 파리 분지 지역에 대한 역사상의 지명]의 말투가 프랑스어가 된 것은 파리의 위세 덕택이다. 여담이지만, 우리는 모방의 법칙이 한 언어의 내재적인 변형과 외부 전파를 설명하는 데 도움이 된다는 것을 볼 수 있다.

그러나 나는 언어학에 대해서는 더 이상 논의하고 싶지 않다. 우리가 공식화해야 할 법칙들의 사정거리를 이러한 몇 가지 고찰을 통해 지적한 것만으로도 충분하다. 이 장에서는 논리적인 법칙을 다루는 것에만 관심을 쏟을 것이다.

1. 모방되는 것은 믿음이거나 욕망이다—근본적인 반대 명제

우리는 발명과 모방이 기초적인 사회적 행위라는 것을 알고 있다. 그러나 이 행위를 만들어내는 사회적 실체나 힘은 무엇인가? 그리고 이 행위는 그 사회적 실체나 힘의 형식에 불과한가? 다른 말로 하면 발명되거나 모방되는 것은 무엇인가? 발명되는 **것**, 모방되는 **것**은 언제나 어떤 관념이나 의욕, 어떤 판단이나 의도인데, 이러한 것에서는 일정량의 **믿음**과 **욕망**이 표현된다. 왜냐하면 믿음과 욕망은 사실상 언어에서 낱말, 종교에서 기도, 국가에서 행정, 법에서 조문, 도덕에서 의무, 산업에서 노동, 예술에서 수법의 혼이기 때문이다. 따라서 믿음과 욕망은 실체며 힘이다. 또한 믿음과 욕망은 분석해보면 그 자신들과 결합하는 모든 **감각** 성질의 밑바닥에 있는 두 개의 심리적인 양이다.[5] 그리고 처음에는 발명이 그다음에는 모방이 그

---

[5] 나는 심리학을 전공하는 독자에게 내가 1880년 8월과 9월 《철학평론》에 '믿음과 욕망 그리고 그것들의 측정 가능성'에 대해서 발표한 두 논문을 참조하라고 권하고 싶다. 이 논문들은 수정하지 않고 나의 《사회학논문집 Essais et mélanges sociologiques》에 다시 실었다. 그 후 이 주제에 대한 내 생각이 조금 바뀌었는데, 어떤 의미로 바뀌었는지에 대해 여기에서 잠시 설명하겠다. 지금은 내가 개인심리학에서 '믿는 것'과 '욕망하는 것'의 역할을 약간 과대평가했을지도 모른다는 것을 인정한다. 자아의 이 두 측면이 우리의 마음 속에서 덧셈과 뺄셈이 가능한 유일한 것이라고는, 그토록 많은 확신을 갖고 더는 주장하지 않겠다. 그 대신에 사회심리학에서는 그것들에 계속 커다란 중요성을 부여한다. 정신에 믿음과 욕망 말고도 다른 양量이 있다는 것을 인정할 수 있다. 그리고 베르그송H. Bergson[프랑스의 철학자, 1859~1941] 씨의 《의식의 직접적인

믿음과 욕망을 재빨리 붙잡아 조직해서 이용하면, 발명과 모방도 마찬가지로 진정한 사회적 양이 된다. 사회가 조직되는 것은 서로를 강화하거나 제약하는 믿음의 일치나 대립에 의해서다. 사회제도는 특히 그러하다. 사회가 움직이는 것은 욕망이나 욕구의 협력 또는 경쟁에 의해서 발휘된다. 믿음, 즉 주로 종교적인 믿음과 도덕적인 믿음을 말하지만 법률적, 정치적 믿음도 포함하며 심지어는 언어학적 믿음(왜냐하면 아무리 가치 없는 연설에도 많은 믿음 행위가 함축되어 있으며, 모국어는 우리에게 무의식적인 만큼 저항할 수 없는 설득력―이 점에서는 진실로 어머니답다―을 지니고 있기 때문이다!)도 포함하는 믿음은 사회를 형성하는 힘이다. 경제적인 욕구든 심미적인 욕구든 욕구는

소여 Données immédiates de la conscience)에 대한 주목할 만한 연구―게다가 이 점에서는 내 관점과 상당히 일치한다―에도 불구하고, 예를 들면 심리물리학자들에게 양보해서 다음과 같은 것을 인정할 수 있다. 즉 감각의 강도는 판단력의 지지[이성과의 관계]아는 별개로 또한 그 감각에 대한 주의력과도 별개로 생각하면, 성질이 변하는 것이 아니라 정도가 변하는 것이기 때문에 실험자들이 측정하기에 적합하다는 것이다. 그렇다 하더라도 사회적인 관점에서 보면 믿음과 욕망이 단순한 감각과 구분되기에 매우 적합한 독특한 특징을 나타내고 있는 것 역시 사실이다. 그 특징은 상호적인 본보기의 전염이 유사한 믿음과 욕망에 사회적으로 행해지면 그것들을 강화시키지만, 대립되는 믿음과 욕망에 행해지면―그것들을 동시에 느끼고 또 함께 느낀다는 것을 의식하는 모든 사람에게―경우에 따라서 그것들을 약화시키기도 하고 강화하기도 한다는 것이다. 반면에 우리가 예를 들면 극장에서 동일한 구경거리나 콘서트에 집중하는 군중 한가운데서 시각이나 청각이라는 감각을 느낄 때, 주위의 청중들이 비슷한 인상을 동시에 느낀다고 해서 그 감각 자체가 변하는 것은 결코 아니다. 어느 한 사람의 믿음이나 욕망을 그 주위의 모든 사람이 느낄 때, 그것이 그 개인에게서 어느 정도로 강해질 수 있는지는 역사를 뒤흔든 몇 가지 기이한 사건들을 통해 추측할 수 있다. 예를 들면 타락했지만 아직도 신앙을 갖고 있는 르네상스 시대의 이탈리아에서조차 **속죄의 전염병**[유행]이 때때로 나타났다. 부르크하르트에 따르면, "매우 냉혹한 사람들의 마음도 그 전염병에 사로잡혔다". 사보나롤라Girolamo Savonarola[이탈리아의 성직자이자 종교개혁가, 1452~1498]의 시대에 1494년에서 1498년까지 피렌체에서의 전염병은 수많은 것 중 하나의 경우에 불과한데―왜냐하면 재난이나 재해가 일어날 때마다 어떤 참회가 나타났기 때문이다―어쨌든 그 속죄의 전염병은 기독교 신앙이 깊이 또 변함없이 영향을 미쳤다는 것을 보여주었다. 하나의 같은 신앙이나 이상이 이처럼 사람들의 정신을 사로잡은 곳에서는 어디에서나 이와 비슷한 전염의 돌발이 이따금 일어난다. 우리에게 더 이상 속죄의 전염병―더할 나위 없는 암시력이 발휘된 전염적인 순례의 형태를 제외하면―은 없지만, 사치, 오락, 복권, 주식 투기, 거대한 철도 사업 같은 전염병과 또한 헤겔주의, 다윈주의 같은 전염병은 있다.

사회를 움직이는 힘이다.

이 믿음과 욕구는 발명과 모방으로 명확해지며 그런 의미에서 발명과 모방에 의해 비로소 만들어진다. 그렇지만 그 믿음과 욕구는 발명과 모방이 작용하기 이전에 잠재적으로 존재하며, 그 깊은 원천은 사회계 밑에, 즉 생물계에 있다. 이와 마찬가지로 생명을 형성하는 힘과 움직이는 힘은 생식을 통해 구체화되고 이용되는데, 그 원천은 생물계 밑, 즉 물리에 있다. 또한 파동이 지배하는 물리계의 분자력과 원동력도 물리학자들로서는 그 깊이를 알 수 없는 원천이 하이포[하위] 물리계un monde hypophysique에 있다. 어떤 사람들은 이 하이포 물리계를 본체Noumènes라고 부르고 또 어떤 사람들은 에너지라고 부르며 또 다른 사람들은 불가지계不可知界라고 부른다. 에너지는 이 비밀과 관련된 가장 널리 퍼져 있는 이름이다. 에너지라는 이 하나의 이름으로 현실을 가리키지만, 현실은 우리가 보는 것처럼 언제나 이중적으로 나타난다. 이 영원한 분기分岐는 우주 생명의 연속적인 단계마다 놀라울 정도로 변형되어 재생되는데, 그것은 생명의 단계 사이에서 지적해야 할 공통된 특징 중 가장 중요하다. 왜냐하면 물질과 운동, 기관과 기능, 제도와 진보 등 여러 가지 이름으로 불리지만, 이 정적인 것과 동적인 것의 커다란 구분(공간과 시간의 구분도 역시 여기에 속한다)은 우주 전체를 둘로 나누기 때문이다.

우선 이 구분을 세운 다음 그 두 용어 간의 관계를 잘 확립하는 것이 중요하다. 진화에 대한 스펜서의 공식 밑바닥에는 깊은 통찰이 있는데, 이에 따르면 모든 진화는 상대적인 운동 상실을 수반하는 물질의 획득이며 모든 붕괴[퇴화]는 그 반대라는 것이다. 이러한 생각을 조금 수정해서 덜 유물론적인 언어로 표현한다면, 그것은 생물이나 사회의 모든 발전이 상대적인 기능 감소에 의해 보충되거나 **아니 오히려 획득되는** 조직의 성장이라는 것을 의미할 수 있다. 유기체의 무게와 크기가 커져 그 특징적인 형태를 분명하게 펼침에 따라서 유기체는 생명력을 잃어버린다.[6] 그 이유는 바로 유기체가 그렇게 하면서 생명력을 써버렸기 때문인데, 스펜서 씨는 이 점을 말하지 않고 있다. 사회가 확대되고 커져 그 제도, 즉 언어, 종교, 법, 정부, 산업, 예술을 완성하고 복잡하게 함에 따라서, 사회는 문명화하고 진보하기 위한 정열을 잃어버린다. 왜냐하면 사회는 그 과정에서 이미 그 정열을 써버렸기 때문이다. 달리 말하면 사회제도의 실체가 신념, 신뢰, 진리, 확신의 합, 한마디로 말해서 사회제도가 구체화하는 통일된 믿음의 합에 있다면, 게다가 사회 진보의 원동력이 호기심, 야심 및 서로 연관된 욕망의 합에 있고 진보가 그 표현이라면, 사회는 욕망보다는 믿음으로 더 풍요로워진다. 따라서 욕망의 진정한 최종적인 대상은 믿음이다. 감동이 존재하는 유일한 이유는 커다란 정신적 확신이나 자신감의 형성이다. 사회가 진보할수록 견고함과 평온함이 점점 더 많아지는데, 이는 성숙한 정신에 강력한 확신과 죽어버린 열정이 점점 더 많아지는 것과 같다. 이때 그 강력한 확신은 천천히 형성되었으며, 또 죽어버린 열정에 의해 결정화結晶化된 것이다.[7] 사회 평화라는 동일한 이상 또는 동일한 환상에 대한 만장일치의 믿음—이때 만장일치라는 것은 인류의 날마다 더 넓고 깊은 동화를 전제한다—이야말로 원하건 원하지 않건 모든 사회혁명이 달려가는 끝이다. 이것이 진보다. 말하자면 사회계가 논리적인 길을 따라 전진하는 것이다.

그렇다면 진보는 어떻게 일어나는가? 어떤 사람이 어느 주어진 주제에 대해 심사숙고하면 하나의 생각이 떠오르고 그다음에는 또 다른 생각이 떠오른다. 생각을 거듭하고 삭제를 거듭하다 보면 그는 마침내 문제의 해결책을 올바르게 포착하며 이때부터는 희미한 빛에서 밝은 빛으로 달려간다.

---

6 **무게가 같을 경우** 아이의 몸은 어른의 몸보다 더 많은 생물적 활력을 지니고 있다. 어른의 **상대적인** 활력은 감소했다.

7 이 점에 대해서 다시 한번 의견을 일치시켜보자. 문명화 과정에서 욕구의 수는 늘어나지만 그 힘은 약해진다. 반면에 진리와 확신은 더 빨리 늘어나고 강해진다. 이 대조는 야만 상태 sauvagerie가 아니라 미개 상태barbarie를 문명 진화의 출발점으로 삼으면 두드러진다. 오늘날 관찰할 수 있는 것처럼, 야만 상태는 그 자체로 완전한 사회 진화의 막바지이지 더 높은 진화의 출발점이 아니기 때문이다.

역사도 이와 똑같지 않은가? 한 사회가 어떤 위대한 착상(예를 들면 세계에 대한 기계론적 설명)을 그 사회의 과학이 발전시키고 정밀화하기 전에 먼저 그 사회의 아주 오래된 호기심에서 만들어내려고 할 때, 또는 어떤 위대한 성과(예를 들면 증기기관에 의한 생산, 수송 또는 항해)를 그 사회가 실제로 활용하기에 앞서 먼저 야심차게 꿈꿀 때, 무슨 일이 일어나는가? 우선 이렇게 제기되는 문제는, 여기저기에서 나타났다가 곧 사라지는 서로 모순된 갖가지 종류의 발명과 상상력을 불러일으킨다. 이러한 상황은 어떤 분명한 공식이나 어떤 편리한 기계가 생겨날 때까지 계속된다. 그런 공식이나 기계는 나머지 모두를 잊어버리게 하고 이제부터는 그 이후의 연속적인 개선과 발전에 확고한 기초로 쓰인다. 따라서 **진보**란 일종의 집합적 성찰이다. 그것은 고유한 뇌는 없지만, 연속적인 발견들을 교환하는 발명가들과 학자들의 수많은 뇌의 (모방 덕분에 이루어지는) 연대에 의해 가능해진다(이 경우 문자로 발견을 기록하는 것은 그 발견을 멀리 또 상당한 시간 간격을 두고도 전달하게 하므로, 그것은 개인의 뇌 안에서 이루어지면서 기억이라는 세포의 연판鉛版을 구성하는 이미지의 정착에 맞먹는 것이다).

이상의 것에서, 사회의 진보는 개인의 진보와 마찬가지로 두 가지 방식, 즉 대체와 축적을 통해서 이루어진다는 결론이 나온다. 어떤 발견이나 발명은 대체에 불과한 것이고 또 어떤 발견이나 발명은 축적될 수 있다. 여기에서 논리 **투쟁**combats logiques과 논리 **연합**unions logiques이 나온다. 우리는 이 큰 구분을 받아들일 것이다. 그렇게 하면 역사의 모든 사건을 분류하는 데 아무런 어려움이 없을 것이다.

게다가 갑자기 나타난 새로운 욕구와 오래된 욕구 간의 불일치나 새로운 과학 사상과 몇몇 종교 교리 간의 불일치는 언제나 즉시 느껴지는 것이 아니다. 또한 그 불일치를 깨닫는 데 여러 사회에서 언제나 똑같은 시간이 걸리는 것도 아니다. 그리고 그 불일치를 느낄 때 그것을 끝내야겠다는 욕망도 언제나 똑같이 강한 것이 아니다. 그 욕망의 강도와 성질은 시간과 장소에 따라 다르다. 사실 **이성**은 개인에게도 있지만 사회에게도 있다. 그리고 이성은 개인에서의 경우와 마찬가지로 사회에서도 다른 욕구처럼 하나의 욕구에 불과하지만 특별한 욕구다. 즉 다른 욕구처럼 그 자신의 만족 자체에 의해 다소 발전될 뿐만 아니라 또한 그 욕구를 만족시킨 발명이나 발견에서도 생겨나는 특별한 욕구다. 말하자면 사람들의 관념이나 의지를 더 일관성 있게 하면서 그 관념과 의지를 응집하려는 욕망을 만들어내고 활성화한 체계나 프로그램, 교리나 정치체제에서도 생겨나는 특별한 욕구다. 이 욕구는 개인들의 뇌 안에 존재하는 진정한 힘이다. 욕구는 시대와 나라에 따라 강해지기도 하고 약해지기도 하며, 오른쪽으로 휘기도 하고 왼쪽으로 휘기도 하며, 이런 대상으로 향하기도 하고 저런 대상으로 향하기도 한다. 그것은 어느 때는 평범한 미풍이 되고 어느 때는 태풍이 된다. 오늘은 정부에 대들고, 어제는 종교를 비판했으며 그저께는 언어와, 내일은 산업 조직과, 또 다른 날은 과학과 씨름할 것이다. 그러나 그 욕구는 결코 멈추지 않고 개혁적인 일이든 혁명적인 일이든 끊임없이 일할 것이다.

  이 욕구는 내가 이미 말한 바와 같이 일련의 창의와 창시創始에 의해 생겨나고 증가되었다. 그러나 이것은 일련의 모방에 의해 그렇게 되었다고 말하는 것과 다르지 않다. 왜냐하면 모방되지 않는 혁신은 사회적으로 존재하지 않는 것과 같기 때문이다. 따라서 사회생활에서 서로 부딪치거나 만나는 믿음과 욕망의 모든 개울이나 강은 그 뺄셈과 덧셈이 일종의 대수학代數學인 사회 논리학에 따라 이루어지는 양인데, 그 전체의 합계를 내고자 하는 욕망과 그 계산이 가능하다는 믿음을 포함한 모든 것은 모방에서 유래한다. 왜냐하면 역사에서 완전히 혼자 이루어지는 것은 아무 것도 없으며, 역사의 항상 불완전한 통일, 즉 다소 성공한 꾸준한 노력들의 매우 오래된 성과조차도 혼자서 이루어지는 것이 아니기 때문이다. 사실 하나의 드라마나 희곡은 역사의 한 단편을 다루지만 그 속에는 모든 것이 반영되고 있으며, 어렵지만 점차적으로 이루어지는 논리의 조화다. 그것은 겉보기에는 그 누구의 의도대로가 아니라 완전히 저절로 이루어지는 것 같다. 그러나 그러한 겉모습이 거짓이라는 것을 우리는 알고 있다. 그리고 그 조화가 매우 빠르고 확실하게 일어난다면, 오로지 그 조화가 극작가도 느끼고 또 그에게서 암시받은 일반인도 느끼는 긴급한 통일 욕구에 부합하기 때문이다.

발명 욕구마저 똑같은 기원을 갖고 있다. 내가 나중에 보여주겠지만, 논리가 최대치의 문제인 동시에 균형의 문제라는 것이 사실이라면, 실제로 발명 욕구는 논리의 통일 욕구를 채워주며 그 일부를 이룬다. 어떤 민족이 특정한 시대에 더 많이 발명하거나 발견하면 할수록 그들은 그 시대에 더욱더 발명의 재주를 발휘하고 새로운 발견을 갈망하게 된다. 이 고귀한 갈망이 그런 갈망을 할 만한 지성의 소유자들을 사로잡는 것도 역시 모방을 통해서다. 그런데 발견은 확실성의 획득이며 발명은 신뢰와 안전의 획득이다. 따라서 발견과 발명의 욕망은 일반적인 믿음의 최대치를 추구하는 경향이 취하는 이중적인 형태다. 종합하고 동화시키는 정신에 고유한 이 창조적인 경향은, 다른 대다수의 것들과 모순된 발명이나 발견을 제거함으로써 믿음의 균형을 찾는 비판적인 경향과 종종 번갈아 나타나고 때로는 나란히 걷기도 하지만, 어쨌든 그 비판적인 경향과 언제나 일치한다. 믿음을 증가시키고 싶은 소망이나 순화하고 싶은 소망은 차례차례로 더 완전하게 만족되지만, 일반적으로 소망의 폭발은 동시에 일어나거나 아니면 잇달아 일어난다. 왜냐하면 바로 모방이 그것들의 공통된 원천인 만큼, 충만된 믿음에의 욕구와 안정된 믿음에의 욕구 이 둘 모두는—다른 조건들이 같다면—사회생활의 활성화 정도에 걸맞은, 즉 개인 간의 관계의 다양성에 걸맞는 강도를 지니고 있기 때문이다. 관념들의 어떤 훌륭한 결합이 국민의 정신을 계몽하기 위해서는, 그 결합이 우선 어느 한 개인의 뇌 안에서 빛나야 한다. 정신 간의 지적 교류가 잦으면 잦을수록 그 결합은 그처럼 생겨날 기회가 더욱더 많아질 것이다. 두 제도나 두 원리 사이의 모순이 사회를 괴롭히는 것이 되려면, 그 모순이 먼저 다른 사람들보다 더 명민한 정신을 지닌 사람, 즉 자신의 일련의 생각을 통일시키는 의식적인 노력을 하다가 어려움에 부딪치면서 그것을 알아차린 체계적인 사상가의 눈에 띄어야 한다. 철학자들의 사회적 중요성이 여기에서 나온다. 그리고 한 국민 안에서 정신 간의 상호 자극이 많으면 많을수록, 그다음에는 관념의 이동(유포)이 많으면 많을수록 그 어려움을 알아차리는 것은 더욱더 쉬울 것이다.

예를 들면 인간 사이의 관계와 접촉이 19세기 중에 이동 수단 발명의 결과로 예상한 것보다 더 많이 늘어났으며 또한 모방의 작용도 매우 강력해지고 넓어지며 신속해졌기 때문에, 자연에 대한 사회적인 정복 특히 산업적인 정복의 열정이 이미 정복한 것 덕분에 더 이상 한계를 몰랐던 것처럼, 사회 개혁, 즉 합리적이며 체계적인 사회 재조직의 열정도 지금과 같은 크기를 지닌 것을 본다고 해서 놀랄 일은 아닐 것이다. 따라서 발견의 세기(우리의 19세기는 그렇게 불릴 가치가 있지 않은가?) 이후에는 발견의 조화의 세기가 올 것이라고 확실히 예상할 수 있다. 왜냐하면 문명은 발전의 쇄도와 조화의 노력을 동시에 또는 연속적으로 요구하기 때문이다.

반대로 그다지 발명적이지 못한 국면에 있는 사회는 그리 비판적이지 않으며, **그 역도 마찬가지다.** 그런 사회는 유행을 통해 여러 측면에서 또는 전통을 통해 물려받는 여러 과거에서 대단히 모순된 믿음도 받아들이고 수용하지만,[8] 누구도 그 모순을 지적할 생각은 못한다. 그러나 동시에 그런 사회는 이 다양한 기여를 통해 흩어져 있는 많은 관념과 지식을 지니게 된

---

[8] 예를 들면 바르트 Auguste Barthe(프랑스의 인도사가, 1834~1916)는 다음과 같이 말한다. "불교는 카스트제도를 일반적으로 부정한 것이 아니라 브라만(인도의 사성四姓 중 최고 계급인 승려 계급)의 카스트를 부정한 것이며, 이것은 그 어떤 평등주의 교의와도 무관하고 그 자신으로서는 어떤 반항 의사도 지니지 않았다. 따라서 이 대립은 양쪽 모두에게서 상당히 오랫동안 의식되지 않은 상태로 있었을 것이다." 그러나 결국 그 대립은 명백해졌다. 그렇지만 여기에는 다른 무의식적인 모순이 또 있다. 즉 "브라만이라는 이름이 여전히 불교에서 명예 칭호로 남아 있었으며, 실론Ceylon에서는 그 이름이 왕에게 부여되었다는 것이다." 이것은 민주주의 사회가 봉건주의 원리의 부정임에도, 백작이나 후작이라는 이름이 우리의 민주주의 사회 자체에서도 추구되는 칭호라는 것과 거의 비슷하다.

다. 이러한 관념과 지식도 일정한 관점에서 보면 서로 결실을 맺게 해주며 옳음을 증명해줄 것이다. 누구도 이를 알아차리지 못하지만 말이다. 마찬가지로 그런 사회는 대단히 상이한 예술이나 산업을 여러 이웃 국민들로부터는 호기심에서, 자신들의 여러 조상으로부터는 유산으로서 공손하게 받아들이거나 간직한다. 그런데 이 예술이나 산업은 사회 안에서 양립하기 어려운 욕구와 서로 대립된 활동 경향을 발전시킨다. 이 **실제적인 이율배반**은 이전부터 존재한 이론적인 모순과 마찬가지로 그 누구에 의해서도 느껴지지 못하고 명백하게 표현되지도 않는다. 비록 모든 사람이 그 이율배반이 일으키는 불안으로 고통 받더라도 말이다. 그러나 동시에 이 원시 민족들은, 그들의 예술 기법이나 기계 도구 중에는—몇몇 인식이 그것들이 확증하는 몇몇 가설을 설명해주는 중개물로 쓰이는 것처럼—서로에게 효과적인 수단으로 이용된다면 매우 큰 도움을 주며 통일된 목적을 위해 강력하게 협력하는 데 적절한 것들이 있다는 사실을 전혀 알지 못한다.

사람들은 밀을 빻는 맷돌과 외륜外輪을 오랫동안 별개로 생각했다. 그들은 어떤 장치(말하자면 그 두 개에 방아를 추가한다는 생각이라는 제3의 발명)를 이용하면 외륜이 맷돌의 기능을 엄청나게 늘릴 수 있으며 맷돌이 외륜에 예상하지 못한 또 하나의 이용법을 줄 수 있다고는 생각하지 못했다. 바빌로니아에서는 이미 벽돌에 가동 활자(낱낱으로 독립된 활자)나 도장을 찍어 그것을 만든 사람의 이름을 새겼다. 또 책도 만들어냈다. 그렇지만 그 둘을 결합시킬 생각, 즉 가동 활자를 이용해 책을 만들어낼 생각은 하지 못했다. 이것은 매우 단순한 것이었는데도 하지 못했다. 만약 그렇게 했다면 인쇄술의 출현이 수천 년이나 앞당겨졌을 것이다.

수레와 증기 피스톤의 경우도 마찬가지로, (언제든지 다른 발명들을 이용해서) 증기 피스톤을 수레를 움직이는 수단으로 볼 생각이 없이 오랫동안 공존했다. 이와 반대로 예를 들면 붕괴되고 있는 중세 말엽에는, 아랍 세계에서 도입되거나 고대에 발굴된 얼마나 많은 외설적이고 이교도적인 사치 취향이, 성벽의 총안銃眼〔총을 내쏠 수 있도록 만든 구멍〕과 수도원의 스테인드글라스를 통해 살짝 끼어들고 스며들어와 참신한 혼합물들을 만들어냈는가(이는 기독교 신앙의 관행과 투박한 봉건적인 관습의 잔재를 지닌 당시 사람들에게는 결코 충격적인 것이 아니었다)! 오늘날에도 우리의 산업 활동이나 국민의 활동은 얼마나 많은 상반되고 모순된 목적을 날마다 드러내고 있는가! 그렇지만 관념의 교환과 마찰, 욕구의 교류와 융합이 빨라지면 빨라질수록, 강한 관념과 욕구는 모순되는 약한 관념과 욕구를 더 빨리 제거할 것이다. 이와 동시에 똑같은 이유에서 서로 옳다고 증명해주거나 도와주는 관념과 목적은 한 재간 있는 정신 속에서는 오히려 더 쉽게 만난다. 이 두 개의 길을 통해 사회생활은 이제까지 알지 못한 어느 정도의 통일성과 논리적인 힘을 반드시 얻게 된다.[9]

지금까지 사회 논리학에 대한 욕구─이 욕구에 의해서만 사회 논리학이 만들어진다─가 어떻게 생겨나고 발전하는지를 보여주었다. 이제는 그 욕구가 만족되려면 어떻게 나아가야 하는지를 보여주어야 한다. 우리는 그 욕구가 하나는 창조적인 경향이고 또 하나는 비판적인 경향인 두 가지 경향으로 나뉜다는 것을 알고 있다. 창조적인 경향은 **축적할 수 있는** 오래된 발명이나 발견의 결합으로 가득 차 있으며, 비판적인 경향은 **대체할 수 있는** 발명이나 발견 사이의 투쟁으로 가득 차 있다. 그것들을 각각 따로따로 연구할 것인데, 두 번째 것을 첫 번째 것보다 먼저 다룰 것이다.

---

[9] 이제 우리는 한 민족의 내부에서 종교적 또는 정치적 반대자들을 축출해서(낭트칙령의 폐지〔1685년 루이 14세는 신교도의 종교 자유를 보장해준 낭트칙령을 폐지하고 로마 가톨릭 중심 국가로 되돌아간다〕, 갖가지 종류의 종교 박해) 국민의 믿음을 증대하려는 방법이 언제나 그 목적을 달성하지 못하는 이유를 알 수 있다. 그러한 방법이 사람들로 하여금 그들의 신앙에 해를 끼칠 수 있는 모순을 알지 못하게 한다는 것은 사실이다. 그러나 신앙이 그런 식으로 해서 유지된다 하더라도, 그 방법은 그들의 신앙을 증대하지 못한다. 왜냐하면 모순에 대한 무지는 비판의식을 무디게 하지만 또한 상상력도 고갈시키고 믿음을 서로 확인해주는 의식도 흐리게 하기 때문이다. 게다가 콜랭Jean Hippolyte Colins〔벨기에 태생의 프랑스 경제학자, 1783~1859〕이 말하는 바와 같이, 그 모순에 대한 조사가 더 이상 억압될 수 없는 때가 온다.

2. 논리 결투[10]

어떤 발견이나 발명이 나타나면 거기에는 주목해야 할 두 가지 사실이 있다. 하나는 그 발견이나 발명이 점점 전파됨으로써 그것에 대한 믿음이 증가하는 것이며, 또 하나는 그 발견이나 발명에 대한 믿음이, 똑같은 목적을 지녔거나 똑같은 욕구에 대답하는 어떤 다른 발견이나 발명과 만날 때 감소하는 것이다. 이러한 만남은 논리 결투duel logique를 일으킨다. 예를 들면 고대 아시아[오리엔트] 전체에서는 설형문자만이 오랫동안 퍼진 것처럼 페니키아 문자는 지중해 해안 전체에 퍼졌다. 그런데 어느 날 이 두 알파벳은 설형문자의 영역을 놓고 싸움을 벌였는데, 설형문자는 조금씩 물러났으며 기원후 1세기경이 되자 마침내 사라졌다.

그러므로 **상세하게 연구하면** 심리 진화와 마찬가지로 사회 역사도 (논리 결합이 아닐 때에는) 잇달아 일어나거나 동시에 일어나는 논리 결투다. 문자에서 일어난 일은 이미 언어에서도 일어났다. 언어 진보는 언제나 처음에는 모방을 통해서 이루어지며, 그다음에는 동일한 지역을 놓고 서로 싸우며 한쪽이 다른 쪽을 물리치는 두 언어나 두 방언 간의 투쟁 또는 똑같은 관념에 해당하는 두 어법이나 두 표현법 간의 투쟁을 통해서 이루어진다. 이 투쟁은 다른 단어나 다른 문법 형식을 대체하려고 하는 모든 단어나 표현법에 함축되어 있는 대립된 명제들 간의 갈등이다. 내가 말[馬]을 생각할 때 라틴어의 서로 다른 두 방언에서 빌려온 용어 equus와 caballus가 모두 내 머리에 떠오른다면, 그것은 마치 '그 말을 가리키는 데에는 caballus보다 equus가 더 좋다'라는 판단이 내 안에서 'equus보다 caballus라고 말하는 것이 더 좋다'라는 다른 판단과 모순되는 것과 같다. 또는 복수複數를 표현할 때 내가 그 어미

---

10 여기에서는 **논리** 결투라고 말했지만, 이것은 **목적론적** 결투라고 말할 수도 있었을 것이다. 이는 나중에 논리 결합 역시 목적론적 결합을 의미한다는 것과 똑같다. 우리는 적어도 이 장에서는 두 관점을 섞어야 한다고 생각했다.

를 i와 s 둘 중에서 선택해야 한다면, 이 선택도 마찬가지로 근본적으로 모순되는 판단을 수반한다. 로망스어〔포르투갈, 스페인, 프랑스, 이탈리아, 루마니아의 말과 같이 라틴어에서 유래하는 언어〕가 형성되었을 때, 이런 종류의 모순은 갈로로망 사람들, 스페인 사람들, 이탈리아 사람들의 뇌에 무수히 존재했다. 그리고 그 모순을 해결하려는 욕구가 현대의 언어를 탄생시켰다. 언어학자들이 문법의 점진적인 단순화라고 부르는 것은, 암암리에 존재하는 이 모순에 대한 어렴풋한 느낌이 일으키는 제거 작업의 결과일 따름이다. 이것이 예를 들면 라틴어에서는 어떤 때는 i로 또 어떤 때는 s로 끝났지만 이탈리아어에서는 항상 i로 또 스페인어에서는 항상 s로 끝나는 이유다.

나는 논리 투쟁을 결투에 비유했다. 왜냐하면 사실 이러한 싸움을 따로따로 보더라도, 즉 무수히 많은 복사판에서 반복되는 사회생활의 기초적인 사실들을 각각 보더라도, 대립하는 판단이나 의도는 언제나 그 수가 둘이다. 고대, 중세나 근대에서 셋이나 넷이서 싸우는 것을 본 적이 있는가? 결코 없다. 국적이 다른 군대들이 일곱 개나 여덟 개, 열 개나 열두 개가 있을 수는 있지만 존재하는 것은 두 개의 적대적인 진영뿐이다. 이는 전투에 앞서 행하는 군사회의 때, 각각의 계획에 대해 동시에 정면으로 대립하는 두 가지 의견밖에 없었던 것과 같다. 즉 그 계획을 권하는 의견과 그 계획을 비난하는 데 일치하는 모든 의견, 이 두 가지 의견밖에 없었던 것과 같다. 전쟁터에서 해결해야 할 분쟁, 즉 다툼은 언제나 '예' 냐 '아니요' 냐로 요약된다는 것은 분명하다. 이것이 근본적으로 모든 전쟁의 원인이다. 물론 두 당사자 중 상대방을 부정하거나(주로 종교전쟁의 경우) 상대방의 계획을 정면으로 거부하는(정쟁政爭의 경우) 자도 역시 자신의 주장이나 계획을 갖고 있다. 그러나 그의 생각이나 의지가 갈등을 불가피하게 만드는 것은, 오로지 그의 생각이나 의지가 다소 은연중에든 명시적으로든, 직접적으로든 간접적으로든 부정하는 것이거나 방해하는 것인 한에서만이다. 바로 그 때문에, 예를 들면 한 나라 안에 정당이나 당파가 아무리 많아도 각 문제에 대해서는 결국 둘밖에 없는 것이다. 말하자면 여당과 소위 야당이라고 불리는 것, 즉 거부하는 쪽에 모인 이질적인 정당들의 제휴밖에 없는 것이다.

사실 이러한 관찰은 모든 것에 확대되어야 한다. 어디에서나 또 언제나 역사의 표면적인 연속성은 크든 작든 별개의 서로 분리될 수 있는 사건들로 분해될 수 있는데, 이 사건들이란 **해결책을 수반한 문제들**이다. 그런데 사회에게나 개인에게나 문제란 긍정과 부정 사이의 또는 목적과 장애물 사이의 미결 상태를 의미한다. 그리고 해결이란 우리가 나중에 보게 되듯이, 두 대적자 중 어느 하나의 억압 또는 그들간의 모순의 억압이다. 나는 당분간 문제에 대해서만 말하겠다. 그것은 정말로 논리적인 논의다. 한쪽은 예라고 말하고 다른 쪽은 아니오라고 말한다. 한쪽은 예를 원하고 다른 쪽은 아니오를 원한다. 언어, 종교, 법, 정치 할 것 없이 예와 아니요의 구분은 쉽게 찾을 수 있다.

내가 앞에서 말한 언어 요소 간의 대결에서 기존의 용어나 어법은 **긍정하는** 것이고 새로운 용어나 어법은 **부정하는** 것이다. 종교의 결투에서 공식적인 교의는 긍정하는 것이고 이단적인 교의는 부정하는 것인데, 이는 나중에 과학이 종교를 대신하려고 할 때 기존의 인정받은 이론이 새로운 이론에 의해 부정되는 긍정인 것과 같다. 법률 투쟁에는 두 가지 종류가 있다. 하나는 어떤 법률이나 칙령에 대해서 심의하는 의회나 내각에서 일어나며, 또 하나는 소송사건을 변론하는 재판소에서 일어난다. 그런데 입법자는 언제나 어떤 법안의 채택, 다시 말해 법안의 긍정과 법안의 거부, 즉 부정 사이에서 선택해야 한다. 재판관의 경우 그에게 맡겨진 소송이 어떤 것이든 간에, 모든 소송이 긍정하는 **원고**와 부인하는 **피고** 사이에서 일어난다는 것은 누구나 잘 알고 있다. 이것은 잘 주목되지는 않지만 의미 있는 특이한 사실이다. 피고인이 이번에는 이른바 반소 청구〔피고가 원고에 대해서 제기하는 소송, 맞소송〕를 한다면, 그것은 본안 소송에 추가되는 부대 소송이 된다. 제3자가 개입된다면 그들 각각은 차례차례로 원고나 피고의 성질을 띠며, 또한 그의 존재 때문에 복잡한 큰 소송에 포함되는 별개의 작은 소송의 수가 늘어난다. 통치 투쟁에서는 그 전쟁이 대외적인 것인지 대내적인 것인지를 구분해야 한다. 대내적인 전쟁이 그 강도가 최고조에 이르러 무기를 들고 일어날 때에는 내란이라고 불리지만, 평상시에는 정파들 간의 의회 갈등이나 선거 갈등을 만들어낸다. 대외적인 전쟁에는 언제나 공격하는 군대와 방어하는 군대가 있지 않은가? 한쪽은 전쟁을 원하고 다른 쪽은 전쟁을 원하지 않는 것이 아닌가? 그리고 무엇보다 전쟁의 대의명분이라는 것도 전쟁 당사국 중 한쪽이 표명하는 주장이나—교리를 위한 전투일 경우에는—그 한쪽이 내세우고 강요하는 교의, 즉 다른 쪽은 거부하는 주장이나 교의가 아닌가? 선거나 의회의 전쟁에는, 한쪽은 제안하거나 선언하고 다른 쪽은 비난하거나 반대하는 조치나 원칙의 수만큼 개별적인 전투가 있다. 공적인 한 원고와 하나 또는 여럿의 반대 피고 사이의 이러한 소송은 정부나 내각이 일단 구성되면 그때부터 수많은 명목으로 다시 일어나는데, 이러한 소송은 결국 반대파의 파괴—예를 들면 1594년 가톨릭 동맹[16세기 말 프랑스에서 프로테스탄트인 위그노파에 대항해 만든 동맹]의 패배—로 끝나거나 아니면 정부나 내각의 붕괴로 끝난다.

　마지막으로 산업에서의 경쟁을 자세하게 살펴보면, 그 경쟁들은 이미 퍼져서 다소 오래전부터 자리 잡은 하나의 발명과, 똑같은 욕구를 더 잘 충족시키면서 퍼져 나가려고 하는 하나 또는 여러 개의 새로운 발명 사이에 일어나는 여러 가지의 연속적이거나 동시적인 대결로 이루어져 있다. 따라서 산업적으로 진보하는 사회에는 언제나 불평등한 행운을 갖고서[대단히 유리한 조건에서] 신제품으로부터 자신을 방어하는 일정한 수의 구제품이 있다. 구제품, 예를 들면 동물 지방분으로 만든 양초의 생산과 소비에는 그 조명수단이 가장 좋다거나 가장 경제적이라는 주장이나 내적 확신이 함축되어 있는데, 이에 대해서 신상품의 생산자나 소비자는 반박한다. 상점에서 벌어지는 이러한 논란 속에서 우리는 놀랍게도 명제의 갈등을 찾아볼 수 있다. 오늘날에는 끝났지만 사탕수수로 만든 설탕과 사탕무로 만든 설탕 간의 싸움, 역마차와 기관차 간의 싸움, 범선과 증기선 간의 싸움 등은 당시에는 진정한 사회적 논의의 대상이었으며 게다가 하나의 논쟁거리가 되기도 했다. 왜냐하면 논리학자들이 인식하지 못한 일반적인 사실에 따라서, 두 개의 명제뿐만 아니라 두 개의 삼단논법도 대립했기 때문이다. 예를 들면 한쪽은 다음과 같이 말한다. "말은 가장 빠른 가축이다. 그런데 이동은 동물을 이용해야만 가능하다. 따라서 역마차는 가장 좋은 이동 방식이다." 다른 쪽은 다음과 같이 대답한다. "말은 확실히 가장 빠른 동물이다. 그러나 동물의 힘만이 여행자와 상품의 수송에 유용하다는 것은 사실이 아니다. 따라서 앞에서의 결론은 틀렸다." 이러한 관찰은 일반화해야 한다. 여기에서 언급한 바와 같은 논리 결투가 일어날 경우, 우리는 이와 비슷한 삼단논법의 충돌을 쉽게 찾아볼 수 있을 것이다.

덧붙여 말하면 산업에서는 똑같은 욕구에 답하는 두 발명 사이에서나 이 두 발명을 각각 따로 독점해온 공장, 조합이나 계급 사이에서만 투쟁이 일어나는 것이 아니라, 서로 다른 두 욕구 사이에서도 일어난다. 그 두 욕구 중 하나는 예를 들면 고대 로마인의 조국애처럼 이전의 발명 전체에 의해 발전된 일반적이고 지배적인 욕망으로서, 무엇보다 더 중요한 것으로 여겨지는 욕구다. 또 하나는 예를 들면 예술 작품이나 아시아적 부드러움에 대한 취향처럼 최근의 어떤 발명이나 최근에 도입된 발명이 불러일으킨 욕망으로서, 자신과 경쟁하는 일반적이고 지배적인 욕망의 우월성을 암암리에 반박하는 욕구다. 사실 이러한 종류의 투쟁은 산업보다는 도덕과 관련된 것처럼 보이지만, 도덕이란 고도의 관점, 즉 진실로 통치적인 관점에서 보면 어떤 의미에서는 산업에 불과하다. 통치라는 것도 중대한 욕구나 계획을 만족시키기에 적합하거나 적합하다고 여겨지는 하나의 특수한 산업에 불과한데, 이때 이 중대한 욕구나 계획은 오랫동안 널리 퍼져온 생산 및 소비의 성질이나 오랫동안 지배해온 확신의 성질이 사람들의 마음 속에 지고의 것으로 심어놓았으며, 도덕도 그것이 다른 모든 것보다 위에 있기를 바라는 그러한 것이다. 어떤 나라는 무엇보다 영광을 요구하고 또 어떤 나라는 땅을 요구하며 또 다른 어떤 나라는 돈을 요구하는데, 이는 그 나라의 국민이 무기를 들고 더 많이 일했는지 쟁기를 끌며 더 많이 일했는지 아니면 공장에서 더 많이 일했는지에 달려 있다. 언제나 우리는 국민으로서든 개인으로서든, 의식하지 못한 채로 어떤 지배적인 욕망의 영향 아래 있거나 아니 오히려 우리 마음속에서 지속되고 있는 이전의 어떤 해결책의 영향 아래 있다. 이때 그 이전의 해결책은 이전의 어떤 승리에서 생겨났기 때문에 언제나 새로운 싸움을 해야 한다. 게다가 우리는 또한 어떤 고정관념의 영향이나, 망설임 끝에 받아들이긴 했지만 그 본거지가 끝없이 공격받고 있는 여론의 영향도 받고 있다. 이것이 바로 사람들이 개인의 경우에는 정신 상태, 국민의 경우에는 사회 상태라고 부르는 것이다. 따라서 사회 상태건 정신 상태건 그런 상태는 모두―그 상태가 지속되는 동안에는―하나의 이상을 전제한다. 도덕이 보호하고 유지하는 이 이상은, 한 사회의 군사 및 산업상의 모든 과거뿐만 아니라 그 사회의 예술상의 모든 과거도 힘을 합쳐 만들어낸 것이다. 그런데 예술 자체도 결국은 명제와 반反명제간의 기묘한 갈등을 갖고 있다. 예술의 각 영역에서는 언제나 어떤 지배적인 유파가 존재하는데, 이 유파는 어느 다른 유파가 부정하는 종류의 아름다움을 긍정한다.

그러나 우리는 잠시 멈추고 앞에서 말한 것을 강조할 필요가 있다. 우리는 사회적 사실을 주로 논리적인 관점에서 고찰하고 있다. 말하자면 우리는 사회적 사실을 이것에도 마찬가지로 함축되어 있는 서로 도와주거나 모순되는 욕망의 관점에서 고찰하기보다는, 이것에 함축되어 있는 서로 긍정하거나 부정하는 믿음의 관점에서 고찰하고 있다. 발명과 또한 이 발명의 복합체인 제도가 어떻게 해서 서로를 긍정하거나 부정할 수 있는지를 이해하기는 어렵다. 이 점은 일단 분명히 해두어야 한다. 발명은 욕망을 만족시키거나 불러일으킬 뿐이다. 욕망은 의도로 표현된다. 그리고 의도는 긍정적이거나 부정적인 형태의 유사 판단(나는 원한다, 나는 원하지 않는다)인 동시에, 기대나 불안—대부분의 경우에는 기대—을 나타낸다. 말하자면 진정한 판단을 포함하고 있다. 왜냐하면 기대한다거나 불안해한다는 것은 바라는 대로 이루어지리라는 것을 약간 높은 정도의 믿음을 갖고 긍정하거나 부정하는 것이기 때문이다. 만일 내가 국회의원이 되고 싶다면—이것은 의회 제도와 보통선거에 의해 내 마음속에서 발전된 욕망이다—그것은 내가 이미 알려진 수단을 이용해 국회의원이 되기를 기대한다는 것을 의미한다. 그리고 내 반대자들이 내 길을 방해한다면(그들은 자신들이 욕망하는 자리를 얻는 데 다른 사람이 자신들을 더 잘 도울 것이라고 **믿기** 때문인데, 이 욕망은 예전에 발명되었든 최근에 발명되었든 그 직책의 발명에 의해서 그들 마음속에 일어난 욕망이다), 그것은 그들이 분명하게 반대되는 기대를 갖고 있기 때문이다. 나는 내 전략 덕분에 아마도 당선될 것이라고 긍정한다. 그렇지만 그들은 그것을 부정한다. 그들이 부정하는 것을 완전히 멈추고 모든 기대를 잃어버린다면, 그들은 나와 더 이상 싸우지 않을 것이다. 그리고 목적론적 결투가 모든 경우와 마찬가지로 여기에서도 논리 결투로 끝날 것이다. 이것은 논리 결투가 특히 중요하다는 것을 보여준다.

새로운 욕구를 일으키는 새로운 관념에 의해 이따금씩 지나치게 흥분하면서 기대나 불안의 물결이 서로 끊임없이 충돌하는 것, 사회생활이 이런 것이 아니라면 무엇인가? 욕구 간의 갈등이나 협력에 주목할 때는 사회 목적론을 얻게 되고, 기대 간의 갈등이나 협력에 주목할 때는 사회 논리학을 얻게 된다. 두 발명이 똑같은 욕망에 답할 때 그 두 발명은 내가 앞에서 설명한 바와 같이 서로 충돌한다. 왜냐하면 그 각각의 발명은, 그것을 이용하는 생산자나 소비자 입장에서는 그 발명이 그의 목적에 가장 적합하며 결국 다른 발명은 최고가 아니라는 기대나 확신을 함축하고 있기 때문이다. 그러나 두 발명이 서로 다른 두 욕구에 답할 때에도 그 두 발명은 서로 대립할 수 있다. 왜냐하면 그 두 욕구는 저마다 다른 쪽보다 더 잘 표현한다고 믿는 똑같은 우월 욕구의 서로 다른 두 표현이기 때문이거나, 아니면 각각의 욕구가 자신이 만족하기 위해서는 다른 쪽이 만족되지 않을 것을 요구하며 또 만족되지 않기를 바라는 기대를 지니고 있기 때문이다.

첫 번째 경우의 예는 15세기의 유화 발명이다. 이 유화의 발명은 밀랍화라는 예전의 발명을 부정했는데, 이는 유화를 향해 커져간 열정이 그림을 사랑하는 최고 형식이라고 자처할 권리를 둘러싸고 밀랍화에 대한 기존 취향과 다투었다는 의미다. 두 번째 경우의 예는 14세기의 화약 발명이다. 화약의 발명은 군주들에게 정복과 중앙집권화에 대한 계속되는 갈망을 키웠는데, 이러한 갈망은 봉건 영주들을 굴복시키지 않고서는 충족될 수 없었다. 화약의 발명은 영주들에게 봉건적 독립의 욕구를 키워준 강고한 성채 및 복잡한 갑옷의 발명과 대립하게 되었다. 그리고 이 영주들이 왕에게 저항했다면, 그 이유는 왕이 그의 대포를 믿은 것처럼 영주들은 그들의 성채와 갑옷에 대한 믿음을 계속 지녔기 때문이다.

그러나 두 발명이 역사에서 서로 대립하는 것은 특히 그것들이 동일한 욕구에 답할 때다. 기독교가 발명한 부사제 및 주교직은 법무관préture, 집정관consulat 및 파트리스patrice[콘스탄티누스 황제가 창설한 귀족] 같은 이교도[로마인]의 발명과 확실히 모순되었다. 왜냐하면 이교도는 이 후자의 명예로운 직책을 얻으면 진정한 명예 욕망이 충족된다고 생각했고 그 욕망이 전자의 직책으로 충족될 수 있다는 것은 부정했기 때문이다. 반면에 기독교인의 확신은 정반대였다. 따라서 이 모순된 제도를 동시에 인정하는 사회 상태에는 숨겨진 결함이 들어 있었다. 그리고 사실 이러한 성질의 많은 모순들은 기독교 출현 이후 로마 제국의 해체와 로마 문명의 단계적인 소멸에 기여했는데, 르네상스 시기에는 다시 로마 문명이 기독교 문명을 뒤로 물러나게 했다. 또한 어떤 의미에서는 초기 종교 교단의 수도원 규율의 발명도 로마의 보병 밀집부대라는 오래된 발명을 부정한 것이었다. 왜냐하면 그 각각의 발명을 이용한 사람들이 보기에는 자기 쪽의 발명만이 진정한 안전의 욕구를 만족시켰고 다른 쪽의 발명은 전혀 그렇지 못했기 때문이다.

마찬가지로 고딕 양식도 코린트 양식이나 도리아 양식을 부정했다. 10개의 음절로 운을 맞춘 시는 6각시나 5보격시를 부정했다. 실제로 로마인에게는 6각시와 코린트 양식이 문학과 건축의 미에 대한 욕망을 충족시켰다. 그렇지만 12세기 프랑스인에게는 그렇지 않았다. 그들에게는 음유시인들이 좋아하는 10개의 음절로 운을 맞춘 시와 파리 노트르담 사원의 고딕 양식만이 그 욕망을 만족시켰다. 그러한 관념이 서로 양립할 수 없었던 것은 그 관념에 따라다니는 판단이 상충했기 때문이다. 이것은 사실이다. 따라서 근대에 들어와서 취향의 폭이 더 넓어지면서 귀족계급과 주교직에 위대함을 동시에 부여하고 6각시와 영웅시 양쪽에 아름다움을 부여하자, 전에는 대립했던 요소들이 공존할 수 있었다. 그보다 훨씬 이전에 이루어지긴 했지만, 역시 마찬가지로 수도원의 규율과 고대인들의 군사작전 규율도 사람들이 후자에서는 현재 생활의 안전을, 전자에서는 미래 생활의 안전을 보았을 때 완전히 조화를 이루며 존속했다.

따라서 제거에 의한 모든 사회 진보가 무엇보다 먼저 서로 대립하는 긍정과 부정의 결투로 이루어져 있다는 것은 매우 확실하다. 그러나 부정이 여기에서는 완전히 혼자서 부정만으로 주장되는 것이 아니라 어떤 새로운 명제에 의지해야 하며, 또 이 새로운 명제 자체도 다시 반박 명제에 의해 부정된다고 덧붙여 말하는 것이 좋겠다. 따라서 진보할 때에는 제거라는 것이 언제나 하나의 대체여야 한다. 또한 나는 이 두 관념을 두 번째 관념〔대체〕 속에 합쳐왔다. 이러한 필연성은 자신의 프로그램이 없는 몇몇 정치적 반대의 약점을 설명해준다. 그러한 반대의 비판이 무능력한 이유는 그 어느 것도 긍정함이 없이 모든 것을 부정하기 때문이다. 이와 똑같은 이유에서 어떤 교의를 효과적으로 공격하기 위해 부정의 역할에만 그친 위대한 이교異敎 창설자나 종교 개혁가는 아무도 없었다. 루키아노스Lukianos〔고대 로마의 그리스 풍자작가 120?~180?〕의 날카로운 논법도 노예들이 중얼거리는 최소한의 기독교 교의만큼 주피터Jupiter[로마 신화에 나오는 모든 신의 우두머리로 하늘의 지배자]의 상을 흔들지 못했다. 사람들이 올바르게 알아차린 바와 같이, 기존의 위대한 철학은 그 적이 경쟁자가 될 때까지는, 즉 또 하나의 위대한 독창적인 체계가 출현하기 전까지는 그 반대자들의 공격을 견뎌낸다.

예술의 한 유파가 아무리 형편없다 하더라도 그 유파는 다른 유파로 대체되지 않는 한 계속 활기를 띤다. 고딕 양식만이 로마네스크 양식을 사라지게 했다. 고딕 양식을 사라지게 하는 데에는 르네상스 예술이 필요했다. 그리고 비록 혼합된 형태긴 하지만 낭만주의 희곡이 출현하지 않았다면 고전주의 비극은 비판 속에서도 아직까지 살아 있을 것이다. 한 산업 제품이 소비에서 사라지는 것은 오로지 똑같은 욕구에 답하는 다른 산업 제품이 그 자리를 차지했기 때문이거나, 아니면 그 욕구가 유행이나 관습의 변화에 따라 없어졌기 때문이다. 이때 이 유행이나 관습의 변화는 새로운 거부감의 전파뿐만 아니라 새로운 취향의 전파에 의해서도—새로운 반대의 전파뿐만 아니라 새로운 원리의 전파에 의해서도—설명될 수 있다.[11] 마찬가지로 법률상의 한 원리나 절차가 아무리 불편하거나 낡았더라도 그것들이 사라지기 위해서는 새로운 원리가 공식화되었거나 새로운 절차가 형성되었어야 한다. 방식서 소송[민사소송에서 청구 취지와 청구 원인, 심판 권한 등을 기재한 서면인 방식서를 작성해 심판인에게 제출하는 것]이라는 기발한 발명이 없었다면 로마에서는 이전의 법률 소송[당사자들이 직접 구술해 소송하는 것]이 무한히 지속되었을 것이다. 로마 시민법은 적절한 의제擬制와 자유로운 영감을 발휘하는 법무관법이 생겨나서야 비로소 물러났다. 오늘날 프랑스의 형법은 외국의 다른 많은 형사법과 마찬가지로 분명히 시대에 뒤떨어졌으며 여론과도 모순되지만,

---

11 그렇지만 빈곤, 질병 또는 갖가지 종류의 재난이 밀려 들어와 어떤 욕구가 다른 것으로 대체되지 않은 채 사라지는 일이 일어날 수도 있다. 또는 어떤 하위 욕구가 점점 강도가 커져 다른 모든 욕구를 배제할 정도로 지나친 것이 되면 처음의 욕구가 그 하위 욕구로 대체되는 수도 있다. 이때 일어나는 것은 문명의 진보가 아니라 쇠퇴, 즉 퇴보다.

형법학자들이 새로운 형사 책임 이론에 합의하고 그 이론이 널리 퍼지는 데 성공하지 못하는 한 기존의 형법이 유지되고 또 계속 유지될 것이다.

마지막으로 어떤 민족에서 말로 표현할 수 있는 관념의 수가 같은 상태를 유지할 때(왜냐하면 만일 그 민족이 그 관념 중 얼마를 잃어버리고 적어도 그 수만큼 관념을 새로 얻지 못한다면, 그 문명은 진보하지 못하고 쇠퇴할 것이기 때문이다), 그 언어의 단어나 문법 형식은 그것에 상당하는 용어나 어법이 전파될 때야 비로소 제거될 수 있을 것이다. 어떤 단어가 죽는다면 그것은 다른 단어가 생겼기 때문이다. 아니 이와 마찬가지로, 결국은 한 언어가 죽는다면 그 이유 역시 그 언어 안팎에서 또 하나의 언어가 생겨났기 때문이다. 만일 몇몇 주요한 언어적 발명, 예를 들면 대명사로 관사를 만들거나 또는 동사의 부정형에 avoir〔갖다〕동사의 그때그때 형태를 덧붙여서 동사의 미래 시제 aimer-ai를 나타낸다는 생각이 어디에선가 함께 모여 로망스어의 결정적으로 중요한 점을 구성하지 않았다면, 라틴어는 야만족의 침입을 겪고서도 아직까지 살아 있을 것이다. 그것들이야말로 새로운 **명제들**thèses이었다. 그렇지만 이 새로운 명제들이 없었다면, 라틴어의 동사 활용에서 격변화와 어미 변화를 원하지 않는 **반명제**antithèse는 결코 승리하지 못했을 것이다.

이처럼 현실에서는 모든 논리 결투가 이중적이며, 서로 정반대되는 두 쌍의 긍정과 부정으로 이루어져 있다. 그렇지만 사회생활에서 매순간 두 개의 대립하는 명제 중 한쪽의 명제는 다른 쪽은 부정하더라도 자기 자신은 긍정하는 것으로 제시되며, 다른 쪽 명제는 자신을 긍정한다 하더라도 그것이 그렇게 보이는 이유는 오로지 첫 번째 명제를 부정하기 때문이다. 정치학자와 역사가에게 매우 중요한 것은, 그 각각의 명제가 두드러지는 이유가 명제의 부정하는 측면 때문인지 아니면 긍정하는 측면 때문인지를 구분하는 것이며 아울러 **그 역할이 뒤바뀌는 순간을 지적하는 것**이다. 왜냐하면 그 순간은 거의 언제나 오기 때문이다. 기존 이론이나 교의에 대한 비판자들 또는 정부 비난자들이 종교적이거나 정치적인 어떤 신생 철학이나 종파에서 도움을 찾기 때문에 그 철학이나 종파가 인기를 얻는 시기가 있다. 그리고 나중에 이 철학이나 종파가 커져 사람들의 마음을 끌게 되면, 이 혁신자의 사상이나 주장에 반대, 의심 및 경고를 하는 자에게 아직도 저항하는 채로 남아 있는 국교나 공식 철학이나 전통적인 정부의 모든 힘이 피난처 역할을 할 수 있다는 것을 사람들은 언젠가 알아차린다. 산업과 미술에서 유행에 호의적인 일부 일반인들이 옛날 제품을 무시하고 새로운 제품을 받아들이는 이유는 무엇보다도 변화의 즐거움, 즉 사람들이 늘 하던 대로 **하지 않는** 즐거움을 위해서다. 그 후에 이 새로움이 뿌리내려서 그 새로움 자체가 높이 평가되면, 옛날 제품은 관습에 호의적인 또 다른 일부 일반인들의 의도적인 습관에서 도피처를 찾는다. 이들은 바로 그렇게 해서 자신들이 다른 모든 사람들처럼 **하지 않는다는** 것을 보여주고 싶어 하기 때문이다. 새로운 표현이 옛말과 싸울 때 처음에는 주로 그것의 부정적인 매력 때문에 신어 사용자들 néologistes에게 영향을 미친다. 그들은 사람들이 항상 말해온 방식대로 말하길 원치 않기 때문이다. 그리고 그 새로운 표현이 흔히 사용되는 것이 되면, 다시 옛말이 다른 모든 사람들처럼 말하고 싶어 하지 않는 고풍의 어법 애용자들 archaïstes 사이에서 그 부정적인 측면에서만 강한 힘을 얻는다. 새로운 법 원리와 전통적인 법 원리의 대결에서도 이와 같은 급변이 있다.

이제는 명제와 반명제의 논리 결투가 개인적인 것에 불과한 경우와 그 결투가 사회적인 것이 되는 경우를 구분하는 것이 매우 중요하다. 그 구분은 더할 나위 없이 명백하다. 사회적인 결투가 시작하는 것은 개인적인 결투가 끝났을 때뿐이다. 모든 모방 행위에 앞서 개인의 망설임이 있다. 왜냐하면 널리 퍼지려고 하는 발견이나 발명은, 언제나 각각의 사람에게 이미 확립되어 있는 관념이나 관습에서 극복해야 할 어떤 장애물에 부딪히기 때문이다. 그래서 그 사람의 마음이나 정신에서는 갈등이 시작된다. 두 후보자 사이에서, 즉 자신에게 투표할 것을 간청하는 두 정책 사이에서, 또는 정치가의 경우라면 취해야 할 두 조치 사이에서 갈등이 시작된다. 그가 어찌할 바를 모르는 것은 여기에서 생겨난다. 과학적인 믿음을 흔드는 두 이론 사이에서, 종교적인 믿음을 놓고 서로 논쟁하는 두 종파 사이에서 또는 종교와 무종교 사이에서 갈등이 시작된다. 그의 취향과 구입 가격을 보류하게 하는 두 상품이나 두 예술 작품 사이에서, 또는 심의하고 있는 입법자의 경우라면 두 법안 사이에서,[12] 즉 그의 정신 속에 균형을 이루고 있는 두 법 원리 사이에서 갈등이 시작된다. 소송할지 망설이는 소송인의 경우에는 그의 생각 앞에 번쩍이는 법률 문제의 두 해결책 사이에서, 결정하지 못하고 있는 그의 혀에 경쟁적으로 제공되는 두 표현 사이에서 갈등이 시작된다. 그런데 개인의 이러한 망설임이 지속되는 한, 그는 아직은 모방하지 않는다. 그가 모방한다면, 이것은 그가 결정했다는 뜻이다.

    실현될 수 없는 가설이지만, 한 나라의 모든 구성원이 방금 말한 것처럼 동시에 또 무한히 미결정 상태에 있다고 가정해보자. 더 이상 전쟁이 없을 것이다. 왜냐하면 최후 통첩이나 선전포고는 내각 구성원들이 개인적으로 내린 결정을 전제로 하기 때문이다. 사회적인 논리 결투의 가장 명백한 유형인 전쟁이 있기 위해서는, 먼저 대치하는 두 군대로 구체화된 명제와 반명제의 표명을 그때까지 망설인 각료나 국가통치자의 정신 속에 결정이 내려지는 것이 필요하다. 똑같은 이유에서 선거전도 더 이상 없을 것이다. 종교 분쟁, 종파 분열, 과학 논쟁도 더 이상 없을 것이다. 사회가 이처럼 별개의 교회나 이론으로 분열되는 것은, 전에는 분열되었던 그 신봉자들 각각의 의식이나 사고에서 마침내 단 하나의 교의만이 우세해졌다는 것을 전제하기 때문이다. 의회에서는 더 이상 논의도 없을 것이며 소송도 없을 것이다. 해결해야 할 사회적 어려움인 소송이란, 각각의 소송인이 그에게 제기된 정신적 어려움을 해결했다는 것을 보여주기 때문이다. 경쟁 관계에 있

---

[12] 그보다 더 많은 수의 법안이 있을 수 있다. 그러나 입법자의 망설이는 생각 속에서 두 개보다 더 많은 법안이 동시에 싸우는 경우는 결코 없다.

는 공장들 간의 산업 경쟁도 더 이상 없을 것이다. 그들의 경쟁은 그 각각의 공장이 자신들만의 고객을 갖고 있다는 것, 말하자면 그들의 제품이 그 고객들의 마음속에서 더 이상 경쟁하지 않는다는 것에서 비롯하기 때문이다. 동일한 영토에서 서로 부딪치고 서로를 조금씩 잠식하려 드는 중세 프랑스의 관습법과 로마법 같은 별개의 법도 더 이상 없을 것이다. 이러한 국민적인 혼란은 개인들이 두 법체계 중에서 양쪽으로 선택했다는 것을 뜻한다. 예를 들면 오크어 langue d'oc [중세 때 루아르 강 이남에서 쓰던 남프랑스어. oui(예)의 뜻으로 oc이라고 한데서 유래]와 오일어 langue d'oïl [루아르 강 이북에서 쓰던 북프랑스어]처럼 우위를 위해 싸우는 방언도 더 이상 없을 것이다. 한 국민 안에서 이처럼 언어상의 망설임이 있는 것은 국민을 구성하는 개인들이 언어를 결정했기 때문이다.

요컨대—반복해서 말하지만—사회적인 미결정이 발생해 그 모습을 나타내는 것은 개인의 미결정이 끝났을 때다. 개인 및 사회에 고유한 두 논리나 두 심리 간의 두드러진 유사와 함께 그 명백한 차이가 이보다 더 잘 드러나는 경우는 없다. 서둘러서 덧붙여 말하면, 설령 모방 행위에 앞선 망설임이 단순히 개인적인 사실이라 하더라도 그 망설임은 사회적 사실, 즉 이미 행해진 다른 모방 행위에 의해 일어난다. 어떤 사람이 그가 곧 모방하게 되는—위세에 따르건 깊이 생각한 것에 따르건 간에—어떤 다른 사람의 영향에 저항할 경우, 이 저항은 언제나 그가 이미 경험한 예전의 영향에서 비롯한다. 어느 한 모방 흐름은 그의 마음속에서 다른 모방을 하고 싶은 마음과 교차한다. 바로 이것이 그가 아직도 모방하지 못하는 이유다. 여기에서 주목할 만한 것은 어느 한 모방의 전파 그 자체가 그 모방이 다른 모방과 만나 투쟁한다는 것을 의미한다는 사실이다.

이와 동시에 사회적 투쟁에서 단 두 적대자만이 대치하는 필연성은 사회생활의 본질적인 사실인 모방의 보편성으로 설명된다는 것을 알 수 있다. 실제로 이 기본적인 사실이 일어날 때에는 언제나 대립된 두 개의 명제나 두 개의 판단, 즉 본보기가 되는 개인의 명제나 계획 그리고 모방하는 개인의 명제나 계획밖에 없다. 만일 시선을 더 높이 올려서 인류 전체를 한눈에 본다면, 그 결투가 커지고 사회적인 것이 되어 수많은 형태로 나타나는 것을 볼 수 있을 것이다. 그러나 인간들의 결합이 문제의 현상들의 수준에서 더 긴밀하고 완전하면 할수록, 그 결투는 전체적인 사실들 속에 더욱 더 분명하게 반영된다. 군사 분야에서는 군대들이 점점 더 집중화되고 규율이 잡히면서, 그리고 호메로스 시대처럼 개별적인 전투가 수없이 일어나는 것이 아니라 대규모 전투가 싸움터에서 동시에 한 번밖에 일어나지 않으면서 그 결투가 매우 명백하게 나타난다. 그 결투는 또한 종교 분야에서도 종교들이 서로 통합되고 계층화하면서 매우 명백하게 나타난다. 가톨릭교와 프로테스탄티즘의 결투, 심지어는 가톨릭교와 자유사상*의 결투도 그 두 종교와 심지어는 자유사상가 집단의 조직 발전을 전제로 한다. 정치 문제에서는 덜 명백하지만, 정당이 더 잘 조직되면 그 결투의 명백성은 커진다. 산업 분야에서도 그 결투가 덜 명백하게 나타난다. 그러나 산업이 사회주의자의 바람대로 조직된다면 사정은 변할 것이다. 언어 분야에서는 그 결투가 매우 모호하게 나타난다. 왜냐하면 언어는 인간의 산물 중에서 국민 의식이 가장 적은 것이 되었기 때문이다. 그렇지만 나는 오크어와 오일어의 투쟁을 앞에서 인용했으며, 그 밖의 유사한 다른 예들이 많이 있다. 법 분야에서도 그 결투는 역시 매우 모호하게 나타난다. 이는 법 연구가 정열적인 대상이 되기를 멈추었고, 법학의 학파들이 이젠 유명 교수의 훈련된 열렬한 추종자들로 충원되지 않기 때문이다. 그 결과 로마에서의 사비누스파〔로마의 법학자 마수리우스 사비누스(?~64?)를 중심으로 한 학파〕와 프로쿨루스파〔프로쿨루스의 학설을 따르는 파〕의 대투쟁이나 중세 말기 로마법 학자들과 봉

---

* 종교 문제에서는 오로지 이성에만 의지할 뿐 기존의 어떤 이론에도 영향을 받지 않으려는 입장으로, 따라서 신앙이 없는 태도.

건법 전문가들의 대투쟁에 견줄 만한 것이 더 이상 보이지 않는다.

사회적인 미결정이 생겨나 두드러지면, 그 미결정은 이번에는 다시 결정으로 변해야 한다. 이러한 일은 어떻게 일어나는가? 그것은 모방 행위가 뒤따르는 새로운 일련의 개인적인 미결정에 의해서 일어난다. 몇몇 정책이 국민을 분열시킬 때 그중의 하나는 선전을 통해서건 공포를 통해서건 한 명씩 한 명씩 끌어들여 마침내는 거의 모든 사람을 끌어들일 때까지 퍼져 나간다. 서로 투쟁하는 교회나 철학 중에서도 어느 하나는 마찬가지 방식으로 퍼져 나간다. 그 예를 늘리는 것은 쓸모없는 짓이다. 마지막으로, 결코 완전한 만장일치는 아니지만 그래도 만장일치가 어느 정도 실현되는 데 성공한다면 모든 미결정은 개인적인 것이든 사회적인 것이든 거의 끝난다. 이것이 불가피한 종착점이다. 우리가 보기에 오늘날 관습이나 믿음 속에 받아들여지고 자리 잡았으며 뿌리내린 것은 모두 처음에는 뜨거운 논의의 대상이었다. 불일치를 원천으로 하지 않는 평화적인 제도는 없다. 문법, 법규, 불문법과 성문법, 지배적인 산업, 최고의 시학, 교리문답 등 사회의 **절대적인**catégorique 기초인 이 모든 것은 사회의 **변증법**이 느리면서도 점진적으로 만들어내는 산물이다. 각각의 문법 규칙은 어떤 말의 습관이 부분적으로 모순되는 다른 습관들을 희생시키고 퍼진 승리의 표현이다. 법전의 각 조항은 길거리의 유혈 투쟁 이후에, 언론에서의 격렬한 논쟁 이후에, 의회의 격론 이후에 맺어진 화해거나 평화조약이다. 헌법의 원리는 혁명 이후에야 받아들여진 것이다.[13]

---

13 우리는 **강제적인**, 또는 다음과 같은 표현을 원한다면, 즉석에서 만들어진 헌법과 조금씩 형성된 **계약적인** 헌법을 구분했다. 이것은 게다가 매우 중요한 구분이다. (부미Emile Boutmy[프랑스의 정치학자, 1835~1906] 씨의 논의를 보라) 그러나 근본적으로는, 강제적인 헌법 자체도 그 헌법이 생겨나는 의회 안에서 대립된 정당들 간의 합의에서 유래한다. 단 여기에서는 투쟁의 결과로 하나의 계약만이 있을 뿐이다. 반면에 예를 들면 영국 헌법은 기존 권력들 간의 많은 투쟁과 계약에서 생겨났다.

개인적인 범주들의 기원의 경우에도 똑같다.[14] 공간, 시간, 물질, 힘에 대해 약간 발전된 관념은, 최근 심리학자들의 상당히 근거 있는 결론을 받아들인다면 삶의 초기에 개인에게서 일어나는 망설임, 유추, 획득의 결과이다. 그러나 어린아이의 경우 물질과 힘에 대해서는 아니더라도 공간과 시간에 대해서는 이미 어렴풋한 관념―요람에서, 즉 우리의 분석 방법들이 더 이상 거슬러 올라갈 수 없는 나이에 형성된 관념―의 씨가 존재하는 것처럼, 모든 원시사회도 우리로서는 어떻게 형성되었는지 결코 알 수 없는 문법 규칙, 관습, 종교 관념, 정치 세력에 대해 많은 어렴풋한 것들을 드러낸다.

사회적인 논리 결투의 결말은 세 가지 다른 방식으로 일어난다. 상당히 자주 일어나는 것은 다음과 같은 방식이다. (1) 두 적대자 중 어느 한쪽의 진보가 외부적인 도움도 내부적인 도움도 없이 단순히 자연스럽게 길어지면서 다른 한쪽의 제거가 일어난다. 예를 들면 설형문자를 없애는 데에는 페니키아 문자가 그 전파 운동을 계속하기만 하면 되었다. 프랑스 남부 초가집들에서 로마식 램프를 약간 변형시킨 견과유 화로를 사라지게 하는 데에는 석유 램프가 알려지는 것만으로도 충분했다. 그러나 두 경쟁자 중 유리한 쪽이 다른 쪽을 더 멀리 물러나게 하는 것이 점점 어려워지면서 그 진보가 멈추는 순간이 가끔 온다. 그래서 (2) 이 모순을 없애고 싶은 욕구가 상당히 강하게 느껴지면 무력을 사용하게 되는데, 이때 그 승리는 두 대결자 중 한쪽을 난폭하게 제거하는 결과를 갖는다. 군사력은 아니더라도 권위적인 힘이 행사되는 경우는 흔히 이러한 경우에 해당한다. 아타나시우스 신경〔그리스도의 신인양성神人兩性 및 삼위일체에 대한 신앙의 필연성을 간명하게 나타낸 신

---

14 '논리 범주와 사회제도 Catégories logiques et institutions sociales'라는 제목으로 1889년 8월과 9월 《철학평론》에 발표했으며 또 나의 《사회논리학 Logique social》(1894)에 재수록한 논문에서 나는 이 비교를 길게 전개했다. 여기에서는 그것을 알려주는 것으로 그치겠다.

조〕을 찬성한 니케아 공의회(325년)의 표결이 그러했고, 콘스탄티누스 황제의 기독교로의 개종도 그러했다. 의회나 독재자가 깊이 생각한 다음에 내리는 중요한 결정은 모두 그러하다. 이 경우에서 표결이나 칙령은 앞에서 말한 경우의 승리와 마찬가지로 새로운 외부 조건이 된다. 이 외부 조건이 경쟁 관계에 있는 명제나 의지 중 어느 하나는 우대하고 다른 하나는 희생시키며, 아울러 경쟁 중에 있는 모방적 전파들의 자연스러운 시합을 왜곡한다. 이것은 어떤 지질학적 사건의 결과로 어느 지역의 기후가 갑자기 변해 생물 전파의 시합을 뒤엎어서, 그전에는 풍부했던 어떤 종의 식물이나 동물이 늘어나는 것을 막고 그때까지는 많지 않았던 다른 종의 식물이나 동물이 늘어나는 것을 도와주는 것과 거의 같다. 마지막으로 (3) 대립자들이 서로 화해하거나 아니면 그들 중 한쪽이 새로운 발견이나 발명의 개입에 의해서 현명하게 또는 자발적으로 퇴출되는 것을 매우 자주 볼 수 있다.

이 마지막 경우에 멈추어보자. 이 경우는 내가 보기에 가장 중요한 것 같다. 왜냐하면 여기에 개입하는 조건은 외적인 것이 아니라 내적인 것이기 때문이다. 게다가 여기에 개입하는 의기양양한 발견이나 발명은, 앞의 경우에서 자기 편에 승리를 가져온 장군의 군사 재능이나 행운의 영감이 전쟁터에서 행한 바와 똑같은 섬광의 역할을 한다. 예를 들면 혈액 순환의 발견만이 16세기 해부학자들의 한없는 논의를 끝낼 수 있었다. 그리고 17세기 초 망원경의 발명을 통한 천문학적 발견만이―피타고라스의 가설에 유리하게 그리고 아리스토텔레스주의자들의 가설과는 반대로―태양이 지구 주위를 도는지 아니면 지구가 태양 주위를 도는지를 아는 문제를 해결했으며, 또한 천문학자들을 두 진영으로 나눈 그 밖의 많은 문제들도 해결했다. 아무 도서관이나 열어보라. 그러면 옛날에는 몹시 뜨거웠지만 오늘날에는 식어버린 문제가 얼마나 많은지 또 한때 논쟁과 욕설이 분출했지만 지금은 꺼져버린 화산이 얼마나 많은지 보게될 것이다! 그리고 냉각은 거의 언제나 기적처럼 학구적인―박식함에 의한 것이든 상상에 의한 것이든

―발견에 힘입어 이루어졌다. 현재 암송되고 있는 교리문답서 중에도 신자들의 이의가 없는 페이지는 없다. 또 그 각각의 행이 교의의 창시자들 사이에서, 교부들 사이에서 또는 종교회의들 사이에서 벌어진 격렬한 논쟁의 결과를 나타내지 않는 곳도 없다.

때로는 피도 흘린 이 투쟁을 끝내기 위해서는 무엇이 필요했는가? 오류가 없다고 여겨지는 어떤 권위가 분쟁을 깨끗이 해결하지 못했을 경우에는, 다소 틀림없는 성스러운 원본의 발견이나 새로운 신학적 발상이 필요했다. 마찬가지로 인간들의 의지나 욕망 사이에서 일어나는 갈등 중 얼마나 많은 갈등들이 산업상의 발명이나 심지어는 정치적인 발명에 의해 진정되거나 상당히 완화되었는가! 물레방아나 풍차가 발명되기 전에는, 빵을 먹고 싶은 욕망과 팔로 빻아야 하는 짜증 나는 노동에 대한 거부감이 주인과 노예의 마음속에서 노골적으로 싸우고 있었다. 빵을 먹고 싶다는 것은 자신을 위해서건 다른 사람을 위해서건 이 지긋지긋한 고역을 원한다는 것이었다. 그리고 만일 그가 노예일 경우, 자신을 위해서 이 고역을 원하지 않는다는 것은 아무도 빵을 먹지 않기를 바란다는 것이었다. 그러나 물레방아가 발명되어 노예들의 수고를 엄청나게 덜어주면서 그 두 욕망은 서로 장애가 되는 것을 멈추었다. 이와 마찬가지로 고대인의 가장 놀라운 발명 중 하나인 수레가 발명될 때까지는, 무거운 짐을 옮겨야 할 필요와 어깨에 무거운 짐을 져서 지쳐버리고 싶지 않거나 또는 자신의 짐바리 짐승을 무거운 짐으로 지치게 하고 싶지 않은 욕망이 사람들의 마음 속에서 싸웠으며 서로 방해했다. 요컨대 노예제도는, 노예도 주인과 마찬가지로 그 필요성을 느끼는, 의무적인 힘든 일을 수행하기 위한 필요악이었다. 이렇게 해서 주인은 그 짐을 노예에게 넘겼다. 어쨌든 적어도 주인의 경우에는 모순된 욕망들의 갈등이 해결되었다. 그렇지 않았더라면 그 갈등은 누구도 해결하지 못했을 것이다. 이러한 의지나 이해관계의 만성적인 대립이 사라지고 점점 어느 정도 상대적인 일치에 도달한 것은, 오로지 바람, 물의 흐름,

증기 같은 무생물적인 힘을 이용해 옛날의 주인과 노예 모두에게 큰 이로움을 준 주요한 발명들 때문이었다.

여기에서는 각각의 개입하는 발명이 어려운 항목들 중 하나를 제거하는 것 이상의 일을 했다. 그것은 둘 사이의 대립도 제거했기 때문이다. 희극의 매듭도 이런 식으로 풀린다(왜냐하면 발명이란 해결이며 그 역도 마찬가지기 때문이다). 예를 들어 아버지와 아들 간 의지의 대립이 극복할 수 없는 것처럼 보일 정도까지 커졌을 때, 어떤 예기치 못한 폭로[새로운 사실]는 그 대립이 순전히 겉보기에만 그런 것이고 전혀 사실성이 없다는 것을 보여준다.[15] 따라서 산업상의 발명은 희극의 결말, 달리 말하면 모든 사람을 기쁘고 만족스럽게 해주는 결말에 견줄 만한 데 반해, 개선된 무기, 교묘한 전략, 결정적인 순간에서 날카로운 관찰력 같은 군사적 발명은 완전히 비극의 결말을 생각나게 한다. 비극에서는 경쟁자들 중 한쪽의 승리가 다른 쪽의 죽음이고, 매우 많은 열정과 믿음이 등장인물들 속에 구체적으로 잘 표현되며, 아울러 그들의 욕망과 믿음 간의 모순은 매우 심각해서 화해가 불가능하며

---

[15] 산업에서만이 아니라 때로는 정치와 종교에서도 이처럼 행복한 놀라움이 있다. 아니 보다 정확하게 말하면, 사람들은 그렇게 생각한다. 르낭Ernst Renan[프랑스의 종교사가, 1823~1892] 씨도 이와 비슷한 언급을 한다. 그는 다음과 같이 말한다. "역사의 거대한 움직임(원시 교회, 종교개혁, 프랑스혁명)에는 열광의 순간이 있는데, 이때에는 공동의 일을 위해서 결합한 사람들(베드로와 바울, 루터파와 칼뱅파, 산악파[좌파]와 지롱드파[온건공화파] 등)이 **미묘한 차이 때문에 갈라서거나 서로 죽인다**. 그다음에는 화해의 순간이 있다. 이때에는 그 명백한 적들이 서로 의견이 일치했으며 똑같은 목적을 위해서 일했다는 것을 **증명하려고 애쓴다**. 시간이 어느 정도 지나면 이 모든 불일치에서 단 하나의 교의가 생겨나며 또 서로 욕설을 퍼부은 사람들의 추종자들 사이에 어떤 완전한 일치가 지배한다(또는 지배하는 것처럼 보인다).(《복음서 Les Évangiles》) 열광의 순간에는 미묘한 차이 때문에 반드시 서로 죽인다. 왜냐하면 흥분한 의식이라는 특별한 빛에 비추어 보면 이 미묘한 차이, 즉 **이 상호 간의 부분적인 대립**이 눈에 들어오기 때문이다. 그리고 그러한 시기에는 모든 사람은 자신이 받아들이는 명제의 완전한 화신이 되어 그 명제의 무한한 전파에 절대적으로 헌신하기 때문에, 그 대립되는 명제의 제거는 그 명제를 구현하는 사람이나 그런 사람들의 죽음을 의미한다. 그 후 처음의 당사자들이 사라지고 덜 열광적인 계승자들로 대체되면, 대립된 확신들의 냉각은 그것들의 대립에 관대함이라는 장막을 칠 수 있게 해준다. 믿음의 수준이 내려간 것만으로도 이러한 변화가 일어난 것이다.

최종적인 희생이 불가피하기 때문이다. 따라서 모든 승리는 강제 계약에 지나지 않은 조약이 뒤따름에도 불구하고 둘 간의 합의라기보다는, 패자의 진압은 아닐지라도 적어도 승자의 국민적 의지에 의한 패자의 국민적 저항 의지의 진압이다. 요컨대 역사란 비극과 희극으로 만든 직물, 즉 무시무시한 비극과 별로 즐겁지 않은 희극이 뒤얽힌 것이다. 자세하게 들여다보면 그것들을 구분하는 것은 쉽다. 이것이 아마도—지나가면서 말하는 것이지만—군사적이기보다는 훨씬 더 산업적인 현대에, 현실 생활의 이미지인 연극에서 비극이 나날이 점점 더 무시되고 희극 앞에서 물러나며, 희극은 더욱 늘어나고 발전하지만 그러면서도 그 희극이 슬퍼지거나 우울해지는 것을 본다고 해서 놀랄 필요가 없는 이유일 것이다.

3. 논리 결합

지금까지는 서로 싸우고 대체되는 발명이나 발견에 대해서 말한 만큼, 이제는 서로 도와주고 축적되는 것들을 다루어야 한다. 내가 따라간 순서에 따라, 대체에 의한 진보가—기원까지 거슬러 올라간다면—축적에 의한 진보보다 선행한다고 생각해서는 안 된다. 실제로는 축적에 의한 진보가 대체에 의한 진보보다 반드시 앞서 존재했겠지만, 이와 동시에 축적에 의한 진보가 대체에 의한 진보를 따르는 것도 분명하다. 그렇지만 축적에 의한 진보가 처음과 끝이다. 다른 것[대체에 의한 진보]은 중간 항에 불과하다. 예를 들면 언어는 확실히 단어와 동사 형태의 연속적인 획득에 따라 형성되기 시작했다. 그 단어와 동사 형태에는 그때까지 표현되지 않은 관념을 표현할 때, 확실하게 자리잡기 위해 이겨내야 할 경쟁자가 없었다. 그리고 이러한 환경이 아마도 그것의 첫걸음을 수월하게 했을 것이다. 가장 오래된 종교가 처음 등장했을 때 그 내용은 전설과 신화로 가득 찼지만, 그 전설과 신화는 당시만 하더라도 완전히 새로운 문제에 대한 응답이었기 때문에 이전의 해결책과도 전혀 모순되지 않았다. 또한 전설이나 신화를 서로 모순되지 않게 하는 것도 쉬웠다. 왜냐하면 그것들은 서로 다른 문제에 대해 따로따로 대답했기 때문이다. 가장 원시적인 관습이라 하더라도 자연 상태에 특유한 무규율 상태l'indiscipline에 뿌리내리는 것은 아마도 힘들었을 것이다. 그렇지만 그 관습들은 당시에는 아직 제기되지 않은 법적 문제에 대답했고 또 아직 규칙이 없는 개인적인 관계를 규제했기 때문에, 싸워야 할 기존 관습들이 전혀 없는 행운을 누렸다. 그래서 그 관습들이 상충되지 않는 것은 쉬운 일이었다.

마지막으로, 가장 오래된 정치 조직들은 어느 정도까지는 내부 투쟁 없이, 즉 군사적으로건 산업적으로건 비대립적인 발전의 길을 거쳐 성장했음에 틀림없다. 최초의 정부 형태는 어떤 것이든 간에 그것은 그때까지 만족하지 못했던 안전 요구에 대한 응답이었으며, 이러한 상황은 정부의 수립에 유리했다. 전쟁 기술이 이제 막 생겨났을 때는 모든 새로운 무기, 모든 새로운 훈련, 모든 새로운 전략이 이전의 것들에 추가될 수 있었다. 그렇지만 오늘날에는 새로운 살인 도구나 새로운 군대 규칙이 어떤 다른 것을 쓸모없게 만들지 않는 경우나 한동안 그 장애물에 부딪치지 않는 경우는 매우 드물다. 목축이나 농사의 형태로 산업이 생겨났을 때는, 새로운 경작 식물이나 새로운 가축이 오늘날처럼 거의 동등한 가치를 지닌 다른 식물이나 다른 가축으로 대체되는 것이 아니라, 채소밭이나 외양간, 밭이나 곳간 등 이미 획득한 빈약한 자원에 추가되었다. 그리고 이와 마찬가지로 그때에는 천문학적인 것이든 물리적인 것이든 간에 새로운 관찰 하나하나도 인간 정신에서 그때까지 어두웠던 점을 밝혀주면서, 그 발견과 거의 모순되지 않는 이전의 관찰들 옆에 자유롭게 자리를 차지했다. 따라서 문제는 무지를 쫓아내는 것이었지 오류와 싸우는 것이 아니었다. 문제는 경계가 없고 경작되지 않은 땅을 개간하는 것이었지, 이미 다른 사람들이 일하고 소유한 땅을 더 잘 경작하는 것이 아니었다.

  그러나 논리 결투에 의한 대체에 앞서 나타나는 축적이 대체 뒤에 나타나는 축적과 혼동되어서는 안 된다는 것에 주의해야 한다. 첫 번째 축적은 요소들의 느슨한 결집으로 이루어져 있으며, 그 요소들의 주된 관계는 **서로 모순되지 않는 것**이다. 두 번째 축적은 요소들의 강력한 묶음으로 이루어져 있는데, 이때 그 요소들은 서로 모순되지 않을 뿐만 아니라 대부분의 경우 **서로 입증해주기도 한다**. 그리고 그렇게 되어야 할 것이다. 왜냐하면 대대적이고 강력한 믿음에 대한 욕구가 계속 커지기 때문이다. 우리는 이미 이러한 고찰의 진실성을 지금까지 말한 것에서 볼 수 있었다. 그 진실성은 잠시 후 우리에게 더 잘 나타날 것이다. 모든 문제에서는 (대체될 수도 있지만) 무한히 축적될 수 있는 발명이나 발견과, 그 축적이 일정한 한계를 넘어서면─진보가 계속될 경우─대체될 수밖에 없는 발명이나 발견을 구분해야 한다는 것을 나는 보여줄 것이다. 그렇지만 이 두 종류는 진보 과정에서 상당히 자연스럽게 구분된다. 전자〔무한히 축적될 수 있는 발명이나 발견〕는 후자〔대체될 수밖에 없는 발명이나 발견〕보다 먼저 일어나며, 후자가 고갈된 다음에도 계속된다. 그렇지만 후자가 고갈된 후의 전자는 그전에 없었던 체계적인 성격을 나타낸다.

  언어는 새로 출현한 관념들에 대응하는 새로운 말들을 추가함으로써 무한히 확대될 수 있다. 그러나 그 어느 것도 어휘의 증가를 막지 못하지만, 그에 따라서 문법이 늘어나는 것은 아니다. 똑같은 정신으로 가득 차 있으며 언어의 모든 욕구를 어느 정도 잘 만족시키는 적은 수의 문법 규칙과 문법 형식을 넘어서면, 그 어떤 새로운 형식도 다른 것들과 싸우지 않고서는 그리고 관용어를 다른 차원에서 다시 만들어내는 경향이 있지 않고서는 불쑥 나타날 수 없다. 어미 변화가 있는 언어에서 격格의 차이를 관사를 동반한 전치사로 표현한다는 생각이 들어온다면, 관사와 전치사가 결국 어미 변화를 없애든가 아니면 어미 변화가 관사와 전치사를 쫓아버리든가 해야 할 것이다. 그런데 여기에서 주목해야 할 것은 한 언어의 문법이 고정된 다음에도 그 어휘는 계속 늘어난다는 것이다. 오히려 그 어휘는 더 빨리 늘어난다. 게다가 문법이 고정되면, 그다음에 도입되는 각각의 말은 다른 말과 모순되지 않을 뿐만 아니라, 이번에는 그 말이 다른 말과 똑같은 문법적인 특징을 지니면서 그 다른 말 속에 들어 있는 함축적인 명제를 간접적으로 확증한다. 예를 들면 라틴어에 들어오는 모든 새로운 낱말에는 us와 a라는 어미가 붙었다. 이 새로운 낱말도 어미 변화를 하는 경우, 똑같은 어미로 끝나거나 똑같은 어미 변화를 하는 다른 모든 말에서 보이는 것, 말하자면 us와 a는 라틴어의 표시며, *i, o, um, θ, am*은 속격, 여격, 목적격 등의 표시라는 일반적인 명제들을 반복하고 확증하는 것 같았다.

  종교도 언어와 마찬가지로 두 가지 측면에서 고찰할 수 있다. 종교에는 이야기와 전설로 이뤄진 부분이 있는데, 이 부분은 그 종교에는 사전에 해당하며 여기에서 그 종교가 시작된다. 종교에는 또한 일종의 종교 문법인 교의적이며 의례적인 부분이 있다. 전자는 성서투나 신화 같은 이야기, 신이나 반半신, 영웅 및 성자에 대한 역사로 이루어져 있으며, 그것은 무한히 발전할 수 있다. 그러나 후자는 그러한 확장성을 갖고 있지 않다. 양심을 괴롭히는 주요한 모든 문제가 주어진 종교의 고유한 원리에 따라 해결된 다음에는, 그 어떤 새로운 교의도 기존 교의와 부분적으로 모순되지 않고서는 도입될 수 없는 때가 온다. 이와 마찬가지로 모든 교의가 이미 의례로 표현되었을 때에는, 어떤 새로운 의례도 그것이 교의를 표현하는 한 자유롭게 도입될 수 없다. 그렇지만 어떤 종교에서는 신조와 의례가 결정된 다음에도 순교자 열전, 성인전, 교회사가 여전히 계속 늘어나며 심지어는 전보다 더 빨리 늘어나기도 한다. 게다가 성숙한 종교의 성자들, 순교자들, 신자들은 그들의 모든 행위와 사상, 심지어는 기적의 동조주의적이며 정통적인 성격을 통해 서로 모순되지 않을 뿐만 아니라 같은 말(행동)을 되풀이하면서 서로 옳다는 것을 확인해주기도 한다. 이 점에서 그들은, 교의와 의례가 형성되기 이전에 계속해서 나타난 신적인 인물이나 영웅적인 인물, 신과 반신, 족장 및 사도, 그리고 전설이나 불가사의한 일과는 다르다.

여기에서 나는 상당히 중요한 관찰을 하기 위해 여담을 할 수밖에 없다. 어느 한 종교에서 이야기 부분이 교의 부분보다 더 우위에 있는지 아니면 그 반대인지에 따라서, 그 종교는 무한히 변형될 수 있는 유연한 모습을 나타내거나 아니면 본질적으로 불변적인 모습을 나타낼 것이다. 그리스-라틴의 이교異教에는 교의라는 것이 거의 없다. 그러므로 종교의식은 교의의 의미가 거의 없기 때문에, 그 의식이 상징하는 의미는 오히려 이야기 장르에 속한다. 예를 들면 사람들이 나타내려고 하는 것은 케레스[Cérès, 풍작의 여신]나 바커스[Bacchus, 술의 신]의 생애의 한 일화이다. 이런 식으로 이해한다면 의례는 무한히 축적될 수 있다. 교의가 대수롭지 않은 것이라면, 고대 다신교에서는 이야기가 거의 전부가 된다. 의례가 믿을 수 없을 정도로 쉽게 풍부해지는 것은 이 때문이다. 이것은 영어 같은 근대어의 어휘 팽창과 유사하다. 영어는 문법적으로는 매우 빈약하지만, 일종의 언어학적 세례인 가벼운 어미 변화를 통해 외국에서 온 갖가지 종류의 어휘를 자기 것으로 만들었다. 그렇지만 이처럼 엄청나게 늘어나는 경향이 이야기 종교의 생존 능력의 한 원인이라 하더라도, 그것이 그 종교가 비판적인 공격에 특별히 저항력이 있다는 것을 뜻하지는 않는다. 이에 반해 견고한 신학체계, 즉 서로 의지하거나 그렇게 보이는 한 덩어리의 교의 및 교의적인 의례는 전혀 다르다. 왜냐하면 그것들은 언젠가 외부 반대자와 싸울 때에는 모두 다시 일어나 일제히 저항하기 때문이다.

그러나 본론으로 돌아가자. 종교에 해당하는 것은 또한 종교를 대신하고 싶어 하는 과학에도 해당한다. 과학이 단순히 사실, 즉 오감五感에 주어진 자료를 나열하고 기술하는 것인 한, 과학은 사실 무한히 확대될 수 있다. 그리고 과학은 이렇게 처음에는 서로 관련도 없지만 그렇다고 모순되지도 않는 현상을 단순히 수집하는 것으로 시작할 뿐이다. 그러나 이번에는 과학이 학설을 세우고 법칙을 정하는 한, 즉 과학이 서로 모순되지 않는 것에 그치지 않고 서로 확증해주는 모습으로서 사실들을 설명하기에 적합한 이론을 생각해내는 한, 또는 과학이 시간, 공간, 물질, 힘이라고 불리는 함축적인 일반 명제인 타고난 정신 형식 아래에서 자기도 모르게 감각 자료를 종합하는 한, 과학은 아마도 인간이 만들어낸 것 중에서 가장 확장 불가능한 것이 될 것이다. 의심할 바 없이 과학 이론은 개선된다. 그러나 관찰과 실험이 쌓이면서 대체되고 주기적으로 새로운 시작이 일어나는 경우도 없지 않다. 그리고 원자론, (오늘날 진화론이라 불리는) 역본설力本說〔모든 존재와 현상의 근원을 어떤 힘과 그 작용으로 보는 학설〕이나 단자론〔궁극적인 실체로서 모나드(단자)를 생각하고 이를 통해 만물을 해명하고자 하는 라이프니츠의 철학〕, (플라톤이나 헤겔의) 관념론 같은 몇몇 지도적인 설명 원리가 시대마다 다시 등장하는 것을 볼 수 있는데, 이 설명 원리들은 사실들이 아무리 늘어나고 넘쳐흘러도 그 사실늘의 확고한 틀이다. 다만 이 주요 사상들, 즉 이 과학적인 가설들이나 **발명들** 중에는 몇몇 개만이 서로를 확증해주며, 또 발견된 현상들의 계속적인 축적을 통해 점점 더 확증된다. 그 결과 발견된 현상들은 더 이상 서로 모순되지 않는 것에 그치지 않고, 마치 하나의 법칙이나 하나의 집합적인 명제를 함께 증언하는 것처럼 반복되고 서로 입증한다. 뉴턴I. Newton〔1642~1727〕 이전에는 천문학에서 계속되는 발견들이 서로 거의 모순되지 않았다. 뉴턴 이후에는 그 발견들이 서로를 입증했다. 각각의 과학이 저마다 근대 천문학처럼 단 하나의 공식으로 환원되고 또한 그 여러 공식이 더 높은 공식으로 연결되는 것이 이상이었을 것이다. 한마디로 말해서, 더 이상 과학은 없고 단 하나의 과학만 있는 것이 이상이었을 것이다. 이는 다신교 종교가 도태되고 일신교가 되어 더 이상 신들은 없고 신Dieu만이 있는 것과 같다.

전에는 목축 국가였는데 농업 국가를 거친 다음 공업 국가가 된 민족의 경우도 마찬가지다. 그 결과 방목장에 밀밭과 논, 과수원과 점점 다채로워지는 정원, 점점 복잡해지는 공장 등이 추가되어, 이해관계의 수는 계속 늘어난다. 그리고 그곳에 적용되는 법령이나 관습적인 규범도 폐기되는 것보다 축적되는 것이 훨씬 더 많아진다. 그러나 결국 이 혼란의 한가운데에서 나타나는 일반적인 법 원리는 그 수가 언제나 제한되어 있다. 따라서 그 원리에는 진보란 대체다. 그렇지만 이 법률상의 문법이 형성된 다음에도, 프랑스에서는 법령집Bulletin des Lois이라고 부르는 법률 사전은 눈 깜박할 사이에, 게다가 더욱 활기차게 늘어날 수 있다. 그렇지만 그 뒤에 계속 이어지는 법들은 이때부터 똑같은 이론적 유니폼을 입고 나타나며, 이 유니폼은 그 법들로 하여금 하나의 법전, 즉 농업법, 상업법, 해양법 등을 만들어내기에 적합하도록 해준다. 전에는 이러한 체계화가 불가능했다.

마지막으로 통치와 관련해서도(나는 통치라는 말을 넓은 의미로, 즉 한 나라의 **지휘된 활동**의 모든 형태로 이해한다) 비슷한 구분이 나타난다. 우리는 지휘된 국가 활동을 호전적인 것과 근로적인 것으로 구분할 수 있으며, 전자는 다시 군사력과 정치력으로 세분된다고 말할 수 있을 것이다. 이때 호전적인 것이 군대 간의 짧은 유혈 전쟁으로 이루어지면 군사력이고, 정당 간의 장기적이며 소란스러운 전쟁으로 이루어지면 정치력이다. 또한 그 호전적인 것이 외국을 이겨 속국으로 만드는 억압으로 이루어지면 군사력이고, 국내의 적을 쓰러뜨려 세금으로 괴롭히는 억압으로 이루어지면 정치력이다. 그런데 주목할 만한 것은 이 두 세분 모두에서 행정적인 측면은 기능이 늘어나면서 끊임없이 확대되고 개선되는 반면에, 전쟁 기술과 정치 기술은 언제나 서로 배제하는 소수 유형 중에서 선택할 수밖에 없는 전략이나 헌법의 좁은 범위 안에서 움직인다는 것이다. 그러나 민간적인 것이든 군사적인 것이든 기능이 너무 분산되지 않는 것에 그치지 않고 한 점에 수렴하게 되는 것, 또한 야만인들의 연맹이나 무리를 이루지 않고 진정한 국가나 군대를 형성하는 것은, 오로지 이 기능이 전략적인 계획이나 헌법의 의도에 따라 장악되고 이용된 다음에나 가능한 것이다.

지휘된 국가 활동 중 근로적이고 산업적인 부분에 대해서도 똑같이 말할 수 있는데, 이 경우에는 몇 가지 점에 대해서는 유보한다는 조건이 뒤따른다. 내가 이미 말한 것처럼 산업은 추상적으로만 각각의 시대에 지배적인 도덕이나 미학과 분리될 수 있다. 산업을 그것과 결부시키면, 노동과 관련된 발명이나 새로운 아이디어 중에서 어떤 것들은—여러 번 반복해서 말한 것처럼—무한히 진보할 수 있지만, 말하자면 거의 한없이 축적할 수 있지만 또 어떤 것들은 그렇지 않다는 것을 알게 된다. 사실 **산업 시설**은 계속 증가한다. 그러나 어느 정도 시간이 지나면 그 수단 모두를 이용해 얻는 **목적**은 잇따라 서로를 제거할 뿐이다. 언뜻 보면, 즉 수단과 목적을 구분하지 않고 일괄해서 해석하면, 산업은 시대마다 완전히 대체된 것 같다. 아시리아의 산업만큼 그리스나 로마의 산업과 다른 것은 없으며, 중세 산업만큼 17세기 산업과 다른 것도 없다. 또한 우리 조상들의 소기업만큼 현대의 대기업과 다른 것도 없다. 사실 이 인간 활동의 커다란 묶음 각각은 시대마다 완전히 변하는 어떤 큰 지배적인 욕구에 따라 연결되고 고취된다. 사후의 생을 준비하려는 욕구, 신들의 비위를 맞추거나 도시를 아름답게 하고 명예롭게 하려는 욕구, 종교적 믿음이나 군주의 위엄을 표현하려는 욕구, 사회적 평등화에의 욕구. 그리고 이 상위 목적이 변하기 때문에, 한 시대 전체를 집약적으로 표현하는 두드러진 업적들, 예를 들면 이집트의 무덤, 그리스의 신전, 로마의 원형 경기장이나 개선문, 중세의 대성당, 17세기의 궁전, 오늘날의 철도역이나 도시 건축물 등이 잇달아 나타난다.

그러나 사실을 말하자면, 이런 식으로 영원히 사라진 것은 과거의 산업이기보다는 과거의 문명이다. 문명이라는 것을 한 시대의 도덕적이거나 미적인 목적과 산업적인 **수단**의 전체로 이해한다면 말이다. 물론 이때 그 목적과 수단은 부분적으로는 언제나 우연히 만난다. 왜냐하면 그 목적이 그 수단을 사용한 것은, 그 목적이 다른 수단을 이용할 수도 있었지만 바로 그 수단과 우연히 만났기 때문이다. 그리고 그 수단이 그 목적에 이용되기는 했지만, 그 수단들도 기꺼이 다른 목적들에 이용될 수 있었다. 그런데 목적들은 사라지지만, 수단들 또는 그 수단들 중에서 본질적인 것은 남는다. 완전하지 않은 기계라도, 겉으로 보기에 또는 몇 가지 점에서 그 기계를 죽여 버린 더 완전하고 더 복잡한 기계 속에 근본적으로 일종의 윤회를 통해 살아 있다. 그리고 막대기, 지렛대, 바퀴 같은 단순한 기계 모두도 우리의 더욱 현대적인 도구 속에 다시 나타난다. 활은 강철 활 속에, 강철 활은 화승총과 소총 속에 남아 있다. 원시적인 짐수레는 스프링 장치가 달린 마차 속에 남아 있으며, 또 이 스프링 장치가 달린 마차는 기관차 속에 남아 있다. 기관차는 그 마차에 증기기관과 뛰어난 신속함을 덧붙이면서 그 마차를 쫓아낸 것이 아니라 흡수해버렸다. 반면에 코페르니쿠스의 지동설이 프톨레마이오스의 천동설을 쫓아낸 것처럼, 신비한 구원에 대한 기독교도의 욕구는 애국적인 영광에 대한 로마인의 욕구를 실제로 쫓아낸 것이지 흡수한 것이 아니었다.

요컨대 수백만 년 전부터 추구되어온 산업적인 발명은 언어의 사전이나 과학의 사실에 견줄 만하다. 사실 내가 앞에서 말한 바와 같이, 많은 부정확한 정보가 더 정확한 지식에 의해 쫓겨난 것처럼 많은 도구와 제품이 다른 것들에게 자리를 빼앗겼다. 그래도 결국 도구와 제품의 수는 지식의 수처럼 계속 증가했다. 엄밀한 의미에서의 과학, 즉 어떤 이론을 증명하는 데 쓸 수 있는 사실의 수집은 엄밀한 의미에서의 산업, 즉 어떤 미학이나 도덕을 실현하는 데 쓸 수 있는 기구와 절차의 보고寶庫에 견줄 만하다. 이런 의미에서 산업은 **질료**인데, 이 질료의 **형식**은 정의와 미에 대한 지배적인 관념, 즉 최선의 행동이라고 여겨지는 방향을 위해 무엇을 해야 하고 무엇을 해서는 안 되는지quid deceat quid non〔고대 로마의 시인 호라티우스의《시론 Ars poetica》에 나오는 구절〕에 대한 지배적인 관념이 제공한다. 그리고 나는 예술도, 그것을 고무시키고 그 다양한 비결과 기법들에 깊은 영혼을 부여하는 여러 가지로 변하는 이상과 구분되는 한에서는 산업으로 이해한다. 그렇지만 도덕과 미의식이 형성되기 이전이든 이후든, 즉 만장일치의 판결에 따라 인정된 욕구의 서열이 형성되기 이전이든 이후든, 예술가와 심지어는 시인의 재능도 포함해서 산업의 자원(수단)들은 계속 늘어난다. 도덕과 미의식이 형성되기 이전에 그 자원들은 흩어지지만, 형성된 이후에는 그 자원들이 집중된다. 그리고 그 자원들이―그리스와 12세기의 프랑스가 예전에 보았으며 우리의 증손자들이 아마도 다시 보게 될―저 상호 확증, 통일된 지향, 놀랄 만한 내적 조화의 광경을 보여주는 것은, 하나의 같은 사상이 국민이 일하는 모든 분야에서 은연중에 확실하게 드러날 때뿐이다.

지금으로서는 근대라는 우리 시대가 그 극단을 추구하고 있다고 고백해야 한다. 그리고 이러한 관찰은 우리로 하여금 새로운 고찰을 하게 한다. 사람들은 근대의 특징을 주로 과학적이며 산업적이라고 지적했는데, 이러한 지적이 틀린 것은 아니다. 이것은 이론적인 면에서는 사실에 대한 적절한 연구가 철학적인 사상에 대한 관심보다 우위에 있었으며, 실천적인 면에서는 수단에 대한 적절한 연구가 활동 목적에 대한 관심보다 우위에 있었다는 것으로 이해해야 한다. 이 말은 언제 어디에서나 우리의 근대 세계가 축적될 수 있는 발견이나 발명의 길로 본능적으로 서둘러 나아갔을 뿐, 그 근대 세계가 소홀히 한 대체 가능한 발견이나 발명이 축적 가능한 발견이나 발명에게 존재 이유와 가치를 부여하는 유일한 것은 아닌가라는 질문은 하지 않았다는 것을 의미한다. 그러나 나는 이제 다음과 같은 질문을 제기하고 싶다. 사회적인 사상과 행동에서 무한히 확대될 수 없는 측면(문법, 교의 및 이론, 법 원리, 정치 전략 및 정책 프로그램, 미의식과 도덕)이 무한히 확대될 수 있는 측면(어휘, 신화, 사실들에 대한 과학, 관습, 법전, 군사 행정, 민사 행정, 산업)보다 발전시킬 가치가 더 적은 것은 사실인가?

결코 그렇지 않다. 반대로 대체될 수 있는 측면, 즉 어느 정도를 넘어서면 확대될 수 없는 측면이 언제나 본질적인 측면이다. 문법은 언어의 전부다. 이론은 과학의 전부며, 교의는 종교의 전부다. 원리들은 법의 전부다. 전략은 전쟁의 전부다. 정치사상은 통치의 전부다. 도덕은 노동의 전부다. 왜냐하면 산업은 도덕의 목적 그 이상도 이하도 아니기 때문이다. 그리고 이상은—이 점에 대해서는 사람들이 나에게 동의할 것이다—예술의 전부다. 문장을 만들어내지 못한다면 단어가 무슨 소용이 있는가? 이론을 만들어내지 못한다면 사실이 무슨 소용이 있는가? 법의 훌륭한 원리를 꽃피우거나 확고하게 만들어주지 않는다면 법률이 무슨 소용이 있는가? 총사령관의 전략적인 계획 속에 들어가지 않는다면 군대의 여러 **무기**, 훈련 및 부대가 무슨 소용이 있는가? 승리한 정당을 구체적으로 나타내는 정치가의 입헌적인 계획에 도움이 되지 않는다면 국가의 많은 공무, 기능 및 행정기관이 무슨 소용이 있는가? 지배적인 도덕이 정하는 목적에 협력하지 않는다면 한 나라의 여러 직업과 산물이 무슨 소용이 있는가? 그리고 그 고유한 이상을 표현하거나 강화하지 않는다면 사회의 예술 및 문학의 유파와 예술작품이 무슨 소용이 있는가?

그러나 언제든지 가능한 획득과 확대의 길로 나아가는 것이, 언제나 불가피한 대체와 희생의 길로 나아가는 것보다 훨씬 더 쉽다. 새 용어에 새 용어를 쌓는 것이 그 언어를 더 잘 말하고 그렇게 해서 그 언어에 조금씩 문법적인 개선을 도입하는 것보다 훨씬 더 쉽다. 과학에서는 관찰과 실험을 수집하는 것이 더 일반적이고 더 잘 증명된 이론을 내놓는 것보다 훨씬 더 쉽다. 평범한 법률을 만들어내는 것이 모든 사람의 이해관계를 조정하는 데 적합한 새로운 법 원리를 생각해내는 것보다 훨씬 더 쉽다. 무기와 기동 훈련, 부서와 직무를 복잡하게 해서 군대나 민간의 훌륭한 관리인을 갖는 것이, 원할 때 필요한 계획을 생각해내고 실례를 보여주어 전쟁 및 정치의 기술을 혁신하고 개선하는 데 기여하는 탁월한 장군이나 정치가를 얻는 것보다 훨씬 더 쉽다. 매우 분화된 산업으로 소비가 계속 점점 더 다양해지는 사정을 이용해 그 욕구를 늘리는 것이 어떤 지배적인 욕구를 더 낫고 바람직한 욕구, 즉 질서와 평화를 유지하는 데 더 적합한 욕구로 대체하는 것보다 훨씬 더 쉽다. 마지막으로, 일련의 기법과 기교를 한없이 예술적으로 펼치는 것이, 정열과 사랑을 불러일으키는 데 더 적합하다고 판단되는 새로운 아름다움을 아주 희미하게라도 엿보는 것보다 훨씬 더 쉽다.

그러나 우리의 근대 유럽은 현혹하는 편리함의 매력에 약간 이끌렸다. 다음과 같은 눈에 띄는 대조는 여기에서 생겨난다. 즉 특히 법률은 많지만 사법제도는 빈약하며(이 점에서는 트라야누스 황제〔53~117〕시대의 로마나 심지어는 유스티니아누스 황제〔483~565〕시대의 콘스탄티노플과 비교해보라), 또는 산업은 활기찬데 미의식이 빈곤하다고 하는(이 점에서는 프랑스 중세 시대나 이탈리아 르네상스 시대의 좋은 시절과 비교해보라!) 점이다. 근대 유럽의 과학과 그 과학에 대한 철학 간의 대조도 어느 정도는 거기에 추가할 수 있을 것이다. 그렇지만 나는 과학 지식의 철학적 측면이 아무리 상대적으로 경시되었다 하더라도, 그 과학 활동의 도덕적인 측면보다는 훨씬 더 폭넓고 깊게 탐구되었다는 것을 서둘러 인정한다. 이러한 관점에서 보면 산업은 확실히 과학에 뒤처져 있다. 산업은 모든 측면에서 인공적인 욕구를 불러일으켜 제멋대로 만족시켰을 뿐, 그 욕구를 선별하거나 조화를 이루게 하는 데는 신경 쓰지 않았다. 이 점에서 산업은 소화불량 상태에 있었던 16세기 과학과 비슷하다. 당시의 과학은, 저마다 일정한 수의 사실로 형성된 가설과 현학적이며 일관성 없는 엉뚱한 이론을 모든 사람의 뇌 속에 만발하게 했기 때문이다. 16세기 과학에서는 학자들의 상상력을 지배하면서 그들의 발상 중 대부분을 잘라버리고 그 밖의 몇 개는 살려내 그것을 이론으로 변형시키는 것이 중요했던 것처럼, 현대의 활동 및 문명에서는 이 이질적인 욕구들의 혼란을 없애는 것이 중요하다. 미래가 더 발전시켜야 할 꾸밈없는 생산적인 욕구는 어떤 것이며, 미래가 잘라내야 할 무성하게 생겨난 비생산적인 욕구는 어떤 것인가? 이것은 비밀이다. 그 비밀을 찾아내기는 어렵지만 찾아내야 한다. 산업이라는 땅의 모든 곳에서 번성하며 또 열렬한 숭배자들도 있는, 이 조화되지 않거나 잘 어울리지 않는 모든 욕구들은 일종의 도덕적 물신숭배나 다신론을 만들어내고 있으며, 이것은 다시 포괄적이며 권위적인 도덕적 일신론, 즉 거대하며 강력한 새로운 미학으로 퍼져 나가기를 갈망하고 있다.

　게다가 금세기에 발전한 것은 문명이라기보다는 오히려 산업이다. 그 증거는 내가 우리 시대에 고유한 산업이 요약된 일종의 기념비적인 큰 건축물들을 명시하려다가 방금 전에 느꼈던 당혹감에 있을 것이다. 전에는 볼 수 없었던 것으로서 기이한 일은, 산업이 현재 가장 웅장하게 만들어내는 것은 제품이 아니라 산업 도구, 즉 거대한 공장, 엄청나게 큰 역, 놀라운 기계들이라는 사실이다. 사람들이 제철소나 건축 작업장이라고 부르는 이 거대한 실험실에서 나오는 것들이 아무리 중요하더라도, 그것들을 그 거대한 실험실과 비교해보라! 아름다운 집, 아름다운 극장, 시청처럼 우리 산업에서 나오는 이 산물은 그 저택들[거대한 실험실들]에 견주면 얼마나 보잘것없는가! 특히 우리의 사적이거나 공적인 사치품의 작은 화려함은 산업 박람회에 견주면 얼마나 많이 빛이 바래는가! 산업 박람회에서는 제품의 유일한 유용성은 자신을 보여주는 것뿐이다. 예전에는 반대였다. 파라오 시대에는 농부의 비참한 오두막집이, 그리고 중세 시대에는 장인의 어두컴컴한 작은 작업장이 그들의 합쳐진 일련의 노력으로 하늘 높이 세워진 거대한 피라미드나 대성당을 둘러싸고 있었다. 지금은 마치 과학이 과학을 위해 있는 것처럼 산업이 산업을 위해 있다고 말할 수 있을 것이다.

4. 그 밖의 고찰

우리는 사회 진보가 일련의 대체와 축적에 의해 이루어진다는 것을 보았다. 이 두 과정을 구분하는 것은 확실히 중요하다. 그런데 진화론자들의 오류는 어디에서나 마찬가지로 여기에서도 그 두 과정을 뒤섞는다는 것이다. 아마도 진화라는 말은 잘못 선택된 것 같다. 그렇지만 어떤 발명이 모방―

이것은 사회의 기본적인 사실이다—을 통해 조용히 퍼질 때 사회 진화가 있다고 말할 수 있으며, 심지어는 어떤 새로운 발명이 다시 모방되고 이전의 발명에 접목되어서 그 이전의 발명을 개선하도록 도와줄 때에도 사회 진화가 있다고 말할 수 있을 것이다. 그러나 이 후자의 경우에 왜 **삽입** insertion이라는 용어를 사용하지 않는가? 그것이 더 정확할 텐데 말이다. 보편적 삽입의 철학이 있다면 그것은 보편적 진화의 이론에 적절한 수정을 가져다줄 것이다. 마지막으로, 어떤 새로운 발명이 처음에는 눈에 보이지 않는 세균이었지만 나중에는 치명적인 질병이 되어 옛 발명에 달라붙어 파괴의 씨를 가져다준다면, 어떻게 옛 발명이 진화했다고 말할 수 있는가? 기독교 교리가 로마제국의 기본 원리를 근본적으로 부정하는 바이러스를 전파했을 때 로마제국은 진화했는가? 아니다. 이 경우에는 역진화가 있는 것이다. 원한다면 혁명이라고 말해도 좋지만, 결코 진화라고는 말할 수 없다. 이전의 경우이 미친가지로 니기에서도 근본적으로 진화밖에 없다는 것은 결코 의심할 바 없다. 기본적인 요소로는 모방밖에 없기 때문이다. 그러나 이 진화, 즉 이 모방들이 서로 싸우기 때문에, 갈등하는 이 요소들로 형성되는 전체를 **단 하나의** 진화로 간주하는 것은 큰 오류다. 나는 말이 나온 김에 이것을 지적하고 싶었다.

더 중요한 또 하나의 지적을 해보자. 믿음 간의 갈등이나 이해관계 간의 갈등을 없애고 그것들의 일치를 확립하기 위해 쓴 방법이 무엇이든 간에, 그렇게 해서 생겨난 조화는 거의 언제나(사실은 항상 그렇지 않은가?) 새로운 종류의 적대 관계를 만든다. 사소한 모순이나 대립은 어떤 대규모의 모순이나 대립으로 대체되고, 이것 역시 고도의 대립을 일으킬지 모르지만 그래도 해결되고자 애쓰며 이러한 과정은 최종적인 해결에 이를 때까지 계속된다. 사냥감, 가축, 쓸모 있는 물품을 놓고 서로 다투는 것이 아니라, 수많은 사람들이 이웃 민족을 굴복시키기 위해 군대를 조직하고 서로 협력한다. 이 점에서 그들의 활동과 획득 본능은 재집결 지점을 찾는다. 그리고 사실 상업과 교역 이전에는 오랫동안 군사주의가 이해관계의 경쟁이 낳는 문제의 유일하면서도 논리적인 결말이었을 것이다. 그러나 군사주의는 전쟁, 즉 수많은 개인적 투쟁을 대신하는 두 민족 간의 전쟁을 가져온다.

마찬가지로 각자 자기 나름대로 일하고 서로 방해하거나 싸우는 대신에, 약 백여 명의 사람들이 한 공장에서 공동으로 일하기 시작한다. 그들의 행동은 더 이상 대립하지 않는다. 그러나 예기치 못한 대립, 즉 똑같은 제품을 만들어내는 어떤 다른 공장과의 경쟁이 거기에서 생겨난다. 그뿐만이 아니다. 각 공장의 노동자들 전부가 공장의 번영에 관심을 두고 있으며, 어쨌든 그들의 생산 욕망은 조직적인 분업 덕분에 동일한 목적을 향해 집중된다. 각 군대의 병사들도 승리라고 하는 공통된 관심을 갖고 있다. 그렇지만 이와 동시에 사람들이 자본이라고 부르는 것과 노동이라고 부르는 것 간의 투쟁, 즉 고용주 전체와 노동자 전체 간의 투쟁[16]도, 군대의 여러 계급 간의 경쟁 및 국민의 여러 계급 간의 경쟁과 마찬가지로 이 불완전한 일치 때문에 일어난다. 이것들은 산업 조직이나 군대 조직의 진보 자체에 따라 생겨나는 목적론적인 문제다. 이는 과학의 진보가 논리 문제를 제기해, 해결될 수 있든 해결될 수 없든 간에 이전에는 무지 때문에 감추어졌던 이성의 이율배반을 드러내는 것과 같다.

한편으로는 봉건 체제가, 다른 한편으로는 교회 성직자 계급이 중세 시대에는 열정을 강력하게 가라앉혔으며 이해관계를 함께했다. 그러나 성직자와 제국 간의, 즉 교황 지지파인 겔프당과 황제 지지파인 기벨린당〔중세 이탈리아에서 교황 지지파에 대항해 독일 황제를 지지한 일파〕 간의 대유혈 갈등(처음에는 논리 결투였지만, 나중에는 목적론적인, 즉 정치적인 결투가 되었다)은 그 두 당사

---

[16] 이것은 엄연한 사실이다. 16세기 때부터 "고용주 조합(동업조합)에 대항해서 조직된 노동자 조합이 있었다."(다음을 보라. Louis Guibert, 《리무쟁 지방에 오래전부터 있었던 동업조합 Les anciennes corporations en Limousin》 등) 당시 파리, 리용 및 다른 곳의 노동자 조합은 "인쇄공, 빵집에서 일하는 사람, 모자 제조공에게 고용주에 저항하는 방책을 주었다."

자 중 어느 한쪽이 무력해지지 않고서는 서로 조화될 수 없는 그 두 조화〔내부적으로는 조화를 이룬 체계〕의 충돌에서 생겨났다. 문제는 그러한 모순과 대립의 전위轉位가 유익했는지 또 이해관계나 정신의 조화가 분열이라는 대가를 치르지 않고서도 언젠가는 완전해질 것이라고 기대할 수 있는지, 달리 말하면 사회 평화를 유지하기 위해서는 어느 정도의 거짓말이나 과오, 사기나 희생이 언제나 필요한 것은 아닌지를 아는 것이다.

모순이나 대립의 전위가 그 모순이나 대립을 집중시키는 것일 때에는 확실히 이익이 있다. 상비군 조직에 의해 일어나는 전쟁이 아무리 잔혹하다 하더라도, 그것이 봉건시대의 작은 민병대나 원시시대 가족의 무수한 전투보다는 낫다. 과학의 진보에 의해 밝혀진 신비가 아무리 심오하다 하더라도, 그리고 똑같은 과학 창고에서 끄집어낸 논거를 갖고 서로 싸우는 새로운 문제 때문에 철학파들 간에 파인 골이 아무리 크다 하더라도, 그런 문제가 제기되지 않은 무지의 시대를 그리워할 수는 없다. 요컨대 과학이 만족시킨 절실한 호기심은 과학이 불러일으킨 호기심보다 더 많았으며, 문명은 열정을 발생시킨 것보다 더 많이 욕구를 만족시켰기 때문이다. 발명과 발견은 대체 방법에 의한 치료다. 발명은 자연적인 욕구를 가라앉히고 사치 욕구를 나타나게 하면서, 매우 절박한 욕망을 절박하지 않은 욕망으로 대체한다. 발견은 처음에는 매우 불안했던 무지를 아마도 그 수는 똑같겠지만 확실히 걱정되지는 않는 미지未知로 대체한다. 그다음에는 모순과 대립의 이 갖가지 변화가 우리를 결국 어디로 데려가는지 보이지 않는가? 경쟁이라는 게임은 필연적으로 독점에 이른다. 자유무역과 자유방임은 합법적인 노동 조직을 향해 달려간다. 그리고 문명화된 세계의 정치적 통일이 마침내 완성되어 일반적인 평화를 보장할 때까지, 전쟁은 계속 국가를 비대하게 하고 엄청난 결합체를 만들어낼 것이다. 사소한 갈등을 없앰으로써 유발되는 **대규모의** 갈등이 때때로 저 사소한 갈등을 그리워하게 할 정도로 더 심해지고 커질수록, 평화적인 결말은 점점 더 불가피해진다. 각 나라에서 왕의 군대가 지방이나 영주의 민병대를 대신했을 때, 그 군대는 민병대의 실제 인원의 총 수보다 훨씬 적은 수의 병사로 시작했다. 그 결과 왕의 군대들 간의 갈등은 피해 규모에서 보면 그 군대에 힘입어 피했던 갈등의 합보다 적었다. 그러나 우리가 알고 있는 바와 같이 이러한 이점도, 어떤 피할 수 없는 필연성 때문에 각 나라가 군대의 징집병을 늘리면서 감소했다. 오늘날 강대국도 건강한 남자들을 모두 징집하기에 이르렀을 정도로 말이다. 그러므로 이러한 점에서, 바로 군대의 엄청난 규모가 그 어떤 결정적인 분쟁이 임박했음을 예고해도, 통일과 평화라는 거대한 성과가 따르지 않는다면—무기가 더 이상 사용되지 않아 결국 병사의 손에서 녹슬어버리지 않는 한—문명의 모든 이익은 사라질 것이다.

6장
논리 외적인 영향

우리는 이제 경합하는 여러 종류의 모방을 따라다니면서 그 모방의 승패를 좌우하는 선호나 혐오의 비논리적인 원인을 연구해야 한다.

그렇지만 이러한 고찰을 하기 전에, 그 어떤 식의 모방과도 관계있는 몇 가지 양태, 즉 모방의 정확성 또는 비정확성, 그 의식적인 성격 또는 무의식적인 성격에 대해서 몇 마디 하고 싶다.

1 우선 모방은 모호할 수도 있고 명확할 수도 있다. 모방되는 행위나 관념이 문명화 과정에서 증가하고 복잡해질수록 모방은 더 정확해지는지 아니면 더 불명료해지는지를 문제 삼아야 한다. 복잡성의 정도가 커질수록 부정확성도 증가할 것이라고 사람들은 생각할 것이다. 그렇지만 관찰되는 것은 정반대다. 모방은 사회생활의 기초적인 정신이기 때문에 문명인의 경우 모방의 능력과 솜씨는 발명의 수와 복잡성보다 더 빠르게 늘어난다. 또한 모방은 점점 더 완전한 유사를 만들어낸다. 이러한 점에서 모방은 생식 및 파동과의 유사를 계속 나타낸다. 빛의 진동〔光波〕은 소리의 진동〔音波〕보다 훨씬 더 그 진동수가 많고 미묘하지만, 그래도 빛의 진동은 소리의 진동이 결코 도달하지 못하는 놀라운 정확성을 갖고 별에서 우리에게 전달된다. 전기의 진동〔電波〕도 역시 그 진동수가 많고 복잡하지만 더할 수 없는 정확성을 갖고서 퍼진다. 만일 전신, 전화 및 축음기 등이 분명하게 보여주지 않았다면, 사람들은 그 정확성을 믿을 수 없는 것으로 판단했을 것이다. 소음은 전혀 유사하지 않은 일련의 파波인 반면에, 소리는 매우 유사한 일

련의 파다. 그럼에도 소리의 파는 조화가 서로 얽혀 있기 때문에 소음의 파보다 더 복잡하다. 유전이 다양한 기관과 성격을 지닌 고등 유기체를 증식시킬 경우에는 하등 존재를 증식시킬 때보다 정확하지 않은 유사를 낳는다는 것은 사실인가? 결코 그렇지 않다. 고양이과 동물이나 난초과 식물의 유형도, 적어도 식충류植蟲類의 동물〔해면, 산호 등〕이나 버섯류의 유형만큼은 충실하게 유지된다. 인류의 가장 가벼운 변이조차 고정될 만한 시간을 갖게 된다면, 그 변이는 유전을 통해 매우 완전하게 영속된다.

어떤 측면에서 고찰하더라도 사회생활은 그것이 길어지면 반드시 어떤 예법의 형성, 즉 개인적인 변덕에 대한 순응주의의 매우 완전한 승리를 낳는다. 언어, 종교, 정치, 전쟁, 법, 건축, 음악, 그림, 시, 예절 등은 그것들이 오래 지속될수록 또 평화롭게 발전해올수록 더욱더 완전한 순응주의와 더욱더 까다롭고 엄격한 예법을 낳는다. 언어와 종교가 모두 매우 오래되었으며 대단히 독창적인 경우, 언어의 예법인 바른 철자법이나 자국 언어로의 순화 그리고 종교의 격식인 의식은 거의 동등한 자의적인 엄격성을 지니고 있다.[1] 기독교는 처음부터 수세기에 걸쳐 복잡해졌지만 규칙성, 일관성 및

---

[1] 종교라는 것의 기이함은 그 지속성에서 필적할 만한 것이 아무것도 없다는 데 있다. 그러나 언어에 대해서도 똑같이 말할 수 있다. 그것은 별이 총총한 하늘처럼 지속적인 자의성과 만성적인 영원한 무질서를 나타낸다. 각료의 집단을 가리켜 캐비닛cabinet〔본래는 작은 방을 뜻했는데 뒷날 왕의 작은 방에서 상담 역할을 한다는 뜻을 지니게 되면서 내각이라는 의미를 갖게 되었다〕이라는 말을 쓰거나, 오스만 제국의 정부를 가리켜 포르트Porte〔프랑스어로 문이라는 뜻이며 공식 명칭은 'Sublime Porte'(웅장한 문). 원래는 술탄이 거주한 토프카피의 궁전이지만 외교 관례상 오스만 궁정을 가리킨다〕라는 말을 쓰는 것보다 더 이상하고 합리적으로 정당화될 수 없는 것이 있는가? cheval, equus, ippos라는 발음과 그것들이 나타내는 동물〔말〕 사이에 어떤 논리적 관계가 있는가? 그렇지만 아무리 이상하게 보여도 기존의 말을 이용하는 습관만큼 적절하고 유용한 법칙은 없다. 사람들은 항상 똑같은 정확성, 지속성 및 존중심을 갖고 그 법칙을 따르고 있다. 마찬가지로 미사messe라고 불리는 일련의 엄숙한 의식과, 그것이 가톨릭 신자들에게 불러일으키는 높은 도덕 및 고상한 정신주의의 감정 사이에는 근본적으로 어떤 유사점이 있는가? 미사라는 것도 역시 하나의 말이다. 그리고 우리가 알고 있는 대로 이 오래된 말이 끈질기게 사용되고 있다. 국민 전체가 동시에 더 좋은 표현을 선택할 경우 의견 일치를 보기도 어렵지만 그렇다고 해서 성스

정통성에 관해서는 점점 더 까다로운 모습을 나타냈다. 세이스Sayce와 휘트니Whitney〔미국의 언어학자, 1827~1894〕에 따르면 문명화된 언어는 어휘가 아무리 풍부하더라도 변함없고 일관성이 있는 데 반해서, 미개어는 어휘가 아무리 빈약하더라도 변하기 쉽고 또 계속 변하면서 부정확하게 전해진다. 법의 예법인 소송절차도 또한 그 법이 아무리 복잡해졌다 해도 매우 오래되었을 때에는 매우 형식주의적인 것이 된다. 세속적인 관계의 예법인 **의전**儀典은 **상류사회**의 기원이 오래되지 않은 나라에서는 법이나 종교보다 덜 엄격하다. 중국 사회에서는 그 반대의 이유로 의전이 엄격하다. 시의 예법인 운율법은 사람들이 시를 더 많이 지을수록 그리고 기이하게도 시적 상상력이 더 많이 발휘될수록 점점 더 전횡을 휘두른다. 정부의 예법인 번거로운 서류절차와 행정의 타성은 정부가 복잡해지면서 나날이 늘어난다. 건축은 건축가에게 유명하고 일시적으로 인기 있었던 유형을 점점 더 맹목적으로 반복하라고 요구한다. 음악의 경우에도 마찬가지다. 그림도 역시 화가에게 외국의 본보기나 전통적인 본보기를 점점 더 사진처럼 정확하게 재현할 것을 요구한다. 구체제 아래서는 군복이 오늘날만큼 통일되지도 않았고 존중되지도 않았다. 과거로 올라가면 갈수록 군대 사병의 경우 복장의 개인적인 다양성이 더 많이 나타난다. 부르크하르트의 말을 믿는다면, 중세 피렌체에서는 병사들이 마치 가면 무도회처럼 자기 마음대로 입었다고 한다. 그러한 파격이 오늘날 허용된다면 사람들은 얼마나 분개하겠는가!

그렇지만 이 순응주의 욕구는 사회적인 인간에게는 매우 자연스러운 것

러운 것이든 세속적인 것이든 자신들의 표현 욕구를 포기하기도 어렵다. 그리고 그 어려움은 실제로 극복할 수 없다. 왜냐하면 문제의 의견일치는 협약이 아니라 모방적 전파에 의해서만 가능하기 때문이다. 바로 이러한 이유에서 어떤 종교를 없애려거나 다른 것으로 대체하려는 종교 박해는 비록 겉으로 보기에는 매우 합리적인 것처럼 보이지만 실제로는 매우 불합리한 것으로 거의 **언어 박해**만큼이나 불합리하다. 한 언어를 다른 언어로 대체하는 것을 목적으로 하는 이 언어 박해는 패자가 **우위에 있는 자**, 즉 승자를 자발적으로 **모방**할 때에만 이따금 성공할 뿐이다.

이기 때문에, 그 욕구는 어느 정도 강해지면 자신을 의식하게 된다. 따라서 그 욕구는 그 자신을 만족시키기 위해 난폭하고 신속한 방법을 이용한다. 오래된 문명에는 모두 의전장儀典長, 즉 전통 의례의 영속을 담당하는 고위 관리가 있었다.² 이러한 종류의 시종들은 군주제 국가, 즉 이집트, 중국, 로마제국, 동로마제국, 펠리페 2세와 그 후계자들의 에스코리알Escorial[스페인 마드리드 근교에 있는 건축물로 왕궁, 역대 왕의 묘소, 예배당, 수도원 등이 있음], 루이 14세 시대의 베르사이유 궁전뿐만 아니라, 감찰관이 오랜 관습의 엄격한 준수를 감시했던 로마와 종교 생활이 매우 절대적인 형식주의에 얽매여 있던 아테네 같은 공화제 국가에서도 여러 가지 이름으로 존재했다. 우리가 이 모든 것을 비웃는다면, 이는 다음과 같은 사실을 잊고 있기 때문이다. 즉 현대의 유명한 재단사부터 모자 제조인, 제조업자, 심지어는 저널리스트에 이르기까지, 이들과 유행 모방의 관계는 세속적이든 종교적이든 저 의전장과 관습 모방의 관계와 완전히 같으며, 아울러 그들도 의전장이 차지했던 중요성과 똑같이 [어이없을 정도로] 중요성을 차지한다는 사실을 잊고 있기 때문이다. 그들에 의해서 우리의 옷, 대화, 지식, 취향 및 갖가지 종류의 욕구가 획일적인 틀 속에서 재단된다. 거기에서 벗어나는 것은 무례한 짓이다. 그리고 대륙의 한쪽 끝에서 다른 쪽 끝까지 그 획일성은 문명의 가장 명백한 표시로 간주된다. 이는 옛날에는 전통, 전설, 관행을 수세기에 걸쳐 후세에 전하는 것이—대단히 현명하게도—민족의 위대함의 기초로 간주된 것과 거의 같다.³

---

2 그중에는 매우 이상한 의례도 있다. 그것은 중국 황제의 신혼 첫날밤에 두 명의 고관이 이 **엄숙한 의식**에 참가해 황제의 침실에서 사랑의 이중창을 부르는 것이다.
3 스펜서 자신이 **의례의 지배**라고 부르는 것에 관한 논의 중에서 옳은 것은 모두, 내가 지금까지 말한 것을 암암리에 확증한다. 스펜서는 의례가 쇠퇴하고 있으며 사회의 초창기 때 의례가 전력을 다해 지배한다고 잘못 생각하는 것 같다. 그러나 그가 원시사회로 간주하는 사회는 이미 오랜 과거를 지녔으며, 이른바 의례의 지배는 그 원시사회에서 오랜 시기에 걸쳐 천천히 형성된 것이다.

2 두 번째로 모방은 의식적인 것일 수도 있고 무의식적인 것일 수도 있으며, 깊이 생각한 것일 수도 있고 자발적인 것일 수도 있다. 또한 그것은 의도적일 수도 있고 비의도적일 수도 있다. 그러나 나는 이러한 구분에 큰 중요성을 부여하지 않는다. 한 민족이 문명화될수록 그들의 모방 방식이 점점 더 의도적이고 의식적이며 깊이 생각한 것이 된다는 점은 사실인가? 나는 오히려 그 반대라고 생각하고 싶다. 개인에게는 결국 무의식적인 습관이 된 것도 처음에는 의도적이며 의식적인 행위였던 것과 마찬가지로, 국민에게는 전통이나 관습에 따라 행해지고 말해지는 모든 것도 처음에는 어렵게 도입되었으며 논란의 대상이었다. 사실 많은 모방이 처음에는 무의식적이며 비의도적이라는 점을 부언하지 않으면 안 된다. 예를 들면 자신이 살고 있는 환경에 고유한 억양, 예절, 그리고 대부분의 경우 관념 및 감정에 대한 모방이 그러하다. 또한 다른 사람의 의지에 대한 모방—나는 자발적인 복종이라는 것을 이와는 다르게 정의할 수 없다—이 당연히 비의도적이라는 것도 분명하다. 그렇지만 이 비의도적이며 무의식적인 모방 형태는 결코 의도적이며 의식적인 것이 되지 않는 데 반해서, 의도적이며 의식적인 형태는 그 반대 성격을 띠는 경향이 있다는 것을 주목해야 한다. 게다가 일정한 방식으로 생각하거나 행동할 때 어떤 사람을 모방한다는 의식 또는 모방하겠다는 의지와 그 생각을 이해한다는 의식이나 그 행동을 하려는 의지는 구분해야 한다. 후자의 의미에서 의식이나 의지는 문명의 진보에 따라 늘어나지도 줄어들지도 않는 변함없는 보편적인 사실이다. 전자의 의미에서는 그보다 더 변하기 쉬운 것이 없지만, 문명이 그러한 의식이나 의지의 증가를 조장하는 것 같지는 않다. 확실히 자기 부족의 옛 관습이 정의 자체며 자기 부족의 종교가 진리 자체라고 생각하는 미개인도, 근대의 노동자나 심지어는 부르주아가 신문에서 읽은 것을 되풀이하거나 또는 그의 주인이나 이웃집의 응접실에서 본 가구를 구입함으로써 이웃집, 주인, 신문기자를 모방할 수 있고 또 모방하고 싶어 하는 것 못지않게 자기 조상

들을 모방한다는 의식을 갖고 있으며, 또한 법적 의례나 종교적인 의례를 행함으로써 자기 조상을 모방하고 싶어 한다. 그러나 사실 그 어느 경우에든, 모방을 원했기 때문에 모방하는 것이라고 생각한다면 그것은 잘못이다. 왜냐하면 이 모방하려는 의지 자체도 모방을 통해 전해지기 때문이다. 다른 사람의 행위를 모방하기 전에 우리는 먼저 그 행위가 생겨나는 욕구를 느끼며, 또한 그 욕구도 먼저 암시되었기 때문에만 우리는 그 욕구를 바로 그러한 식으로 느끼는 것이다.

지금까지는 모방의 내재적인 성격에 대해서 말했다. 이제부터는 모방이 진행될 때 그 대상에 따라서 (특히 그 대상이 기호signe인지 아니면 기호화된 사물une chose signifiée인지, 외적인 본보기인지 내적인 본보기인지에 따라서) 나타나는 불평등, 그리고 모방이 생겨난 원인이 되는 사람, 계급, 심지어는 지역이 상위에 있는지 하위에 있는지에 따라서 또는 모방의 기원이 현재에 있는지 과거에 있는지에 따라서 나타나는 불평등에 관심을 두어야 한다. 이 장에서는 다음과 같은 것을 보여주고자 한다. **논리적인 가치나 목적론적 가치가 똑같다고 가정하면** (1)내적인 본보기가 외적인 본보기보다 먼저 모방될 것이다.⁴ (2) 상위에 있다고 판단되는 인물이나 계급 및 지역의 예 [본보기]가 하위에 있다고 판단되는 인물, 계급, 지역의 예를 이길 것이다. 다음 장에서는 그처럼 상위에 있다고 추정되는 것이 (3) 어느 때는 현재와 어느 때는 과거와 관련되고, 아울러 이것이 우리 조상들의 본보기를 좋아하게 하거나 아니면 우리 동시대인들의 본보기를 좋아하게 하는 강력한 원인이면서 또 상당한 역사적 중요성을 지닌 원인이라는 것을 보여줄 것이다.

---

4 사실 안에서 밖으로의 이 진행, 즉 기호화된 사물에서 기호로의 이 진행은 타고난 논리 욕구에 부합한다. 따라서 이에 관한 고찰은 앞 장에서 어느 정도까지는 찾아볼 수 있을 것이다.

1. 안에서 밖으로의 모방

내가 이처럼 힘든 작업의 어려움 앞에서 물러서지 않는다면, 이제는 [지금까지] 전혀 탐구되지 않은 영역을 개척해야 할 때다. 그러한 개척은, 신체적인 생활이든 심리적인 생활이든 생활의 여러 기능을 비교하는 것으로 시작하는데, 이때 그 비교의 관점은 그 기능이 모방을 통해 전해지는 경향이 평균적으로 더 강한지 아니면 더 약한지에 근거한다. 모방의 이러한 상대적인 전달 가능성은 시대마다 나라마다 상당히 다르다. 그것은 통계학이 그 모든 약속을 지키는 날에야 비로소 어느 정도 정확하게 측정될 수 있을 것이다. 그러므로 이 주제에 대해서는 몇 마디 말로도 충분할 것이다.

목마름은 배고픔보다 모방을 통해 더 많이 전염되지 않는가? 내가 보기에는 그런 것 같다. 알코올 중독의 매우 빠른 확산은 그렇게 설명될 수 있다. 부르주아나 노동자 및 농민의 풍부해지고 다양해진 음식물에서 판단할 수 있듯이 식도락 역시 확산되었지만, 그 진행은 확실히 알코올 중독보다 느렸다. 동일한 음료가 넓은 지역에 퍼져 있지만(여기서는 차, 저기서는 와인, 다른 곳에서는 맥주, 마테차 등), 이와 달리 음식에서는 아직도 매우 큰 지역적 다양성이 지배하고 있다. 목마름은 성욕보다 더 전염적인가 아니면 덜 전염적인가? 나는 목마름이 성욕보다는 덜 전염적이라고 생각한다. 남자와 여자의 큰 모임에서나 사람들이 살기 시작한 도시에서 퍼지는 첫 번째 악행은 알코올 중독 이전에 음탕이다. 다리의 움직임, 특히 상체의 움직임은 더 쉽게 전파될 수 있다. 전체가 행진하는 훈련은 커다란 군사력 중 하나다. 같은 발걸음으로 같은 자세를 하며 걷는 성향은 군대에서 의무적인 것이 되기 이전에 타고난 것이다. 같은 마을에 사는 사람들은 모두 평균적으로는 같은 속도로 걷는다는 것이 세심한 조사에서 증명된 바 있다. 몸짓과 태도는 함께 사는 데 익숙한 사람들에게는 특별한 걸음걸이보다 훨씬 더 빠르게 전파되며 그들을 특징짓는다. 오늘날 정신병원에서 히스테리 증세의 경련이, 옛날 수도원에서 악마의 홀림possessions diaboliques처럼 쉽게 전염병 성격을 띠는 것도 부분적으로는 이러한 이유 때문이다. 게다가 모든 커뮤니케이션 기능과 마찬가지로 음성 기능도 두드러지게 모방적이지만, 이는 특히 그 음성 기능이 정신적으로 지니고 있는 것, 즉 화법과 발음에서 그러한 것이지 목소리의 음색에서 그러한 것이 아니다.[5] 억양도 전파되지만, 이것은 느리게 또 젊었을 때 일어난다. 각각의 도시는 다른 모든 도시와 똑같이 음식을 먹고 옷을 입은 지 한참 지난 뒤에도 자신의 특별한 억양을 유지한다. 지루함에서 나오는 하품은 정신적인 원인을 갖고 있는데, 이것은 재채기나 기침보다 훨씬 더 전염을 통해 전해진다.

고등감각의 기능은 하등감각의 기능보다 모방을 통해 더 잘 전파될 수 있다. 우리는 어떤 사람이 꽃 냄새를 맡거나 음식 맛을 볼 때보다 그가 무언가를 듣거나 볼 때 더 많이 모방하게 된다. 이것이 바로 대도시에서 어떤 기웃거리는 구경꾼 주위에 곧바로 사람들이 모이는 이유다. 사람들은 손님들이 맛있게 먹는 것을 창 너머로 볼 수 있는 레스토랑으로는 뛰어가지 않아도 줄을 서고 있는 극장 문으로는 뛰어간다.

모든 열정은 단순한 식욕보다 모방적 전염성이 더 강하며 모든 사치 욕구도 원초적인 욕구보다 모방적 전염성이 더 강하다. 그런데 열정 중에서 감탄, 신뢰, 사랑 및 단념은 경멸, 불신, 증오, 질투보다 그 모방적 전염성이 강하다고 말할 수 있는가? 일반적으로는 그렇다.[6] 만일 그렇지 않다면 사회는 존속하지 못할 것이다. 이와 똑같은 이유에서 또 빈번히 패닉에 전염됨에도 불구하고 희망은 공포보다는 확실히 더 전염적이다. 게으름도 역시 야심보다 더 전염적이다. 인색, 즉 절약벽은 식탐보다 더 전염적이다.

---

5 아이들의 가장 큰 즐거움은 그들에게 강한 인상을 주는 소리를 재현하는 것이다. 이 즐거움은 주위 사람들의 몸짓을 흉내 내는 즐거움보다 더 크다.
6 적어도 한 민족의 상승기에는 그러하다. 쇠퇴기에는 중상모략적인 판단이 칭찬의 판단보다 더 빨리 퍼지는 것을 볼 수 있다.

그리고 이것은 사회 평화를 위해 매우 다행이다. 용기는 비겁함보다 더 전염적인가? 이것은 앞의 경우만큼은 확실하지 않다. 여기에서는 호기심이 명예로운 위치는 아니더라도 특별한 위치를 차지한다. 결국 종교, 정치, 예술, 산업에서 혁명을 수행하려는 사람들의 무리가 모두 처음에는 호기심이라는 이 감정의 영향으로 형성된다. 예전에는 무시했던 것에 어떤 사람이 호기심을 갖는다면 사람들은 곧 그것을 알고 싶어 하게 되며, 이러한 움직임은 매우 빨리 퍼진다. 그리고 이러한 움직임이 퍼짐에 따라서 그 욕망의 강도는 각자의 마음에서 상호 반사의 영향으로 커진다. 종교 예언, 정치 강령, 철학 사상, 산업 제품, 시, 소설, 드라마, 오페라에서 그 어떤 새로움이 매우 눈에 띄는 곳에, 즉 수도에 나타날 때마다 곧바로 백 명, 천 명, 만 명의 사람들이 그것에 관심을 나타내고 열광하기 위해서는 열 명의 사람들이 그것에 공공연하게 주의를 집중하는 것으로 충분하다. 때때로 이 현상은 신경증 성격을 띤다. 15세기에 독일의 백파이프 연주자인 한스 뵘Hans Böhm〔출생 연대 미상. 1476년에 화형당함. 성모 마리아의 환상을 보았다고 하며 평등사회 건설을 주장함〕이 우애적인 평등과 재산 공유의 복음을 설교하기 시작했을 때 이것은 전염병적인 집단 이주를 일으켰다. "직인들은 서둘러서 작업장을 떠났으며 농장 하녀들은 손에 낫을 든 채 달려갔다"라고 한 연대기 작가는 보고하고 있다.(얀센Johannes Janssen〔독일의 역사가, 1829~1891〕의 인용에 따르면) 3만이 넘는 사람들이 먹을 것이라고는 아무것도 없는 황무지에 몇 시간도 안 돼 모였다고 한다. 일반적인 호기심이 일단 강하게 자극되면, 군중은 설교가, 연설가, 극작가, 인기 소설가가 퍼뜨리려고 하는 갖가지 종류의 관념이나 욕망에 전염되는 성향을 어쩔 수 없이 갖게 된다.

리보Ribot 씨는 감정의 기억이 관념의 기억보다 더 오래 지속된다고 지적했다. 우리는 관념의 모방(전파)과 비교해볼 때 감정의 모방에 대해서도 똑같이 말할 수 있다. 습속, 도덕 감정 및 종교는 감정 상태의 상호침투로 이루어져 있기 때문에 여론이나 심지어는 원리보다도 확실히 더 끈질기게 오래간다.

그러나 일단의 관념에 대해서는 충분히 언급했기 때문에 더 이상 분석하고 싶지 않다. 이제는 더 일반적인 중요성을 지닌 개괄을 해보자.

논리가 전혀 통하지 않는 모방은 모두 두 개의 큰 범주에 들어간다. 경신성과 유순함, 즉 믿음의 모방과 욕망의 모방. 다른 사람의 관념에 대해서 완전히 수동적으로 지지하는 것을 모방이라고 부른다면, 그것은 이상하게 보일지도 모른다. 그러나 이미 말한 것처럼, 어느 한 뇌에서 또 다른 뇌로의 반영이 수동적인 성격을 지녔는지 능동적인 성격을 지녔는지는 별로 중요하지 않다면, 내가 모방이라는 말의 통상적인 의미를 확대해도 그것은 매우 정당하다. 학생이 선생님이 한 말을 반복할 때는 그 선생님을 모방한다고 말하면서도, 우리는 왜 그 학생이 나중에 말로 표현하는 그 관념을 정신적으로 먼저 받아들였기 때문에 선생님을 모방했다고는 말하지 않는가? 또한 내가 복종을 일종의 모방으로 간주하는 것을 보고는 놀라는 사람도 있을지 모른다. 그러나 어쨌든 쉽게 정당화될 수 있는 이러한 동일시는 필연적이다. 그리고 그러한 동일시만이 모방이라는 현상이 지니고 있는 깊이를 인식시켜준다. 한 사람이 다른 사람을 모방할 때나 한 나라의 어떤 계급이 다른 계급의 의복, 가구, 오락을 본보기로 받아들여 옷을 입고 가구를 들여놓으며 즐겁게 놀 때, 이는 이미 전자가 후자에게서 그러한 생활 방식을 외부로 표출하는 감정과 욕구를 받아들였음을 의미한다. 결국 전자는 후자에게서 후자의 의지도 받아들일 수 있었으며 또 받아들였음에 틀림없다. 말하자면 전자는 후자의 의지대로 바랄 수 있었으며 또 바랐음에 틀림없다는 것이다.[7]

---

[7] 게다가 명령은 본보기가 제시되는 것으로 시작했다. 우리는 본보기가 명령으로 점진적으로 변하는 단계를 추적할 수 있다. 나는 《사회논리학》의 서문(p. VII)에서 그 단계를 보여주었다. "원숭이, 말, 개 심지어는 꿀벌이나 개미의 무리에서는 우두머리가 마음속으로 in petto 지시하는 행위의 본보기를 제시하며, 무리의 나머지는 그것을 모방한다. 명령의 의도가 처음에는 그

의지가 감동이나 확신과 함께 심리 상태 중에서 가장 전염되기 쉽다는 것을 부정할 수 있는가? 활기차고 권위적인 사람은 약한 사람들에게 저항할 수 없는 영향력을 행사한다. 그는 약한 사람들에게 그들에게 없는 것, 즉 방향을 제공한다. 그에게 복종하는 것은 의무가 아니라 욕구다. 모든 사회적 관계는 그렇게 해서 시작된다. 복종은 요컨대 믿음의 자매다. 사람들은 그들이 믿는 이유와 똑같은 이유에서 복종한다. 그들의 믿음이 어떤 사도의 믿음의 방사인 것과 마찬가지로, 그들의 활동은 어떤 지도자의 의지의 전파에 불과하다. 지도자가 원하거나 원한 것을 그들도 원한다. 사도가 믿거나 믿은 것을 그들도 믿는다. 그리고 바로 그렇기 때문에 지도자나 사도가 행하거나 말하는 것을 이번에는 그들이 행하거나 말하는 것이며, 또는 행하거나 말하는 경향이 있는 것이다. 가장 많이 모방되는 인물이나 계급은 사람들이 가장 온순하게 복종하는 인물이나 계급이다. 대중은 왕, 궁정, 상류계급의 지배를 받아들인 한, 언제나 그들을 흉내 내는 성향을 지녔다. 프랑스혁명 전 수년 동안 파리는 궁정의 유행을 더 이상 모방하지 않았으며 또한 베르사이유 궁전에서 좋아하는 연극에 대해서도 더 이상 박수갈채를 보내지 않았다. 이는 이미 불복종 정신이 급속도로 퍼졌기 때문이다. 어느 시대나 지배 계급은 본보기가 되는 계급이었거나 **또는 처음에는** 그러한 계급이었다. 사회의 요람인 가족에서는 엄밀한 의미에서의 모방이 복종 및 경신과 긴밀한 상관관계가 있다는 것을 분명하게 볼 수 있다. 아버지는 특히 처음에는 아이에게 무오류의 신탁神託이며 최고의 왕이다. 이러한 이

명령되는 행위를 솔선해서 하는 것과 섞여 있지만 점차 그것과 분리되는 것을 볼 수 있다. 우두머리는 그 행위를 살짝 나타내는 것으로 그치며, 나중에는 그 몸짓만 할 뿐이다. 그다음에는 몸짓에서 신호로 넘어간다. 그 신호는 우는 소리, 눈빛, 태도, 마지막으로는 분명하게 발음된 음성이다. 그렇지만 말은 언제나 수행해야 할 행위―기발한 행위를 미리 나타낼 수는 없기 때문에 당연히 잘 알려져 있는 행위―의 이미지를 불러일으키며 이 이미지는 우두머리가 처음 제시하는 본보기에 상당하는 것이다."

유로 아버지는 아이에게 지고至高의 본보기다.[8]

그러므로 몇 가지 겉모습이 믿게 하는 것과는 반대로, **모방은 인간의 안에서 밖으로 진행된다.** 언뜻 보기에는, 다른 민족이나 계급을 모방하는 민족이나 계급은 그들의 취향, 문학, 관념, 의도, 한마디로 말해서 그들의 정신에 깊이 젖어들기에 앞서 그들의 사치품과 예술품을 모방하는 것처럼 보인다. 그러나 사실은 정반대다. 16세기 프랑스에서 의상의 유행은 스페인에서 왔다.[9] 이는 이미 스페인 문학이 프랑스에서 스페인의 위력과 함께 강한 인상을 주었기 때문이다. 프랑스의 우위가 확립된 17세기에는 프랑스 문학이 유럽을 지배했으며 프랑스의 예술과 유행이 세계를 휩쓸었다. 15세기에 이탈리아는 정복되고 약해졌지만 처음에는 훌륭한 시로 그다음에는 의상의 유행과 예술로 프랑스를 사로잡았는데, 이는 이탈리아의 수준 높은 문명과 그 문명이 변형시켜서 되살린 로마제국의 위세가 정복자들을 매료시켰기 때문이다. 게다가 주거, 의복, 가구 등이 이탈리아화되기 이전에 그 정복자들의 의식도 이미 오래전부터 이탈리아화되어 있었다. 이는 그들이 알프스 너머에 있는 교황에게 복종하던 습관 때문이다.

이 이탈리아인들은 그들이 복원한 고대 그리스-로마 시대를 흉내 내기

---

8 내가 모방이라고 부르는 뇌에서 뇌로의 원거리 작용이 최면 암시와 동일시될 수 있다면, 그렇게 될 수밖에 없다는 것에 주목해야 한다. 적어도 계속되는 정상적인 현상이 드물게 일어나는 비정상적인 현상(정상적인 현상이란 비정상적인 현상이 그 강도가 대단히 약해지면서 확대되어 재생산된 것이다)과 비교될 수 있는 한, 뇌에서 뇌로의 원거리 작용은 최면 암시와 동일시될 수 있다. 최면에 걸린 사람이 얼마나 경신적이고 온순하며 훌륭한 배우인지 우리는 잘 알고 있다. 또한 그에게 암시되는 인물이 그에게서 깊이 구현된다는 것도 우리는 알고 있다. 그리고 그 인물이 태도, 몸짓 및 언어로 표현되기 전에, 먼저 그 최면에 걸린 자의 마음과 성격 속에 들어가거나 들어가는 것처럼 보인다는 것도 우리는 알고 있다. 그를 지배하는 성격은 그의 경신성이며 완전한 유순함이다.

9 보댕Jean Bodin[프랑스의 사상가, 1530~1596]은 다음과 같이 말한다. "옷의 경우, 베르튀가드Vertugade[여성들이 스커트를 불룩하게 하는 데 썼던 테 또는 그런 테를 사용한 스커트]처럼 스페인에서 프랑스로 들어온 현재의 유행에 따라 옷을 차려입지 않는 사람은 언제나 멍청하고 둔한 자로 평가받을 것이다."

시작했는데, 그들 역시 먼저 조각상, 프레스코화, 키케로 시대 등 그 외적인 것을 나타내 보이다가 점점 그 영혼에 깊이 젖어들게 되었는가? 그렇지 않다. 이들의 빛나는 본보기가 먼저 그들의 마음을 사로잡았다. 이 새로운 이교異敎는 처음에는 학식 있는 사람을, 그다음에는 예술가를(이 순서는 뒤바뀔 수 없다) 죽은 종교로 개종시켰다. 그리고 죽은 종교든 살아 있는 종교든 상관없이 어떤 매혹적인 사도에 의해 포교된 새로운 종교가 사람의 마음을 사로잡으면, 그 종교는 우선 실천되는 것으로 시작하는 것이 아니라 믿게 되는 것으로 시작한다. 종교는 거창한 의식으로 시작해 점차 필요한 미덕과 확신에 이르는 것이 아니다. 전혀 그렇지 않다. 특히 새 신도에게는 종교의 **정신**이 그 외적인 형태와 상관없이 영향을 미친다. 그리고 예배의 형식주의가 공허하고 무의미해지는 것은 훨씬 나중에야 비로소 일어난다. 즉 종교가 관례 속에 존속하더라도 사람들의 마음에서 떠났을 때 일어난다. 따라서 르네상스 초기 시대의 고대 그리스-로마 문명의 새 신봉자는 여전히 기독교적이며 봉건적인 생활 습관을 고수하지만, 그는 신앙면에서는 이미 이교도다. 이는 그의 감각적인 무절제와 영광에 대한 지배적인 열정이 증명한다. 그가 풍습에서 나중에는 예의범절에서 이교도가 되는 것은 훨씬 나중의 일이다. 역사를 더 거슬러 올라가 5, 6세기 야만족의 경우, 예를 들면 클로비스Clovis〔프랑크왕국의 초대 국왕으로 메로빙거왕조의 창시자. 프랑크왕국 수립 후 로마 가톨릭으로 개종, 465?~511〕나 실페릭Chilpéric〔클로비스의 손자로 프랑크왕국의 왕, 539?~584〕 같은 사람에 대해서도 똑같이 말할 수 있다. 이들은 로마 풍습을 따르려고 애썼으며 집정관의 휘장으로 자신을 장식했다. 그러나 이처럼 어색하고 피상적으로 로마화하기 이전에, 그들은 기독교도가 되면서 아주 깊은 로마화를 겪었다. 왜냐하면 이 시대에는 그들의 마음을 사로잡은 로마 문명이 기독교로만 존속했기 때문이다.

이교도와 기독교도, 기독교도와 이슬람교도, 불교도와 유교도처럼 서로 다른 종교를 실천하는 두 민족이 접촉했다고 가정해보자. 그들 각자는 자신의 교의를 설명하기 위해 상대방에게서 새로운 의례를 빌려오며, 또한 동시에 자신들의 오랜 의례를 실천하면서 그 오랜 의례와는 다소 모순되는 새로운 교의를 받아들인다. 그런데 의례의 전파는 교의의 전파보다 빠른가 느린가? 느리다. 그 때문에 결국 오래된 의례가 새로운 종교에도 존속하는 것이다. 언어와 관념을 동시에 교류하는 두 민족의 경우에도 마찬가지다. 언어보다 관념을 더 빨리 교류한다. 그들이 법률의 소송절차와 재판 의식을 법률 원리와 동시에 교류하는 경우에도 법률 원리를 소송절차나 재판 의식보다 더 빠르게 교류한다. 그 때문에 로마, 영국, 프랑스 등 모든 곳에서 법 개혁이 일어난 지 한참 지난 뒤에도 형식이 지속된 것이다.

한 민족이 다른 민족을 모방하는 것은 그런 식으로 진행된다. 같은 민족 안에서 한 계급이 다른 계급을 모방하는 것도 역시 그런 식으로 진행된다. 어떤 계급이 다른 계급의 지배를 받은 적이 전혀 없다는 가정 아래 서로 접촉할 때, 그 어떤 계급은 먼저 그 다른 계급의 억양, 의상, 가구, 건축물을 들여오고 나중에 그 믿음과 원리를 받아들이는가? 그것은 보편적이며 필연적인 순서를 뒤집는 일일 것이다. 실제로 모방이 안에서 밖으로 진행된다는 가장 강력한 증거는, 여러 계급 간의 관계에서 질투는 결코 복종과 신뢰에 선행하는 것이 아니라 오히려 반대로 언제나 그전에 복종과 신뢰가 있었다는 표시며 그 결과라는 것이다. 로마의 세습귀족patriciens, 아테네의 지주귀족 계급eupatrides, 구체제의 프랑스 귀족에 대한 맹목적이며 유순한 헌신은 질투, 즉 그들이 불러일으킨 외면적인 모방의 욕망에 선행했다. 질투는 계급을 가까워지게 하고 그들 간 자원의 불평등을 감소시키는 사회 변화의 징후다. 이러한 변화를 통해 한 계급에서 다른 계급으로 의도와 생각이 예전처럼 전해질 뿐만 아니라, 그 계급은 애국적인 문제와 종교 문제에서도 서로 일치하고 동일한 숭배에 참여하기도 하며, 게다가 한 계급에서 다른 계급으로 사치와 행복감이 방사되기도 한다. 원인이 결과를 낳는 것처럼 복종은 질투를 낳는다. 따라서 고대 로마의 평민이나 중세 이탈리아 도시의 겔프당[교황당] 부르주아가 권력을 잡았을 때, 그들이 그 권력을 사용한 방식은 자신들이 전에 예속 상태에 있었다는 것의 증거며 또 그 연장이었다. 왜냐하면 예전의 지배 귀족에 대해 그들이 만든 억압적인 법은 자신들의 옛 지배자를 모방하고 싶은 욕구에 의해 암시되었기 때문이다.

  복종과 신뢰, 즉 인정받는 우월자에 대한 내면적인 모방은 헌신적이며 말하자면 애정이 담긴 찬미를 원동력으로 하는 데 반해서, 논란이 있거나 인정받지 못하는 우월자에 대한 외면적인 모방은 질투 섞인 비웃음에서 나온다는 것에 주목해야 한다. 그리고 분명한 것은 다음과 같은 사실이다. 즉 사람들이 그들의 옛 지배자에 대해서 처음에는 애정을 지녔다가 나중에는 드러내지 않는 질투를 갖거나 처음에는 찬미하는 마음을 가졌다가 나중에는 공공연하게 경멸하는 마음을 갖게 되는 경우는 있어도, 어쨌든 질투에서 애정으로 되돌아가거나 또는 경멸에서 찬미로 되돌아가는 경우는 적어도 그 옛 지배자에 대해서는 결코 없다는 것이다. 찬미하고 사랑하고 싶은 지속적인 욕구를 만족시키기 위해서 사람들은 때때로 새로운 우상을 만들어내야 한다. 그렇지만 이 새로운 우상 자체도 나중에는 파괴될 것이다.[10]

---

[10] 사회적 불평등이 깊지 않을수록 어느 정도부터는 그 불평등이 하위자에게는 더욱더 견디기 어려운 것이 된다. 그 이유는 사회적 불평등이 어느 정도를 넘어서 줄어들면 더 이상 찬미, 경신, 복종(이 모든 것은 사회를 강하게 하는 데 도움이 되는 성향이다)을 만들어내지 못하며 따라서 그 존재 이유를 잃어버리기 때문이다. 그때 사회적 불평등은 그 불평등 자체를 사라지게 하는 데 도움이 되는 질투를 불러일으킨다. 유용성 l'utile이 요구하는 것은 여기에서 아름다움 le beau이 요구하는 것과 유사하다. 아름다움은 아주 뚜렷한 타원과 원 사이나 한눈에 알아볼 수 있는 평행사변형과 정사각형 사이에 중간을 인정하지 않기 때문이다. 타원의 두 축[긴 축과 짧은 축] 사이나 평행사변형의 세로와 가로 사이의 불균형이 더 이상 분명해지지 않으면, 미적 감각은 그 불균형을 없애고 싶어 한다. 거의 완전한 균형에 가까워질수록 더욱더 그러하다. 그런데 사회의 여러 계급 사이에서도 거의 완전한 평등이 이루어지면, 질투 자체는 동화작용을 완수했기 때문에 사라지는 경향이 있다. 이때 이 동화작용은 그 지나침 자체 때문에 손상된다. 개인적인 차이, **비非동화** 또는—사람들이 말하는 것처럼—자유에 대한 욕구는 유사함에서 생겨나는 평등에 의해 커진다. 그리고 만일 새로운 불평등 원인이 나타나지 않는다면 사회는 다시 야만적인 분열 상태로 돌아갈 것이다. 그렇지만 불평등 원인은 언제나 나타난다.

두려움만이 사람들을 복종시킨다고 말하는데, 이는 분명히 잘못이다. 그와 반대로 모든 위대한 문명의 기원에는 아니 더 정확하게 말하면 근대에서조차, 그 여하한의 종교적 제도나 정치적 제도의 기원에도 사랑, 그것도 짝사랑의 놀라운 지출이 있었다는 것을 모든 것은 보여준다. 이것으로 모든 것이 설명된다. 그러한 가정이 없으면 그 어느 것도 설명될 수 없다. 스펜서가 매우 강력하게 묘사한 **신으로서의 왕**roi-dieu도 만일 그가 두려운 존재이기만 했다면 그는 즉위하자마자 살해되었을 것이다. 그렇지만 그는 사랑받았다. 그리고 사회의 여명기로까지 거슬러 올라가면, 최초의 신으로서의 왕인 고대 족장이 자신의 아이들과 노예들에게 절대적인 권위를 지닌 것은 오로지 그들의 공포 때문이라고 생각할 수 있는가? 노예들은 그렇지 않더라도 그의 아이들은 확실히 족장을 사랑했으며, 아마도 족장 자신이 아이들을 사랑한 것보다 아이들이 더 많이 그를 사랑했을 것이다. 왜냐하면 다른 경우와 마찬가지로 이 경우에도 일방적인 유대가 상호적인 유대보다 선행한 것 같기 때문이다. 고대 문헌에 따르면, 옛날 아버지들은 부성애라는 점에서 현대의 아버지에 결코 미치지 못한 것 같다. 나는 어머니에 대해서는 말하지 않겠다. 왜냐하면 모성애는 그 원인이 사회적이기보다는 훨씬 더 생물적이기 때문이다. 모성애가 상대적으로 깊고 불변적인 것은 이러한 성격에서 유래한다. 따라서 효심 자체도 처음에는 부분적으로 별로 상호적이지 않은 짝사랑이었음에 틀림없다. 우리는 초기 시대의 가부장, 왕, 재판관, 사제, 사부를 루이 14세의 축소판으로 생각할 수 있다. 즉 그들은 자신에 대한 신하의 권리를 전혀 인정하지 않았으며 완전한 이기주의자로서 자신을 숭배하게 했다. 그 자신의 영광을 위해서 왕은 신하를 보호하는 것을 자신의 의무로 삼았다. 한편 신하는 그것을 은혜로 간주해 왕에게 감사의 뜻을 표했다. 그의 신격화는 거기에서 비롯되었다. 그것은 가족 종교와 가족의 영속화에 필요했으며 도시와 문명의 기초가 되었다.

족장이 어느 정도로 믿음과 복종의 대상이었는지는 성서와 모든 고대법이 증언하고 있다. 그의 생각을 알아맞히고 그의 의지를 얻는 데는 거의 말이 필요없었다. 이 때문에 그의 아이들은 그의 본보기를 모든 점에서 따르고 그의 억양, 언어, 몸짓, 태도를 재현하는 매우 예민한 성향을 지닌다. 그들이 먼저 순종과 믿음을 통해 그를 이해하지 못했다면, 그들은 외면적으로 헛되이 모방하는 것만으로는 그를 믿거나 그에게 복종할 수 없었을 것이다. 그리고 그러한 방식으로는 사회적 유대의 형성이 불가능했다. 그러나 말하는 기술이 아직 알려지지 않은 선사시대의 여명으로 더 멀리 올라가보자. 그때에는 그들 마음속의 내용, 즉 그들의 관념과 욕망이 한 뇌에서 다른 뇌로 어떻게 옮겨졌을까? 그 구성원들이 거의 신호 없이도 서로를 이해하는 것처럼 보이는 동물사회의 일을 두고 판단한다면, 그것은 실제로 영향에 의한 일종의 심리적 감전une sorte d'électrisation psychologique par influence 때문에 일어났다. 원거리에서 뇌 상호 간의 작용이 그때부터 아마도 대단히 강하게 일어났으며 그 강도는 그 이후로 감소해왔다는 것을 인정해야 한다. 병적인 현상이 정상적인 사실과 비슷할 수 있는 한, 최면암시는 그 작용에 대해서 약간의 생각을 우리에게 줄 수 있다. 그 작용은 **사회학적 심리학**(이것은 생리학적 심리학이 끝나는 곳에서 시작한다)이 해결하려고 노력해야 하는 기초적이며 근본적인 문제다.

언어의 발명은 한 정신에서 다른 정신으로의 관념 및 의지의 전파, 그 결과 **안에서 밖으로의** 모방의 진행을 놀랄 만큼 용이하게 했지만, 그 전파를 최초로 만들어낸 것은 아니었다. 왜냐하면 이러한 진행이 먼저 존재하지 않았다면 언어의 발생은 생각할 수 없기 때문이다. 말을 처음 만들어낸 사람이 어떻게 해서 그 자신의 정신 속에서 하나의 생각을 (몸짓으로 완전해지는) 하나의 음성과 연결할 생각을 해냈는가는 이해하기 어렵지 않다. 그러나 그가 어떻게 해서 그 음성을 다른 사람에게 들려주는 것만으로 그 연결을 다른 사람에게 **암시**할 수 있었는가는 이해하기 어렵다. 그 음성을 들은 사람이 문제의 음성을 요구된 의미와 연결하지 못하고 앵무새처럼 그 음성을 반복하는 데 그쳤다면, 이 피상적이며 기계적인 반향언어증écholalie〔타인의 말을 무의식적으로 반복하는 증세〕이 어떻게 해서 그로 하여금 낯선 사람이 제시한 의미를 이해하게 할 수 있었는지, 더 나아가 어떻게 해서 그를 **음성**에서 **말**로 넘어가게 할 수 있었는지는 이해할 수 없다. 그러므로 의미가 음성과 함께 그에게 전달되었으며, 또 한편으로는 듣는 사람이 음성을 재현하기 전에 의미를 반사했다는 것을 인정해야 한다.* 최근에 매우 대중화된 최면의 위력과 암시의 기적을 알고 있는 사람에게는 그러한 가정을 인정하는 것이 결코 힘들지 않을 것이다.

게다가 말하기 시작한 두 살에서 세 살 사이의 아이들을 관찰해보면, 이 가설에는 큰 힘이 실린다. 그 아이들이 어른과 똑같이 말할 수 있는 상태가 되기 훨씬 전부터 사람들이 아이들에게 하는 말을 이해한다는 것은 어렵지 않게 알아차릴 수 있다. 아이들에게서 어른에 대한 모방이 **안에서 밖으로** 일어나지 않았다면 이러한 일이 어떻게 일어날 수 있겠는가? 그렇지만 이러한 점을 인정한다면, 매우 놀라운 일인 것 같은 언어의 확립도 더 이상 어렵게 생각할 문제가 아니다. 말을 한다는 것은 역사 초기에는, 오늘날과 같은 것, 즉 정보와 의견의 상호 교환이 결코 아니었다. 우리가 종종 정식화한 법칙, 즉 일방적인 것이 모든 것에서 또 모두에게 있어서 상호적인 것에 선행한다는 법칙에 따라, 말을 한다는 것은 처음에는 아버지가 아이들에게 그 어떤 상호성도 없이 가르치고 명령하는 것 또는 그 어떤 대답도 없는 신에게 기도하는 것이었음에 틀림없다. 말하자면 그것은 두드러지게 권위적이며 어떤 환각이나 **암시된** 행위를 수반하는 일종의 사제적이며 군주

---

* 제2판 원문에는 다음과 같이 되어 있다. "Il faut donc admettre que le sens lui a été transmis avec le son, a reflété le sens." 그렇지만 초판에는 다음과 같이 되어 있다. "Il faut donc admettre que le sens lui a été transmis avec le son, PAR UNE AUTRE VOIE, ET QUE L'AUDITEUR, AVANT DE REPRODUIRE LE SON, a reflété le sens."(대문자는 옮긴이 강조) 본 역서에서는 이 대문자 부분이 2판에서는 누락된 것으로 판단해 초판에 따라 번역했다.

적인 기능, 성사聖事, 위엄 있는 독점권이었음에 틀림없다. 현재 교사가 학교에서 그러한 바와 같이, 우두머리만이 말할 수 있는 권리 또는 그의 영역에서 '큰 소리로 말할 수 있는' 권리를 지녔다. 게다가 엘리트만이 말을 할 줄 알았다. 이들은 감탄의 대상이었으며 나중에는 질투의 대상이 되었다.

나중에는 글을 쓰는 권리도 마찬가지로 상류계급이 독점했다. 얼마 전까지만 하더라도 문맹자의 눈에는 성서 다음으로 문자가 위세를 지녔는데, 이러한 위세는 바로 거기에서 나온다. 말하는 것이 바로 그 위세를 완전히 잃어버렸다면, 이는 의심할 바 없이 말하는 것이 쓰는 것보다 더 오래되었기 때문이다. 그러나 말하는 것도 옛날에는 그 위세를 지녔다. 이는 특히 오래된 재판 절차에서 이른바 **의식**儀式**적인** 표현에 들어 있는 고유한 위력, 또한 아리아인들이 베다 경전의 신성한 **기도문**에 있다고 여기거나, 비잔틴인들과 기독교도들이 말씀, 즉 로고스[이성]에 있다고 여기는 주술적인 힘이 증명한다. 다른 징에서 나는 소비 욕구가 사실의 모든 종류에서 생산 욕구보다 먼저 있었다는 것 그리고 이 중요한 현상이 안에서 밖으로 진행되는 모방과 관계가 있다는 것을 보여줄 것이다. 그렇다면 말을 듣고 싶은 욕구가 말을 하고 싶은 욕구보다 먼저 있었음에 틀림없다.

지배받는 뇌에 대한 지배하는 뇌의 원거리 작용이 일단 말로 의사소통하는 습관에 따라 더 쉬워지고 상례가 되면, 그것은 저항할 수 없는 힘을 얻는다. 비록 보급 경쟁 때문에 부분적으로 그 힘이 약해지긴 했지만, 오늘날 언어의 최신 형태인 일간신문이 행사하는 힘을 보면, 언어가 처음에는 통치 수단이었다고 생각할 수 있을 것이다. 인간세계에서 모방이 그 살아 있는 본보기의 태도, 몸짓, 움직임 같은 외적인 측면을 부정확하게라도 파악해 반영하기 전에, 그 본보기의 가장 내면적인 것에 몰두해 숨겨진 측면, 즉 생각과 의도를 놀랄 정도로 정확하게 재현하는 주된 성격을 두드러지게 한 것은 말 덕분이다. 동물들 사이에서는 그 반대가 일어난다. 여기에서 모방이 조금이라도 정확하게 행해질 수 있는 것은 지저귐, 울음소리,

근육 행위의 재현에 국한되며, 관념이나 의지 같은 신경 현상의 전달은 오로지 모호할 뿐이다. 이것이 동물사회를 제자리걸음하게 한다. 왜냐하면 가령 어떤 창의력이 풍부한 관념이 들소나 까마귀의 뇌에서 아무리 반짝여도, 그 관념은 그 개체와 함께 죽으며 공동체에서는 어쩔 수 없이 사라질 것이기 때문이다. 동물의 경우에는 무엇보다도 우선 근육이 근육을 모방한다. 이에 반해 우리의 경우에는 무엇보다도 우선 신경이 신경을 모방하고 뇌가 뇌를 모방한다. 바로 이것이 우리 인간 사회의 우월성을 설명해주는 주요한 대조다. 인간 사회에서는 좋은 관념은 잊혀지지 않는다. 모든 뛰어난 사상가는 그가 자신의 수준으로까지 길러내는 후손 속에 살아남는다. 훌륭한 관념이 오랫동안 미친 사람의 망상이나 폭군의 변덕에 불과한 것으로 여겨질 수도 있었다. 상관없다. 왜냐하면 그 관념은 적어도 지도자로부터 많은 사람들에게 전해지면서 종교적이든 정치적이든 만장일치라는 엄청난 근본적인 이점을 낳았기 때문이다. 이러한 만장일치만이 나중에 집합적인 행위, 규율 잡힌 행위, 군사적인 행위를 가능하게 한다. 이는 나중에 올바른 관념과 유용한 지침이 나타났을 때 동일한 과학과 동일한 도덕에서의 일반적인 일치만이 예술과 산업의 큰 번영을 가능하게 하는 것과 같다.

예술에 대해서도 한마디 하고 싶다. 예술의 진화는 스펜서가 생각하는 것처럼 결코 가장 외적인 것에서 가장 내적인 것으로, 즉 건축에서 조각 및 그림을 거쳐 음악과 시로 진행하지 않는다. 반대로 그 진화는 일리아드, 성서, 단테처럼 언제나 매우 주목할 만하고 비교적 완벽한 어떤 책, 서사시, 시작품에서 시작한다. 그리고 그러한 작품들은 모든 예술이 흘러나오는 첫 번째 최고의 원천이다.

더 정확하게 표현하고자 한다면 이 **안**에서 **밖**으로의 진행은 두 가지를 의미한다. (1) 관념의 모방은 그 표현의 모방에 선행한다. (2) 목적의 모방은 수단의 모방에 선행한다. **안**dedans은 목적이나 관념이다. **밖**dehors은 수단이나 표현이다. 물론 우리는 오랜 목적을 달성하거나 오랜 욕구를 만족시키는 데 적합한 새로운 수단으로 제공되거나, 우리의 오랜 관념의 새로운 표현으로 제공되는 모든 것을 다른 사람에게서 모방하고 싶어 한다. 이러한 길에 들어서면 **이와 동시에** 우리는 우리에게서 새로운 관념, 새로운 목적을 일깨우는 혁신도 받아들이기 시작한다. 다만 이 새로운 목적, 즉 새로운 소비 욕구는 그 표현 및 수단보다 우리에게 더 쉽게 들어오고 더 빨리 퍼진다.[11] 문명화되고 있으며 또 그 욕구가 계속 늘어나는 국민은 자신들이 생산할 수 있고 또 생산하려는 것보다 더 많은 것들을 소비한다. 미학적인 언어로 말하면, 이것은 감정의 전파가 재능의 전파를 능가한다고 말하는 것이 된다. 감정이란 반복에 의해서 매우 신속해지고 거의 무의식적인 것이 된 판단 및 욕망의 습관이다. 재능도 역시 마찬가지로 반복에 의해서 기계적인 능란함을 획득한 행위의 습관이다. 따라서 감정과 재능은 둘 다 똑같이 습관이며, 그 둘 사이에는 안과 밖의 차이, 내적인 사실과 외적인 사실의 차이밖에 없다. 그렇지만 미적 감정은 그것을 만족시키기에 적합한 재능보다 먼저 형성되고 퍼지는 것이 사실이 아닌가? 그리고 우리는 이에 대한 증거를 퇴폐기의 능숙한 솜씨가 영감이 고갈된 뒤에도 남는다는 통속적인 관찰 속에서 볼 수 있지 않은가?

예술은 자신의 종교를 만들어내지 않는다. 양식도 자신의 사상을 만들어내지 않는다. 그러나 종교는 결국 자신을 표현하고 빛내주는 자신의 예술을 만들어낸다. 사상도 그러한 자신의 양식을 만들어낸다. 치마부에

---

[11] 나는 본보기의 **외면**이 때때로 **내면**을 배제한 채 모방된다는 것을 부정할 생각은 없다. 그러나 여성들과 아이들이 이따금 행하는 바와 같이(그렇지만 그런 경우는 사람들이 생각하는 것보다 많지 않다), 외면적인 모방으로 시작할 때에는 그것으로 끝난다. 반면에 내면적인 모방으로 시작하면 외면적인 모방으로 넘어간다. 도스토예프스키는 감옥에서 강제 노역자들과 함께 몇 년을 보내자 그들과 외면적으로 비슷해졌다고 말한다. "그들의 습관, 생각, 옷이 나에게 영향을 주어, 그러한 것들이 외면상으로는 내 것이 되었다. 그렇지만 내 마음속으로는 파고들지 못했다."

Cimabué[이탈리아 피렌체 화파의 시조. 본명은 베네치에비 디 페포, 1240?~1302?]나 지오토Giotto de Bondone[이탈리아 피렌체 출신의 화가, 1266?~1337]의 그림이 기독교 신앙의 전파보다 앞선다고 상상할 수 있겠는가? 우리의 법칙에 따르면, 믿음의 융합이 언제나 또 어디에서나 습속이나 예술의 융합보다 훨씬 이전에 이루어진 이유와, 또한 그에 따른 결과로 작은 국가들이 나란히 있으면서 서로 적대적이었던 시대에도 하나의 공통된 종교가 방대한 영토에 퍼질 수 있었던 이유를 이해할 수 있다. 그리스가 작은 국가로 나뉘어 있었음에도, 신탁과 경기, 특히 델포이의 신탁과 올림피아 경기가 처음에는 그리스의 국민 감정을 형성했으며 그다음에는 끊임없이 강화시켰다는 것은 잘 알려져 있다. 그러나 경기가 공통의 중심, 즉 만나서 외면적인 생활의 관점에서 서로 모방할 기회가 되기 훨씬 이전에, 이 신탁의 권위는 모든 사람에게 인정받았다. 그 기원은 신화적인 고대 속에 묻혀 있다. 중세에도 마찬가지로 동일한 신앙이 유럽을 지배했는데, 이는 강대한 군주 국가들이 화려한 궁정과 쉽게 전염되는 사치의 교환으로 사람들의 겉모습을 획일화하기 수세기 전이다. 그렇지만 이와 반대되는 예는 없다.

입법, 즉 법률의 변화는—적어도 이 변화가 실행 가능한 것이라면—그것에 대응하는 지적 또는 경제적 변화보다 상당히 뒤에 일어나지, 결코 앞서 일어나지 않는다는 것을 우리는 알고 있다. 이것은 우리의 명제가 주장하는 바이기도 하다. 우리의 명제는 또한 그 귀결로서, 사회의 외적 골격인 법률이 그 내적인 존재 이유, 즉 법률이 구현하는 욕구 및 관념보다 상당히 오랫동안 살아남는다고 주장한다. 법률은 나중에 생기거나 천천히 진화하기 때문에 늦게까지 존속할 것이며 존속할 수 있다. 관찰이 보여주는 것처럼 그 어떠한 관습도 역시 마찬가지다. 그리고 이러한 일반적인 현상만이 방금 문제된 특별한 경우를 설명할 수 있다. 관습의 **유물**—러북John Lubbock[영국의 고고학자, 1834~1913]의 훌륭한 용어를 사용하면—에 대해서는 매우 많이 설명해왔기 때문에 많은 예를 인용하는 것은 쓸모없다. 그렇지만 모권제가 폐지되고 심지어는 사라진 후에도* 그 흉내가 의만擬娩〔아내가 분만할 때 남편도 함께 자리에 누워 산고를 흉내 내거나 음식을 제한하는 풍습〕이라고 하는 아버지의 허구적인 출산 행위 속에 존속했다는 것을 상기해보라. 또한 부녀 약탈혼이 통용되지 않는 후에도 그 잔재가 결혼의식 속에 남아 있다는 것을 상기해보라. 루이 16세가 결혼할 당시〔1770년〕만 해도 적어도 프랑스의 몇몇 지방에서는 결혼식을 끝마쳤을 때 13드니에를 지불하는 풍습이 남아 있었으며, 이것은 남자가 아내를 샀던 시대의 잔재이다.** 성찬 교의〔성찬식에서 사용하는 빵과 포도주가 사제의 축성기도 때 실제로 그리스도의 육체와 피가 된다는 가톨릭 교의〕를 거부한 종파들이 성체 배령〔영성체〕을 흉내 냈으며, 자기 자녀들의 세례를 반대한 자유사상가들이 시민에 의한 유사 세례는 축하했다는 것을 우리는 잘 알고 있다. 게다가 살아 있는 종교 중에 그 의식, 행렬, 예배 무대의 장식을 어떤 죽은 종교에서 빌려오지 않은 것이 있겠는가? 그 의미가 바뀐 뒤에 어근이 보존되는 것 역시 종교의 경우와 똑같은 종류의 유물, 즉 옛 수단을 새로운 기능에 적응시키는 새로운 의미의 도입으로 더 복잡해진 유물이 아닌가? 법률상의 유물에 대해서는 방금 말한 바 있지만, 우리나라의 법전은 그러한 유물로 가득 차 있다. 봉건제 법률은 수세기 전에 사라졌는데도, 그것이 없었다면 치안판사의 골칫거리인 점유 보호 청구 소송 possessoire과 부동산 소유권 확인소송 pétitoire의 유명한 구분을 법률가는 설명할 수 없었을 것이다. 마지막으로 시와 예술의 영역에서 그 정신이 사라져버린 유파의 유물을 새로운 천재들이 받아들이는 것은 흔히 볼 수 있는 일이다.

이는 무엇을 증명하는가? 우선 이는 인간으로 하여금 과거를 모방하게 하는 성향의 집요함과 에너지를 증명한다. 그러나 사라진 믿음과 욕구에

---

* 모권제 matriarcat : 여성이 가족 또는 씨족의 장長이 되고 정치권력도 소유하는 사회체제. 현존하는 민족 중 모권제 사회는 존재하지 않는다.
** 서양 결혼식에 등장하는 신랑 들러리들은 신부를 빼앗기지 않기 위해 신랑 친구들이 무기를 들고 서 있었던 과거의 흔적이며, 신혼여행과 결혼반지도 약탈혼의 잔재라 할 수 있다.

대한 이처럼 미적이거나 의례적인 또는 순전히 판에 박힌 흉내에서도 모방의 외면이 그 내면보다 더 오래 살아남는 것을 볼 수 있다. 그 내면이 외면보다 더 오래되었거나 더 빠르게 진화했다면, 그것은 매우 당연하다.

따라서 문제의 유물들은 우리의 법칙이 옳다는 것을 역으로 증명한다. 다음의 고찰을 고려한다면 이에 대해서 더 이상 의심하지 않을 것이다. 경칭敬稱(나리seigneur는 씨sieur가 되었다), 인사(봉건시대의 무릎 꿇기는 머리를 약간 숙이는 것이 되었다), 인사말, 예의범절은 퍼져 나가면서 점점 단축되고 약해지며 단순화한다. 스펜서는 이것을 훌륭하게 보여주었다. 이러한 사실은 다른 비슷한 사실과 비교해볼 것을 요구한다. 돌이 구르면서 마모되는 것처럼, 말도 축약되고 그 음音이 약해지며 마모된다. 종교 신앙은 그 강도를 잃어버리며 예술은 타락한다. 이 모든 것에서 모방은 모방하는 대상을 필연적으로 약하게 한다는 결론이 나오는 것 같다. 따라서 죽어가는 사회 에너지를 때때로 되살리기 위해서는 새로운 발명이나 완전히 참신한 새로운 모방 원천이 필요한 것 같다. 그리고 우리가 나중에 보게 되듯이 이러한 것에 많은 진실이 있다. 그러나 항상 그러한가? 그렇지 않다. 그러한 유사는 우리가 방금 비교한 여러 진화의 마지막 시기들 사이에만 존재한다. 말은 그것이 단축되기 전에는 일련의 상승적인 ― 아직은 하강적이지 않은 ― 모방을 통해 형성되고 유지되며 확대되었음에 틀림없다. 예의범절은 그것이 약해지기 전에는 그 예의범절을 대상으로 한 모방을 통해 점점 강화되면서 확립되었음에 틀림없다. 교의나 의식도 그것이 쇠퇴하기 전에는 그 종교가 한창 발전해나가면서 인정을 받아 커졌음에 틀림없다.

이러한 대조는 어디에서 오는가? 그 대조는 다음과 같은 사실에서 나오는 것이 아닌가? 즉 처음에는 모방이 특히 내적인 것이었고 믿음이나 욕망을 퍼지게 했으며 이때 그 믿음과 욕망의 외적인 형태는 부차적으로 추구되는 표현에 불과했다는 사실에서 나오는 것이 아닌가? 그리고 이때에는 믿음과 욕망이 그것들의 고유한 법칙에 따라서 그 전파 자체와 상호 반영을 통해 점차 활기를 띠지 않았는가? 이에 반해 나중에는 외적인 형태는 그 믿음과 욕망의 내적인 원천이 점차 고갈되어감에도 불구하고 계속 퍼지다가 결국 약해질 수밖에 없지 않았는가? 따라서 이러한 현상은 모방이 안에서 밖으로, 즉 기호화된 사물에서 기호로 진행되었다는 것으로 설명된다. 그런데 본보기의 내적인 측면, 즉 문제의 말이나 행위 속에 함축된 믿음이나 욕망이 더 이상 재생산되지 않고 외적인 측면이 재생산되는 순간은 왜 오는가? 이는 처음의 믿음이나 욕망과 완전히 또는 부분적으로 양립할 수 없는 다른 믿음이나 욕망이, 처음의 믿음이나 욕망이 이미 퍼져 있는 환경 자체에 막 퍼졌기 때문이다. 그때 그 본보기는 내적으로는 타격받지만 표면적으로는 계속 살아 있다. 그렇지만 그것은 어떤 새로운 정신이 불쑥 나타날 때까지 끊임없이 줄어들고 소멸할 뿐이다.[12] 테르툴리아누스Tertullianus [북아프리카 카르타고 출신의 기독교 저술가, 160~220]의 글과 고고학의 발견에 힘입어, 우리는 초기 기독교도들이 내면적으로는 열렬한 믿음을 지녔고 진지하게 개종했는데도, 그들은 남녀 할 것 없이 외면적으로는 계속 이교도처럼 **생활하고 옷을 입고 머리 모양을 하고** 놀았으며 문제의 복장과 여흥이 반기독교적이고 추잡하더라도 개의치 않았다는 것을 안다.

나는 **안에서 밖으로의** 모방에 대한 설명을 마치기 전에 다음과 같은 점을 간단하게 지적하고 싶다. 즉 다른 많은 관계와 마찬가지로 이 관계에서도 모방이 보편적 반복의 다른 형태와 유사함을 나타낸다는 것이다.

생명 연구에는 베일에 가려진 부분이 있을 수밖에 없다. 그러므로 분명한 것은 다음과 같은 사실이다. 즉 수정에서 죽음에 이르기까지 생명의 모

---

[12] 비올레Paul Marie Viollet[프랑스의 역사가, 1840~1914] 씨는 "의례는 역사의 큰 박물관이다"라고 말하고 있는데, 이는 대단히 옳은 말이다. 그렇다면, 그리고 그 점을 의심할 수 없다면, 스펜서가 의례를 원시적인 통치로 간주했던 생각을 멀리 해야 할 필요가 있다. 박물관이란 처음에는 완전했는데 시간이 지나면서 쇠약해지는 어떤 원시적인 것이 결코 아니다. 그것은 오랜 시간에 걸쳐 형성되고 커졌으며, 게다가 시대마다 새로운 모습을 갖는다.

든 발달은 결코 우리 눈에 보이지 않으며 뭐라 말할 수 없는 내적 작용, 말하자면 생명의 믿음 또는 그 선조들이 배아에 불어넣었으며 그 **발현**에 앞서는 생명의 숨에서 유래한다는 것이다. 개체의 진화란 이 배아에서 이끌어내는 것이다. 수정될 때, 부모는 가장 눈에 띄는 외적인 특징을 유전 덕분에 반복하기 전에, 자신들 속에 있는 생명의 가장 내적인 특징을 그들의 자식 속에서 반복했다. 왜냐하면 수정된 배아는 미래의 모든 성장을 잠재적으로 내포하고 있기 때문이다. 마찬가지로 예비 신자가 귀의할 때, 사도는 그의 가장 내적인 사회적 측면을 통해 예비 신자에게서 반복된다. 즉 그 사회적 측면은 곧 예비 신자의 기도 및 종교적 실천의 원천이 되며, 이 예비 신자를 통해 사도의 기도와 종교적 실천도 충실하게 재생산될 것이다. 이와 똑같은 차원에서의 물리현상과의 유사는 더 많은 추측에 근거한다. 그렇지만 접촉에 의해서건 원거리에서건 간에 운동의 전달이나 반복을 이해하려는 노력은, 어떤 힘이나 숨어 있는 경향의 전달을 먼저 전제하지 않고서는 헛수고라는 것을 우리는 알고 있다. 그리고 화학적인 결합이나 구성을 그 가운데가 비어 있는, 즉 내적인 것을 지니지 않은 원자들의 결합으로 설명하려는 시도도 역시 성공하지 못했다. 우리 사회와 마찬가지로 자연에서도 보편적 반복, 즉 보편적 작용은 **안에서 밖으로** 진행된다고 결론내릴 수 있다. 이것은 아무리 되풀이해서 말해도 지나치지 않을 것이다.

  이 명제에 대해서는 여러 가지 반론이 있을 것이다. 그중에는 혹시 여성들이 유행으로 도입된 외국의 옷 치장을 외국의 관념(사상)보다 훨씬 더 빨리 받아들이는 것을 내세워, 그 명제에 반대하는 사람도 있을 것이다. 그러나 여기에서 안dedans, 즉 기호화된 사물은 허영심에 가득찬 자기 주장─여성이 한 단계 더 올라가기 위해 상류 계급의 옷 치장을 모방할 때는 이미 그 상류 계급의 자부심, 악덕, 거만함 등이 그녀에게 침투하기 시작한 것이다─이거나 아니면 다른 사람들의 환심을 사고 싶은 성적 욕망─새로운 헤어스타일이나 의상의 채택이 자신을 아름답게 할 것이라고 먼저 확신했기 때문에,

이것은 매우 종종 잘못된 확신이지만 어쨌든 그녀는 자신과 비슷하거나 동등한 사람들을 모방하는 것이다—이다. 게다가 여성의 예는 우리가 곧 말할 위에서 아래로의 모방의 전파 법칙뿐만 아니라 우리가 지금 말하고 있는 법칙도 매우 잘 보여준다. 우리가 알고 있는 것처럼, 모든 여성은 그녀가 좋아하거나 찬미하는 또는 그녀에게 영향을 주는 남자를 모방한다. 그러나 또 지적할 수 있는 것은 여성이 남자의 태도를 모방하고 표현법을 받아들이며 그의 무뚝뚝한 말투나 억양에 물들기 훨씬 전에, 그 남자의 감정과 관념이 그녀에게 전해진다는 사실이다. 여성이 자기 집보다 우월하다고 생각되는 다른 가정으로 시집가거나 자신의 환경보다 우월하다고 판단되는 다른 환경으로 옮겨가면, 그녀는 그 새로운 사회에서 지배적인 관념, 열정, 편견, 악덕이나 미덕에 곧바로 영향을 받는다. 따라서 여성은 비슷한 경우의 남자보다 훨씬 더 빨리 그런 것들에 물든다. 여성이 원래 많은 점에서—특히 종교적인 믿음과 관련된 점에서—내적인 본보기에 대한 감수성을 고스란히 간직한다면, 이는 바로 안에서 밖으로의 모방의 원리가 여성에게 완전히 적용된다는 사실에서 비롯한다. 이러한 원리의 귀결로서 남자보다 여성의 경우에 말, 몸짓, 태도, 습관에서 보이는 옛 믿음의 외적인 발현은, 그 믿음이 사라지고 다른 믿음으로 은밀히 대체된 지 오래되었는데도 훨씬 더 많이 지속된다. 여성이 새로운 신앙의 제복을 입기로 결심하기 위해서는, 그 새로운 믿음이 여성의 정신 속에 있는 본거지에 오랫동안 구멍을 파지 않으면 안 되었다. 이것은 언제나 그러했으며 여전히 그러하다. 16세기에 마르그리트 드 발루아Marguerite de Valois[앙리 4세의 왕비, 1553~1615]와 그녀의 여자 측근들은 칼뱅주의로 개종했지만—게다가 칼뱅 교의가 그녀들에게는 별로 마음에 들지 않았지만 그 교의가 프랑스에서 퍼지기 시작한 것은 그녀들에 의해서였다—그녀들은 계속 가톨릭 종교를 실천했다. 이는 어쩌면 화형에 대한 공포가 조금은 있었기 때문일지도 모르지만, 무엇보다도 기호화된 사물이 그 기호signes보다 선행한다고 하는 논리적 필연성 때문일 것이다.

2. 하위자의 상위자 모방

인간의 모방이 처음부터 지닌 이 내적인 깊은 특징, 즉 인간의 정신을 그것의 중심에서 서로 연결시키는 이러한 특권은—지금까지 말한 것에서 알 수 있는 것처럼—인간들 사이에서 불평등을 증대시켰으며 사회 계급의 형성을 가져왔다. 이것이 불가피했던 것은 본보기와 모방의 관계가 결국은 사도와 새 신도의 관계, 주인과 하인의 관계였기 때문이다. 따라서 모방이 본보기의 안에서 밖으로 진행되었다는 사실 자체로 말미암아, 그 모방은 본보기의 **하강**, 즉 위에서 아래로의 하강으로 이루어지지 않을 수 없었다. 이것이 두 번째 법칙이다. 이 법칙은 첫 번째 법칙 속에 부분적으로 함축되어 있지만 따로 검토할 필요가 있다.

　게다가 앞에서의 고찰뿐만 아니라 지금부터의 고찰이 지니는 정확한 사정거리도 잘 이해해야 한다. 우리가 알고 있는 것처럼, 그 고찰은 우월하다고 여겨지는 것의 위세의 영향이 논리적인 법칙의 작용에 의해서 부분적으로든 전체적으로든 중화되지 않는다는 가정을 근거로 삼아야 한다. 왜냐하면 상대적으로 옳거나 유용하다고 여겨지는 어떤 새로운 관념을 생각해냈거나 도입한 사람이 아무리 미천하고 평판이 나쁘더라도, 그 관념은 결국 일반인들 사이에 퍼지기 때문이다. 예를 들면 노예와 유대인이 가져온 복음이 가장 귀족적인 로마 세계에 퍼진 것은 그 복음이 양심의 주요 문제에 다신교보다 훨씬 더 많은 대답을 주었기 때문이다. 또한 고대 이집트의 어떤 시대에, 아시아인에 대한 이집트인의 경멸에도 불구하고 아시아에서 온 말(馬)의 이용이 퍼졌는데, 이는 많은 일을 하는 데에는 말이 그때까지 이용된 당나귀보다 분명히 더 낫기 때문이었다. 이러한 종류의 예들은 수없이 많다. 마찬가지로 본보기 중에서 가장 외면적인 것이 낯선 환경에서 쉽게 퍼진다. 예를 들면 그 의미에서 떨어져 나온 발음만의 말, 그 교의에서 떨어져 나온 종교의식, 본래의 필요에서 떨어져 나온 특별한 풍습, 그것이 표명하고자 하는 사회적 이상에서 떨어져 나온 예술 작품이 그러하다. 이때 그 외면적인 것이 낯선 환경에 쉽게 퍼지는 이유는, 이 낯선 환경에서 이미 지배하고 있는 원리나 욕구가 그 자신들의 평소의 표현을 예를 들면 더 생생하고 더 분명하거나 더 강력한 새로운 표현으로 대체하는 것이 이익이라고 생각하기 때문이다.

두 번째, 논리적인 법칙의 작용이 개입하지 않는 경우에도 상위에 있는 자만이 하위에 있는 자에 의해, 예를 들면 [고대 로마 시대에는] 세습귀족이 평민에 의해, [중세 시대에는] 귀족이 평민에 의해, 성직자가 평신도에 의해, 나중에는 파리 사람이 지방 사람에 의해, 도시인이 농민에 의해 모방되는 것이 아니라, 하위에 있는 자도 어느 정도는 (사실 이런 경우는 훨씬 적지만) 상위에 있는 자에 의해 모방되거나 모방되는 경향이 있다. 두 사람이 서로 만나 오랫동안 접촉하면, 한쪽이 아무리 높고 다른 쪽은 아무리 낮더라도 그들은 결국 서로 모방하게 되는데, 이때 한쪽은 더 많이 모방하고 다른 쪽은 더 적게 모방한다. 가장 차가운 물체라도 가장 뜨거운 물체에 열을 전한다. 아무리 거만한 시골 귀족이라도 억양, 태도, 사고방식에서 하인이나 소작인과 조금은 비슷할 수밖에 없다. 많은 지방 사투리와 시골 말씨가 때때로 도시나 심지어는 수도의 말투 속에 들어오고, 은어가 살롱에 침투하는 것도 똑같은 이유에서다. 아래에서 위로의 이러한 영향은 모든 종류의 사실에 해당한다. 그럼에도 결국은 차가운 물체에서 뜨거운 물체로의 얼마 안 되는 방사가 아니라, 뜨거운 물체에서 차가운 물체로의 상당한 방사가 물리학에서는 중대한 사실이다. 그리고 이러한 사실이 열 온도의 영원한 평형 상태를 지향하는 우주의 궁극적인 경향을 설명해준다. 이와 마찬가지로 사회학에서도 위에서 아래로의 본보기의 방사가 고찰할 가치가 있는 유일한 사실이다. 왜냐하면 그러한 방사는 인간세계에서 일반적인 평준화를 만들어내는 경향이 있기 때문이다.

1 이제는 문제의 진실을 명확하게 밝혀보자. 서로 사랑하는 사람들이 서로 모방한다는 것, 아니 오히려 이 현상은 언제나 일방적인 것으로 시작하기 때문에, **사랑하는 사람**이 **사랑받는 사람**을 모방한다는 것만큼 자연스러운 것은 없다. 그렇지만 우리는 사람들이 싸울 때에도 서로 모방하는 것을 어디에서나 볼 수 있는데, 이는 모방의 작용이 인간의 마음속에 얼마나 깊이 내려가는가를 증명하는 것이다. 패자는 설령 복수를 준비하기 위한 것에 지나지 않더라도 틀림없이 승자를 본보기로 삼는다. 그들이 승자에게서 군사 조직을 받아들일 때, 그들은 그 모방의 유일한 동기가 실리적인 계산이라고 조심스럽게 말하며 또 그렇다고 진지하게 생각한다. 그러나 이러한 사실을 실리성이라는 감정이 어떤 역할도 하지 않는 관련된 많은 사실과 비교한다면, 그러한 설명은 불충분하다고 여겨질 것이다.

예를 들면 패자가 승자에게서 받아들이는 것은 승자의 더 좋은 무기, 사정거리가 더 긴 대포, 더 좋은 전술만이 아니다. 패자는 승자에게서 무의미한 많은 특성, 즉 가져다주는 하찮은 이익과는 상관없이 말썽을 일으키는 많은 군사적 관행도 받아들인다. 그러한 것들이 뿌리를 내릴 수 있다고 가정한다면 말이다. 13세기에 피렌체와 시에나는 항상 서로 전쟁 상태에 있었는데, 이들은 비슷하게 조직되었을 뿐만 아니라 또한 (카로키오carroccio라고 하는) 이상한 전차와 (마르티넬라martinella라고 하는) 특이한 종도 앞세운 군대를 갖고 서로 대립했다. 이 전차와 종의 사용은 처음에는 이탈리아에서 오랫동안 가장 강력했던 롬바르디아Lombardia(롬바르드인과 이탈리아인이 동일한 의미를 지닐 정도였다) 지역에 고유한 것이었지만 그 후 약간의 변형을 거쳐 피렌체에 도입되었으며, 이 번영하는 도시의 위세 덕분에 적대적인 이웃 도시로 퍼졌다. 그렇지만 이 전차는 거추장스러울 따름이었고 종도 실제로는 위험한 것이었다. 그렇다면 그 각각의 도시[피렌체와 시에나]는 왜 자신들의 고유한 관행을 지키지 않고 그 특이한 것을 채택했는가? 사회의 하층계급, 즉 내전의 패자나 그 자손들이 옷, 태도, 언어, 악덕 등에서 상류계급을 모방하는 것과 똑같은 이유 때문이다. 이 경우 그 모방이 복수를 위한 군사작전이라고는 말할 수 없을 것이다. 그것은 단지 사회생활에 어떤 특별한 근본적인 욕구의 만족에 불과한 것이다. 그 욕구의 최종적인 결론은 많은 투쟁을 거치더라도 미래의 평화를 위한 조건을 준비하는 것이다.[13]

사회조직이 귀족제든 민주제든 그곳에서 모방이 급속도로 진행되는 것을 본다면, 우리는 그 여러 계층 간의 불평등이 매우 크고 게다가 어느 정도는 눈에 띌 정도라고 확신할 수 있다. 그리고 진정한 권력이 어디에 있는가를 말하려면, 본보기의 주된 흐름이 별로 중요하지 않은 소용돌이를 뚫고 어느 방향으로 흐르는지를 아는 것으로 충분할 것이다. 나라가 귀족제로 구성되어 있다면, 이보다 더 단순한 것은 없다. 그곳에서는 언제 어디에서나 귀족은—할 수 있는 한—왕이든 봉건군주든 우두머리를 모방하고, 평민은—역시 할 수 있는 한—귀족을 모방하는 것을 볼 수 있다. 보드리야르는 그의 《사치의 역사 Histoire du luxe》에서 다음과 같이 말한다. 비잔틴 황제(동로마제국) 치하의 콘스탄티노플에서는 "궁정의 신하들은 군주를 쳐다보고 도시인은 궁정을 쳐다보며 그에 따른다. 그리고 가난한 사람들은 부자에게 눈길을 돌려 그의 사치의 일부라도 갖고 싶어 한다." 루이 14세 치하의 프랑스에서도 마찬가지다. 사치에 대해서는 언제나 말이 많은데, 생시몽Duc de Saint Simon(프랑스의 귀족이자 외교관, 1675~1755)은 다음과 같이 말한다. "그것은 정말 골칫거리다. 일단 들어오면 내부의 암이 되어 개별적인 특성을 삼켜버린다. 왜냐하면 그것은 궁정에서 파리로 그리고 지방과 군대로 신속하게 전해지기 때문이다." 드 바랑트Baron de Barante(프랑스의 정치가이자 역사가, 1782~1866)에 따르면 15세기에는 "주사위 놀이, 카드놀이, 폼

---

13 일본인은 중국과 교류하기 전에 한자보다 훨씬 편리하고 유용한 하나 또는 여러 개의 음절문자 (한 음절을 하나의 글자로 나타내는 문자)를 갖고 있었던 것 같다. 그럼에도 대단히 감수성이 강한 이 젊은 민족은 그들이 중국 고관들mandarins에게 부여한 우월성의 위세를 느끼자마자 곧 한자를 채택했다. 그렇지만 한자는 그들의 발전을 어렵게 했다.

paume(테니스의 전신) 등을 엄격하게 금지하려는 움직임이 있었다. 왜냐하면 이러한 것들은 궁정을 모방하는 사람들에게 파고 들어갔기 때문이다." 따라서 카페와 선술집에서 카드놀이를 하는 무수한 사람들은 자신들도 모르는 사이에 옛날 왕궁을 모방하는 사람들이다. 예의의 형식과 절차도 똑같은 길을 따라 퍼졌다. 예절바름courtoisle(정중함)이라는 말이 궁정cour이라는 말에서 유래하는 것처럼, 예의civilité라는 말은 도시cité라는 말에서 유래한다. 궁중의 말투가, 나중에는 수도의 말투가 나라의 모든 계급과 모든 지방에 조금씩 퍼진다. 오늘날 파리인의 말투, 피렌체인의 말투, 베를린인의 말투가 있는 것처럼 옛날에는 바빌로니아인의 억양, 니네베Nineveh(고대 아시리아의 수도)인의 말투, 멤피스Memphis(고대 이집트의 수도)인의 말투가 있었다고 확신할 수 있다. 말투의 전파는 바로 모방의 가장 무의식적이고 억누를 수 없으며 설명할 수 없는 형태 중 하나기 때문에, 그것은 지금 설명하고 있는 법칙의 힘의 깊이와 아울러 그 법칙이 옳다는 것을 보여주는 데 매우 적합하다. 하층계급이 상류계급에게서, 시골 사람들이 도시인들에게서, 프랑스 식민지에서는 흑인들이 백인들에게서, 아이들이 어른들에게서, 하급생들이 상급생들에게서 인정하는 위세가 말투에도 영향을 미치는 것을 볼 수 있는데, 하물며 그 위세가 문체, 몸짓, 얼굴 표정, 옷, 버릇에 영향을 미친다는 것은 의심조차 할 수 없을 것이다.

계급이 높은 사람을 모방하려는 성향이 강하다는 것과 또한 이 성향이 어느 시대에나 사회가 잠시 조금이라도 번성하면 빠르게 충족되었다는 것은 지적할 가치가 있다.[14] 구체제 내내 사치 금지령이 매우 자주 공포되었다는 것이 그 증거인데, 이는 강의 수많은 제방이 그 강의 거센 흐름을 증언하는 것과 같다. 프랑스 최초의 궁정은 샤를 8세(1470~1498, 재위 1483~1498) 때 생

---

[14] 이러한 열광이 어디까지 갈 수 있는지는 다음의 예로 알 수 있다. 아르장송 후작Marquis d'Argenson(1694~1757)에 따르면, 1705년에는 대영주의 시종들에게도 하인이 있었다.

겨났다. 그렇지만 프랑스에서 궁정의 예의범절과 사치가 모방적 전염을 통해 하층민까지 내려가는 데 수백 년이 걸렸을 것이라고 생각해서는 안 된다. 루이 12세(1462~1515, 재위 1498~1515) 때부터 이 영향은 어디에서나 느낄 수 있었다. 16세기에는 종교전쟁의 재난이 그 발전을 중단시켰지만, 다음 세기에는 그 발전이 매우 빨리 재개되었다. 대왕Grand Roi(루이 14세, 1638~1715, 재위 1643~1715)의 마지막 전쟁(스페인 왕위 계승 전쟁, 1701~1714)이 가져온 재난은 또다시 그 발전을 억압했다. 18세기 중에 다시 고조되었지만 대혁명기(1789년)에는 또다시 후퇴했다. 제1제정(1804~1814) 시대에는 그 발전이 거세게 재개되었지만, 이때부터는 민주주의적인 형태를 취했기 때문에 여기에서는 당분간 관심을 둘 필요가 없다. 루이 12세(1462~1515, 재위 1498~1515)가 지닌 사치의 영향력은 프랑수아 1세(1494~1547, 재위 1515~ 1547)와 앙리 2세(1519~1559, 재위 1547~1559) 때에도 계속되었다. 이 시기에는 사치 금지법이 '왕족의 신하들을 제외한 모든 농민, 일꾼, 하인들이 비단조끼나 비단을 많이 넣었거나 부풀린 반바지를 입는 것'을 금지했다. 1543년부터 가톨릭 동맹(1576년 프랑스 종교전쟁 동안 기즈의 앙리Henri가 만든 동맹) 시기까지 사치를 금지하는 주요한 칙령이 여덟 개나 공포되었다. 보드리야르는 다음과 같이 말한다. "그중의 몇 가지는 모든 백성에게 적용된다. 그 칙령들은 금이나 은, 비단으로 짠 직물의 사용을 금하고 있다." 종교전쟁이 일어나기 직전 일반적인 우아함이 이 정도였다.[15] 무역을 금지하는 법을 정당화하기 위해 "가장

---

15 요하네스 얀센Johannes Janssen(독일의 역사가, 1829~1891)의 책((중세 말기 독일 민족의 일반적인 상황 Die allgemeinen Zustände des deutschen Volkes beim Ausgang des Mittel alters, Freiburg), 1883)에서 풍부한 증거를 볼 수 있듯이, 독일에서도 사정은 똑같았다. 예를 들면 15세기에 "포메른과 뤼겐 섬의 농부들은 부유하다. 그들은 영국제 옷과 비싼 의복밖에는 입지 않는다. 그 옷들은 **예전에 귀족과 생활이 넉넉한 부르주아들이 입었던 것들과 비슷하다.**" 이 구절은 당시 포메른의 역사가 칸조브Kanzow의 것이다. 몇몇 설교를 보면, 농민들이 비단옷을 입고 있었다는 것도 알 수 있다. 부르크하르트에 따르면, 이탈리아에서도 같은 시대에 사치가 모든 계급에 퍼져 있었다고 한다.

자주 내세우는 이유 중 하나는 프랑스가 사치품 구입으로 파산한다는 것이었다." 게다가 사치 산업의 번성도 똑같은 사실을 보여주고 있다. 왜냐하면 사치 산업의 번성이란 고객의 확대를 전제로 하기 때문이다.[16]

더 멀리 고전적인 고대로 거슬러 올라가도 똑같은 법칙이 증명될 것이다. 아폴리나리스Sidonius Apollinaris[고대 로마의 저술가, 430?~483?]의 한 원문을 통해, 갈리아 지방에서 라틴어 사용은 갈리아 귀족에서 시작했으며, 여기서부터 그것이 로마의 풍습 및 관념과 함께 민중 속으로 퍼졌다는 것을 우리는 알 수 있다.[17]

또 다른 예를 들어보자. 기원전 8세기 지중해 연안을 상상해보자. 티루스Tyrus와 시돈Sidon[둘 모두 고대 페니키아의 주요 항구도시]이 크게 번성하고 있을 때, 이집트와 아시리아의 예술품을 유럽으로 팔러 다닌 페니키아인들은 그리스인과 그 밖의 많은 민족들을 사치와 미의 취향에 눈뜨게 했다. 이 상인들이 해안에 늘어놓은 것은 오늘날의 영국인들처럼 흔한 싸구려 직물이 아니라, 중세 시대의 베네치아인들처럼 각 나라의 부자들을 겨냥한 세련된

---

16 이러한 사치 전염은 때때로 유용품을 전파하는 수단이기도 했다. 부르도는 그의 《동물 세계의 정복》에서 다음과 같이 말한다. "가장 유용한 (동물)종은, 처음에는 그것들의 이용이 가져다줄 수 있는 이익—당시에는 몰랐던—보다는 오히려 즐기기 위해서 키워졌다. 바로 이 동기 때문에 우리는 새로운 진기한 종들을 오늘날에도 계속 찾는 것이다. 그리고 처음에는 포획한 동물이 모두 이 신기한 매력을 갖고 있었다. 옛날 그리스와 로마에서는 거위나 오리를 아이나 사랑하는 여성에게 관상용 새로 주었다. 카이사르 시대에 브르타뉴인들은 닭과 거위를 식용으로 삼지 않고 사치를 과시하기 위해 키웠다. 16세기에는 칠면조와 인도 오리가 단순한 가금의 지위로 떨어져 가금 사육장으로 쫓겨나기 전에 영주의 정원에 있었다.…… **이러한 진행은 논리적이고 필연적이다.** 부유한 계급만이 비용이 드는 교육과 불확실한 실험을 할 수 있다. 그러나 성공을 거두면 그 성과는 모든 사람에게 돌아간다."
17 갈리아의 귀족들이 정복된 다음에 로마의 언어와 풍습을 받아들이기 시작했다면, 이는 그들이 로마의 우월성을 그때 처음으로 느꼈기 때문이다. 아메리카 인디언은 왜 유럽식으로 문명화되지 않았는가? 엄청난 자부심 때문에 그들은 자신들이 영국계 미국인들Anglo-Américains보다 열등하다고 판단하지 않았던 것이다. 이와 반대로 아메리카의 흑인들은 백인들의 우월성을 인정하는 데 익숙했기 때문에, 노예제도가 폐지된 다음에도 그들의 주인이나 옛 주인을 모든 점에서 모방하려는 매우 강렬하고 두드러진 성향을 갖고 있다.

제품들, 즉 자줏빛 옷, 향수, 금잔, 작은 조각상, 비싼 갑옷, 봉헌물, 비교적 우아함과 섬세함을 갖춘 아름다운 보석이었다. 따라서 사르디니아, 에트루리아, 그리스, 에게 해, 소아시아, 심지어는 갈리아에서조차 상류계급, 즉 소수의 엘리트들이 그 광대한 지역의 한쪽 끝에서 다른 쪽 끝까지 거의 비슷한 모자, 칼, 팔찌, 튜닉tunic[고대 그리스 로마시대에 입었던 소매가 없는 헐렁한 옷] 등을 착용하는 것을 볼 수 있었다. 이에 반해 이들 밑에 있는 평민들은 그들 특유의 의상과 무기로써 여전히 서로 구분되었다. 그렇지만 평민들은 외면에서는 그들의 주인과 매우 달랐음에도 관념과 열정, 종교적 미신과 도덕적 원리의 성질에서는 주인과 아주 비슷했다.

14세기나 15세기에 아서 영Arthur Young[영국의 농학자, 1741~1820] 같은 사람이 프랑스와 유럽을 여행했다면, 바로 이와 똑같은 광경이 그의 눈길을 사로잡았을 것이다. 이 시대에는 곳곳에 퍼진 똑같은 베네치아 제품들이 궁전, 성, 대도시의 호화 대저택을 가득 채웠으며, 또 이미 이것들을 서로 동화시켰다. 반면 평민들의 집과 오막살이에서는 귀족의 호화로운 거주지에서와 똑같은 종교와 도덕이 지배했는데도, 평민들은 여전히 관습적인 특성에서 서로 달랐다. 그렇지만 동화는 고대건 현대건 위에서 아래로 조금씩 진행해서, 마침내는 엘리트만이 아니라 다수의 국민 전체를 대상으로 한 거대한 수출 산업이 가능해졌다. 이것이 오늘은 영국에게 큰 이익을 가져다주고 있는데, 내일은 미국에게 큰 이익을 가져다줄 것이다.[18]

따라서 나는 귀족제의 옹호자들이 그것의 정당성을 가장 잘 증명해주는

---

[18] 다음과 같은 반론에 대해서는 미리 대답한다. 즉 페니키아 시대의 지중해 지방 귀족이나 베네치아 상인 시대의 유럽 귀족은 의복, 무기, 가구에서 외국의 유행을 모방했기 때문에 그들의 모방은 밖에서 안으로 진행되었다고 우리에게 반박하는 사람도 있을 것이다. 그러나 그것은 잘못이라고 생각한다. 그들은 어떤 지배적인 국가, 즉 이집트나 아시리아, 이탈리아나 콘스탄티노플의 위세를 겪었다. 이들 나라의 문학이 예술품보다 먼저 그 귀족들의 마음속에 파고들었으며 그 나라들의 명성이 그들을 사로잡았다. 귀족의 사회적 기능은 외국에 대한 찬미와 선망을 국민들에게 가르쳐주며 그렇게 함으로써 관습 모방을 대신한 유행 모방에 길을 열어주는 것이다.

근거를 보지 못했다고 생각한다. 귀족의 주된 역할, 즉 귀족의 독특한 특징은 창의적이지는 않지만 선구적인 성격이다. 발명은 국민의 최하층에서도 나올 수 있다. 그러나 그것이 퍼지기 위해서는 높이 솟아 있는 사회적인 꼭대기, 즉 모방의 연속적인 폭포가 내려갈 수 있는 일종의 사회적인 **급수탑** château d'eau이 필요하다. 어느 시대에나 또 어느 나라에서나 귀족 집단은 외국의 새로운 것들에 개방적이었으며 그것들을 신속하게 받아들였다.[19] 이것은 군대의 참모본부가 외국에서 시도된 군사 혁신에 대해서 가장 잘 알고 그것을 현명하게 받아들이는 가장 큰 능력이 있는 것과 똑같다. 왜냐하면 참모본부는 그렇게 함으로써 규율이 하는 것과 같은 정도의 일을 하며, 이때 참모본부는 그 규율의 중추이기 때문이다. 귀족의 활력이 지속되는 한, 귀족은 그러한 개방성으로 식별될 수 있다. 그렇지만 반대로 귀족이 전통으로 후퇴해 그것에 집착하면서, 예전에는 자신들이 민중들에게 변화를 받아들이도록 이끌었지만 이제는 민중의 〔개혁〕 충동과는 반대로 전통을 지킨다면, 그들의 위대한 일이 끝났으며 그들의 쇠퇴가 시작되었다고 말할 수 있을 것이다.[20] 귀족이 옛날 역할〔외국의 새로운 것들에 개방적이며 신속하게 받아들이는 것〕을 보완해주는 조절자 역할에서 아직도 유용하더라도 말이다.

---

19 또 하나의 예를 들어보자. 그리스의 사상, 언어 및 문명이 로마에 침투한 것은 스키피오Scipio〔로마의 장군이자 정치가. 대 스키피오(기원전 237~185)와 소 스키피오(기원전 185?~129)가 있다〕시대의 로마 귀족들에 의해서다.
20 정복자 쪽이 피정복자를 본받아 이들의 풍습, 법, 언어를 받아들이는 경우도 가끔 아니 종종 일어난다. 갈리아에서 프랑크족〔게르만 민족의 일파〕은 라틴화되어 로망어〔갈리아 로망어〕로 말했다. 영국에서 노르만족〔게르만 민족 중에서 덴마크, 스칸디나비아 지방을 원주지로 하는 일파. 바이킹족이라고도 한다〕이나 러시아에서 바랑족Warègues〔스웨덴족의 일파〕의 경우도 마찬가지였다.…… 그러나 이 경우에는 정복자 쪽이 피정복자의 사회적 우월성을 느꼈기 때문이다. 그리고 이 우월성이 대단한 것으로 느껴질수록 정복자는 피정복자를 더욱더 충실하게 반영한다. 앵글로색슨인은 기욤Guillaume〔윌리엄〕의 노르만족보다 조금밖에는 우월하지 않았기 때문에, 색슨족〔한때 독일 서북부에 살았던 민족. 그들 중 일부가 5~6세기에 영국에 정착함〕 요소가 승리하기보다는 두 문화가 하나의 문화로, 특히 두 언어가 하나의 언어로 융합되었다. 그 밖에도 갈리아 로망의 귀족들은 침략을 받았는데도 그대로 유지되어 계속 유행을 선도했다.

2 이 점에서 교회의 계급제도는 겉으로는 반대되는 모습을 하고 있지만 세속의 계급제도와 비슷하다. 기독교 성직자들의 강력한 귀족제적 구조가 없었다면, 처음에는 동일한 교의의 전파가, 그다음에는 동일한 의식儀式의 전파가 우리가 알고 있는 저 거대한 공간을 뒤덮을 수 없었을 것이다. 아울러 봉건사회의 해체에도 불구하고 기독교라고 불리는, 정신적인 동시에 의식적儀式的인 저 거대한 통일도 결코 만들어낼 수 없었으리라는 것은 확실하다. 프로테스탄티즘은 더 이상 분열되지 않고 중앙집권화한 거대한 국가의 시대에 출현했다. 따라서 통일된 교의와 제식의 보급에 훨씬 더 유리했는데도, 프로테스탄티즘이 끊임없이 종파들로 분열된 것은 바로 그러한 종류의 피라미드적인 조직이 없었기 때문이다. 반면에 교황청과 가톨릭 사제들의 주교단은 생명력이 강한 귀족이었던 만큼, 그들의 고유한 성격은 종교의 주도권을 독점하는 것이었다. 그들의 선도적인 성향은, 공의회와 종교회의 때마다 늘어나고 충실해지는 교의와 예식이 기이할 정도로 복잡해지는 것으로 증명된다. 이 빈번하며 종종 개혁적이기도 한 회의를 통해 주교들과 교구 사제들은 신학, 결의론決疑論〔도덕적인 문제를 사회적인 관습이나 교회, 성서의 율법에 비추어 해결하려는 윤리학 이론〕, 예배의식에서 새로운 유행을 파악했으며 그 유행을 자기들 밑에 있는 사람들에게 침투시켰다.[21] 그들의 혁신 취향은 더 멀리 나아갔으며 종교 영역에 한정되지 않았다. 고위 성직자는 중세 말기에 타락했는데, 이는 나중에 프랑스 귀족이 연약해진 것과 같은 이유에서였다. 즉 고위 성직자가 이 시대에 최고로 높은 지배계급이었던 만큼 당시에 일어나기 시작한 문명화의 여명에 가장 먼저 영향받았기 때문이다. 만일 당시 유럽의 최고위 성직자들이 새로운 발명, 새로운 발견, 따라서 새로운 풍습에 영향받기를 거부했다면, 확실히 근대 문명의 도래는

---

21 바르트Barth에 따르면 인도에서는 브라만이 모든 종교 혁신의 정점에 있다. 이 나라에서는 그 어떤 변화도 거기에서 나온다.

무한히 연기되지는 않았을지라도 수세기는 늦어졌을 것이다.

교권 정치적인 귀족제 시대에 오두막집이 성을 본보기로 삼았다면, 성은 교회나 어떤 신전을 본보기로 삼았는데, 처음에는 건축 양식을, 그다음에는 여러 형태의 사치와 예술을 본받았다. 이 여러 형태의 사치와 예술은 하층민 세계로 방사되기 전에 먼저 성에서 펼쳐졌다. 중세 시대에는 성당을 장식하는 데 동원되는 금 세공사와 고급 가구 세공사가 세속의 금 세공사와 고급 가구 세공사에게 본보기 역할을 했다. 이들은 봉건영주의 저택을 역시 마찬가지로 고딕양식의 보석과 가구로 채웠다. 조각, 그림, 시, 음악도 똑같은 길을 거쳐 세속화되었다. 군주의 궁정이, 아첨과 일방적이고 매우 절제된 예절의 형태이긴 하지만 어쨌든 모든 사람에게 상냥하고 공손한 모습을 나타내는 습관, 즉 나중에는 일반화되고 상호적인 것이 된 습관을 만든 것처럼, 우두머리의 명령이나 엘리트의 특권도 본보기로서 퍼지기만 하면 법, 즉 모든 사람에 대한 각 개인의 명령이자 각 개인에 대한 모든 사람의 명령, 따라서 일반적인 특권을 만들어냈다. 이와 마찬가지로 모든 문학의 기원에는 어떤 성스러운 책이 있다. 나중에 쓰여진 세속적인 책들은 모두 이 더할 나위 없이 뛰어난 책이라는 성소에서 새어나오는 하나의 빛에 불과하다. 모든 문자 자체의 기원에는 고대 이집트의 초서체 승용僧用문자가 있다. 또한 모든 음악의 기원에는 단조로운 선율의 성가나 종교적인 노래가 있으며, 모든 조각술의 기원에는 우상이 있다. 모든 그림의 기원에는 사원이나 무덤의 벽화 또는 수도사가 성스러운 책에 그려 넣은 채색 삽화가 있다. ……따라서 사원은 왕궁보다 먼저 그 말의 외적이고 피상적인 의미에서뿐만 아니라 내적이고 깊은 의미에서도, (예술과 우아함에 관해서뿐만 아니라 신념과 규범에 관해서도) 문명 방사의 매우 오래된 중심인 동시에 오랫동안 필수적인 중심이었던 것으로 간주될 수 있다.[22]

3 성직자의 통치가 쇠퇴하고 사제의 가르침이 점차 신앙의 원천이 되지 못하는 시기에는, 사람들이 사제의 사치스럽고 예술적인 본보기를 점점 더 많이 따른다. 아울러 사람들은 종교의식의 장식적인 측면을 세속화하면서 서슴없이 그것의 신성을 모독한다. 이와 마찬가지로 귀족의 통치가 약해지고 사람들이 특권층에게 전보다 복종을 덜 하는 시기에는, 사람들이 대담하게 그들을 외면적으로 모방한다. 우리는 이것이 **안에서 밖으로의** 진행과 일치한다는 것을 알고 있다. 그러나 이것도 역시 부분적으로는 또 하나의 매우 일반적인 법칙을 적용하면 설명될 수 있기 때문에, 이 법칙은 상위자에 대한 모방 법칙과 결합되어야 한다. 이 나중의 법칙만이 작용한다면, 가장 상위에 있는 것이 가장 많이 모방될 것이다. 그러나 실제로 가장 많이 모방되는 것은 **가장 가까이 있는 것 중에서** 가장 상위에 있는 것이다. 실제로 본보기의 영향력은 그 우월성에 정비례해서 작용할 뿐만 아니라 그 본보기와의 **거리**에 반비례해서도 작용한다. 여기에서 **거리**Distance라는 말은 사회학적인 의미로 이해해야 한다. 어떤 외국인이 지리적으로 아무리 멀리 떨어져 있어도 만일 날마다 자주 접하는 관계에 있다면 또 그를 모방하고 싶은 욕망이 쉽게 충족될 수 있다면, 그는 사회학적 의미에서 가까이 있는 것이다. 가장 가까이 있는 것, 즉 가장 멀리 떨어져 있지 않은 것을 모방한다는 이 법칙은, 사회의 상부에서 시작한 한 본보기의 전파가 지니는 연속적이고 점진적인 성격을 설명해준다. 그 귀결로서 우리는, 하층계급이 매우 높은 계급을 처음으로 모방하기 시작하는 것을 보게 되면 그 둘 간의 거

---

22 가르쳐주는 바가 많은 여행자인 프티토Émile Petitot 신부[프랑스의 신부. 캐나다의 에스키모에 대해 연구했다. 1838~1917]는 에스키모인들의 경우 **여자들이 아니라** 남자들이 아침 저녁으로 기도한다고 말한다. 프랑스에서는 대부분 그 반대다. 이에 관해서 《철학평론》(1888년 11월 21일)은 올바르게 다음과 같이 지적한다. "모든 원시 민족에게는 종교가 사냥이나 전쟁과 마찬가지로 남자의 전유물이다." 여기에서 당연히 다음과 같은 결론을 끌어낼 수 있다. 즉 만일 종교가 여자들의 마음과 습관 속에 더 늦게까지 살아남는다면, 그것은 여자들이 본래 종교를 그들의 영주나 주인을 본받아 받아들였기 때문이다. 이것도 역시 우리의 법칙을 확증한다.

리가 줄어들었다고 추론할 수 있을 것이다.[23]

4 최하층민들이 최상층 사람들을 외면적으로 모방하는 것 자체가 가능할 정도로 모든 계급 간의 거리가 여러 가지 이유로 줄어들었을 때부터 시작되는 시대를 사람들은 민주적이라고 부른다. 따라서 민주주의처럼 내적이든 외적이든 동화의 열기가 강렬한 모든 민주주의에는, 세습이나 선출에 의해서 인정받는 상위자들의 사회적인 계급제도가 이미 존속하는 형태로건 새로 출현하는 형태로건 있다고 확신할 수 있다. 프랑스에서는 옛날 귀족이 우아함의 왕홀王笏[지배권]을 대부분 잃어버린 다음, 어떤 사람들로 대체되었는가를 아는 것은 어렵지 않다. 우선 행정 부문의 계급제도가 높이에서는 등급 수의 증가로, 넓이에서는 공무원 수의 증가로 복잡해졌다. 그리고 근대 유럽 국가들을 무장할 수밖에 없게 하는 이유들 때문에 군대의 계급제도도 복잡해졌다. 그다음에는 고위 성직자, 왕족, 수도사, 귀족, 수도원, 성이 쓰러졌는데, 이는 결국 같은 수도의 울타리 안에 모여 있는 저널리스트,[24] 금융 자본가, 예술가, 정치인, 극장, 은행, 청사, 큰 상점, 대규모 병사 및 그 밖의 기념 건축물에 가장 큰 이익을 주었을 뿐이다. 유명인이나 유명한 것은 모두 그곳에서 만난다. 그리고 사회에 알려져 있는 불평등한 등급을 지닌 여러 종류의 명성과 영광이란, 일반인만이 자유롭게 차지하거나 차지할 수 있다고 생각하는 빛나는 지위─이미 다른 사람들로

---

[23] 멜키오르 드 보귀에Melchior de Vogüé[프랑스의 외교관이자 고고학자, 1848~1910] 씨는 다음과 같은 궁금증을 나타내고 있다. "어찌해서 (인간 사냥꾼과 이슬람교의 흑인 매매업자에게 쫓긴) 물신숭배의 흑인들이 자신을 박해하는 자들의 신앙(이슬람교)을 그토록 쉽게 받아들이는 것인가?"─상위자에 대한 모방이다. 그렇지만 또한 상위자는 가까이 있는 자여야 하며 모방할 의욕을 꺾을 만큼 우월성이 너무 커서는 안 된다. 바로 이러한 이유 때문에 기독교는 흑인들에게 널리 퍼지지 못했다. 반면에 이슬람교는 마호메트의 정복과 거의 비슷할 정도로 빠르게 흑인들의 마음을 사로잡았다.
[24] 토크빌(《미국의 민주주의》)은 "사람들이 평등해짐에 따라 신문의 영향력은 커질 수밖에 없다"는 것을 훌륭하게 보여주고 있다.

채워져 있건 비어 있건 간에—의 서열이 아니면 도대체 무엇이란 말인가?

그렇지만 이 으스대는 상황의 귀족제, 즉 이 빛나는 자리나 권좌의 연단은 단순해지거나 작아지기는커녕 오히려 민주적인 변화의 효과 자체에 의해 계속해서 더 커진다. 왜냐하면 이 민주적인 변화로 국가나 계급 간의 경계가 낮아져, 유명한 사람들이 점점 더 보편적이고 국제적이 되는 선거를 통해 선출되기 때문이다. 1층 관람석에서 박수를 치거나 휘파람을 부는 구경꾼의 수가 늘어날수록, 배우에게 돌아가는 영광의 양은 그만큼 늘어난다. 그 결과 객석에 있는 가장 보잘것없는 사람과 무대에서 환호를 가장 많이 받는 코미디언 사이의 간격은 커진다. 30년 전만 하더라도 불가능했을 빅토르 위고의 신격화는 문학적으로 영광스러운 높은 산이 있다는 것을 보여주었다. 이 높은 산은 피레네 산맥이 옛날에 그랬던 것처럼 매우 평평하고 단조로운 거대한 평원에서 최근에 솟아올랐는데, 이제부터는 그 봉우리가 낮은 수행원들과 함께 자기 발밑에 엎드린 미래 시인들의 야심의 대상이 되고 있다. 이러한 종류의 산들은 모두 대도시의 포장도로를 뚫고 나오지만 집들의 지붕처럼 다닥다닥 붙어 있어 눈에 띄지 않는다. 옛날의 특권을 마지막 흔적까지 질투심으로 지워버리면서도 대도시의 과도한 특권은 커지고 뿌리를 내린다. 이때 대도시 특히 수도의 놀라운 성장과 팽창은, 바로 새로운 시대가 그 간격을 더 벌리려고 애쓰는 종류의 불평등이다. 이 불평등은, 대도시에는 그 산업적인 생산 및 소비의 큰 흐름, 말하자면 모방의 큰 흐름을 대규모로 유지하고 펼치는 데 없어서는 안 되는 것이다. 갠지스 강처럼 큰 강이 흐르려면 히말라야 같은 큰 산맥이 필요했다. 프랑스의 히말라야는 파리다. 파리는 일찍이 궁정이 도시 위에 확실하게 군림했던 것 이상으로, 왕처럼 방향을 지시하며 지방 위에 군림하고 있다. 파리는 날마다 전보나 기차로 프랑스 전체에 자신의 틀에 박힌 관념, 의지, 대화, 혁명, 기성품의 옷과 가구를 보낸다. 파리가 방대한 영토에 순식간에 미치는 암시적이며 피할 수 없는 매혹은 매우 깊고 완전하며 지속적이기 때문에, 거의 누구도 그 매혹에 더 이상 놀라지 않는다. 이 표면 상태는 만성적인 것이 되었다. 이것은 평등과 자유라고 불린다. 도시 노동자는 자신을 평등주의자라고 간주하면서 부르주아를 타도하기 위해 애쓴다고 생각하지만, 그는 부르주아가 될 뿐이다. 그도 역시 농민의 눈에는 대단한 찬미와 선망을 받는 귀족이다. 농민과 노동자의 관계는 노동자와 고용주의 관계와 같다. 이 때문에 농촌에서 도시로의 이주가 일어나는 것이다.

중세의 **서약 공동체**〔자치공동체〕는 지역 영주와 봉건제 일반에 대한 적대적인 정신에서 생겨났다. 그럼에도 뤼셰르Achille Luchaire〔프랑스의 역사가, 1846~1908〕 씨가 가르쳐주는 바와 같이 서약 공동체는 도시의 수립을 낳았으며 또 그것을 **목적**으로 삼았다. 자치 공동체는 도시에서 **집단 영주권**을 손에 넣었는데, 이 집단 영주권은, 다른 영주들에게 예속되어 있는 경우에는 봉건적인 부과조賦課租를 바치는 것이고, 다른 영주들에 대해서 종주권宗主權을 지닐 경우에는 그 부과조를 받는 것이기 때문에 봉건제도에서는 특별한 지위를 갖고 있다. 자치 공동체의 인장에는 대부분의 경우 영주의 인장처럼 군사적인 문장紋章이 표시되어 있다. 보병, 질주하는 말을 타고 있는 무장한 기사가 표시되어 있다. 같은 저자는 이 주제에 대한 그의 깊이 있는 역사 연구에서, 12세기에 자치 공동체의 해방운동이 도시에만 한정되지 않았으며 **도시를 본받아** 교외나 그보다 더 멀리 있는 단순한 마을까지도 똑같은 방식으로 해방되고 서로 연맹을 조직했다는 것을 증명했다. 역사가들은 지금까지 이 점을 주목하지 못했다. 그렇지만 중세에 우선 **도시 자치체**가 있었으며, 그다음에는 **농촌 자치체**가 있었다는 것은 이론의 여지가 없는 사실이다. 농업 혁신의 경우에도 똑같은 순서가 나타나는데 이는 주목할 만한 것이다. 예를 들면 로셔Wilhelm Roscher〔독일의 경제학자, 1817~1894〕는 다음과 같이 말한다. "바른쾨니히Warnkönig의 1259년 겐트Gent 헌장에서 알 수 있는 바와 같이, 토지 소유자가 영주에게 내는 정액 지대를 대신한 토지 임대료와 소작료의 근대적인 체계가 가장 일찍 나타난 곳은 도시다." 부언하면, 자치 공동체의 해방은 티에리Augustin Thierry〔프랑스의 역사가, 1795~1856〕가 생각한 것처럼 민중 봉기, 즉 비천한 장인 조합의 자연 발생적인 반란에 그 원인이 있는 것이 아니라. 새로운 역사 연구들이 보여준 것처럼,²⁵ 부유한 상인들의—처음에는 매우 좁은 범위의—음모에 그 원인이 있다. 이 상인들은 이미 길드나 종교적인 신도 단체로 결합되어 도시의 귀족계급을 이루고 있었다. 그들은 "그 후 진정한 동맹으로 변해 **자기들 배후에 나머지 주민들을 결집했다**. 따라서 자치 공동체는 일반적으로 부르주아 귀족에 의한 서약을 믿고 모인 모든 주민들의 동맹에서 생겨났다."

오늘날 수도나 대도시의 인구는 말하자면 자신들이 추려낸 일 등급의 인구다. 국민 전체로는 남녀 두 성의 숫자상의 크기가 거의 균형을 이루지만 대도시에서는 남자의 수가 여자의 수보다 눈에 띄게 더 많다. 게다가 그곳에 있는 성인의 수는 나머지 지역에 있는 성인의 수보다 훨씬 많다. 마지막으로 특히 도시는 가장 활동적인 두뇌와 가장 활기찬 조직들, 즉 현대적인 발명을 이용하는 데 가장 적합한 두뇌와 조직을 전국의 모든 곳에서 끌어모은다. 따라서 그들은 현대의 귀족, 즉 세습에 의해서가 아니라 자유롭게 충원되는 엘리트 조합을 형성한다. 그렇다 하더라도 구체제의 귀족이 평민에게 할 수 있었던 만큼이나 그들이 하층민과 시골 사람들을 경멸한다는 것은 변함없다.²⁶

---

25 라비스Ernest Lavisse[프랑스의 역사학자, 1842~1922]와 랑보Alfred Nicolas Rambaud[프랑스의 역사학자, 1842~1905]의 《4세기에서 오늘날까지의 일반적인 역사 Histoire générale du IV siècle jusqu'aux nos jours》 2권, p. 431 이하를 보라.
26 언뜻 보면 위에서 아래로의 모방의 법칙은 기독교에는 적용할 수 없는 것 같다. 왜냐하면 기독교는 처음에 하층계급에서 퍼졌기 때문이다. 기독교가 상류계급과 황제 궁정의 마음을 얻기까지 그 진전이 빠르지 않았던 것은 사실이다. 그러나 무엇보다도 기독교가 도시, 특히 대도시에서 퍼지기 시작했으며, 최하층의 농민들(이교도)이 살고 있는 시골에는 나중에야 퍼졌다는 것을 주목해야 한다. 퓌스텔 드 쿨랑주(《프랑크왕국 Monarchie franque》, p. 517)는 기독교 신앙의 이 도시 전파를 지적한다. 오늘날 사회주의가 그러한 것처럼 당시에는 기독교가 수도에서 퍼져 나갔다. 플리니우스Plinius[고대 로마의 문인이자 정치가, 61?~113?]는 트라야누스Trajanus 황제[53~178. 재위 98~117]에게 다음과 같이 썼다. "이 전염병은 **도시에서만이 아니라** 마을과 시골에도 퍼졌습니다."

이 새로운 귀족도 옛날 귀족 못지않게 이기적이고 탐욕스러우며 돈을 헤프게 쓴다. 그리고 다른 모든 귀족과 마찬가지로 이 새로운 귀족도 새로운 요소의 유입에 의해 매우 빨리 혁신되지 않는다면, 옛날 귀족과 마찬가지로 자신들을 갉아먹는 악덕에 의해서, 즉 그들의 특징적인 질병인 결핵과 매독에 의해서, 그들에겐 재앙과 다르지 않은 가난에 의해서, 알코올 중독에 의해서, 간단히 말해 그들 자신의 특별한 선택에도 불구하고 그들의 사망률을 특별히 높이는 모든 요인 탓에 빨리 사라질 것이다.

수도는 오늘날 자기 밑에 있는 국민 전체를 깔아뭉개서 획일화하는 데 기여할 뿐만 아니라, 여러 민족을 서로 동화시키는 데도 기여한다. 이러한 관점에서도 수도는 옛날 궁정의 역할을 하고 있다. 플랜태저넷Plantagenet 가문[영국 중세의 왕가, 1154~1399] 시대에는 여행과 교류가 드물었는데도, 영국의 사치와 프랑스의 사치가 대단히 유사했다. 이 큰 유사는 서로 끊임없이 교류한 영국 궁정과 프랑스 궁정의 영향으로밖에는 설명되지 않는다. 따라서 그 궁정들은 그들 빛의 지속적인 교류에 의해 국경을 넘어서 서로를 비추고 물들였으며, 아울러 국민들에게는 어느 정도 획일성의 본보기를 최초로 제시한 중심이었다. 궁정의 후예인 수도가 현재 그러하다. 성공할 운명에 있는 모든 창의創意가 수도로 집중된다. 모든 시선이 그쪽으로 쏠린다. 그리고 수도들이 서로 끊임없이 관계를 맺기 때문에, 영속적인 큰 유동성에 의해 상쇄되는 보편적인 거대한 획일성은 그 수도들의 장기적인 우위의 결과일 수밖에 없다. 덧붙여 말하면, 그 수도들 간의 상호적인 관계에서도 위에서 아래로 진행되는 모방이 관찰된다. 옛날에도 모든 궁정의 본보기가 되는 궁정이 있었던 것처럼, 다른 모든 수도가 내면적으로뿐만 아니라 표면적으로도 본받는 경향이 있는 수도는 언제나 있다. 옛날에는 승리한 왕의 궁정이나 아니면 최근에는 패배했더라도 오랫동안 승리하는 데 익숙해 온 궁정이 그랬던 것처럼, 오늘날에는 현재 우위에 있거나 얼마 전까지만 해도 우위에 있었던 민족의 수도가 그러하다.[27]

민주주의 국가에서는, 토크빌Alexis de Tocqueville[프랑스의 정치가이자 사상가, 1805~1859]이 언급한 것처럼, 수도만이 아니라 다수파도 위세를 지니고 있다. 그는 다음과 같이 말한다. "시민들이 더 평등해지고 더 유사해짐에 따라, 어떤 사람이나 어떤 계급을 맹목적으로 믿는 성향은 약해진다. **대중을 믿는 경향은 커지며**, 따라서 점점 더 여론이 세상을 이끌어간다." 대중이나 다수파가 진정한 정치권력, 즉 모든 사람에게 인정받는 우월한 힘이 되었기 때문에, 사람들은 군주나 귀족의 위세를 따랐던 것과 똑같은 이유에서 그 대중이나 다수파의 위세를 따르게 된다. 그러나 토크빌은 우리에게 또 하나의 이유를 제시한다. "평등 시대에는 사람들이 서로 비슷하기 때문에 서로를 믿지 않는다. 그러나 바로 이 유사성 때문에 그들은 공중의 판단에 대해서는 거의 무제한적인 신뢰를 보낸다. 왜냐하면 모두가 비슷한 지성을 갖고 있는데, 진리가 최대 다수 쪽에 있지 않다는 것은 그들이 보기에는 있을 수 없는 일인 것 같기 때문이다." 이것이 겉으로는 논리적이고 틀림없는 것 같다. 사람들이 비슷한 단위라면 그 단위를 합친 수가 가장 큰 쪽이 옳음에 틀림없다. 그러나 근본적으로 그것은 모방이 여기에서 행하는 역할을 계속 보지 못하는 데서 비롯하는 착각이다. 어떤 이념이 선거에서

---

27 웅변술의 다른 모든 부문과 마찬가지로 설교도 과거에는 유행이 있었다. 설교의 다양성은 교의의 상대적인 불변성을 보완해주는 역할을 했다. 여기에서도 모방의 법칙이 적용된다. 스콜라학이 소르본느 대학[파리 대학 신학부(1253~1792)]에서 탄생했을 때, 처음에는 파리의 설교사들이 그다음에는 지방의 설교사들이 마지막으로는 시골의 설교사들이 삼단논법으로 설교하기 시작했다. 이처럼 매우 무미건조하고 따분한 설교 방식이 어떻게 확립될 수 있었는지를 이해하기 위해서는 모방 흐름의 통상적인 힘을 알아야 한다. 그 이후 루이 14세의 세련된 궁정에서는, 그 당시 사교계의 인물이나 궁정인이 된 설교사들은 대림절[크리스마스 전 4주간을 포함하는 시기], 사순절[일요일을 제외한 부활절 전의 40일간]이나 그 밖의 경우 설교할 때 사교계의 말을 사용했다. 그리고 이러한 개혁은 궁정에서 파리로, 파리에서 대도시로, 그다음에는 소도시로 조금씩 퍼져 나갔다. 그렇지만 다음과 같은 생각에서 알 수 있는 바와 같이, 라 브뤼예르Jean de La Bruyère[프랑스의 모랄리스트, 1645~1696]가 글을 썼던 시대에는 이러한 관습이 막 퍼지기 시작한 것에 불과했다. "결국 스콜라학은 대도시의 모든 설교단에서 사라졌다. 그것은 큰 마을과 시골로 쫓겨나서 농부와 포도밭에서 일하는 일꾼들을 교육하고 구원하는 데 쓰였다."

대승을 거두었을 때, 그 이념이 얻은 득표수의 99.9%가 메아리에 불과하다고 생각한다면 사람들은 그 이념을 훨씬 덜 따르게 될 것이다. 가장 신중한 역사학자들조차도 이 점에 대해 항상 잘못 생각하고 있다. 그들도 군중과 마찬가지로, 지도자가 민중에게 불어넣은 어떤 소망을 그 민중이 만장일치로 갖고 있는 것 앞에서—마치 어떤 기적 앞에 있는 것처럼—넋을 잃어버리는 경향이 있다. 만장일치에 대해서는 많이 조심해야 한다. 모방 충동의 강도를 이보다 더 잘 나타내는 것은 없기 때문이다.

심지어는 평등으로의 진보조차도 모방을 통해 이루어지며, 게다가 상류계급을 모방하는 것으로 이루어진다. 사회의 모든 계급 간의 정치적 사회적 평등이 가능해지거나 상상이라도 할 수 있는 것이 되기 이전에, 평등이 그 계급들 중 어느 하나에서 소규모라도 확립되어 있어야 했다. 그런데 그 평등은 우선 위에서 이루어진다. 옛날 대봉신大封臣들과 순수한 봉건제의 시대에는 귀족 내 여러 신분이 뛰어넘을 수 없을 정도의 거리를 두며 분리되었지만, 이 귀족 내의 여러 신분은 루이 11세〔1423~1483, 재위 1461~1483〕 시대에서 루이 16세〔1754~1793, 재위 1774~1792〕 시대에 이르기까지 큰 변화 없이 꾸준하게 평준화되었다. 그리고 왕권의 압도적인 위세 때문에 또한 모든 귀족 신분 간에 접촉이 상대적으로 늘어난 덕택에, 군인 귀족과 법복 귀족 사이에서조차 융합이 이루어졌다. 그렇지만 눈길을 끄는 것은 다음과 같은 사실이다. 즉 이러한 평준화가 상류계급에서 실현되는 동안에, 부르주아와 서민의 무수한 분파가 1789년 대혁명 직전까지 계속해서 서로에 대해—심지어는 서로 차별화하고 싶은 허영심을 강화하면서까지—거리를 유지했다는 것이다. 예를 들면 토크빌의 책에서, 이 구체제 시기의 한 도시에 대자본가 계급, 중산층, 소시민 계급이 쌓아올리는 신분들의 열거를 읽어보아라. 시 행정관과 소상인 사이에 인척 관계를 맺는 것에 대한 반감은 중세 때보다 18세기에 더 강했다. 따라서 우리는 현재 평등주의의 진정한 준비 작업을 과거에 귀족계급이 행했지 부르주아계급이 행한 것이 아니라는 이 분명한 역설을 자신 있게 제시할 수 있다. 철학 사상을 전파하고 이국적인 유행에 대한 취향으로 대규모 산업에 자극을 주었다는 관점과 마찬가지로 이러한 점에서도 귀족계급은 새로운 시대의 무의식적인 어머니였다. 게다가 이 원인들은 서로 연결되어 있다. 궁정이 귀족계급의 신분을 평준화하지 않았다면, 17세기와 18세기에 문학과 그 결과로 철학의 방사가 일어나지 않았을 것이다. 또한 유행 모방, 즉 외국인이나 외국 궁정에서 온 모방한 혁신에 대한 사랑도 위엄 있는 지배계급 안에서 조상 모방보다 결코 우위에 있지 못했을 것이다. 따라서 이 모든 온상 중에서 첫 번째 온상은 왕이다.[28]

---

[28] 음주벽과 마찬가지로 정치광도 처음에는 상류계급의 특권이었다. 18세기에는 이 광기가 대영주들, 귀부인들, 학식 있는 사람들 사이에서 맹위를 떨쳤다. 반면에 서민과 소시민 계급은 이런 종류의 깊징에 상내석으로 부관심한 상태에 있었다. 오늘날 교육받은 높은 계급은 정치 문제에 상대적으로 무관심한 경향이 있거나 언급하더라도 지나치게 절제하면서 말한다. 사교계의 대화에서 이 정치 문제는 여배우들에 대한 두 이야기 사이에서 여담으로 나올 뿐이다. 이것은 '사교계'를 반영하는 신문에서 정치 문제가 차지하는 지면이 적은 것만 보아도 알 수 있다. 그렇지만 이 정치라는 위험한 문제에 대한 열정이 상류계급에서 약해짐에 따라, 그 열정은 사회계층을 내려오면서 퍼져 나가 시골의 가장 낮은 층까지 도달한다. 정치광과 음주벽이 결합되어 대중의 광기를 절정에 이르게 하는 순간이 온다. 물론 나는 종교적인 신앙과 실천을—설령 그것이 미신적인 것이더라도—위에서 말한 두 비정상과 동일시하고 싶지는 않다. 그러나 서민 대중의 종교성에 대한 설명의 하나로 지적할 수 있는 것은 아주 먼 고대에는 종교가 평민들 사이에 통속화된 일반적인 욕구가 되기 이전에, 처음에는 귀족 엘리트에게만 허용되는 사치였다는 것이다.

다행히도 그런 식으로 해서 퍼져 나간 것은 정치의 열정만이 아니다. 애국심도 동시에 퍼져나갔다. 애국심이라는 감정은 처음에는 귀족층에서 태어났다. 그다음에는 거기에서 조금씩 모방에 의해서 부르주아와 서민층으로 내려갔다. 이 점에 대해서는 민주주의자이며 역사가인 페랑스François Tommy Perrens[프랑스의 역사가, 1822~1901]의 견해를 믿을 수 있다. 그는 다음과 같이 말한다. "애국심이라는 감정은 백년전쟁[중세 말기에 영국과 프랑스가 벌인 전쟁. 프랑스를 전장으로 해 여러 차례 휴전과 전쟁을 되풀이하면서 1337년부터 1453년까지 116년 동안 불규칙하게 계속되었다] 이후에야 비로소 대중화되었다. 그러나 그것은 귀족에게는 이미 오래전에 있었다. 12세기부터 그것은 귀족들에게서 영감을 얻은 시에 나타났다. 이때부터 **감미로운 프랑스**Douce France 라는 표현이 기사도 시에서 즐겨 사용된다. 푸아티에에서 패배[1356년]한 이후 그 감정은 한동안 부르주아와 서민들에게서 폭발했다."

따라서 사회조직이 신정정치건 귀족제건 민주제건 간에, 모방의 진행은 언제나 똑같은 법칙을 따른다. 모방의 진행은 거리가 똑같다면 위에서 아래로 나아가며, 그리고 아래에서는 안에서 밖으로 행해진다. 그렇지만 그 둘 사이에는 지적해야 할 본질적인 차이가 있다. 모범을 보여주는 우월한 성질들이 옛날 귀족계급이나 카스트 체제의 성직자 경우처럼 세습을 통해 전해지건 아니면 후천적인 귀족과 불교나 기독교의 성직자 경우처럼 축성화〔성직 서품〕(일종의 허구적인 세습이나 양자 결연)에 의해 전해지건 간에, 그 우월한 성질은 모든 면에서 보았을 때 그 사람 자신에게 내재해 있다. 우월하다고 여겨지는 개인은 모든 면에서 모방되지만, 그 자신은 자기보다 아래에 있는 사람이면 그 누구도 모방하지 않는 것 같다. 이는 거의 사실이다. 따라서 본보기가 되는 사람과 모방하는 사람의 관계는 거의 일방적이다. 그렇지만 실제적이든 허구적이든 간에 혈연이라는 생물적 유대에 바탕을 둔 귀족계급이 자발적인 선출로 충원되는 귀족제, 즉 완전히 사회적인 요인에 따른 귀족제로 대체되면, 위세는 그 뛰어난 사람이 인정받는 특별한 측면에만 뒤따른다. 사람들이 그를 모방하는 것은 이러한 면이며 다른 모든 면은 무시된다. 모든 면에서 모방되는 사람은 더 이상 없다. 가장 많이 모방되는 사람 자신도, 그를 모방하는 몇몇의 사람들이 지닌 몇 가지 점을 모방한다. 따라서 모방은 이처럼 일반화하면서 상호적인 것이 되었고 특수해졌다.

5 그렇지만 모방이 위에서 아래로 퍼진다고 말하는 것만으로는 충분하지 않다. 문제의 우월성 개념을 지금까지 논의한 것보다 더 분명하게 해야 한다. 정치적으로나 경제적으로 우위에 있는 계급은 언제나 모범을 보인다고 말할 수 있는가? 그렇지 않다. 예를 들면 권력과 함께 부도 쉽게 얻을 수 있는 가능성이 민중의 대표자에게 있는 시대를 생각해보자. 이때 그 대표자가 선출되어 대표로 올라간 것은 사람들이 그가 우월하다고 **판단해서**라기보다는 오히려 그가 우월하기를 **바라서다**. 그렇지만 갖가지 방식으로

모방된다고 하는 특권과 관계있는 것은, 사람들이 대표자가 갖기를 바란 우월한 성질이 아니라 사람들이 대표자가 갖고 있다고 믿은 우월한 성질이다. 사실 어떤 사람이 승진하기를 바란다는 것은 그가 높은 계급에 있지 않다는 것을 스스로 인정하는 것이다. 이러한 사실만으로도 종종 그가 위세를 지니는 데 지장이 생긴다. 그토록 많은 당선자들이 유권자에게 위세가 별로 없는 것도 바로 그 때문이다. 그러나 이 경우 실제로 위세가 있는 계급이나 사람들은, 현재는 잃어버렸지만 얼마 전까지만 하더라도 권력과 부를 지녔던 계급이거나 또는 상황에 적합한 뛰어난 재능으로 명예와 재산을 얻은 사람들이다. 또 다른 한편에서, 오래전부터 권력이나 부를 지닌 사람의 경우에는, 그러한 이점을 누릴 만하다는 평가가 오랫동안 형성된 확신과 함께 그에게 불가피하게 주어진다. 따라서 어쨌든 간에 권력과 부라는 두 관념이 사회적 우월성이라는 관념과 관계있는 것은 매우 확실하다.

그렇지만 그 권력과 부라는 관념은 원인과 결과의 관계처럼 사회적 우월성이라는 관념과 관계한다. 따라서 원인으로까지 거슬러 올라가야 한다. 즉 어떤 사람이나 어떤 인간 집단을 권력과 부유함으로 이끌고 있거나 이끌었기 때문에 그를 주위 사람들로부터 칭송, 선망, 모방의 대상이 되게 하는 성질들이 어떠한 것인지를 알아야 한다. 원시시대에는 신체적인 재주와 결합된 힘과 용감함이었다. 그 후에는 전쟁의 술책과 집회에서의 유창한 웅변술이었다. 또 그 후에는 예술적인 상상력, 산업적인 재능, 과학적인 천재성이었다. 요컨대 사람들이 모방하려고 하는 우월성이란 사람들이 이해하는 우월성이다.[29] 그리고 사람들이 이해하는 우월성이란, 그들이 느끼는

---

[29] 아드리아 해 서쪽에 있는 로마 속주는 모두 어느 정도 쉽게 로마화되어 로마의 법, 언어, 관습을 받아들였지만(이탈리아, 시실리, 스페인, 갈리아, 게르마니아 등), 이에 반해 동쪽에서는 심지어 그리스가 정복된 뒤에도 그리스의 문명과 언어가 유지되었으며 게다가 계속 퍼졌다는 것을 우리는 알 수 있었다. 이는 켈트인, 이베리아인, 게르만인 등 서쪽의 피정복자들은 정복자의 우월성을 인정했지만, 그리스의 국민성은 패배에도 불구하고 티베르 강[이탈리아 중부를 흐르는 강]

욕구에 부합하기 때문에 높이 평가 받는 이익을 얻는 데 적합하다고 믿거나 그렇게 보고 있는 우월성이다. 여담이지만, 이러한 욕구의 원천이 유기체적 생활인 것은 사실이다. 그렇지만 그러한 욕구를 어떤 방향으로 유도해 사회적인 틀에 맞추는 것은 다른 사람의 본보기다. 그리고 그 이익은 어떤 때는 광대한 영토, 많은 가축 무리, 거대한 테이블 주위에 모인 수많은 측근이나 가신이며, 또 어떤 때는 재산이나 헌신적으로 지지하는 유권자다. 또한 사후에 천국에 간다고 하는 희망이나 위대한 인물 곁에 있을 것이라는 평판도 잊어서는 안 될 것이다.

문명화 과정에서 사회적 우월성의 계열을 이루는 것은 도대체 어떠한 것인가를 묻는다면, 나는 다음과 같이 대답할 것이다. 그것은 어떤 특정한 시대와 나라에서 다수의 사람들이 연속적으로 추구하는 사회적 재화의 계열에 의해 지배되는데, 이때 그 형태는 매우 다양하며 또 여러 가지로 변한다. 그런데 바로 그 계열 자체를 밀어주고 이끄는 것은 무엇인가? 그것은 여기에서는 서로 방해하고 저기에서는 서로 도와주면서 인간의 정신에 차례대로 나타나는 발명과 발견의 계열이다. 이 경우 그 발명이나 발견의 출현 순서는 어느 정도는 사회 논리에 의해 정해지기 때문에 숙명적이며 돌이킬 수 없다. 동굴에서 사는 데 따르는 이점의 발견, 그리고 규석으로 만든 무기, 활과 화살, 뼈로 만든 바늘, 나무를 비벼 불을 만들어내는 것 같은

의 야만인〔로마인〕들보다 못하다는 것을 인정하지 않았기 때문이다. 나중에 정복된 갈리아 로마인들이 게르만인에게 동화되는 것을 거부한 것도 그와 똑같은 이유 때문이다. 권좌에 오른 평민이 몰락한 귀족계급의 예의범절과 관습을 모방하기 시작할 때마다 이와 완전히 비슷한 사실이 나타나는데, 귀족계급을 모방하는 이유는 그들에게는 우아함의 지배권이 있다는 것을 항상 인정하기 때문이다. 아테네의 위세와 마찬가지로 로마와 콘스탄티노플의 위세도 그들의 패배 자체에 의해 커졌다.

우리가 알고 있는 바대로, 로마의 대외적인 역사는 모두 위에서 아래로의 모방의 법칙으로 설명된다. 대내적인 역사도 똑같이 설명될 수 있다. 로마의 평민은 귀족의 풍습, 그다음에는 귀족의 권한 그리고 법률혼을 위시한 그들의 특권을 모방함으로써만 그 지위가 높아질 수 있었다.

발명은 최초의 혈거인들에게 이상적인 행복의 서광을 비추었다. 운이 좋은 사냥, 모피 옷, 동굴 속으로 연기를 피워 포획물(때로는 인간도 포함한)을 먹는 것 등. 그 후, 몇 가지 박물학적 관념의 발견과 나중에 엄청나게 발전하는 동물 사육이라는 중대한 발명은 사람들의 이상을 변화시켰다. 족장의 감독 아래 있는 가축의 큰 무리만이 그들의 꿈이었다. 그다음에는 천문학의 첫 번째 요소들의 발견, 식물 재배, 즉 농업의 발명, 금속의 발견과 건축술의 발명은 하나의 궁전이 지배하고 노예들이 사는 큰 영지의 꿈을 가능하게 했다. 그 후 보통의 집은 그 궁전을 모방했다. 마지막으로 그리스인들의 초기 물리학과 이집트인들의 초보적인 화학에서 현대의 학술 논문에 이르기까지의 과학의 발견 그리고 찬가에서 희곡에 이르기까지 또는 맷돌에서 증기 제분기에 이르기까지의 예술과 산업의 발명은, 오늘날 백만장자들이 런던이나 파리의 대저택에 살면서 자신들의 재산이 지폐나 국채로 안전하게 보관되는 것을 점점 가능하게 했다. 부에 대해서는 이상의 설명과 같다. 권력의 경우에도 이와 똑같은 고찰이 그 연속되는 역사적 형태에 적용된다.

이러한 사실들을 고려하면, 제기된 문제에 대한 결정적인 대답이 저절로 나타난다. 각 시대와 각 나라에서 어떤 사람을 우월하게 해주는 성질은, 이미 나타난 일단의 발견과 발명을 그로 하여금 잘 이해하고 이용할 수 있게 해주는 성질이다. 때로는—상당히 자주 있는 일이긴 하지만—한 개인에게 주요한 발명을 더 유리하게 이용하거나 한동안 그 발명을 독점하게 하는 것은, 개인적인 자질이라기보다는 우연적이거나 외부적인 조건이다. 그리고 일반적으로 이 두 원인은 서로 결합되어 있다. 부족이나 도시가 야만적이며 열등한 인종이라 하더라도, 자신들에게 문명을 전파하는 관념, 다른 것보다 더 좋은 산업 방법, 더 강력한 무기가 우연히 나타난다면, 그들은 그것에 대한 독점을 오랫동안 유지할 것이다. 우랄-알타이어족 Touraniens이 상고시대에 줄곧 야금술을 거의 유일하게 이용하는 이점을 지넜던 것은 아마도 그러한 우연 덕분일 것이다. 페니키아의 번영은 자줏빛이 나는 작은 동물을 해안가에서 우연히 발견했기 때문이라고 부분적으로 설명될 수도 있다. 바로 여기에서 대규모 해양 수출 산업이 등장했으며, 그것이 이 셈족의 타고난 항해 재능을 때마침 크게 살려주었다. 코끼리나 말을 최초로 길들인 민족은 그것들을 이용해 전쟁에서 막대한 이득을 얻었음에 틀림없다. 예전에는, 당시의 문명이 요구하는 자연적인 자질을 나타낸 아버지의 아들이라는 사실만으로도 그 자질을 대신하는 유리한 조건이 되었다. 세습 귀족이라는 관념은 여기에서 생겨난다.[30] 마지막으로 어떤 특정한 장소가 시대의 목적에 상대적으로 적합한 재능을 가장 많이 지닌 개인을 끌어들이는 특권을 오랫동안 지녔다면, 그 개인이 우월하리라는 추측은—앞에서 이미 말한 바처럼—그 장소에 있다는 것과 관계있다. 그렇지만 그 장소에 있는 것이 실제로 당시의 문명이 제공하는 자원을 적절하게 이용하는 데 가장 유리한 환경 중 하나기도 하다. 오늘날에는 과학과 산업이 부유해지려면 반드시 습득해야 하는 발견과 발명의 큰 몸통이기 때문에, 학자, 기술자, 자본가가 몰려드는 대도시에서 사는 것이 유리하다. 지방 도시에 새로 온 한 여성이 곧바로 그곳 사람들을 리드하는 데에는, 파리 여성parisienne인 것으로도 가끔 충분할 정도로 그 이점이 매우 대단하다. 전쟁 기술이 당시의 모든 영토 재산의 원천이었던 봉건 시대에는 그 전쟁 기술이 성주의 관습적인 특권이었기 때문에, 성에 사는 사람은—그가 영주의 시동이건 하인이건—도시인보다 우위에 있다고 여겨졌다. 그렇지만 도시가 강력한 민병대를 조직할 수 있었던 이탈리아에서는 그렇지 않았다. 그곳에서는 도시가 주변의 성을 제압했다. 왕궁이 만들어졌을 때에도 이와

---

[30] 덧붙여서 말하면 귀족이라는 관념은, 병기와 전쟁 기술이 매우 단순해서 그것을 이용하는 데 필요한 육체적 또는 정신적인 자질이 적절한 교육을 통해 어려움 없이 발전되었으며 피와 함께 쉽게—현대인의 세련된 성격보다 훨씬 더 쉽게—전해진 시대에 형성되었다. 따라서 힘센 전사의 아들은 당연히 대부분의 경우 그 자체만으로도 용감한 것으로 간주되었다.

비슷한 이유에서 베르사이유의 궁정인이 파리의 유명 인사를 완전히 압도했는데, 왜냐하면 이는 왕의 총애가 획득해야 할 최고의 선이 되었기 때문이다.

따라서, 어디에서나 또 언제나 사회적 우월성은 이미 알려진 발견과 발명을 유리하게 이용할 수 있게 해주는 외부 환경이나 내적인 성격으로 이루어진다는 것을 알 수 있다. 지금은 우월성의 두 원천 중 첫 번째 것은 제쳐놓고, 두 번째 것에만 관심을 두자. 이 경우 한 인간이나 한 인간 집단을 우월하게 하는 것이 언제나 **신체적인** 자질, 즉 유기체적이며 개인적인 자질이라는 것은 의심할 바 없다. 그럼에도 그들의 우월성은 완전히 사회적이다. 왜냐하면 그 우월성은 사회적인 관념의 목적을 수행할 때 그들의 뛰어난 능력을 발휘하는 데 있기 때문이다. 육체적인 힘이 지배했다고 여겨지는 인류의 초창기에조차, 성공을 거두는 미개인은 힘이 가장 센 사람이 아니라 가장 명민한 사람, 즉 활이나 새총, 몽둥이를 가장 능숙하게 다루거나 규석을 가장 솜씨 좋게 다듬는 사람이다. 오늘날에는 어떤 사람이 아무리 근육이 잘 발달하고 몸의 균형이 잘 잡혀 있어도, 예전에는 비정상이고 실패 조건이었지만 오늘날에는 우리 문명이 당연히 요구하는 뇌의 비대함을 나타내지 않는다면 그는 실패하게 되어 있다. 이 양극단 사이에서 아마도 영광과 개화의 날을 갖지 않은 인종적 또는 기질적 특수성뿐만 아니라 심지어는 병적이거나 기형적인 특성도 없었을 것이다. 최근에 발굴된 위대한 정복자 람세스는 독재적인 왕이었지만 그의 짐승 같은 모습으로 우리를 놀라게 하지 않았는가? 다른 시대였다면 오늘날의 타고난 범죄자 중 얼마나 많은 사람들이 영웅이 되었겠는가? 얼마나 많은 정신병자에게 조각상과 제단이 세워졌겠는가!

사회적인 우월성이 이처럼 다양한 형태를 취하는 것은 발명과 발견이 부분적으로는 우연적인 성격을 갖고 있기 때문인데, 이 유동적인 다양한 형태를 통해 쉽게 알아차릴 수 있는 것은 다음과 같은 사실이다. 즉 전체적으로 보면 신경 능력보다는 근육 능력이 점점 쇠퇴하고 있다는 것과—이와 동시에 일어나는 것으로서—근육 능력보다는 신경 능력이 발전하고 있다는 것이다. 시골 사람은 좀 더 근육적이고 도시 사람은 좀 더 신경적이다. 이와 똑같은 차이가 미개인을 문명인과 구별짓는다. 왜 그런가? 〔이에 대해서는 두 가지 이유가 있다.〕 한편으로는 매순간 여기저기에서 생겨나는 발명과 발견 중에서, 사회 논리가 그것들 간에 양립할 수 있는 것을 축적하는 수보다 모순된 것을 제거하는 수가 더 적기 때문이다. 따라서 결국은 복잡성이 지나치게 증가하게 되는데, 이는 더욱 발전된 두뇌 능력과 더욱 완전한 두뇌 조직을 필요로 한다. 또 다른 한편으로는 기계에 관한 발명의 축적에 힘입어 인간은 동물의 힘, 화학적인 힘, 물리적인 힘을 점점 더 많이 이용할 수 있게 되었고, 따라서 점점 더 거기에 근육 노동을 보태지 않아도 되기 때문이다.[31]

우리가 보는 바와 같이, 인종의 다양성이나 각 인종 안에서 개인적인 조직의 다양성은 마치 발명의 천재가 사회 논리의 고도의 지휘에 따라 자유롭게 연주하는 건반과 같다. 여기에서 역사가들에게 중요한 결론이 생겨난다. 어떤 민족의 번영이나 쇠퇴의 원인을 알고 싶은가? 〔번영의 원인을 알고 싶으면〕 민족이라는 그 유기적인 조직체의 어떤 세부 사항이 그들로 하여금 그 시대의 지식을 활용하기에 특히 적합하게 했는지를 물어보아야 한다. 또는 〔쇠퇴의 원인을 알고 싶으면〕 옛날 지식처럼 육체를 사용하는 것만으로는 더 이상 적합하지 않은 어떤 새로운 지식이 출현했는지를 물어보아야 한다. 한 문명의 요소들이 주어졌을 경우 그 문명이 번영했던 민족을 확실하

---

[31] 그 결과 어디에서나 일정한 역사적 순간에는 상류계급이 하층계급보다 더 많이 피가 섞이고 더 복잡하며 더 인위적인 인종이다. 이집트에서 농부는 고대 이집트인들과 여전히 비슷한 반면에, 그의 주인들은 고대 유형을 잃어버렸다. 계급이 높을수록 그 계급에게는 결혼의 영토상의 범위가 넓혀진다. 구체제 시대의 프랑스 귀족은 신분이 높을수록 결혼 상대자를 자신의 출생지에서 더 먼 곳에서 선택했다. 그 정점에 있는 것은 유럽 전체를 혼인 영역으로 삼은 왕가였다.

게―적어도 정신적인 면에 관해서―기술하고 싶다면, 똑같은 원리를 따라 길을 찾아가면 그렇게 할 수 있다. 이렇게 해서 우리는 직관적으로 에르투리아인이나 고대 바빌로니아인의 심리를 기술할 수 있었다. 유목민 시대에는, 매우 건장하고 사냥에 놀랄 정도의 재능이 있는 민족이라도 바로 그들의 명민함 자체와 더욱 빛나는 재능 때문에 목축업에 적합하지 않으면 그들은 불가피하게 패퇴할 수밖에 없었다. 이는 오늘날 유행에 뒤쳐진 시인이나 예술가의 기질이 산업도시에서 패퇴하는 것과 같다. 일반적으로 어떤 새로운 종족의 출현은 문명을 다시 주조할 만큼 중대한 발명의 새로운 쇄도와 함께 나타난다. 그 이유는 이미 권력의 자리에 있는 종족이 새로 출현하는 관념을 이용하는 데 필요한 성격들을 선천적으로 지니지 못했거나, 아니면 그 종족이 그 필요한 성격을 지닐 수 있었지만 옛날 관념에 오랫동안 익숙해지면서 그러한 성격을 잃어버렸기 때문이다. 기존의 모든 문명은 결국 그 자신의 종족을 만들어낸다. 예를 들면 우리의 문명은 미래의 미국인을 만들어내고 있는 중이다.

결국 사회적 꼭대기, 즉 다른 계급이나 다른 국민이 가장 많이 모방하는 계급이나 국민의 경우에서는 사람들이 서로를 가장 많이 상호 모방한다는 것에 주목해야 한다. 근대의 대도시는 내적인 모방의 강도로 특징지어지는데, 그러한 모방의 강도는 인구밀도에 비례하며 또한 주민들 간의 관계의 많은 다양성에 비례한다. 보르디에Arthur Bordier[프랑스의 인류학자, 1841~ 1910] 씨가 올바르게 언급하는 것처럼,[32] 그들의 모든 질병뿐만 아니라 그 여하한의 유행과 악덕, 즉 그곳에서 생겨나는 모든 주목할 만한 현상들의 "전염병적이며 감염적인" 성격도 거기에서 나온다. 예전에는 귀족계급이 이와 비슷한 특성으로 눈에 띄었으며, 그중에서도 왕궁이 특출나게 눈에 띄었다.

---

[32] 다음을 보라. 《사회의 생활 Vie des Sociétés》, p. 159.

6 내가 지금까지 설명한 법칙은 확실히 매우 단순하다. 그렇지만 그 법칙을 시야에서 놓치지 않는다면, 지금까지 모호한 상태로 남아 있던 역사상의 몇 가지 사항을 해결하는 데 성공할 것이라고 나는 생각한다. 하나만 인용한다면, 메로빙거왕조〔프랑크왕국 전반기의 왕조, 481~751〕와 카롤링거왕조〔메로빙거왕조에 뒤이어 프랑크왕국의 후반기를 지배한 왕조, 751~987〕 시대의 봉건제도 형성보다 더 난해한 것이 있는가? 퓌스텔 드 쿨랑주N. D. Fustel de Coulanges〔프랑스의 역사가, 1830~1889〕는 게르만에 기원을 둔다고 간주되어온 많은 제도의 로마 기원을 밝힘으로써 이 주제에 빛을 비춰주었다. 그럼에도 해명해야 할 문제의 측면들은 아직도 많이 남아 있다. 물론 나도 이 불분명한 점들을 해소했다고는 주장하지 않는다. 그러나 나는 이 어둠에 가려진 것들을 해명하고 있는 역사가들에게 다음과 같은 점은 지적하고 싶다. 즉 다른 여러 결함이 있긴 하지만, 그중에서도 메로빙거 왕이 제시한 본보기와 그 본보기가 불가피하게 퍼져 나간 것을 그들이 충분히 고려하지 못한 것은 아닌가 하는 점이다. 대부분 역사가들은 9세기와 10세기에 형성되고 일반화된 영주와 봉신들의 봉건적 유대가, 5세기와 6세기의 몇몇 왕궁에 있던 왕과 그의 앙트뤼스티옹antrustion*의 관계와 기이할 정도로 유사하다는 점을 지적하는 수고를 하지 않았다. 아니, 이 사실을 지적했다 하더라도 그들은 그것에 올바른 가치를 부여하지 않았다. 봉신이 군주에게 그런 것처럼, 앙트뤼스티옹은 자신을 보호해주는 것에 대한 보답으로 왕에게 몸과 마음을 바쳐 충성했다. 사실 처음에 이 앙트뤼스티옹 신분은 일대에 한하는 종신적인 것이었지만 곧 세습적인 것이 되었으며 게다가 토지도 소유하게 되었다. 글라송Ernest Désiré Glasson〔프랑스의 역사가, 1839~1907〕 씨는 다음과 같이 말한다. "앙트뤼스티옹 신분에는 토지 수여가 일찍부터 따랐는데, 키에르지Quierzy 법령**이 봉토와 직책의 세습을 인정하기 오래전에 그 작위는 아

---

* 앙트뤼스티옹은 메로빙거왕조 시대에 왕에게 충성을 서약한 측근 신하를 뜻한다.

버지에서 아들로 전해졌다." 따라서 봉건제도의 두 개의 주요 특징, 즉 토지 소유와 세습은 봉신에게 존재하기 이전에 앙트뤼스티옹에게 존재한다. 봉신을 앙트뤼스티옹을 여러 가지 점에서 모방한 자로 보는 것,³³ 그리고 마찬가지 이유에서 봉신의 봉신, 즉 대봉신의 소봉신을 똑같은 본보기의 새로운 모방판으로 간주하는 것보다 더 자연스러운 것이 있는가? 그렇지만 글라송 씨는 다음과 같이 망설인다. "왕만이 앙트뤼스티옹을 지녔는지 아니면 대영주들도 똑같이 앙트뤼스티옹을 지닐 수 있었는지 하는 문제는 논란의 대상이다. 내 생각으로는 어느 쪽이 결정적으로 옳다고 인정할 수 없다." 대영주들이 군주처럼 경비대를 갖고 싶은 욕망을 이겨낼 수 있었다고 어떻게 인정할 수 있겠는가? 라퐁텐의 말을 상기해보라. "신분이 낮은 왕족이라도 자신의 사절을 갖고 있다." 봉건적 유대의 또 하나 특징은 신뢰와 경의의 서약이다. 이 서약 자체도 메로빙거왕조의 왕에 대한 신하들의 충성 서약을 여러 가지 점에서 모방한 것이 아니겠는가? 로마제국에는 바로 이러한 서약과 비슷한 것이 전혀 없었다. 이 기이한 것[메로빙거왕조의 충성 서약]이 사람들 눈에 띄지 않았다면, 그리고 나중에 봉건 군주들이 신하들에게 그와 비슷한 서약[신뢰와 경의의 서약]을 요구했을 때 충성 서약이 그들에게 이러한 생각[신뢰와 경의의 서약]을 떠오르게 하지 않았다면 이는 매우 놀라

** 프랑스어 원문에는 Kiersky라고 되어 있는데 이것은 Quierzy(또는 Kiersy)의 오식으로 보인다. 키에르지 법령의 정식 명칭은 키에르지 쉬르 우아즈Quierzy sur Oise 법령. 877년 6월 14일 공포된 이 법령에 따라 귀족의 작위 세습이 가능해졌다. 귀족들은 국왕 샤를 2세의 이탈리아 파병 직전, 작위 세습을 골자로 하는 조건에 왕이 서명하도록 압력을 넣었기 때문이다. 그들은 왕이 이 조건을 수락하지 않으면 협력하지 않겠다고 위협했다.

33 봉건제 문제를 해결하기 위한 이러한 시도와 귀족의 기원에 관해 제시된 가설을 혼동해서는 안 된다. 사람들은 '프랑크왕국의 귀족이 앙트뤼스티옹에서 (생리학적으로) 생겨난 것은 아닌가' 하는 의문을 갖고 있었다. 글라송 씨는 이를 부인하고 있는데, 그의 생각이 옳은 것 같다. 귀족은 그 직무가 세습적이 된 왕실 관료에서 (그 말의 생생한 의미에서) 생겨났다. 그렇다 하더라도 그들은 이러한 세습권을 얻으면서 앙트뤼스티옹을 틀림없이 생각했을 것이며, 그다음에는 그들 자신도 앙트뤼스티옹을 갖고 싶어 했다.

운 일일 것이다. 마지막으로, 대부분 봉건법의 기원은, 메로빙거왕조의 군주에 의한 몇몇 세금이나 부과조賦課租로 아주 자연스럽게 설명될 수 있지 않은가? 예를 들면 글라송 씨는 다음과 같이 말한다. "어떤 상황 특히 축제나 **결혼식** 때 왕에게 선물을 바치는 풍습은 이미 메로빙거왕조 시대부터 존재했다. ……카롤링거왕조 초기의 왕들은 이 풍습을 정기적인 것으로 만들어서 그 증여를 직접세로 만들었다." 그런데 시간이 지난 후 "봉건제도의 **영주가**" 바로 똑같은 경우에 "**가신에게 비슷한 공물을 요구하는 것**"을 볼 수 있었다. 이 점은 주목할 만한 것이 아닌가? 다른 많은 본보기 특히 중세 농노제의 특징을 설명하는 데 기여하는 본보기는 모방되었다고 인정하면서, 왜 이 왕의 본보기는 모방되지 않았을 것이라고 생각하는가? 메로빙거왕조 시대에는 주인이 농노에게 거의 제멋대로 무슨 일이나 요구할 수 있었다. 이에 반해 11세기의 농노는 고정된 부과조만 요구받았는데, 이러한 변화가 어떻게 해서 일어났는지에 대해서 사람들은 의아하게 생각했다. 사람들은 이 자의성을 대신한 고정성이 우선 왕과 교회의 영토에서 하나의 혁신으로 시작되었다는 점을 주목하면서 대답해왔다. 이미 앞서 인용한 바 있는 조예 깊은 저자 글라송은 다음과 같이 대답한다. "교회, 수도원, 왕이 한 것을 봉건영주들이 모방했다. 그리하여 지대가 어디에서나 고정적인 것이 되는 경향이 있었다."

퓌스텔 드 쿨랑주는 너무나도 통찰력이 있어서 앙트뤼스티옹의 중요성을 완전히 무시하지 않았다. 쿨랑주는 《봉건제도의 기원 Origines de système féodal》에서 봉건제의 로마 원천, 고트족Goth〔스칸디나비아 반도에서 비롯된 동부 게르만족의 일파〕 원천, 게르만족 원천을 치밀하게 연구했는데, 그는 그 책에서 로마의 **프레카리움**precarium,* **베네피키움**beneficium,** **후원자 제도** patronage*** 등에 대해서는 여러 장에 걸쳐 길게 설명하면서도, **충성을 맹세한 왕의 측근 신하**에 대해서는 단 몇 쪽밖에 설명하고 있지 않다. 내 우견으로는, 그가 이 제도 중 왕의 측근 신하를 다른 것과 동렬에 놓거나 심지어 그 밑에 놓은 것은 유감스러운 일이다. 그리고 나는 그가 인간이 서로 모방하는 보편적인 성향을 고려했다면, 특히 역사의 모든 시대에 왕의 본보기가 지닌 특별히 전염적인 성격을 고려했다면 이러한 오류를 피했을 것이라고 생각한다. 실제로 로마의 프레카리움이나 심지어는 게르만이든 로마든 갈루아든 그 어디에서 비롯한 것이든 베네피키움과 후원자 제도에서도 볼 수 있는 것은, 토지 점유와 인격 예속의 여러 양식뿐이다. 이것들은 그 어떤 군사적인 성격도 없으며 또한 일반적으로 서약에 따른 종교적 승인과도 관계가 없다. 이러한 관습이 봉건적 유대의 조건이며 심지어 그 뿌리라는 것은 의심할 나위가 없다. 그렇지만 그 관습이 봉건적 유대를 구성하지는 않는다. 그 관습은 매우 다양한 국민들에게 너무 진부하고 너무 널리 퍼져 있어, 태양 아래에 나타난 가장 독창적인 사회형태 중 하나를 설명하기에는 충분하지 않다. 그 여러 원천이 서로 만나, 메로빙거왕조의 왕궁에서 군사적이며 신성한 색채를 띠며 하나로 합쳐졌을 때 비로소 봉건제의 씨앗이 진실로 싹튼 것이다. 저 탁월한 역사가〔퓌스텔 드 쿨랑주〕도 어느 한 주목할 만한 구절에서 이것을 거의 인정하고 있다.(p. 332) 그는 왕의 측근 신하들에 대한 너무 짧은 장을 요약하면서 다음과 같이 말한다. "우리는 이미

---

* 프레카리움: 불완전한 자유농이나 채무자들이 대지주에게 자신의 농토를 양도하고 대신 보호를 요청하는 제도다. 로마제국이 소농의 부담 능력을 넘는 지조를 거두게 되자 그들 대부분은 자신의 작은 소유지를 부유한 대지주에게 넘김으로써 그 중압에서 벗어났다. 지주 쪽은 그 토지를 프레카리움(일시 대여)이라는 형태로 돌려주었다가, 소작인이 죽으면 거둬들였다.

** 베네피키움: 은혜나 특전, 사물賜物이라는 뜻으로 고대 로마에서는 3세기 이후 황제가 국경지대를 방비한 게르만인에게 내려준 토지를 베네피키아beneficia라고 불렀다. 프랑크왕국에서 베네피키움은, 국왕을 비롯해 교회, 수도원, 호족 등이 충성과 봉사, 정치적 군사적 결속을 기대하고 토지를 제3자에게 은혜로서 증여하는 토지제도와 토지 자체를 의미했다.

*** 후원자 제도: 파트로네스patrones와 클리엔테스clientes의 관계. 파트로네스는 후원자, 클리엔테스는 도움을 받는 피후원자다. 대부분 귀족은 평민과 클리엔테스의 관계를 유지하고 있었으며, 귀족은 자신의 클리엔테스의 경제적인 문제와 가정적인 문제에 대해서 조언과 도움을 주었다. 반면에 클리엔테스는 자신의 파트로네스의 정치적인 출세에 헌신적인 역할을 했다. 이 관계는 로마 사회의 기본적인 토대였다.

여기에서 봉건제도에서도 계속 존재할 몇 가지 특징을 찾아냈다. 우선 본질적인 것으로서 **서약**과 **계약**을 찾아냈다. 그다음에는 **특징적인 형식으로서 칼을 옆구리에 차고 주군의 손을 잡고 행하는 서약**을 찾아냈다. 마지막으로는 역시 특징적인 몇 가지 말들, 예를 들면 충직, 친구, 중신, 특히 인간이라는 말에 해당하는 게르만어를 찾아냈다." 강조는 내가 한 것이다. 사실 그토록 눈에 띄는 유사에 대해 이 저자가 곧이어 더 많은 중요성을 부여하지 않았다는 것은 이해할 수 없는 일이다. 그의 책을 아무리 다시 읽어보아도, 그가 그토록 많은 정성을 들여 분석한 다른 여러 제도에서는 봉건제도를 [왕의 측근 신하만큼] 그처럼 가까이 생각나게 하는 것은 결코 발견할 수 없을 것이며 또 발견한다는 것은 어림도 없는 일이다.

  반복해서 말하지만, 매우 완전한 유사의 일람표 중에서 유사하지 않은 특징은 단 하나뿐이다. 앙트뤼스티옹의 지위는 순전히 개인적인 것이며, 세습으로 전해지지 않는다. 왕의 앙트뤼스티옹이 되는 것은 각자의 의지에 따라 자발적으로 동의할 때다. 이와는 반대로 봉신 지위는 10세기에 세습적인 것이 되었다. 세대가 바뀔 때마다 신뢰와 경의의 새로운 서약을 통해 다시 임명될 필요성이 인정되었지만, 그러한 필요성은 처음에는 계약적이고 자발적인 성격을 지녔던 유대가 결국에는 타고난 것이 되어 피와 함께 전해졌다는 것을 실제로 증명할 뿐이다. 그러나 이러한 차이는 우리가 이제 말하게 될 또 하나의 모방의 법칙, 즉 유행이 관습으로 뿌리박는 것에 관한 법칙, 말하자면 처음에는 동시대인에서 동시대인으로 전염을 통해 퍼진 것이 세습을 통해 공고해지는 것에 관한 법칙으로 설명될 것이다.

  요컨대 지금까지의 역사적 가설은 여기에서는 견본의 자격으로서만 제시된 것이다. 즉 그것은 여기에서 전개한 일반적인 사상을 더 재주 있고 박식한 사람들이 활용한다면 이루어질 성과의 견본에 불과한 것이다.

7장
논리 외적인 영향(계속)

관습과 유행

논리적인 가치가 똑같다고 가정할 경우, 수많은 본보기 중에서 어느 하나가 우수하다고 판단하는 추정은 그 본보기를 생겨나게 한 사람, 계급, 장소하고만 관계있는 것이 아니라 그것이 생겨난 시점이 오래되었는지 아니면 최근인지와도 관계있다. 본 장에서는 바로 이 마지막 종류의 영향을 다룰 것이다. 이것은 우리가 아는 바와 같이 상위자 모방의 법칙의 한 결과이기 때문에, 본 장은 그 법칙을 새로운 측면에서 고찰하는 것에 불과하다. 우리 사회처럼 외국의 것과 동시대의 것인―따라서 이중적으로 신용을 얻은―어법, 사상, 제도, 문학으로 뒤덮힌 사회에서조차, 조상의 위세가 아직도 최근의 혁신이 갖는 위세보다 엄청나게 우월하다는 것을 먼저 확인해야 한다. 최근 들어 유행한 영어, 독일어, 러시아어의 몇몇 말과 오래된 프랑스 어휘의 토대를 비교해보자. 진화론이나 비관주의에 대해서 현재 유행하는 몇몇 이론과 오래된 많은 전통적인 신조를 비교해보자. 오늘날의 법률 개혁과 로마법처럼 오랜 기반을 지닌 프랑스의 법전 전체를 비교해보자. 그 밖의 것들도 같은 식으로 비교해보자. 그러면 유행의 흐름에 관여하는 모방이 관습의 큰 강에 견주면 매우 약한 급류에 지나지 않는다는 것을 알 수 있다. 또 필연적으로 그럴 수밖에 없다.[1] 그러나 이 급류가 아무리 작더라

---

[1] 마찬가지로 사회적인 관점에서는 아니 적어도 일시적인 사회적 평화―영원한 사회적 평화는 아니더라도―의 관점에서는, 그 믿음이 옳은지 여부보다는 그 믿음의 공유가 훨씬 더 중요하

도 그것은 상당한 넓이의 땅을 휩쓸어버리거나 그 땅에 물을 대줄 수 있다. 따라서 그 물이 불어나거나 고갈되는 주기를 연구하는 것이 중요하다. 그 주기는 일종의 매우 불규칙한 리듬을 따라서 일어난다.

어느 나라에서나 결국 혁명은 **정신** 속에서 일어난다. 말만 듣고 성직자나 조상을 믿는 습관에 뒤이어 동시대의 혁신자가 하는 말을 반복하는 습관이 나타난다. 이것을 사람들은 경신輕信이 자유 검토libre examen의 입장〔합리적이며 경험적인 진실만을 받아들이는 행동 원리〕으로 대체되는 것이라 부른다. 그렇지만 이것은 사실 처음에는 권위에 의해서 강요된 전통적인 주장을 맹목적으로 수용하지만 그다음에는 설득에 의해서 강요되는 외국의 관념을 받아들이는 것에 불과하다. 이때 설득에 의해서라는 말은, 교의에 복종하는 정신 속에 이미 먼저 존재하는 관념, 즉 교의에서 나오는 관념이 표면상으로는 외국의 관념과 일치하는 것을 의미한다. 이 두 수용 방식 간의 차이는 우리가 아는 것처럼 그 수용의 성격이 자유로운가 자유롭지 않은가에 있지 않다. 전통적인 주장이 아이의 정신에 자유롭게 받아들여졌다고 말할 수는 없지만, 신속하고 강력하게 받아들여졌고 아울러 설득을 통해서가 아니라

다. 바로 여기에 종교의 큰 중요성이 있다. 마찬가지로 똑같은 관점에서 볼 때, 예를 들어 공 교육에서 훨씬 더 중요한 것은 지식의 유용성보다는 지식의 공유다. 아니 오히려 지식의 주된 유용성은 그 지식의 공유, 따라서 그 지식의 전파 자체에 있다. 확실히 다음과 같은 것은 증명하기가 쉽다. 즉 그리스어와 라틴어의 교육이 인간의 욕구(이 욕구는 교육받은 다음에 생겨나는 욕구와는 다르다)에 더 유용한 것이 아닌 것처럼 이런저런 종교의 교의도 더 잘 증명된 것이 아니라는 것이다. 이러한 교육을 유지하는 유일하면서도 커다란 이점은, 세대의 연쇄를 단절하지 않으면서 즉 우리를 조상 및 우리 자신과 너무 갑자기 또 너무 완전히 무관하게 만들지 않으면서, 아울러 우리를 교양 계급의 구성원으로 서로 일치하도록 유지하고 또 조상과도 일치하도록 유지하는 것에 있다. 이는 우리가 동일한 본보기를 모방한다는 유대감으로 단결해 끊임없이 하나의 같은 사회를 함께 만들어 나가기 위해서다. 어떤 청년이 학생보다 훨씬 더 유용하고 정확한 지식을 갖고 있더라도 학생과 똑같은 지식을 갖고 있지 못하다면, 그는 그 학생과 사회적으로 소원해질 것이다. 바로 이것이 근본적으로, 모든 사람이 비판하면서도 그 많은 오래된 것에 대한 존중이 무한히 영속되는 진정한 ―자신도 깨닫지 못하거나 무의식적인―내면적인 이유다. 그리고 이 책에서 전개한 사회적 유대의 개념을 이보다 더 잘 확증해주는 것은 없다.

권위를 통해서 인정받았다고 하자. 그렇다면 이것은 교의가 들어갔을 때 아이의 정신이 백지 상태였다는 것과 또한 교의가 받아들여지기 위해서는 그것이 이미 아이의 정신에 확립되어 있는 그 어떠한 관념도 확증해주지 않았고, 또 어떠한 관념과도 모순되지 않았다는 것을 의미한다. 교의가 아이의 정신에 들어가기 위해서는 새로운 호기심을 불러일으킨 뒤 곧바로 그 호기심을 그럭저럭 만족시키는 것으로 충분했다. 바로 여기에 큰 차이가 있다. 따라서 권위의 강제가 설득의 강제보다 필연적으로 먼저 있을 수밖에 없었으며 이 설득의 강제는 권위의 강제에서 생겨난 것이라는 결론이 나온다.

어느 나라든 마찬가지로 앞에서 말한 혁명과 병행해서 또 하나의 혁명이 사람들의 **의지**에서 일어난다. 조상의 명령, 관습 및 영향력에 대한 수동적인 복종은 동시대인들의 자극, 충고 및 암시에 대한 순종으로 대체되는 것이 아니라 그러한 순종에 의해 부분적으로 약화된다. 새로운 시대의 시민은 이 나중의 동기〔동시대인의 자극, 충고 및 암시〕에 따라 행동하면서, 자신에게 주어진 명제 중에서 **자유롭게 선택**하는 것을 뽐낸다. 그렇지만 실제로 그가 기꺼이 받아들이고 따르는 명제는, 이전부터 존재하는 필요와 욕망, 즉 풍습이나 관습처럼 그가 복종하는 과거 전체에서 생겨난 필요와 욕망에 가장 잘 부합하는 명제다.

오래된 것의 위세가 전적으로 지배하는 시대나 사회는, 고대 로마에서처럼 **오래되었다는 것**이 그 고유한 의미 말고도 **좋아한다는 것**을 뜻하는 시대나 사회다. 키케로는 "나에게 이보다 더 오래된(귀한) 것은 없다 Nihil mihi antiquius est"라고 말한 바 있다. 중국과 마찬가지로 시베리아에서도[2] 만나는 사람들에게 호감을 사기 위해 그들에게 **나이 들어 보인다고** 말하며,

---

[2] 바로 이 시베리아에 대해서는 도스토예프스키의 《죽음의 집의 기록》을 보라. 시베리아 민족은 스무 살의 남자에게 말을 걸 때 다음과 같이 말한다. "노형老兄에게 내 인사하오."

대화 상대자에게는 **형님**이라고 공손하게 부른다. 이에 반해 새로운 것의 위세가 지배하는 시대나 사회는 "새로운 것이면 뭐든지 좋다tout nouveau, tout beau"는 말이 속담으로 있는 시대나 사회다. 그러나 반복해서 말하지만, 사회생활에서는 언제나 전통적이며 관습적인 요소 쪽이 우세하다. 그리고 이러한 우세는 가장 급진적이며 혁명적인 혁신이 퍼지는 방식에서 강력하게 드러난다. 왜냐하면 그 혁신을 퍼뜨리는 자는 새로운 용어로 가득 찬 과학적, 철학적, 기술적인 언어가 아니라 루터, 볼테르, 루소가 즐겨 사용한 오래되고 고풍스러운 일반적인 언어를 능숙하게 사용하면서 말이나 글의 재능을 발휘할 때에만 그 혁신을 전파하는 데 성공하기 때문이다. 오래된 건물을 파괴하고 새 건물을 지으려면 언제나 오래된 땅에 기초를 두어야 한다. 마찬가지로 정치에 새로운 것들을 도입하려면 오래된 도덕에 근거를 두어야 한다.

자신의 오래된 본보기의 모방과 외국의 새로운 본보기의 모방을 두고, 앞서 행한 구분을 더 세분해야 한다고 생각하는 사람도 있을 것이다. 예를 들면 오래된 본보기가 비록 자기 나라 것과 유사하지도 않고 자기 나라 것도 아니지만 그래도 그 오래된 본보기가 위세 있는 경우는 일어날 수 없는가? 또 다른 한편으로 새로운 본보기가 비록 자기 가족이나 자기네 도시에게 낯설지 않아도, 그 새로운 본보기가 위세 있는 경우는 일어날 수 없는가? 물론 일어날 수 있다. 그러나 그런 경우는 매우 드물기 때문에 더 세분하는 수고를 할 가치는 없을 것 같다. "새로운 것이면 뭐든지 좋다"는 것이 주된 좌우명인 시대는 본질적으로 **외면화되어**exteriorisées 있다. 적어도 표면적으로는 그러하다. 왜냐하면 우리가 아는 바와 같이 사실 그러한 시대에도 사람들은 조상들의 종교에 생각보다 더 깊이 물들어 있기 때문이다. 그리고 "오래된 것이면 뭐든지 좋다"는 것을 유일한 준칙으로 삼는 시대는 완전히 내면적인 생활을 하고 있다. 자신의 가족이나 도시의 과거가 더 이상 존중할 만한 것으로 여겨지지 않을 때에는, 다른 모든 과거도 역시 존중되지 않는다는 것은 말할 필요도 없다. 그러면 현재만이 존경심을 불러일으킬 것이다. 그러나 이와 반대로 친족이나 같은 나라 사람이 자신과 동등하게 여겨질 때에는, 일반적으로 외국인만이 모방하고 싶을 정도의 존경스러운 인상을 남길 것이다. 예전에는 시간적으로 멀리 떨어져 있는 것이 했던 작용을 [여기에서는] 공간적으로 멀리 떨어져 있는 것이 한다. 관습이 지배하는 시대에는 자기 시대[동시대]보다 자기 나라에 더 심취한다. 왜냐하면 사람들이 무엇보다도 예전의 시대를 찬양하기 때문이다. 유행이 지배하는 시대에는 그와 반대로 자기 나라보다는 자기 시대를 더 자랑스럽게 여긴다.

  내가 지적한 혁명은 보편적이고 필연적인가? 그렇다. 왜냐하면 일정한 지역에 있는 일정한 부족에서는 외부 문명과의 접촉에 상관없이 그 인구가 반드시 끊임없이 증가할 수밖에 없으며, 여기에서 도시 생활의 진보가 역시 불가피하게 생겨나기 때문이다. 그런데 이러한 진보는 모방 성향을 발전시키는 신경의 감수성을 예민하게 한다. 원시적인 시골 사람들은 그들의 아버지밖에 모방할 줄 모르며, 따라서 과거를 지향하는 습관을 갖고 있다. 왜냐하면 그들의 일생에서 어떤 본보기의 영향을 받을 수 있었던 유일한 시기가 그들의 유년기, 즉 비교적 예민한 감수성으로 특징지어지는 그 시기밖에 없는데, 이 어릴 때 그들은 아버지 지배 아래 있기 때문이다. 이와 반대로 도시 어른의 경우에는 신경의 유연성이나 예민한 감수성이 일반적으로 아주 잘 보존되었기 때문에 그들은 외부에서 받아들인 새로운 유형을 여전히 본받을 수 있다.

  이에 대해 타타르인Tartar[우랄 산맥 서쪽 볼가 강과 그 지류인 카마 강 유역에 사는 투르크어계의 종족]이나 아랍인 같은 유목 민족의 예를 들어 다음과 같이 반론을 제기할 수도 있을 것이다. 즉 그들은 지난 수세기 전부터 현재에도 치유될 수 없는 전통주의에 헌신하는 것 같다고 말이다. 그렇지만 아마도 아니 오히려 의심할 바 없이, 이 현재의 정체 상태는 그들이 거쳐야만 했던 역사의 마지막 주기이며, 그들이 그 이전 단계를 거친 끝에 도달한 균형 상태다. 균형 상태에 도달하기 이전의 단계에서는 그들의 반+문명도 연속적인 유입에 따라 형성되었다. 실제로 내가 언급한 혁명 못지않게 필연적인 것이 그 반대의 혁명이다. 인간은 관습의 굴레에서 벗어나지만 항상 불완전하게 벗어날 뿐이며 다시 그 굴레 속으로 떨어진다. 즉 관습의 굴레에 다시 떨어지면서 그 일시적인 해방으로 얻은 성과를 확립하고 공고하게 할 뿐이다. 그에게 생명력과 재능이 많다면, 그는 관습의 굴레에서 다시 빠져 나와 성과를 내지만 또 다시 쉰다. 이것이 계속 반복된다. 이러한 것이 문명화된 위대한 민족들의 부침이다. 그 증거는 특히 다음과 같은 사실을 관찰할 때 얻을 수 있다. 즉 도시 생활이 계속 진보하는 것은 아니며, 현재 유럽에서 창궐하는 것과 같은 열병이 발작한 다음에는 도시 생활이 이따금씩 후퇴를 겪으며 그 대신 농촌 생활은 어떤 식으로든 발전한다는 것이다. 시골이나 큰 마을에 흩어져 있는 인구의 숫자상 증가만이 아니라, 대도시 밖에서의 안락함, 부, 지식의 증가에 의해서도 농촌 생활은 발전한다. 성숙기에 도달한 문명은 언제나 또 본질적으로 농촌적이다. 예를 들면 중국, 고대 이집트, 잉카족의 페루(?), 13세기의 봉건 유럽이 그러하다. 이때 농촌적이라는 것은, 도시의 수준은 정체 상태에 있는 반면에 농촌의 수준은 계속 올라간다는 의미에서다. 우리의 유럽 자체도 십중팔구는—이 가설이 겉보기에는 일어날 것 같지 않아 보임에도—비슷한 미래를 향해 달리고 있을 것이다.

 그러나 이처럼 유행 정신에서 결국 관습 정신으로 돌아가는 것은 결코 후퇴가 아니다. 이를 잘 이해하기 위해서는 생물계가 제시하는 유사를 통해 유행 정신에서 관습 정신으로 돌아가는 것을 해명해야 한다. 보편적 반복의 세 가지 주요 형태인 파동, 생식, 모방은 각각 처음에는 그 자신을 생기게 한 이전 형태와 관계있고 또 그 이전 형태를 따르면서 나타나지만, 그 다음에는 거기에서 벗어나 그 이전 형태를 자신에게 복종시키려고 한다. 매우 하위에 있는 식물종이나 동물종에서는 생식이 전적으로 파동을 따르는 것을 볼 수 있다. 즉 그 생명은 마비 상태와 각성 상태를 교대로 반복하면서 계절의 변화, 즉 태양의 빛과 열의 변화를 충실하게 따른다. 이때 이 변화는 유기 물질의 진동하는 분자들을 자극하는 에테르 파의 강약에 달려 있다. 그러나 생명이 진화할수록, 그 생명은 팽이처럼 태양 광선이라는 채찍으로 도는 것에 순순히 만족하는 경우가 점점 더 적어진다. 그리고 생명은 이 강제적인 채찍질 없이는 결코 살 수 없지만, 이 채찍질을 점점 자신의 의지에 따른 채찍질로 변화시킨다. 생명이 이러한 상태에 이르는 것은 태양의 방사로 생겨난 산물을 저장할 수 있게 해주는 여러 과정 덕분이다. 이 과정을 통해 생명은 신경체계가 언제라도 쓸 수 있는 내부에 축적한 연료나 언제든지 터질 수 있는 에너지를 계절에 따라서가 아니라 자기 마음대로 연소하거나 터뜨린다. 이렇게 해서 생명은, 근육을 움직이고 날개를 펴며 뛰어 오르고 싸우는 데 없어서는 안 되는 진동 자극을 얻는다. 생명이 물리적인 힘, 즉 에테르나 분자의 거대한 파의 흐름과 그 흐름을 일으키는 연소에 의존하기는커녕 그 힘을 상당한 정도로까지 마음대로 하는 때가 온다. 말하자면 문명이 아무리 세련된 상태에 도달해도 인간은 여전히 하나의 단순한 생명체에 머물러 있지만, 그는 램프, 가스 가로등, 용광로, 기관차 화실에 불을 붙여 대도시에서는 밤을 낮으로, 겨울을 여름으로 북北을 남南으로 만들며 아울러 자연의 모든 파동 에너지인 열, 전기, 심지어 태양의 빛조차 하나씩 통제하는 때가 온다.

　이와 비슷한 관계가 생식을 모방과 연결하는 것 같다. 처음에는, 마치 딸이 엄마에게 하듯이 마찬가지로 모방도 생식에 머뭇거리며 달라붙는다. 또한 매우 원시적인 사회에서는 어디에서나 복종과 믿음의 대상이 되며 본보기를 제시하는 특권은 생식 능력과 관련되어 있다. 아버지가 모방 대상이 되는 이유는 그가 아이를 낳는 자이기 때문이다. 어떤 발명이 모방되는 기회를 얻는 것도 **가부장**이 그 발명을 받아들일 때뿐이며, 그 발명이 퍼지는 영역도 가족의 경계에서 끝난다. 그 발명이 계속 퍼지기 위해서는 자손이 늘어나야 한다. 그리 멀지 않은 과거에도 이와 똑같은 원리나 관념 간의 연관성 덕분에 사제나 군주의 권력은 세습을 통해서만 전해질 수 있다고 생각했다. 즉 생물 원리가 사회 원리의 진행을 지배했다. 그때에는 각각의 인종이 자기 고유의 언어, 종교, 법, 국민성을 갖는다. 여담으로 한마디 하겠다. 우리는 자연과학의 대단한 진보 덕분에 인종에 대해 자연주의적 관점에서 설명할 수 있게 된 만큼, 오늘날 인종 관념에 과도한 역사적 중요성을 부여한다면 그것은 일종의 시대착오다.

그렇지만 모든 발명이나 발견은 처음부터 가족이나 부족 심지어는 인종의 한계 안에서조차 갑갑함을 느낀다. 그로 인해 그 모든 발명이나 발견은 아이의 출산보다 더 빠르게 퍼져 나가기를 갈망한다. 때때로 그중의 어떤 것은 그 한계를 넘어가 외부에서 모방되며 다른 발명이나 발견에 길을 열어주기도 한다. 생식에서 벗어나려는 모방의 이러한 경향은 처음에는 생식의 교묘한 은폐 속에 숨어 있다. 예를 들면 허구적인 친자관계인 입양이나 국적의 선택인 외국인의 귀화가 그러하다. 모방의 그러한 경향은 다음과 같은 것에 의해 더욱 노골적으로 나타난다. 즉 외국인이 국가 종교에 가입하는 것(예를 들면 성 바오로 이후 유대교와 기독교에 이교도가 가입한 것)과 이른바 포교열이 높은 종교가 출현하는 것, 사제가 되는 길이 세습에서 선출이나 **서품**으로 대체되거나 최고의 권력이 세습에서 선출 대통령으로 넘어가는 것, 상류계급의 명예직에 하층계급도 참여할 수 있는 가능성을 인정한 것(예를 들면 평민에게 귀족처럼 법무관이나 집정관이 될 수 있는 가능성을 인정한 것), 민중이 지방 사투리를 무시하고 외국어나 자기 나라의 지배적인 방언을 배우겠다는 열의가 높아지는 것, 또한 외국의 관습이나 예술, 제도에서 주의를 끄는 것은 모두 본받겠다는 열의가 바로 그러한 것들이다.

마침내 사회 원리가 해방되면 이번에는 그 사회 원리가 생물 원리에 대해서 전제적이 되고 그것을 지배한다. 얼마 안 되는 일련의 발명, 즉 문명의 맹아도 처음에는 그것이 생겨난 인종에게 적합할 때에만 퍼져 나갈 가능성을 지녔다. 그것은 그 인종 자체가 퍼지는 정도에 따라서만 확대될 수 있었다. 그렇지만 나중에 어느 한 문화가 세계를 정복하면 그때는 반대되는 일이 일어난다. 즉 그 어떤 인종도, 이 강력한 일련의 발견과 발명을 과학과 산업으로 조직해 발전시키는 데 소질이 있을 때에만, 또 소질이 있는 정도만큼만 생존하며 퍼져 나갈 수 있다는 것이다. 실천적인 맬서스주의[인위적인 산아제한]가 관습 속에 도입되는 것도 이때이다. 이 맬서스주의는 생식을 모방에 복종시키는 소극적인 형태로 간주될 수 있다. 왜냐하면 맬서스주의는 생식력을 예측된 생산의 한계, 말하자면 본질적으로 모방적인 것인 노동의 한계 안에 제한하는 것이기 때문이다.[3] 적극적인 형태는 방금 말한 바와 같이 문명화 관념을 촉진하는 데 가장 적합한 인종을 선택하는 것에 의해서뿐만 아니라, 무의식적이거나 의도적인 교잡과 매우 오래된 습관에서 생겨나는 특별한 새로운 인종이 조금씩 형성되는 것으로도 주어진다. 문명화된 인간은 참으로 많은 품종의 동물과 식물을 자신의 욕구나 변덕에 따라서 만들어냈으며 또 하등 생명을 자기 마음대로 주물러서 더 높은 목적에 이용했다. 그렇기 때문에, 이제는 인간이 그 자신의 사육사가 되어, 그 자신의 육체적 성질을 그의 문명의 궁극적인 의도에 가장 잘 어울리는 방향으로 의식적으로 또 의도적으로 변형시키는 문제를 과감하게 논의하는 날이 올 것이라고 예상할 수 있다.

그런데 인간의 기술이 만들어내는 이 살아 있는 걸작, 즉 기존의 모든 인종을 밀어내게 될 이 인위적인 고등 인종을 기다리면서, 우리는 역사의 시작부터 형성되어온 각각의 국민 유형이란, 특정한 문명이 오랫동안 계속해서 영향을 미치는 가운데 그 문명이 자기 모습을 비춰보기 위해 무의식적으

---

[3] 모방에 대한 생식의 이 소극적인 복종을 끝까지 밀고 나가면 그것은 수도원의 질서로 표현된다. 그곳에서는 사람들이 복종(아니 오히려 복종과 동시에 믿음의 일치)을 서약하면서 동시에 정결을 서약한다.

로 만들어낸 한 인간 유형이 고정된 것이라고 말할 수 있을 것이다. 우리는 200년도 안 되었는데 미국에서 앵글로 아메리칸이라는 유형이 탄생해 정착한 것을 보았다. 우리의 유럽 문명은 이 독창적인 산물을 자신의 여러 가지 측면을 전파하고 발전시키기 위한 훌륭한 도구로 삼고 있다. 과거에도 사정은 똑같았다. 지상에 나타난 영국인, 스페인인, 프랑스인, 로마인, 그리스인, 페니키아인, 페르시아인, 인도인, 이집트인, 그리고 사회적으로 길들여서 얻은—살아 있건 멸종되었건 간에—그 밖의 인간들도, 마찬가지로 아리아족〔인도-유럽어족에 딸린 인종을 통틀어 이르는 말〕이나 셈족〔기독교 성경에 나오는 노아의 맏아들인 셈의 자손이라 전해지며 아시리아인, 아라비아인, 바빌로니아인, 페니키아인, 유대인 등이 이에 속한다〕이라는 오래된 몸체의 변형된 후손에 불과하다.

나는 중국인 유형은 일부러 뺐다. 물론 중국인 유형은 아마도 서로 분리될 수 없을 정도로 한 인종이 한 문명에 가장 완벽하게 적응한 모습을 나타낼 것이다. 이 민족이 경이로운 확대를 이루었음에도 본질적으로 가족적인 성격을 유지해왔다는 것을 생각해본다면, 인종이 문명을 본떠서 만들어지는 것만큼이나 문명도 인종을 본떠서 만들어지는 것 같다. 이 두 요소 중 어느 한쪽이 다른 쪽에 두드러지게 복종하는 것이 아니라 그 두 요소가 매우 완전하게 조화를 이루는 것은 결코 이 독특한 제국의 작은 특성이 아니다. 이 제국은 모든 일에서 적은 것으로 많은 것을 만들어낼 줄 알았다. 그곳에서는 국가란 가정이 엄청나게 확대된 것에 불과하다. 이러한 점에서 보면 중국 문명 전체가 세련되고 수준이 매우 높으면서도 여전히 초보적인 단계에 머물러 있다. 언어의 경우에는 그 어휘가 풍부해지고 세련되었지만 여전히 계속 단음절 상태에 있다. 통치의 경우에는 가부장제 성격을 나타내면서 황제가 다스리는 형태를 취하고 있다. 종교의 경우에는 가장 순수한 형태의 정신주의가 지배하는 가운데 애니미즘〔정령 숭배〕과 조상 숭배가 지속되고 있다. 예술의 경우에는 섬세하면서도 부자연스럽고 유치하다. 농업의 경우에는 완전하면서도 단순하다. 산업의 경우에는 번영하고 있지만 후진적이다. 한마디로 말해서 중국은 모든 점에서 내가 지적한 세 단계〔관습 정신의 단계, 유행 정신의 단계, 유행 정신이 관습 정신으로 돌아가는 단계〕중에서 첫 번째 단계에 멈춰 있을 수 있었다. 이 중국의 예는, 민족이 반드시 그 세 단계를 끝까지 다 거쳐야 하는 것은 아니라는 점을 우리에게 증명한다. 그렇지만 그 세 단계가 일어나는 순서는 돌이킬 수 없다.

그런데 어떤 독창적인 형태의 문명이 어느 한 부족에서 생겨나 이 폐쇄된 울타리 안에서 수세기 동안 **관습을 통해** 전해진 다음, 거기에서 나와 동족이든 아니든 이웃 부족에서 **유행을 통해** 퍼져 발전하고 결국에는 모든 부족을 융합해 국민이라 불리는 새로운 종류의 인간을 만들어냈다면 도대체 어떠한 일이 일어나는가? 이 국민이라는 물리적인 유형이 일단 고정되면 문명 자체도 그곳에 정착한다. 문명은 자신이 그곳에 자리잡기 위해서만 그 국민이라는 것을 만들어낸 것 같다. 그 문명은 경계선 밖은 쳐다보지 않고 자기 후손만 생각하며 외국은 잊어버린다. 적어도 어떤 외부의 거친 충격이 외국도 고려하라고 강제하지 않는 한 그러하다. 이때 문명의 모든 것은 국민의 특징을 지니게 된다. 그리고 주목해야 하는 것은 머지않아 모든 문명이 이 몰입과 공고화의 시기를 지향하리라는 것이다. 우리의 유럽 문명도 모든 방향으로 또 모든 인종을 통해서 확장 운동을 추구하면서도, 세계적으로 다른 인종들을 말살하거나 침략하는 인종을 자기 내부에서 선발하거나 만들어내려는 분명한 경향을 이미 보이고 있다. 모든 인종 중에서 선택된 이 특권적인 인종은 어떤 인종인가? 그 인종은 게르만 민족인가 신新라틴 민족인가? 그 인종이 최종적으로 형성되었을 때 (유감스럽게도!) 프랑스인의 피가 차지하는 몫은 얼마나 될 것인가? 애국자에게는 이것이 얼마나 걱정스러운 문제인가! 그러나 "미래는 누구의 것도 아니다"라고 시인〔빅토르 위고〕은 말한다. 어쨌든 모방은 처음에는 관습 모방이었다가 그다음에는 유행 모방이 되고 또 다시 관습 모방이 되는데, 이때에는 처음의 형태보다 훨씬 크고 또 그와는 정반대가 된다. 실제로 처음의 관습은 생식에 복종하지만 최종적인 관습은 생식에 명령한다. 전자는 생물 형태가 사회 형태를 이용하는 것이며, 후자는 사회 형태가 생물 형태를 이용하는 것이다.

이상에서 말한 것이 어떤 문명이든 그 문명의 발전 전체, 적어도 갑작스럽게 사멸하지 않고 그 운명을 끝까지 다할 수 있었던 모든 문명의 발전 전체를 요약하는 일반적인 공식이다. 그러나 바로 이 공식은, 한 사회의 부분적인 발전, 즉 사회라고 하는 이 큰 파동을 어떤 식으로든 둘러싸고 있고 또 그것을 구성하고 있는 이차적인 작은 파동 각각에 대해서는, 말하자면 언어, 종교, 통치, 법, 산업, 예술 및 도덕 같은 그 각각의 요소가 저마다 행한 진화에 대해서는 더 잘 적용된다. 우리는 이 장의 다음 절부터는 그것을 보게 될 것이다.

관습 시대와 모방 시대의 차이가 역사에서 분명하게 나타나지 않는다면, 그리고 그 차이가 역사가의 눈에 강한 인상을 주지 못한다면, 그 이유는 외국을 모방하며 맹목적으로 따라하는 혁신의 전염이 사회 활동의 모든 영역 또는 거의 모든 영역에서 동시에 날뛰는 경우가 매우 드물기 때문이다. 그 전염이 어느 날은 종교를 공격해 그것을 혁신하지만, 다음 날은 정치나 문학을 공격하고, 또 다른 날은 언어 등을 공격한다. 민족의 경우도 개인의 경우와 다르지 않다. 정치에서는 이따금 혁명적이어도 종교에서는 정통적이고 관습에 젖어 있는 경우가 있으며, 또는 정치에서는 혁신적이지만 문학에서는 보수적으로 순수성을 고집하며 고전 작품을 선호하는 경우도 있다.

그리고 이 위기 시기는 경우마다 그 지속 기간이 다르다. 예외적으로, 예를 들어 기원전 6세기에서 5세기의 그리스 세계, 기원후 16세기나 18세기의 유럽, 그리고 현대의 일본[4]처럼 그 여러 위기 시기가 서로 부딪친다

---

[4] 현재 일본에 퍼져 있는 외국 모방의 열기는 이례적이지만 생각해보면 그렇지도 않다. 나는 독자가 이 장을 통해, 그와 비슷한 열기가 아주 오래전부터 곳곳에서 나타났으며 이러한 가정만이 많은 모호한 사실을 설명할 수 있다고 추측해주기를 바란다.

면, 그 시대의 매우 혁명적인 성격을 모를 수 없다. 또한 바로 그 직전이나 직후의 시대와의 대조도 주목하지 않을 수 없을 것이다. 그렇지만 그처럼 동시에 일어나는 경우는 드물다. 이러한 점들에 대해서는 유보한다는 조건으로, 우리의 삼 단계 구분을 사회생활의 다양한 측면에 적용해 그 구분이 설명해주는 사실을 검토해보자.

1. 언어

여러 가족이나 씨족은 처음에는 그들이 부족으로 응집되기 시작할 때까지 각자 독자적인 언어를 말한다.[5] 그때 하나의 같은 관용어〔고유어〕를 말하는

---

[5] 나는 언어가 무수히 많은 장소와 인간 가족에게서 동시에 **자연 발생적으로** 생겨나지 않았다는 점에서는 언어의 단일 기원론자들monogénistes에게 완전히 동의한다. 자신의 동료들에게 자기 생각을 전하고 싶은 욕구가 아무리 자연스러운 것이 **되었다** 하더라도, 그것으로는 확실히 말의 발명을 어디에서나 동시에 나타나게 하는 데 충분하지 않았을 것이다. 게다가 주목해야 할 점은 이 욕구가 그것을 만족시킨 말에 힘입어 발전되었다는 것, 말하자면 그 욕구가 결코 말보다 먼저 존재하지 않았다는 것이다. 그래도 대단히 가능성이 큰 것은 어느 한 천재적인 미개인이 이례적으로 매우 강하게 느낀 욕구가 **어느 한** 가족에서 최초의 언어 표현을 생겨나게 했다는 것이다. 이 가족을 중심으로 해서 이 유익한 혁신의 예는 매우 빠르게 퍼졌다. 그것은 곧이어 말을 못하는 가족보다 말을 하는 가족에게 매우 두드러진 이점을 주어, 이 말을 못하는 가족은 빠르게 사라져갔다. 그 결과 말하는 능력은 그때부터 인류의 특징이 되었다. 다만—여기에서는 언어의 단일 기원론자들에 반대하는 세이스Sayce 씨와 그 밖의 유명한 언어학자들이 옳다고 인정해야 한다—아마도 모방된 것은 언어 발명의 최초의 조야한 산물이라기보다는 이 새로운 방향의 발명 정신이었을 것이다. 원시 가족의 천재적인 사람들은 다른 사람들이 하는 말을 처음 들었을 때 들은 발음을 재현하기보다는 그들이 들은 것과 비슷하거나 거의 비슷한 발음을 만들어내려고 애썼다. 이것이야말로 싹트기 시작하는 상상력의 위대한 활동이었을 것이다. 세이스도 역시 다음과 같이 매우 적절하게 말하고 있다. "사회생활의 어떤 시대에는 자기 생각을 분명한 언어로 표현하려는 경향이 억누를 수 없을 정도로 컸으리라는 것은 아주 분명하다. 야만인이나 오늘날의 아이나 마찬가지로 인간은 새로 얻은 이 능력을 발휘하는 것에 기쁨을 느꼈을 것이다. 아이는 자기가 배운 말을 반복하는 데 결코 싫증 내지 않는다. 그리고 야만인과 학생은 새로운 말을 만들어내는 데 싫증 내지 않는다." 따라서 언어의 시작부터 언어의 무한한

것이 이롭다는 것을 깨닫게 된다. 그리고 다소 긴 기간 동안 그 관용어 중 어느 하나, 일반적으로는 지배하는 가족의 관용어가 다른 모든 것을 물러나게 한다. 지배받는 가족들의 개개인은 조상의 언어밖에 몰랐고 또 그 언어만 알고 싶어 했지만, 이제는 그들의 낯선 주인의 언어를 유행으로 또 취미로 배우게 된다. 그 후 피의 융합이 완전히 이루어지면, 새로운 커다란 가족인 부족의 언어가 퍼져서 뿌리를 내린다. 어느 한 언어는 그 말을 하는 사람들 대부분에게 처음에는 낯설었지만, 점점 모어母語가 되며 그들 모두에게 그야말로 소중한 것이 된다. 그렇게 되면 그들은 외부의 말을 경멸하거나 거부한다. 그렇지만 이것이 전부는 아니다. 이제부터는 가족—여기에서는 부모, 노예, 양자로 받아들인 외부인으로 이루어지는 자연적인 동시에 인공적인 가부장제 가족을 뜻한다—만이 유일한 원시적인 사회집단이 아니라는 점을 주목하는 것이 바람직하다. 가족 말고도 그 이후의 모든 진보의 본질적인 효모로 고려해야 하는 집단이 있는데, 그것은 모든 가족에서 낙오되거나 도망친 자들로 어쩔 수 없이 구성된 집단이다. 이들은 자신을 보호하거나 정복하기 위해 무리를 이루어야 했다. 이 추방된 자들의

다양성이 있다. 단일 기원론의 지지자들이 상상하는 언어의 통일성은 언어 발전의 처음에서가 아니라 그 끝에서나 꿈꾸어야 한다. "근대의 인종은 사라진 수많은 다양한 종 중에서 선택된 잔재에 불과하다. 언어에 대해서도 틀림없이 똑같이 말할 수 있다. …… 여기저기에서 몇몇(언어들)은 적절한 선택을 통해 고정되고 보존되었다. 그리고 사람들은 여기저기에서 몇몇 다른 언어의 흔적들을 발견한다. 그렇지만 대부분은 지질학적 고대 동물보다 더 완전히 사라졌다. …… 코킬리움Cocylium〔터키 트로아스 지방의 한 마을로 플리니우스 시대에는 없어졌다〕에서는 300개도 넘는 방언이 있었다고 플리니우스Gaius Plinius Secundus〔로마의 장군이자 박물학자, 23~79. 박물학에 관한 백과사전적인 서적《박물지 Historia Naturalis》37권을 저술했다. 당시 박물적 지식의 무비판적 집대성으로 황당무계한 사항이 적지 않지만 근세에까지 읽혔다〕는 우리에게 말한다. "사가르Gabriel Sagard〔프랑스의 선교사, 1614?~1636〕는 1631년에 북아메리카의 휴런족Huron에서 두 마을뿐만 아니라 같은 마을의 두 가족 사이에서조차 동일한 언어를 찾기가 힘들었다고 평가했다." 원초적으로 모든 가족을 분열시키는 끊임없는 적대감을 고려한다면, 이는 놀라운 일이 아니다. 더 심한 것은 다음과 같은 것이다. "태즈메이니아Tasmania 섬〔오스트레일리아 남동쪽에 있는 섬〕에서는 50명의 주민에게 방언이 네 개나 있었다."

수는 가부장제 아래서 가족법이 포악할수록 그만큼 더 커질 수밖에 없다. 모방이 진정한 사회생활이라면, 생리적으로 이질적인 요소들은 가장 원시적인 시대부터 사회적으로 섞이는 데 어려움이 없었을 것이다. 언어학적 관점에서 보면, 이 융합은 결과적으로 혼합 언어를 만들어냈을 것이며 이 혼합 언어는 몇몇 항구에서 잘 형성되는 잡종어와 비슷할 것이다. 따라서 쇠퇴기만이 아니라 그 처음부터도 일종의 종교 혼합과 마찬가지로 일종의 언어 혼합이 있었다.

논의를 계속해보자. 나중에는 부족들 자체가 서로 동맹을 맺고 섞이는 일이 일어나며 똑같은 국면들이 더 큰 규모로 이어진다. 각각의 부족에게 고유한 여러 언어에서, 그중의 어느 하나가 퍼지고 다른 것들은 물러나면서, 처음에는 낯설었지만 나중에는 모어가 되는 도시[중심지] 언어로 이행한다. 그 후에도 일련의 새로운 과정이 똑같은 리듬으로 반복된다. 도시와 지방이 국가에 통합되면서 그 도시와 지방에서 쓰는 언어들은 국가가 열렬하게 받아들인 하나의 언어 앞에서 사라진다.[6] 그리고 승리를 거둔 언어는 마침내 국가 언어가 된다. 이 언어는 이전에 있었던 다른 언어와 마찬가지로 배타적이고 질투가 심하며 관습을 고집하고 전통적이다. 우리가 바로 거기에 있다. 그러나 민족 간의 동맹과 연합의 욕구가 매우 두드러진 유럽에서 새로운 시대가 열릴 것이라는 전조를 느끼고 있지 않은가? 이웃 나라의 어휘에서 단어를 빌려오는 버릇, 아이들에게 외국어를 가르치는 열기가 그것을 분명하게 예고하고 있다. 예전에는 고풍스러운 표현이 성행했던 것

---

6 그리고 이러한 일이 때때로 얼마나 빠르게 일어나는가! 다음은 무수한 예 중 하나다. 프리드랜더Ludwig Friedländer[독일의 역사가, 1824~1909]는 다음과 같이 말한다. "벨레이우스 파테르쿨루스Velléius Paterculus[로마의 군인이자 역사가, 기원전 19?~기원후 30?]가 그의 역사책을 쓴 것은 판노니아Pannonia[로마제국의 속주로 도나우 강 중류의 오른쪽 기슭에 있는 헝가리 분지 지역]가 완전히 병합된 지 20년도 지나지 않았을 때였다. 그리고 그때는 이미 라틴어에 대한 지식만이 아니라 라틴 문학에 대한 지식도 헝가리와 오스트리아 동부를 포함하는 미개하고 험준하며 매우 야만적인 지역의 많은 곳에 퍼져 있었다."

처럼 지금은 어디에서나 신어新語를 만들어내는 일이 성행하고 있다. 한 언어가 매우 빨리 퍼지고 있는데—내가 말하는 것은 볼라퓌크어volapük[1879년경 독일인 슐라이어Johann Martin Schleyer(1831~1912)가 창시한 인공 언어]가 아니라 영어다—이 언어는 보편적인[세계적인] 것이 되려고 한다. 아마도 이 언어든 다른 어떤 언어든 간에 그것은 세계적으로 모어가 되며, 아울러 항상 그러하듯이 계발될수록 더 깊이 뿌리내리고 널리 퍼진 만큼 불멸의 것이 되어, 인류 전체를 하나의 사회적인 가족으로 합쳐버리는 날이 올 것이다.

작건 크건 간에 각 나라를 따로 떼어놓고 살펴보면 그 안에서도 이와 비슷한 효과를 관찰할 수 있다. 토크빌이 매우 올바르게 지적한 바에 따르면—우리가 알고 있듯이 모든 것이 세습적이고 관습적인—귀족 사회에서는 각각의 계급이 자신들의 습관을 갖고 있을 뿐만 아니라 공동의 관용어에서 잘라내 얻은 자기 나름의 언어도 갖고 있다. "각각의 계급이 즐겨 사용하는 몇몇 단어가 있는데, 이것은 유산처럼 세대에서 세대로 전해진다……. 따라서 동일한 관용어 안에서 가난한 사람 언어와 부자 언어, 평민 언어와 귀족 언어, 학문적인 언어와 통속적인 언어를 볼 수 있다." 그리고 신성한 언어와 세속적인 언어, **의례** 언어와 일상 언어도 추가할 수 있을 것이다. 이와 반대로 "사람들이 더 이상 자신의 지위에 집착하지 않고 끊임없이 서로 만나 교류할 때," 말하자면 유행 모방이 뚜렷이 작용하기 시작할 때, "언어의 모든 말[단어]들이 섞이며 사투리가 사라진다. 미국에서는 사투리를 모른다."[알렉시스 토크빌, 《미국의 민주주의》]

언어가 유행을 통해 퍼지는 방식은 두 가지가 있다. 언어는 정복의 경우나 문학적 우월성을 인정받는 경우 이웃 나라의 귀족계급이 자발적으로 배울 수 있다. 이때는 귀족계급이 가장 먼저 자신들의 세련되지 못한 관용어를 포기하고, 그다음에는 하층계급에게 그들도 포기하라는, 실리적이거나 허영심이 강한 욕망을 암시한다. 두 번째는 언어가 그런 식으로 해서는 지배할 수 없었던 국민들에게도 매우 두드러진 영향을 미치는 경우다. 즉 외국 언어를 받아들이는 국민은 모국어를 유지하면서도 외국어를 문학적으로 모방하고 그 외국어에서 문장 구조, 유려한 조화, 우아함, 운율을 빌려오기 시작한다. 언어의 문학적 **소양**이라고 불리는 이 두 번째 종류의 외적인 모방은 역사에서 흔히 일어나는 일이며, 종종 첫 번째 종류의 모방과 동시에 일어난다. 따라서 스키피오 시대의 로마에서는 젊은 귀족들이 그리스어를 배웠을 뿐만 아니라, 라틴어를 말할 때에도 그리스어 스타일로 말했다. 16세기 프랑스에서 귀족들이 스페인어나 이탈리아어를 배웠으며 프랑스어를 이탈리아어식이나 스페인어식 표현으로 바꾼 것도 이와 같은 이유에서이다. 과거로 더 멀리 거슬러 올라가면, 페르시아어는 주변 언어를 그런 식으로 **페르시아어화**했을 것이며 아랍어도 주변 언어를 **아랍어화**했을 것이다.

그런데 이 두 형태 중 어느 형태로 유행했든 간에 그 유행은 관습에 이르게 된다. 외국어를 배우고 모국어를 그 외국어로 대체하지만, 앞서 말한 바처럼 이번에는 그 외국어가 모국어가 된다. 국어 속에 유입되는 외국 문화는 곧 자국 문화가 된다. 라틴어가 차용한 그리스어의 명문, 운율, 표현법은 한 세기도 안 돼 라틴어의 진수에 동화되어 전국적으로 전해졌다.

그러나 지금까지 나는 그 대부분이 상위자 모방 때문에도 생겨나는 많은 변화를 외국 및 동시대 모방 탓으로 돌렸다. 실제로 이 두 종류의 전염을 구분하기는 매우 어렵다. 그렇지만 어떤 시대에는, 특히 그 경계가 잘 구분되지 않는 시대에는 첫 번째 형태만을 느낄 수 있다. 예를 들면 중세 초기라는 광대한 숲에서는 밤에 로망스어 계통의 언어〔포르투갈어, 스페인어, 프랑스어, 이탈리아어, 루마니아어처럼 라틴어에서 유래하는 언어〕가 많은 언어학상의 포자식물처럼 매우 빠르고 알아차리기 힘들게 생겨났다. 겉보기에는 기적 같은 이 현상을 다룬 언어학자들은, 예전의 박물학자들을 본받아 너무 성급하게도 그 현상을 완전히 자연 발생적으로 생겨났다는 가설로 설명했다. 고백하건대 나는 그들의 설명에 만족할 수 없다. 그리고 나는 이른바 이 기적을 다른 생각에서 출발해 설명하지 않는 한 그것이 계속 불가사의한 상태에 있을 것이라고 생각한다. 다른 생각이란 다음과 같은 것이다. 즉 9세기경에는 아마도 다른 모든 출구가 여러 가지 환경상의 이유로 막혀버려 발명 정신이 약간 변덕스럽게 언어 쪽으로 향했을 것이다. 이때 소위 유행의 바람이 일어나 오랫동안 불었는데, 어디에선가—어디든 상관없이—나타난 새로운 씨앗을 라틴 유럽의 구석구석과 심지어는 그 경계를 넘어서까지 퍼뜨렸을 것이라는 생각이다. 사람들이 우리에게 주장하는 바대로, 만일 로마제국의 해체로 주민들 간에 이제까지의 모든 의사소통이 단절되어, 라틴어가 자연 발생적으로 해체되자마자 로망스어 계통의 관용어가 그 자리에서 생겨났다면, 우선 라틴어가 어디서나 동시에 똑같은 정도로 손상되었다는 것과 또한 그 오래된 라틴어가 어미 변화, 동사 변화 및 통사론과 함께 어디서도, 그 어떤 작은 고립된 지역에서도 살아남지 못했다는 것은 놀라운 일일 것이다.

언어처럼 끈질기고 생명력이 강한 경우, 매우 분열된 시대에 라틴어의 손상이 그처럼 동시에 또 보편적으로 일어난다는 것은 경탄할 만한 일이다. 게다가 만일 그렇다 하더라도, 라틴어의 썩은 몸통에서 함께 싹트기 시작한 모든 방언과 모든 언어에서 보이는 문장 구조의 통일성은 어떻게 이해해야 할 것인가? 리트레Émile Littré〔프랑스의 언어학자, 1801~1881〕가 오크어, 오일어, 이탈리아어, 포르투갈어, 발롱어wallon〔벨기에 남부에서 쓰는 프랑스어의 사투리〕 사이에, 또한 그것들의 지방 사투리 사이에 "깊은 내적 유사점들이 있다"는 것을 알고는 감탄한 것까지는 옳았지만, 그가 그 유사점들을 일반적인 필연성의 결과로 본 것은 틀렸다. 그러니까 어디서나 모든 곳에서 동시에 관사가 대명사 ille에서 생겨나고 파생되었다는 것, 어디서나 불완전 완료형을 라틴어의 과거형에 덧붙이고 avoir 동사를 과거분사 바로 앞에 놓아 j'ai aimé, ai amat, ho amato, he amado를 만든 것, 어디서나 새로운 접미사로 mens라는 말을 자의적으로 선택해 새로운 부사 chère-ment, cara-men, cara-mente, …… 등을 만든 것은 필연적인 것이었으며 미리 결정된 것이었는가? 이 각각의 기발한 생각이 어디에선가 생겨나 거기에서 모든 곳으로 방사되었다는 것은 분명하다. 그러나 문제의 사실들의 영역에 특별한 어떤 유행 흐름이 당시에 존재했다는 것을 인정하지 않는다면, 어떻게 해서 그 방사가 대단히 빠르고 널리 퍼졌는지 설명할 수 없을 것이다.[7]

어떤 유행 흐름이 존재했다는 것을 인정하지 않을 경우 그러한 방사는 바로 그 영토의 분열 때문에 또한 문제의 현상(라틴어의 해체)을 설명해준다고 잘못 여긴 오랜 교류의 단절 때문에 설명이 불가능할 것이다. 반면에 내가 불가피한 가설로 내세우는 특별한 간헐적인 흐름이 실제로 있었으며 강력했다는 것을 다음의 예보다 더 잘 증명하는 것은 없다. 16세기에 루터의 교의는 그 언어의 흐름과 유사한, 이번에는 종교적인 폭풍우에서 비롯하는 유례없는 속도로 그 당시에 매우 산적해 있는 수많은 국경을 넘어 퍼졌다. 루터의 교의가 유럽 전체에 퍼지기는 했지만, 바람의 힘이 약해짐에 따라서 그 교의는 각 지방과 지역마다 특별한 모습을 띠게 되었다. 이것은 각 지방이 다시 언어적으로 고립된 후인 11세기에 로망스어 계통의 방언이 다양한 모습을 취한 것에 견줄 만하다. 그러므로 9세기와 10세기에 라틴어가 저절로 해체되었다고 말해서는 안 된다. 루터가 설교했을 때 가톨릭이 저절로 해체되지 않은 것처럼 라틴어도 저절로 해체되지 않았다. 두 경우 모두 사람이 원인으로 제시하고 싶어 하는 그 해체가 일어나기 위해서는, 예상하지 못한 그야말로 새로운 세균의 유입이 필요했다. 이 해체는 언어나 종교를 변화시킨 문법상의 또는 신학상의 혁신에 뒤이어 일어난 것이지 그 전에 일어난 것이 아니다. 그리고 그 씨앗이 퍼지려면, 외국의 새로운 것들

---

[7] 그 방사는 로마제국의 경계조차 넘어선 것 같다. 나는 그 증거를 다음과 같은 사실에서 본다. 즉 같은 시대에 독일어와 슬라브어가 변화를 겪었는데 이 변화는 라틴어가 로망스어화했을 때의 변화와 상당히 비슷하다는 사실이다. 쿠르노가 지적하듯이 "그림Jacob Grimm과 봅Franz Bopp[독일의 언어학자, 1791~1867]에 따르면, 독일어에서 완료 시제의 활용을 위해 조동사를 사용한 것은 8세기나 9세기 무렵에야 비로소 나타나기 시작했다." 이러한 통시성을 모방이 아닌 다른 근거로 설명할 수 있다면 해보라.

을 잘 받아들일 수 있는 일종의 전염 성향이 필요했다.

어느 민족에서나 평소에는 이처럼 외부의 것을 잘 받아들이는 개방적인 태도보다는 자기 자신의 관습을 따르는 폐쇄적인 태도가 자리를 잡고 있다. 언어가—정복자의 언어조차—그 평상시의 영역 밖으로 퍼져 나가는 대단히 느린 속도와 로망스어계 민족의 이 대대적인 언어 개종을 비교해보라! 또한 보통 여기저기에서 몇몇 예비신자가 태어나면서부터 지닌 종교로부터 떼어놓는 데 걸리는 시간과, 기원후 초기 수세기 동안 그리스와 로마 세계 전체에서 또 독일과 아일랜드에서 가톨릭 전도의 대단한 성공이나 종교개혁 시대의 루터가 일군 놀라운 승리를 비교해보라!

이 위대한 혁명에서 상위자의 위세가 행한 역할은 부분적인 것에 지나지 않는다. 종교에서 기독교 혁명이 적어도 초기의 수세기 동안 그러했던 것처럼, 언어에서 로망스어 혁명은 서민계급과 정복된 국민들에게서 일어나 퍼졌다. 또한 적어도 로망스어 말투의 탄생에 관해서는 모방의 논리적 법칙이 적용된다 하더라도, 라틴어에 대한 승리 요인을 로망스어의 내재적인 우월성으로 설명할 수는 없다. 로망스어 말투의 싹이 일단 라틴어를 대신하면, 이미 앞서 말한 바와 같이 논리적인 대체와 축적을 통해 그 싹이 자라 무르익었다는 것은 결코 의심할 바 없다. 그렇지만 아직도 발달이 덜 된 이 언어를 처음에 받아들이게 한 선택에는 확실히 합리적인 이유가 없었다. 그리고 라틴어 형태와 로망스어 형태 사이에 당시에 벌어진 수많은 **논리 결투**에서 로망스어 형태가 항상 우위에 있었다면, 바로 그 이유는 그 형태가 유행의 바람을 탔기 때문이다. 그렇지만 사람들은 라틴어에 관사, 조건법, 부정완료형이 없어 로망스어가 그 결함을 메우러 왔다고 지적하면서 로망스어의 승리를 정당화하려고 했다. 그렇다면 로마의 위대한 작가들에게 쓸모 있었던 훌륭한 도구가 야만적인 식민자들에게는 충분하지 않았다는 것이다! 게다가 만일 사람들이 말하는 혁신이 개선의 자격으로만 선택되었다면, 라틴어의 진수는 그 혁신과 전혀 모순되지 않았기 때문에 라틴어는 그 혁신을 통해 어휘가 더 풍부해지기만 했을 것이다. 그러나 라틴어는 그 혁신으로 파괴되었다. 왜냐하면 혁신을 불러온 바로 그 정신이 동시에 대체(나는 이것을 진보라고 보지 않는다), 예를 들면 어미 변화의 전치사로의 대체를 불러왔기 때문이다. 어미 변화라는 굴절의 **섬세한 감정**이 정신의 무례함 때문에 사라졌을 것이라고 말하지 말라. 언어의 섬세함만큼 무례한 정신을 더 잘 받아들이는 것은 없다. 이 당시의 사람들은 결코 무딘 언어 감각을 갖고 있지 않았다. 오히려 그들은 반대로 매우 예민한 언어 감각을 갖고 있었다. 그들은 내가 보기에 단지 발명의 즐거움을 위해서 쓸데없이 언어 발명에 애쓴 것 같다. 왜냐하면 인간의 상상력은 어느 쪽으로든 향하지 않으면 안 되기 때문이다. 이 원시적인 사람들의 상상력의 여유를 찬미하라! 상스러움 때문에 라틴어의 진수를 잃어버렸다고 그들을 비난하는 리트레는, 다음과 같은 구절을 쓰면서 자기 자신을 반박한다는 것을 깨닫지 못하고 있다. "언어를 연구하는 사람이라면 누구나 **우리 언어의 초기에는** 문법의 섬세함과 독특한 맛이 얼마나 발전했는지를, 그것들이 현대 프랑스어에서는 얼마나 무디어졌는지를, 그리고 계속 반복해서 말하겠지만 처음에는 문법상의 야만 상태가 있었다는 견해가 얼마나 잘못된 것인지를 인정할 것이다."

언어학자들은 모두 이러한 주장에 기꺼이 동의할 것이다. 그런데 이 주장은 아리아어(인도-이란어파)의 형성에도 적용된다. 지금까지의 고찰은 아리아어가 선사시대에 출현하도록 유도한 사회적 조건, 즉 아리아어가 생기게 한 많은 발명과 열광적인 모방을 어느 정도 개관하는 데 적합하다고 나는 생각한다. 특별한 이유도 없이 일시적인 기분에 따른 이 언어 혁명의 욕구는 학교에서 볼 수 있는 것처럼 청소년들에게서 많이 나타나는 최초의 유행 전염 중 하나다. 이 유행 전염은 한창 젊은 시기에 있는 국가에도 마찬가지로 영향을 미친다.

관습에서 유행으로 또 유행에서 관습으로 번갈아가며 나타나는 이행이 언어 영역에서 일으키는 효과는 상당하며 명백하다. 우선 외국 모방이 상위자 모방과 결합할 때는 그 모방이 언제나 커다란 진전을 거둔다는 것을 볼 수 있었다. 왜냐하면 승리한 언어는 자신의 영토를 점차 확대하는 한편, 사람들이 말하는 언어의 총수는 줄어들기 때문이다. 그러나 유행 혼자서 영향을 미칠 때에도 그것은 똑같은 방향으로 작용한다. 왜냐하면 로마제국에 견줄 만한 봉건제 유럽의 언어 분열은 유행 탓이 아니기 때문이다. 그것은 유행 다음에 반드시 재생하는 관습 때문이다. 그리고 만일 이제 막 나타나기 시작한 로망스어를 퍼뜨리는 데 유행의 바람이 불지 않았다면, 각 지방마다 제각기 내버려진 라틴어는 혁명을 일으키지 않고 서로 다른 수많은 방향으로 진화했을 것이다. 그렇게 되었으면 훨씬 더 비통한 언어 분열이 생겨났을 가능성이 매우 많다.

하지만 언어는 인간들 간의 가장 강력하고 필수적인 의사소통 수단이기 때문에, 마차 대신 기관차를 도입함으로써 모든 지역과 계급을 평준화하는 동화의 방향으로 일정한 지역에서 일어나는 사회 변화는, 하나의 큰 방언이 작은 사투리들을 넘어서 퍼지거나 또는 하나의 언어가 여러 방언을 넘어 퍼지는 데서 기인하는 동일한 방향의 사회 변화에 비하면 아무것도 아니라고 주장할 수 있다. 언어의 유사는 다른 모든 사회적 유사의 **필수 조건**이다. 그 결과 언어의 유사는, 그러한 유사가 이미 확립되었다는 것을 전제로 마치 캔버스에 그림을 그리듯이 그것을 가지고 작업하는 모든 고귀하고 빛나는 형태의 인간 활동의 필수 조건이다. 특히 어떤 언어가 표면적으로는 유행을 통해 퍼지는 과도기만이, 이른바 위대한 문학(내가 여기에서 이른바라고 한 이유는 모든 것이 상대적이기 때문이다)의 도래를 가능하게 한다. 문학 작품이 도달할 수 있는 가치 또는 영광의 최대치—같은 것이지만—는 그 작품들을 이해할 수 있는 사람들의 수에 따라 제한되어 있다. 따라서 지금까지보다 훨씬 더 큰 영광이나 가치를 얻기 위해서는, 그 작품들의 언어가 그 오래된 둑을 넘어서 매우 멀리까지 퍼져야 한다. 더 빛나는 영광을 얻겠다는 생각이 재능을 극도로 자극하는 것은 차치하고라도 말이다. 그렇지만 이러한 것만으로는 위대한 문학이 발생하기에 충분하지 않다. 한 민족의 언어가 통일되어 있어도 그것이 유행을 통해 퍼진 일련의 문법적인 변덕에 의해 눈에 띄게 변하고 용법과 규칙을 엄격하게 따르지 않는다면, 그 민족은 일시적으로 유명한 것, 즉 오늘은 박수갈채를 받지만 내일이 되면 잊혀지는 하루살이 대작들을 배출하는 데 그칠 것이다. 그리고 그들은 수백 년이 지났어도 위엄이 있을 뿐만 아니라 시간이 지날수록 그 위대함이 커지는 저 유명한 작품들을 인정하기를 거부할 것이다. 왜냐하면 각각 새로운 세대의 작가들이 자신의 독자층을 늘리기 때문이다. 그러한 민족에게는 아마도 빛나는 문학 작품들이 있을지 모르지만 고전문학은 결코 없을 것이다. 고전문학의 작가도 예전에는 문학상의 개혁가다. 그가 처음에는 동시대인들에게 모방되었고 그다음 후손들에게 모방되고 감탄의 대상이 된 것은 그 언어가 변하지 않았기 때문이다. 살아 있을 때 그가 유례없는 명성을 누리는 것은 그의 언어가 최근에 퍼졌기 때문이다. 죽었을 때 그가 지속적으로 권위를 누리는 것은 그의 언어가 관습으로 굳었기 때문이다.

계속 이어지는 유행의 폭발은 또한, 다른 조건들이 모두 똑같을 경우, 언어를 일정한 방향으로 나아가게 하는 데 가장 적합한 언어 혁신을 두드러지게 하는 경향이 있다. 그 방향을 명시하기는 어렵다. 그러나 특히 영어에서 볼 수 있는 것처럼 언어가 진보하는 방향이 지니는 특징으로는 문법이 단순해지고 어휘가 풍부해지는 것과, 실용성 때문에 명확함과 규칙성은 커지지만 시적인 특질은 훼손될 수밖에 없는 것을 들 수 있다.[8] 이러한 특징들은 명심해야 할 것이다. 그것들이 곧 다른 이름으로 반복될 것이기 때문이다.

---

8 라틴어가 로망스어로 대체될 때에도, 이러한 경향은 이제 막 나타나기 시작한 로망스어의 문법적인 섬세함에도 불구하고 새로운 언어의 분석적인 성격과 단순한 구성 때문에 존재했다.

2. 종교

이따금 종교는 크게 다음과 같은 두 종류로 구분되어왔다. 포교열이 높은 종교와 그렇지 않은 종교. 그러나 실제로 모든 종교는, 가장 개방적인 종교라 하더라도 적어도 그 기원으로 거슬러 올라가면 처음에는 외국인에 대해서 조심스러워하며 폐쇄적이었다. 불교는 사실 처음부터 모든 인종의 인간에게 호소했다. 그렇지만 그것은 브라만교에서 떨어져 나온 하나의 분파일 따름이다. 그리고 브라만교는 적어도 원칙적으로는 혈연에 의한 전파 말고는 포교를 인정하지 않는다.[9] 기독교도 성 바울(16?~67?)까지는 유대 민족을 벗어나 퍼지지 않았다. 게다가 기독교는 언제나 이민족을 배척한 모세의 율법에서 나왔다. 당시에 한 이스라엘 사람은 기독교가 **유대교의 이단**에 불과하다고 당당하게 말했다. 이슬람교는 많은 국가를 정복하기 전에는 오랫동안 완전히 아랍인만의 것이었다. 그리고 무력을 사용하는 교황직(칼리프)은 마호메트의 후손에서 세습되었다. 그리스에서 아폴론이 등장하기 전에는 각 부족에 저마다 신들이 있었는데, 아폴론에 대한 숭배가 빠르게 퍼지면서 그리스 도시국가들 사이에 최초의 유대가 확립되었다. 카스트는 언제나 계급보다 먼저 있었으며, 독점이 상업의 자유보다 또 특권이 모두에게 평등한 법보다 먼저 있었던 것과 똑같은 이유로, 폐쇄적인 종교가 개방적인 종교보다 먼저 있었다. 포교열이 높은 종교와 그렇지 않은 종교라는 이 유명한 구분은 결국 다음과 같은 것을 의미할 뿐이다. 즉 확장 욕구는 **그 둘 모두에게 공통**이지만, 포교열이 높지 않은 종교에서는 동일한 인종의 후손,

---

[9] 오늘날 라이얼Lyall이 가까이에서 관찰한 바와 같이, 고대 힌두교 종파가 인도에 정착한 많은 비非아리아 민족을 수많은 허구적인 혈연관계를 이용해 개종시켜 동화하는 데 성공한 것은 사실이다. 그러나 그 민족들은 아리아인이 되었다고 여겼다. 하지만 바로 그 허구적인 혈연관계를 통해 오래전 규칙의 엄격함을 피하려고 했다는 것 자체가 그 규칙이 예전에는 얼마나 엄격했는지를 분명하게 보여준다.

그것도 점점 그 수가 늘어나는 후손에게 신앙심이 깊은 유용한 격언을 전하는 것으로 그 욕구를 충족한다. 이렇게 해서 고대 히브리인과 아리아인은 많은 아이들을 매우 열렬하게 원하게 되었다.[10] 이에 반해 포교열이 높은 종교에서는 그 확장 욕구를 인종 및 혈연과는 상관없이 동시대인들에게 자신의 교의와 의식을 전해 더 쉽고도 빠르게 충족하려 든다는 것이다. 전자의 경우 전파의 동인은 관습이며, 후자에서 그 동인은 내가 유행이라고 부르는 것이다. 그리고 전자에서 후자로의 이행은 모방의 엄청난 진전, 즉 모방이 걷는 것에서 날개 달린 것이 되었음을 나타내는 것에 불과하다.

그렇지만 가장 확장적이며 개방적인 종교들조차도 결국은 이내 자연적인 한계에 부딪힌다. 그 기슭을 침식시키려는 헛된 노력에도 불구하고 또한 때때로 우연히 돌파구를 열기도 하지만(오늘날 아프리카 중심부에서 많은 사람을 개종시키는 이슬람교처럼), 그러한 종교들은 특정한 국가나 한패를 이룬 국가 집단이 이제부터는 넘어설 수 없는 그들의 유일한 영역이라고 고백할 수밖에 없다. 그 종교들은 여기에 머물러서 뿌리내리며 대부분의 경우에는 분파를 만들어낸다. 이때부터 그것들의 지배적인 관심은 더 이상 개종과 정복을 통해 멀리 떨어져 있는 민족들에게 퍼지는 것이 아니라, 아이들의 교육을 통해 미래 세대에 자신을 연장하고 영속시키는 것이다. 오늘날의 위대한 종교들은 모두 침잠[내적인 집중]의 국면에 있다. 이 국면은 처음에는

---

10 매우 폐쇄적인 종교들에서도 외국을 모방하고 싶은 욕구나, 종교 문제에서조차 어떤 지배적인 국제적 유행을 따르려는 경향이 사람들이 추측하는 것보다 훨씬 더 많이 느껴진다는 것을 부언하고 싶다. 예를 들면 사무엘Samuel(구약성서 〈사무엘〉 등에 나오는 기원전 11세기경 이스라엘 최후의 판관이자 사제 겸 예언자. 기원전 1103?~1017?) 이전에 이스라엘은 다른 민족의 한가운데서 고통과 혼란을 겪고 있었다. 왜냐하면 이스라엘은 "다른 민족처럼" 국가적인 신을 갖지 못했기 때문이다.(다음을 보라. 다르메스테테르James Darmesteter(프랑스의 동양학자. 1849~1894), 《예언자들 Les Prophètes》) 이스라엘은 이웃 국가를 본받아 신과 왕 모두를 필요로 했다. 히브리 민족은 사무엘에게 다음과 같이 말했다. "**다른 민족에게 있는 것처럼** 우리를 심판하는 왕을 주시오." 확실히 이와 비슷한 감정은 다른 많은 경우나 다른 많은 민족에게 신의 전형과 군주의 전형을 조금은 방대한 지역에서 통일하는 효과가 있었다.

결실이 없는 것은 아니지만 그다음에 이어지는 쇠퇴 이전의 단계다.

그러나 각각의 위대한 종교에서 볼 수 있는 세 시기는 그 기초가 되는 하급 종교들이 이미 다 거친 것이다. 가장 낮은 수준의 종교 단계로 거슬러 올라가면 어디에서나 조상 숭배나 물신 숭배를 볼 수 있는데, 이것은 완전히 가족에 한정된 종교다.[11] 그렇지만 매우 오래된 과거에도 포교는 있었으며 포교가 행해졌음에 틀림없다. 왜냐하면 가족마다 다른 가정 신앙을 넘어선 하나의 공통된 신앙, 즉 도시의 신에 대한 신앙이 확립되어 그 가정 신앙을 서서히 질식시키는 데 성공했기 때문이다. 그러나 또한 자신이 태어난 곳 바깥에 있던 이 외래의 신의 유행도 어디에서든 멈추고 제자리에서 뿌리를 내렸음에 틀림없다. 왜냐하면 그 신은 외래의 신에서 애국의 신이 되었으며, 또한 과거의 역사를 보면 어디서나 이 도시의 신도 옛날 가정의 신의 경우처럼 서로 배타적이고 적대적인 모습을 나타냈기 때문이다. 이처럼 종교의 역사적 리듬은 열렬한 포교에서 배타주의로의 이행과 그 반대로의 이행이 교대로 일어나고 또 이것이 무한히 반복되는 것이다. 그렇지만 배타주의가 이 연쇄에서 첫 번째 마디였다고는 당당하게 주장할 수 없다.

그 반대의 견해가 주장될 수 있을 것이다. 인도에서는 매우 단순한 형태의 새로운 종교가 날마다 탄생하는 것을 볼 수 있다. 라이얼Lyall에 따르면 그러한 종교의 출발점은 자신의 가족이나 카스트와 모든 유대를 끊어버린 어떤 광신적인 개혁가나 금욕자, 아이 없는 독신자의 설교다. 그는 사방에서 신자를 얻는다. 그다음에는 이 작은 예배당의 구성원들끼리만 식사하고 결혼하는 습관 때문에 그 종파는 그들 나름으로 카스트가 되며 결국에는 하나의 가족으로 자리 잡는다. 그렇지만 현대의 이러한 사실을 종교의 기

---

[11] 처음에는, 적어도 문명을 지향하는 민족의 시초에는 가부장적인 가족이 보편적이었다는 것에 대해 섬너 메인이 그의 《법의 역사에 대한 연구 Études sur l'Histoire du Droit》(프랑스어판, 1889)에서 제시한 폭넓은 증명을 보라.

원에서 생겨났음에 틀림없는 것의 완전한 재현으로 본다면, 그러한 사실의 영향력을 과장하는 것일 터이다. 그렇지만 그 사실은 가족이 사회의 유일한 원천이 아니라는 가설을 확증해준다는 점에서 소중하다. 떼, 무리, 패거리 등 어떤 이름으로 불리든 간에 가족에서 쫓겨나거나 떨어져 나온 사람들이 뒤섞여 이루는 집단은 곧 가족으로 얽히고 가족을 본보기로 삼지만, 가족과는 전혀 다른 사회 진화의 첫 번째 표현일 것이다. 게다가 모든 것은 종교가 일반적으로 정령숭배animisme에서 시작되었으며 신에 대한 믿음이 처음에는 정령에 대한 두려움이었다는 것을 증명한다. 그리고 정령 숭배의 최초의 주된 표현 중 하나는 죽은 조상들의 신격화였을 것이며 가장 먼저 두려워한 정령은 특히 친족의 영혼이었을 것이다. 기원이 다른 정령의 경우, 즉 신인동형론anthropomorphisme이나 우리가 앞으로 보게 되듯이 처음에는 동물형태론zoomorphisme〔신이 동물 모습을 하고 있다는 견해〕에 따라 인격화된 자연력의 경우, 그것을 만장일치로 받아들이기 위해서는 가부장이나 우두머리의 권위가 필요하지 않았겠는가? 따라서 진정으로 원시적인 종교는 혈연관계에 따라서만 전해질 수 있었다.

이와 관련해서 주목해야 할 사실은, 조상의 신격화에는 또 특히 그것이 널리 퍼진 것에는 기이한 점이 있다는 것이다. 왜냐하면 힘에 대한 숭배만이 퍼져 있을 것이라고 생각해온 그 거친 시대〔원시시대〕에, 죽은 사람에 대한 숭배나 존경 또는 복종이 있었다는 것은 이해하기가 매우 어려운 것 같기 때문이다. 이 현상을 이해하려면 나는 그것을 마찬가지로 일반적이며 원시적인 또 하나의 사실, 즉 **노인 정치**gérontocratie와 연결해야 한다고 생각한다. 아무리 재능이 없고 진보하지 않았더라도 모든 원시사회는 노인에 대한 존경심과 맹목적인 숭배심을 갖고 있다. 그러나 노인 정치 자체와 노골적으로 힘이 지배하는 것이 어떻게 양립할 수 있는가? 끊임없이 싸움이 일어나는 젊은이의 세계에서 노인이 뒷전으로 물러나지 않는 일이 어떻게 일어날 수 있는가? 내 생각에 가장 그럴듯한 설명은 다음과 같은 것이다.

매우 폐쇄적이고 심지어는 이웃 가족에 대해서조차 매우 적대적인 원시 가족에서는 아버지의 본보기가 틀림없이 그의 자녀, 아내 및 노예에게 저항할 수 없을 정도의 영향력을 지녔을 것이다. 실제로 이들이 완전한 무지 상태에서 또 외부 자극도 없는 상태에서 느끼는 지휘받고 싶은 욕구는 한 남자, 그것도 그들이 어릴 때부터 모방하는 습관을 지녔던 한 남자를 모방하는 것 말고는 달리 충족될 수 없다. 이 작은 나라의 왕이자 사제인 아버지의 본보기가 지니는 위세는, 오늘날 문명화된 유럽인이 대부분의 경우 자신도 모르는 사이에 겪는 수많은 모든 위세의 합과 같다. 다만 문명화된 유럽인이 느끼는 그 위세의 작용은 아버지의 전통과 관습이라는 단 한 곳에 집중되지 않고, 교사, 동료, 친구, 외국인의 영향 아래 수많은 복종과 경신으로 분산되어 있을 뿐이다. 이러한 사실 말고도 하나 더 덧붙일 것이 있는데, 그것은 아버지에 의한 아이들의 일종의 최면 상태이다. 그런데 이 최면 상태는 아버지의 나이가 많으면 많을수록 그 최면이 작용하는 시간이 더 많았기 때문에 그만큼 더 완전해진다. 이 두 가지 요인에서 우리는 버클 Henry Thomas Buckle〔영국의 역사학자, 1821~1862〕이 밝힌 다음과 같은 사실을 잘 이해할 수 있다. 즉 원시 민족이 초인적인 거인이나 장사, 천재에게 놀라운 키나 힘, 지능을 부여하면 할수록 그들은 이 거인이나 장사, 천재를 더욱더 먼 과거의 존재로 생각하는 경향이 있다는 것이다. 이러한 시각 효과가 작용하고 숭배 방향이 정해지는 데는 아버지의 위세로 충분하다. 왜냐하면 아버지 자신도 조상의 그림자 앞에서는 벌벌 떤다는 것을 그의 아이들은 잘 알기 때문이다. 따라서 그들의 우상〔아버지〕의 우상〔조상〕이 아이들에게는 뛰어난 신처럼 보였을 것이다.

그러나 버클이 또한 아주 오랜 과거에도 조상 숭배 이외에 외국인 숭배도 나타났다는 것을 주목했다면 좋았을 텐데 그렇지는 못했다. 야만인과 미개인에게는 먼 곳에서 온 것이 먼 과거에서 온 것 못지않게 위세가 있다. 따라서 그들이 꿈꾸는 경이로운 세계 특히 낙원과 지옥, 그리고 초자연적인 힘을 지닌 존재는 그들의 전설에서 이미 알려져 있는 우주의 끝에 위치하고 있다. 아즈텍인들은 동쪽의 먼 기슭에서 온 신성한 인종이 언젠가 자신들을 정복하게 될 것이라고 믿었다. 페루인들도 비슷한 신앙을 갖고 있었다. 게다가 그들이 믿는 신들 중 몇몇은 자신들의 조상을 정복하거나 매혹시킨 외국의 정복자나 개혁가라는 것을 인정하지 않을 수 없다. 오래된 모든 종교에서 이와 똑같은 사실을 찾아볼 수 있다. 그 이유[외국의 정복자나 개혁가를 믿는 이유]는 아주 먼 고대부터 조상의 위세가 갑자기 나타난 어떤 외부의 우월한 위세에 의해 종종 실추된 것이 분명하기 때문이다. 수평선 너머 깊은 곳에서 왔으며 무적으로 알려진 어떤 미지의 지도자가 때때로 출현한다. 사람들은 그에게 무릎을 꿇으며 그들의 수호신들은 당분간 기억 속에서 사라진다. 사람들이 감탄하는 비결과 지식을 가지고 새로 온 사람은 전능한 주술사로 여겨져 모든 사람들이 그 앞에서 벌벌 떤다. 그러한 출현들이 늘어나면, 숭배 방향이 새롭게 바뀌게 되고 과거의 매혹은 먼 곳에 대한 매혹으로 대체된다.[12] 더욱이 외부에서 온 지배자나 계몽자의 전제적인 권위는 아마도 **가부장**의 권위를 본뜨게 될 것이다. 그리고 자녀가 했건 노예가 했건 상관없이, 이 시기의 신격화는 지고의 **경외심**이라는 모습을 나타낸다. 따라서 가장 전제적인 신이 가장 많이 숭배된다고 해서 놀랄 것은 없다. 오늘날에도 권위에 지배되고 있는 가족들은 똑같은 광경을 우리에게 보여주고 있다. 따라서 고대 신들의 무시무시한 성격과 고대 예배의 모욕적인 성격은 인간이 부끄러워할 만한 원천에서 생겨난 것이 아니다.

---

[12] 신화의 매우 중요한 원천인 발명가의 신격화는 여기에서 생겨난다. "페니키아인과 이란인에게는 불의 발명과 신 숭배의 시작이 서로 밀접하게 관련되어 있는 것 같다. 성서, 페니키아인, 바빌로니아인, 이란인의 우주 생성론을 나란히 읽어보면, 그 우주 생성론들이 쓰여졌을 때까지 인류를 이끌었던 **발명**이나 발전의 **연속**을 개별적인 인물들의 연속이 아니라, 유적類的인 인물들의 연속으로[계통수系統樹로] 나타내려는 의도를 알게 된다."(리트레Littré, 《실증철학 단편 Fragments de philosophie positive》)

7장 논리 외적인 영향(계속) 339

그리고 우리는 그러한 신앙이 고대사회에서 지속된 이유를 알 수 있다. 왜냐하면 그 신앙은 그 사회에 없어서는 안 되는 사회 원리에서 생겨났기 때문이다. 따라서 무신론은 그것이 신자에게는 엄청난 마음의 위로, 즉 지속적인 공포의 억압에서 벗어나게 해주는 것이었음은 분명하지만, 그것이 사회의 자멸이었던 시대에는 퍼질 수 없었다.

그렇지만 인류 초기에는 인간 가족들이 울부짖는 맹수들의 대지에서 멀리 떨어져 고립되어 살았기 때문에, 그들이 서로 만나거나 싸우는 일은 자주 일어나지 않았을 것이다. 따라서 내가 지적한 원인은 나중에 와서야 비로소 그 완전한 중요성을 지닐 수 있었다. 한편 내가 보기에 그때에는 매우 오래된 신화들의 형성에서 지배적인 역할을 했을, 또 다른 범주의 외부 매혹자들이 있었다. 그렇지만 신화학자들은 그 역할을 무시하거나 불충분하게 평가했다. 이 또 하나의 외부 매혹자들이란 처음에는 몸집이 큰 맹수들과 독사였으며, 나중에는 가축이었다. 내가 신화의 이러한 측면에 주목하는 이유는, 이미 말한 바 있는 진보의 경우처럼 상위자 모방과 합쳐지지 않고 유행의 영향이 여기서는 아주 먼 옛날부터 단독으로 작용하는 모습을 나타내기 때문이다.

오늘날 우리는 짐승들을 사냥하지만 우리의 최초 조상은 그것들과 **전쟁**을 했다. 그들은 먹기 위해서든 자신들을 지키기 위해서든 특히 짐승들과 항상 싸워야만 했다. 초기의 인간은 '사냥꾼인 동시에 종종 사냥감도 되었기 때문에', 그가 날마다 우여곡절을 거치며 싸움을 벌이는 사자, 동굴 속의 곰, 코뿔소, 매머드에 대해서 느낀 감정이 오늘날 우리가 평야에 있는 토끼나 자고새, 그리고 아직까지도 남아 있는 숲의 늑대나 멧돼지들에 대해서 느끼는 멸시와 완전히 거리가 멀다는 것은 의심할 바 없다. 신생대 제3기 [6,500만 년 전부터 250만 년 전까지] 말과 인간이 나타나기 시작한 시기인 제4기 [250만 년 전부터 현재까지] 초는 어마어마한 '육식동물의 절멸'로 특징지어진다. 그처럼 많은 인명을 빼앗아가는 동시에 영리한 동물상이 지상에 나타난 적은 없었다. 코끼리, 코뿔소, 길이가 4미터나 되는 호랑이, 사자, 하이에나 등은 모두 절멸된 종에 속했으며 현재의 종은 그것들의 희미한 이미지에 불과하다. 어쨌든 그것들은 인간을 평소의 먹잇감으로 삼았다. 인간은 이 무시무시한 싸움 대상 앞에서는 이웃 부족이나 사나운 약탈자들 앞에 있을 때보다 훨씬 더 큰 두려움에 떨었다. 이러한 두려움이 모든 숭배의 시작이다. 또한 그다음에 폭풍우, 달의 여러 모습, 해가 뜨고 지는 것 등과 같은 어떤 큰 현상 앞에 서서 그것을 **생명이 있는 것**으로 여기며 이해할 때, 인간이 자발적으로 행하는 의인화는 인간의 특징보다는 동물의 특징을 지닌다. 그에게 있어서 의인화한다는 것은 인간화하기보다는 동물화하는 것이다. 스칸디나비아인의 만신전萬神殿부터 아즈텍인의 신들에 이르기까지 원시적인 신들이 모두 피에 굶주리고 무자비하게도 인간의 생명을 정기적인 공물로 요구한다면(인간의 생명 대신에 동물의 생명을 공물로 바치게 된 것은 나중 일이며, 기독교 성체의 빵에는 그 공물의 그림자와 단순한 식물적 상징만이 남아 있다), 즉 고대의 신들이 모두 식인종이라면, 그 이유는 인간이 신들을 그 자신의 이미지에 따라서가 아니라 인간을 자주 잡아먹었던 육식동물이나 파충류 같은 저 거대한 초인적인 괴물을 본보기로 해서 생각해냈기 때문이 아닌가?

이러한 가설에 따르면 원시인이 그의 신들보다 더 우월한 것으로 판단할 수 있다. 왜냐하면 그 가설은 신들의 잔인성을 원시인의 이른바 악의로 설명하는 것이 아니라, 불안정하고 불안하며 많은 위험에 노출되어 있는 그의 힘든 생활 조건으로 설명하기 때문이다. 그렇지만 인간이 자신을 본보기로 삼아 그의 신을 만들어냈을 것이라는 보통의 가설을 뒷받침해주는 바는 아무것도 없다. 신은 인간과 별로 비슷하지 않다! 신은 불멸이며 불사지만 인간은 일시적인 존재다! 신은 구체화된 변덕〔자기 마음대로 하는 존재〕이지만 인간은 관례 자체〔관례를 따르는 존재〕다. 신은 주인으로서 주위의 자연을 지휘하지만, 인간은 아주 작은 대기 현상 앞에서도 엎드린다. 반면에, 내 추론은 지금까지 본 것처럼 근거 있는 고찰에 기초를 두고 있다. 여기에다가 나는 피에 굶주린 신들이 널리 퍼져 있다는 것은 사나운 짐승들이 널리 퍼져 있다는 사실로 자연스럽게 설명된다는 점을 덧붙인다. 그리고 모든 인종에게 같은 이 출발점은 또 다시 종교의 진화가 거쳐온 단계들(인신 공희供犧, 동물 공희, 식물 봉헌, 정신적 상징주의)의 유사성을 설명해준다.

게다가 우리의 관점이 옳다면 다음과 같은 결론이 나온다. 즉 나중에 와서 동물 세계에 대한 억압이 시작되고 인류의 물결이 상승해 인간들 간의 전쟁이 인간과 짐승 간의 전쟁보다 더 중요해지면, 인간 모습을 한 신이 짐승 모습을 한 신을 물리치고 결정적으로 승리했을 것이라는 결론이 나온다. 신의 점진적인 인간화. 바로 이것이야말로 가장 잘 증명된 사실 중의 하나다. 짐승 몸에 인간 얼굴이 달려 있거나 인간 몸에 짐승 머리가 붙어 있는 모습을 한 이집트의 신은. 선사시대의 **동물 형태**의 신과 그리스인들에 의해 점점 다듬어진 순수한 **인간 형태**의 신 사이에서 알려진 것 중 가장 오래된 과도기를 나타낸다. 그것은 신에 대한 관념을 뒤엎지 않고서는 이루어질 수 없는 깊은 변화였다. 신은 지금의 우리에게는 무엇보다도 **창조자**지만. 처음에는 분명히 **파괴자**였다. 전쟁신들은 승리하는 신일 수밖에 없었을 것이다. 그리고 전쟁에서 승리한다는 것은 파괴한다는 것이었다.

덧붙여 말하면 원시민족의 습관적이거나 의례적인 식인 풍습은 지금까지 말한 것으로 해명되는 것 같다. 당시 인간에게는 흔한 일이었지만 커다란 짐승과의 싸움에서 지면, 그는 언제나 잡아먹혔다. 따라서 그가 요행히 그 짐승을 쓰러뜨리면, 그는 그 짐승을 제물로 바치고 그 고기가 아무리 질기더라도 먹는 것을 의무로 삼았다. 이는 식량을 위해서뿐만 아니라 전쟁의 앙갚음〔피해자가 당한 것과 동일한 피해나 고통을 주는 것〕이라는 영원한 관습에 따라 보복도 하기 위해서였다.[13] 그렇게 가정한다면, 두 부족이 서로 싸웠을

---

13 이것이 아마도 선사시대 동굴에서, 우리가 규석으로 만든 도구들 중에서 동물의 완전한 골격을, 심지어는 동굴에 사는 곰의 골격조차 찾지 못하는 이유를 설명해줄 것이다.

때 어떤 일이 일어났겠는가? 부족 간의 이 우연한 싸움은 대형 육식동물과의 일상적인 싸움의 일부였다. 種종이 類유에 속하는 것처럼 그 부족들 간의 우연한 싸움은 대형 육식동물과의 싸움에 속하는 것이었다. 게다가 자연스럽게도 포로나 심지어는 패자의 시체를, 때려잡았거나 덫에 걸린 동물을 흔히 다루던 것과 똑같은 방식으로 취급하는 것이 규칙이 되었다. 사람들은 그것들을 승리 축하연에서 제물로 바친 다음 격식을 갖추어 먹었다. 최초의 승리는 진짜 진수성찬이었을 것이다. 따라서 식인 풍습은 나중에는 실리적이거나 신비주의적인 다른 동기로 유지될 수 있었다 하더라도 처음에는 원시시대 사냥 풍습의 모방에서 생겨났을 것이다.[14]

---

14 좀 더 감정적인 차원의 고찰을 덧붙이고 싶다. 그것이 짐승들에 대한 원시인의 숭배를 더 분명하게 밝혀줄 것이다. 처음에는 사회 집단이 매우 작아서 그들 자신이 발전시킨 사교 욕구를 충분히 만족시킬 수 없었을 것이다. **이 욕구는 그 집단이 커지는 것보다 더 빨리, 훨씬 더 빨리 커진다.** 따라서 그러한 감정의 일부는 지상에 드문드문 흩어져 있는 그의 동류들, 특히 그가 자주 만날 수 있는 유일한 상대인 친구나 같은 패거리와의 인간관계에서 충분히 만족될 수 없었다. 그럴 경우 원시인들은 그 감정을 자연의 존재들, 주로 자신들과 지속적으로 접촉하는 동물들에게 쏟지 않을 수 없었다. 이것이 야생동물과 가축이 미개인과 초기 혈거인의 생활에서 행한 매우 큰 역할을 **부분적으로** 설명해준다. 상아 조각이나 지휘봉에 그려진 매머드, 고래, 사자 등의 모양은 그들의 동물 숭배나, 아니 오히려 짐승 모습을 한 신에 대한 숭배thériolâtrie를 증명한다.

고블레 달비엘라Eugène Goblet d'Aviella[벨기에의 종교사가이자 고고학자, 1846~1925]는 이 초기 형태의 예술을 아직 피어나지 않은 미적 욕구보다는 신에 대한 욕구에 응답하는 것으로 보았는데, 이는 옳은 생각이다. 이 신비한 신, 즉 짐승 모습을 한 신은 그 기괴한 형태만큼이나 이상한 공포감, 그리고 또한 이상야릇한 경건함, 비굴하면서도 감동적인 찬미, 간단히 말해서 진정한 숭배를 불러일으켰을 것이다. 왜냐하면 겁에 질리게 하는 것은 언제나 숭배 대상이 되기 때문이다. 그렇지만 이 동물 숭배는 원시인이 자신과 동물 사이에 만든 반半사회적인 관계의 한 측면일 따름이다. 한편 가축은 인간에게 정말로 아버지나 자식 같은 애정을 불러일으켰을 가능성이 있다. 농민이 황소나 암소를 날마다 애정을 갖고 돌보며 헤어질 때 진심으로 슬퍼한 흔적이 아직도 남아 있다. 이 동물 노예는 같은 시대의 인간 노예와 마찬가지로 쉽게 가족의 일원이 되었다.

그러므로 처음에 자연 특히 동물계가 울린 심금은 인간 사회가 울리는 것과 비교해볼 때 현재보다 더 큰 중요성을 지녔을 것이다. 사람들은 동물과 함께 진정한 사회를 만들려고 했다. 고블레 달비엘라가 올바르게 추측하는 바와 같이, **동물의 것으로 여겨지는 언어**는 거기에서 생겨났다.

지금까지 살펴본 것은, 신화학자들을 매우 놀라게 하면서도 그들로 하여금 대단히 모순된 가설을 세우게 한 다음과 같은 사실을 적절하게 설명할 수 있다. 그것은 세계 어디서나 여러 신화에서 가장 오래된 신은 동물, 야수, 때로는 사나운 짐승이었다는 사실과 함께, 또한 시대가 변하면서 그 신의 동물 형태적 성격, 즉 **짐승의 모습을 한**thériomorphique 성격이 점진적인 신인동형론으로 덮혔다 하더라도 인간화된 신 속에서 신적인 짐승을 찾는 것이 전혀 불가능하지 않다는 사실이다.[15] 신의 동반자 동물도 처음에는 신 자체였다. 아즈텍족의 신 위칠로포츠틀리Huitzilopochtli〔태양과 전쟁의 신〕의 벌새뿐만 아니라 프리아포스Priapos〔그리스 신화의 풍요, 성욕의 신〕의 거위, 헤라Hera〔제우스의 아내. 결혼을 관장하는 여신〕의 뻐꾸기, 아폴론Apollon〔태양신〕의 생쥐, 팔라스Pallas〔아테네의 수호신〕의 올빼미가 그러하다. 유목민족〔힉소스족〕이 침입하기 전 "(이집트의) 기념물에 그려진 신들이 모두 동물 모습이었다"는 것은 증명된다. 우리는 주위 동물(때로는 식물)에 대한 일반적인 신격화를 랭Andrew Lang〔스코틀랜드의 문학자, 1844~1912〕처럼 동물을 부족의 최초 조상으로 인정하는 토테미즘의 결과로, 즉 야만족과 원시민족의 보편적인 관습의 결과로 설명할 수 있는가? 그런 다음 우리는 동물숭배를 조상숭배와 연결시켜야 하는가? 그렇지 않다. 나는 그렇게 하면 결과를 원인으로 간주하는 것이라고 생각한다. 토테미즘은 동물의 신격화를 설명하지 못한다. 동물의 신격화만이 토테미즘을 합리적으로 설명할 수 있다.[16] 동물은 신격화된 다음에야 비로소 조상으로 간주되었다. 그런데 왜 동물이 신격화

---

15 이 점에 대해서는 앤드루 랭Andrew Lang 씨의 《신화Mythologie》를 참조하기 바란다.
16 반면에 나는 다음과 같은 사실은 망설임 없이 인정한다. 즉 고대 종교에서는 몇몇 동물의 살을 먹는 것이 금지되어 있는 경우를 매우 흔히 볼 수 있는데, 이러한 금지는 결코 위생을 고려해서가 아니라 토테미즘 때문인 것으로 설명될 수 있다는 사실이다. 이 위생상의 고려라는 것은 나중에 찾아낸 것이다. 이는 최면 상태에 있는 사람이 암시에 따라 행동하면서도 자신이 행하는 무의식적인 복종 행위를 그 자신의 생각으로 변명하는 것과 같다.

되었는가? 그 동물을 보고는 두려움에 사로잡히거나 감탄해마지 않았기 때문이거나, 아니면 단지 그 동물이 어느날 깜짝 놀라게 했기 때문이다. 그런데 이 깜짝 놀란 것은 아마도 어떤 무지한 자가 착각으로 잘못 본 데서 생겨났을 것이다. 미개인이 호기심을 갖고 관찰한 첫 번째 동물이나 첫 번째 자연 존재는 그에게 새로운 세계, 즉 가족 밖의 세계를 열어주었거나, 아니 오히려 야생동물이 계속 울부짖기 때문에 그로서는 완전히 무시할 수 없었던 그 세계를 향한 새로운 틈새를 열어주었다. 미개인이 꿈이나 공포 속에서 본 동물은 평범하든 무시무시하든 간에 그에게 자신과 가족 말고도 관심을 가질 만한 다른 것이 있다는 사실을 일깨워주었다. 따라서 그가 느끼거나 경험한 그 위세를 지닌 동물, 즉 이 낯선 존재는 그의 신적인 조상이나 전제적인 지배자만이 지녔던 위세에서 그를 떼어놓았다. 그러고 나서는 신격화된 동물이 신적인 조상과 전제적인 지배자의 대열에 끼어들어 그들 중에서 제일 높은 서열을 차지했다. 그렇다 하더라도 이 새로운 숭배는 결코 가정 신앙에서 유래한 것이 아니며 오히려 그 가정 신앙을 방해했을 것이다. 동물들이 지배하던 인류의 초창기에 인간은 이 낯선 것을 본보기로 삼으려고 했으며, 더 이상 조상에게 매료되지 않는 한 그 낯선 것에 꼼짝 못할 수밖에 없었다. 때때로 또 나중에 와서는 더 자주 다른 부족과 만나게 되어 그 다른 부족의 낯선 사람이 조상과 비슷한 역할을 하게 되었더라도 사정은 마찬가지였을 것이다. 확실히 오래된 모든 신화에서는 중요한 두 종류의 신화가 이상하리만큼 서로 가까이 연관되어 있었다. 동물 신에 관한 신화와 문명을 가져다주는 신이나 영웅에 관한 신화. 이 두 신화 범주를 동일한 종류의 변이로밖에 보지 않는 관점을 받아들이지 않는다면, 이 기이한 병렬보다 더 잘 이해할 수 없는 것은 없을 것이다. 그 두 신화 범주 모두 아주 오래된 시대부터 유행의 원천인 외부와 동시대의 위세가 한편으로 관습의 원천인 조상의 위세와 대조를 이루며 작용했다는 것을 증명한다.

고찰을 계속해보자. 나는 원시종교가 생겨난 주요 원천에 대한 열거를 아직 끝마치지 않았다. 추론적이며 약간은 주제에서 벗어나는 이 연구를 마무리하기 위해, 나는 야수 다음에는 가축이 신격화되었으며 또 그렇게 되었음이 분명하다는 것을 말하고 싶다. 그렇게 해서 선한 신이 악한 신 옆에 자리를 차지했고, 이렇게 해서 과도기적인 국면이 형성되었다. 이것은 이미 언급한 바 있는 과도기[반인반수半人半獸의 신] 말고도 **신수동형론**神獸同形論과 신인동형론 사이에서 주목할 만한 것이다. 산업도 농업도 없고 활에 의한 사냥과 작살에 의한 고기잡이 말고는 다른 생존 수단이 없는 작은 인간 집단에서, 한 천재적인 미개인이 개, 양, 순록, 암소, 당나귀, 말을 길들이겠다고 생각했을 때 거기에서 일어난 엄청나면서도 유익한 변화를 정말이지 한번 생각해보라.[17] 이 동물 길들이기라는 중대한 발명에 비하면 우리의 근대적인 모든 발명은 무엇에 해당할까? 그것은 동물계에 대한 최초의 결정적인 승리였다. 역사에서 일어난 우연한 일들 중에서 이론의 여지 없이 가장 위대하고 가장 놀랄 만한 것은 역사를 가능하게 해준 유일한 것, 즉 주위의 동물상에 대한 인간의 승리다. 게다가 과거로 멀리 거슬러 올라가면 갈수록 가축의 가치가 점점 커지는 것을 볼 수 있다. 왜냐하면 가축은 가장 귀중한 전리품이자 가장 갖고 싶은 보물이었으며 또한 최초의 화폐였기 때문이다. 따라서 구세계[아시아, 유럽, 아프리카]에서는 황소, 소, 암소가 신격화되었고, 아메리카에서는 라마가 신격화되었다. 이것은 육식동물의 신격화에 비하면 큰 진보였다. 이집트에서는 더 오래된 신화에 나오는 반

---

[17] 동물 길들이기라는 발명의 중요성은 나중에 일어난 광물의 채굴이라는 발명의 중요성과 마찬가지로, 서로 다른 문명을 특징짓기에 충분한 것처럼 보일 정도로 매우 컸다. 뗀석기 시대, 간석기 시대, 청동기 시대 및 철기 시대를 구분한 것과 마찬가지로, 황소나 암소의 민족(원시 아리아인), 말의 민족(우랄알타이어족 사람, 아랍인), 당나귀의 민족(이집트인), 낙타의 민족(사막의 유목민), 순록의 민족(랩랜드 사람lapons[노르웨이, 스웨덴, 핀란드의 북부 지역 사람]) 등으로 구분했거나 또는 그렇게 구분할 수 있다.

쯤은 호랑이나 사자 또는 고양이 모습을 한 신보다 아피스Apis〔멤피스에서 숭배된 성우聖牛〕가 더 우위에 있는 것으로 그 진보가 증명된다. 그리스는 아르카익 시기période archaïque〔기원전 800~500. 도시국가가 탄생한 시기〕에 이미 세련된 형태의 동물숭배를 크게 발전시켰다. 그 증거로는 특히 상반신은 인간이고 하반신은 말의 모습을 한 켄타우로스centaures 신화를 들 수 있다. 의심할 바 없이 이 신화는 처음에는 숭배되었던 말이 점차 인간화되었다는 것을 표현하고 있다. 또한 그 신화는 신 관념의 이 새로운 국면에서 이집트의 인간 얼굴을 한 호랑이 신과 대응한다. 슐리만은 아르골리스Argolis〔펠로폰네소스 반도 북동부 지방〕의 발굴에서 매우 오래된 수많은 우상을 찾아냈는데, 거기에서도 변하는 것을 특히 암소 모습의 여신이 여러 완성 시기를 거쳐서 인간 모습의 여신[18]으로 변하는 것을 관찰할 수 있었다. 마침내 처음에는 소의 성질을 지닌 신성神性 중에서 거의 알아볼 수 없을 정도로 작은 두 개의 뿔만이 마지막 흔적으로 남았다. 호메로스가 쓴 형용사로서 독자 대부분이 이해할 수 없었던 부피스Boôpis*라는 말은 여기에서 유래한다. 인도의 암소 숭배는 상기할 필요조차 없을 것이다.

그러나 인간은 여러 종류의 동물에 대한 이러한 숭배를 통해서뿐만 아니라 기원이 다른 여러 신에 대한 숭배의 성질을 통해서도 길들이는 것의 경이로움을 찬양했다. 동물을 길들이고 그 이용의 엄청난 이점을 깨달은 다음에는, 인간은 그중의 몇몇 신이나 몇몇 위대한 정령, 즉 이미 태양과 달, 폭풍우와 비라는 자연의 거대한 장치의 숨은 원동력으로 인식하고 동물이나 인간의 모습으로 표현한 정령도 길들일 수 있지 않을까라고 생각했을 것이다. 이러한 관념들이 일단 받아들여져 수많은 **신성한 동물상**faune

---

[18] 그 여신들은 "가슴 양쪽에 뿔이 있는 여자 모습을 하거나 아니면 암소 모습을 했다."

* 부피스라는 말은 호메로스의 시에서 보통 헤라Hera에게 부여하는 형용사다. 전에는 여신이 암소로 변했다는 것을 암시할 의도로 그 말을 쓴 것으로 해석되었지만, 근래에는 부피스라는 말이 단순히 신의 고귀하고 위엄 있는 성격을 표현한 것으로 해석되고 있다.

divine으로 발전된 다음에는, 신을 길들이는 것이 상위에 있는 자들의 큰 관심사가 되었을 것이다. 그들은 그의 양이나 개, 순록처럼 자기 집에 소속된 자신의 정령을 갖고 싶어 했다. 이렇게 해서 집안의 수호신이 생겨났다. 그렇지만 이 수호신은 사실 언제나 조상의 영혼은 아니었다. 그러면 어떻게 해서 이 야생의 신을 길들이고 인간화할 수 있었는가? 자신이 소유하고 있는 여러 종의 동물을 굴복시킨 것과 기이할 정도로 유사한 방법을 통해서, 즉 어루만지기〔호의 표시〕와 아첨을 통해서, 그리고 그 신들에게 정기적으로 풍부하고 확실하게 음식물을 바치는 당시로서는 매우 드문 특혜를 제공함으로써 그렇게 할 수 있었다. 이것은 그 신에게 불확실하고 불규칙한 음식물을 찾는 노력을 덜어주었다. 바로 이것이 공희의 기원이다. 길들인다는 것이 처음에 어떠한 것이었는가를 상상해 본다면, 이러한 관점이 이상하게 보이지 않을 것이다. 우리에게 길들여지고 재갈에 순종하는 말〔馬〕이란 우리 마음대로 할 수 있는 단순한 근육의 힘에 불과하다. 그러나 아주 먼 과거의 미개인에게 말이란 의심할 바 없이 숨겨진 힘이었을 것이다. 그리고 이 힘은 그 속에 있는 신비함에 대한 어떤 미신적인 두려움이나 존경심 없이는 다룰 수 없는 힘이었을 것이다. 아랍인에게는 아직도 이러한 감정이 약간 남아 있다. 따라서 길들이는 것이 진짜 일종의 숭배였다면, 숭배 역시 길들이려는 시도였다는 것도 놀랄 일은 아니다.

　이러한 고찰을 뒷받침하기 위해, 나는 그것을 보완해주며 또 내가 생각하기에도 그럴듯해 보이는 또 하나의 고찰을 덧붙이겠다. 인간을 죽여서 먹지 않고 노예로 삼겠다는 생각은 동물을 식량으로 이용하지 않고 길들이겠다는 생각보다 나중에 생겨났을 것이다. 그리고 이것은, 동물들의 전쟁이 다른 부족과의 전쟁보다 먼저 있었으리라고 여겨지는 바와 똑같은 이유에서 그렇게 되었을 것이다. 한 인간이 자신과 비슷하게 생긴 인간을 굴복시켜서 길들였다면, 그는 인간이라는 사냥감〔먹잇감〕만 생각한 것이 아니라 인간이라는 짐승〔노예〕을 갖는 것도 생각한 것이다.

그런데 원시종교의 형성에 대해서 지금까지 말한 것은 사실 독자에게 양해를 구하고 싶은 여담이다. 우리의 특별한 주제로 돌아가 언어에 대해 앞에서 한 것처럼, 첫째 종교 문제를 두고 관습에서 유행으로 또 그 반대로 이행한 결과, 즉 어느 한 숭배[신앙]가 그 영역을 넓혀가며 확립되는 데 따르는 결과가 어떠한 것인지를 살펴보자. 둘째 그 숭배가 확대되고 성공하기 위해서는 어떤 내적인 성격들이 필요한지를 살펴보아야 할 것이다. 간단히 말하면 첫 번째 관점에 대해서는 다음과 같이 대답할 수 있을 것이다. 즉 널리 퍼진 종교는 모든 위대한 문명의 전제 조건이며, 아울러 견고하게 확립된 종교도 널리 퍼진 종교 못지않게 모든 강력하고 독창적인 문명의 필수 조건이라는 것이다. 두 번째 관점에 대해서는 다음과 같이 대답할 수 있을 것이다. 즉 정신주의적이고 박애주의적인 종교일수록 밖으로 퍼질 가능성이 크며, 반대로 자신의 발생지 밖으로 퍼지는 종교는 정신적인 의미로 해석되고 인간화되는 경향이 있다는 것이다.

　종교가 발전하면서 정신주의적인 것이 되는 이러한 경향은 잘 알려져 있다. 예를 들면 아폴론 숭배는 그 이전의 조야한 숭배에 견주면 매우 고상하고 순수하다. 히브리의 예언주의는 그 이전의 모세교에 견주면 이미 정신주의적이다. 기독교는 그보다 더 정신주의적이며, 기독교 정신주의의 특히 세련된 형태인 프로테스탄티즘과 얀센주의는 이 방향으로 연속해서 더 나아간 단계다. 그렇지만 이제 우리는 이러한 진보의 이유를 알고 있다. 처음에는, 즉 인간이 동물이나 물질과 맺던 관계가 친족이 아닌 인간과 맺던 관계보다 더 잦아지고 중요하던 시대에는 신 관념이 동물적이거나 물질적이었다. 그러나 인간이 친족이건 아니건 상관없이 인간을 대면하는 경우가 더욱더 늘어나고 자연과 직접 접촉하는 경우는 점점 더 줄어들면서, 그 신 관념은 점점 정신주의적인 것이 되거나, 아니 좀 더 정확하게 말하면 그 말의 사회적인 의미에서 인간화되었다. 또한 우리가 본 대로 나중에는 옛날 신의 동물적인 성격은 사라지고 인간적인 특징으로 대체되었다. 그리고 이 인간적인 특징 자체도 사라지면서 마침내는 무한한 지혜와 권능이라는 숭고한 꿈으로 변형되었다. 신 관념에서 이러한 변화가 일어났기 때문에 이와 동시에 종교도—신 관념은 종교의 영혼이므로—가족이라는 요람의 한계를 벗어났다. 이 두 변화는 동시에 일어났음에 틀림없다. 왜냐하면 그 두 변화는 같은 원인에서 유래하기 때문이다. 인간에 관한 사실에서 사회적인, 따라서 정신적인 측면이 자연적이고 물질적인 측면보다 우위를 차지했다는 것, 정신이 물질에서 벗어난 것과 똑같은 이유로 모방도 유전에서 해방되었다.[19] 또 다른 한편에서 정신의 진보는 모방의 진보를 더욱 쉽게 했다. 어느 시대에나 가장 물질적이지 않고 가장 정신적인 신은 외부 민족을 복속할 가능성이 가장 많은 신이다. 왜냐하면 여러 인종들의 인간이 서로 다르다 하더라도 육체에서 다른 것보다는 정신에서 다른 것이 더 적기 때문이다. 아니 적어도 그들의 정신적인 차이는 육체적인 차이보다 훨씬 더 유연하고 다루기 쉬우며, 점진적인 동화에 힘입어 해소될 수 있기 때문이다. 이와 똑같은 이유에서, 가장 체계적인 신화가 널리 퍼지게 된다.

---

[19] 특히 그리스와 로마에서는 그때까지 물질적이었던 종교가 조금 더 정신주의적이 되면서, 전에는 세습되었던 성직(사제직)이 자유로운 임명, 선출이나 추첨에 따라 충원되는 성직으로 대체되는 부수적인 결과가 생겨났다. 이러한 혁신은 아테네에서 기원전 510년경 클리스테네스 Clisthènes(아테네의 정치가, 기원전 570?~507)의 개혁에 힘입어 일어났다. 그는 솔론Solon(아테네의 정치가, 기원전 638?~558?)의 일을 완성하면서 혈연관계에 기초를 둔 종교 조합인 네 개의 오래된 부족을 없애고, 그것들을 완전히 지역적인 구분인 데모스dème로 구성된 새로운 부족들로 대체했다. 그 결과 성직은 선출직이 되었다. 비슷한 변화는 스파르타와 그리스의 많은 도시에서 같은 시대에 일어났는데, 이 시대는 바로 철학이 교의에 침투한 시기였다. 로마에서 귀족과 평민 간의 싸움은 대부분 [특정한 신을 섬기는] 제관祭官, 군신軍神 마르스Mars의 사제, 베스타 여신(불씨와 주방의 신)을 섬기는 무녀, 제사장의 직책이 계속 세습되어야 하는지 아니면 선거에 따라 양도되어야 하는지의 문제로 나타났다. 이미 그리스의 빛에 영향 받은 로마 공화국 말경에 이르자, 그때까지는 귀족에게만 허용된 여러 행정 관직에 오를 수 있었던 평민도 고위 성직을 바랄 수 있는 권리를 얻게 되었다. 당시 고위 성직은 상류계급에서만 혈연의 특권으로 전해졌다. 이것은 평민들이 마지막으로 얻은 것 중 하나였다.

종교는 그것이 생겨난 인종 밖으로 퍼지게 되면 또 하나의 중요한 진보를 낳는다. 또는 종교가 그렇게 퍼지려면 그러한 진보가 선행되어야 한다. 한 종교가 퍼질 수 있는 것은 그 창시자가 모든 인종의 인간들 간의 우애를 선포했기 때문인가? 아니면 종교를 퍼뜨리기 위해 그가 이 혁신적인 교의를 선언했기 때문인가? 아무래도 상관없다. 그러한 진리의 선포가 그 진리와 관련된 믿음의 전파를 강력하게 촉진시키기에 적합했다는 것은 분명하다. 기독교와 불교가 그 증거다. 관습 정신이 완전히 지배할 때에는 종교 감정은 과거나 미래로 향한다. 예를 들면 중국이나 이집트의 경우처럼 주된 관심이 조상과 사후의 삶에 집중되거나, 이스라엘의 경우처럼 후손들에게 집중된다. 한마디로 말해서 신앙심은 시간의 무한성이라는 사상으로 유지된다. 이와 반대로 유행 정신이 완전히 승리를 거둔 곳에서는, 종교 감정은 땅이나 하늘이 무한하다는 사상과 미지의 세계가 끊임없이 줄어들고 있다는 우주관, 그리고 무한한 공간에 퍼져 있는 모든 존재의 공통된 아버지인 신은 인간으로서는 헤아릴 수 없고 어디에나 존재한다는 사상에서 가장 생생한 영감과 가장 자연발생적인 충동[자극]을 얻는다. 그런데 이러한 신앙에 의해 신자들의 마음속에서 발전된 동정심, 연민, 사랑이 도덕 생활의 원천 자체가 아니겠는가? 그렇다면 가장 도덕적인 종교가 필연적으로 가장 전염적이었을 것이라는 결론이 나온다. 그리고 나는 종교의 보급이 아닌 다른 방법으로 도덕성의 고양이 나타나거나 확산될 수 있었다고 보지 않는다. 그렇기 때문에, 역사에서 종교의 높은 포교열이 없었다면 위대한 문명이 없었을 것이라고 결론지어도 된다고 나는 생각한다. 종교가 퍼져서 뿌리를 내려 제도로 확립되지 않는다면 강력하고 독창적인 문명은 불가능하다고 나는 덧붙이고 싶다. 그러한 문명이란 대단히 논리적인 사회 상태를 말하는 것이다. 그러한 사회 상태에서는 주요한 모순들이 오랜 시간에 걸친 힘든 작업을 통해 제거되었다. 대부분의 요소들이 일치하고 거의 모든 것이 동일한 원칙에서 나오며 동일한 목적에 수렴한다. 이처럼 어느 한 종교 신앙이 이제 막 침투해—그 사회가 크건 작건 간에—그 사회를 자기 관념대로 다시 만드는 데는 오랜 시간이 필요하다.

우리는 멤피스나 다른 도시의 토착신들이 나일 강 유역 전체에 퍼진 다음, 고왕국〔기원전 2686년경~2181년경〕이전의 이집트의 종교가 이집트 문명을 낳는 데 얼마나 오랜 시간이 걸렸는지는 사실 모른다. 마찬가지로 우리는 또한 칼데아Chaldea〔바빌로니아 남부를 가리키는 고대 지명〕의 원시종교의 신들이 당시에는 사람들도 많이 살았고 비옥했던 그 유역 전체에 퍼진 다음, 그 원시종교가 바빌로니아 문명을 부화하는 데 얼마나 많은 시간이 걸렸는지도 모른다. 그러나 우리는 그리스의 도리아계와 이오니아계 주민 모두에게 공통된 최초의 종교인 델포이의 아폴론 숭배가 기원전 10세기에 생겨났다는 것과 헬레니즘의 예술, 시, 사상, 정치가 6세기경 '성숙함과 아름다움'에 도달했다는 것은 알고 있다. 우리는 또한 기독교 중세의 문학, 건축, 철학, 통치 체제가 개화하고 기독교 율법에 따라 조화를 이룬 것은, 유럽에 기독교가 퍼진 지 4,500년이 지난 11세기에 들어와서야 비로소 시작되었다는 것도 알고 있다. 마호메트에게서 생겨난 아랍 문명이 개화하는 데는 그만큼 긴 준비 기간이 필요하지 않았다. 그렇지만 그 준비 기간 역시 길었다는 것도 우리는 알고 있다.

따라서 문명이 진보하면 그 결과로 종교가 정신의 한 구석으로 쫓겨난다는 것은 사실이 아니다. 전부 아니면 전무tout ou rien가 종교의 본질이다. 기존 종교가 물러난다면, 그것은 또 하나의 종교가 눈에 띄지 않게 조용히 그 자리를 차지하며 그 후 새로운 문명을 세울 준비를 하기 때문이다. 그렇지만 이 새로운 문명도 결국은 이전의 문명이 전성기에 그랬던 것처럼 완전히 종교적이 된다. 사회 초기에는 인간의 아무리 사소한 생각이나 행동이라도 그 모든 것이 요람에서 무덤까지 의례적이고 미신적인데, 성숙하고 완성된 사회도 똑같은 모습을 나타낸다. 기독교의 특성은 정치와 거리를 두는 것이어서 권력과 매우 밀접하게 결합된 고대 종교와는 구분된다고 사람들은 말했다. 그러나 이러한 성격은 겉보기에 불과하다. 조야하고 폐쇄적인 고대 종교와 마찬가지로 정신주의적이고 선교에 열성인 근대 종교에서도 교의는 도덕과 분리될 수 없으며, 또한 생각에 대해서뿐만 아니라 행동에 대해서도 높은 규범이 있다. 다만 우리가 아는 바와 같이, 내적인 발전에 따라 외적으로 확대되면 종교는 더 이상 그곳에서 발휘되는 지성이나 의지를 세세한 면까지 모두 규제할 수 없게 된다. 영토가 커지고 행정이 복잡해진 나라의 군주처럼, 종교는 교사이자 명령권자라는 자신의 이중적인 권위[교권과 통치권]의 일부를 하부 조직에게 넘기며 그 대표자에게 어느 정도 독립성을 허용한다. 그렇지만 그 대표자는 종교에서 멀리 떨어져 있기 때문에 종교의 감독을 받기는 해도 잘 따르지는 않는다.

따라서 종교는 한편으로는 모든 법 중에서 일종의 최고 법인 교리의 일반적인 계율에 어긋나는 짓은 하지 않겠다는 것을 조건으로, 왕과 정치인들에게—이들이 신자이기만 하면 누구든지 상관없이—군대를 통솔하고 세금을 징수하며 법률을 만드는 일을 넘겨준다. 이렇게 해서 종교는 여전히 영혼을 다스리는 지고의 통치자이자 권력으로부터 피해를 입은 모든 백성이 마지막으로 호소하는 장으로 남아 있다. 또 다른 한편으로 종교는, 호기심과 탐구심이 많은 사람들에게 몇몇 정리와 자연법칙을 발견해 체계적으로 나타내는 것도 어느 정도는 허용한다. 그러나 이것은 당연히 성서의 구절이나 거기에서 끌어낸 결론과 공공연하게 모순되는 것은 가르치지 않는다는 조건에서다.

요컨대 기독교나 이슬람교의 신은 적어도 중세에는 기독교와 이슬람교의 교사이자 유일한 지도자였으며, 이 점에서는 원시 가족의 수호신과 비슷했다. 그리고 이 신의 대변인인 교황이나 칼리프는 최고 권위를 갖고 가르치고 명령했다. 미개하거나 야만적인 종교들의 전능함과 문명화된 종교들의 전능함의 유일한 차이는 다음과 같은 것이다. 즉 전자의 전능함은 의식儀式—이것은 당시의 도덕을 형식화한 것이나 마찬가지다—을 통해 행사되는 데 반해, 후자의 전능함은 도덕―이것은 의식儀式을 정신화한 것이나 마찬가지다―을 통해서 행사된다는 것이다. 이 의식은 자신을 숨기면서 더 깊이 들어갔다. 의식은 본래 고대인들의 최고의 정치, 즉 더할 나위 없이 뛰어난 군사적 민간적인 전략이 아니었는가? 고대 군대는 전쟁 포고자들의 의례, 공회 의식, 새가 나는 모습을 보고 점치는 것 등을 통해 자극을 받고 나서야 비로소 싸웠다. 그다음에 행해지는 창던지기나 칼부림이 당시 사람들에게는 앞서 있었던 의례의 부차적인 연속, 즉 일종의 피비린내 나는 성사聖事처럼 보였을 것이라고 말해도 과장은 아니다. 똑같은 이유에서 이 시대의 그 어떤 심의회도 희생물을 바치며 기도하고 정화 행위를 하기 전에는 토론에 들어갈 수 없었다. 표결하는 것도 전투하는 것과 마찬가지로 자신의 신들을 숭배하고 기도하며 그들을 달래고 찬양하는 하나의 방법에 지나지 않았다.

나중에 여러 도시와 민족이 서로 교류하게 되고 또한 퍼져 나가면서 단순해진 자신들의 의례를 서로 강요하려고 노력하면, 순수하게 정신적인 신앙, 즉 기독교도, 이슬람교도 및 불교도가 이해하는 바의 도덕이 그 이름에 진짜 걸맞은 유일한 신앙인 것처럼 보이는 때가 온다. 그렇게 되면 사람들은 도덕이 정치를 지배해야 하며 심지어는 전쟁보다 위에 있어야 한다고 말한다. 또한 사람들은 도덕이 예술과 산업도 지배해야 한다고 말하는데 여기에는 그 나름의 이유가 있다. 왜냐하면 사실 모든 종교적인 민족 안에서는 종교가 언제나 뛰어난 정치이자 전략일 뿐만 아니라 첫 번째 예술이자 주된 산업으로도 암암리에 인식되었기 때문이다. 건축, 조각, 그림, 시, 음악, 금은 세공술, 고급 가구 세공 기술 등 예술의 모든 형태가 사원에서 나오며, 이때 그것들이 사원에서 나와 퍼져나가는 모습은 마치 그 사원 안의 엄숙함을 밖에서도 지속하기 위한 행렬 같다. 그리스 도시국가의 시민들에게 소 100마리의 제물은 확실히 가치, 부, 안전, 힘 등을 크게 생기게 하는 것이었다. 이것은 부분적으로는 상상에 의한 것이지만 완전히 그런 것만은 아니다. 왜냐하면 믿음은 확실히 힘이기 때문이다. 종교적인 의의가 있는 이러한 노동에 비하면 노예나 수공업자의 노고는 대수롭지 않은 것이었다. 하지만 농민이나 수공업자의 생활에서 중요한 행위는, 언제나 신에게 봉헌하고 기도를 드리거나 또는 아르발레스arvales(곡물의 신을 숭배하는 열두 명의 신관)의 행렬, 새끼 양을 제물로 바치는 것 등으로 시작했다. 따라서 산업이나 농업의 모든 일은 기도나 제물 공양의 연장에 불과했다. 사람들이 노동은 의무의 한 형태며 아울러 사회의 경제적인 측면은 그 정치적 예술적인 측면과 마찬가지로 사회의 도덕적인 측면의 발전에 불과하다고 말하는 한, 더 발전된 정신적인 문명에서도 근본적으로는 똑같은 일이 나타난다.

또한 예를 들면 갈릴레이 같은 학자가 성서의 아주 짧은 구절과 모순되는 사소한 법칙이나 과학적인 사실을 발표했다고 생각하는 날, 한 왕이 기존 종교의 매우 부차적인 계율과 모순되는 매우 사소한 칙령, 예를 들면 금육일(가톨릭에서 육식을 금하는 기간) 동안에 고기를 팔거나 일요일에 노동하는 것을 허용하는 칙령을 공포하겠다고 생각하는 날, 마지막으로 어떤 나라에서 그 나라의 종교가 부도덕하거나 불경스럽다고 판단하는 어떤 산업 분야나 예술 분야, 예를 들면 세속 연극이나 자유사상가의 신문이 번성하기 시작하는 날, 이런 날이 오면 해체의 씨가 사회체 안에 들어온 것이다. 이렇게 되면 모든 힘을 다해, 특히 이단 심문을 통해 그 씨를 축출해야 한다. 그렇게 하지 않으면, 혁명적이든 개혁적이든 간에 철학적인 선전을 통해 그 씨가 커져서 사회질서를 새로운 기반 위에 재편성해야 할 정도로 퍼지게 될 것이다. 유럽은 현재 이러한 상태에 있다. 이 무서운 딜레마가 우리에게 제시하는 것은 사회 논리학의 문제다.[20] 이 문제가 어떻게 해결될지는 아직은 모른다. 그러나 우리는 미래에 질서가 완성되더라도 논란의 여지가

---

20 하지만 그 해결책이 오랫동안 늦어지기를 바란다! 오귀스트 콩트라면 한탄했을 이 엄청난 지적 무정부 상태가 자유로운 정신을 위해서 오래 지속되기를 바란다!

없는 진리, 즉 이론의 여지가 없는 선과 의무에 대한 만장일치의 믿음이 생겨난다면 그것은 예전처럼 강렬하며 불관용적인 믿음이 될 것이라고 확신할 수 있다. 그리고 과학이 방대한 종합을 통해 그 모습이 변하고 대단히 심미적인 도덕으로 보완된다면, 그것은 미래의 종교가 될 것이다. 그때에는 교수와 정치인 등 모든 정신과 의지가 그 앞에서 공손하게 머리를 숙일 것이다.

종교가 사회의 모든 기능에서 이처럼 전능함과 편재성遍在性을 발휘하고 있다는 것이야말로, 우리가 이 장에서 종교에 예외적인 위치를 부여한 것이 옳다는 것을 증명해준다. 그러나 이렇게 생각한다 하더라도, 종교에게는 위험한 독립성이 없지 않지만 종교의 동의를 얻어 명령을 내리는 부분적이며 이차적인 통치자들을 지금부터 개별적으로 빠르게 살펴볼 수는 있을 것이다. 부분적이며 이차적인 통치자들은 한편으로는 특정한 시대의 철학이며, 또 다른 한편으로는 모든 시대에 나타나는 진정한 의미의 통치(정부), 법률, 관례다. 공인된 어떤 철학 체계가 근면한 국민에게서 생겨나면, 그 철학 체계와 종교 교의 간의 관계는 어느 나라에서나 통치 형태, 법전, 또는 사람들의 일련의 욕구가 종교 도덕과 맺는 관계와 같다. 종교 교의는 사상의 밑에 있는 규범이며 종교 도덕은 행동의 밑에 있는 규범이다. 그렇다고 해서 봉건 영주의 권위(또는 그렇게 자처하는 것)와 봉신의 권위 사이에 갈등이 자주 일어나지 않는 것은 아니다. 철학과 신학의 투쟁은 황제와 교황 간의 투쟁에 해당한다. 요컨대 종교가 문명 전체를 지배하고 그 문명을 자신의 생각대로 형성하는 것은 사실이지만, 특정한 시대에 지배적인 철학이 과학을 지배하고 자신을 위한 과학을 만들어낸다는 것, 아울러 기존의 정부가 정치와 전쟁을 지휘하고 자기 나름의 정치와 전략을 만들어낸다는 것, 그리고 법률과 관례가 산업의 과정과 성격을 결정한다는 것도 역시 확실하다. 따라서 관습에서 유행으로의 이행, 또 그 반대의 이행이 앞에서와 마찬가지로 여기에서도 일어나는지, 그리고 그 이행이 서로 견줄 만한 인상을 주는지 알아보자. 그렇지만 여기에서는 지면 부족 때문에 사회의 철학적인 측면과 과학적인 측면은 다루지 않겠다. 그 측면을 다루려면 별도로 또 한 권의 책이 필요하기 때문이다. 이제 실제적인 측면으로 넘어가보자.

3. 통치

지금까지 말한 모든 것은 결국 처음에는 가족이나 그 옆에서 생겨난 유사 가족이 유일한 사회 집단이었다는 것을 말하는 셈이다. 나중에 변화가 일어나면서 가족의 중요성이 감소했는데, 이는 규모가 더 큰 새로운 집단들이 구성되었기 때문이다. 이 새로운 집단은 가족의 사회적 측면을 희생시키고 인위적으로 형성되었으며, 그 가족들을 점차 생리적인 표현에 불과한 것이 되게 했다. 그렇지만 마침내 이처럼 사지가 절단된 수많은 가족들은 원시 가족처럼 자연적인 동시에 사회적인 일종의 대가족으로 결합하는 경향이 있다. 그렇지만 원시 가족과는 달리 이 새로운 대가족의 경우, 유전으로 전달되는 생물적인 특징들의 주된 존재 이유가 모방에 의한 문명 요소들의 전달을 더욱 쉽게 하는 것이지 그 반대가 아니라는 차이점이 있다. 실제로 이미 언어학적 관점에서 우리는, 매우 오래된 선사시대에는 각각의 가족이 자기들 나름의 언어를 가졌을 것이며 나중에는 수많은 가족들이 단 하나의 언어를 받아들였고, 결국 이들이 동일한 관용어를 말하는 사람들 사이에서 더 쉽게 행해지는 **결혼**connubium 습관을 통해 하나의 종족을 탄생시켰다는 것을 보았다. 따라서 원시시대에는 이미 말한 바대로 각각의 가족이 그들 나름의 언어를 지녔지만, 각각의 언어는 마침내 그 자신의 종족, 즉 대가족을 지니게 되었다. 우리는 또한 종교에 관해서도 마찬가지로, 각 가족에게는 처음에 자기들 나름의 숭배가 있었으며 이때에는 가족이 저마다 개별적인 하나의 교회였다는 것을 보았다. 그 후 동일한 숭배가 수많은 가족을 결합시켰으며, 마침내 이 가족은 비신자와 결혼하는 것을 다소 엄격하게 금지하고 **결혼**을 배타적으로 행하면서, 그 종교를 위해 특별히 만들어진 하나의 종족이 되었다.

우리는 이제 통치의 관점에서도 일련의 유사한 변화를 볼 수 있다. 처음에는 가족마다 별개의 국가를 형성했다. 그다음에는 하나의 국가가 순전히 인위적인 유대에 의해 결속된 수많은 가족을 포함하게 되었다. 그리고 마침내는 각각의 국가가 자신의 국민, 즉 자신의 특별한 종족이나 하위 종족, 자신의 가족을 만들어냈다.

이 점에 대해서는, 퓌스텔 드 쿨랑주와 섬너 메인이 로마 시대에 **가부장권**patria potestas이 점점 로마 행정관의 **지배권**imperium이 되는 과정과 또한 처음에는 결합되어 있던 **생식** 능력과 **명령권**이 점점 분리되는 과정에 대해 매우 잘 말한 것을 다시 말해도 될 것이다. 그렇지만 나는 독자에게 그러한 지루함을 주지 않겠다. 오히려 나는 그 관점을 다음과 같은 사실로 보충하는 것이 적절하다고 생각한다. 즉 역사 초기나 선사시대부터 순수하게 인위적인 국가들이 출현했는데, 이 국가는 어느 한 유명한 지도자나 도적에 대한 일반적인 열광에 힘입어 형성되었으며 주위의 가족으로부터 도망쳐 나온 사람들로 커졌다는 것을 인정하는 것이다. 탄생기의 로마나 중세의 **자유도시** 같은 도피 도시는 이 원시적인 집합체가 어떠한 것이었는지 우리에게 어떤 암시를 줄 수 있다. 그것들이 아마도, 아니 의심할 바 없이 진정한 의미에서 최초의 도시를 이루었을 것이다. 그리고 사실 도시적인 요소는 매우 오래전부터 농촌적인 요소와 공존했지만, 모든 종류의 사실에서 여기서는 관습 정신이 우세하고 저기서는 혁신 정신이 우세하면서 관습 정신은 언제나 혁신 정신과 구별되었다. 규율을 지키지 못한 사람들의 이 최초 집단이 전쟁과 정복이 가장 활발한 중심지였다. 그 결과 호전적인 생활에서 생겨난 모든 재앙은 그들 탓이기도 하지만, 그래도 부와 평화를 최종적으로 지켜주는 국가라는 거대한 결합체가 생겨난 것은 그들 덕분이라고 생각할 수 있을 것이다.

게다가 우리는 어디에서나 유행과 관습이 정치적으로 두 개의 큰 당파로 구체화하는 것을 볼 수 있는데, 이 두 파의 싸움과 번갈아가며 나타나는 어느 한쪽의 승리는 사람들의 모든 정치적 진보를 설명한다. 약간 세분화된 당파들이 있다 하더라도 실제로 대치하는 것은 두 개의 당파밖에 없다. 그 이름은 나라와 시대마다 다르지만, 한쪽을 보수당 다른 쪽을 혁신당이라고 불러도 지나치게 부적절하지는 않을 것이다. 그들의 경쟁은 보통 바다의 연안 지대 주민들의 경우, 아테네에서 아리스티데스Aristides(고대 그리스의 정치가, 기원전 530?~468?)가 대표한 농업 이익과 혁신가 테미스토클레스 Themistocles(고대 그리스의 정치가, 기원전 528?~462?)로 구체화된 어업 이익 간의 갈등으로 표현되었다. 내륙 주민들의 경우에는 농업과 상업의 갈등, 시골과 도시의 갈등, 농민과 수공업자의 갈등으로 표현되었다. 그렇지만 역사만큼이나 오래되었으며 원시 시대의 가족이나 부족 속에서 이미 시작된 보수주의자들과 자유주의자들의 투쟁이, 언제나 또 어디에서나 관습과 유행의 투쟁으로 귀착된다는 것은 상당히 분명하다. 진보적인 당파는 새로운 사상, 새로운 권리, 바다를 통해서건 육지를 통해서건 외국에서 유입되거나 모방한 새로운 제품 등을 열렬히 바라는 반면에, 전통적인 당파는 조상으로부터 물려받은 오래된 사상, 관습, 산업에 의지하면서 저항한다. 좀 더 자세하게 말하면, 혁신적인 당파는 외국 정부를 보고 암시받은 이론들에 따라 자기 나라의 정치체제를 바꾸고 싶어한다. 그들이 보기에, 다소 무의식적인 이러한 암시에도 불구하고 아니 바로 이러한 암시 때문에 그 이론들이 지상의 모든 민족에게 모방을 통해 적용될 수 있다. 이와는 반대로 보수파는 과거의 통치 형태를 존중하고 변함없이 유지하고 싶어 한다.[21] 사람들이 잘 알고 있는 바대로, 언제나 또 어디에서나 두 당파 사이에 갈등이

---

21 어느 시대에나, 매우 주목받는 민족들의 경우 한쪽은 보수 정신을 다른 쪽은 혁신 정신을 구현하는 것처럼 보이는 일은 언제나 있다. 그러나 그 각각의 민족의 과거로 거슬러 올라가면 그 대

시작되면, 이는 외부와—그것도 자신들보다 더 빛나는 외부와—자주 접촉하면서 자극을 받거나 눈을 뜬 자유주의적인 당파가, 지금까지 자신들도 모르는 사이에 전통주의적이었던 사람들 속에 재출현해 보수적인 당파, 즉 거대한 다수파에게 자의식을 갖게 했기 때문이다. 이것은 관습이 처음에는 혼자서 또는 거의 혼자서 지배했지만 [이제는] 유행이 그 관습을 대신하기 시작했다는 것을 뜻한다.

유행은 그러는 사이에 커진다. 그리고 그 유행을 대표하는 당파는 처음 조가 뒤바뀌는 것을 볼 수 있다. 오늘날에는 문제의 그 대비가 최근까지 영국과 프랑스에서 나타났는데, 이는 고대 그리스에서 보수적인 도리아인과 혁신적인 이오니아인이 드러냈던 것과 똑같다. 이것은 지겨울 정도로 반복해서 말했다. 부미 Émile Boutmy 씨는 그의 《헌법 연구 Étude de droit constitutionnel》에서 다음과 같이 말한다. "프랑스에서는 인류 일반과의 결합을 감정의 기초로 삼는 (정치)사상에 자연스럽게 또 즉각적으로 권위를 부여한다. 영국에서는 이전 세대와의 결합을 감정의 기초로 삼는 사상에 그 권위를 부여한다. 우리[프랑스인]는 모든 민족이 우리와 함께 공감하고 보편적인 법 조항을 따른다는 대범하고 폭넓은 발상 앞에서만 만족스러움을 느낀다. 영국인은 모든 세기에 걸친 국민 생활을 차례대로 엿볼 수 있는 깊고 좁은 발상을 좋아한다."

달리 말하면 우리[프랑스인]는 자유롭고 외면적인 모방을 통해 전파될 수 있는 사상에 열광한다. 왜냐하면 우리 자신이 대부분의 경우 사상을 그러한 종류의 모방을 통해 받아들였기 때문이다. 이와 반대로 우리 이웃[영국인]은 폐쇄적이고 세습적인 모방을 통해 전해지고 또한 오로지 그런 식으로 전해질 수 있는 사상만을 좋아한다. 그렇다 하더라도—여담으로 말하면—영국의 의회 제도는 그 독특한 성격을 지니고서도, 지금까지 본 것 중에서는 가장 자유롭고 일반적인 전염을 통해 민족에서 민족으로 전해지고 있다. 게다가 우리가 잘 알고 있는 것처럼, 17세기에 영국은 군주제의 프랑스에 비하면 혁명 정신을 구현했다. 그리고 다시 두 세기 쉰 다음, 혁명의 효모균이 대륙에서 가져온 급진 사상이나 사회주의 사상의 씨앗 덕분에 영국의 땅에서 발효하는 것이 느껴지지 않는가? 혹시 그 위기가 영불해협 저쪽의 섬 사람[영국 국민]들에게서 맹위를 떨칠 때, 그와 반대로 프랑스인들은 민족주의적인 정부를 수립하게 될지도 모를 것이다.

덧붙이면, 명백하게 보편성을 갈망하는 헌법과 한 인종이나 한 국민 안에서 지속되는 것만을 바라는 헌법 사이에 부미 씨가 세운 구분은, 개방적이며 포교열이 강한 종교와 이민족에게는 닫혀 있는 종교 간의 구분을 생각나게 한다. 이러한 유추에 따라 계산하면 프랑스 제도에 미래가 있을 것이다. 왜냐하면 포교열이 강한 종교들이 어디에서나 그들의 경쟁자들보다 유리하기 때문이다. 그러나 가장 외향적인 종교도 결국은 자리를 잡고 그 문을 걸어 잠그는 것처럼, 가장 세계주의적인 통치체제도 결국은—우리가 나중에 보게 되겠지만—그 자신이 조상들의 관습이 된다.

에는 지지만 결국에는 자신들이 찬양하는 혁신을 〔사람들에게〕 받아들이게 한다. 그 결과 세계는 민족들의 정치적 동화를 향해 한 걸음 더 나아갔다. 이 정치적 동화는 정치적 결합—이것은 정치적 동화와 똑같은 것이 아니다—이 정체되거나 후퇴할 때에도 계속된다. 심지어 중세나 고대에도, 처음에는 매우 작았지만 나중에는 점점 확대된 일정한 영토에서 통일과 병행하거나 통일보다 먼저 일어나는 통치의 획일성이 어느 정도 이루어진 것은 사실 언제나 혁신적인 당파의 승리에 의해서이다. 그리스의 영웅 시대〔기원전 16~11세기, 그리스 문명의 태동기〕부터 우리가 몇 가지 지표를 통해 알 수 있는 것은, 매우 관습적인 것으로 알려진 사람들 사이에도 유행의 바람이 때때로 불었을 것이라는 사실이다. 예를 들면 역사가 빛을 밝혀주는 순간에 매우 전통주의적인 종족인 도리아인이, 외국인 리쿠르고스Lycurgos〔고대 스파르타의 입법자, 기원전 800?~730?〕가 도입한 크레타 섬의 제도에 의해 통치되었으며 심지어 비非도리아인의 왕가에도 복종했다는 것은 매우 놀라운 일이다. 이러한 사실은 예전에는 외국인의 위세가 이 국민을 지배했지만 나중에는 이 국민이 다시 조상의 위세에 복종했다고 추측하는 것 말고 달리 설명될 수 있겠는가?

지적한 두 번째 사실은 결코 예외적인 것이 아니다. 반대로 그것은 흔하게 일어난다. 그리스 역사가 쿠르티우스Curtius는, 이와 관련해서 아이아키다이 가문〔자칭 아킬레스의 후손〕에게 지배된 몰로시족〔그리스 북서부 지방 에피루스에서 살아온 부족〕, 테메니드 가문〔고대 마케도니아를 정복한 왕족의 하나〕에게 지배된 마케도니아인, 바키아드 가문〔코린트의 주요 가문〕에게 지배된 린세스트 가문〔마케도니아의 귀족 가문〕, 리키아인〔리키아Lycia는 고대 그리스의 도시로 오늘날 터키 남동해안의 안탈리아와 뚜글라에 해당하는 지역〕에게 지배된 이오니아인〔고대 그리스 민족의 일파. 아테네인이 그 대표적인 부족〕 등을 그 예로 들고 있다. 이는 오늘날 스웨덴인이 베르나도트Bernadotte 왕가〔프랑스의 유서 깊은 베아른 혈통의 한 가문에서 유래〕의 후손들에게 지배되고 있는 것과 같다. 따라서 내가 말하는 이 외국인의 위세는 아주 먼 과거에도 종종 매우 일반적이었다. 내가 방금 인용한 박식한 저자(쿠르티우스)와 함께, 왕들의 신성한 혈통에 대한 믿음이 그들의 외국 출신으로 설명된다는 것을 인정한다면, (외국인이라는) 그 위세는 매우 대단했음이 분명하다. 그들의 조국은 미지의 먼 곳으로 사라졌기 때문에, "그들은 신의 아들로 간주될 수 있었다. 그것은 토착인들이 같은 나라의 사람에게서는 쉽게 얻을 수 없는 명예이다." 게다가 원시 가족이 자신들과 같은 종족에 속하는 어느 한 가족의 통치권에 충성하며 복종하는 곳이면 어디서나, 우리는 다음과 같이 추측하지 않을 수 없다. 즉 이 특권을 지닌 가족의 우월성은 얼마간 일시적인 열광 덕분이며 이 열광 때문에 자기 조상에 대한 다른 가족들의 숭배가 일시적으로 사라졌을 것이라는 점이다. 그러나 가족 정신은 이렇게 해서 한 왕조의 출현으로 끊어지지만, 그것은 나중에는 변하고 확대되어 시민 정신이나 애국심으로 불리게 된다.

 10세기에는 장원이라 불리는 무수한 작은 국가들이 유럽을 뒤덮었는데, 이 작은 국가들은 봉건제도로 말미암아 거의 비슷했다. 그 작은 국가들의 고유성은 그 다양성을 통한 유사성만큼이나 경이로운 것이었다. 봉토라는 유형이 어디에서 만들어졌든 그것이 당시의 영리한 자유주의자들에 의해 모방되었으며, 이들에 의해 갈리아 로마의 원로원이나 그 밖의 사람들처럼 반동적인 완고한 사람조차 받아들일 수밖에 없었다는 것을 의심해서는 안 된다. 봉토는 당시에는 얻는 바가 많은 커다란 혁신이었다. 게다가 우리가 앞에서 본 것처럼, 그것은 왕권조차 그 자신이 암시한 다음 결국에는 동조하게 된 본보기였다. 그때까지는 왕의 권위가 희미하게라도 옛날 로마 황제의 권위와 관계있었다. 왜냐하면 이 로마 황제의 권위가 민중의 정신 속에서는 전통적인 유형의 최고 권력이었기 때문이다. 이 통치권의 본질 자체는 모든 것의 지배를 나타내거나 그것을 갈망하는 데 있는 것 같았다. 그러나 위그 카페Hugues Capet(프랑스의 왕이자 카페 왕조의 시조, 938~996)는 매우 단순하긴 하지만 천재적이라고 할 만한 생각을 했다. 그는 자신의 이상을 뒤에서, 즉 로마 제국에서 찾지 않고 자기 옆에서 찾았다. 섬너 메인은 결코 황제적인 왕권이 아니라 진정한 의미에서 봉건적인 왕권을 솔선해서 보여준 최초의 예를 그에게서 찾았다. 그는 다음과 같이 말한다. "위그 카페와 그의 후손은 완전히 새로운 의미에서 프랑스 왕이었다. 그들과 프랑스 땅의 관계는 제후와 봉토의 관계, 봉신과 그의 봉토의 관계와 같았다." 이 발명은 요컨대 종주권suzeraineté을 본보기로 해서 통치권을 행사했으며,22 전에는 면canton이라는 작은 범위에 한정된 봉건적 관계를 거대한 국가라는 영토 전체로까지 확대한 것에 불과했다. 그런데도 그 성공을 보라. "그다음에 확립되었거나 공고해진 모든 통치권은 이 새로운 본보기를 채택했다. 프랑스 왕의 통치권을 모방한 노르망디 왕의 통치권은 확실히 영토 주권에 근거를 두었다. 스페인, 나폴리, 그리고 자유도시의 폐허 위에 세워진 이탈리아의 공국公國들에서도 영토 주권이 확립되었다."

근대에는 또 하나의 주요 관념이 더욱 빠르게 퍼졌는데, 그것은 우리가 오늘날 이해하는 바와 같은 국가 관념이다. 이것은 앞서 말한 관념과는 상반되는 것이었기 때문에 널리 퍼지기 위해서는 그 자리를 빼앗아야 했다. 근대적인 정치는 어디에서 생겨났는가? 그것은 이탈리아의 작은 공화국들에서 생겨났는데, 가장 먼저 생긴 곳은 피렌체이다. 이 [근대적인] 유형의 통치 활동은 피렌체에서 프랑스, 스페인, 독일, 심지어는 영국으로까지 퍼졌다. 특히 이탈리아를 두고 매우 오랫동안 다투었던 스페인과 프랑스는 "중앙집권화된 이탈리아 국가들과 엄청나게 비슷해지기 시작했으며 심지어는 이들 국가들을 모방하려고 했다"라고 부르크하르트는 말한다. 18세기에는23 이 유행에 또 하나의 새로운 유행이 접목되었다. 이 새로운 유행

---

22 이와 마찬가지로 교회 조직의 행정은 로마제국 시대에는 황제 제도의 특징을 띠었으며 중세 시대에는 봉건 제도의 특징을 띠었다.

은 그것과 전혀 모순되지 않고 오히려 그것을 보충하는 것이었다. 그때 맹위를 떨친 것이 영국광狂이다. 영국의 의회 제도는 금세기[19세기]에 널리 퍼지기 전에 두 가지의 독창적인 형태로 모방되기 시작했다. [처음에는] 미국에 의해 모방되었는데, 섬너 메인이 그의 《인민정부Popular Government》에서 잘 보여준 바와 같이, 미국은 영국의 의회 제도를 단순하게 공화주의적으로 표현했다. 그다음에는 혁명기의 프랑스가 모방했다. 이때 프랑스는 의회제도를 루소에게서 영감을 얻은 급진주의로 서둘러 밀고 나갔다. 이 프랑스식 변형이 그 시작부터 놀라운 발명으로 받아들여져 이번에는 이것이 널리 퍼졌다. 그것은 남미에서는 일시적이긴 하지만 수없이 많은 공화국을 낳았다. 그리고 이 프랑스식 변형은 구대륙을 뒤흔들었으며 영국 본토에까지 그 여파가 미쳤다.

자유주의 정당의 가장 주목할 만한 특징, 그리고 결과적으로 이 당이 지배하는 시대의 특징 중 하나는 그 갈망의 세계주의적인cosmopolite 성격이다. 세계주의는 사실 우리 시대만의 독점적인 특권이 아니다. 유행 모방이 지배한 고대나 중세의 모든 시대에는 세계주의가 꽃을 피웠다. 부르크하르트는 다음과 같이 말한다. "세계주의는 새로운 세계가 발견되는 시대나 자기 조국에 있는 것이 더 이상 편안하게 느껴지지 않는 시대의 특징적인 징후 중 하나이다." 니부르Barthold Georg Niebuhr[독일의 역사가, 1776~1831]가 말했듯이, 세계주의는 그리스인들에게서는 펠로폰네소스 전쟁[기원전 431~404년에 아테네와 스파르타가 각각 자기 편 동맹 도시들을 거느리고 싸운 전쟁] 이후에 나타났

---

23 18세기에는 유행의 지배가 매우 광범위하게 시작되었다. 제도와 풍습의 세세한 부분에서 이러한 사실이 잘 보인다. 예를 들면 이 시기에 시의회선거에서 비밀선거가 퍼지는데, 알베르 바보 Albert Babeau 씨는 (구체제 치하의 도시에 관한 그의 저서에서) 이것이 "하나의 유행"이었다고 말하고 있다. 그리고 그는 이미 16세기—유행이 확산된 또 하나의 시대—에 앙제Angers[프랑스 서부에 있는 도시]의 시의회가 "베네치아, 제노바, 밀라노, 로마의 의원 선거"의 관례에 의지해서 이 투표 방식을 채택했다고 덧붙여 말한다. "이 시기에 도시의 정신은 깨어 있었으며 본보기를 찾으려고 무척 갈망했다!"

다.²⁴ 플라톤은 결코 선량한 시민이 아니었으며, ……디오게네스는 조국이 없는 것이 진정한 행복이라고 단언하면서 자기 자신을 "고향 도시가 없는 자apolis"라고 불렀다. 르네상스 시대의 이탈리아인들은 15세기 이전부터 세계주의자였다. 이것은 그들에게 해외 추방이 하나의 습관이 되었기 때문만이 아니다. 그것은 또한 당시의 이탈리아에서 갖가지 종류의 혁신이 많이 일어나, 사람들의 정신이 국내의 애국심에 가득 찬 과거보다는 외국의 현재에 더 많이 쏠려 있었기 때문이기도 하다. 16세기와 17세기의 프랑스에서 애국심이 약해진 것은 유명하다. 종교전쟁[1520~1648] 시대에 여러 당파가 외국과 맺은 엄청난 협정이나 로스바흐Rossbach 전투* 후 프로이센 왕[프리드리히 대왕]에 대한 볼테르Voltaire[프랑스의 사상가, 1694~1778]의 찬사를 상기해보자. 헤르더Johann Gottfried von Herder[독일의 철학자, 1744~1803]나 피히테 Johann Gottlieb Fichte[독일의 철학자, 1762~1814]조차도 나중에 정복자의 발뒤꿈치 밑에서는 매우 열렬한 애국자가 되었지만, 처음에는 조국이라는 관념을 경멸했다. 오늘날 독일과 프랑스에서는 군사 방어의 명백한 필요성 때문에 국민 감정을 어느 정도는 옛날처럼 활기차게 회복시킬 수 있었다.

그런데 모든 것은 관습에 대한 유행의 승리로 끝나는가? 결코 그렇지 않다. 유행이 승리한다 해도 그 승리가 완전해지는 것은 다음과 같을 때뿐이다. 즉 패배를 받아들인 보수적인 당파가 다시 원기를 회복해 국민적인 당파로 변해서, 전통이라는 수액을 진보라는 새로운 가지에서 순환시키기 시작할 때 비로소 그 승리는 완전해진다. 외국의 요소들을 이처럼 자국의 것으로 만드는 것은, 한 민족이 자신보다 더 문명화되었거나 다른 문명을 지닌 이웃 민족들과 접촉하는 데서 생겨나는 역사 드라마의 결말이다. 따라

---

24 실제로는 그보다 오래전에 여러 번 나타났을 것이다.
* 1757년 11월 5일 작센 선제후령Electronate of Saxony에 있는 로스바흐 근교에서 벌어진 칠년 전쟁(1756~1763)의 전투 중 하나이다. 프로이센군이 프랑스와 신성로마 오스트리아 제국의 연합군을 격파했다.

서 유행처럼 카페 왕조를 본따서 세워진 봉건 왕조는 극도로 국민적이며 전통적인 것이 되었다.

그때 관습이라는 강은 다시 바닥에서 흐르기 시작한다. 다만 이번에는 그 폭이 넓어진 것은 사실이다. 그리고 새로운 주기가 시작된다. 이 주기는 이전의 주기와 똑같이 전개되고 끝난다. 이것은 아마도 전 인류의 정치적 획일성과 통일이 이루어질 때까지 계속될 것이다. 혁신파는 이 모든 것에서 일시적인—그렇지만 없어서는 안 되는—역할을 하는 것에 불과하다. 혁신파는 그 이전의 비교적 편협한 보수적인 정신과 그 이후의 비교적 폭넓은 [사유로운] 보수적인 정신 사이에서 매개 구실을 한다. 그러므로 전통주의를 자유주의와 더 이상 대립시켜서는 안 된다. 우리의 관점은 그 둘이 분리될 수 없다는 것을 보여준다. **세습적인 모방**이 없다면, 즉 보수적인 전통이 없다면, 자유주의자들이 가져다주는 그 어떤 발명이나 새로움도 그 자리에서 쓸모없는 것으로 간주되어 사라질 것이다. 자유주의와 전통주의의 관계는 마치 그림자와 물체, 아니 오히려 빛과 램프의 관계와 같다. 매우 철저한 혁명도 말하자면 자신이 전통이 되기를 갈망한다. 반대로 매우 엄격한 전통의 원천에는 어떤 혁명적인 상태가 있으며, 여기에서 그 전통이 생겨난다. 역사상 모든 변화의 목적은 강력하고 거대하며 최종적인 관습으로 흘러들어가는 것에 있는 것 같다. 자유로우며 강력한 모방도 결국은 거기에서 가능한 한 깊고 넓게 이루어진다.

계속해서 주목해야 하는 것은 이러한 이상理想의 추구가 동일한 국면의 주기적인 반복을 통해 또 그 규모가 점점 더 커지면서 이루어진다는 것이다. 원시적인 가족 통치에서 부족 통치로 이행할 때 그 사회는 현대 사회가 국가 통치에서 미래에 실현될 대륙 통치로 이행하기 위해 고통스럽게 거치는 것과 아주 똑같은 과정을 거쳤을 것이다. 그러는 동안에 도시의 정부, 그다음에는 작은 국가나 지방의 정부, 그다음에는 국민의 정부를 세우는 데 [그때그때마다] 똑같은 일련의 노력이 필요했다. 각각의 정치 집합체가 과거에 어떻게 해서 이처럼 연속적으로나 간헐적으로 커졌는지를 이해하려면, 근대에 그 증대가 어떤 식으로 이루어졌는지를 보아야 한다. 미국의 작은 공화국들은 나중에는 미합중국이 되었지만 처음에는 따로따로 독립되어 있었다. 그들은 어느 날 공통된 위험이 자신들에게 다가오자 통일을 선언한 것이다. 하지만 이 커다란 사실〔통일〕을 유발한 전쟁은 정복 전쟁이나 독립 전쟁이 그러했던 것처럼 역사적 우연에 불과하다. 왜냐하면 역사의 과정을 통해서 볼 때 정복 전쟁이나 독립 전쟁은, 가족국가에서 국민국가로의 진실로 변함없는 국가의 확대를 앞당기거나 늦어지게 했을 뿐, 결코 그 확대를 일으킨 것은 아니었기 때문이다. 아메리카 합중국은 투표로 결정된 것이다. 그렇지만 무엇이 그것을 가능하게 하고 지속적인 것이 되게 했는가? 무엇이 이 연방적인 유대를 필요로 했을 뿐만 아니라 아직도 날마다 그 유대를 더 강화시키고 아울러 연방을 넘어서 통일성도 만들어내고 있는가? 토크빌은 그것을 우리에게 말하려고 한다. 그는 다음과 같이 말한다. "뉴잉글랜드의 주州들〔코네티컷, 매사추세츠, 로드아일랜드, 버몬트, 뉴햄프셔, 메인 등 여섯 주〕이라는 이름으로 더 잘 알려진 북부의 영국 식민지에서, 오늘날 미국에서 사회이론의 기초를 형성하는 두세 개의 주요 관념이 결합했다. 뉴잉글랜드의 원리는 처음에는 이웃 주들로 퍼졌고, 그다음에는 점점 더 먼 곳으로 퍼졌으며 마침내 연방 전체로 **침투했다**. 그 영향이 지금은 국경을 넘어 아메리카 세계 전체로 미치고 있다. 뉴잉글랜드의 문명은[25] 마치 산꼭대기에서 일어난 화재 같았다. 그것은 주위에 열을 퍼뜨린 다음에 아직도 그 빛으로 지평선의 구석까지 물들이고 있다." 만일 문제의 주州 각자가 자기 선조의 헌법에 계속 충실했다면, 그리고 그들이 이웃 주의 작은 집단이 표명한 두세 개의 외부 관념을 받아들이지 않았다면, 그 모든 주의

---

[25] 이 저자는 뉴잉글랜드 문명이 더 잘 퍼진 이유를 다음과 같이 설명한다. "청교도 이민자인 뉴잉글랜드의 식민자들만이 하나의 이념을 위해 일하러 왔다."

정치적 유사성—이것만이 그 주들의 정치적 융합을 가능하게 해주었다—은 결코 존재하지 않았을 것이다. 따라서 유행 모방이 이러한 진보를 일으켰다. 덧붙여 말하면, 이런 식으로 해서 이들 주 대부분에 도입된 관념은 그들의 원초적인 관습과 하나가 될 정도로 그것에 뿌리를 내렸다. 최종적인 결과는 본래의 애국심 못지않게 강렬하면서도 이미 전통주의적이고 보호주의적인 집단적 애국심이었다.

미국의 대연방이 우리가 본 것처럼 이러한 기원을 지녔다면, 고대 그리스의 작은 연맹도 다르지는 않았을 것이라고 우리는 생각해야 한다. 그리스와 에게 해에 흩어져 있는 수많은 도시국가는 도리아 동맹과 이오니아 동맹이라는 두 개의 주요 유형을 거의 그대로 모방했다. 물론 서로 비슷했기 때문에 그들이 언제라도 결합했겠지만, 그들의 유사성은 몇몇 지배 도시에 의한 식민지화, 즉 **세습**을 통한 전파에 따른 것만으로는 설명되지 않는다. 그들의 유사성은 또한 특히 그 세습을 통한 전파의 뒤를 이었으며 아울러 그리스 문명의 새로운 시대를 연 모방적 전파로도 설명되어야 한다. 왜냐하면 이때에는 토크빌이 말하듯이 산꼭대기에서 일어난 화재처럼 스파르타나 아테네의 외부로의 방사가 있었기 때문이다. 즉 유행에 의한 모방이 있었기 때문이다. 그리고 이 유행이 정착하고 뿌리내리면서 모든 도시에서는 국민 모두의 관습이 되었으며, 그때까지 있었던 것 중에서는 가장 활기차게 세습된 애국심을 북돋아주었다. 그러나 내가 말하는 동화 이전에 자신들의 본래의 제도에 그토록 집착한 그 작은 도시들을 따로따로 살펴볼 경우, 도시를 구성한 여러 부족이 어떻게 해서 이 도시 형태로 결합했는가를 묻는다면, 우리는 그들 간에 유사성이 이미 그전에 존재했다는 것 말고는 다른 이유를 찾을 수 없을 것이다. 그리고 이 유사성은 그 도시들 중 어느 하나가 방사하고 다른 도시들이 자발적이든 강제적이든 그 도시를 모방해서 생겨난 유사성이다.

가령 페리클레스의 시대, 아우구스투스의 시대, 루이 14세의 시대처럼,

과거의 점멸등에 눈길을 돌리듯이 역사가의 시선이 저절로 돌아가는 화려한 시대들은 공통된 특징이 있다. 즉 그 시기에는 한동안 혁신을 급하게 실시하고 빠른 합병과 동화를 행한 다음, 새로운 형태의 사회가 나타나고 새로운 전통이 도래했다는 것이다. 언어는 오랜 변화를 거친 다음 이제부터는 존중되는 하나의 틀 속에 고정된다. 종교는 외부 사상에 너무나도 개방적이어서 생겨난 많은 변화를 거친 다음 자리를 잡고 질서를 갖춘다. 통치제도는 큰 격변을 거친 다음 수정되고 다듬어져서 새로 뿌리를 내린다. 예술은 그 모든 분야에서 무수한 시행착오를 거친 다음 그 **고전적인** 길을 찾으며 이제부터는 그것을 유지한다. 입법은 명령, 칙령, 법률의 혼란을 거친 다음 성문화되어 말하자면 딱딱하게 굳어진다. 이러한 점에서 페리클레스Pericles〔아테네의 정치가, 기원전 495?~429〕는—비록 그가 민주 국가의 지도자이자 고대인 중에서 가장 진취적인 지도자였지만—아우구스투스Augustus〔로마 제국 초대 황제, 기원전 63~기원후 14〕나 프랑스의 태양왕〔루이14세〕과 비슷하다. 페리클레스 치하에서는, 그가 등장하기 전부터 있었던 유행모방, 더구나 상업 문명과 해양 문명이 혼합되어 있는 그리스 세계에서 결코 오랫동안 중단되지 않은 유행모방의 거대한 흐름 때문에 혼란스러웠던 아테네 문명의 모든 요소가 논리적으로 일치했다. 이러한 논리적인 일치는 페리클레스 치하와 마찬가지로 두 위대한 영광의 모방자 치하에서도 일어났다. 아우구스투스 치하에서는 라틴 문명의 요소들이 그전에 로마 공화국을 해체시킨 혼란의 시기를 거친 후 조화를 이루었으며, 루이 14세 치하에서는 프랑스 문명의 요소들이 그전에 프랑스 사회를 해체시킨 혼란의 시기를 거친 후 조화를 이루었다. 페리클레스 치하에서는 아테네의 방언이 퍼져나가 식민지 제국 전체에 강요되었다. 그리고 그것은 퍼져 나가는 과정에서 고정되었으며, 그 이후의 고대 그리스에서 불멸의 언어가 되었다. 또한 페리클레스 치하에서는 조각과 극시劇詩〔poésie dramatique, 희곡 형식으로 쓰여진 시〕가 절정에, 즉 **모범적인 완벽함**에 도달했다. 그리고 마지막으로 통치와 재정은 진실로 보수적인 견고한 기반을 확립했다. 왜냐하면 페리클레스는 지적으로 새로운 것에 마음이 쏠렸으며 외국의 사상가와 작가를 환대하며 받아들였지만, 그는 루이 14세나 아우구스투스와 마찬가지로 보수적이었기 때문이다. 이들 자신은 지적 예술적 생활의 보호자이자 후원자였지만 그 생활을 받아들인 것은 그것을 소유하기 위해서였다.

그런데 이 위인들의 시대나 위대한 통치의 시대에 사람들이 전통으로 돌아간다면, 이는 확대된 전통으로 돌아가는 것이다. 그것도 두 가지 방식으로, [한편으로는] 전통이 지배하는 영토의 확장에 의해서 [또 다른 한편으로는] 전통을 구성하는 요소들의 복잡성에 의해서 확대된 전통으로 돌아가는 것이다. 페리클레스 이전에 아테네는 그리스의 다른 도시국가보다 더 크거나 유명한 하나의 도시국가에 불과했다. 페리클레스와 함께 아테네는 상당히 거대한 제국의 수도가 되어 그 제국의 운명을 쥐었다. 이러한 삶은 강도나 복잡성 면에서 아테네 초기의 삶과는 상당히 다른 것이었다.

우리가 본 대로, 내가 말하는 위대한 세기는 두 가지 측면에서 고찰될 수 있다. 첫째 그 세기는 새로운 **논리적 균형**에 도달한 시기로 간주될 수 있는데, 이러한 균형은 내가 문명 요소들의 **사전**[총 어휘]이 아니라 **문법**이라고 부른 것의 확대 덕분에 얻어진 것이다. 둘째 그 세기는 **전통적인** 생활의 새로운 시대를 향한 출발점으로 간주될 수 있다. 그러나 이 두 측면은 연결되어 있다. 왜냐하면 유행의 바람이 가져다준 혁신들이 조화를 이루었으며 그다음에는 관습으로 고정되었기 때문이다. 혁신들이 조화를 이루었다는 증거는, 그 기억할 만한 시대에 만들어진 모든 것이 드러내는 대칭적이며 심지어는 인위적인 모습에서 볼 수 있다. 행정은 중앙집권화되고 통일되었다. 도시도 변해서 거리와 광장이 기하학적으로 배치되었다. 예를 들면 페리클레스는 시바리스Sybaris[이탈리아 남부의 고대 그리스 식민도시로 기원전 6세기에 패전해 파괴되었다]를 투리Thurii라는 이름으로 재건하게 했다. 쿠르티우스가 알려주는 바에 따르면 이 도시는 "피라이우스Piraeus[아테네 남서부의 항구도시]의 지도를 가지고 만들어졌으며, 세로로는 네 개의 주요 도로가, 가로로는 세 개의 주요 도로가 도시를 관통했다"고 한다. 루이 14세 치하 때 프랑스의 모든 도시에서 이루어진 오스망Haussmann*식 변화는 바보Albert Babeau의 《구체제 치하의 도시 La Ville sous l'ancien régime》에서 읽을 수 있는데, 이 모든 것을 로마 고고학이 아우구스투스 이후의 도시에 대해 알려주는 것과 비교해볼 수 있다. ……게다가 페리클레스는 근엄하고 권위적이며 명문가 출신이고, 일종의 공화주의자 피트William Pitt[영국의 정치가, 1759~1806] 같은 인물이었다. 그는 막강한 해군력과 아테네 제국의 확대를 원했지만 외국인을 도시 안의 애국단체 회원으로 받아들이는 것은 아주 조심스럽게 반대했다. 그는 이 점에서 "낡은 엄격한 법으로" 돌아갔다고 말한다. 그는 민주적으로 통치했지만 모든 민주주의 원리를 억압했다. 즉 그는 "직업의 교체, 권위의 분할, 심지어 공직의 책임도" 없애버렸다. 그는 아우구스투스처럼 국가의 모든 직무를 자신에게 집중시켰으며 이를 통해 자신이 최고 권력자가 되었다.

그렇지만 페리클레스는 겉으로 보기에만 이전의 **참주**僭主들과 비슷할 뿐 실제로는 공통점이 없었다. 참주는 보수적인 관습을 대표하거나 옹호하지 않았기 때문이다. 참주는 전제정치를 했음에도 그의 커다란 장애물인 국민적인 전통을 해체하는 외국 유행의 흐름에 호의적이었다. 이와는 반대로 페리클레스는 전통 생활로 복귀를 시작했다. 왜냐하면 거기에 자신의 이익이 있었기 때문이다.

이것은 페리클레스가 자신의 권위를 강요하고 나라의 제도를 굳건히 하면서 더 국민적이고 전통적인 생활에 대한 욕구를 만들어냈다는 것이 아니

---

* 오스망Georges Eugene Haussman : 독일계 프랑스의 행정관(1809~1891). 나폴레옹 3세의 후원 아래 파리의 도시계획을 수행했다. 도시계획의 가장 큰 특징은 좁은 골목길을 없애고 대로를 만드는 것이었다. 이 오스망 프로젝트는 그 후 모든 도시공학의 토대가 되었다.

다(페리클레스는 그러한 생활에서 일시적으로 이득을 보았는데 불운하게도 그 기간이 너무 짧았다). 모든 전쟁 위기가 그러했던 것처럼 페르시아 전쟁〔기원전 5세기〕도 국민 감정(물론 더 많은 국민의 감정)을 강화시켰다. 국민 감정은 그 이전 시대에는 특히 〔기원전〕 6세기에는 세계시민적 생활에 의해 사라졌었다. 쿠르티우스(2권, p. 476)는 다음과 같이 말하고 있다. "솔론 시대에는 (소아시아의) 이오니아인이 아테네에서 안락한 생활을 했으며 부유한 시민은 자신들의 자주빛 옷감〔부와 권위를 상징〕, 금, 향수, 말, 사냥개 무리, 애첩, 향연을 과시하는 것을 좋아했다. 그렇지만 페르시아 전쟁 이후에는 좀 더 진지한 인생관이 국민 속에 침투했다.……" 사람들이 아테네 조상들의 풍속으로 되돌아갔다. "마라톤 전투의 승리〔기원전 490〕는 아티카Attica〔고대 그리스의 남동부 지방〕의 오래된 종족인 농경민에게 다시 영광을 주었다. 그리고 아테네인의 핵심부가 자신들이 이오니아의 연안 주민보다 우월하다고 생각하면 할수록(자부심은 언제나 관습 모방의 실천과 관련되어 있다는 것을 주목하라), 그들은 또한 언어, 풍속, 관습 등을 통해 자신들을 연안 주민과 구분짓고 싶어 했다." 의상은 단순해져서 본래의 엄격함으로 되돌아갔다. "(소아시아의) 이오니아인과 아테네인의 차이는 완전히 외적인 것이었다. **그러나 이미 오래 전부터** 그들의 풍속과 생활방식은 대조적이었다(이것은 **내적 모방이 외적 모방보다 선행한다는 증거이다**)."

페리클레스 직전 시대인 〔기원전〕 5세기 초와 특히 〔기원전〕 6세기가 외국 모방의 바람이 에게 해와 지중해의 문명화되었거나 문명화될 수 있는 모든 연안에 불었던 시대라는 것을 보여주는 흔적은 많이 있다. 이 시대는 폴리크라테스Polycrates〔기원전 537~523년경까지 사모스 섬을 지배한 참주, ?~기원전 523〕와 그 밖의 그리스 참주들의 시대였다. 이들 모두는 오래된 풍습에 반대하고 외국의 관습을 퍼뜨렸으며 근대식 **행정** 통치의 선구자였다. 게다가 **참주제**가 이 시기에 섬에서 섬으로 급속히 퍼진 것을 보면 이 시대가 외부의 본보기에 얼마나 민감했는가를 잘 보여준다. 이를 더 잘 보여주는 것은, 이집트가 프삼틱Psamtik 1세[기원전 663~610]와 아마시스Amasis 1세[이집트 제18왕조의 초대 왕]의 치하에서 보여준 전대미문의 광경이다. 그들도 마찬가지로 그리스 생활을 모방하고 그것을 유서 깊은 전통의 땅에 도입하려고 했다! 아마시스는 "키레네Cyrene[현재의 리비아로 당시에는 그리스의 식민도시] 여성을 아내로 맞이하고 그리스인과 식사를 같이 했으며, 그리스의 왕자들을 손님 겸 친구로 받아들였다. 그도 (나름대로는 리디아Lydia[소아시아의 서부 지방에서 기원전 7~6세기에 번영한 왕국]에서 마찬가지로 혁신을 일으킨) 크로이소스Kroisos처럼 그리스 신을 숭배했다." 그리고 18세기에는 프리드리히 대왕이 그의 왕국[프로이센]을 프랑스화하려고 했다. 다리우스[페르시아 왕]도 이 그리스화 운동에 참여한 것으로 볼 수 있는데, 그 운동의 형태는 겉으로 드러나지 않았지만 규모는 더 컸다. 적어도 그는 자기 사후에 나타난 거대한 **행정** 제국의 길을 열었다. 페르시아는 그에 의해 "완전히 변했다. 새로운 행정 정신이 낡은 습관을 대신했다."

이때 **개인주의**가 나타났다. "개성이라는 완전히 새로운 감정이 깨어났다." 사람들은 스스로 생각하려고 했다. 철학은 이러한 대담함에서 생겨났다. 소피스트는 지적이며 개인적인 자유의 전달자였다. 이 시대의 세계주의도 거기에서 생겨났다.

두 개의 불균등한 모방 흐름[유행 모방과 관습 모방]은 상이한 수준에서 교대로 이루어지는데, 이처럼 교대로 이루어지는 변화가 정치사에서 행하는 주된 역할에 대해 지금까지 나는 충분히 말했는가? 아마도 아닐 것이다. 그렇지만 우리는 그 증명을 이제는 다음의 두 가지를 더 자세하게 연구하면서 끝마치겠다. 하나는 동일한 힘의 방향에서 일어난 이 단순한 주기적인 변화가 어떤 정치적 결과를 일으키는가이며, 또 하나는 통치 형태가 방금 말한 대로 확대되거나 정착하려면 어떤 성격을 띠어야 하는가이다.

그 결과란 간단히 말하면, 이미 알고 있듯이 정치적 집적의 점진적인 확대와 공고화다. 그다음에는 우리가 보게 되는 것처럼, 행정과 군대의 중앙집권화가 계속 커지는 것과 개인의 통치가 보편화하고 영속화해 마침내는 전통으로 자리 잡을 가능성이 점점 더 커진다는 것이다. 그리고 그 성격은 확대되는 정체政體의 경우 비교적 합리적이고 평등주의적인 모습을 나타내며, 확대된 다음 정착된 정체의 경우 비교적 독창적이며 권위적인 모습을 나타낸다는 것이다. 이 모든 것은 우리의 대비를 두 개의 다르면서도 비슷한 성질의 대비와 비교하면 더 분명해질 것이다. 이 두 대비는 사고의 깊이와 폭이 다르긴 하지만 유명한 두 사상가에 의해 전개되었다.

토크빌과 스펜서는 우리 시대의 느리지만 저항할 수 없는 물결인 거대한 사회 변화를 생생하게 의식했다. 그들은 둘 다 이 변화를 역사의 일반적인 법칙을 보여준다고 생각한 용어로 표현하려고 했다. 스펜서는 특히 우리 시대의 산업 발전에 강한 인상을 받았다. 그는 거기에서 지배적인 특징을 보았다. 그는 그 지배적인 특징이 우리 사회의 다른 모든 특징, 특히 개인의 해방, 즉 타고난 권리가 동의된 권리로 대체되는 것, 개인적인 신분이 계약으로 대체되는 것, 특권이 정의로 대체되는 것, 세습이나 국가에 의해 강제된 동업 단체가 자유롭고 자발적인 결사체로 대체되는 것을 설명할 수 있다고 보았다. 이 관점을 일반화하면서 스펜서는 활동을 약탈 쪽으로 이용하느냐 생산 쪽으로 이용하느냐 또는 전쟁 쪽으로 이용하느냐 평화 쪽으로 이용하느냐, 영원히 투쟁하는 두 문명 유형을 특징짓기에 충분한 하나의 주요한 사실이라고 생각했다. 이때 그 두 문명 유형이란, 하나는 머지않아 죽게 되어 있는 군사형이고, 또 하나는 평화, 자유, 도덕, 사랑 같은 목가적이고 웅대한 미래를 향하는 산업형이다.[26]

토크빌은 여러 조건의 평준화가 유럽이나 미국의 인민을 불가피하게 민

---

[26] 산업형 사회와 군사형 사회의 대비를 처음 만들어낸 사람은 스펜서 씨가 아니라 콩트이다. 콩트는 이 대비를 지적한 것에 그치지 않았다. 그는 종종 그 대비를 상술했으며 심지어는 과장하기도 했다. 예를 들면 그는 산업의 진화와 예술의 진화 사이에 불가분의 유대가 있다고 주장했

주주의로 이끄는 것에 경건한 마음이 들 정도로 깊은 인상을 받았다고 말한다. 그가 보기에는 평등 욕구가 우리 시대의 우선적인 원동력인데, 이는 특권 욕구가 과거의 우선적인 원동력이었던 것과 같다. 그는 이 두 힘의 대립을 근거로 해서 귀족 사회와 민주 사회를 대비했다. 이 두 사회는 언제나 모든 것에서, 즉 정치에서뿐만 아니라 언어, 종교, 산업, 문학, 예술에서도 달랐기 때문이다. 그는 두려움 없이 — 오히려 반대로 분명하게 공감하면서도 지나친 환상도 없이, 또 적어도 스펜서만큼의 낙관론도 없이 — 미래의 민주주의에서 이루어질 평등화의 결과를 예측하고 있으며 그 결과를 곳곳에서 예언적인 방식으로 묘사하고 있다.

많은 점에서 스펜서의 대비와 토크빌의 대비는 나란히 달리며 서로 일치한다. 왜냐하면 스펜서가 군사적이라고 부르는 사회는 바로 많은 점에서 토크빌이 기술하는 귀족 사회이고, 스펜서의 산업 사회는 토크빌의 민주 사회와 동일시되는 경향이 있는 것 같기 때문이다. 그렇지만 군사주의 militarisme는 행정의 중앙집권화를 통해 의무적인 협동과 개인의 억압을 낳고, 산업주의 industrialisme는 자발적인 협동, 개인의 독립, 지방분권화를 초래한다고 스펜서는 말한다. 이와 반대로 토크빌은 그의 매우 확실한 박식함과 매우 심사숙고한 진지한 통찰이 결합되고 응축된 지면에서, 마침내 내키지는 않지만 다음과 같은 사실을 인정하지 않을 수 없다고 말한다. 즉 일반적인 획일성에서 생겨난 민주적인 평등은 우리를 억압적이고 지나치게 규제하는 중앙집권화로 이끌고 있으며, 지역 자치권〔자주권〕과 개인적인

지만, 이러한 유대는 고전적인 고대〔서양의 고전 문화를 꽃피운 고대 그리스-로마 시대의 총칭〕에는 보이지 않는다. 그래도 이러한 관점에는 근본적으로 많은 진실이 있다.

다만 산업 활동의 이점과 또 전쟁 활동에 대한 산업 활동의 우월성을 과장할 때에도, 콩트는 그 구분을 이른바 사회학의 **분수령**으로 간주할 정도로 그것의 중요성을 과장하지는 않으려고 조심했다. 종교의 진화, 신학과 과학의 형식, 그 관념들 간의 연속성 및 구분이, 이 이차적인 고찰을 매우 광범위하게 지배한다는 것을 그는 잘 알고 있다. 그리고 이것은 스펜서 씨가 보지 못한 점이다.

신분 보장은 귀족제의 차별적인 불평등한 시대에 훨씬 더 많이 보호받았다는 점을 인정해야 한다는 것이다. 이러한 고백을 하는 그 자신도 괴로웠을 것이다. 그리고 토크빌이 평등보다는 자유에 대한 열렬한 사랑을, 순응주의적이며 불관용적인 사회 상태, 한마디로 말해서 그가 분명하게 예견한 사회주의적인 사회 상태에 대한 공감과 어떻게 화해시켰는지 나는 모른다. 그렇지만 그의 자유주의는 영국의 위대한 진화론자(스펜서)의 그것만큼 모순적이지는 않다. 어쨌든 이 두 사람 중 누가 옳은가? 토크빌에 찬성해, 귀족주의 체제는 분권적이고 분화적이며 어떤 의미에서는 자유주의적인 반면에, 민주주의 체제는 중앙집권적이고 평준화하며 권위주의적이라고 생각해야 하는가? 아니면 그와는 반대되는 것처럼 보이는 스펜서의 명제에 동의해야 하는가?

 나는 토크빌의 주장에 더 많은 진실이 있다고 생각한다. 그렇지만 토크빌은 그의 사상의 한 측면을 매우 분명히 하지 못하고 모호한 상태로 내버려두는 잘못을 저질렀다. 왜냐하면 근본적으로 그가 말하는 귀족주의 체제란 대부분의 경우 관습이 지배하는 제국을 의미하고, 민주주의 체제란 유행이 지배하는 제국을 의미하기 때문이다. 만일 그가 자신의 사상을 내가 방금 한 대로 표현했다면, 그는 이론의 여지없이 옳았을 것이다. 그러나 그의 표현은 부정확했다. 왜냐하면 전통의 정신과 연결되는 것이 귀족주의의 본질은 아니며, 모든 민주주의가 새로운 것을 환대하지는 않기 때문이다. 그럼에도 토크빌의 장점은 권력, 권리, 감정이나 관념의 세습적인 기원과 비세습적인 기원을 구분했으며 이 구분이 대단히 중요하다는 것을 무시하지 않았다는 사실이다. 반면에 스펜서는 그 구분을 소홀히 하거나 거의 언급하지 않았다. 스펜서는 세습적이고 관습적인, 즉 봉건적인 군사주의와 현대인에게 고유한 자발적이고 외부에 대해 모방적이며 법에 따른 군사주의를 구분하지 않았다. 그에게 중요한 사실은 일상적인 활동의 성질이 호전적이냐 근로적이냐다. 그러나 군사 조직이 본질적으로 강제적이라는 것을 핑계로 해서 군대가 지배하는 모든 나라에는 의무적인 협력이 있다고 말하는 것은, 큰 공장이 미개 시대의 유목민 무리나 [봉건 시대의] 가신 집단 심지어는 근대의 군부대 못지않게 권위적으로 지배되고 있다는 것을 잊어버리는 것이다. 잉카 제국의 페루는 하나의 커다란 병사兵숨라기보다는 오히려 하나의 커다란 생활 공동체로 보아야 하지 않는가? 그렇지만 그 어떤 군사적 전제정치도 이 농업적 전제정치보다 더 통제적인 것은 없었다. 관습에 대한 복종이 중국을 제외하면 이보다 더 엄격한 곳은 없었기 때문이다. 중국은 세계에서 가장 비호전적이고 근로적인 나라이다. 어쨌든 이 나라에서는 공허한 말로는 만족하지 못하고 협동이 더할 나위 없이 의무적이다. 절대적인 불관용주의[배타성]가 지배하며, 그처럼 넓은 영토에 철도와 전보가 없음에도 행정의 중앙집권화는 매우 멀리까지 행해진다. 왜냐하면 관습의 속박과 조상의 지배가 황제를 비롯해 모든 사람을 짓누르고 있기 때문이다.[27]

스펜서는 프랑스 구체제의 규제적이고 중앙집권적인 성격(이러한 성격은 우리가 아는 것처럼 대혁명으로 더 강화되었다)을, 영국보다 더 잦은 전쟁 때문에 프랑스에서 발전한 군사주의 탓으로 돌리고 있다. 그렇지만 이러한 성격

---

[27] 혹시 전쟁의 습관이 권위를 세습적이 되게 하고 또 그 권위를 더 단단하게 만드는가? 그렇지 않다. 전쟁의 승리가 이미 존재하는 귀족 계급의 확대를 일으킬 수 있으며, 어쩌면 귀족 계급을 탄생시킬 수 있다. 그러나 이것은 사회가 관습의 지배 아래 있고 또 그 결과 모든 권력을 세습되게 하는 성향이 있다는 조건에서다. 반대의 경우에는 그런 일이 결코 일어나지 않는다. 현재의 유럽에서 전쟁이 20년간 계속되면 봉건체제가 생겨날 것이라고 생각할 수 있는가? 오늘날의 그것보다 더 파렴치한 금권정치에 기댄 독재가 생겨날지도 모른다. 그 이상은 아니다. 사실 모든 귀족 계급의 최초 기원은 농촌적이고 가부장적이며 하인적이었다. 귀족 계급은 그것이 호전적이지 않을 때 특히 생명력이 강하고 영속적이다. 예를 들면 스위스의 귀족 제도가 그러하다. 스위스는 공화제이며 연방제임에도, 대륙의 다른 모든 나라가 민주화를 시작한 지 한참 지난 오늘날까지도 귀족 제도가 유지되었다. 그럼에도 군사주의 사상이 보통 귀족체제 사상과 연결된다면, 이것은 관습보다 귀족이 우월한 것에서 생겨나는 영토 분열이 무력 충돌의 기회를 증대시키기 때문이다. 산업주의가 군사주의와 그토록 양립할 수 없는 것은 아니다. 아마도 중세에 가장 호전적인 도시였을 피렌체는 또한 같은 시대에 유럽에서 가장 산업적인 나라이기도 했다. 또 하나의 예는 고대 아테네일 것이다.

은 왕권의 확장에 따라 점점 강해졌다는 것에 주목해야 한다. 왕권은 무엇보다도 자유도시, 즉 산업 계급에 의지하면서 봉건영주라는 호전적인 카스트의 이익을 해칠 정도로 확대되었다. 왕권은 때때로 일어나는 대외 전쟁을 막지는 못했지만 적어도 끊임없이 계속되는 국내 분쟁은 막아주었기 때문에, 노동하기에는 매우 좋은 여건이 마련되었다. 프랑스 왕은 본질적으로 평화를 가져다주는 자였다. 영국이 비교적 분권적인 나라였다면, 이는 영국이 여전히 귀족제 국가였기 때문이다. 지난 세기[18세기] 말 이전에는 프랑스보다 더 나을 것이 없었던 영국의 산업적 부는 이 결과[분권제]와는 아무 관계없다. 오늘날의 국가들이 국가사회주의로 나아가는 아주 최근의 경향에 대해 말하자면 — 이러한 경향은 자유주의가 산업 발전에 영향을 미쳤다는 스펜서의 논리를 매우 강력하게 반박하는 것이자 정치의 미래에 대한 그의 견해를 매우 명백하게 반증反證하는 것이다 — 그 경향을 최근의 보불전쟁[1870~1871]이 유럽에 강요한 과도한 무장화의 우연적이며 일시적인 결과로 해석할 수 있는가? 어느 모로 보나 지속될 것 같은 이 깊고 거역할 수 없는 움직임을 일시적이고 외적인 원인이 아니라, 내적이고 지속적인 원인, 게다가 근대 국가의 진보를 근대 산업 및 근대 민주주의 발전과 밀접하게 관련시키는 원인의 탓으로 돌리는 것이 더 정확하지 않겠는가?[28]

    이 원인은 본보기를 전적으로 자기 뒤에서, 즉 과거에서 찾지 않고 자기

---

[28] 미합중국에서조차 본질적으로 평화적인 이 나라 국민의 성격에도 불구하고, 중앙집권화를 향한 보편적인 성향이 눈에 띈다. 《경제학자 저널 Journal des économistes》(1886년 7월)은, 보스턴에서 발간되는 미국 잡지 《계간 정치과학 Political science quarterly》 3월호에서 버지스John William Burgess[미국의 정치학자, 1844~1931] 씨의 한 논문이 다음과 같은 것을 증명해준다고 말한다. "주를 지방이나 도가 될 정도로 그 중요성을 줄이고 연방의 중요성을 늘리는 내적인 발전이 이루어지고 있다. 게다가 필자는 연방이 언제나 주보다 우위에 있었다는 것을 증명한다." 또한 이 주제에 대해서는 《현대의 미합중국 États-Unis contemporains》(4판, 1888년)이라는 클로디오 자네Claudio Jannet[프랑스의 변호사이자 저술가, 1844~1894] 씨의 흥미롭고 유익한 저작도 보라.

주위에서, 즉 현재에서 찾는 습관에 있는데, 이러한 습관은 나날이 일반화되고 있다. 주목할 만한 것은, 그 반대의 습관[본보기를 과거에서 찾는 습관]이 지배했을 때에는 전쟁과 평화, 성의 소재지와 동업조합의 노동이 봉건적 분열 상태를 유지하는 데 협력했던 것처럼, 이 습관[본보기를 현재에서 찾는 습관]이 지배하면서부터는 전쟁에 의해서건 평화에 의해서건 현대의 국가들이 지나친 중앙집권화와 통합, 민주주의의 확대 및 심화의 길로 나아가게 되었다는 것이다. 왜 그런가? 외적인 모방이 관념과 취향, 관례와 욕구의 거대한 획일성을 낳기 때문이다. 이 획일성은 동화된 민족 간의 융합뿐만 아니라 권리와 조건의 평등, 즉 많은 점에서 비슷해진 각 나라의 시민 간의 법적 유사성도 가능하게 하며, 그 후에는 그것을 필요한 것으로 만든다. 게다가 그 획일성은 대규모 산업, 즉 기계에 의한 생산과 대규모 전쟁, 즉 기계에 의한 파괴를 처음에는 가능하게 하다가 나중에는 그것을 필요한 것으로 만들기 때문이다. 마지막으로는 한 인간을 다른 인간과 똑같은 가치를 갖게 하는 이 획일성은 필연적으로 인간을 똑같은 단위로 취급하도록 만들기 때문이다. 즉 그들의 의지는 보통선거를 통해서, 그들의 행동은 통계를 통해서 수치로 고찰하게 하며, 아울러 그들 모두로 하여금 행정이나 관청이라고 불리는 그 밖의 기구를 통해 하나의 획일적인 규율에 따르도록 하기 때문이다. 여기에서 본질적이며 진정으로 원인이 되는 것은 계급 간의 또 민족 간의 외적인 관계의 증대이다. 이러한 생각이 옳다는 것은 다음과 같은 사실이 잘 보여주고 있다. 즉 출판, 수송 및 통신에 관해서 근대적인 발명이 나타나자마자 문제의 사회 변화가 일어났다는 것이다. 또한 이 사회 변화는 그 발명의 전파와 나란히 전개되었으며, 아직 그 변화가 시작되지 않은 곳이라도 철도를 내고 전신주를 설치하기만 하면 그런 변화가 시작된다는 것이다. 토크빌이 일반적으로 모든 민주주의 특히―그가 다른 사람들보다 앞서 그 모습을 그려냈던―유럽 민주주의에 속한다고 간주한 특징이 미국 민주주의에서 크게 눈에 띌 정도로 나타난다면, 이는 북아메리카가 유럽보다 앞서서 증기선과 철도 등 새로운 수송 방식을 폭넓고 과감하게 이용했기 때문이다. 즉 사람들이 그토록 많이 그토록 빨리 여행하는 곳도, 그토록 많이 편지와 전보를 주고받는 곳도 없었기 때문이다.

게다가 우리의 민주주의가 오래도록 살아남아 마침내 정착하면, 그때의 민주주의는 토크빌이 묘사하는 것과 많은 점에서 다를 것이라고 생각해서는 안 되는가? 민주주의 체제가 본질적으로 내가 유행이라고 부르는 것의 지배를 함축하고 있다는 것은 사실인가? 그 결과 민주주의 체제에서는 여론과 관례가 그 형태가 일정하지 않고 전제적이면서도 언제나 불안정할 수밖에 없는가? 그리고 다수파는 전능하면서도 선견지명이 없고 변덕스러울 수밖에 없는가? 나에게는 그렇게 생각할 이유가 보이지 않는다. 사회적 존재는 결국 그가 아무리 사회적이라 해도, 생식에 의해서 또 생식을 위해서 태어난 생물적 존재이다. 그는 자신의 사회적 형태를 영속시키기를 원하며 이를 위해서는 그 사회적 형태를 생물적 형태와 결합해서 피로 전달하는 것보다 더 좋은 방법이 없다는 것을 알고 있다. 자기 운명의 끝까지 나아간 모든 문명, 즉 이집트, 중국, 로마 제국은 다소 확대된 사회의 광경을 나타냈다. 이러한 사회는 마치 일종의 좋은 전염병에 의한 것처럼, 일련의 제도와 사상으로 **전환한** 다음에는 효심〔경건한 마음〕으로 오래전부터 그 제도와 사상에 몰두하고 자신을 그 속에 가두어버렸다. 나는 중국에 대해서는 이미 말했다. 로마 제국의 마지막 수세기는 평등하지 않고 그와 반대로 귀족적이지만, 매우 획일적인 동시에 매우 안정되고 인습에 젖어 있는 사회의 모습을 보여주었으며, 게다가 매우 중앙집권화된 행정에 따라 통치되었다. 고대 이집트는 어느 정도 민주적이었지만, 역시 마찬가지로 나일 강 유역의 한쪽 끝에서 다른 쪽 끝까지 획일적이었고 행정의 중앙집권화가 두드러졌으며 또한 놀라울 정도로 불변성을 나타냈다. 이 모든 예와 논의는 우리에게 다음과 같은 생각이 들게 한다. 즉 우리의 현대 사회가 (바다의 파도로 말미암아 배가 자유롭게 출렁거리는 모습처럼) 개인의 자유에 순간적으로는 유리한 일시적인 이동성을 나타내고는 있지만, 관습이 뿌리를 내려 보편적인 획일화라고 하는 현재의 작업이 완성되는 시대를 향해 자신도 모르는 사이에 나아가는 것이 아닌가라는 생각이 들게 한다. 토크빌은 그의 책 끝에서 이러한 예감을 했다. 민주주의 국가는 일단 확립되면 혁명을 조장하기는커녕 오히려 혁명을 반대한다고 그는 말한다. 그리고 그는 덧붙여 말한다. "내가 추측하는 바로는, 어떤 나라의 정치체제가 평등주의와 결합하게 되면 그 사회는 지금까지 서양에 있었던 그 어떤 사회보다 더 정체적이 될 것이다."[29]

---

[29] 토크빌을 주의 깊게 읽어보면 다음과 같은 사실을 알아차릴 수 있을 것이다. 즉 그는 모방의 원리를 공식화하는 수고를 결코 하지 않았지만, 그는 언제나 그 모방의 원리를 따라가고 있고 또 기묘하게도 그 결과를 나열하고 있다는 것이다. 그러나 만일 그가 그 원리를 분명하게 표현하고 그의 추론 맨 앞에 제시했다면, 그가 사소한 많은 오류와 모순을 저지르지 않았을 것이라고 나는 생각한다. 그는 매우 적절하게 다음과 같이 말한다. "비슷한 믿음 없이 번영할 수 있는 사회는 없다. 아니 오히려 비슷한 믿음 없이 존속하는 사회는 거의 없다. 왜냐하면 공통된 관념이 없으면 공통된 행동도 없고, 공통된 행동이 없으면 인간들은 있어도 사회체는 없기 때문이다." 이것은 근본적으로 진정한 사회적 관계가 모방하는 것에 있다는 것을 뜻한다. 왜냐하면 관념(내가 말하는 것은 사회가 필요로 하는 관념이다)의 유사성은 언제나 획득된 것이지 결코 타고난 것이 아니기 때문이다. 토크빌은 민주주의 국가에서 다수파의 전능함(이것은 미래의 무서운 문제이다)과 여론의 독특한 힘(이것은 모든 사람의 정신이 개개인의 정신에 행사하는 일종의 '거대한 압력'이다)을 평등으로 설명하는데, 이는 옳다. 또 한편으로 그는 평등을 유사성으로 설명한다. 사실대로 말하면 평등은 유사성의 한 측면에 불과하다. 사람들이 서로에게 동일한 권리를 인정하는 것은 그들이 어느 정도까지는 서로 비슷할 때뿐이라고 그는 말한다. 여기에 덧붙일 것이 있는가? 단 한마디 말인데, 그것은 없어서는 안 되는 말이다. 그것은 모방이 결코 타고난 것이 아닌 이 유사성을 만들었으며 또 만들었음에 틀림없다는 것이다. 따라서 모방은 모든 것이 유래하는 진정으로 사회적인 행위다.

토크빌은 계속 말한다. "민주주의 세기에서는 극심한 이동성과 그들의 참을 수 없는 욕망으로 인해 사람들은 끊임없이 장소를 바꾼다. 그리고 여러 지방의 주민은 서로 섞이고 만나며 서로의 말에 귀를 기울이고 서로 모방한다. 비슷해지는 것은 한 나라의 구성원들만이 아니다. 국민들끼리도 동화된다." 민주주의 혁명이라는 말로는 우세한 유행 모방의 효과를 잘 기술할 수 없을 것이다. 토크빌은 사람들로 하여금 살아 있는 현실을 보지 못하게 하는 일반적이며 추상적인 관념으로 향하는 민주주의 경향에 대해 기발하며—내가 생각하기에는—확실한 이유

4. 법률

통치에 관한 지금까지의 고찰은 법률에도 적용할 수 있다.[30] 법률은 정치와 군대를 만들어내는 것과 마찬가지로 종교의 특수한 발전에 불과하다. 그리고 사실 법이란 본래 왕권처럼 신성한 것이다. 〈신명기〉〔구약성서의 첫머리에 있는 모세오경 중 마지막 책으로 주된 내용은 모세에 의한 율법 설명이다〕, 고대 아일랜드의 브레혼Brehon〔재판관〕 법전, 마누Manou 법전〔고대 인도의 법전〕처럼 가장 오래된 법률집은 전설 이야기나 우주 생성에 대한 설명과 복잡하게 뒤얽혀 있다. 이를 통해 교의를 세우고 사후에 신격화되는 예언자는 명령을 내리는 입법자이자 통치하는 왕이라는 것을 알 수 있다. 역사의 초기에는 가족의 아버지가, 또 무리의 우두머리가 그 모든 기능을 동시에 지니고 있었다. 그의 본질적인 신분은 제사장이라는 것이다. 그러한 만큼 그는 결국 우두머리이자 심판관이다. 그는 집단의 단체 행동을 그 구성원 모두에게 공통으로 이익이 되게끔 지휘하는 우두머리이다. 그리고 자신의 권위를 내세워 구성원 간의 분쟁을 조정할 때는 심판관이다. 분쟁을 조정하는 일이 이어지고 그 방식에 일관성이 있다면, 즉 그가 오늘날의 법학자들이 말하는 것처럼 판례를 갖게 되면, 그는 결국 분쟁을 미연에 방지한다. 그때부터 이 작은 사회에 법이 있게 된다. 그것은 그의 이전의 판단에 대한 기억인데, 이 기억은 앞으로의 판단에 대한 예상도 함축하고 있다. 따라서 법률이라

를 제시하고 있다. 즉 사람들은 훨씬 더 비슷해지면서 자신들을 덩어리로 보고 합산하는 데 어려움이 없어졌으며 또 모든 것을 그렇게 보는 습관을 갖게 되었다는 것이다. 이것은 모방의 또 하나의 효과이다. 나는 이와 비슷한 수많은 것 중에서 다음과 같은 인용문을 선택한다. 토크빌은 또한 다음과 같이 쓴다. "많은 수의 시민을 동일한 정부 아래 유지시키는 것은, 결합해 있고 싶어 하는 깊이 생각한 의지라기보다는 본능적이고 어떻게 보면 비자발적인 동의다. 이것은 감정의 유사성과 의견의 비슷함에서 생겨난다."

30 법의 형성에서 모방과 사회논리학 역할에 대해서는 나의 《법의 변형 Transformations du Droit》을 보라.

는 것은 처음에는—실제로 언제나 근본적으로는—축적되고 일반화되고 자산화된 정의에 불과하다. 이는 헌법이 축적되고 일반화되고 체계화된 정치에 불과한 것과 같다. 법률과 정의의 관계, 헌법과 정치의 관계는 제네바 호수〔스위스에 있는 레만 호수〕와 론Rhône 강*의 관계와 같다.

일반적으로 전통에 따라 전해진 관습법과 혁신적인 여론의 흐름에서 생겨난 성문법의 차이는 자연발생적인 헌법과 합리주의적인 헌법의 차이나 폐쇄적인 종교와 포교에 열을 올리는 종교의 차이, 심지어는 방언과 세련된 언어의 차이와 같다. 방언, 국지적인 신앙, 원초적인 형태의 통치체계, 관습은 세대에서 세대로 전해지는 것을 원한다. 세련된 언어, 개방적인 종교, 만들어진 헌법, 새로운 법전은 한 나라의 범위 안에서든 외부로든 점차 퍼지기를 원한다. 그렇지만 가장 널리 퍼진 언어도 처음에는 다른 여러 개 중 하나의 방언에 불과했으며, 가장 널리 번지고 있는 종교도 처음에는 어느 한 협소한 종파에서 생겨났다. 가장 의기양양하거나 가장 우쭐대는 헌법은 〔대혁명 후〕 국민의회 의원들이 매우 심취한 스파르타의 정부처럼 작은 지방정부에서 암시를 받았거나, 아니면 적어도 우리 국회의원들이 아직도 열광하는 영국정부처럼 전통적인 정부에서 암시를 받았다. 마지막으로 로마법처럼 가장 전염성이 있는 법이나 거기에서 파생된 잡종인 근대 프랑스법은 원시적인 로마 시민법이나 프랑크족의 법과 같은 소박한 관습에 그 원천을 두고 있다. 또한 매우 널리 퍼진 언어, 종교, 헌법, 법령조차도 확대된 다음에는 다시 자신을 모으고 전파된 다음에는 국지화하지만, 이번에는 다시 규모도 더 크고 복잡해진 방언, 지역 숭배, 특수한 헌법이나 관습이 된다. 따라서 반복해서 말하지만, 여기에는 고찰해야 할 세 가지 국면이 있다. 다른 모든 측면과 마찬가지로 법률의 관점에서도 그 국면들의 특징

---

* 스위스의 이탈리아 국경에 가까운 알프스 산중에 있는 론 빙하에서 발원해 제네바 호수로 흘러들어간 다음 프랑스 남동부를 거쳐 지중해로 흘러드는 강.

은 잘 드러난다. 첫 번째 국면에서 법률은 그 형태가 매우 다양하면서도 매우 안정되어 있다. 즉 나라마다 매우 다르지만 시대마다는 그다지 변함이 없다. 두 번째 국면에서는 반대로 법률은 매우 획일적이며 변하기가 쉽다. 이것은 현재의 유럽이 보여주고 있는 광경이다. 세 번째 국면에서 법률은 이미 지니고 있는 획일성에 다시 찾은 안정성을 겸하려고 한다. 언뜻 보아도 알 수 있는 것처럼, 이것이 바로 법률의 역사 전체가 연주하는 리듬이다.

가족 또는 유사가족마다 고유의 법을 지닌 때가 있었다. 그다음에는 씨족마다 부족마다, 그다음에는 도시마다, 그다음에는 지방마다 고유의 법을 지녔다. 이 연속적인 발걸음 하나하나가 법률 분야에서 앞으로 이루어질 통일을 향해 어떻게 나아갔는지를 이해하려면, 지역법에서 국가법으로 이행이 어떻게 이루어지는가를 살펴보아야 한다. 프랑스의 각 지방은 오랫동안 별개의 관습을 갖고 있었지만, 점차 왕의 명령이 그것에 포개졌다. 더 주목해야 할 것은 각각의 의회나 법정이 새로운 법을 자기 나름대로 해석해 별개의 판례〔법 원리〕를 만들어냈다는 것이다. 이러한 사법 습관은 법률을 본래의 지방색으로 되돌아가게 했다. 왜냐하면 아직도 세습적인 모방이 지배하는 시대에는 법이 그 지방색에서 벗어날 수 없었을 것이기 때문이다. 그러나 마침내 전염적 모방, 즉 법률 제정과 재판에 관한 파리의 혁신을 본받는 경향이 결정적으로 우세해지면서, 프랑스의 모든 지방은 대혁명기와 제정帝政기 파리의 입법가들이 공포한 법에 순순히 따랐다. 이들 지방은 그 자신의 조상의 권위와 그들 특유의 법률가의 권위에는 더 이상 복종하지 않았다. 게다가 각 법원이나 재판소의 판례는 파기원Cour de cassation〔프랑스 최고법원〕의 판례를 본받았다(강제로 그렇게 되었다고 말하는 사람도 있지만, 영토 내에서 동조주의 욕구가 절대적이지 않았다면 어찌 그렇게 되었겠는가?). 덧붙여서 말하면, 이미 이 국가적 판례라는 것은 그런 식으로 유행을 통해 확립된 다음 전통으로 뿌리내려서 법을 변하지 않게 하는 경향이 있다. 12표법十二表法〔로마 최고最古의 성문법(기원전 451~450). 12동판법이라고도 한다〕은 나중에는 로마의 유서 깊은 전통이자 신성한 관습이 되었지만, 처음에는 외국에서 도입한 것이었다. 유행 모방의 대단한 열기가 그것을 받아들이게 했다.

이러한 움직임이 이루어지는 동안 더욱 장대한 변화가 시작되었다. 처음에는 지역법 위에 국가법을 쌓아올리고 그다음에는 지역법을 그 국가법으로 대체할 수밖에 없게 한 바로 그 원인이 여러 국가법으로 하여금 그중의 하나를 반영해 미래의 법체계의 통일을 준비시켰다. 혁신이 분출하는 시대였지만 그 혁신이 전염되는 시기이기도 했던 16세기에는 로마법이 흩어져 있던 재에서 되살아나 모든 나라에 퍼졌으며, 동시에 각 나라에서는 왕권의 발전이 법체계를 통일시켰다. 어제는 나폴레옹 법전le Code Napoléon*이 프랑스 제국의 국경을 넘어 퍼져 나갔다. 오늘은 불행하게도 매우 강력한 위세를 지닌 권위가 어디에서도 나타나지 않아, 멀리 있어도 눈이 부실 정도의 새로운 기념비적인 법이 만들어지고 있지 않다. 그러나 어디에선가 그처럼 권위 있는 법이 나타난다면, 토렌스법l'act Torrens**의 상대적인 성공이 보여주듯이, 그것은 도처에서 전례 없을 정도로 빠르게 모방될 것이다. 진정으로 새로운 법적 해결책이 없는 경우, 예를 들면 산업재해나 노동법 제정에 관한 새로운 법률 문제가 큰 나라든 작은 나라든 어떤 나라에서 정식으로 명확하게 규정된다면, 바로 다른 모든 나라에서도 열광적인 반향이 일어날 것이다.

그런데 외부의 것을 자유롭게 모방하는 근대 대중의 성향만이 프랑스

---

* 1804년 나폴레옹 1세 때 제정 공포된 프랑스 민법전의 별칭. 나폴레옹 1세는 1807년 법률로써 이 민법전을 나폴레옹 법전이라고 명칭을 바꿨다. 이 법전이 채택하고 있는 소유의 절대성, 계약 자유의 원칙, 과실 책임주의 등은 근대 시민법의 기본 원리로서 그 후에 제정된 각국 민법전의 모범이 되었다.
** 부동산의 권원權原[어떠한 행위를 법률적으로 정당화하는 근거]을 관할 법원에 등록하게 하고, 등록된 부동산에 대한 권원을 법원이 보증하는 제도. 오스트레일리아에서 개발되어 영국과 캐나다의 많은 주, 미국의 일부 주에서 사용하는 제도로서 등기부의 공신력이 인정된다.

법전의 전파를 특히 가능하게 했다는 것이 옳다면, 몇몇 도시에서 똑같은 지역법이 확립되었거나 몇몇 부족에서 똑같은 자치법이 확립되었던 과거에도, 비슷한 성향이 당시의 대중에게서 나타났다고 판단해야 하지 않겠는가? 또 그러한 성향이 없었다면 법영역에서 이러한 점차적인 확대가 일어나지 않았을 것이라고 판단해야 하지 않겠는가? 프랑스와 독일에서 전에는 매우 다른 관습에 지배되었던 상당 수의 도시들이 12세기와 13세기에는 비교적 유사한 법을 갖고 있었다. 프랑스에서 이러한 획일성이 확립된 것은 당시의 대중이 열광한 최초의 도시자치 헌장이 모방을 통해 전파되었기 때문이라는 것을 우리는 알고 있다. 또한 이와 관련해서 서로 모방하겠다는 생각이 도시들에서 생겨난 것은 이 도시들이 이미 상업이나 동맹, 언어나 혈연에서 서로 많은 관계를 맺고 있었기 때문이라는 것도 우리는 알고 있다. 예를 들면 로리스Lorris(프랑스 중부의 루아레Loiret 지방의 한 마을)의 관습은 국왕령과 샹파뉴Champagne(프랑스 북부 지방)에 대단히 빠르게 퍼졌다. 독일도 사정은 마찬가지였다. 슐테Johann Friedrich Ritter von Schulte(독일의 교회법학자, 1827~1914) 씨는, 독일법의 역사에 대한 그의 고전적인 책(《독일 제국의 역사와 법제사에 대한 교본Lehrbuch der deutschen Reichs-und Rechtsgeschichte》, 1870년)에서 "라인 지방 도시들의 거의 모든 자치법은 쾰른 지방 도시들의 자치법과 관계있다"라고 말하고 있다. 라인 지방의 도시들은 이 계속되는 상호 모방의 흐름을 통해 공동생활을 영위하고 있었는데, 이 흐름은 라인 강의 흐름에 따라 유지되고 그 강의 흐름으로 상징되었다. 동일한 저자(슐테)는 다음과 같이 말한다. "뤼베크Lübeck(독일 북부의 항구도시. 중세의 한자동맹에서 발트 해의 중요 항구)의 법은, 홀슈타인Holstein과 슐레스비히Schleswig(두 도시 모두 독일 북부 지역 도시로 14세기에 합병되었다)의 법과 발트 해 연안에 있는 대부분 도시의 법에 본보기가 되었다." 마그데부르크Magdebourg(독일 동부에 있는 도시) 법도 마찬가지로 할레Halle, 라이프치히Leipzig, 브레슬라우Breslau 및 그 밖의 "자매도시들"이 모방하고 발전시켰다. 그리고 브레슬라우에서 "그 법은 실레지아

Silesia〔유럽 중부의 지방〕, 보헤미아Bohemia〔체코의 서부 지역〕, 폴란드, 모라비아 Moravia〔체코의 동부 지방〕로 퍼졌으며, 동부에서는 거의 모두 그 법을 따랐다." 그럼에도 이처럼 유행에 따라 퍼지고 약간 수정된 다음에는, 헌장이든 자치법이든 어떤 이름으로 불리었던 간에 그것은 곧 관리자의 마음속에서 가장 소중한 관습이 되었다.

이러한 생각을 확신한다면, 옛날 법과 새로운 법을 구분하는 오류, 즉 그 둘 사이에 인위적인 차이가 생기게 하는 오류를 피할 수 있을 것이다. 또 전자에서 후자로의 **전환**이 실제로 세계의 역사에서 한 번밖에 일어나지 않았다고 추측하는 오류도 피할 수 있을 것이다. 과거의 법을 매우 깊이 연구한 유명한 사상가 섬너 메인 씨도 이러한 종류의 착각에서 벗어나지 못했다. 그에 따르면, 법에서 이루어진 위대한 혁명이자 중대한 혁명은, 그가 추측하기에는 정치적 법적 결합의 기초로서 가족이라는 혈족관계 관념이 영토라는 공동 거주 관념으로 대체되었을 때 일어난 혁명이다. 이러한 관점에 많은 진실이 있는 것은 사실이다. 그렇지만 이 관점을 명확하게 말하고자 한다면, 그것은 다른 용어로 표현되어야 하며 또 그렇게 표현해야 이득이 될 것이다. 확실히 가족이란 오랫동안 도덕적 의무로 둘러싸여 있는 좁은 영역이었으며, 그 외부의 세계 전체는 사냥터였다. 따라서 고대의 가부장은 가정에서 상급 및 하급의 재판권〔모든 권한〕을 갖고 있었다. 그는 자신의 아내, 노예 및 아이도 사형에 처할 수 있었다. 그런데 이 완전히 폐쇄된 가족생활이라는 것이, 외부의 모든 본보기에 대해 부모가 선포한 완전한 경멸이 아니라면 무엇이란 말인가? 잘 알다시피 그러한 배척은 유지되기 힘들다. 조금씩 가정의 장벽은 무너지고, 외부의 영향이 아버지 쪽의 전통에 더해진다. 여러 가족이 상호 차용의 길에 들어가기 시작하면, 이웃관계는 친족관계와 협력해서 법적 유대를 만들어낸다. 그러나 그때까지 인정받은 유일한 연대 유형은 보통 혈연관계이기 때문에, 우애의 유대가 처음에는 양자결연이나 다른 방법으로 허구적인 형태로fictivement 들어왔다. 이 양자결연의 부자관계는 훗날 기독교 국가에서 정신적인 부자관계, 즉 대부 代父와 영세 대자녀代子女의 권리 및 그에 따른 의무의 관계와 관련 있을 것이다. 또한 유모와 젖먹이 아이의 관계(아일랜드의 수양 제도fosterage)*나 정신적인 유모, 즉 교사와 제자의 관계도 그러할 것이다. 예를 들면 아일랜드에서는 교사가 제자의 재산을 계승할 권리를 갖고 있었다. 계속해서 섬너 메인에 따르면, 이 나라에서는 교회 조직 자체, 즉 수도원과 주교구 전체가 하나의 진짜 부족 같은 모습을 나타냈다. 모든 수도원에서 수도사나 수녀가 의무적으로 독신생활을 하면서도 서로를 아버지나 형제, 어머니나 자매라고 부른 것도 어쩌면 이와같은 허구[가공의 관계] 때문일 것이다.

그렇지만 혈연 관계가 없는 사람들이 점점 더 많이 함께 어울리고 서로 동화됨에 따라서, 전과 같은 허구[가공의 관계]를 모든 새로운 관계에 확대하는 것이 불가능해지자 그러한 허구는 포기되지 않으면 안 되었다. 그리고 같은 나라 안에 산다는 사실만으로도 사람들을 법적으로 서로 구속하기에 충분했다. 왜 그런가? 대부분의 경우, 같은 나라에 사는 사람들은 서로 모방하는 습관에 따라 매우 비슷해졌기 때문이다. 예외적으로 그들 중 한 집단이 다른 집단들과 매우 다를 때는(예를 들면 중세 때의 유대인, 아메리카의 흑인, 펠리페 2세 때 스페인의 무어인, 또는 16세기에 개신교 국가의 가톨릭교도나 가톨

---

* 아이를 수양부모에게 맡기는 일은 중세 아일랜드에서는 일반적인 양육 형태였다. 젖먹이 아이일 때 유모에게 맡기는 것이 흔한 경우지만, 친부모의 결정에 따라 다섯 살, 일곱 살, 열 살 때 아이를 양부모에게 맡기는 경우도 있었다. 양부모가 애정으로 아이를 맡는 경우 친부모는 양육비를 지불하지 않았지만, 그렇지 않은 경우 친부모는 아이를 길러주는 가정에 양육비를 지불했다. 아일랜드의 법은 소농의 아들을 키우는 데는 암소 한 마리 반을, 왕자의 경우에는 암소 열다섯 마리를 양육비로 규정했다. 여자아이의 양육비는 조금 더 비쌌는데, 이는 아마도 남자아이보다 더 세심한 주의가 필요하다고 여겨졌기 때문인 것 같다. 남자아이는 대개 열일곱 살까지, 여자아이는 열네 살까지 양육되었다. 양육 기간 동안에 양부모는 친아버지의 사회적 지위나 신분에 맞추어 아이를 키웠다. 예를 들어 소농의 아들일 경우에는 가축몰이와 경작법을, 딸일 경우에는 우유 짜는 법이나 집안일, 요리 등을 가르쳤다. 대장장이의 아들은 대장장이에게 맡겼으며, 아이를 성직자로 키우려면 성직자에게 보냈다.

릭 국가의 개신교도처럼), 그들에게는 같은 영토에 살고 있음에도 공통된 권리〔법〕에 참여하는 것을 허용하지 않거나 참여를 인정하더라도 마지못해 겨우 양보했을 뿐이다. 사정이 이러한 만큼, 사실 법의 진정한 기초이자 최초의 조건은 그 법이 결합시킬 사람들 사이에 먼저 어느 정도의 유사성이 존재한다는 것이다. 혈연관계가 필요조건이었을 때는 그것만이 이 유사성의 정도를 추측하게 한다고 사람들은 생각했다. 그렇지만 현재에는 같은 나라에 산다는 것만으로도 충분히 그러한 추측이 생겨난다. 게다가 같은 나라에 산다는 유대감은 혈연관계를 더함으로써 더 강해지려고 한다. 매우 근대적인 국가에서도 별개의 인종들이 동일한 법에 오랫동안 복종하면서 서로 융합하는 시간을 거쳤을 경우, 국민은 자신들이 동일한 조상을 지녔다고 확신한다. 그들의 법이 지니는 외견상의 영토적 성격이 공통된 혈족관계에 대한 믿음의 가면을 쓰는 것이다. 실리John Robert Seeley〔영국의 역사가, 1834~1895〕는 올바르게도 국민 통합의 조건 중에서 "종족〔민족〕공동체 아니 **오히려 그러한 공동체에 대한 믿음**"을 가장 먼저 거론하고 있다. 따라서 아주 먼 옛날과 마찬가지로 최근에도 중요한 것은 실제적인 혈족관계가 아니라 허구적이라고 믿거나 실재적이라고 믿는 혈족관계이다. 따라서 우리가 보는 것처럼, 유행 모방의 작용은 섬녀 메인이 말하는 중대한 법 혁명을 한 번이 아니라 매우 자주 일으켰다. 이 법 혁명을 이 저자의 용어로 표현하면, 생식이나 기후, 땅과 같은 생리적 또는 물리적인 요인들이 이러한 변화에 작용했다고 생각하게 된다. 그렇지만 본질적으로 사회학적인 힘, 즉 모방이 모든 것을 했다.

지금까지 말한 것에는 사실 상위자에 대한 모방이 동시대 혁신자에 대한 모방과 뒤섞여서 나타난다. 그렇지만 다른 영역과 마찬가지로 법 영역에서도 동시대 혁신자에 대한 모방이 상위자에 대한 모방과 구분되는 경우가 있다. 형법의 역사는 그러한 사실에 대한 몇 가지 두드러진 예를 제공한다. 여기에서는 그 예들을 지적하는 것으로 그치겠다. 왜냐하면 다른 책에서 약간 자세하게 말했기 때문이다.[31] 예를 들면 고문과 같은 추악하고 불합리한 형사 절차나 배심원 제도 같은 비효과적이고 어리석은 절차가 특정한 시기에 얼마나 빨리 퍼졌는가를 보면 아연실색할 정도이다. 고문은 로마법이 볼로냐Bologna에서 발굴된 시기[11세기 말]부터 유럽에서 유행했는데, 그것은 16세기까지 피의 홍수처럼 퍼졌다. 18세기에는 곳곳에서 잘 알지도 못하면서 몇몇 영국광의 말만 믿고 사람들은 배심원 제도에 빠졌다. 1789년 삼부회États Généraux[프랑스 구체제 때의 신분제 의회. 제1신분 사제, 제2신분 귀족, 제3신분 평민의 대표로 구성된 국민의회]의 모든 진정서는 다른 많은 점에서와 마찬가지로 이 제도에도 만장일치로 동의했을 정도였다. 이처럼 불안정하고 맹목적인 정의에 대한 터무니없는 공감이 계몽과 평등으로 불타는 금세기에도 얼마나 널리 퍼져 있는가는 잘 알려져 있다. 이 두 예에 따라서, 고문보다 먼저 있었던 수단, 즉 신명재판결투 자체도 어떤 비슷한 열광 덕분에 퍼졌다고 추측하는 것이 정당하지 않은가?

어쨌든 외국의 이러한 유행이 곧바로 사람들의 가슴 속에 매우 소중한 관습으로 뿌리내렸다는 것은 주목할 만하다. 배심원 제도는 현재 프랑스에서 국민적인 제도가 되었기 때문에 건드릴 수 없다. 그런데 17세기에는 고문이 그와 똑같은 영예를 지녔다. 16세기의 삼부회와 심지어는 1614년의 삼부회도 이 증명 방식의 유지뿐만 아니라 그것의 확대에 대해서도 여러 번 찬성을 표명했는데, 이는 그것의 인기가 정착되었다는 것을 증명한다.

부언하면, 다른 곳에서도 그렇지만 여기에서처럼 유행의 열병이 그토록 사악한 효과를 낳는 경우는 드물다. 그리고 유행의 열병은 일반적으로 상위자 모방과 사회 논리에 단순한 보조 역할을 하기 때문에, 그것은 보통 법체계의 진보를 촉진한다. 이러한 열병의 위기 다음에 일어나는 새로운 관습에 대해서도 똑같이 말할 수 있을 것이다. 그러므로 처음에는 퍼지려고

---

31 나의 《형사철학 Philosophie pénale》(Storck, 1890)을 보라.

하고 그다음에는 그 넓은 지역에 뿌리내리려고 하는 법 체계는 어떤 특징을 지니는 경향이 있으며 그 확대 및 정착의 결과는 무엇인지 살펴보자.

그 특징은 일반적으로 다음과 같다. 내용면에서는 더 풍부해지고 형식 면에서는 더 단순해진다. 법이 확대될 때에는 협정, 상호 계약, 형평성, 인간성, 개인적인 이유에 비중을 더 둔다. 그리고 법이 정착되고 체계화될 때에는 현학적인 궤변과 전제적專制的인 규제의 분위기가 앞서 말한 성질들에 추가된다. 로마법은 만민법Jus gentium〔고대 로마 제국에서 로마 시민과 외국인 간에 또는 외국인 서로 간에 적용된 법〕과 법무관에 의한 완화의 영향으로 자연 발생적으로 생겨나 로마 제국 시대에 체계화되고 고정되었는데, 로마법은 이 이중적인 유형에 대해 주목할 만한 예를 보여준다. 로마법이 법률가에 의해 퍼진 곳이면 어디에서나 그것은 정의와 논리 자체로 받아들여졌다. 이런 이유로 고대나 중세 때 만들어진 법령 거의 모두가 부분적으로 파괴되었다. 그리고 로마법이 확립된 곳이면 어디에서나 그것은 전제군주에게 강력한 도구로 쓰였다. 이 경우 주목해야 할 것은 다음과 같은 사실이다. 즉 비록 사람들이 형평성과 특권을 대립시키고 정의와 관습을 대립시키기는 하지만, 형평성과 특권은 그리고 정의와 관습은 그 기원이 같다는 것이다. 관습은 원시인에게는 공정한 것처럼 보였다. 왜냐하면 관습이 개인에게 특권을 부여하든 희생을 강요하든, 관습이 그 개인을 다루는 방식은, 그가 흔히 자신과 비교하는 유일한 사람들, 즉 조상들과 그의 계급에 속하는 사람들이 그를 다루는 방식과 같기 때문이다. 관습이 이미 모든 점에서 서로 다른 사람들 사이에 법적 불평등 및 차이를 확립했음에도, 〔다른 사람들과〕 비슷해지고 싶고 또 평등한 대우를 받고 싶은 그의 욕구는 그런 식으로 충족되었다. 개인이 자신의 조상이나 친족과 유사해지고 싶은 것보다 어떻든 같은 나라 사람이나 일반적으로 동시대인과 법적으로 유사해지고 싶어 하는 것은, 이미 이 같은 나라 사람이나 동시대인과 그의 유사성이 다른 여러 점에서 커졌기 때문이다. 이럴 경우 그가 요구하는 대우의 평등은 이른바 정의나 형평성이다. 그때 이웃 사람과 같은 대우를 받는다면, 자신이 조상들과 전혀 다른 대우를 받는다 해도 그에게는 별로 상관없다.

부동산과 동산은 번갈아가면서 사회적인 우월성을 나타내는 것 같다. 그런데 이 부동산과 동산의 구분은 어느 정도 관습 모방과 유행 모방의 구분과 연관이 있다. 주목할 만한 것은, 관습적이며 전통적인 시대에는 조상으로부터 전해진 유산―토지, 집, 직책, 공장―이 재산 중에서 가장 중요한 부분으로 간주되며 또 당시에는 이를 당연하게 여긴다는 것이다. 개인이 자기만의 소규모 산업, 상업, 자발적인 창의나 동시대인에게서 모방한 창의를 통해 그의 짧은 인생에서 얻을 수 있는 것은, 일반적으로 상속재산, 즉 농업 발명, 금융 발명, 산업 발명, 예술 발명, 그 밖의 발명 등 이전의 발명들을 이용해 만들어내고 축적된 저축의 산물에 많은 것을 보태주지 못한다. 이러한 시대에는 당연히 **세습 재산**이 가장 신성한 재산으로 간주된다. 따라서 그 재산은 후견인법, 동일 가계에 의한 회수권retrait lignager*이나 봉토의 회수권〔재매입권〕, 대리 상속인의 지정, 유언의 의사 표명에 대한 경건한 존중을 통해 그대로 보존될 가치가 있다. 특히 선조를 모방하는 습관, 즉 자신의 본보기를 선택하기 위해 뒤로 돌아가는 습관은 조상에게 복종하고 그들의 의지를 무엇보다도 존중하는 습관에 이르게 된다. 이와 반대로 동시대인의 발명이 맹위를 떨칠 때, 말하자면 동시대인이 매우 창의적이어서 그들의 발명이 조상의 발명을 일시적으로 퇴색시킬 때에는, 동시대인이 혁신을 이용해 부유해질 수 있는 능력이 매우 커져서, 사람들은 점점 더 세습 재산을 단순한 시작 출자금, 즉 투기, 노동, 대담한 사업 등을 통해 빨리 없어지거나 열 배로 늘어나게 되는 최초의 장사 자금으로 간주하는 경향이 있다. 그 결과 세습 재산은 그 위세를 잃어버리며, 획득한 재산은 더욱 고

---

* 물려받은 토지 재산을 제3자에게 매각해도 동일 가계의 사람이 이를 반대할 경우, 구매자에게서 그가 구입한 가격으로 되살 수 있는 권리를 동일 가계의 사람에게 인정하는 것.

귀한 성격을 지닌다. 그러므로 재산의 경우 개인의 노력을 통해, 즉 산업, 농업 등에서 새로운 아이디어를 영리하게 이용해 얻어낸 것보다 더 훌륭한 것은 없는 것 같다. 프랑스에서든 어디든 우리는 현재 이러한 상태에 있다. 따라서 낡은 상속법에 손을 대야 한다고, 즉 상속자의 권리를 없애든가 아니면 그 권리를 더 제한하거나 그 자격을 심사해야 하며, 또 재산권은 오로지 개인의 노동에 기초를 두어야 한다고 거의 어디에서나 말하고 있는데 (나는 이것은 잘못이라고 생각한다), 이는 놀랄 일이 아니다.

보는 바와 같이, 유행 모방의 영향은 **어디에서나 마찬가지로 여기에서도 개인주의** 방향으로 행해지고 있다. 여담이지만 부동산과 동산 간의 이러한 대립은 법률적 관점과 경제적 관점의 대립의 밑바닥에서도 다시 볼 수 있다. **정치경제학이 유행의 시대에**—그리스, 피렌체, 18세기의 영국에서—**태어났다는 것**은 주목할 만한 일이다.

법은 처음에는 확대되고 그다음에는 안정되면서 진보하는데, 이러한 진보가 가져오는 결과에는 여러 가지 종류가 있다. 왜냐하면 법률은 **개인적인** 활동이 국가 안에서 취할 수 있는 모든 방향과 관련되어 있으며, 그 방향은 통치 조직이 다스리는 **집단적인** 활동의 방향보다 그 수가 훨씬 더 많기 때문이다. 국민이 **집단적으로** 할 수 있는 것은 다른 나라에 대한 군사적 또는 외교적인 행위이거나, 자기 나라에 대한 정치 개혁을 통해 권력이나 영광, 국민의 자유처럼 고귀한 것으로 여겨지는 일을 창출하는 것이 전부다. 게다가 정치 개혁이란 사생활에서 벌어지는 활동 및 이해관계, 개인의 권리 및 의무에 관한 법을 수정하는 것에 불과하다. 그러나 개인들이 **개별적으로** 할 수 있는 행위는 농촌이나 도시에서의 갖가지 종류의 직업, 농업이나 산업의 모든 노동, 모든 종류의 범죄, 모든 합의와 이해 갈등 등 무수히 많다. 여기에서는 법에 어긋나는 행위와 법에 맞는 행위를 구분해야 한다. 법에 어긋나는 행위(이것을 막으려면 그러한 행위를 미리 법적으로 예상하지 않으면 안 된다)란 민사 소송이나 형사 소송을 일으키는 사실 전부를 말한다.

왜냐하면 민사 소송도 형사 소송 못지않게 소송 관계자 중 한 사람에 의한 법의 침해를 전제로 하기 때문이다. 단 민사소송의 경우 그 침해는 악의가 아니라 착오에 따라 저질러진 것으로 간주된다. 법에 맞는 행위란 무엇보다도 민법상으로든 형법상으로든 정당한 모든 일, 즉 평화와 안전을 가져다주는 것(이것은 특수한 종류의 산업이다), 모든 직업의 평화적이며 합법적인 영위, 여러 형태의 부의 산출(진정한 의미에서 산업) 등을 말한다. 그런데 재판과 관련해서는, 법체계의 다양성 이후 법률의 획일성은 법원 기능을 중앙집권화하고 규격화(나는 기계화라고 말하고 싶었다)해 판례를 널리 퍼뜨리는 결과를 낳는다. 그리고 법률의 안정은 그 널리 퍼진 판례를 정식으로 인정하고 강화하는 결과를 지닌다. 이는 특히 민사 재판의 경우에 해당하지만, 형사 처벌도 비슷한 변화를 겪는다. 기이하고 잔인하며 불합리한 체형으로 가득 차 있는 관습적이며 인습적인 형벌 제도 다음에 체계적이며 합리적인 형벌 제도가 나타난다. 이 체계적이며 합리적인 형벌 제도가 너무나도 천천히 생겨난 것은 의심할 바 없지만, 그것은 이미 오늘날의 형무소와 예전의 감옥을 크게 대비시킨다. 실제로 유행이 혁명적으로 폭발할 때마다 그 어떤 사실 영역에서건 더 많은 이성이 우리 사회에 도입되는데, 이는 관습으로 복귀할 때마다 더 많은 지혜가 도입되는 것과 같다.

    그 어떤 산업과 관련해서는 분열된 법률은 획일적인 법률로 대체되는데, 이는 철도, 공장, 대농장 같은 기계와 자본회사에 의한 대규모 생산의 **필수조건**이다. 따라서 획일적인 법률만이 빛나는 번영을 가능하게 한다. 그리고 안정된 법률만이 지속적인 번영을 가능하게 한다. 그렇지만 산업 발전은 진정한 의미의 법보다 오히려 관례와 욕구라는, 근본적이며 은연중에 나타나는 법칙의 변화에 훨씬 더 직접적으로 의존하고 있다. 따라서 이러한 종류의 고찰은 다음 절로 넘기는 것이 적절하다. 그렇지만 산업 중에서 법률에 더 직접적으로 의존하는 영역이 있는데, 그것은 농업이다. 농업은 기계에 의해 발전되고 이러한 탓에 시장이 확대되었다. 그렇지만 지역권地

役權*, 용익권用益權**, 여러 가지 소유 방식, 저당권, 상속권, 매각, 임대차, (취득 또는 소멸의) 시효 등에 관해 법적인 힘을 지녔거나 법과 나란히 놓인 수많은 관습이 농업 발전에 장애가 된다는 것을 우리는 알고 있다. 어느 위세 높은 법원에서 나온 것이든 수도에서 나온 것이든 또는 동시대의 어느 유명인에게서 나온 것이든 단일한 육법전서가 전염을 통해 자발적으로든 강제적으로든 채택되어 그러한 장애물들이 무너지면, 마침내 농업에 큰 자극이 주어질 것이다.

5. 관례와 욕구—정치경제학

가장 전제적이며 가장 세심한 통치, 즉 사람들이 가장 많이 따르며 가장 엄격한 법률은 관례이다. 내가 말하는 관례란 사적인 행동을 법처럼 위에서 추상적으로 규제하는 것이 아니라, 매우 가까이에서 아주 세세한 부분까지 규제하는 일반적으로 받아들여진 수많은 습관—전통적인 것이든 새로 생겨난 것이든—을 뜻한다. 그리고 이러한 습관에는 모든 인공적인 욕구(이것은 자연적인 욕구의 자유로운 변안이다), 모든 취향과 혐오, 어떤 나라나 어떤 시기에 고유한 모든 특수한 풍습 및 행동 방식이 포함된다. 그러한 습관에 의해 결정된 특수한 형태에 따라서 또한 정치경제학에 의해 다소 잘못 정식화된 법칙에 따라서, 산업은 그 일련의 특별한 욕망들을 충족시키려고 애쓴다. 이러한 의미에서 관례도 통치 및 법과 마찬가지로 종교와 관계있다. 관례는 의례儀禮의 파생물이다. 예를 들면 우리 문명에 고유한 왼쪽에

---

* 자기 땅의 편익을 위해 남의 땅을 이용할 수 있는 권리. 남의 땅을 통행하거나 물을 끌어가는 등의 권리.
** 다른 사람의 소유물을 일정 기간 동안 사용해 이익을 얻을 수 있는 권리.

서 오른쪽으로 쓰는 관례가 성직자에게서 생겨났다는 것을 알아맞힐 사람이 얼마나 되겠는가? 그렇지만 그것은 분명히 사실이다. 그리스인은 처음에는 페니키아인을 본받아 오른쪽에서 왼쪽으로 글을 썼다. 그러나 나중에는 신탁을 반대 방향으로 쓰는 사제를 본받아 그리스인은 그들의 오랜 습관을 완전히 바꾸었다. 왜냐하면 제물을 바칠 때 눈을 북쪽으로 돌려서 하늘을 관찰하는 사제에게는 오른쪽이 동쪽인데, 오른쪽으로 향하는 것은 좋은 징조이기 때문이다. 쿠르티우스는 다음과 같이 말한다. "기도할 때 오른쪽으로 향하는 것처럼, 제물을 바칠 때 쓰는 잔, 제비가 들어 있는 투구, 신을 찬양하는 데 쓰는 키타라cithare〔고대 그리스의 현악기〕 등을 오른쪽으로 돌렸다." 이와 똑같은 이유에서 글쓰기도 오른쪽으로 향했다. 우리의 글쓰기 방향은 거기에서 생겨난 것이다. 이러한 것을 놓고 볼 때, 인류학자들이 이 사실을 생리학적인 이유로 설명하는 것은 이상한 일이다. ……게다가 무종교적이라고 여겨지는 사회에서조차 관례는 그들의 진정한 깊은 신앙, 즉 그 사회를 지배하고 이끄는 이상理想—그것이 기사도적이든 유물론적이든, 귀족주의적이든 민주주의적이든—을 계속해서 표현한다. 12세기 의자와 18세기 상자〔궤〕의 형태만으로도 첫 번째 시대〔12세기〕의 신비주의와 두 번째 시대〔18세기〕의 향락주의를 보여주기에 충분할 것이다.

오늘날에는 의식주에 관한 똑같은 종류의 안락, 똑같은 종류의 사치, 똑같은 종류의 예의범절이 유럽 전체, 아메리카와 그 밖의 세계로 퍼져 나가는 경향이 있다. 우리는 이러한 획일성에 더 이상 놀라지 않지만, 헤로도투스에게는 이 획일성이 매우 놀라운 일로 보였을 것이다. 그럼에도 그것은 중대한 사실이다. 그리고 산업의 진보 자체가 획일성의 진전에 기여했지만, 획일성이 없었다면 우리의 엄청난 산업적인 부는 불가능했을 것이다. 12세기에 유럽을 횡단한 여행자라면, 지역을 돌아다닐 때마다 종교는 언제나 비슷하고 언어, 법, 정치 형태에서도 종종 비슷한 주민들조차, 음식을 먹는 방식, 거주 방식, 옷 입는 방식, 치장하는 방식, 노는 방식에서는 이상할 만큼 다르다는 것을 알아차리지 않을 수 없었을 것이다.[32] 그러나 만일 그가 백 년 후에 똑같은 곳을 다시 지나갔다면, 그는 어느 지역에서도 음식, 거주, 옷, 치장, 오락에서 자손과 조상 간에 매우 두드러진 차이를 보지 못했을 것이다. 이와 반대로 유럽 대륙 전체를 돌아다니는 근대의 여행자는 특히 그가 수도와 상류 계급만을 쳐다본다면, 어디에서나 호텔의 똑같은 요리와 똑같은 서비스, 똑같은 가구가 딸린 똑같은 방, 똑같이 재단한 옷, 똑같은 보석을 장식한 여성, 똑같은 연극이 상영되는 극장, 똑같은 책들을 갖추고 있는 도서관을 보게 된다. 그러나 그가 10년이나 15년 후에 똑같은 곳을 다시 지나가면, 그는 어디에서나 많은 변화를 보게 될 것이다. 메뉴에는 새로운 요리가 있을 것이고, 가구는 전혀 다른 스타일에 종종 지금까지 알려지지 않은 용도도 지녔을 것이다. 의상은 유행 디자이너의 상상력에서 아주 최근에 생겨났을 것이고, 보석은 보석 세공업자의 상상에서 생겨났을 것이다. 희극이나 오페라 그리고 소설책은 유행하는 것들이 상연되거나 진열되어 있을 것이다. 이러한 대비는 내가 앞에서도 지적한 바 있지만, 다른 어느 곳보다도 여기에서 더 두드러지게 나타난다.

 이것은 우리 문명의 진보 덕분에 일어난 이 점진적이고 일반적인 또는 꾸준한 대체, 즉 공간적 다양성에서 시간적 다양성으로의 대체와 시간적 유사에서 공간적 유사로의 대체를 역사의 불가피한 법칙이자 완전히 불가역적인 질서로 간주해야 한다는 것을 말하는가? 그렇지 않다. 진정으로 불가역적인 것은 지리적 다양성에서 지리적 유사로의 정상적인 이행이다. 왜냐하면 어떤 사회적인 대재난이 일어나지 않는 한, 관례가 통일된 상태에서 분열된 상태로 돌아가는 일은 상상할 수 없기 때문이다. 그러나 그 어떤 돌

---

32 따라서 관념과 교의는 관례보다 더 쉽게 퍼졌으며, 관례는 관념과 교의의 결과로만 천천히 동화되었다. 이것은 안에서 밖으로의 모방의 진행에 대해 앞에서 말한 것을 지지하는 하나의 예이다.

발적인 사건이 없어도 시간적인 의미에서 동일성에서 차이로의 이행은 그 방향이 반대가 될 수 있으며, 관례는 변덕스러운 변화의 시기나 아니 오히려 성급한 시행착오의 시기를 거친 다음에야 마침내 고정된다는 것을 우리는 매우 잘 이해하고 있다. 습관의 항구성은 그것의 일반적인 확대와 모순되기는커녕 오히려 그 확대를 보완해준다. 오늘날에도 여전히 격동에 휩싸여 있는 유럽은―물론 유럽이 언제나 그러했던 것은 아니지만―틀림없이 그 폭풍우가 그칠 항구로 가고 있다. 유럽을 뒤흔들고 있는 이 문명화의 열기는 역사에서 완전히 새로운 것도 전례 없는 것도 아니다. 그리고 우리는 그것이 어떻게 끝날지도 알고 있다. 확실히 이 열띤 소란이 없었다면 나일 강이나 유프라테스 강의 전 유역, 중화 제국 전체, 인도 전체가 다소 멀고 오래된 시대에 부분적으로라도 획일화되지 않았을 것이다. 이것은 수많은 지역특성의 파괴를 전제로 한다! 그 지역 특성은 틀림없이 어떤 전염 흐름에 의해 사라졌을 것이며, 이러한 결과는 그 전염 흐름이 일시적으로 얼마나 맹렬했는지를 증명하기에 충분하다. 그러나 이 흐름은 자기 일을 한 다음 사라졌다. 그다음에, 그 흐름으로 틀림없이 뒤덮였을 광대한 아시아 대지에서 의상과 가구의 놀라운 유사뿐만 아니라 옛 관례에 대한 불변적인 충성심도 볼 수 있다는 것은 놀라운 일이다. 예를 들면 고대 아시리아 궁전은 형태를 알아볼 수 없을 정도로 폐허가 되었지만, 오리엔트 지방의 궁전에서 아직도 사용되고 있는 거주 및 내부 배치의 유형을 보면, 그 고대 아시리아 궁전의 설계도를 재구성할 수 있을 정도로 옛 관례에 대한 충성심이 크다.

 아마도 두 종류의 모방의 교대적인 작용만이 세계를 오랜 시간에 걸쳐 변화시킬 수 있었을 것이며, 그 결과 지역적인 관례의 모든 원초적인 윤곽도 점차 지워졌을 것이다. 그러나 나는 한 가지 반론을 예방하지 않으면 안 된다. 선사시대를 연구하는 고고학자는 모든 동굴에서 거의 똑같은 유형의 부싯돌, 긁는 연장, 매우 단순한 도구를 찾아내기 때문에, 그들은 성급하게 다음과 같이 결론을 내린다. 즉 그러한 도구와 무기를 지닌 미개인들은 옷, 풍습 및 생활방식에서 서로 거의 다르지 않았으며, 이러한 유사가 생겨난 것은 그 원시인들에게서 동일한 관념과 욕구가 자연발생적으로 출현했기 때문이라는 것이다. 이러한 결론보다 더 자의적인 것은 없다. 그리고 논리는 다음과 같이 결론짓는 것만을 허용한다. 즉 우리는 종종 아주 먼 과거에는 부족에서 부족으로의 모방이 결코 중요한 역할을 하지 못했을 것이라고 생각하는 경향이 있지만, 이 아주 먼 과거에 규석으로 만든 무기나 도구, 도기陶器 등의 생산이나 소비가 광대한 영토에 퍼진 것은 유행 모방에 의해서였다는 결론만이 논리적으로 정당하다는 것이다. 잉카 민족은 높은 수준의 문명에도 불구하고 수레나 바퀴를 생각해내지 못했으며, 또한 유성油性 물질을 지녔으면서도 그것을 이용해 램프나 양초를 만들어 불을 켤 생각을 하지 못했다. 이러한 사정을 고려한다면, 대부분의 미개 민족에게 도기 기술이 외부에서 전해지지 않았다면 그들이 그 기술을 계속 몰랐을 것이라고 나는 생각한다. 따라서 그 도기 기술이 거의 세계적으로 퍼져 있는 것을 몇몇 발명의 필연성, 즉 **생득성**生得性의 증거라고 보는 것은 내 생각에는 착각인 것 같다.

그렇지만 나는 인류 발전의 낮은 단계에 있는 미개인의 생활에는 다양성이나 독창성이 거의 없으며 또한 그들이 서로를 전혀 모방하지 않았음에도 많은 점에서 유사하다는 것은 인정한다. 그러나 이러한 점에서 그들의 유사는 결코 사회적인 것이 아니다. 그것은 완전히 생물적인 것이다. 왜냐하면 그들이 알고 있는 유일한 욕구는 기껏해야 가족이라는 특별한 특징이 나타나 있는 자연적인 욕구이기 때문이다.[33] 〔인류의 발전에서〕 가족이 자연적

---

[33] 게다가 이러한 유사는 결코 완전하지 않다. 선사시대 동굴의 동물상에 대해서 많은 연구를 한 에밀 리비에르Émile Rivière〔프랑스의 동굴학자, 1835~1922〕씨는 망통Menton의 동굴〔프랑스 남동부의 지중해 연안에 있다〕에 대해 그곳에는 물고기의 유해〔화석〕가 대단히 드물다고 보고하고 있다. 그는 그러한 사실에 놀라면서 바다, 그것도 물고기가 매우 많은 바다의 연안 주민이 왜 낚시에 그처럼 별로 또는 거의 열중하지 않았는지를 설명하는 데 애를 먹고 있다. 이 기이함에 대한 가장 단순한 설명은, 그 동굴 주민이 연안의 물고기를 잡기에 충분하거나 적합한 낚시 도구를 발명하겠다는 생각을 미처 못했다는 추측이 아니겠는가?

이기보다는 인위적인 것이 되었으며 또한 단지 생리적인 집단에 머물지 않고 하나의 사회가 되기 시작하고 또 그렇게 되고 싶어 하는 지점으로 더 높이 올라가보자. 진정한 의미의 관례, 육체적인 욕구를 포함하거나 확대하는 인공적인 욕구는 그때 시작된다. 그 관례는 집단마다 다르게 나타난다. 그리고 관례가 각 집단 안에서 더 분명해지고 그 수가 늘어남에 따라 그것끼리도 서로 분화한다. 그러나 그 관례가 분명해지고 또 내적으로 그 수가 늘어나는 상황은 끝없이 계속되는 반면에, 그것의 외적인 분화는 발명이나 정복으로 유명한 외국인을 모방하려는 타고난 성향과 일찍부터 부딪친다. 때때로 이 타고난 성향은 자유롭게 펼쳐진다. 그리고 외국의 욕구를 도입하려는 간헐적인 정신이 전통적인 욕구를 보존하려는 변함없는 정신과 결합하는 덕분에, 각각의 부족이, 그다음에는 각각의 도시가, 또 각각의 지방이, 각각의 큰 나라가, 그리고 마침내는 문명화된 세계 거의 전부가, 다른 많은 점에서와 마찬가지로 관례에 관해서도 다음과 같은 광경을 보여준다. 즉 커지는 복잡성과 증가하는 유사성이 결합하는 것이다.

만일 특정한 지역의 기후 조건만을 고려해 그곳에서 이용되는 건축 양식 및 그 유행을 설명하려는 사람이 있다면, 그는 크게 낙담하게 될 것이다. 엘리제 르클뤼Élisée Reclus〔프랑스의 지리학자, 1830~1905〕 씨는, "기후가 아무리 다르더라도" 예를 들면 소아시아에서 흑해 연안의 모든 비탈에서는 지붕이 기와로 덮여 있으며, 키프로스 해 연안의 모든 비탈에서는 집의 지붕이 계단식으로 되어 있다고 말한다. 그것은 유행이나 관습의 문제다. 아니 오히려 관습이 되어버린 옛 유행의 문제다. 또한 미국에서는 한쪽 끝에서 다른 쪽 끝까지 또 모든 계급의 위에서 아래까지, 심지어는 예쁜 여성조차(확실히 이보다 모방의 힘을 더 눈에 띄게 보여주는 예는 없다) 담배를 씹는 역겨운 습관이 널리 퍼져 있는데* 이것은 미국인에게 가장 필수적인 가구인 타

---

* 1903년의 영역판에는 이것은 사실이 아니라는 역자 파슨스E. C. Parsons의 주가 붙어 있다.

구睡具가 어디에나 존재하는 이유를 설명해준다. 이것은 인종과 기후의 요건에 좌우되는 습관인가? 결코 그렇지 않다. 그것도 역시 유행과 관습일 뿐이다.

하나의 구분을 더욱 분명하게 하려는 것에 지나지 않지만, 이 주제에 대해서 좀 더 주의를 기울여보자. 물론 이 구분은 앞에 있는 절들에서 명백하게 지적할 수도 있었다. 그러나 여기에서 하는 것이 더 자연스럽다고 생각한다. 그것은 생산과 소비의 구분이다. 우리가 앞에서 말한 바 있는 사회 초기에는, 각각의 가족이나 유목민 무리horde가 하나의 교회이며 국가였던 것과 마찬가지로, 처음에는 모든 유용한 물건의 작업장이나 창고였다. 다른 말로 하면, 그 각각의 가족이나 유목민 무리는 사적이며 개인적인 용도이건 신앙과 관련해서건 집단적인 용도이건, 자신들이 소비하는 모든 것을 생산했고 또 자신들이 생산하는 모든 것을 소비했다. 이것은 가족들 사이에 정치적 또는 종교적 유대가 없었던 것과 마찬가지로 교환, 즉 경제적 유대도 없었다는 것을 뜻한다. 다른 가족을 위해 밀이나 쌀, 천이나 비단〔고급직물〕을 생산하는 가족도 없었으며, 또 그 생산물을 소비하면서 그 대가로 다른 어떤 종류의 생산물이나 도움―예를 들면 정치적 또는 군사적인 도움―을 주는 가족도 없었다. 또한 다른 가족을 가르치거나 명령해서 그들에게 지적인 또는 의지적인 방향을 제공하는 가족도 없었으며, 또 그들을 믿거나 따르면서 그 대가로―앞에서 말한 것처럼―생산물이나 도움을 주는 가족도 없었다. 이제 보여주지 않으면 안 되는 것은 생산이 모든 영역에서 어떻게 소비와 분리되었는가이다. 그러므로 두 가지 모방이 교대로 작용한다는 법칙이 생산 행위의 전파와 소비 욕망의 전파에 동시에 적용된다는 것을 밝히는 것이 좋겠다.

가족이 폐쇄적이고 자족적인 작업장일 때에는 제조, 동물 길들이기, 재배의 비결이나 방법이 아버지에서 아들로 전해지며 모방은 세습을 통해서만 작용한다. 동시에 이 맹아적인 산업이 만족시키는 욕구도 똑같은 방식으로 전해진다. 그러나 그 가족이 다른 곳에서 이용되는 더 좋은 방법을 알게 되어 자신들의 낡은 악습을 버리고 그 좋은 방법을 모방할 때에는, 동시에 옛 생산물과는 언제나 약간 다른 새로운 생산물을 소비자가 원하지 않으면 안 된다. 따라서 새로운 소비 욕구 자체도 유행에 의해 전해졌음에 틀림없다. 산업 혁신의 흐름이 세습과 관습에 얽매인 모방을 통해 자유롭게 받아들여진 다음에는, 마침내 그 혁신을 더 확대된 하나의 관습으로 고정시키려는 욕망이 언제나 나타난다. 이렇게 해서 동업조합이 탄생한다. 마찬가지로 그에 상응하는 소비 욕구도 결국은 뿌리내려서 국민적인 습관이 된다.[34] 그다음에는 이러한 진행이 다시 시작된다. 한편으로는 구체제 시대의 폐쇄된 동업조합의 뒤를 이어 자유로운 경쟁 시대, 즉 외부

---

[34] 유행 모방의 시대라는 것은, 전에는 여러 직업을 구분지었던 특징이 사라지는 것으로 알 수 있다. 이것은 사실 각 사람이 자기 **주인**이나 **우두머리**, 또는 직업 집단의 최고 연장자 등을 유일한 본보기로 삼지 않고 자신의 주위로 눈을 돌려 다른 직업의 사람을 모방하려고 한다는 것을 뜻한다.

예를 들면 볼테르는 그의 《루이 14세의 시대 Siècle de Louis XIV》에서 다음과 같이 쓰고 있다. "이전에는 모든 여러 생활 상태〔신분〕가 그 생활 상태를 특징짓는 결점으로 식별할 수 있었다. 군인과 군직軍職을 지망하는 젊은이는 성 잘 내는 혈기를 지니고 있었다. 법조계 사람은 따분한 근엄함을 지니고 있었는데, 이는 궁정에 갈 때에도 항상 법복을 입는 습관과 적지 않게 관계가 있었다. 대학과 의사의 경우도 마찬가지였다. 상인은 여전히 그들이 모이거나 대신大臣을 찾아갈 때 똑같이 작은 가운을 입었다. 아무리 크게 장사하는 상인이라도 당시에는 교양 없는 사람이었다. 그렇지만 사람들이 좀 더 즐거운 삶을 맛보기 위해 모이기 시작한 공공 건물, 구경거리, 산책로 등은 모든 시민의 겉모습을 조금씩 거의 비슷하게 만들었다. 오늘날에는 가게의 깊은 곳에 이르기까지 예의가 모든 신분에 퍼졌다는 것을 알 수 있다. 지방은 시간이 지나면서 이 모든 변화의 영향을 받았다."

브로카Paul Broca〔프랑스의 인류학자, 1824~1880〕는 기억은 단순한 능력이 아니라고 말했다. 각각의 뇌 기능은 특별한 기억과 고유한 습관을 갖고 있다. 나는 사회적 기억인 모방에 대해서도 마찬가지로 말할 수 있을 것이다. 각각의 사회적 기능 특히 각각의 직업은 그 나름의 모방 양식, 즉 자신의 고유한 모방 흐름과 모방 경로를 갖고 있다. **직업상의 모방**은 별도로 연구할 가치가 있을 것이다. 그 연구는 두 개의 장으로 세분되어야 할 것이다. 하나는 각각의 직업을 특징짓는 **편견**에 대한 장으로, 또 하나는 **관습**에 대한 장으로 세분되어야 할 것이다. 직업상의 모방이 좁은 통로를 거쳐 진행되는 시대가 있다면, 그 모방이 밖으로 흘러나가는 시대도 있고, 또 여러 직업상의 모방이 서로 연결되는 시대도 있다.

를 자유롭게 모방하는 시대가 온다. 그리고 이 자유로운 경쟁 시대는 반드시 더욱 방대한 규모의 예전의 독점, 즉 대기업이나 직업조합이라는 이름의 독점으로 돌아가게 된다. 또 다른 한편으로는 옛날의 오랜 관행의 뒤를 이어 변덕〔불안정성〕이 일반화되고 유행이 맹위를 떨치며 지배하는 시대가 온다. 이러한 시대는, 사람들의 영혼이 획일적이면서 안정된 욕구에서 휴식을 취하는 날이 올 때까지 계속된다. 그렇지만 그러한 날은 이미 예감되고 있다.

그러나 여기서는 겉보기에 매우 단순하지만 역사에서 중대한 결과를 지닌 하나의 사실을 지적해야 한다. 즉 그것은 소비 욕망이 그에 대응하는 생산 욕망보다 일반적으로 훨씬 더 빠르고 쉽게 모방을 통해 전해진다는 사실이다. 어떤 원시 부족이 청동으로 만든 무기나 장신구를 처음 보면 그들은 곧 그러한 물품을 갖고 싶어 한다. 그렇지만 그 부족이 직접 그 물품을 만들고 싶어 하는 욕망은 훨씬 나중에야 비로소 생겨난다. 그동안에—기다리는 시간이 오래 걸릴 수도 있지만—그 부족은 다른 부족의 제작자에게 부탁할 것이며 이렇게 해서 거래가 생겨난다. 놀라운 사실로서 주목받은 것은, 선사시대 청동의 경우 셈족, 쿠시Cush족〔아프리카 동북부의 에티오피아, 소말리아 등지에 살고 있는 함Ham계의 종족〕, 아리아족(중국인은 제외)에서 그 요소들의 비율은 자의적이지만 그 성분은 언제나 똑같다는 것이다. 르노르망François Lenormant〔프랑스의 고고학자, 1837~1883〕씨는 다음과 같이 말한다. "이것은 중요한 사실이다. 그것은 똑같은 발명이 드 루즈몽Frédéric de Rougemont〔스위스의 지리학자이자 민족학자, 1808~1876〕씨가 매우 엄밀하게 설정했던 지역의 지리적 경계를 넘어서 점차 퍼져 나갔다는 것을 증명한다." 이것은 선사시대의 어떤 시기에 이 새로 발견된 금속을 얻고 싶어 하는 욕망이 〔잇달아 길게 뿌려진〕 도화용 화약처럼 퍼졌다는 것, 대부분의 부족이나 민족이 그것을 제조하는 법을 알기 훨씬 전부터 구매했다는 것을 증명한다. 그렇지 않다면 그 성분이 지역마다 매우 두드러지게 달랐을 것이다.

그 밖의 많은 사실도 이 관점이 옳다는 것을 확인해준다. 특히 호박琥珀의 보급이 그러하다. 호박은 선사시대에도 그 산지産地에서 매우 멀리 떨어져 있는 곳으로 퍼졌다. 따라서 사정은 과거나 현재나 똑같다. 오늘날에는 문명화하기 시작한 나라들이 오래된 유럽 국가들의 고객이 되고 있는데, 이는 그들이 새로운 산업을 보고 경쟁해야겠다는 자극을 아직 받은 것은 아니지만 새로운 욕구의 전염은 겪었기 때문이다. 매우 막대한 성과를 가져다주는 영국의 상업적인 세계 정복은 바로 여기에서 생겨난다.[35]

이러한 현상은—내가 말한 바와 같이—매우 단순하지만 또는 그렇게 보이지만, 이와 반대되는 현상은 선험적으로 훨씬 더 잘 상상할 수 있다. 생산 욕망은 그것이 실현되기 위해서는 소수의 사람에게만 퍼질 필요가 있는 데 반해서, 소비 욕망은 그것이 실현 가능하기 위해서는 다수의 대중에게 퍼지지 않으면 안 된다. 따라서 한 민족 전체가 특정한 옷감이나 보석을 갖거나 일정한 설계도에 따라 세운 집에서 살고 싶은 매력에 빠져 있는데도, 그 옷감, 보석, 집을 만들려는 욕망이 그 많은 사람 중 누구에게서도 별로 생생하지 않은 것은 놀라운 일이다. 일반적으로 사람이란 모방적일 뿐만 아니라 그 모방 방식에서도 수동적이다. 어쨌든 여기에서 지적한 사실은 모든 영역의 사회적 사실에서 관찰된다. 모든 민족은 시를 읽거나 그림을 보거나 음악이나 연극을 감상하는 취향을, 시를 짓거나 그림을 그리거나 비극이나 오페라를 작곡하려는 취향보다 훨씬 먼저 이웃 민족의 모방을 통해 갖게 된다. 문학이나 예술에서 몇몇 위대한 명성이 그토록 쉽게 세계적으로 퍼져 초국가적인 성격을 지니는 것은 그런

---

[35] "많은 사람이 굶어 죽는 부시면족[남아프리카 원주민] 주위에는 목축민이 살고 있다. 그리고 수세기 전부터 부시면족은 그 목축민의 가축을 탈취해 잡아먹기만 했지 그들처럼 가축을 기를 생각을 하지 못했다.……" (자보로우스키Sigismond Zaborowski[프랑스의 인류학자, 1851~1928], 《과학평론 Revue scientifique》, 1892년 12월 7일자) 여기에서는 **소비 욕구**가 **생산 욕구**를 훨씬 앞섰으며, 이 생산 욕구는 아직도 나타나지 않았다.

이유이다.[36] 마찬가지로 잘 다듬어진 완전한 법에 지배되고 싶은 욕구는 법체계를 공들여서 만들고 싶은 욕망이나 능력보다 먼저 사람들에게 생겨난다. 로마법이 서고트족*이나 그 밖의 야만족에게 퍼졌으며 또 르네상스 이후에는 봉건 유럽 거의 전체에 퍼진 것도 그 때문이다. 또한 마찬가지로 종교 감정에 대한 욕구는 종교적 재능이나 철학적 재능에 대한 욕구, 즉 이론적 발명에 대한 욕구보다 앞선다. 신생 민족이나 오래된 민족이 새로운 종교로 그토록 빨리 개종하는 것은 그 때문이다. 이와 마찬가지로 사람들은 군대나 조국을 영광스럽게 만드는 무기나 정치의 재능을 갖기 전에 모방을 통해 군대나 조국의 영광을 원한다. 유명한 정복자가 큰 영토를 합병하기에 좋은 상황은 여기에서 생겨난다. 예를 들면 로마 제국의 형성이 그러하다. 마지막으로, 사람들은 자신들 언어의 어휘를 더 풍부하게 해주고 더 세련되게 해주는 교양(문화)을 아직 만들어내지도 못하고 또 그것을 바라지 않으면서도, 외부 민속과 접촉할 때 어휘가 풍부하고 세련된 언어로 말하고 싶은 욕망을 느낀다. 하층 계급에 대해서도 똑같이 말할 수 있을 것이다. 이들은 식자층識者層과 접촉할 때 궁정 생활이나 살롱 생활에 의해 다듬어진 언어를 몹시 모방하고 싶어 하지만, 그렇다고 해서 사교계 생활까지 재현하려고 하지는 않는다. 특정한 언어가 한 대륙에서 또 특정한 방언이 한 나라에서 빠르게 퍼지는 것은 그런 까닭이다. 예를 들면 그리스어가 비잔틴 제국(동로마 제국)에, 영어가 북아메리카와 세계 전체에,

---

36 그런데 노비코프Jacques Novicow(러시아의 사회학자, 1849~1912) 씨는 《국제정치 Politique internationale》라는 제목의 매우 흥미로운 저서에서, 한 국민성이 그 국민성이라는 이름 값을 하려면 자신들이 소비하는 예술과 문학의 생산자여야 한다고 생각하는 것 같다. 이것은 내가 보기에 틀린 것 같다. 그런 식으로 생각한다면, 근대 유럽에서 우리가 주로 그리스 문학이나 라틴어 문학으로 정신을 함양하는 한, 우리에게는 프랑스의 국민성, 영국의 국민성, 스페인의 국민성, 독일의 국민성이 결코 없을 것이다.

* 고대 게르만 민족의 한 부족. 처음에는 북해 북쪽에 살다가 기원 후 4세기 말 무렵에 훈족에 밀려 남쪽으로 옮겨 왔으며, 5세기 초에 로마를 멸망시키고 갈리아 남쪽에서 에스파냐에 걸치는 서고트 왕국을 세웠다.

그리고 일 드 프랑스l'Isle de France의 방언이 프랑스 전체에 퍼진 것이 그러하다.[37]

모든 영역에서 이처럼 소비 욕구가 생산 욕구보다 선행하는 것은 모방이 **안에서 밖으로** 진행하는 것, 즉 기호화된 사물에서 기호로 진행하는 것의 중요한 귀결로 추론될 수 있다. 여기에서 기호란 소비되는 사물의 관념 및 소망을 실현하는 생산 행위이다. 이 관념과 소망은 숨어 있는 **내용**fond이고, 소비되는 제품은 그 **형식**forme이다. 그런데 우리가 알고 있는 바와 같이 변동기에는 형식이 언제나 내용보다 뒤처져 있다. 예를 들면 귀요Jean Marie Guyau〔프랑스의 철학자, 1854~1888〕는 매우 올바르게도 다음과 같이 지적하고 있다. "(프랑스에서) 금세기 전반부의 정치혁명은 형식에서 일어나기 전에 먼저 사상에서 일어났다. 즉 그때까지 시인들에게 알려지지 않았던 철학적 종교적 및 사회적인 관념들이 들릴Jacques Delille〔프랑스의 시인, 1738~1813〕의 고요한 12음절 시구 한가운데에서 확연히 나타난다." 시의 낭만주의적 변화는 새로운 시 정신의 요구에 따른 문학 작품을 만드는 것이었다. 혁신가들이 자신들의 관념 및 감정과 관련해서 적절한 예술적인 리듬, 방법과 상징을 즉시 찾아내지 못하는 것은, 사치 및 안락함의 욕구를 새로 맛본 나라들이 그 욕망을 만족시키기에 적합한 산업을 만들어내지 못하는 것을 생각나게 하지 않는가?

문제의 사실〔소비 욕구가 생산 욕구보다 선행한다는 사실〕보다 더 큰 결과를 가져다준 사회 현상은 없었다. 우리가 본 바와 같이, 그 현상은 자기 나라에서 흘러 나가든 아니면 자기 나라로 흘러 들어오든 간에 문명화하는 사례의 격류로 국가 간의 장벽을 부수는 데 강력하게 기여했다. 국제적인 교

---

[37] 생후 15개월에서 18개월 된 아이는 아직 말할 줄 모르지만, 그래도 이미 그 아이는 엄마의 말을 이해한다. 우조Jean Charles Houzeau〔벨기에의 천문학자 겸 저널리스트, 1820~1888〕에 따르면, 원숭이나 개와 같은 몇몇 동물들은 주인이 하는 말의 의미를 알아차리는 일이 있다. 그들도 역시 언어를 만들어내기 전에 언어를 소비한다.

류는 이렇게 해서 생겨났다. 모든 영역에서, 외국에서 본 새로운 물건을 재생산하겠다는 욕구가 그 물품을 소비하고 싶은 욕구보다 먼저 생기거나 또는 그 욕구와 동시에 발생했다고 가정해보라. 그러면 어떠한 일이 일어났겠는가? 원시 가족들은 서로 모방은 했겠지만 서로 결합하지는 않았을 것이다. 그리고 그들은 서로 빌려온 다음에도, 적대적이지는 않지만 이전과 마찬가지로 서로 폐쇄적인 상태에 머물렀을 것이다. 그들은 라이프니츠Gottfried Wilhelm von Leibnitz〔독일의 철학자, 1646~1716〕의 단자單子, monades처럼 서로 반영은 하지만 서로 영향은 미치지 않을 것이다. 물론 이러한 유사성과 결합된 이질성, 즉 이러한 획일성 속에 있는 그러한 분열은 일종의 모순을 내포하고 있기 때문에 무한히 지속될 수는 없을 것이다. 따라서 인간의 모방적 수동성은 인간 집단들 간의 상업적, 정치적, 지적인 관계를 늘리고 또한 그 집단들의 융합을 행하거나 준비하는 다행스런 결과를 가져왔다. 모방은 오랫동안 수동적이었다가 마침내 능동적이 되지만, 즉 한 민족은 자신들이 필요로 하는 책, 그림, 정치인, 입법가, 사치품을 외국에서 오랫동안 받아들인 다음 자기들 나름의 문학, 예술, 외교, 사치 산업을 갖고 싶어 하지만, 그들의 시도는 대부분 실패한다. 아니 그들이 설령 관세율의 인상이나 이전의 고립을 재확립하려는 그 밖의 모든 보호 조치 덕분에 성공한다 하더라도, 획득된 습관은 너무 강해 완전히 깨어지지 않으며 언젠가는 국민 모두의 이익을 위해 다시 부활할 것이다.

사실 새로운 소비 욕구가 생겨난 지 한참 지나 새로운 생산 욕구가 한 민족에게 나타날 때, 이 생산 욕구는 지금까지 자기 나라를 그 제품들로 가득 채웠던 나라의 문학, 예술, 전략, 산업을 오로지 모방만 하는 것은 아니다. 오히려 독창적인 생산이 나타난다. 이러한 생산이 이번에는 그 옛 공급자에게서 길을 개척하려고 하며 또 대부분의 경우 그렇게 하는 데 성공한다. 또한 앞에서 나는 하나의 언어, 하나의 종교, 하나의 통치 권력,

하나의 법률이 널리 퍼지는 것을 위대한 문학, 위대한 문명, 위대한 정치, 크나큰 안전의 첫 번째 전제조건으로 간주했다. 이제 나는 (다음 절의 주제에 대해서 미리 말하면) 위대한 예술뿐만 아니라 거대한 산업과 부의 첫 번째 전제조건이 일련의 동일한 욕구나 취향 또는 한마디로 말하면 일련의 동일한 개인적인 **관례**의 폭넓은 전파라는 것을 어렵지 않게 논할 수 있을 것이다.

앞에서와 마찬가지로 여기에서도 관례와 관련해서 관습에서 유행으로의 이행과 그다음에는 유행에서 확대된 관습으로의 복귀가 산업의 특성에 미치는 영향을 파악해야 한다.

관습이 각각의 지역에 수 세대 동안 변하지 않는 음식, 옷, 가구, 주거 등을 지역마다 다르게 강요하는 시대에는, 설령 기계에 의한 대량 생산이 알려져 있다 하더라도 그것이 아무 소용없으리라는 것은 분명하다. 그런 시대의 수공업자는 소수의 물품만을 만들려고 했으며, 그 물품은 매우 튼튼하고 오래가는 것이었다.[38] 이와 달리 똑같은 유행이 이 나라에서 옮겨가 저 나라를 지배하고 그 유행도 해마다 변하는 시대에는, 산업은 제품의 튼튼함이 아니라 양을 목표로 삼는다. 미국의 한 상선 제조업자는 토크빌에게 배의 유행이 자주 바뀌기 때문에 자신은 오래가지 않는 배를 만드는 것이 이롭다고 말했다. 생산자는 관습의 시대에는 좁고 오래가는 **장래의** 시장을 추구하는 데 반해, 유행의 시대에는 방대하고 짧은 외부의 시장을 추구한다. 건조물, 금이나 귀금속으로 된 보석, 가구, 제본, 조각상 등처럼 본질적인 성질이 오래가는 것에 있는 제품의 경우, 관습의 시대에는 동시대의 고객이 불충분해도 세대가 거듭되면서 미래의 고객이 늘어날 것이라는 전망으로 어느 정도까지는 그 부족함이 보충될 수 있다. 따라서 중세 시

---

[38] 로셔Roscher는 다음과 같이 말한다. "로마의 모직물 산업은 그 제품의 내구성으로 특징지어지는데, 이는 **스타일이 변하지 않는** 수도사의 옷이 모범을 보여주었기 때문이다."

대에는 지역마다 관례가 달랐지만.³⁹ 위대한 건축가, 위대한 금은 세공사, 훌륭한 고급 가구 세공인, 제본공과 조각가가 있었다. 그러나 다소 가까운 시일 내에 파괴될 운명에 있으며 그 소비가 빠른 제품의 경우에는 이러한 보충이 존재하지 않는다. 따라서 원예, 심지어는 농업 자체와 평범한 유리의 제조, 일용적인 도기 제조, 모직 의류가 봉건제 때 그리 번영하지 못했으며 발전했다 해도 매우 미약했다는 것은 놀랄 일이 아니다. 이와 반대로 유행의 시대에는 취향의 불안정성이 건축업이나 조각술처럼 미래를 겨냥해야 하는 산업이나 예술의 발전을 방해하지만, 방대한 영토에 걸친 취향의 획일성은 그 불안정성을 넘어 제지업, 신문 잡지업, 직물업, 원예 등처럼 본질적으로 단명하는 제조업의 발전을 극도로 촉진시킨다. 그러나 사실 언젠가 그 취향의 안정성이 회복되어 이미 얻은 관례의 획일성과 결합한다면, 유례 없는 번영을 가져다주는 세 번째 시대가 산업에 열릴 것이다. 이미 그러한 시대를 어렴풋이 예감할 수 있다. 이와 관련해서 중국은 수세기 전부터 이 행복한 종착점에 도달했다. 중국이 이용하는 발명 창고가 보잘것없다는 것을 고려하면, 그 나라의 산업이 얼마나 많이 생산하고 있는지

---

39 그렇다고 해서 중세에 유행의 충동이 없었던 것은 아니다. 치브라리오Luigi Cibrario[이탈리아의 역사가, 1802~1870]에 따르면, 13세기부터 귀족 계급은 "사라센인[중세 유럽인이 서아시아의 이슬람교도를 부르던 호칭]이나 슬라보니아인 같은 매우 먼 나라의 국민에게서 가져온 옷을 입는 것"을 좋아했다. 피렌체의 여성은 캉브레Cambrai[프랑스 북동부 지방으로 직물로 유명하다]산 "녹색 견직물"을 입었다. 옷 차림과 관계있는 모든 것의 경우, 유행의 변화 자체가 귀족 계급과 부유한 부르주아에게는 언제나 상당히 자주 있었다. 그렇지만 오늘날 모든 물품과 모든 계급에서 일어나는 만큼은 아니었다. 랑보A. N. Rambaud 씨는 다음과 같이 말한다: "서민의 의상은 중세 동안에는 거의 변하지 않았다." 이는 그들의 의상이 **전통적인** 상태에 있었기 때문이다. 그는 다음과 같이 덧붙인다: "반면에 부유한 계급에게는 변덕스러울 정도로 다양한 유행이 있었다." 이는 그들이 유행의 영향을 받았기 때문이다. 고대든 중세든 어느 시대에나, 유행의 지배가 문명의 빛나는 상승기를 동반한다는 것은 주목할 만하다. 헤로도토스는 다음과 같이 말한다: "페르시아인은 외국의 관례에 대해서 호기심이 가장 많은 사람들이다. 그들은 실제로 메디아[이란의 고대 왕국]인의 복장을 했다. ……그리고 전쟁 때에는 이집트식 갑옷을 사용한다. 그들은 그리스인에게서는 남색男色을 받아들였다."

를 알 수 있다.

이 모든 것에서 모방의 역할을 과장했는가? 나는 그렇게 생각하지 않는다. 한 나라에 대규모 산업이 나타나기 시작할 때 대규모 산업이 우선 사치품, 장식 융단, 보석 등에 적용되는 것은 주목할 만하다. 대규모 산업이 **이차** 필수품에 적용되는 것은 그다음일 뿐이다. **일차** 필수품에는 마지막으로 적용된다. 왜 그러한가? 관례의 동화는 서민 계층에서 일어나기 이전에 사치품을 소비하는 상류 계급에서 [먼저] 일어나기 때문이다. 따라서 사람들은 콜베르Jean Baptiste Colbert[프랑스의 정치가, 1619~1683]가 견직물 제조업과 그 밖의 귀족적인 산업을 장려했다고 비난했는데, 이는 잘못이다. 왜냐하면 그의 시대에는 그러한 산업만이 실현 가능한 것이었기 때문이다. 그런데 로셔Wilhelm Roscher[독일의 역사학파 경제학자, 1817~1894]는 우리에게 여러 가지 형태의 대규모 산업이 연속되는 겉보기에는 기묘한 순서를 지적하고는 있지만, 내가 보기에 그는 그 이유를 알아차리지 못한 것 같다. 로셔는 다음과 같이 말한다. "옛날에는 편리한 운송수단이 대단히 적었고 지역마다 성격, 풍습, 관습이 확연히 달랐으며 마지막으로는 기계가 없었기 때문에 그 필연적인 귀결로서 산업이 훨씬 더 분산되어 있을 수밖에 없었다." 여기에서는 내가 유일한 것으로 지적한 원인[모방]이 언급조차 되지 않는다. 그렇지만 그 대신에 로셔가 거론한 원인들은 내 생각으로는 그 결과에 불과하다. 예를 들면 운송수단의 불충분함은 [각 지방의] 성격, 관습 및 풍습의 차이와 마찬가지로 소비자들이 외부 모방에 너무 관심을 두지 않은 결과가 아닌가? 만일 여러 지역이 동일한 물품을 사고 싶어 했다면, 그 지역들 사이에 도로를 놓고 싶은 욕구를 느꼈을 것이며 그 욕구는 곧 만족되었을 것이다. 그러나 프레르 퐁티프frères pontifes[다리와 도로를 건설하기 위해 중세 때 특별히 만들어진 수도회]가 아무리 새로운 길을 뚫었어도[40] 사람들이 이용하지 않

---

40 쥐스랑Jean Jules Jusserand, 《중세에서의 방랑 생활 La Vie nomade au moyen âge》을 보라.

아 그 길은 못쓰게 되었다. 로마제국 시대에도 훌륭한 길이 있었다. 그러나 로마의 위세에서 나오는 보편적인 동화에 대한 자극이 주어졌음에도[41] 지역마다 특수한 관례는 여전히 아주 달랐기 때문에, 이 시대에도 대규모 산업은 거의 나타나지 않았다.[42]

기계가 없었다는 것도 똑같은 방식으로 설명될 수 있다. 왜냐하면 사실 대규모 산업을 발전시키거나 일으키는 데 적합한 기계는, 고대부터 이집트, 페니키아, 그리스, 바빌로니아에 흩어져 있는 모든 산업분야에 잠재적인 상태로 존재했다. 그것이 유행 모방을 통해 생산자에게 퍼졌다면, 틀림없이 빠르게 개선되었을 것이다. 따라서 없었던 것은 외국인을 모방하는 성향이었다. 따라서 모든 것은 거기로 귀결된다. 대규모 제지업을 가능하게 하는 첫 번째 조건이 글을 쓰는 습관이 충분히 일반화되는 것이라는 사실은 의심할 바 없다. 게다가 진정한 의미의 기계가 대규모 산업에 필수불가결한 것은 아니다. 당시 대규모 산업은 적어도 **기계공업** 못지않은 **수공업**이었다. 특히 로마에는 인쇄 기계는 없었지만 거대한 필경사 사업장들이 있었다. 이곳에서는 베르길리우스, 호라티우스나 그 밖의 고전 책들을 만들어내고 있었다. 그것은 예외적으로 상당히 큰 산업이었다. 왜냐하면 그 산업은 똑같은 교육 수준을 갖추고 똑같은 언어를 말하며 똑같은 문학적

---

[41] 로마의 위세와 정복자를 모방하고 싶은 성향이 얼마나 강한지를 보여주는 놀라운 사실은 다음과 같은 것이다. 즉 옆으로 누워서 먹는다고 하는 매우 기이하고 불편한 습관이 로마제국 전체에서, 적어도 상류 계급에서 일반화되었다는 것이다. 이러한 관례에서 오늘날 더할 나위 없는 사치가 유래했다. **잠자기 위한 침대**와 **누워서 식사하는 침대**가 구분되었으며, 또 이 둘과는 다른 **결혼 첫날밤을 위한 침대**가 따로 있었다.

[42] 그렇지만 로마의 본보기가 야만인 세계에도 퍼졌기 때문에 이미 수출 산업이 있었다. 야만인들은 그들의 욕구와 취향에서 자신들도 모르는 사이에 로마화되었다. 아메데 티에리Amédée Thierry[프랑스의 역사가, 1797~1873]는 다음과 같이 말한다. "로마 상품을 쓰는 습관이 조금씩 매우 일반화되었기 때문에, 사르마트족Sarmatians[기원전 4세기 이후 남러시아를 중심으로 세력을 떨친 이란계의 유목 기마민족]과 게르만족은 이웃 속주나 이탈리아에서 제조된 옷감만을 이용해 옷을 만들었다."(《로마제국의 모습 Tableau de l'Empire romain》)

취향에 고무된 로마 제국 전체의 식자층을 상대로 했기 때문이다.[43]

그러나 다음의 지적을 잊어서는 안 된다. 즉 대규모 산업이 가능해지려면 관례와 욕구의 유사가 존재하는 것으로는 충분하지 않고 그것이 알려져야 한다는 것이다. 쥐스랑Jean Jules Jusserand〔프랑스의 작가이자 외교관, 1855~1932〕에 따르면, 중세에 그 당시의 불편한 길을 통행한 사람들은 국왕과 시종, 대영주, 순례자, 도피 중인 범죄자와 떠돌아다니는 몇몇 일꾼, 음유시인〔중세 때 봉건 제후의 궁정을 찾아다니면서 스스로 지은 시를 낭송하던 시인〕, 도미니크회 수도사*와 탁발 수도사, 성물이나 면죄부를 파는 사람뿐이었다. 이러한 열거에서 나오는 결론은 이 시대에 인기 있었던 유일하면서도 주된 수출 산업이 면죄부나 성물의 판매였다는 것이다. 음유시인의 경우 그들은 몇몇 성城이나 한두 개의 궁정을 위해서만 일했다. 그렇다면 당시의 사람들에게는 어디에서나 똑같은 단 하나의 욕구, 즉 성물과 면죄부를 사고 싶은 욕구밖에 없었다고 말할 수 있는가?[44] 그렇지 않다. 그렇지만 종교의 공통성에서 유래하는 이러한 유사는 모두에게 알려져 있는 반면에 다른 비슷한 점들은 일반적으로 알려지지 않았다. 그럼에도 순례자와 그 밖의 방랑자를

---

43 또한 사람들은 중세와 근대 초기에조차 산업이 느리게 발전한 것을 사치 금지법의 어리석음과 동업조합의 협소하고 구태의연한 조직 탓으로 돌렸다. 그렇지만 그것이야말로 또다시 내 설명의 결과다. 사치 금지법은 다른 계급들이 어느 한 계급을 모방하는 경향을 억제하거나 약하게 했다. 그리고 동업조합의 독점은 같은 제품을 생산하고 싶어 하는 자들에게 그 조합의 구성원이 이용하는 제조법을 흉내 내지 못하게 했다. 사람들은 독일의 산업 번영이 1871년 이전에조차 관세동맹Zollverein 때문이라고 말했다. 그러나 그 작은 공국公國들, 자유도시들 그리고 현재 독일에 남아 있는 수많은 과거의 잔재들이 그들의 특징적인 욕구와 사치를 각각 유지했다고 가정해보라. 관세동맹이 가능했겠는가? 분명히 그렇지 않다.

* 1216년 성 도미니쿠스가 설립한 탁발 수도회로 정통 신앙을 옹호하고 학문과 청빈을 중시하며 복음을 전파하는 활발한 선교 활동을 목적으로 한다. 도미니크 수도회 이전의 수도회는 넓은 토지를 소유하며 농사와 학문에 힘썼으나, 도미니크 수도회는 특정한 성당에 속하지 않고 곳곳을 편력하며 설교를 했으며, 고정 수입을 바라지 않고 현물을 받아 의식을 해결하는 등 전혀 새로운 형태의 수도회였다.

44 여담이지만, 가장 사치스러운 로마인도 전혀 예상하지 못한 완전히 새로운 사치가 여기에서 생겨났다. 그것은 성유물함과 성골함이라는 사치이다.

통해, 이미 많은 점에서 비슷하다는 의식이 처음에는 모호했지만 점점 퍼졌으며 그 비슷한 점의 수도 계속 늘어났다. 이러한 점에서 그들은 미래의 산업을 준비했다. 도미니크회 수도사도 무의식적으로 똑같은 목적에 협력했다. 이들은 정신을 동화시키면서, 즉 복음적인 색채의 민주적인 관념이나 민주적인 색채의 복음 사상을 퍼뜨리면서 그렇게 했다. 이렇게 해서 그들은 사람들의 정신을 움직였다. 또 설령 물질적인 안락에만 이르기 위한 것이라 할지라도 충격을 주어야 할 곳은 항상 정신이다. 거의 모든 계급이나 국민이 의식적으로나 공개적으로 거의 똑같이 입고 생활하는 결과에 이르려면, 사보나롤라G. Savonarola 같은 무수한 종교인들의 열렬한 설교, 루터와 그 신봉자들의 연설, 프랑스 백과전서파[18세기 후반에 프랑스에서 간행된 백과전서의 편찬에 몸담았거나 협력한 학자나 사상가들]의 정열적인 이론들이 필요했다. 이러한 조건은 대규모 산업이 그 날개를 펼치게 해주기 때문이다.

  대규모 산업이 나타나기 위해서는 관례가 비슷해야 하는데, 그러한 관례 중에서 무엇보다 먼저 고려해야만 하는 하나의 관례가 있다. 왜냐하면 그것이 동화되지 않는다면 다른 모든 것의 동화는 큰 소용이 없기 때문이다. 내가 말하고 싶은 것은 가격 결정과 관련된 관례이다. 어떤 논리적인 규칙, 사실 교조적인 경제학자들이 주장하는 **공급과 수요**의 규칙이 아니라 좀 더 정확하고 완전한 또 하나의 논리적인 규칙이 **그 각각의 가격이 처음 형성될 때의** 그 가격 형성을 지배한다는 것을 나는 기꺼이 인정한다. 그러나 어떤 계산의 결과나 명료한 논의를 거친 계약의 결과로 가격이 어디에선가 일단 정해지면, 그 가격은 그것을 합리적으로 정하게 한 특정한 조건이 지배하는 장소를 훨씬 넘어서 유행을 통해 퍼진다. 또는 그 가격은 관습에 의해서 그 가격을 정하게 한 최초의 조건이 사라진 다음에도 오랫동안 그곳에서 유지되며 지속된다. 그러나 관습에 따른 이러한 지속이나 유행에 의한 이러한 전파가 고전파 경제학자들에게는 그들의 법칙의 오류이거나 그들의 법칙에 대한 위반으로 간주되겠지만, 또는 그렇게 간주될 수밖에 없겠지만, 그 후의 이러한 지속이나 그러한 전파가 없었다면 산업이 첫걸음부터 지장을 받았을 것이라는 사실은 확실하다. 큰 공장들에서 무수히 많은 상품을 전달받는 각각의 도시가 전통적인 가격에 따라 지불하고 싶어 할 뿐 그 공장들이 제시하는 획일적인 가격을 받아들이기를 거부한다면, 그 큰 공장들이 있을 수 있겠는가? 그리고 그 각각의 큰 공장이 다른 공장들의 임금 인상이나 인하를 고려하지 않고 자신의 노동자에게 항상 똑같은 관습적인 임금의 지불을 고집한다면, 그 큰 공장들이 오랫동안 돌아갈 수 있겠는가? 또 한편으로 예전에는 수공업자가 미래를 생각하면서 일했지만 모든 전망은 좁게 한정된 현재 속에 갇혀 있었다.[45] 그들은 생계 유지나 부유함을 위해 고객과 수익의 확대는 바랄 수 없고, 오로지 그 고객과 수익의 유지만을 바랄 수밖에 없었다. 그리고 수공업자는 그의 주인에게 오랫동안 얽매여 있었으며 또한 주인들은 영속적인 동업조합을 통해 자기들끼리 결합했다. [이러한 시대에] 만일 장래의 가격이 안정되어 미리 일정한 것으로 간주되지 않았다면, 소비자와 생산자 모두가 어떻게 안심하며 생활할 수 있었겠는가? 따라서 과거에는 가격의 관습적인 고정이 지역 간의 [가격] 차이를 보상해주었던 것처럼 현재에는 가격의 획일성이 그 변동을 보상해준다. 아마도 언젠가는 가격이 결국 고정되고 획일적인 것이 될 것이다. 그때에는 생산자에게 그의 대담함을 열 배나 더 발휘하게 하는 대규모의 안정된 판로가 제공될 것이다.

사실 모든 새로운 유행은 관습으로 뿌리내리려고 한다. 그러나 많은 씨앗이 싹트지 못하는 것과 똑같은 이유에서 그중 소수의 새로운 유행만이 관

---

45 이 주제에 대해서는 내가 1881년 9월과 10월에 《철학평론》에 발표한 〈정치경제학에서의 심리학 La psychologie en économie politique〉이라는 제목의 두 논문을 참고하기 바란다. 특히 이 《철학평론》지의 405쪽 이하를 보라. 나는 똑같은 주제를 1888년에 지드Charles Gide[프랑스의 경제학자, 1847~1932] 씨의 《경제평론 Revue économique》에서, 〈가치의 두 의미 Les deux sens de la valeur〉라는 제목으로 다루었다. (이 논문은 1894년 나의 《사회논리학 Logique sociale》에 증보해서 재수록했다)

습으로 뿌리내리는 데 성공한다. 그렇지만 한 나라에서 소비가 점점 더 복잡해지는 데는 외국에서 흘러 들어온 몇몇 욕구나 새로운 충족 수단이 그 나라에 뿌리내리는 것으로 충분하다. 왜냐하면 이전부터 존재하는 욕구와 사치는 사라지지 않으며 또는 오랫동안 저항한 다음에야 비로소 자리를 내주기 때문이다. 유럽에서 빵을 먹는 습관이 아시아 쌀의 수입으로 타격받지 않은 것처럼, 아시아에서도 쌀을 먹는 습관이 유럽 빵의 도입으로 심각하게 타격받지 않았다. 그러나 여기에서든 거기에서든 요리법은 새로운 요소로 복잡해졌다. "1860년 통상조약이 체결되었을 때 프랑스에서 저지른 오류는 프랑스 와인이 영국에서 맥주를 대신할 것이라고 믿은 것이었다.[46] 사람들은 높은 관세와 그 결과 비싼 가격 때문에 영국 소비자들이 우리 와인을 마시지 않았다고 생각했으며, 이제는 우리 와인이 영국 소비자 계급에게 침투할 것이라고 자신했다. 이러한 예상은 빗나갔다. 프랑스 와인이 영국 시장에서 그 매출이 늘었지만 이는 매우 제한된 고객층에서만 나타났으며, 그 고객층에는 노동자계급도 심지어는 대부분의 중간 계급도 포함되지 않았다.[47] 우리 포도주가 오늘날 더 좋은 평가를 받고 있지만, 그렇다고 해서 맥주에 대한 평가가 내려간 것은 결코 아니었다. 이 맥주의 소비 비율은 외국산 와인의 소비 비율과는 전혀 상관없이 계속 늘어났다." 따라서 영국에서는 와인이 맥주에 추가되었을 뿐 결코 맥주를 대신하지는 않았다.

관례에서 유행의 지배가 산업에 미치는 특징은 추측하기 쉽다. 일종의 강력한 전염병으로 퍼지기 위해서는, 언어는 규칙적이 되어야 하고 시적인 정취가 없어져야 한다. 또한 논리적인 성격이 더 많고 생동감은 적은 모습을 지녀야 한다. 종교는 정신적이 되어야 하고 더 합리적이 되어야 하

---

[46] 《경제학자 저널 Journal des économistes》, 1882년 2월.
[47] 모든 점에서와 마찬가지로 이 점에서도, 사회 계층은 그 계층이 높을수록 자신의 습관에 덜 집착하고 외국으로부터의 전염에 더 개방적이라는 것을 알 수 있다.

며 독창성은 적어야 한다. 통치는 더 행정적인 것이 되어야 하고 위세를 과시하는 성격은 적어야 한다. 법률은 그 형태의 독창성보다는 이성과 형평성에 의해 빛나야 한다. 마지막으로 산업은 자연발생적이고 예술적인 측면은 버리고 기계적이며 과학적인 측면을 발전시켜야 한다. 혹시 이상하게 들릴지도 모르지만, 한마디로 말하면 유행의 지배는 이성의 지배와 결합되어 있는 것 같다. 여기에 덧붙이면, 개인주의와 자연주의의 지배와도 결합되어 있는 것 같다. 이러한 것은 다음과 같이 생각한다면 이해될 것이다. 즉 동시대인에 대한 모방은 그 선조와 분리되어 개별적으로 고려된 본보기에 집중하는 반면, 조상에 대한 모방은 개인과 그의 선조 간의 세습적인 연대의 관계를 분명하게 보여준다고 생각한다면 그러한 것이 이해될 것이다. 또한 우리는 다음과 같은 사실도 쉽게 알아차릴 수 있을 것이다. 즉 모든 유행 모방의 시대―솔론 치하의 아테네, 스키피오 시대의 로마, 15세기의 피렌체, 16세기와 그 후 18세기의 파리―는, 민법 속에 이른바 자연법(개인주의적인 법이라고도 할 수 있다)이, 전통적인 종교 속에 이른바 자연종교가, 엄숙하고 관습적인 예술 속에 개개의 현실을 충실하게 관찰해서 반영하는 예술―내가 또한 [다음 절에서] 자연주의라고 부르는 예술―이 국민 도덕 속에 우리가 곧 보게 될 개인 도덕이, ……다소 의기양양하게 침투하는 것으로 특징지어진다는 사실이다. 이탈리아의 인문주의자들, 라블레François Rabelais[프랑스의 작가, 1484(또는 1483, 1490, 1495)~1553(또는 1559)], 몽테뉴Michel Eyquem de Montaigne[프랑스의 사상가, 1533~1592], 볼테르는 여러 가지 점에서 이 자연주의적이며 개인주의적인 성격을 구현하고 있다. 인간 개인에게 이성보다 더 자연스러운 것이 없다면, 그리고 생명의 신비한 복잡성을 대칭적이며 논리적인 질서로 대체하는 것만큼 개인의 이성을 만족시키는 데 적합한 것이 없다면, 여기에서 합리주의, 개인주의 그리고 자연주의가 서로 악수하는 것을 본다고 해서 놀랄 필요는 없다. 어느 영역에서든 유행의 지배는 자유롭고 위대한 몇몇 개인이 전성기를 누리는 것으로 특징지어진다. 그러한 때는, 언어에서는 보줄라Claude Favre de Vaugelas〔프랑스의 문법학자, 1585~1650〕 같은 문법학자들이 활약한다. 심지어 예를 들면 볼라퓌크어처럼 언어를 완전히 새로 만드는 사람도 어느 정도 성공을 기대할 수 있다. 그렇지만 그들이 성공하려면 그들의 개혁이 규칙성과 대칭성〔균형〕이라는 특징을 지녀야 한다는 조건이 따른다. 종교에서는 위대한 개혁가, 위대한 이단자, 위대한 철학자 등이 종교를 단순화하거나 합리화해 성공을 거두는 시대이다. 정치와 법률에서는 유명한 제국 건설자와 입법자가 행정과 법전을 개선하는 시대이다. 경제에서는 위대한 산업 발명가가 기계를 개선하는 시대이다. 게다가 미의식에서는 훌륭한 예술 창조자가 창작의 **비결**과 수법의 무의식적인 개선을 최고로까지 밀고 나가는 순간이다. 또한 위대한 명성이 나타난 것을 볼 수 있는 곳이면 어디에서나 유행의 전염이 맹위를 떨쳤다고 주장할 수 있다. 비록 그 각각의 영광은 자신이 파괴한 이전이 맹목적인 숭배처럼 배타적이고 끈질긴 어떤 전통적인 맹목적 숭배의 출발점이 되었지만 말이다. 예를 들면 프랑스 연극의 사소한 전통에 대해 경건한 애정을 지닌 몰리에르Molière〔프랑스의 희극작가, 1622~1673〕 추종자들은, 그들의 우상인 몰리에르가 예술적으로 혁신적인 그의 세기世紀에 혁신에 대해 가장 개방적이면서 우상을 가장 혐오한 인간이었다는 것을 잊어서는 안 된다. 이 몰리에르 추종자들을 통해 우리는 호메로스 추종자들을 이해할 수 있다. 우리는 호메로스도 몰리에르와 마찬가지로 모방 전파의 시대에, 즉 에게 해 전체와 소아시아 전체가 이오니아로부터 방사를 받아들이기 시작했을 때 등장했다고 확신할 수 있다.

요컨대 경제 영역에서 관습과 유행이 행하는 역할은, 항상 공존하며 한쪽이 커지면 다른 쪽이 약해지면서 번갈아 나타나는 모방의 그 두 방향이 사회계의 다른 영역들에서 행하는 작용과 매우 잘 일치한다. 그 역할은 우리가 정식화한 일반적인 법칙에 어려움 없이 들어맞는다. 게다가 이 법칙의 근거, 즉 관습과 유행 간의 파란만장한 투쟁이 최종적으로 관습이 승리할 때까지 계속되는 이유가 지금 넌지시 나타나고 있다. 각각의 발명은 거기에서 생겨나는 특정한 모방의 발생원이기 때문에, 모방 욕구는 언제나 되도록이면 가장 풍요로운 발명의 성운이 빛나는 쪽으로 향할 것임이 틀림없다. 즉 모방 욕구는 어떤 때는, 조상만이 창의적이었든가 아니면 그들이 동시대인보다 더 창의적이었다면 전적으로 과거 쪽으로 향할 것이며, 또 어떤 때는, 동시대인이 조상보다 더 창의적이라면 점점 더 현재와 외국인 쪽으로 향할 것이다. 그렇지만 불가피하게 이 두 경우는 오랫동안 교대로 일어난다. 왜냐하면 어떤 발명의 보고寶庫는 발견되자마자 모든 사람이 그것을 채굴해 그 보고가 곧바로 일시적으로 고갈되기 때문이다. 그렇게 되면 그들은 새로운 광맥이 발견되기를 기다리면서 과거의 유산을 확대한다. 그리고 그 마지막 보고까지 다 채굴되면, 그때부터는 조상에게만 매달려 그들에게서 본보기를 찾아내지 않을 수 없을 것이다.

유행의 지배와 동시대 발명의 진보는 서로 자극을 준다. 그렇다고 해도 발명의 진보가 시간적으로 선행한다는 것을 인정해야 한다. 내가 이미 말했듯이, 일단 생겨난 유행의 흐름이 그 자신[유행의 흐름]을 점점 넘쳐 흐르게 하는 데 가장 적합한 방향으로 발명의 상상력을 강하게 자극한다는 것은 의심할 바 없다. 그렇지만 결실이 많은 혁신이 얼마간 자연적으로 생겨난 이웃 국가와의 접촉에서 자극을 받지 않았다면, 무엇이 그 유행의 흐름을 일으켰겠는가? 금세기 산업에 관한 한 그것은 의심할 바 없다. 왜냐하면 확실히 유럽의 모든 사람을 열광적으로 서로 모방하게 한 첫 번째 원인은 대량 생산을 가능하게 한 증기기관과 생산물을 멀리 운송할 수 있게 한 철도의 발명이기 때문이다. 또 전보의 발명은 말할 필요도 없다. 특히 산업과 과학의 영역에서는 우리 시대의 상상력이 자유롭게 발휘되었다. 또한 무엇보다도 경제적인 측면과 과학적인 측면에서 우리 시대는 관습의 장애물을 부수어버렸다. 예술 영역에서는 그와 반대로 창조적인 독창성이 종종 부족했기 때문에, 전통 정신이 전체적으로 존속했다. 세부적으로 살펴보면 그러한 사실이 잘 나타난다. 예를 들면 건축에서는 우리는 거의 아무것도 발명해내지 못했다. 우리 시대는 고딕 양식, 로마 양식, 비잔틴 양식을 맹목적으로 모방했다. 12세기가 이 건축에 관해서 혁신적이었던 만큼이나, 금세기[19세기]는―적어도 철근 건축이라고 부를 수 있는 것이 도래할 때까지는―전통주의적이었다.

실제로 발명에는 부분적으로 우연적인 성격이 있지만, 발명가 자신은 매우 모방적이다. 따라서 어느 시대에나 종교, 건축, 조각, 음악, 철학에는 일반적으로 일정한 방향의 **발명의 흐름**이 있다. 어쩔 수 없이 또는 언제나 다른 발명의 흐름에 선행하지 않으면 안 되는 발명의 흐름이 있다. 예를 들면 신화를 만들어내는 재능은 보통―나는 콩트처럼 필연적이라고는 말하지 않을 것이다―형이상학을 만들어내는 재능 이전에 발휘되었음에 틀림없다. 언어를 만들어내는 재능은 확실히 그 두 재능보다 먼저 존재했다. 또한 그 재능은 가장 오래 전에 고갈된 재능이기도 하다. 그러므로 가장 진보적인 사회, 즉 다른 점에서는 관습을 가장 경멸하는 사회에서, 언어에 대한 관습의 영향이 철자법에 대한 지나친 존중과 언어학적 보수주의 정신의 증대를 통해 나날이 우세해진다고 해서, 우리가 놀라서는 안 된다. 내가 보기에는 겉보기에 많은 기이한 역사의 사실들도 똑같은 원천에서 이끌어낸 고찰로 설명할 수 있을 것이다. 그러나 여기에서 지적하지 않은 적용은 독자 스스로 할 수 있을 것이다.

6. 도덕과 예술

예술의 원리로 표현되는 취향과 도덕의 원리로 표현되는 습속은 시간과 장소에 따라 변하지만 사회 활동의 중요한 두 부분을 지배한다. 따라서 취향과 습속은 관례, 법 및 헌법과 마찬가지로 그 말의 폭넓고 진정한 의미에서 사회 통치의 일부를 이룬다. 이것은 엄연한 사실이다. 한 민족이 도덕적이거나 예술적이 되면 될수록 그들은 통치받을 필요도 그만큼 적어지게 된다. 도덕성이 완성되면 무정부 상태의 도래를 가능하게 할 것이다. 그렇지만 이 이중적인 주제가 내포하고 있는 진부함을 피하기 위해 우리는 여기에서 매우 짧게만 논의하고 싶다. 예술의 종교적 기원은 앞 장에서 말했기 때문에 증명할 필요는 없고 지적하는 것으로 충분하다고 생각한다.[48] 마찬가지로 도덕의 종교적 기원도 증명할 필요는 없고 지적하는 것으로 충분하다고 생각한다. 도덕의 의무는 처음에는 신의 명령으로서만 이해되었다. 따라서 도덕 감정과 예술적 취향은 종교에서 유래한다. 또 게다가 그것들은 가족에서도 유래한다. 가족마다 부족마다 자기들 나름의 언어와 숭배를 가졌던 시대에는, 그 가족이나 부족이 예술적 재능을 타고났을 경우 자신들의 특별한 예술을 지녔으며 그 예술은 아버지에서 아들로 경건하게 전해졌다. 그리고 공감 본능을 지녔을 경우, 그 가족이나 부족은 자기들만의 도덕이나 일련의 고유한 종종 부도덕한 정신적 편견 및 까다롭고 기이한 공희를 갖고 있었으며, 이러한 것들을 아득한 옛날부터 충실하게 지켜왔다. 벽으로 둘러싸인 이 예술과 폐쇄적인 도덕은 얼마나 자주 그 장벽을 무너뜨려왔겠는가! 그것들이 외부로 넘쳐 흐른 다음에는, 얼마나 자주 새로운 경계 안에 갇히고 그 안에서 자신을 보호했으며, 그다음에는 그 경계를 뒤로 더 물러나게 했겠는가! 이러한 일은 아주 오래 전부터 계속해서 일어났다. 이러한 과정을 거쳐서 우리는 지구상에서 전대미문의 광경, 즉 거대한 많은 나라가 아름다운 것과 추한 것, 선과 악을 동시에 또 거의 똑같은 방식으로 느끼고, 똑같은 그림, 똑같은 소설, 똑같은 희곡, 똑같은 오페라를

---

[48] 로마제국의 말기까지만 해도 공적인 구경거리와 축제에서는 온갖 형태의 예술이 펼쳐졌으며, 또한 이것이 종교의 엄숙함의 일부를 이루었다. 게다가 고대인은 세속 음악과 종교 음악 간의 완전히 근대적인 구분을 전혀 알지 못했다.

찬미하거나 비웃으며, 세계 곳곳에서 동시에 정기간행물을 통해 보도되는 똑같은 도덕 행위에 박수갈채를 보내거나 똑같은 범죄에 분개하는 광경을 볼 수 있었던 것이다!

이 새로운 측면에서도 세계는 우리가 이미 여러 차례 지적한 바 있는 대조를 다시 보여주고 있다. 관습이 종교 및 정치뿐만 아니라 예술 및 도덕도 지배한 옛날에는, 각각의 국가, 더 멀리 거슬러 올라가면 각각의 지방, 각각의 도시는 보석, 잘 손질한 무기, 장식이 많은 가구, 작은 조각상들, 시적인 전설 같은 독창적인 생산에서도 또 독특한 미덕에서도 이웃 국가, 이웃 지방, 이웃 도시와 구별되었다. 따라서 아름다움과 선함이 종종 장소마다 아주 다르게 나타났다. 그렇지만 각 나라 안에서는 아름다움과 선함이 세기마다 거의 변하지 않았으며, 똑같은 미덕과 똑같은 예술품이 변함없이 재생산되었다. 이와 반대로 유행이 펼쳐져 확산되어가는 금세기에는 예술 작품과 도덕적인 행위가 어디에서나, 적어도 두 대륙[유럽과 아메리카]에서는 거의 비슷하며, 해마다라고는 말할 수 없지만 십 년마다 화가, 음악가, 시인의 수법과 유파가 일반 대중의 취향과 함께 변하고, 도덕적인 준칙 자체도 놀라울 정도로 쉽게 쇠퇴하고 변하며 새로워진다. 그렇지만 이 놀라운 가변성에 너무 겁먹을 필요는 없다. 그처럼 변하기 쉽다는 것이 세계적인 현상이 되어, 그 일련의 주기적인 진동의 폭은 점점 커지지만 사실 그 결과는 특히 도덕의 관점에서는 대단히 유익했기 때문이다. 게다가 사실 과거의 경험으로 볼 때에도, 어느 정도 가까운 장래에 이상理想은 다시 안정을 되찾아 마침내 평화를 가져다주는 획일성과 결합하는 방향으로 돌아갈 것이라고 우리는 기대할 수 있기 때문이다.

의무는 오래 전부터 그것을 실천한 사람들에게는 매우 단순한 것처럼 보이겠지만, 그 의무라는 것은 모두 처음부터 개인적이며 독창적인 발명이었다. 게다가 그것은 다른 것들과 마찬가지로 연속적으로 나타나고 연속적으로 퍼진 발명이었다.[49] 이처럼 의무가 생겨나 성공을 거둔 것은 어떤 때는 새로운 종교의 교의—의무는 대부분의 경우 매우 기이한 실천적인 결과를 교의에서 논리적으로 이끌어냈다—때문이며, 또 어떤 때는 그 의무와 어울린다고 여겨지는 사회생활의 새로운 조건 때문이다. 이와 마찬가지로 예술의 연속적인 발명이 생겨나 성공을 거둔 것도 관념의 변화나 습속의 변화 때문이다. 노인 공경, 친족 간의 복수, 환대, 용맹, 그 후에는 노동, 성실, 다른 사람의 가축과 밭이나 아내에 대한 존중, 더 나중에는 애국심, 봉건 영주에 대한 충성, 동냥, 노예 해방, 빈민 부조 등은 이집트의 무덤, 그리스의 사원이나 고딕 양식의 대성당과 마찬가지로 인류의 여러 시대에 출현했다. 따라서 제때에 어디에선가 나타난 새로운 미의식이나 새로운 의무 관념의 경우, 자신들의 전통적인 도덕과 예술 속에 갇혀 있는 부족이나 도시의 담벼락을 넘어 세계 속에 그 씨앗을 퍼뜨리기 위해서는 이른바 유행의 바람이 일어나지 않으면 안 되었다. 여기에서 예전의 관습과 외부에서 도입한 본보기 간의 모순이 자주 생겨났다. 이것이 도덕적인 금지령과 취향에 관한 규범이 매우 흔히 지니는 부정적인 성격을 부분적으로 설명해준다. 패배한 적을 먹기 위해 죽이지 말라, 자녀를 팔지 말라, 이유 없이 노예를 죽이지 말라, 부정不貞한 짓을 저지른 경우를 제외하면 아내를 죽이지도 때리지도 말라, 이웃집의 당나귀나 소를 훔치지 말라, 이러한 것들은 매우 독창적이고 그 하나하나마다 당시에 많은 논란이 있었던 금지령이다. 이러한 금지령이 각 민족의 도덕 규범의 대부분을 구성했다. 그들의 미적 규범도 마찬가지로 취향에 관해 명령보다는 금지로 가득 차 있다.

지금까지 서술한 것으로 나는 박애와 평등, 자유, 정의처럼 도덕 생활의 첫 번째 씨앗이자 영혼이라 할 수 있는 감정이 근대의 발견이라고 말하고자

---

49 우리가 보는 바와 같이 버클Henry Thomas Buckle[영국의 역사가, 1821~1862]은 도덕의 불변성을 지능 및 과학의 발전적인 성격과 대립시켰는데, 이는 그가 이상하다고 할 정도로 잘못 생각한 것이다. 이 불변성은 변화 가능성이 적다는 것에 불과하다. 그리고 이 완전히 상대적인 의미에서는 [버클의] 그 대조가 옳다.

하지 않는다. 근대적인 것은 이 뛰어난 감정이 지배한다고 여겨지는 인간 집단의 엄청난 규모이다. 왜냐하면 그 감정은 항상 존재했기 때문이다. 다만 역사의 과정을 거슬러 올라가면 갈수록 그 감정은 점점 더 좁은 집단 안에만 존재했다. 사실 이 세련되고 강력한 감정은 사회생활의 즐거움 자체이며 그 고유한 매력이자 마술이다. 또한 사회생활의 모든 불합리함에 대한 유일한 균형추이다. 이 독특한 장점이 언젠가 더 이상 나타나지 않으면 그 사회는 곧바로 붕괴될 정도로 사회생활의 불합리함은 크다. 원시 인류에서 부족 간의 투쟁과 살육, 무시무시한 식인 풍습이나 그 밖의 재산 몰수밖에는 보지 못한 사람들, 게다가 주인이 노예에게 채찍질을 한다거나 가부장이 어린아이를 팔아 넘기는 것밖에는 보지 못한 사람들, 이러한 사람들은 원시 사회를 이해하지 못한 것이다. 그들은 그 사회의 외적인 측면만을 본 것이며 그 안으로 들어가지 못한 것이다. 이러한 사회의 내부, 본질이나 내용은 그 사회를 구성하는 동등한 사람 간의 관계, 같은 부족이나 씨족의 가부장 간의 관계, 스파르타나 아테네의 광장에 모인 시민 간의 관계, 구체제 시대의 한 살롱에 모인 귀족 간의 관계이다. 이 동등한 사람 간의 상호관계에서는 일시적인 분쟁을 제외하면 언제 어디에서나 단결, 평화, 예의바름이 지배했다는 것을 우리는 잘 알고 있다. 물론 이 경우 그들은 자기끼리만 배타적으로 사회 집단을 구성했으며, 외국인은 물론 노예, 미성년자, 여자도 제외했다. 동등한 사람들의 공통된 이해관계와 관련해서 외국인은 극복해야 할 **장애물**이다. 미성년자, 여자, 노예는 바로 그 이해관계와 관련해서는 이용해야 할 단순한 **수단**이다. 그러나 전자도 후자도 동료가 아니다.

   그렇지만 결국에는 이 동등한 사람들과의 접촉이, 하위자에게는 매력적인 집단에 들어가 그들의 우애 깊은 친밀성을 확대하고 싶은 생생한 욕망을 불러일으킨다. 이러한 욕망은 점차 실현되지만, 쉽지 않으며 또 혁명이 없으면 안 된다. 그 욕망은 어떻게 실현되는가? 단지 모방의 작용이 오랫동안 계속되었기 때문이다.[50] 이 점에서 철학자나 신학자—스토아학파*건

교부건―의 설교에 중요한 역할을 부여했다면, 그것은 결과를 원인으로 간주한 것이다. 상위자를 모든 점에서, 즉 생각하는 법, 말하는 법, 기도하는 법, 옷 입는 법, 생활방식에서 모방하게 되면, 하위자는 그 상위자에 대해 양쪽 모두가 당연히 똑같은 사회에 속한다는 어쩔 수 없는 감정을 갖는 때가 반드시 온다. 그때 이 감정은 그 감정을 강화하거나 그것의 확대를 다그치는 어떤 철학적 또는 신학적인 학설로―보통은 과장되게―표현된다. 소크라테스는 그의 대화편에서 여성의 존엄성과 심지어는 노예의 존엄성마저 약간 강조했고, 플라톤은 더 나아가 《국가République》에서 남자와 여자의 완전한 평등과 노예제의 폐지를 꿈꾸었는데, 이는 당시의 아테네에서 여성이 규방 밖으로도 자주 외출하기 시작했고 또 노예가 이미 자유인에게 동화되었기 때문이다.51 "아테네의 평민은 옷에서나 겉모습에서나 그 어떤 점에서도 노예와 다르지 않다"고 크세노폰Xénophon〔그리스 역사가, 기원전 430?~355?〕은 말한다. 그렇지만 플라톤의 이중적인 유토피아가 실현되기 전에, 남자와 여자 간의 거리와 시민과 노예 간의 거리가 줄어들어 안토니우스 시대〔기원전 2세기의 로마 황제 안토니우스 피우스와 마르쿠스 아우렐리우스 안토니우스 시대〕의 수준에 이르는 데도 수세기나 더 필요했다. 아리스토텔레스는 노예제를 정당화했

---

50 로마의 평민은 모방을 통해 귀족에게 동화되었다. 비코Giambattista Vico〔이탈리아의 철학자, 1668~1744〕에 따르면, 로마의 평민이 처음에 요구한 것은 "귀족과 정혼할 수 있는 권리가 아니라 **귀족의 결혼과 비슷한 결혼을 할 수 있는 권리**, 즉 cum patribus가 아니라 connubia patrum이었다."

* 키프로스섬 출신의 제논Zenon이 창설한 그리스 철학의 한 유파로 기원전 3세기부터 로마 제정 말기에 이르는 후기 고대를 대표한다. 윤리를 중심 과제로 하고 준엄한 도덕주의와 엄격한 의무의 준수를 주장했다.

51 아테네 노예의 운명을 완화하는 데 기여한 또 하나의 원인은, 아테네와 그리스 전체에서 여성이 갖고 있던 〔지위의〕 열등함이라고 나는 생각한다. 에우리피데스Euripides〔고대 그리스의 3대 비극 시인 중의 한 사람 기원전 484?~406?〕의 《알케스티스 Alceste》〔기원전 438〕와 크세노폰, 그리고 그 밖의 것을 보면, 그리스 여성이 노예에게 다정한 애정을 느꼈다는 것을 알 수 있다. 이는 아마도 그녀들이 노예나 마찬가지인 생활을 했고 또 노예와 똑같은 속박을 받았기 때문일 것이다. 노예와 여성은 함께 해방을 향해 나아갔다.

는데 이는 그가 당시의 도덕적 실천에 훨씬 더 충실했기 때문이다. 그리고 이 점에서 스토아 학파 초기 사상가들의 〔아리스토텔레스와는〕 반대되는 목소리는, 세상이 에픽테토스Epictetos〔고대 그리스 스토아 학파의 철학자, 55?~135?〕의 말, 즉 불행하게도 사회뿐만 아니라 우정도 "너무 멀리 퍼지면 일그러지는 원"이라는 말을 이해할 만큼 성숙해질 때까지는 효과적인 반향이 없었다. 이 진지한 반론은 평등을 갈망하는 예속 계급의 소원에 대한 모든 시대의 보수주의자의 저항을 부추겼다. 그러나 이러한 반론은 사라져야 하며 사회적인 원은 인류 끝까지 펼쳐져야 한다. 그렇지만 다음과 같은 의문은 지닐 수 있을 것이다. 내가 지금 언급하는 감정〔우정〕이 미치는 범위의 점진적인 확대는 그 강도와 맞바꾼 것이 아닌가? 과거에, 아주 먼 과거라도 그 감정은 **그것이 존재한 곳에서는** 지금보다 훨씬 더 강했다고 생각하는 것이 정당하지 않은가? **피에타스**pietas〔고대·로마인이 훌륭한 사회 구성원의 덕목으로 칭송했던 것 중 하나로 부모나 가족, 신에 대한 헌신을 뜻한다〕라는 말은, 그것이 고대인에게 시녔던 힘과 충만한 의미, 즉 신성한 경건함을 우리에게도 갖고 있는가?

외국과의 전쟁, 예를 들면 페르시아 전쟁은 병사들의 도덕성을 강화하는 경향이 있는데 반해, 예를 들면 펠레폰네소스 전쟁〔아테네와 스파르타 간의 싸움, 기원전 431~404〕같은 내전이나 유사내전, 즉 자매도시 간의 싸움은 도덕을 타락시킨다고 지금까지 매우 올바르게 지적해왔다. 왜 그런가? 그렇지만 사용되는 방법은 똑같다. 언제나 책략과 폭력이다. 그러나 전자의 경우에는 책략과 폭력이 이미 우리에게는 낯선 사람들의 집단을 겨냥하는데, 그 낯선 집단은 투쟁 이후에는 전쟁의 접촉에 따른 결과로 전보다는 덜 낯설게 되며, 대개의 경우 우리는 그들을 모방하기 시작한다. 이에 반해 후자의 경우에는, 그 책략과 폭력이 전에는 우리에게 사회적인 형제나 친척, 동향인이나 친구였던 사람들의 집단을 겨냥한다. 따라서 전자의 경우, 즉 외국과 벌이는 전쟁에서는, 사회적인 **영역**이 줄어들지 않고 오히려 확대되는 경향이 있으며 사회적인 **유대**는 강화된다. 후자의 경우에서는 사회적인 영역이 축소되고 사회적인 유대는 약해진다. 그러므로 이 경우 사회적으로는 모든 것을 잃어버린다. 바로 그 점이 우리가 도덕적 타락이라고 올바르게 말할 수 있는 이유이다. 도덕의 두드러진 사회적인 성격을 이보다 더 잘 보여주는 것은 없다.

어쨌든 예술 대중과 마찬가지로 도덕 대중도 연속적이지는 않지만 이따금씩 확대되었으며 또한 세기를 거듭하며 계속 늘어났다는 것은 확실하다. 이 말은 활동하는 개인의 경우 그가 어떤 의무를 이행할 대상으로 인정하는 인간 집단과 또 그들의 의견을 통해 그 개인의 도덕성에 영향을 미치는 인간 집단이 확대되었다는 것을 뜻하며,[52] 한편 예술가의 경우 그가 그들을 위해 일하고 또한 그가 보기에는 그들의 판단이 중요하다고 여겨지는 인간 집단이 확대되었다는 것을 뜻한다. 이러한 확대는 이중적이었다. 우선 표면적으로는, 도시, 지방 및 국가의 경계가 계속 뒤로 물러남으로써 [그러한 인간 집단이] 확대되었다. 이때 도시, 지방이나 국가의 고결한 인물조차 그 경계 밖의 사람들에 대해서는 그 어떤 동정심이나 공평성의 의무감을 느끼지 않았다. 예술가나 시인은 그 경계 밖의 사람들을 야만인으로밖에는 보지 않았다.[53] 그리고 심층적으로는, 계급을 나누어 각 계급에게 의무나 취향의 범위를 제

---

[52] 이 주제에 대해서는 나의 《비교범죄론 Criminalité comparée》, p. 188 이하와 나의 《형사철학》을 보라.

[53] 몇몇 시대에는 이 발전 단계를 추적할 수 있다. 소크라테스[기원전 469~399] 시대까지는 **도시의 정신**만이 그리스의 작은 공화국들 안에서 지배했다. 페르시아 전쟁[기원전 492~448]과 그다음의 융합 노력 이후 소크라테스와 플라톤 시대부터는 그리스의 국민 정신이 나타났다(이는 프랑스의 애국심이 백년전쟁 이후 나타난 것과 같다). 플라톤조차도 그의 이데아론에도 불구하고 그리스인과 야만인[이방인]을 별개의 두 존재로 간주했다. 그의 이데아론이 적어도 인류라는 이데아 아래서 그 둘을 그의 생각 속에 뒤섞는 좋은 효과를 지녔어야 했는데도 말이다. 알렉산더 대왕[기원전 356~323]의 정복은 그리스라는 조국을 아시아 한가운데까지 확대시켰으며, 그리스와 페르시아라는 '이 두 자매' 간의 구분은 없어졌다. 그리고 도덕의 영역은 대단히 커졌다. 그러나 페르시아인과 그리스인을 구분하지 않은 것이지 인류를 하나의 형제로 인정한 것은 아니었다. 로마의 정복 덕분에 이탈리아, 스페인, 갈리아, 아프리카, 심지어는 게르만족도 황금의 원[특권 집단] 안에 들어갔다.

한했던 장벽을 낮춤으로써 〔그러한 인간 집단이〕 확대되었다. 이것은 이미 그 자체로도 엄청난 진보이지만, 이러한 진보는 도덕과 예술의 내적인 수정을 반드시 수반했다. 그런데 이러한 진보가 어떻게 해서 일어날 수 있었는가? 또 어떻게 해서 일어나지 않으면 안 되었는가? 이에 대해서는 우선 다음과 같이 대답해야 한다. 즉 종교, 정치, 산업, 법, 언어 등 그 어떤 영역에서든 작용하는 외적 모방의 모든 충동〔자극〕과 범람이, 날마다 점점 더 많은 사람을 서로 더 많이 동화시키면서 그러한 결과를 낳는 데 강력하게 기여했다고 대답해야 한다. 16세기부터 국제법이 점령된 도시의 약탈, 패전민의 재산 몰수 및 노예화 등을 막았다면, 또 바로 그 시대부터 외국인 소유 재산 몰수권이 더 이상 행사되지 않았다면, 한마디로 말해 외국인, 적어도 유럽의 기독교도 외국인에 대한 의무를 서로 인정했다면, 그것은 대부분 이 혁신적인 세기가 유럽 대륙에서 유행 모방에 주목할 만한 자극을 주었기 때문이다. 그리고 그 혁신적인 세기를 특징짓는 것은 무엇보다도 그 세기에 유행 모방의 넓은 길이 열렸다는 것이다. 라신Racine은 프랑스의 고상한 취향을 지닌 수천 명을 위해 글을 썼고 빅토르 위고는 오늘날 프랑스와 유럽의 수백만 명의 숭배자를 위해 글을 썼는데, 문학 대중의 이러한 확대는 대부분 본보기의 일반적인 흐름이 새롭게 대홍수처럼 넘쳐흘렀기 때문이다. 그 흐름은 보수적인 17세기 이후 지난 세기〔18세기〕에 생겨났으며 아직도 우리 눈 앞에서 흐르고 있다. 증기기관, 방직기, 기관차, 전신기가 발명되지 않았다고 가정해보자. 또 근대 화학과 물리학의 주요한 사실도 발견되지 않았다고 가정해보자. 유럽은 확실히 아직도 서로 다른 무수히 작은 지방으로 분열되어 있을 것이다. 이러한 상태는 대규모 산업과 맞지 않을 뿐더러 폭넓은 도덕이나 위대한 예술과도 맞지 않는다. 따라서 세계를 문명화한 모든 훌륭한 관념은 도덕과 예술의 보조적인 발명이나 발견으로 간주될 수 있다.

그렇지만 적어도 도덕의 경우 그 영역의 확대를 가로막고 있던 장벽을 부수는 데는 이 일반적인 원인으로 충분하지 않았을 것이다. 이러한 진보를 간접적으로 일으킨 관념뿐만 아니라, 도덕을 직접적이며 얼마간 의식적인 대상으로 삼은 그러한 관념들도 있지 않으면 안 되었다. 이러한 범주 중에서 내가 가장 중요하다고 여기는 것은 모든 의제(擬制, fictions)이다. 사회적 및 도덕적인 동포가 되기 위해서는 친족이어야 했던 원시시대에, 의제는 인공적인 친족을 만들어냈으며 자연적인 친족의 이점을 이 인공적인 친족에까지 확대시킬 수 있었다. 많은 미개 민족에는 동맹을 맺을 때 계약 당사자끼리 피를 몇 방울 섞는 관습이 퍼져 있다. 그들은 그렇게 해서 어떤 의미에서는 같은 혈족이 된다. 이러한 관례는 혈연관계의 한계 안에서만 서로 도덕적인 의무가 있다고 여긴 시대가 아니면 생각해낼 수 없는 것이었다. 그리고 타일러Edward Burnett Tylor〔영국의 인류학자, 1832~1917〕가 그러한 관례를 "우애의 의무와 감정을 가족이라는 좁은 경계를 넘어 확대시키는 엄숙한 방법의 발견"이라고 찬양한 것은 옳다. 여러 가지 기이한 형태의 양자결연도 똑같은 목적을 추구하는 마찬가지로 독창적인 또 하나의 방법이었다. 마지막으로 환대의 실천도 그와 비슷한 관념에 근거하고 있다. 집에 들어간다는 것은 사실상 집이라는 사원〔신성한 장소〕에 들어간다는 것이며, 이러한 사실은 그 가족에 의제적擬制으로 편입되는 것으로 간주할 수 있었다. 그것은 단연코 양자결연이나 피를 섞는 것에 견줄 수 있다. 그렇지만 이와 같은 모든 창의적인 관행 중에서 확실히 가장 경이로우며 가장 많은 결실을 맺는 것은 그리스도의 다음과 같은 말이다. "모든 인간은 너의 형제이며, 너희 모두는 하느님의 자식이다." 이 말에 힘입어 인류 전체가 친족관계에 포함되었다.

이러한 과정이나 그 밖의 비슷한 과정을 거쳐서 또는 단순히 문명의 평준화 작용의 결과로, 올바른 행위를 하거나 예술적인 작품을 만들어낼 수 있는 기회가 더 커지면, 그때까지 자신들만의 도덕이나 예술에 갇혀 있던 민족이나 계급은 그 도덕이나 예술을 교환하려고 한다. 이 공통된 경향에서 뛰어난 도덕이나 예술이 나오는데, 이 뛰어난 도덕이나 예술 자체도 불가피하게 다시 변한다. 외국에서 끌어온 도덕과 어릴 때부터 익힌 자기 나라의 도덕, 즉 유행 도덕과 관습 도덕의 차이는, 도입되는 외국 예술과 토착 예술의 차이와 똑같은 점이 있다. 토착 예술은 오래되었고 상대적으로 잘 변하지 않지만, 그것이 불러일으키는 영감은 훨씬 더 많은 신선함, 힘과 독창성을 갖고 있다. 이에 대해서는 놀랄 이유가 없다. 그것은 고대의 관습이 명한 의무, 특히 가족 복수의 의무에 내재하는 기묘한 젊은 힘에 대해서 놀랄 이유가 없는 것과 같다. 그렇지만 나는 다른 특징을 강조하고 싶다.

예술에 대해서 지적할 점은 두 가지가 있다. 첫째, 관습 시대에는 예술이 외부에서 대대적으로 도입된 것이 아니라 자연 발생적으로 생겨났다. 즉 "나무줄기에서 꽃이 피듯이" 종교적 영감의 열기로 직업[일]에서 불현듯 나타났다. 이집트, 그리스, 중국, 멕시코, 페루, 피렌체의 경우가 그러했다.[54] 건축은 그것이 고딕 양식이건 다른 양식이건 간에 석공 일에서 생겨났다. 14세기의 그림은 채색 삽화에서 생겨났으며 채색 삽화는 사본寫本을 만드는 일에서 생겨났다. 조각은 중세의 고급 가구 세공업과 이집트의 무덤 건설에서 생겨났다. 근대음악은 평가平歌[가톨릭 교회의 단선율 성가]라는 교회의 관행에서 생겨났다. 웅변술은 연단이나 법정에서 말해야 하는 직업에서 생겨났다. 시와 문학은 이야기하고 감동시키며 설득한다고 하는 언어의 여러 가지 습관적인 관행에서 생겨났다. 둘째, 관습 시대의 예술 작품이란, 새로운 것을 알고 싶은 욕구―이러한 욕구는 외부에서 오는 자극으로 호기심이 일어나는 유행 시대의 특성이다―에 부응하는 것이 아니다. 관습 시대의 예술 작품은 사람들이 이미 알고 있고 사랑하며 감탄하거나 숭배하는 것을 싫증 내지 않으면서, 점점 더 강렬하게 다시 보고 싶어 하고 다시 찾고 싶어 하는 진정한 사랑의 욕구에 부응한다. 그러한 욕구의 대상은 조상의 종교에 등장

---

[54] 피렌체에서는 수공업자의 일이 기예技藝라 불렸으며 또 그런 이름을 지닐 만했다. 그것은 이론의 여지없이 미술의 요람이었다.

하는 신의 모습, 신에 대한 전설, 성자들과 그들에 관한 이야기, 자기 나라 역사에 등장하는 영웅들과 그들의 영웅담, 오래된 관습을 따르는 습관적인 생활 장면 등이다. 그것은 한마디로 말하면, 예술가와 그의 일반 대중 모두에게 먼 과거에 대한 깊은 사랑과 종교가 약속하는 지상이나 사후의 먼 미래에 대한 깊은 희망으로 요약되는 전통적인 감정이다. 이러한 시대는, 외국 문명이나 죽어버린 문명에서 빌려온 변화무쌍한 인상, 즉 인위적으로 되살린 인상을 건축이나 음악에 요구하지 않는다. 우리가 건축이나 음악에 요구하는 것은 사람들이 체험하는 인상 및 믿음의 표현이나 강렬한 재생산이다. 조각이나 그림에도 이국적이거나 상상 속의 집단, 장면이나 풍경의 발명을 요구하지 않는다. 우리가 요구하는 것은 열두 사도, 성 미카엘〔대천사장〕, 성 크리스토퍼〔여행자의 수호성인〕, 그리스도, 성모 마리아의 강렬하고도 생생한 재현이나, 가족 초상, 자신이 태어난 도시가 영원히 지속되리라고 여기는 관습, 축제 및 특색과 함께 그 도시를 그린 그림이다. 서사시나 극에 요구하는 것은 결말을 모르거나 주제가 새로워 생겨나는 관심〔호기심〕이 아니라, 어릴 때부터 알고 있는 전설적인 우화, 예를 들면 프로메테우스의 죽음, 헤라클레스의 죽음, 오이디푸스의 비운, 사탄에서 그리스도 및 적赤그리스도〔세계 종말 직전에 나타나 그리스도에 대적하는 악마〕에 이르는 창조의 드라마, 그리고 롤랑Roland〔샤를 마뉴 대제의 열두 기사 중 한 명〕의 죽음 등의 재현이다.

이상이 전통 시대에 고유한 예술의 두 가지 주된 특징이다. 우리는 그 두 가지 특징이 서로 연관되어 있다는 것을 볼 수 있다. 이러한 시대의 예술은 산업적이라고는 말할 수 없고 전문적이라고 말할 수 있다. 왜냐하면 그것은 유용한 비결과 함께 아버지에서 아들로 전해지는 미학적 방법이 천천히 쌓이면서 형성되었기 때문이다. 이러한 결과가 생기는 원인은 말하자면 마음과 정신을 항상 뒤로, 즉 조상과 그들의 내적인 본보기로 향하는 습관이다. 이 경우 예술은, 사라진 과거에 대한 인위적인 부활이나 어떤 외국 작품의 번역이 되기보다는, 그 자체가 아직도 완전히 살아 있는 과거, 달리 말하면 미래에도 지속될 것이라는 믿음으로 가득 차 있는 과거의 매혹적인 거울이 되고자 한다. 이와 반대로 유행 시대에는 당연히 외부에서 도입된 예술의 형태가 그 가지에서 떨어진 상태로 제시될 것이다. 왜냐하면 여기에서는 그 가지가 아니라 꽃이 호기심을 일으키기 때문이다. 그때에는 직업이 예술이 되기보다는 예술이 직업이 되는 경우가 더 많다. 그리고 이 시대의 특징인 호기심은 끊임없는 발명이 제공하는 기만적이며 자극적인 만족을 요구한다. 그러한 발명이란, 가공의 사건에 대한 드라마나 소설, 환상적인 그림, 들어본 적이 없는 음악, 절충적인 건축물 등 주문과 공식에 따른 발명이다. 호기심의 시대는 상상력이 있는 예술가만을 원한다. 반면에 사랑과 신앙의 시대는 믿음과 사랑으로 가득 차 있는 예술가를 원한다.

따라서 우리는 유행 예술이 그 기원이나 대상, 영감에서 관습 예술과 다르다는 것을 알 수 있다. 많은 면에서 유사한 어떤 차이가 그 각각의 예술에 해당하는 두 가지 종류의 도덕을 구분짓는가. 우선 그 두 도덕의 기원이 매우 다르다. 본질적으로 종교적인 전통 미덕은 그것이 생겨난 제한된 집단의 욕구가 자연스럽게 꽃피운 것이다. 반사된 미덕, 말하자면 귀족 계급의 도덕적 특징을 자신들 것으로 삼으려고 하는 하층 계급의 미덕이나 도덕적인 것이든 비도덕적인 것이든 다른 민족에게서 배워 받아들이는 민족의 미덕(예를 들면 영국이 스튜어트 왕가의 왕정복고 시대[1660~1688]에 프랑스의 풍습을 모방한 것처럼)은, 그것이 가리고 있고 또 그것과는 아무 관계없는 일상적인 행동의 윤리적인 겉치장〔허식〕이자 의도적인 장식이다. 죽어버린 과거든 유행으로 되살아나고 있는 과거든 빌려온 미덕을 과거에서 되살릴 때에도 역시 그러하다. 어떤 의미로는 도덕적 의태擬態라고 할 수 있는 이 현상 때문에 유행이 관습처럼 보이는데, 이러한 현상은 역사에서 결코 드물지 않다. 그렇지만 이 도덕 **개혁**—예를 들면 히브리의 가부장이나 원시 교회의 기독교인에게서 존재 이유를 지녔던 미덕이 유럽의 16세기 중엽에 다시 나타났다—은 사실상 혁신이다. 그 혁신은 그 자신이 잘 이해하지 못한 어떤 과거에 빠진 한 사도의 정신 어딘가에서 생겨났으며, 그 후 자유로운 모방을 통한 사람들 마음의 일반적인 연동連動 덕분에 외부로 퍼졌다. 이러한 점에서 이 도덕 개혁은 〔역사에서〕 여러 번 일어난 문학이나 예술상의 **르네상스**와 완전히 비슷하다. 이러한 르네상스는 또 다른 종류의 인습적인 의고주의擬古主義〔예술 작품의 표현에서 고전적인 작품의 양식을 본뜨려는 주의〕이다. 내가 비교하는 두 도덕의 대상과 동기도 역시 분명하게 구분된다. 관습적인 의무는 폐쇄적이며 벽으로 둘러싼 사회, 즉 가족, 부족, 도시, 주, 국가의 특정하고도 영원한 욕구의 관점에서 개인에게 희생을 요구한다. 〔외부에서〕 빌려온 의무, 즉 합의에 따른 이른바 합리적인 의무는 많은 사람에게 퍼져 있는 좀 더 일반적인 이익을 위해 개인에게 자신을 희생할 것을 요구한다. 그렇지만 그러한 이익이란 종종 순간적인 것이지 지속적인 것이 아니다. 전통 시대의 인간은 자신에게 요구되는 희생을 완수하는 힘을 세습적 유대에서 얻는다. 이 세습적 유대는 그를 일련의 세대 속에서 하나의 고리에 불과한 자로 여긴다. 따라서 가족, 부족, 도시를 위해, 즉 자신이 그 일부를 이루고 있는 커다란 집합적인 인격의 불멸성에 기여하기 위해 죽을 때, 그는 자기 자신에게 헌신한다고 생각한다. 그는 또한 대개의 경우 그러한 힘을 조상으로부터 물려받은 종교의 약속에서도 얻는다. 이 이중적인 힘의 원천이 혁신 시대의 인간에게서는 고갈되거나 약해진다. 그러한 시대에는 모방이 세습에서 벗어나며, 친척, 조상 및 후손의 유대가 서로 생소한 개인들의 관계 앞에서 희미해지기 때문이다. 이 개인들은 시대에 의해 더 가까워졌고 그들의 가족에게서는 풀려났다.[55] 그러한 시대에는 여러 종교 간의 충돌이나 종교와 철학 간의 충돌이 회의주의를 발생시키는 경향이 있다. 그

---

[55] 유행 예술의 개인주의적 성격과 비슷한 유행 도덕의 개인주의적 성격은 여기에서 유래한다. 이것은 예술가에게나 도덕가에게나 개인 하나하나가 중요해지기 시작한다는 것을 의미한다. 그럼에도 이러한 사실은 유행 시대의 의무가 매우 불안정하지만 아주 일반적인 이해 관심을 대상으로 삼는 것을 막지 못한다. 이것은 마치 유행 시대의 예술 작품이 한 개인의 표정에서 매우

렇지만 이러한 시대의 인간은 그러한 손실을 완전히 새롭게 발전된 최고의 도덕 에너지, 즉 명예 감정으로 어느 정도 보충한다.

여기에서 내가 명예라고 하는 것은 그 말의 가족적이거나 귀족적인 의미에서가 아니라 민주적이고 개인적인 의미, 즉 근대적인 의미에서이다. 왜냐하면 확실히 우리는 무엇보다도 그 폭과 지속 기간에서 주목할 만한 유행 모방의 시대를 살고 있기 때문이다. 이 후자의 의미〔근대적인 의미의 명예〕는 부르크하르트에 따르면 이탈리아 르네상스 시대에 생겨났는데, 실제로는 몇몇 사회적 경계가 약해지면서 **공공 도덕**이 급속하게 늘어난 곳에서는 어디에서나 그런 의미의 명예가 형성되었을 것이다. 가족이나 종교와 같은 도덕의 오랜 기반이 점점 더 침식되는 동안에 왜 이러한 개인 존중의 욕망이 커졌는지 물어보는 사람도 있을 것이다. 그것은 도덕의 오랜 기반을 동요시키는 원인 자체가 새로운 기반을 강화하고 확대하는 데 적합하기 때문이다. 여기에서 말하는 새로운 기반이란 커뮤니케이션의 진보와 씨족, 계급, 종파, 국가의 모든 울타리를 넘어 끊임없이 확대된 영역에서 무한히 가속화된 관념의 유통이다. 관습 모방의 유행 모방으로의 대체는 혈통의 자부심과 교의에 대한 믿음을 깨뜨리는 결과를 지녔지만, 동시에 사람들의 정신이 점차 동화되면서 여론이 압도적인 힘을 갖는 결과를 낳았다. 그런데 명예라는 것이 여론에 대한 수동적이고 무분별하며 영웅적인 복종이 아

널리 퍼져 있지만 또 매우 빨리 변하는 감정과 심리 상태를 그대로 표현하는 데 뛰어난 것과 같다. 나는 앞에서 유행 도덕과 유행 예술의 자연주의적 성격을 지적한 바 있다. 브뤼티에르 Ferdinand Brunetière〔프랑스의 문학사가, 1849~1906〕 씨는 매우 적절하게 다음과 같이 말한다. "종교전쟁〔1520~1648〕이 한창이던 16세기 후반에 중요한 큰 문제는, 신학적으로는 인간의 타락론에 근거했지만 실제로는 인간의 타고난 사악함의 경험에 근거한 고대의 도덕이 〔이제는〕 인간 행동에 대한 통제력을 잃었는지, 그리고 이제부터는 사회제도를 유지하는 데 **자연**만으로 충분한지를 아는 것이었다." 여기에서는 자연주의와 개인주의 영감이 낙관주의 영감과 일치한다는 것을 부수적으로 지적할 수 있다. 비관주의—내가 의미하는 것은 순수한 비관주의가 아니라 진정한 비관주의(예를 들면 기독교적이거나 얀센주의적인 비관주의)다—는 관습 시대에 속하고, 낙관주의는 유행 시대에 속하는가?

니라면 무엇인가?

징집된 젊은이가 부모 집을 떠나 군대에 갈 때면 우리는 언제나 이 〔명예라고 하는〕 새로운 강력한 동기의 탄생 및 성장을 목격한다. 시간이 어느 정도 지나면 그는 자신이 존경하며 어려워했던 아버지도, 갖고 싶어 했던 밭도, 새로운 가정을 꾸미자고 치근거렸던 처녀도 더 이상 생각하지 않는다. 신부님의 설교도 더 이상 생각나지 않는다. 근면하고 정직했으며 비교적 순결한 품행을 지녔던 그의 모든 원천이 메말라버렸다. 그렇지만 그의 도덕성이 타락한 것은 아니다. 그의 도덕성이 다른 것으로 변한 것이다. 그리고 그는 금욕이나 일에 대한 사랑에서 잃어버린 것을 용기와 성실성에서 다시 얻었다. 왜냐하면 그가 병사兵舍에서 훈련생활을 견디어내는 것도 또 전쟁터에서 맡은 자리를 확고하게 지키는 것도, 군법 회의를 생각해서만이 아니라 죽음과 맞바꾸더라도 동료들 앞에서 수치와 모욕을 피해야겠다고 생각했기 때문이다. 동시에 그는 새로운 의무의 실행을 통해, 얼마 전부터 자신의 동료가 된 많은 사람들에게 그리고 위대한 조국에게 자신이 유용하다는 의식을 지니게 된다. 그는 예전에 집안일에만 몰두했을 때에는 거의 신경 쓰지 않았던 이 조국에 이제는 동화되고 있는 것이다.

덧붙여서 말하면, 그의 새로운 도덕은 개인적이지 않고 더욱 많은 사람의 광범위한 이익을 배려하는 것에 적합한 반면, 그의 예전 도덕은 순간적이지 않고 지속적인 이익을 예상〔대비〕하는 것에 맞추어져 있었다. 어쨌든 현재의 의무가 그에게 요구하는 희생의 범위는 상대적으로 시간보다는 공간에 훨씬 더 멀리 미친다. 한편 예전에 그의 의무가 그에게 요구한 희생은, 직접적인 주위 사람들로 좁게 제한되어 있기는 했지만 그래도 비교적 상당한 미래에도 계속되는 유용성을 갖고 있었다. 진정으로 가정적이고 가부장적이며 지역적이고 원시적인 모든 미덕, 예를 들면 여성의 정절은 사실 단 하나의 가족을 위해, 그렇지만 이 가족의 모든 후손을 위해 감수하는 금지다. 이와 반대로 근대 도덕은 우리의 후손만이 고통 받게 되는 악덕에 대해서는 매우 관대하지만, 아무리 멀리 떨어져 있다 해도 우리의 동시대인에게 그 여파가 미칠 수 있는 잘못에 대해서는 심하게 나무란다. 이러한 점에서 유행 시대의 도덕은 그 시대의 정치와 비슷한 것 같다. 왜냐하면 그들의 통치 형태가 어떠한 것이든 간에, 유행 시대를 지배하는 정치인은 이전의 정치인과 다음과 같은 두 가지 점에서 다르기 때문이다. 즉 [한편으로는] 동일한 법에 동시에 복종하는 많은 비슷한 이해관계를 매우 넓은 시각에서 감시한다는 점에서 다르며, [또 다른 한편으로는] 앞날을 내다보는 시야가 매우 짧아졌다는 점에서 다르다. 예전에는 자신의 좁은 영토에 갇혀있는 일 드 프랑스의 봉건 군주는 처음부터 매우 오랜 세월에 걸쳐서라도 훌륭한 프랑스 왕국을 세우려고 했으며 이 미래의 이상을 추구하기 위해 힘들게 일했다. 작은 프로이센의 왕은 매우 먼 제국의 미래를 위해 현재를 희생했다. 그런데 아아! 그의 손자들은 그 미래가 이미 빛나는 것을 보게 되었다. 오늘날 독일을 비롯해 어느 나라에서 의회가 우리 다음의 두 번째나 세 번째 세대만이 누릴 이익을 위해 현재의 이익을 희생하는 데 동의하겠는가? 동의하기는 커녕 우리는 우리의 부채를 갚고 어리석은 짓의 대가를 지불하는 카드를 우리 후손에게 내던지고 있다. 지금까지 말한 모든 것에 따라, 나는 넓이나 수의 확대와 지속 기간의 단축 간의 이 두드러진 대조, 일종의 상쇄가 어떻게 해서 두 가지 형태의 모방의 구별과 관계 있는지를 설명할 필요가 없다.

그렇지만 모든 유행 흐름에 관습의 커다란 호수로 돌아가는 경향이 있는 것이 사실이라면, 그 둘 간의 대조는 일시적인 것에 불과할 것이다. 아마도 이 유행의 강이 흐르는 한, 도덕의 지시나 금지는 우리의 아이나 손자 때 가서야 그 유익함이나 해로움이 드러나는 행동에 대해서는 그 영향력이 점점 더 줄어들 것이다. 부부 간의 정조나 부정, 부모에 대한 효성이나 반항, 비겁함이나 애국적인 용기 등 예전에는 기본적인 미덕이나 중대한 죄로 간주되었지만, 유익하든 해롭든 간에 그 효과를 오랜 시간이 지나야 느끼게 되는 특정한 사실들의 경우에는 특히 그렇다. 사회는 "나 죽은 뒤에 무슨 일이 일어나든 아무 상관없다"라고 말하곤 한다. 불행한 것은 사회가 이 말을 너무 오랫동안 자주하게 되면 결국 그 말로 죽어버린다는 것이다. 또한 우리가 마땅히 생각해볼 수 있는 것은, 진행 중에 있긴 하지만 일시적인 근시안의 시기가 지나가면 집단적인 예견이 공간에서 발휘된 다음 다시 시간에서 펼쳐지기 시작할 것이며, 국민도 자신들의 영구적인 이익과 일반적인 이익을 똑같이 폭넓게 의식하게 될 것이라는 사실이다. 문명이 최고의 절정에 이르러 마침내 침잠하는 그러한 순간이 올 것이다. 이것은 역사의 과정을 통해 이집트, 중국, 로마, 비잔틴 등에서 이미 여러 차례 일어난 바와 같다. 과거는 미래를 대변한다. 따라서 도덕은 위대함과 논리성을 제외한 많은 점에서 다시 예전처럼 될 것이다. 결의론決意論이 겉으로는 좀 더 합리적인 모습으로 다시 나타날 것이다. 주위의 변덕스러운 여론에 복종하는 시대를 만족시키는 인위적인 도덕인 명예 의무의 뒤를 잇는 것은 우리 조상들이 알고 있던 양심 의무이다. 이 양심 의무는 〔명예 의무 못지않게〕 강압적이고 절대적이며 마음 깊숙한 곳에 뿌리박겠지만 도리道理와 식견에서는 〔명예 의무보다〕 더 우월하다. 그리고 동시에 예술도 화려한 변덕에서 돌아와 믿음과 사랑의 깊은 원천에서 다시 힘을 얻을 것이다.

르네상스 시대의 역사 현상에 대해서 설명하면 할 말이 많을 것이다. 그것은 앞에서도 언급했듯이 대부분의 경우 표면적인 것이며 유행과 관습의 혼합물이었다. 이것은 본 장의 주제와는 약간 다른 주제이다. 왜냐하면 르네상스 시대에는 새로운 유행 자체가 다시 관습이 된 것이 아니라 그것이 옛날 관습의 모습을 띠었기 때문이다. 모방의 두 가지branches 사이의 이 또 다른 관계는 검토할 가치가 있다. 과학과 산업에서 완전히 새로운 관념이나 그러한 것으로 자처하는 관념은 유행을 통해 퍼질 수 있다. 왜냐하면 그러한 관념은 처음부터 실험을 통해 증명된 진실이나 유용성의 증거를 제시하기 때문이다. 그러나 미술, 종교, 문학, 철학(어느 정도는 그렇다), 정치,

법, 도덕처럼, 결국 해결책의 선택이 상당한 정도로 판단의 자유 재량권에 달려 있고 엄밀한 증명에 근거를 둘 수 없는 영역에서는 사정이 다르다. 이 경우 유행은—사실에 바탕을 둔 권위가 거의 없는데도—어떤 권위에 근거해서 관습의 오래된 구축물보다 자신의 새로운 것들을 앞세울 수 있는가? 유행은 어떤 권리로 대담한 상상력이나 이성의 산물을 시간을 통해 검증된 규칙, 관념, 제도에 맞서게 할 수 있는가? 그러므로 유행이 성공하고자 한다면, 그것은 적의 가면을 쓰고 나타나 현존하는 관습을 맹렬히 공격하지 않으면 안 된다. 이를 위해 유행은 오래전부터 효력을 잃은 어떤 옛 관습을 발굴해 그것을 자신의 욕구에 맞게끔 다시 젊어지게 한다. 따라서 우리는 모든 종교개혁이 어느 정도는 완전히 진지하게 그것들과 접목되어 있는 종교의 망각된 원천으로 거슬러 올라가는 체하는 것을 보게 된다. 이것은 근대에 들어와서 **대유행**을 시작한 최초의 세기인 16세기에 프로테스탄티즘의 모든 종파가 내세운 주장이었다. 그것은 또한 와하브파Ouahabites라는 이슬람 종파의 주장이기도 했다. 와하브파는 지난 세기〔18세기〕에 생겨나 아시아와 아프리카에 퍼졌으며 아직도 퍼지고 있다. 이 종파는 이슬람교를 초기의 코란 속에서 단련시킨다고 자랑하고 있다.(《과학평론》 1887년 11월 5일자를 보라) 또한 그것은 힌두교와 쇠퇴하는 중에도 여전히 번식하는 브라만교의 오랜 줄기 주위에서 우글거리는 모든 종파의 주장이기도 하다. 그들은 자신들이 인도의 고대 종교를 본래의 상태로 다시 태어나게 한다고 생각한다. 동양의 프로테스탄티즘인 불교도 역시 그렇게 생각했다.

종교개혁의 경우 사정이 이러하다면, 문학이나 예술의 개혁도 사정은 다르지 않다. 새로운 활기가 예술가와 시인의 정신 속에서 돌기 시작할 때, 그것은 먼 과거의 재생renaissance이라는 형태를 띠고 밖으로 표현된다. 내가 이탈리아 르네상스의 인문주의, 에라스무스Desiderius Erasmus〔네덜란드의 인문학자, 1466?~1536〕의 키케로 숭배, 15세기와 16세기 건축, 조각과 그림의 신헬레니즘과 신라틴주의, 그리고 1830년 낭만주의의 신고딕적인 특징을 그 예로 들어야 하는가? 라틴 시에 대한 열광은 로마에서는 아우구스투스 Octavianus Augustus[초대 로마 황제, 기원전 63~기원후 14. 재위 기원전 27~기원후 14] 시대부터 상류 계급에서 맹위를 떨쳤다. 그 열광은 점차 지방에까지 퍼지다가, 하드리아누스 Publius Aelius Hadrianus[로마 제국의 황제, 76~138. 재위 117~138] 시대부터 가라앉기 시작했다. 왜 그러했는가? 새로운 유행, 즉 그리스의 새로운 소피스트들에 대한 유행이 나타나 이들의 예술이 재생—이것은 실제로 진정한 르네상스이다—했으며, 재생된 예술이 사람들에게 감탄을 자아내고 일반적인 모방을 불러일으켰기 때문이다. 이러한 열광은 오래 지속되었으며, 그리스의 애국심을 인위적이면서 고풍적인 형태로 되살아나게 했다.

법률 개혁의 경우도 마찬가지다. 16세기에 유럽의 모든 법전을 획일화한 이 분야에서 **대유행**은 로마법 대전[동로마 황제 유스티니아누스 1세의 명으로 편찬된 대법전]을 발굴했으며, 입법가, 황제 및 왕의 유익하든 부당하든 모든 찬탈[월권 행위] 행위를 로마라는 이름으로 가장해 받아들였다. 심지어는 정치 개혁의 경우도 마찬가지다. 때때로 이것은 분명하다. 예를 들면 프랑스 의회는 법의 권위로 왕권을 완전히 새롭고도 매우 독창적으로 견제하는 제도를 처음 사용했다. 이들은 그렇게 하면서 프랑크족의 옛 관습을 내세웠으며 꿈속에서나 보는 정치 체제를 자신들이 부활시켰다고 상상했다. 다른 시대에는 사례가 덜 분명하지만 그래도 역시 사실이다. 프랑스 혁명조차도 아테네와 스파르타를 모방한다고 자부했다. 마지막으로 선인先人들에게는 최소한의 존경만 표한 매우 대담한 철학자들, 즉 우리 프랑스의 백과사전파조차 자신들의 사회 재건 계획에 논리의 도움은 충분하지 않다고 판단했다. 따라서 그들의 저작에서는, 인류의 망각된 속성을 **재발견해** 자연 상태를 이른바 최초의 순수한 모습으로 재생하고 싶은 때때로 진지한 욕망이 이성 숭배와 아주 잘 결합하고 있다. 그들의 이데올로기에는 선사시대에 관한 많은 고고학적 지식이 섞여 있다.

게다가 르네상스는—반복해서 말하지만—실제적이기보다는 표면적이다. 부르크하르트는 고대의 부활이 이탈리아에서 15세기의, 즉 이탈리아 르네상스의 혁신 중 하나에 불과하며 아울러 그리스와 로마의 고대가 재탄생하면서 상당히 이탈리아화했다는 것을 보여준다. 게다가 그 어떤 다른 유행과 마찬가지로 이 혁신도 일련의 발견, 즉 고대 로마의 신성한 땅이나 수도원의 도서관에서 발굴해 얻은 고고학적 발견의 결과로 갑작스레 나타난 유행에 불과하다. 이처럼 조각, 비문, 고문서, 갖가지 종류의 유물이 수없이 발견되기 전에는 고대가 신뢰와 감탄의 대상이 될 수는 있었지만 모방의 대상이 될 수는 없었다.

르네상스가 이탈리아의 종교개혁에 불과했던 것과 마찬가지로 종교개혁은 독일의 르네상스에 불과했다고 말할 수 있을 것이다. 이탈리아인은 자기들 말로는 모방했다는 오래된 고전적인 고대에서 젊음과 생명의 이러한 재생을 구했지만, 독일은 그것을 원시 기독교에 대한 이른바—그렇지만 훨씬 더 상상에 바탕을 둔—모방에서 구했다. (여담이지만 이 두 운동 중 첫 번째 것 [르네상스]을 두 번째 것[종교개혁]의 전주곡으로 보는 것은 잘못일 것이다. 루터주의자에게 인문주의자란 우연한 동맹군에 지나지 않았다. 실제로 그 각각은 그 자체로서 완전한 발전이었다. 르네상스는 지금까지 말해져온 것처럼 사람들의 정신의 피상적인 혁명이 아니었다. 그것은 귀족계급 속에서 예술과 사상의 교육을 받으며 자란 소수의 집단에게는 **깊은 탈기독교화**였다. 이 깊은 탈기독교화는 종교개혁을 뛰어넘어 19세기 프랑스에까지 퍼졌다.) 르네상스가 예술 및 문학에서의 발견과 관계있었던 것처럼, 종교개혁은 대부분 인쇄술의 발명에서 유래했다. 성서를 읽기만 해도 최고 지식과 아주 어려운 문제에 대한 완전한 해결책을 얻을 수 있다는 생각은 다음과 같은 시대에만 생겨날 수 있었다. 즉 그때까지 거의 알려지지 않은 책들의 갑작스러운 보급과 엄청난 유입이, 독서의 일반적인 유행과 책이 모든 진리의 원천이라고 믿는 환상을 발전시킨 시대에만 생겨날 수 있었다. 프로테스탄티즘의 기원이 독일이었던 것은 아마도 이것, 즉 인쇄술의 발명이 독일에서 생겨났다는 것 때문일 것이다. 그렇지 않았더라면 그것[프로테스탄티즘의 기원이 독일이었다는 것]은 당연히 놀라운 일이었을 것이다. 왜냐하면 [종교개혁] 이전에는 모든 큰 이단과 가톨릭 교회에 대한 모든 반란 기도가 북부보다 더 문명화된 유럽 남부에서 시작되었기 때문이다.

유행과 관습 사이에는 내가 지금까지 전혀 언급하지 않은 또 하나의 관계가 있다. 이 관계는 최근의 유행에 의한 옛날 관습의 부활과 구분될 필요가 있으며, 또한 유행이 관습으로 정착하는 것과도 구분될 필요가 있다. 내가 말하고 싶은 것은, 새로운 유행이 아직도 살아 있는 관습 속에 슬며시 스며들어 그 관습을 느낄 수 없을 정도로 서서히 변화시켜 자기 것으로 만들어버리면서 그 새로운 유행이 도입되는 경우가 매우 흔히 있다는 것이다. 예를 들면 이미 지적한 바대로, 전에는 석기밖에 몰랐던 민족에게 청동기가 도입된 지 한참 지난 후에도, 청동기의 도구와 무기는 완전히 낡아빠진 석기 도구와 무기의 형태를 모방했다. 또한 그리스 건축은 헬라스Hellas[고대 그리스인이 자기 나라를 부르던 이름] 원시 주민의 오두막집이 나타내는 특징을 대리석이나 돌로 재현한 것으로 설명할 수 있다는 것도 증명되었다. 밀레투스Miletus[소아시아 서안의 이오니아에 위치한 그리스의 고대 도시]나 아테네의 사원에서 볼 수 있는 매우 화려한 원기둥은 나무로 된 옛날 건축물들을 본뜬 것이다. 중국의 건축 유형은 원시 시대의 천막에서 유래한 것으로 설명할 수 있다. 이것은 아직도 살아 있는 오래된 관습의 줄기에 새로운 유행이 달라붙은 것이 아니라면 무엇을 의미하는가? 또한 그것은 관습 사회에서는 이러한 접목이 필요하다는 것과 특히 혁신을 살려서 존속시키기 위한 일종의 예술적이고 도덕적인 사실이라는 것을 의미하지 않는가? 철의 유행이나 대리석의 유행이 외국 민족을 본떠 도입되었을 때, 그것은 국민적인 관행이라는 제복을 채택할 때에만 뿌리내릴 수 있다.

이와 완전히 비슷한 현상은, 범위를 넓히려고 하는 사회 집단에 새로운 도덕률이나 새로운 도덕 감정이 스며들 때에도 일어난다. 그리고 이 새로운 도덕률이나 도덕 감정이 수용되기 위해서는, [먼저] 자신을 선입관 자체를 통해 **나타낸** 뒤 그 선입관을 대신하지 않으면 안 된다. 따라서 그때까지 혈연관계가 있는 사람 간의 계약만이 유효하다고 인정한 씨족에서는, 외부인과의 계약이 몇 방울의 피의 혼합처럼 혈족관계를 흉내 내는 의식을 통해 이루어진다. 중세의 봉건적인 분할 상태가 군주의 중앙집권화에 자리를 내주기 시작할 때에도, 즉 영주에 대한 봉신의 의무를 곧 대신하게 될 왕에 대한 충성의 의무가 처음에는 봉건적인 색채를 띠면서 일반적인 봉신 유대를 표현하는 것에 지나지 않는 것처럼 보일 때에도 그러하다.

8장
논평과 결론

지금까지 모방의 주요 법칙들을 연구했다. 이제 남은 일은 그것들의 일반적인 의미를 분명하게 보여주는 것이다. 즉 몇 가지 관찰을 통해 그 법칙들을 보완하며 아울러 거기에서 생겨나는 여러 중요한 귀결을 제시하는 것이다.

모방의 최고 법칙은 무한한 진전의 경향인 것 같다. 이러한 종류의 내재적이며 광대한 야심은[1] 우주의 혼이다. 그 야심은 물리적으로는 빛에 의한 공간의 정복으로 표현되고, 생물적으로는 자신의 표본으로 지구 전체를 뒤덮으려고 하는 모든 종—아무리 보잘것없는 종이더라도—의 의도로 표현된다. 이러한 야심으로 말미암아, 가장 무의미한 개인적인 혁신을 포함해

---

[1] 보편적 반복의 알려지지 않은 또 알 수 없는 원천에 대한 내 사상의 모든 바탕을 말해보자. 아마도 그 보편적 반복을 광대하고 보편적으로 널리 퍼진 야심만으로는 설명하기에 충분하지 않을 것이다. 고백하건대, 다른 설명이 생각나는 날도 있다. 나는 결코 지치지 않고 무한히 반복하는 것에 대한 만족감이 사랑의 징후 중 하나라고 생각한다. 즉 생명과 예술에서 사랑의 속성은, 똑같은 것을 계속해서 말하고 또 말하며, 똑같은 주제를 계속해서 그리고 또 그리는 것이라고 생각한다. 이때 나는 이 우주가 단조로운 반복에 만족하는 것처럼 보이지만, 그 깊은 곳에서는 야심보다는 숨은 사랑의 무한한 성향을 보여주는 것이 아닌지 궁금하다. 나는 다음과 같이 추측하지 않을 수 없다. 즉 모든 것은 그것들끼리 투쟁하더라도 하나하나가 사랑으로con amore 만들어졌으며, 그것들의 아름다움은 악과 불행에도 불구하고 그런 식으로밖에는 설명되지 않는다는 것이다. 그러나 전에는 죽음에 대해 생각할 때 나는 비관주의가 옳다고 생각했다. 모든 것은 반복되며 그 어느 것도 지속되지 않는다. 이러한 것이 우리 우주의 두 가지 성격이며, 후자는 전자에서 유래한다. 안정된 동시에 독창적이며 아울러 모든 것이 지속되고 그 어느 것도 반복되지 않는 완전한 세계를 생각하는 것이 왜 공상적이어야 하는가? 그러나 이 꿈 같은 이야기는 그만두자.

아무리 하찮은 발견이나 발명이더라도 각각의 발견이나 발명은 무한히 커진 사회 영역 전체로 퍼지게 된다. 그러나 이러한 경향이 논리적으로나 목적론적으로 도움을 주는 다른 발명을 만나 촉진되지 않는다면, 또는 우월하다고 여겨지는 것에 붙어 있는 일정한 위세의 도움으로 촉진되지 않는다면, 그것은 잇달아 극복하거나 피해야 하는 여러 장애물에 부딪히게 된다. 이러한 장애물은 다른 발명에 의해 그 경향과 대립되는 논리적이며 목적론적인 모순이거나, 무수한 원인들, 즉 주로 인종적인 편견이나 교만에 의해 서로 다른 가족 간에, 부족 간에, 민족 간에, 그리고 각각의 민족이나 부족 내 여러 계급 간에 세워진 장벽이다. 따라서 어떤 좋은 관념이 이러한 집단 중 어느 하나에서 떠올랐을 때 그 집단 안에서는 어렵지 않게 퍼지지만 그 집단의 경계에서는 멈춘다. 다행히도 이러한 정지는 속도의 감소에 불과하다.

먼저 계급 장벽에 관해서 말해보자. 어떤 적절한 혁신이 하층 계급에서 우연히 생겨나 자기 길을 갈 때도, 세습적인 귀족제 시대, 말하자면 생리적인 불평등 시대에는 그것을 채택할 때의 이점이 상층 계급에게 분명하게 있지 않으면 그 혁신이 퍼지지 않는 것은 사실이다. 반면에 상층 계급이 만들어 냈거나 받아들인 혁신은, 우리가 앞에서 보여준 것처럼 이들의 위세를 따르는 데 익숙해 있는 하위 계층에게 쉽게 내려간다. 그리고 이러한 낙하가 오래 지속되면, 하위 계층이 한걸음 한걸음 올라가 상층 계급 속에 연속적으로 흘러 들어간다. 이에 따라 상층 계급이 늘어나는 일이 점점 일어난다. 이처럼 그들의 본보기에 동화된 나머지 모방자는 그 본보기들과 대등해진다. 즉 이번에는 그 모방자들 자신이 본보기가 될 수 있다. 이때 그 모방자들이 지니는 우월성은 더 이상 세습적이며 인격 전체에 붙어 있는 우월성이 아니라 개인적이며 부분적인 우월성이다. 위에서 아래로의 모방의 진행은 계속해서〔이 경우에도〕적용되었다. 그렇지만 그것이 전제로 삼는 불평등은 그 의미가 바뀌었다. 본질적으로 유기체적인 귀족제의 불평등 대신에 이제는 그 기원이 전적으로 사회적인 민주제의 불평등이 존재한다. 원한다면 이것〔민주제의 불평등)을 평등이라고 부를 수도 있다. 그렇지만 그것은 근본적으로 개인에서 개인으로, 직업에서 직업으로 번갈아 바뀌어가며 작용하는 언제나 비개인적인(특정한 개인을 대상으로 하지 않는) 위세의 상호성이다. 이런 식으로 해서 모방의 영역은 계속해서 확대되었으며 세습(유전)에서 벗어났다.

둘째, 가족 간이나 부족 간의 장벽 또는 민족 간의 경우에도 사정은 역시 똑같다. 이런 집단 중 어느 하나가 승리를 거두거나 강력해지면, 그 집단에 고유한 지식이나 제도, 믿음이나 산업은 패배해 굴복한 이웃 집단에게 쉽게 침투한다. 반면에 패배했거나 약한 집단의 본보기(실례)는 ― 그들 문명이 명백하게 우세한 경우를 제외하면 ― 승리한 집단이나 강한 집단에게는 (실제로) 없는 것이나 마찬가지다. 따라서 여담이지만, 전쟁은 승자보다 패자에게 훨씬 더 많은 문명을 전파해준다. 왜냐하면 승자는 후자에게서 배울 생각을 하지 않지만, 패자는 승자의 영향을 받으면서 그 적에게서 많은 유익한 관념을 얻어와 자기 나라 유산에 덧붙이기 때문이다. 이집트인은 포로가 된 히브리인 책에서 아무것도 얻지 못했는데 이것은 그들에게는 중대한 잘못이었다. 반면에 유대인은 그들 주인의 상형문자에서 영감을 받아 많은 것을 얻었다. 그렇지만 한 민족이 다른 민족을 그 찬란함을 통해 지배하면, 앞에서 말한 것처럼 그 다른 민족은 여태껏 자기 조상밖에 모방하지 않았어도 (이제는) 그 한 민족을 모방하게 된다. 그런데 내가 유행이라는 이름을 부여한 모방의 이 국가 밖으로의 extra-nationale 전파는, 근본적으로 계급 간의 관계를 지배하는 법칙이 국가 간의 관계에 적용된 것에 불과하다. 유행의 침공 덕분에 모방은 일시적으로 우위에 있는 국가에서 일시적으로 하위에 있는 국가로 언제나 내려가는데, 이는 우리가 본 대로 모방이 사회 계층의 가장 높은 곳에서 가장 낮은 곳으로 내려가는 것과 같다. 그러므로 유행의 지배가 바로 이 법칙의 결과와 유사한 결과를 낳는 것을 본다고 해서 놀랄 일은 아닐 것이다. 실제로 상층 계급의 본보기 방사가 그 계급의 확대를 준비시키는 결과를 낳듯이(이 경우 하층 계급이 상층 계급에 흡

8장 논평과 결론 447

수됨으로써 모방은 더 쉬워지고 상호적인 것이 된다), 우월한 국가의 전염되는 위세는 그 국가의 확대를 준비시키는 결과를 낳는다. 그 국가는 처음에는 가족이었지만 그다음에는 부족이 되었으며 또 그다음에는 도시와 국가가 되었다. 그 국가는 자신들이 합병하는 이웃 국가를 동화시키거나 아니면 자신들이 동화시키는 이웃 국가를 합병함으로써 계속해서 커졌다.

또 다른 유사는 다음과 같다. 위에서 아래로의 모방 작용이 오래 지속되면 이른바 민주적인 평등, 즉 모든 계급이 단 하나의 계급으로 융합되는 사태(이렇게 되면 각각의 우월성을 인정함으로써 상호적인 모방이 놀라울 정도로 행해진다)에 이르는 것과 마찬가지로, 유행 모방이 오래 지속되면 결국 무기에 관해서건 예술 및 과학에 관해서건 [그때까지] 배우는 입장에 있던 민족도 가르치는 입장에 놓이게 된다. 그리고 또한 유행 모방이 오래 지속되면 그 민족들 사이에, 예를 들면 근대에 유럽의 균형이라고 불린 것과 같은 일종의 연맹이 만들어진다. 이 균형이란, 유럽 문명을 나누어 갖고 있는 여러 큰 중심 국가가 끊임없이 행하는 갖가지 종류의 도움과 차용의 상호성을 뜻한다. 이런 식으로 국제 관계에서도 자유롭고 방해받지 않는 모방의 영역은 거의 중단 없이 확대되었다.

그렇지만 동시에 모방의 보수적인 형태인 **전통**과 **관습**은 모방의 새로운 획득물을 정착시키고 영속화했으며, 상위 계급을 본받으며 자라난 각 계급의 내부에서뿐만 아니라 더 문명화된 이웃 민족을 본받으며 자라난 각 민족의 내부에서도 그 모방의 확대를 강화했다. 또한 동시에, 어떤 모방자의 뇌 속에 새로운 믿음이나 갈망 또는 관념이나 능력의 형태로 놓여 있던 각각의 모방의 씨앗은 계속 발전해 밖으로—안에서 밖으로 진행하는 법칙에 따라 신경계와 근육계 전체를 사로잡은 말과 행동으로—표출되었다.

따라서 앞의 여러 장에서 말한 법칙들을 하나의 동일한 관점에서 요약하면 이상과 같다. 생식에서 해방되어 기하급수적인 증가로 나아가려는 모방의 경향은 그러한 법칙들을 통해 점점 더 많이 표현되며 또 점점 더 많이 충족된다. 그러므로 각각의 모방 행위는 점점 더 자유롭고 합리적인 동시에 점점 더 정확하고 엄밀한 모방 행위를 가능하게 하고 또 쉽게 해주는 조건들을 준비하는 효과가 있다. 그러한 조건들이란 카스트 간, 계급 간, 국가 간 장벽의 점진적인 제거이며, 여기에는 운송수단의 속도의 증가와 인구밀도의 증가에 따른 거리의 단축도 덧붙일 수 있다. 이 마지막에 든 조건[인구밀도의 증가에 따른 거리의 단축]이 실현되는 정도는, 농업이나 산업의 풍부한, 즉 널리 모방되는 발명과 새로운 땅의 발견으로 가장 창의적이면서도 가장 모방적인 인종이 지구상에 얼마만큼 번식할 수 있는가에 달려 있다. 이러한 조건들이 모두 결합해 최고도로 실현된다고 가정해보자. 그때에는 어디에선가 나타난 적절한 창의가 모방을 통해 인류 전체에 거의 순식간에 퍼질 것이다. 마치 어떤 파동이 완전한 탄성을 지닌 매질媒質에서 전해지는 것처럼 말이다. 우리는 이 기이한 이상理想을 향해 달리고 있다. 그리고 지적한 조건들 중 가장 본질적인 것들이 우연히 만나는 몇몇 특정한 측면에서 보면, 이미 사회생활은 내가 지적하는 경향의 현실성을 보여주고 있다. 예를 들면 학자의 세계에서는, 아무리 분산되어 있어도 그들은 끊임없이 여러 국제적인 커뮤니케이션을 통해 서로 교류한다. 또한 상인의 세계에서도 이들은 모든 국경을 넘어서 지속적으로 접촉한다. 헤켈Haeckel은 다윈 이론의 성공에 대해 1882년에 행한 연설에서 다음과 같이 말했다. "통일된 사상의 결정적인 승리는 모든 과학에 대해서 놀라운 영향을 미치고 있다. 이 영향은 해마다 **기하급수적으로 늘어나고 있어** 우리에게 매우 위로가 되는 전망을 열어주고 있다." 사실 다윈과 스펜서의 성공은 무서운 속도로 퍼졌다. 상업을 더 이상 억제하지 않게 되면서 상업에서 모방이 빠르게 진행되었다는 것은 금세기[19세기]뿐만 아니라 모든 시대에서도 관찰할 수 있다. 랑케Leopold von Ranke[독일의 역사가, 1795~1886]의 책에서 1550년부터 1566년까지 앤트워프Antwerp[벨기에의 항구도시]의 발전에 대한 기술을 보라. 이 16년 동안 그 도시와 스페인의 교역은 두 배가 되었다. 포르투갈, 독일, 프랑스와의 교역은 세

8장 논평과 결론　449

배 이상 늘었다. 영국과의 교역은 스무 배로 늘어났다. 불행하게도 전쟁은 이러한 번영에 종지부를 찍었다. 그렇지만 그러한 간헐적인 비약은 상업의 무한한 확대를 촉진하는 변함없는 힘이 있다는 것을 보여준다.

1. 일방적인 것에서 상호적인 것으로의 이행

〔이제까지는〕 일방적인 모방에서 상호적인 모방으로의 이행을 지적하면서 일반적인 관찰의 특수한 측면을 보여주었다. 지금은 그 일반적인 관찰을 명확하게 설명하는 것이 좋을 것이다. 모방의 단순한 작용은 모방을 확대할 뿐만 아니라 그것을 상호화하는 효과도 있다. 그런데 모방은 그것이 그 자신에 대해서 일으키는 이러한 효과를 사람 간의 다른 많은 관계에 대해서도 일으킨다. 어디에서나 모방은 결국 일방적인 관계를 상호적인 관계로 변형시킨다.

오래전부터 사람들은 루소J. J. Rousseau의 '사회계약'을 더 이상 믿지 않는다. 우리가 알고 있는 바와 같이, 계약은 결코 인간의 의지 간에 맺어진 최초의 유대가 아니라 천천히 형성된 결속이었다. 또한 이러한 종류의 상호적인 명령—두 의지가 서로 얽매여서 교대로 서로 지시하고 복종하는 복합적인 유대—이라는 관념이 생겨나는 데에는, 동의하지 않은 명령, 즉 수동적으로 복종한 지시에 굴복한 수세기가 필요했다. 그렇지만 아직도 많은 사람은 교환이 인류의 최초의 시작이었다고 확신하고 있는데, 이는 완전히 잘못인 것 같다. 결코 그렇지 않다. 사람은 교환을 생각하기 전에 훨씬 더 단순한 관계, 즉 증여나 도둑질을 생각했다.[2] 혹시 독자 여러분도 인

---

[2] 이 주제에 대해서는 스펜서의 《사회학 Sociologie》 3권을 보라. 이 책에서 그는 처음에는 자발적이며 일방적이었던 (상위자에서 하위자로든, 그 반대로든) 증여가 어떻게 해서 조금씩 습관적이고 의무적이며 상호적인 것이 되었는지를 말하고 있다. 〔그러나〕 스펜서가 말해야 하는데도 잊고 있는 것은 이러한 것에서의 모방의 주요한 역할이다.

간들이 전원시에 나오는 목동들처럼 처음부터 서로 논의하고 이야기하며 생각을 교환했다고 확신하는가? 아니다. 그들 생산물의 교환과 마찬가지로 그러한 교환도 원시 시대에는 일어나지 않았다. 토론은 양쪽 모두가 서로 가르칠 권리가 있다고 인정하는 것을 가정한다. 그러나 토론은 그전에 먼저 사람에게 진리 관념이 있다는 것, 즉 개인의 인식이나 의견이 건강한 상태의 모든 뇌에게서 인정받을 수 있는 정당한 힘이 있다는 것을 전제한다. 그러한 힘 관념이 있으려면 아버지, 사제, 교사가 행사하는 힘을 먼저 경험해야 되지 않겠는가? **진리**라는 것을 생각해낼 수 있게 한 것은 오로지 **교의**dogme밖에 없지 않은가? 이와 마찬가지로 원시인이나 매우 유순한 미개인조차도 예의바름과 상호 존경을 알고 있었다고 무심코 생각하는 전원시田園詩 독자가 있다면, 그는 다음과 같은 증거를 보아야 할 것이다. 즉 프랑스나 다른 어느 곳에서나 세련됨[예의 바름]은 우두머리와 영주나 왕에 대한 상호성 없는 존경이나 칭찬에서 생겨난 것으로서, 이 일방적인 아첨이 점점 통속화되어—이것은 역사에서 쉽게 추적할 수 있다—퍼져 나가면서 상호적인 것이 되었다는 증거를 보아야 할 것이다. 유감스럽게도 전쟁이—이 말이 거의 대등한 무력투쟁이자 타격의 교환을 뜻한다면—인간 집단 간의 최초의 국제 관계였다는 것도 믿을 수 없다. 사냥, 즉 떼 지어 다니는 강도들이 자신을 지킬 수 없는 어떤 사람이나 평화적인 부족을 해치거나 축출하는 것이 전쟁이라는 이름에 걸맞은 내용에 선행했다.³

그런데 인간 사냥은 어떻게 해서 인간 간의 전쟁으로 대체되었는가? 어떻게 해서 아첨은 예의 바름으로, 경신[맹신]은 자유 검토의 입장으로, 독단주의[일방적인 주장]는 상호적인 교육으로 대체되었는가? 어떻게 해서 고분

---

3 내가 말하고자 하는 것은 인간 상호 간의 관계이다. 원시인과 동물 간의 관계—이 관계는 사회학과는 직접적인 관련이 없다—에서는 그 반대[전쟁이 사냥보다 선행한다는 것]가 일어난 것 **같다**. 왜냐하면 우리가 앞에서 본 대로, 사람들은 큰 야생동물을 사냥할 수 있게 되기 전에는 그것과 **싸웠기** 때문이다.

고분함은 자유로운 동의로, 절대주의는 자치로 대체되었는가? 어떻게 해서 특권은 모두에게 평등한 법으로, 증여나 도둑질은 교환으로,[4] 노예제는 산업 협동으로, 마지막으로 원시적인 결혼—상호성이 전혀 없는 남편의 아내 소유—은 우리가 알고 있는 바의 결혼—아내에 의한 남편의 소유와 남편에 의한 아내의 소유—으로 대체되었는가? 나는 모방이 그 모든 형태를 취하면서 천천히 또 불가피하게 영향을 미쳤기 때문이라고 대답한다. 그것을 빨리 증명하는 것은 쉬운 일일 것이다. 문제의 변화 과정에서 거친 과도기 단계를 보여주는 것만으로도 될 것이다.

처음에는 언제나 한 사람이 가르치는 능력과 권리를 독점하지만, 누구도 그것에 대해 이의를 제기하지 않는다. 그가 말하는 것은 모두 누구나 믿어야 하며, 그만이 신탁을 전할 권리가 있다. 그렇지만 스승의 모든 말을 매우 고지식하게 받아들이는 사람들에게는 결국 그처럼 무오류의 존재가 되고 싶은 욕망, 바로 그러한 점에서도 그를 닮고 싶은 욕망이 생겨난다. 여기에서 철학자들의 탁월한 노력이 시작된다. 즉 그들은 결국 어느 날 모든 개인에게 그의 특정한 믿음을 전파하고 심지어는 자신의 옛 사도들에게조차 복음을 전할 권리가 있다는 것을 깨닫게 한다. 그렇지만 그전에 그들은 좀 더 공손하게 주장하는 것으로 그치지 않으면 안 된다. 즉 그들은 신학자를 모방해 자신들의 반란정신을 숨긴다. 그들은 교의—그 교의가 정

---

[4] 처음에는(이 주제에 대해서는 다음을 보라. 폴 비올레Paul Viollet〔프랑스의 역사가, 1840~1914〕, 《프랑스법의 역사 Histoire du Droit français》, p. 385) 사제들에 의한 성사의 집행은 무료였다. 그것은 순수한 증여였다. 〔그러나〕점차 사람들은 이 증여에 대해서 마찬가지로 증여 즉 자발적이며 결코 의무적이지 않은 선물로 보답했으며, 마침내는 이 선물이 수수료가 되었다. 화재보험 회사는 상호부조 회사이다. 이 상호적인 형태의 기원은 1786년으로 거슬러 올라간다. 그러나 화재로 피해 입은 사람들을 위해 구호물자의 분배를 행하는 비非상호적인 구조조합은 그 상호부조 회사보다 먼저 있었다. (다음을 보라. 알베르 바보Albert Babeau, 《구체제 치하의 도시 La Ville sous l'ancien régime》 2권, p. 146) 이혼할 권리는 처음에는 오로지 남편에게 유리할 만큼 일방적이었지만 나중에는 상호적인 것이 되었다.

해진 문제의 특정한 영역에 처음 들어온 것이라 하더라도—에는 이의 없이 복종하면서도, 종교적인 믿음과 모순되지 않는 한 논란의 여지가 없는 것으로 여겨지는 주요 사상(예를 들면 아리스토텔레스나 플라톤의 이론들)을 학자나 전문적인 실험자에게 받아들이게 해 자신들의 작은 영역에서 학설을 세우는 데 성공하면 그들은 만족감을 느낀다. 다른 한편으로 똑같은 과도기에는, 역시 어느 정도 형이상학의 지배를 받고 있던 전문적인 학자들〔과학자들〕이 이번에는 자신들의 학설을 세우기를 원한다. 이것은 일련의 교의상의 파급으로, 이러한 파급은 모방 욕구를 분명하게 느끼게 해준다. 이 기이한 사상 단계는 그 모방 욕구에서 생겨난다. 그럼에도 인간 이성의 해방이 그 단계에서 온 것은 확실하다. 그렇지만 개인 이성의 태도에는 모순적이며 부자연스러운 면이 있다. 왜냐하면 개인의 이성은 이미 자기 힘이 세다고 느끼지만, 자신의 확신을 그대로 다른 사람에게 강요할 권리가 있다면 다른 사람의 확신도 무조건 받아들일 의무가 있다고 생각하기 때문이다. 소심함과 오만함은 공존하지 않는다. 따라서 더욱 대담하고 일관성 있는 개인의 이성이 어떠한 제한도 받지 않고 교의를 세워서 자신의 확신을 위로든 아래로든 주장하며 받아들이게 하려는 때가 온다. 그러나 그가 제시하는 본보기에는 곧바로 사람들의 관심이 뒤따르게 되어 토론이 일반화된다. 자유 사상이란, 과오를 범하지 않는다고 자처하지만 서로 모순되는 개인 다수 간의 상호 충돌이자 상호 제한에 불과하다.

처음에는 한 사람만 명령하고 다른 사람들은 복종한다. 권위도 교육과 마찬가지로 아버지나 교사가 독점한다. 집단의 나머지 사람은 복종하는 것 말고는 다른 역할이 없다. 그렇지만 이 독재 권력이 선망의 대상이 된다. 신하 중에서 야심 있는 자들은 우선 자신들의 예속 상태와 권력욕을 조화시킬 생각을 한다. 그래서 그들은 처음에는 자신들에 대한 지배자들의 권위를 제한할 생각을 하고, 그다음에는 그 권위를—마찬가지로 제한되고 명확하게 정해진 형태이긴 하지만—두 번째 신분의 신하들에게 흘려보낼 생각을 한다. 이것이 제한된 범위이긴 하지만 논란의 여지가 없는 명령권의 폭포[위계질서]이다. 봉건 제도는 이러한 관념이 가장 큰 규모로 실현된 것이었다. 그러나 사실 모든 시대의 군사 조직은 그러한 관념의 가장 명백한 구체화이다. 그리고 이 예는, 위에서 언급한 비슷한 개념, 즉 교의의 위계질서라는 개념과 마찬가지로 문제의 개념이 조국의 방위나 자녀 교육에 대한 욕구 같은 사회의 영원한 욕구에 부합한다는 것을 보여준다. 그렇지만 나중에는 사람들이 더 과감해진다. 즉 사람들은 자신이 어떤 측면에서는 복종하는 이들에게 다른 측면에서는 명령할 수 있기를 바라며(그 반대의 경우도 가능하다), 또는 지금까지 복종해왔거나 어느 때는 복종하게 되는 이들에게 다른 때에는 명령할 수 있기를 바란다. 이러한 상호성은 종신이건 임시이건 공직이나 행정직에 누구나 자유롭게 접근할 수 있다는 것과 누구에게나 인정하는 투표권으로 획득된다. 투표한다는 사실 자체가 선거인에게는 누가 당선되든 그에게 복종한다는 약속을 의미하며, 따라서 당선자의 명령에 암묵적인 계약의 성격을 준다. 이러한 식으로 형성된 인민 주권이, 수백만 개의 예로 늘어난 군주 주권이 아니라면 무엇이란 말인가? 그리고 특히 루이 14세에게서 구체적으로 표현된 군주 주권의 예가 없었다면 인민 주권을 생각해낼 수 있었겠는가?

일방적인 관계가 상호적인 관계로 대체됨으로써 이루어지는 모든 사회 진보나 사회 변화는 우리가 보기에는 모방이 작용한 결과인데, 스펜서는 그것을 '군사주의'가 '산업주의'로 대체된 탓으로 돌리고 있다. 그러나 산업의 발전 자체도 우리가 말하는 법칙에 복종하고 있다. 사실, 산업의 최초의 씨앗은 무보수의 노예 노동이거나 여성 노동이다. 여성은 원시인에게는 태어나면서부터 노예이다. 예를 들면 아랍인은 시중들고 식사 준비하고 옷 입히고 잠자리 준비하는 일까지도 그의 수많은 여자에게 시켰다. 마치 로마인이 그러한 일을 노예에게 시킨 것처럼 말이다. 그런 이유에서 우리에게 많은 납품업자[상인]가 필요한 것처럼 그에게는 일부다처제가 필요하다.

따라서 생산자와 소비자의 관계는 아들과 아버지의 관계나 아내와 남편의 관계처럼 처음에는 자의적이다. 그러나 노예는 자신이 다른 사람을 위해 무료로 노동한 나머지 누군가가 자신을 위해 무료로 노동해주기를 바라게 된다. 그리고 주인의 권력이 점차 제한되어 더 이상 노예의 행동과 시간 모두를 구속할 수 없게 된 덕분에 노예는 마침내 저축을 한다. 이 저축에 의해서 그는 해방되며, 그다음에는 자신을 위해 이번에는 그의 희생자가 될 노예를 한 명이나 여러 명 산다. 그가 꿈꾼 것이 오로지 자유였다면, 그는 **완전히 혼자서 자신을 돌보며** 그 자유를 따로 즐기는 데 열의를 보였을 것이다. 그러나 그렇지 않다. 그는 옛 주인의 욕구를 모방한다. 그는 욕구의 만족을 위해서 옛 주인처럼 다른 사람이 일해주기를 바란다. 그리고 이러한 요구가 일반화함에 따라서, 이 해방된 옛 노예들이 모두—그들 모두가 노예를 갖고 싶어 하기 때문에—교대로 또는 서로 예속되는 때가 온다. 바로 여기에서 분업과 산업 협동이 생겨난다.[5]

물론 단호하게 말해서, 몇 가지의 발명이나 발견이 생겨나지 않았다면, 모방 욕망은 앞에서 말한 변화도 또 앞으로 말하게 될 변화도 일으키는 데

---

[5] 갖가지 종류의 봉사가 산업 및 상업의 진보 과정에서 점점 더 상호화할수록, 그렇게 해서 충족되는 욕구도 점점 더 자의적이고 변덕스러운 성격을 지니게 된다. 소비자(그는 또한 생산자이기도 하다)는 자기에게 좋은 때 또 좋은 대로 봉사 받고 싶어 한다. 그는 모든 것이 그의 순간적인 욕망대로—그 욕망이 아무리 덧없고 터무니없다 하더라도—되기를 바란다. 이것이—고상한 언어로 표현하면—개인의 해방이라는 것이다. 그렇지만 이것은 모방의 법칙으로 쉽게 설명된다. 처음에는 변덕이 가부장이나 왕 등 지배자의 독점물이다. 왜냐하면 이들은 상호성 없이 아이, 노예나 신하에게 자신을 섬기게 하기 때문이다. 또한 변덕은 신의 독점물이기도 하다. 왜냐하면 신의 숭배자들은 그 신의 발밑에 바치는 공희에 상당하는 것을 신에게 요구할 권리도 없이 엎드려 빌기 때문이다. 그러므로 봉사의 상호성은, 〔그때까지〕 가부장, 왕 그리고—이 왕을 모방한—귀족, 신, 그리고 반신半神 등이 누렸던 일방적인 봉사에 대한 오래 지속되고 널리 퍼진 모방을 통해서만 마침내 일어났다. 그렇다면 어떤 소비자라도 적어도 소비자인 한에서는, 옛날 우두머리를 흉내 내려고 하면서 자신의 욕구에 어떤 의미로는 왕이나 신처럼 변덕스러운 모습을 주는 체한 것은 당연하다. 민주주의에서는 거리낌 없음과 활달함이 계속 증대하는데, 이러한 성질은 이와 같이 군주제와 신정정치의 절대주의에서 직접 유래한다.

결코 성공하지 못했을 것이다. 예를 들면 물레방아의 발명은 노예의 노동을 상당히 덜어주면서 그들 미래의 해방을 준비했다. 그리고 일반적으로 충분한 수의 기계가 연속적으로 발명되지 않았다면 아마도 노예는 아직까지도 있을 것이다. 과학적인 발견 특히 천문학상의 발견이야말로, 개인의 이성에게 교의의 권위에 대해서 유리한 싸움을 가능하게 했다. 또한 법의 발견이나 발명, 신문기자나 문인이 단호하게 표현한 새로운 권리에 대한 문구만이 국민 주권을 늘어나게 하면서 그 국민 주권으로 국왕 주권을 대체할 수 있게 했다. 그럼에도 상위자를 모방하고 싶은 욕구, 즉 그 상위자처럼 믿음의 대상, 복종의 대상, 봉사의 대상이 되고 싶은 욕구는 사실 내가 말하는 변화를 촉진하는 엄청난—비록 잠재적이긴 하더라도—힘이었다. 그리고 그 힘은 발명이나 발견이라는 **필요한 우연**이 펼쳐지기만을 기다렸다.

    이야기를 계속해보자. 이미 말한 것처럼, 인간 사냥이 최초의 국제 관계이다. 어느 한 부족이나 종족이 자신들만이 그 비결을 알고 있는 새로운 무기나 새로운 개선을 발견한 덕택에 이웃 부족을 모두 전멸하거나 복속시킨다. 간석기나 뗀석기로 무장한 민족에 대한 금속을 소유한 고대 아리아족의 빠른 정복은 아마도 그러했을 것이다. 아메리카에서 유럽인이 행한 '식민지화'도 그러했다. 말도 총도 없었던 불쌍한 인디언은 유럽인의 사냥감이 되었다. 그런데 어떤 의미에서는 이 일반적인 전쟁이 어떻게 해서 진정한 전쟁, 즉 서로 싸울 때 문명화된 국가들의 관행에 따르는 상호적인 사냥으로 대체되었는가? 그것은 어느 한 민족에 승리를 가져다준 무기와 전략이 모방을 통해 모든 민족에게 전파되었기 때문이다. 그렇지만 이들은 그 승리자에게서 또 다른 것을 모방하는 것을 꿈꾼다. 그들은 그 승리자처럼 군사적 독점권을 행사하고 싶어 한다. 즉 그들은 자신들을 무적으로 만들고 전쟁을 한낱 사냥에 불과한 것이 되게 하는 어떤 치명적인 무기를 발명하고 싶어 한다. 다행히도 이러한 꿈은 미미한 정도로만 실현되었다. 자도 바Sadowa*에서 바늘총fusil à aiguille**을 지닌 프로이센 군인이, 마치 말을 타고 사냥개를 돌보는 하인이 산토끼를 다루듯이 오스트리아군을 실제로 그렇게 다룬 일이 있지만 말이다. 이러한 진화의 두 항〔인간 사냥과 전쟁〕사이의 중간 단계로서 내가 주목하는 것은 몇몇 야만시대이다. 즉 완전히 패배해 속국이 된 민족은 자신들보다 약한 이웃 민족을 이유 없이 짓밟아 자신들의 패배를 위로하며, 이번에는 그 민족으로 하여금 자신들에게 조공을 바치게 한다. 카이사르 시대에 갈리아에서는 다른 민족의 **예속 평민**clients이 된 민족들이 있었다. 이러한 국제 체제는 국가 간의 관계에 적용된 봉건체제라고 정의할 수 있을 것이다.

마지막으로 남겨놓은 하나의 예가 있는데, 이것은 모든 예 중에서 가장 중요하지 않지만 우리 생각이 옳다는 것을 예증하는 데는 가장 적절한 것이다. 민주적인 사회—이 사회가 오기 전에는 언제나 귀족제, 군주제 또는 신정체제가 있었다—에서는 거리에서 사람들이 서로 인사하거나 서로 다가가 안부를 묻거나 또는 악수하는 것을 볼 수 있다. 이러한 관행은 모두 어디에서 유래하는가? 이 모든 것이 궁정이나 종교에서 유래한다는 사실과 또한 주인에게 몸을 완전히 엎드리는 것이 상반신을 가볍게 숙이거나 모자를 조금 치켜들며 인사하는 것으로 서서히 변한 과정을 훌륭하게 증명하는 일을, 나는 스펜서에게 맡긴다. 다만 덧붙인다면, 모자를 조금 치켜들며 인사하는 것이 예전의 엎드리는 것의 매우 약해진 잔재라 하더라도 그것 역시 그 엎드리는 것의 상호화된 형태이다. 나는 궁정에서의 찬사와 아첨에 대해서도 똑같이 말하고 싶다. 왜냐하면 그 지나친 칭찬은 권력자에게 바쳐질 때 불타오르는데, 어떤 오래된 책의 헌사에서 그 입김을 한번 맡

---

* 엘베 강 상류에 있는 보헤미아의 도시 쾨니히그레츠(지금의 흐라데츠크랄로베) 북서쪽에 있는 마을.

** 엎드린 자세에서 장전이 가능한 총으로, 당시(1866년) 서서 장전하는 오스트리아군의 총보다 여섯 배나 빠른 속도로 사격이 가능했다고 한다.

아보면 한두 세기나 떨어져 있는 우리도 질식할 정도이기 때문이다. 오늘날 예의 바른 사람들이 주고받는 칭찬은 이러한 과장과는 거리가 멀며 상호적인 것이라는 점에서 이점이 있다. 예전에는 존경의 성격을 지녔으며 일방적인 것이었던 방문도 역시 상호적인 것이 되었다. 〔그러므로〕 예의란 거의 아첨의 상호성에 불과하다. 게다가 "모든 왕자는 자신의 사절使節을 갖고 싶어 했고 모든 후작은 자신의 수행원을" 그리고 모든 궁정인은 자신의 측근〔추종자〕들을 갖고 싶어 했기 때문에, 귀족처럼 아첨받고 방문을 받으며 칭찬받고 싶은 일반화된 욕구가 프랑스나 다른 곳에서 조금씩 모든 사람을—처음에는 궁정, 다음에는 도시, 그다음에는 성안, 또 그다음에는 최하층에 이르기까지 모든 계급을—예의 바르게 만든 은밀한 원동력이었다는 것을 우리는 확실하게 알고 있다. 앞에서 언급한 과도기 단계와 유사한 중간 단계는 루이 14세 때부터 나타난 구체제의 고유한 세련됨〔예의 바름〕이었다. 그 당시의 사회는 수많은 신분으로 나뉘어 있었는데, 그 각각의 신분은 자신들보다 낮은 신분의 사람으로 하여금 자신들에게 예의를 지키고 방문이나 인사를 하게 했다. 그렇지만 이러한 것은 무상無償의 예의, 방문, 인사였다. 왜냐하면 신분 높은 사람은 자신보다 낮은 사람들에게 답례하지 않았기 때문이다.[6] 라브뤼예르La Bruyère가 어디에선가 지적한 것처럼 그것은 무례함의 폭포였다. 그러나 이 사라진 세계의 끝이 다가올수록, 존경은

---

6 또는 신분 높은 사람이 인사하고 방문하며 인사말을 한 경우에도, 먼저 인사하고 방문하며 인사말을 하는 쪽은 항상 신분이 낮은 사람이다. 당시에는 계급 간의 또 신분 간의 의무적인 인사가 있었다. 오늘날에는 인간 간의 인사밖에는 없으며, 또 항상 똑같은 사람이 먼저 인사하지 않게끔 주의한다. 라브뤼예르에게서도 일방적인 예의와 상호적인 예의 간의 과도기 국면이 묘사되어 있는 것을 볼 수 있다. 그의 저작〔《성격론 또는 금세기의 풍속 Les Caractères ou les Mœurs de ce siècle》(1688)〕에 등장하는 메니프Ménippe는, 사람들이 자기에게 인사할 때 "**답례를 해야 하는지 말아야 하는지 곤란해한다.** 그가 생각하는 동안에 당신은 이미 그를 지나쳐버린다." 이것은 매우 구시대적인 특징이다. 오늘날 아무리 높은 지위에 있는 사람이라도 최하층의 시민에게 인사하는 것을 망설이는 경우를 볼 수 있는가?

상호적인 것이 되고 '평등'이 가까이 오고 있다는 것을 잘 느낄 수 있다. 실제로 문명화 과정에서 발명된 모든 평준화 수단 중에서 아마도 예의 바른 태도와 품행보다 더 강력하면서도 눈에 잘 띄지 않는 것은 없을 것이다. 키케로가 우정에 대해서 말한 것, 즉 "우정은 대등한 사람들 사이에서 생겨나거나 아니면 사람들을 대등하게 만들어준다"는 것은 예의바름에, 특히 사교계의 생활에 완전히 들어맞는다. 사교계salon는 대등한 사람만을 받아들이거나 아니면 받아들인 사람을 대등하게 만들었기 때문이다. 이 두 번째 성격에 힘입어, 사교계 안에서 일시적으로 사라지는 사회적 불평등이 그 사교계 밖에서도 계속해서 사라지는 경향이 있다. 신분이 매우 다른 관리들이라도 사교계에서 자주 만나게 되면, 그들의 관계는 그러는 동안에 사교계에서 만난 것의 영향을 받는다. 즉 그들은 평등화되었다. 예의 바른 태도는 관료, 행정관, 장교 사이의 거리뿐만 아니라 계급 사이의 거리도 철도보다 더 잘 없애주며, 그 거리는 모자를 조금 치켜들며 인사하거나 악수하는 것 덕분에 결국 가까워진다. 변하고 있는 우리 사회에서 수많은 사람들이 날마다 서로 무슨 무슨 씨monsieur나 부인madame이라고 불리는 것을 들으면서 우쭐대고 있다. 이 경우도 다른 많은 경우와 똑같이 말할 수 있을 것이다. 즉 구체제의 귀족 계급은 유행의 지배에 협력하고 18세기 철학사상에 심취했는데, 바로 이로 말미암아 그들은 자신의 기반을 무너뜨리는 데 기여했으며 "자신들의 승리 속에 묻혀버렸다."

2. 역사에서 가역적인 것과 불가역적인 것의 구분

일방적인 것에서 상호적인 것으로의 이행에 대한 지금까지의 고찰은 우리로 하여금 아주 자연스럽게 다음과 같은 문제를 다루게 한다. 그것은 중대한 문제이기 때문에 사회학자들이 다룰 가치가 있을 것이다. 그 문제는 역사에서 **가역적인**réversible 것이 무엇이며 **불가역적인**irréversible 것이 무엇인지를 아는 것이다.7 모든 사람은 사회가 어떤 점에서는 이미 거친 국면들을 정반대 방향으로 지나갈 수 있지만, 다른 점에서는 이러한 후퇴를 할 수 없다고 느끼고 있다. 우리는 앞서, 사람들이 관습에서 지배적인 유행으로 이행한 다음 다시 유행에서 관습으로—이때의 관습은 사실상 확대된 것이지 결코 축소된 것이 아니다—이행할 수 있다는 것을 보았다. 그런데 사람들은 일방적인 관계를 상호적인 관계로 대체한 다음 다시 상호적인 관계에서 일방적인 관계로 되돌아갈 수 있는가? 그렇지 않다. 우리는 그 이유를 암암리에 말했다. 쿠르노는 다음과 같이 매우 적절하게 말한다. "독점, 대규모 상업회사나 군사 동맹, 흑인 노예무역, 흑인 노예제도, 그리고 그와 관련된 모든 식민지 제도는 사람들이 더 이상 원하지 않는 것이다. 그것들은 이미 사라졌거나 사라질 것이다. 우리는 그것들이 다시 생겨날 것이라고는 생각할 수 없을 것이다. 이는 고대의 노예제도나 공공 광장forum〔고대 로마에서 공공 집회가 열리는 광장〕 또는 중세의 봉건제도가 부활할 것이라고 생각할 수 없는 것과 같다." 이것은 사실이다. 그런데 이러한 확신은 무엇에 근거하고 있는가? 그것을 말해야 한다. 그렇지만 쿠르노는 그것을 말하지 않는다. 독점에서 상업의 자유로, 노예제도에서 봉사의 상호성 등으로의 이 필연적이며 불가역적인 이행이 모방의 법칙의 당연한 결과라는 것을 우리는 지금 알고 있다. 그런데 이 법칙이 부분적으로나 전체적으로 작용하지 않을 수 있다. 이 경우 사회는 부분적으로나 전체적으로 죽음을 맞는다. 그래도 그 법칙이 **뒤집힐 수는** 없다.

마르쿠스 아우렐리우스의 로마제국 같은 거대한 제국이 뒤로 돌아가 스

---

7 나는 **가역적**이라는 말과 **불가역적**이라는 말을 법률 용어와 사전이 부여하는 의미로가 아니라, 물리학자가 특히 열역학에서 부여하는 의미로 사용한다. 열역학에서는 어떤 기관이 서로 반대되는 두 방향으로 구분 없이 작용할 수 있는 경우 **가역적**이라고 부른다.

키피오 같은 사람에 의해 그리스화된 이탈리아 공화국이 되고, 그다음에는 대 카토Marcus Porcius Cato〔고대 로마의 정치가이자 장군, 기원전 234~149〕 같은 사람이 이끄는 교양 없는 광신적인 공화국이 되며, 또 그다음에는 누마 Numa Pompilius〔로물루스를 계승한 로마의 왕, 기원전 753~673, 재위 717~673〕 같은 사람에 의해 조직된 야만적인 작은 마을이 된다고 생각할 수 있겠는가? 또는 항상 있는 일이지만, 폭력적인 범죄에서 교활한 범죄나 성범죄로 이행해 범죄를 타락과 맞바꾼 사회가 타락을 멈추고 다시 노골적으로 잔인해지는 것을 생각할 수 있겠는가? 〔만일 그렇게 생각할 수 있다면〕 다 자란 유기체가 성숙기에서 청년기로, 청년기에서 유년기로 되돌아가서 마침내는 그것이 생겨난 난세포로 돌아가는 것도 생각할 수 있을 것이다. 또는 달처럼 다 타버린 별이 동물상과 식물상이 사라지기 전의 그 모든 일련의 옛날 지질학적 시대들을 거꾸로 지나갈 수 있다는 것도 생각할 수 있을 것이다. 스펜서는 이를 믿는 것 같은데, 붕괴〔해체〕는 결코 진화와 대칭이 되는 짝이 아니다. 이것은 세계가 진실로 하나의 방향과 하나의 목표를 갖고 있다는 것을 의미하는가? 아니면 모든 현실이 언제나 자신의 운명에 만족하지 않고 과거보다는 미지의 것이나 심지어는 무無〔허무, 소멸〕를 더 좋아해, 무엇보다도 똑같은 생生을 다시 사는 것, 즉 가던 길을 되돌아가는 것을 거부한다는 것을 의미하는가?

  서둘러서 덧붙이면, 어떤 중요한 측면에서는 역사의 가역성이나 불가역성이 모방의 법칙으로만 설명될 수는 없다. 연속적으로 출현하며 모방을 통해 세상에 퍼지는 발명이나 발견은 우연히 차례대로 잇따르는 것이 아니다. 합리적인 관계가 그것들을 서로 연결시킨다. 우리는 여기에서 이 합리적인 관계를 강조할 필요가 없다. 왜냐하면 그것은 오귀스트 콩트가 과학들의 발전을 개관하면서 분명하게 지적했으며, 또한 쿠르노가《기초 관념들의 연쇄 L'enchaînement des idées fondamentales》에 대한 훌륭한 개론에서 명확하게 기술했기 때문이다. 그러므로 그것들의 순서가, 예를 들면 피타고라스부터 우리에게 이르기까지 수학상의 발견의 순서가 뒤바뀔 수 있었다는 것은 대체로 인정할 수 없을 것이다. 이 경우의 불가역성은 발명 논리의 법칙에 근거를 두고 있지, 모방의 법칙에 근거를 두고 있지 않다.

여기에서 잠시 멈추고, 말이 나온 김에 내가 방금 행한 구분이 옳다는 것을 증명해보자. 모방이란 발명의 모방을 뜻하지만, 연속되는 발명의 순서와 연속되는 모방의 순서는 별개이다. 사실 이 두 계열 중 전자를 지배하는 법칙은 후자를 지배하는 법칙—설령 그 법칙이 논리적이더라도—과 혼동되어서는 안 된다. 발명은 그것이 모방되건 모방되지 않건 간에 불가역적인 계열의 **모든** 항을 반드시 하나하나 모두 거쳐야 하지만, 발명의 모방은 그 모든 항을 거칠 필요가 없기 때문이다. 부득이한 경우에는, 최종적인 완성을 이루는 마지막 발명에 논리적으로 선행하는 일련의 모든 발명이 단 하나의 천재적인 두뇌에서 전개되는 경우도 생각할 수 있다. 그렇지만 사실 한 발명가가 그 사다리의 몇몇 어렴풋한 단계를 뛰어넘어 빛나는 단계에 도달하는 경우는 드물다. 발명의 법칙은 본질적으로 개인 논리에 속하며, 모방의 법칙은 부분적으로 사회 논리에 속한다. 게다가 모방이 오로지 사회 논리에만 속하지 않고 논리 외적인 영향에도 의존하고 있는 것처럼, 발명 자체도 그 발명이 논리적으로 유도되는 전제들의 정신적 출현일 뿐만 아니라, 영감, 직관, 천재성으로 불리는 그 밖의 어떤 관념 연합이기도 한 조건 덕분에 뇌 안에서 생겨난다는 것은 분명하지 않은가?

그렇지만 모든 발명이나 발견은 대부분의 경우, 다른 사람을 통해 전해진 이미 오래된 지식들의 정신적 만남으로 이루어진다는 것을 잊어서는 안 된다. 자연선택에 관한 다윈의 명제는 무엇으로 이루어져 있는가? **생존 경쟁**을 선언한 것으로 이루어져 있는가? 그렇지 않다. 다윈의 명제는 그가 그 관념(생존 경쟁)을 **변이** 및 **유전**이라는 관념과 처음으로 결합시킨 것으로 이루어져 있다.(《과학평론》 1888년 12월 1일자 지아르Alfred Giard(프랑스의 동물학자, 1846~1908)의 논문을 보라). 생존 경쟁이라는 개념은 이미 아리스토텔레스가 발표했지만 그것은 다른 두 개의 개념(변이와 유전)과 결합되지 않아 결실을 맺지 못한 상태에 있었다. 여기에서 출발하면 우리는 속屬이라는 것의 발명은 종種에 불과하며, 속은 반복의 간섭이 열매를 맺은 것이라고 말할 수 있다. 그렇다면 나는 아마도 이 주제에 대해서 생각나는 하나의 가설을 강조하지는 않더라도 표명할 수는 있을 것이다. 반복되는 것의 종류가 아무리 많다 하더라도, 이 반복되는 방사의 발생원—달리 말하면 발명이나 또는 생물계 및 물질계에서 그것에 상당하는 것—들이 일정하게 퍼져 있다고 가정한다면, 그것들의 간섭을 예측할 수 있을 것이다. 그리고 새로운 발생원인 그러한 간섭 자체도 그 성향에서는 처음의 발생원들과 똑같은 정도의 규칙성을 나타낼 것이다. 그러므로 이러한 세계에서는 모든 것이 아무리 복잡하더라도 규칙적일 것이다. 그 어느 것도 우연히 있지 않을 것이며 또 우연히 나타나지 않을 것이다. 이와 반대로 처음의 발생원들이 고르지 않게 퍼져 있다고 인정한다면, 두 번째 발생원들도 무질서하게 분포된 모습을 띨 것이다. 그러면 그것들의 불규칙성도 처음 발생원들의 불규칙성만큼이나 클 것이다. 그렇다면 세상에는 말하자면 매우 변덕스러운 형태로만 나타나는 **동일한 양의 불규칙성**만이 존재할 것이다. 덧붙여서 말하면, 이 연속되는 형태들은 그럼에도 정의하기 어려운 어느 정도의 유사성을 지니고 있을 것이다. 처음의 불규칙성은 그 파생된 불규칙성, 즉 그 확대된 이미지 속에 반영된다. 여기에서 나는 다음과 같은 결론을 내린다. 즉 반복 관념이 우주 전체를 지배한다 해도 그것이 우주를 구성하는 것은 아니라고 말이다. 왜냐하면 [우주의] 근본은 영원하고 파괴될 수 없는 타고난 다양성의 일정한 합이라고 나는 생각하기 때문이다. 이 다양성이 없다면 세계는 무한히 똑같은 단조로움으로 가득 찰 것이다. 스튜어트 밀John Stuart Mill[영국의 철학자, 1806~1873]도 깊이 생각한 끝에 같은 종류의 가정에 이르렀다.

내가 방금 감히 제시한 추측에 대해서 뭐라고 하든지 간에, 아무리 단순한 사회 변화라도 그 사회 변화의 불가역적 성격을 완전히 설명하기 위해서는 앞에서 구분한 두 가지 종류의 법칙〔발명의 법칙과 모방의 법칙〕을 결합해야 한다고 나는 확신한다. 예를 들면 프랑스에서는 300년 전부터 의상의 변화가 있었는데 그 변화가 반대 방향으로 이루어졌다고 가정해보자. 우선 보기에 그 가정은 받아들일 수 있을 것 같다. 아니 적어도 멜로디를 반대 방향으로, 즉 마지막 음표로 시작해서 첫 번째 음표로 끝나는 식으로 연주한다는 생각처럼 그 가정도 모순을 함축하지는 않은 것 같다. 여담이지만 기이하게도 그렇게 하면 완전히 새로운 멜로디가 생겨난다. 이 멜로디는 처음 멜로디와 공통점이 전혀 없음에도 때로는 듣기에 괜찮은 것이 되기도 한다. 그렇지만 루이 14세 때의 궁정인들이 우리의 현재 유행에 따라서 양복이나 검은 예복을 입고 긴 바지를 착용하며 비단 모자를 썼다고 상상해보라. 그다음 점점 긴 바지가 짧은 반바지로, 짧은 머리가 가발로, 양복이 허리에 칼을 차고 수를 놓고 금빛으로 물들였으며 여러 가지 색을 띤 의상으로 대체되었다고 상상해보라. 그리고 우리 시대의 민주주의자들이 태양왕〔루이 14세〕의 일족처럼 옷을 입는다고 상상해보라. 우스꽝스러운 일일 것이다. 인간의 외모와 그의 관념 사이에, 즉 의상의 연속과 사건, 여론 및 습속의 연속 사이에 그 정도로 불일치가 일어날 가능성이 없다는 것은 강조할 필요조차 없다. 그러한 일은 일어날 수 없다. 왜냐하면 사건, 여론, 습속은—의상은 어느 정도까지는 이러한 것들의 표현이다—루이 14세 이후 일정한 논리를 갖고서 서로 연결되어 있는데, 그 논리의 법칙은 모방의 법칙과 마찬가지로 이른바 그것들의 **멜로디** 순서를 바꾸는 것을 가로막기 때문이다. 이것은 사실이다. 그래도 문제의 가정에 함축되어 있는 반대 방향이 여성 의상의 경우라면 훨씬 덜 엉뚱할 것이다. 필요하다면—게다가 근대사를 조금도 바꾸지 않고—다음과 같이 상상할 수 있을 것이다. 즉 17세기 궁정 여성이 19세기 우아한 여성이 입는 드레스나 심지어는 모자를 착용했고, 그다음에는 크리놀린crinoline〔스커트를 부풀게 하기 위해 쓰던, 말총 등으로 짠 딱딱한 천. 18세기 중반에 유행했다]이 등장했으며 또 그다음에는 레카미에 부인이나 타이엥 부인이 입은 고급 그리스풍의 코르사주corsage[블라우스나 드레스 위에 입는 여성용 조끼. 영어로는 보디스bodice라고 한다]가 등장했고, 또한 이러한 변화를 거쳐 현대 여성이 맹트농 부인처럼 옷을 입고 드 퐁탕주 양처럼 머리모양을 했다고 상상할 수 있을 것이다. 이것은 약간 이상하겠지만 엉뚱한 것은 아니다. 그런데 남성 모드의 흐름은 거슬러 올라갈 수 없다고 생각하는 데 반해, 여성 모드의 흐름은 어떻게 해서 거슬러 올라갈 수 있다고 생각할 수 있는가? 습속과 관념의 흐름 자체가 거슬러 올라갈 수 있다는 것은 생각할 필요도 없지만 말이다. 이것은 의심할 바 없이 여성이 정치와 사상에 관한 일에 [남성보다] 훨씬 덜 참여하기 때문이라고 설명할 수 있다. 또한 여성의 주된 관심사가 언제 어디에서나 육체적으로 호감을 사고 싶어 하는 것이기 때문이며, 또한 변화를 사랑하면서도 문명의 마모[쇠퇴]에 반발하는 그녀들의 본성이 근본적으로 변하지 않기 때문이기도 하다.

그러나 주목해야 할 것은 다음과 같은 사실이다. 즉 남성과 마찬가지로 여성의 경우에도, 우리에게 점점 더 다양하고 복잡한 옷감을 가져다준 직물에 관한 연속적인 발명이 반대 방향으로, 즉 극도로 복잡한 것에서 원시적인 단순함으로 전개될 수 있었다고는 생각할 수 없다는 것이다. 논리의 법칙이 그것을 막는다. 마찬가지로 논리의 법칙은 중세 이래로 무기의 순서가 뒤집어질 수 있었다고 생각하는 것도 막는다. 즉 바늘총에서 부싯돌식 발화총으로, 그다음에는 화승총으로, 또 그다음에는 강철 활과 화살로 이행하거나 또는 크루프 포에서 장포長砲로, 그다음에는 투석기로 이행할 수 있었을 것이라고 생각하는 것을 막는다. 게다가 모방의 법칙은 다음과 같은 가정은 인정할 수 없다는 것을 보여준다. 즉 남녀 의상은 루이 14세 시대에는 프랑스의 모든 계급과 모든 지방에서 오늘날처럼 거의 똑같은 재단과 직물로 되어 있었지만, 점차 분화되어 금세기에 들어와서는 옛날처럼 계급마다 교구마다 달라질 수 있을 것이라는 가정 말이다. 그러한 가정은 받아들일 수 없다.[8] 설령 전보와 철도가 루이 14세 시대에 이미 있었는데, 그 후 그것들 모두가 파괴되었고 그것들이 일으킨 교류 및 동화에 대한 강한 욕구도 함께 없어져버렸다는 점을 인정하더라도 말이다. 왜냐하면 우리 문명의 이러한 변사變死가 그것의 모든 모방 기능은 무기력하게 만들겠지만, 그 모방 기능이 과거로 소급해가도록 하지는 못할 것이기 때문이다. 우리는 한 연대기(바보Albert Babeau, 《구체제 치하의 도시 La ville sous l'ancien régime》를 보라)에서 다음과 같은 것을 읽을 수 있다. 루이 13세는 마르세유에 들어갔을 때 민병대 병사들을 보고 매우 감탄하면서, 특히 "그들 중에 미개인 복장, 즉 **아메리카인**, 인도인, 터키인, 무어인의 복장을 한 자들이 있다"는 것에 만족했다. 사실 루이 15세 시대 때 와서야 비로소 제복이 일반화되었다. 만일 군인 제복이 그 옛날처럼 잡다한 상태로 돌아가는 일이 일어날 수 있다면, 그것이 오늘날 일으킬 파장을 상상해보라. 이러한 복장의 다양성을 감내할 수 있는 것, 즉 **자연스럽고** 정상적인 것처럼 보일 수 있는 것은 그 복장이 유행으로 퍼졌을 때뿐이다. 그리고 이 경우 이 다양한 형태multiformité 자체도 일종의 제복uniforme, 즉 다른 사람과의 차이성을 모방하는 것으로 이루어진 유사성에 불과할 것이다.

이러한 종류의 역사적 불가역성에 대해서 몰두해보자. 그것이 모방의 법칙으로 충분히 설명되는 것은, 자연계에서 모든 종류의 불가역성은 아니더라도 몇 가지 종류의 불가역성이 생식의 법칙이나 파동의 법칙으로 충분히 설명되는 것과 같다. 어느 한 작은 지역의 방언에서 생겨난 커다란 국가 언어는 그 원천으로 돌아갈 수 없을 것이다. 그 국가 언어가 어떤 정치적 파국에 의해 산산조각이 나 여러 방언이 되는 일은 없을 테니 말이다. 그렇지만 그러한 경우가 일어난다면, 그 방언의 다양성은 예전 같았으면 영토

---

8 보편적 진화의 필연성으로 간주되는 저 유명한 점진적 분화의 법칙은 이 경우 어떻게 되는가?

끝까지 퍼져 나갔을 각 지역에서의 언어 혁신이 각각의 지방에 어쩔 수 없이 갇혀버린 데서 비롯할 것이다. 게다가 이렇게 해서 생겨난 각각의 방언은 본래의 방언과 전혀 유사하지 않을 것이다. 그리고 그 방언은 본래의 방언을 재생하지 않고 오히려 이웃 지방에 퍼져서, 자신에게 유리하도록 그 광대한 지역에서 언어 통일성을 재확립하려고 할 것이다. 내가 언어에 대해서 말하는 것은 종교에도 해당한다. 그러나 〔여기에서는〕 사회생활 전체에 대해서 한번 살펴보자.

문명은 지적·도덕적·미적·경제적 관점에서 볼 때 사회의 상류층을 그 여러 가지 점에서 더 높이 올라가게 하기보다는, 대중의 평균 수준을 높이는 효과가 있다고 사람들은 종종 말했다. 그러나 이처럼 그 윤곽이 뚜렷하지 않은 막연한 표현이 인정받을 수 없었던 데는 이유가 없는 것이 아니다. 왜냐하면 문제의 사실에 대해서 원인을 지적하는 것을 빠뜨려왔기 때문이다. 우리는 이 원인을 알고 있다. 모든 발명이 일단 세상에 나오면 그 발명은 사회 환경에 이미 자리 잡은 많은 발명에게 밀려나지 않는 한 퍼져나가 자리를 잡을 것이다. 이때 그 발명은 최하층에 이르기까지 모든 계급에 연속해서 퍼진다. 그렇기 때문에 이러한 방사—이것의 발생원은 때때로 상류층에서 나타나기도 한다—의 무한한 연속이 지향하는 최종적인 결과는 그 빛이 일반적으로 고르게 퍼지는 일일 것이다. 이와 마찬가지로 물리학자들이 끌어낸 유명한 결론에 따르면, 차례대로 나타난 열원熱源은 파동 방사의 법칙 덕분에 항성 간 공간의 실제 온도보다는 높지만 항성들의 온도보다는 낮은 거대하고 보편적인 온도 균형을 만들어내는 경향이 있다. 또한 마찬가지로 〔생물계에서〕 종種의 분산은 기하급수적 증가의 법칙에 따라서, 아니 다른 말로 하면 생식 증대의 법칙에 따라서 지구 전체를 가득 채우려는 경향이 있다. 즉 아직은 지구 전체에 매우 불균등하게 분포되어 있어도, 그 밀도가 현재의 생물 집단의 평균치보다 한결같이 더 높은 일정한 생물층으로 지구 전체를 가득 채우려는 경향이 있다. 보는 바와 같이 우리가 비교하는 개념들은 정확하게 서로 대응한다. 지구 표면이 생명이 전파될 수 있는 영역이고 공간이 열과 빛이 방사될 수 있는 영역인 것처럼, 생물종으로서의 인류는 발명 재능의 효과가 퍼질 수 있는 영역이다. 이에 따라서 우리는 세계시민주의와 민주주의로의 동화 경향은 역사의 불가피한 성향이며, 이는 지구 전체에 고르게 증식하려는 것이 생물계의 소원이며 공간 전체를 고르게 따뜻하게 하려는 것이 물리계의 소원인 것과 똑같은 이유라는 것을 이해할 수 있다. 이것은 필연적이다. 왜냐하면 우리에게 역사 전체를 해석하는 데 도움을 주는 발명과 모방이라는 두 개의 주요한 힘 중에서, 귀족적인 특권, 독점 및 불평등의 원천인 발명은 간헐적이고 전체적으로 드물며 서로 멀리 떨어진 일정한 시대에 분출하는 반면에, 매우 민주적이고 평준화 작용을 하는 모방은 유프라테스 강이나 나일 강의 퇴적 작용처럼 지속적이며 끊임없기 때문이다. 그렇지만 우리는 다음과 같은 일이 일어날 수 있다는 것도 이해할 수 있다. 즉 천재적인 창조물들이 밀려들고 서로 자극하는 시대, 말하자면 현대처럼 끓어오르는 발명의 시대에는, 문명의 진보가 갖가지 종류의 불평등을 일시적으로 증대시키는 결과를 낳거나, 또는 상상력의 열기가 특정한 분야에 집중되면 특정한 종류의 불평등을 일시적으로 증대시키는 결과를 낳는 일이 일어날 수 있다는 것이다. 창조적인 정신이 특히 과학쪽으로 향하는 오늘날에는 그 지식의 양과 중요성 측면에서 우리의 위대한 엘리트 학자들과 최하층의 매우 무지한 문맹자들 간의 간격이 중세나 고대보다 훨씬 더 크다. 문제는 내가 말하는 혁신 시대에 발명이 빠르게 분출하는 속도가 그 발명자들의 발밑에서 흘러나오는 용암, 즉 본보기의 흐름보다 더 빨랐는지를 아는 것이다. 그렇지만 그것은 사실상 통계학만이 해결할 수 있는 문제다.

토크빌은 귀족 체제에서 평등주의 체제로의 이행이 불가역적이라고 확신했기 때문에, 그는 평등화된 환경에서 그 어떤 귀족 체제가 형성될 수 있다는 생각을 거부한다. 그렇지만 이 점에 대해서는 분명히 해야 한다.[9] 우리가 알고 있는 원인의 결과로 사회가 동화의 증대와 유사성의 끊임없는 축적을 향해 나아간다고 해서 사회도 역시 점점 더 커지는 평등화를 향해 나아가는 것은 아니다. 왜냐하면 모방에 의한 동화는 사회를 만드는 소재에 불과하기 때문이다. 이 소재는 사회 논리에 의해 재단되고 이용되는데, 이 사회 논리는 능력의 전문화와 상호 협력을 통해서, 그리고 지성의 전문화와 상호 확증을 통해서 매우 견고한 통일을 추구한다. 그러므로 최종적인 개화에 도달한 완성된 문명은[10] 모든 시민에게 똑같은 욕구와 똑같은 관념 — 똑같은 권력과 똑같은 부가 아니라 — 이 전파된 것으로 알아볼 수 있다 하더라도, 하나의 매우 강력한 계급제도가 그 여하한 문명의 최종적인 끝일 수 있다는 것은 매우 가능하며 심지어는 있을 법한 일이다. 그래도 토크빌에게 동의할 수 있는 것은, 어느 나라에서 혈연의 세습 위세에 기초를 둔 귀족제가 붕괴하면, 그다음에는 그것이 그 나라에서 결코 부활하지 못한다는 것이다. 우리가 알고 있는 것처럼, 실제로 [보편적] 반복Répétition의 사회적 형태인 모방은 그 생물적 형태인 유전에서 점점 더 벗어나는 경향이 있다.

또한 국가 결합체는 점점 더 커질 것이고 그 결과로 수는 점점 줄어들 것이다. 아울러 큰 일이 없는 한 그 반대는 결코 일어나지 않을 것이라고 주장해도 무방하다. 이것은 특히 군비軍備에 관한 보편적 동화의 결과이다

---

9 다음과 같은 사실을 주목해야 할 것이다. 즉 규칙적이며 끊임없는 일련의 변화 과정을 통해 기독교 유럽의 교회 조직이 복음에 따른 평등한 민주주의에서 초기 주교들의 귀족주의로, 그다음에는 공의회의 견제를 받는 로마 주교의 온건한 군주제로, 마지막으로는 무오류의 교황 절대주의로 이행했다는 것이다. 이것은 시민사회가 이뤄낸 진화와는 정반대이다. 그러나 반면에 양쪽 모두는 다양성에서 획일성으로, 분권에서 중앙집권화로 진화했다.
10 그리스 로마 문명의 끝인 비잔틴제국[동로마제국], 중국 문명의 끝인 청제국, 힌두 문명의 끝인 무굴제국[1526년 무굴족이 인도에 세운 제국. 1857년 영국에 의해 멸망됨], 이집트 문명의 끝인 파라오제국 등.

(이것은 지드Charles Gide 씨가 식민지에 대한 소책자에서 지적했다).¹¹ 사실 "우리 모두가 동일한 틀[주형] 속에 부어지는 날에는, 즉 모든 사람이 다른 사람과 똑같은 가치를 지니는 날에는 각 민족의 힘이 그 인구 수에 수학적으로 비례할 것이라는 것은 분명하다." 그리고 그 결과 작은 나라가 큰 나라에 대해서 전쟁하는 것은 불가능해지거나 작은 나라에게 재난을 초래할 것이다. 다음은 우리가 미래에 어떤 거대한 제국이 나타나리라고 예상하는 수많은 이유에 더해야 할 새로운 논거다. 우리 시대에 이르기까지 모든 시대에는, 매우 큰 국가들은 당시에 이용된 커뮤니케이션 수단이 실제로 허용하는 **만큼** 또는 **그보다 더 멀리** 확대되었다. 그렇지만 오늘날에는 분명히 금세기[19세기]의 위대한 발명이 지금 존재하는 모든 것보다 규모에서 훨씬 더 큰 결합체를 가능하게 할 것이며 또 지속시킬 것이다. 이것은 과거에는 유례가 없는 역사상의 이상 현상異常現像이다. 따라서 우리는 그것이 사라지게 되어 있다고 생각하지 않을 수 없다. 세계는 지금 유럽 전체, 아프리카 북부 그리고 아시아의 절반이 단 하나의 국가로 집중되는 분위기가 무르익었는데, 그 열기는 로마의 정복이나 아랍의 정복 또는 카를 5세Karl V[신성로마 제국의 황제이자 스페인의 국왕으로 16세기 초 유럽을 호령한 강력한 군주였다. 1500~1558] 때보다 더 뜨겁다. 이것은 우리가 지구 전체로 확대되는 하나의 제국을 보게 될 것이라고 예상해야 한다는 것을 말하는가? 그렇지 않다. 유행과 관습의 교대에 관해 앞서 지적한 법칙에서, 그리고 다소 오랫동안 자유롭게 본보기가 교환되는 시기를 거친 다음 관습의 보호주의로 최종적으로 불가피하게 복귀한다는 법칙에서 나오는 결론은, 그 어떤 나라도 그 나라의 자연스러운—나는 인위적이라고는 말하지 않는다—확대가 결코 일정한 한계를

---

11 지드 씨는 명백하게 《모방의 법칙》을 언급한다. 왜냐하면 그는 이 관점을 처음 받아들인 사람들 중 한 명이었기 때문이다. 그리고 지드 씨는 그의 《정치경제학 원리 Principes d'économie politique》에서 나의 가치이론을 상당히 환영하고 있다. 이 이론은 내가 오래 전에 《철학평론 Revue philosophique》에 발표한 여러 논문에서 설명한 바 있는 그 일반적인 관점의 응용이다.

넘을 수 없다는 것이다. 따라서 단 하나의 국가가 지구 전체를 지속적으로 지배하면 전쟁 가능성이 없어질 것이라는 희망을 품을 이유가 없다. 오히려 문명화된 국가들의 통일이나 적어도 연방이 점점 더 바람직해지고 열망의 대상이 되면 될수록, 그 실현을 가로막는 장애물, 즉 애국적인 오만함과 원한, 국민적인 편견, 잘못 이해했거나 편협하게 인식한 집단적인 이해관계, 축적된 역사적 기억도 계속해서 커진다. 이 커지고 있는 갈망이 마찬가지로 커지고 있는 그 어려움 때문에 멈춰버리면, 그것은 문명이 인간에게 선고하는 끔찍한 벌이라고 말하는 사람도 있을 것이다. 영원한 세계 평화라는 신기루는 언제나 우리 눈앞에서 빛나지만 계속 더 뒤로 물러나는 것 같다.

그렇지만 상대적이며 제한된 의미로는, 이 이상理想이 미래에 그 영광스러운 역할을 하게 될 어떤 민족—어느 민족인지는 우리는 모른다—의 정복에 의해 일시적으로 실현될 것이라고 생각할 수는 있다. 그러나 그러한 제국이 수립되어 세계의 큰 지역에서 **로마의 평화**paix romaine[로마의 지배에 의한 평화Pax Romana]의 위엄보다 그 규모와 깊이에서 열 배나 더 큰 안전을 보여준다면,[12] 앞에서 설명한 원리들과 일치하지도 반대되지도 않는 완전히 새로운 현상이 우리 후손에게 나타날지 모른다. 사실 의상, 알파벳, 어쩌면 언어, 지식, 법 등에 관해서 현재나 미래에 나타나는 그 모든 형태에서

---

[12] 몇몇 역사가의 잘못은 언어, 종교, 정치, 예술 등에서 모든 커다란 사회적 유사에 대해 부당하게도 경시하거나 경시하는 체한다는 것이다. 그렇지만 그 사회적 유사는, **분명히** 어떤 정복자의 위세든 아니면 단순히 어떤 외국인의 위세든 위세가 있는 어떤 본보기의 모방을 통해 생겨났다. 그 역사가들은, 그렇게 가능해진 민족들의 커다란 결합체나 커다란 사회적 통일체, 예를 들면 로마제국의 통일을 경멸하듯이 다루면서 그러한 것을 인위적이라고 선언하는 습관이 있다. 그럼에도 그들은 자신들이 자연스럽고 자연 발생적이라고 평가하는 다른 유사성이나 다른 통일체들은 많이, 심지어는 너무나도 많이 찬미한다. 왜냐하면 그들은 다른 유사성이나 다른 통일체들도 역시 모방—몇몇 경우에는 의식적이며 의도적인 모방이 아니라 무의식적이며 무심코 한 모방이지만 그래도 여전히 모방이다—에 힘입어 생겨난다는 것을 알지 못하기 때문이다. 무의식적인 것에 대한 미신적인 숭배와 인간사에서 눈에 띄건 감춰지

건 간에 다양한 형태의 모방이 행하는 주된 역할에 대한 무지는 최고 지성들에 종종 모순을 유발한다.

다음은 비올레 씨의 매우 깊은 학식이 드러난 《정치 제도의 역사 Histoire des institutions politiques》(p. 256)에서 내가 끌어오는 하나의 예다. 이 역사가는 매우 뛰어나긴 하지만, 그 역시 로마제국의 **노쇠함**을 게르만 야만족의 풍부한 열정적인 **젊음**에 대비시키는 매우 많은 사람 중 한 사람이다. 그는 제국의 커다란 통일체를 인위적인 것으로 판단한다. 그렇지만 이와는 대조적으로, 비올레는 제국의 분열로 생겨난 모든 작은 통일체는 자연스럽고 **저절로 생겨난** 것으로 판단하는 경향이 있다. 6세기에서 10세기까지의 이 끔찍한 혼란은 카이사르의 위대한 의식적인 모방자인 샤를마뉴 대제의 시대에만 중단되었는데, 비올레에게 있어서 이 혼란은 생성을 가져다주는 위기이다. 이 암흑 상태는 '여명'이다. 따라서 비올레에게는 모든 것이 경탄할 만한 것이다. 우선 그는 [제국의] 분열에 대해서 경탄하는 것 같다. 이것은 명백한 후퇴이지만, 나로서는 몇 세기나 뒤로 후퇴한 것인지는 모른다. 게다가 이것은 내가 보기에 모순되는 것 같은데, 그는 깨어진 통일성을 다시 확대되는 국가들의 형태로 회복시키려고 하는 명백하지만 헛된 경향에 대해서 경탄하는 것 같다. 그는 다음과 같이 말한다. "서양은 **다행히도 결정적으로 분열되었기** 때문에, 서양에는 더 이상 **종교적 및 철학적 믿음의 공동체**라는 유대 말고는 어떠한 유대도 없으며, 그리고 **이른바 비슷한 욕구에서 자연 발생적으로** 생겨난 제도 말고는 어떤 유사한 제도도 없다. [따라서] 서양은 매우 공들여 만든 통일성보다 천 배나 더 풍부하고 결실이 많은 조화로운 다양성이라는 경탄할 만한 광경을 곧 보여줄 것이다." 그렇지만 우리는 다음과 같은 사실을 잊어서는 안될 것이다. 즉 제국의 오랜 지속이 없었다면, 즉 언어, 관념, 습속 및 제도에서 모방 흐름이 그처럼 오랜 시간에 걸쳐 퍼지지 않았다면, 처음부터 이질적이었던 그 많은 민족 간에 **욕구의 유사성은** 존재하지 않았을 것이라는 사실이다. 그리고 종교적 철학적인 믿음의 공동체에 대해 말하자면, 그것은 다양한 개종, 즉 로마제국의 통일만이 가능하게 해준 정신과 의식의 모방적 전염에 따른 것이라는 사실은 분명하다. 따라서 인용한 저자[비올레]가 제국의 인위적인 통일과 반대되는 것으로 그토록 찬미하는 것도 그 기원은 제국이다. 그것을 없애버린다면, 우리를 야만 상태로 돌아가게 하는 무제한적인 분열밖에는 남아 있는 것이 없다.

이러한 관찰이 옳다고 확신한다면, 즉 사회 속의 인간은 그가 발명하지 않는 한—이런 경우는 드물다—또는 순전히 유기체적인 충동에 복종하지 않는 한—이런 경우도 점점 더 드물어진다—**행동하거나 생각할 때** 그가 의식하든 의식하지 않든, 또 이른바 모방의 충동에 따르든 모방하라고 제시되는 본보기 중에서 사려 깊고 신중한 선택을 하든 **언제나 모방한다는** 것을 우리가 안다면, 그리고 바로 여기에서 출발한다면, 우리는 사회적 사실들에서 무의식적으로 무심결에 하는 모방의 큰 흐름은 어린 아이처럼 지나치게 찬미하지 않도록 조심할 것이며, 또 그와는 반대로 자발적이고 깊이 생각한 모방 행위의 우월성은 인정할 것이다.

또한 우리는 획일성을 향하는 거대한 보편적인 충동 속에는 모방의 법칙 덕분에 거역할 수 없고 저항할 수 없는 것이 있다는 것도 보게 될 것이다. 나는 메로빙거왕조와 카롤링거왕조의 혼란 시기가 봉건제의 전성기에 낳은 저 '풍부한 다양성'의 생생한 측면을 부인하는 것이 아니다. 그러나 근대 이후 획일성이 다시 만들어지고 심지어는 확대되기도 하는 것이 보이지 않는가? 요컨대 현재의 문명화된 세계가 똑같은 틀 속에 부어지고 있는 중이 아닌가? 똑같은 모자와 똑의 보편적 유사가 문명의 마지막 성과인지, 아니면 오히려 그 보편적 유사의 유일한 존재 이유와 최종적인 귀결은 파괴된 상이성보다 더 확실하고 내면적이며 근본적이고 섬세한 개인적인 차이의 개화開花가 아닌지 궁금히 여길 수 있을 것이다. 세계주의 홍수가 세계주의의 습속과 관념의 두꺼운 퇴적층을 인류 전체에게 남기게 되면, 그다음에는 해체된 국민 의식이 결코 재형성되지 않을 것이다. 사람들은 중국식의 조상숭배로 결코 되돌아가지 않을 것이고 외국의 관습도 다시는 경멸하지 않을 것이다. 그리고 사람들은 고정되고 강화된 **외면적인** 특성을 강조하기보다는, 모두가 참여하는 전체의 커다란 변화를 가속화하는 쪽을 택할 것이다. 그렇지만 문명이 언젠가는 정신을 집중해 새로운 것을 낳기 위해 걸음을 멈추는 일도 분명 있을 수 있다. 모방의 흐름이 그 제방을 쌓을 수 있으며,[13] 또 사교 욕구도 지나치게 펼쳐졌기 때문에 줄어들거나 아니 오히려 변질되어

같은 의상, 똑같은 시가와 똑같은 신문을 더 이상 보지 않으려면 아프리카의 어느 사막이나 중국의 어느 작은 마을 깊숙한 곳으로 가야 하는가?

따라서 정치적 분열이—그 분열의 정도가 작긴 했지만—지속되었음에도, **사회적 평준화**가 다시 이루어졌다. 그러므로 로마제국의 경우 정치적 통일을 그 사회적 평준화의 유일한 또는 가장 중요한 원인으로 여겨서는 안 된다. 로마의 정복이 유럽의 사회적 동화를 조장하고 촉진했다. 그런 점에서 로마의 정복은 문명화라는 대의에 큰 도움을 주었다. **왜냐하면 문명화란 이러한 사회적 통합 및 복잡화의 작업, 즉 조화로운 상호 모방의 작업에 불과하기 때문이다.** 그러나 로마의 정복이 없었어도 유럽의 사회적 통일은 이루어졌을 것이다. 다만 그 통일은 아시아의 통일이나 아프리카의 통일처럼 이루어졌을 것이다. 즉 덜 순조롭게, 훨씬 덜 평화적으로 이루어졌을 것이다. 끔찍한 학살을 통해서 이루어졌을 것이다. 그리고 발명과 발견의 진보도 틀림없이 높은 수준에 오르지 못했을 것이며 아시아나 아프리카와 같은 수준일 것이다.

그러므로 제국의 통일을 그것이 남긴 기억과 또 중세의 환각이 되어버린 바로 그 기억 때문에 재앙이었다고 판단하는 사람들에게는 휩쓸리지 말자. [비올레는 다음과 같이 말한다.] "전 세계적인 군주제라는 이 끔찍한 사상이 천 년 이상 지속되었다.……" 무엇이 끔찍한가? 제국의 덩어리에 견주면 정치적 먼지에 지나지 않을 작은 영지를 둘러싸고 서로 싸우는 이 무정부 상태에 약간의 높은 질서와 조화가 지속되고 있다면, 그것이 제국의 꿈과 기억에서 유래한다는 것은 분명하지 않은가? 또한 정신적인 황제인 교황이 없었다면, 심지어 독일의 황제조차 없었다면 이러한 먼지는 아마도 생명과 조직을 결코 회복할 수 없었으리라는 사실도 분명하지 않은가?

일종의 일반적인 인간 혐오[사람들과 잘 어울리지 않는 염세주의 성격]로 변할 수 있다. 그렇게 되면 상업 유통이 줄어들고 산업 교역의 활동도 어느 정도는 꼭 필요한 것에 국한되겠지만, 무엇보다도 각각의 개인에게는 내면적인 개성의 특징을 강화하기에 아주 적합할 것이다. 그때에는 사회생활에서 가장 아름다운 꽃, 즉 심미적인 생활이 피어날 것이다. 그러한 생활은 현재로서는 아직 매우 드물고 불완전하며 예외적인 일이지만 그것이 일반화되면 모든 사람이 그것을 향유할 것이다. 그때에는 잠시도 손을 뗄 수 없는 직무와 불필요하게 반복하는 단조로운 말로 복잡해진 기구를 지닌 사회생활이 유기적인 생명—사회생활은 이것의 결과이자 그 보충물이다—처럼 마침내 본래 모습을 나타낼 것이다. 즉 그 모습은 기본 요소의 다양성에서 개인적인 특징으로의, 눈에 띄지 않으면서도 오랜 세월에 걸친 우여곡절로 나타날 것이다. [달리 말하면] 다양성이 무수한 소용돌이 모양의 신비한 증류기를 거쳐 개인적인 특징으로 승화되어 나타날 것이다. 거기에서는 구부리고 빻아서 그 차별적인 성격이 없어진 무수히 많은 요소에서 기화하기 쉬운 본질적인 성분, 말하자면 사람들의 깊은 느낌을 주면서도 순간적인 특성, 단 한번 그것도 순간에 불과한 그들의 존재, 사고, 느낌

---

13 외국인이나 이웃을 모방하는 경향은 그와의 관계가 늘어나는 것에 비례해서 끊임없이 증가하지 않는다. 그와 맺는 관계가 거의 없다면, 아마도 그를 모방하려고 하지 않을 것이다. 왜냐하면 그를 전혀 알지 못하기 때문이다. 그러나 반대로 그를 너무 잘 알아 그를 계속해서 찬미하거나 부러워할 수 없게 된다면, 사람들은 그를 더 이상 본보기로 삼지 않는다. 따라서 커뮤니케이션의 부족과 과잉 사이에는, 다른 사람을 모방하고 싶은 욕구가 최고도에 이르는 **지점**이 있다. 이 지점을 어떻게 정하는가? 이것에 대답하기는 어렵다. 그것은 무대장식에 대해서 환상[착각]을 지닐 정도로 가깝지만 무대 뒤를 볼 수 있을 정도로는 가깝지 않은 시점視點이라고 말할 수 있다.
　지적해야 할 중요한 것은 앞서 말한 사실의 다음과 같은 귀결이다. 즉 그 결과 철도, 전보 및 전화를 통한 민족 간의 또 계급 간의 늘어난 커뮤니케이션이, 그들로 하여금 다시 저마다 자신들의 독특한 특성, 특별한 관행 및 습속을 좋아하고 경건하게 유지하게 한다는 것이다. 현재 눈에 띄는 국민 정신으로의 복귀는 군사주의가 그 주요 원인이라 하더라도, 부분적으로는 (미약하게나마) 이러한 것에 원인이 있지 않은가?

의 방식이 천천히 추출될 것이다.

부록 |

지울리오 피오레티에게 보낸
가브리엘 타르드의 편지*

나로서는《모방의 법칙》에 관한, 아니 더 정확하게 말해 그것에 반대하는 당신의 최근 논문을 약간 바로잡는 것으로 응답해야 하겠습니다. 물론 새로운 이론에는 오랜 연구의 성과가 들어 있는데, 그런 이론을 제시하는 저자는 너무 빨리 또는 피상적으로 읽은 것 같은 어떤 비평가가 잘 이해하지 못했다고 해서 놀랄 것까지는 없습니다.

하긴 대단히 유능한 감정가들이 지금까지 내 책에 나타낸 호의에 너무 만족해서, 어떤 정중한 공격에 기분이 상한다면 내가 요령이 별로 없다는 증거가 될 것입니다. 그렇지만 또 다른 한편에서, 나는《실증주의 학파》의 편집진에는 진정한 오랜 친구들이 있다는 것을 잊을 수 없습니다. 내가 아무 말하지 않고, 그래서 그것이 상당한 비난을 받아들이는 것이라고 그분들이 여기게 된다면, 나는 잘못을 저지르는 것이라고 생각합니다.

정중하게 말씀드리는 건데, 우선 개인적인 사실부터 시작하겠습니다. 당신은 책에서 내가 미조네이즘misoneisme[새로운 것을 싫어함]에 관한 롬브로조의 사상에 대해 아무 말 하지 않았다는 것에 놀라고 있습니다.(p. 321) 물

---

* 이 편지는《실증주의 학파La sculoa positiva》1891년 9월호(1, 408~412쪽)에《모방의 법칙을 변호하며In difesa delle leggi dell'imitazione》라는 제목으로 발표되었다. 이 잡지의 (페리, 가로팔로, 롬브로조와 함께) 공동경영자이자 책임 편집장인 지울리오 피오레티Giulio Fioretti[1862~1914]가 7월 호에 쓴《모방의 법칙》서평에 대해서 타르드가 답변한 것이다.

론 나는 적어도 어떤 다른 저작에서는 그 유명한 저자에 대해 너무 많이 다루지 않았다는 비난을 예상하지 못했습니다.《모방의 법칙》에 관해 말하자면, 이 책은 그 많은 부분이 롬브로조가 미조네이즘을 다루기 훨씬 전에 또 내가 미조네이즘에 관한 그의 견해를 알기 전에 집필되었습니다. '보편적 반복'이라는 제목이 붙어 있는 1장에는 다른 모든 장의 싹이 들어 있는데, 그 장은 1882년 9월 다른 제목 '자연과 역사의 공통점'으로《철학평론》에 발표되었습니다.

그렇지만 이미 10년 전에, 그 실질적인 내용은 거의 모두 쓰였습니다. 이 시기에는 내 저작들을 알리는 데 관심이 전혀 없었습니다. 나중에 와서야 비로소 내 근본 사상을 여러 주제에 적용하려고 애썼습니다. 나는 그것을 정치경제학에 적용했습니다.(내 논문을 보십시오.〈정치경제학에서의 심리학〉,《철학평론》, 1881년 9월과 10월) 나는 또한 언어, 종교, 마침내 범죄에 그 사상을 적용하는 내용을 개괄적으로 기술했습니다.[1] 나는 1883년 초《철학평론》에 범죄 통계 논문을 발표했는데, 이 논문에서는 모방에 관한 내 생각이 아주 분명하게 나타났습니다. 이때만 해도 나는 새로운 이탈리아 학파에 대해서는 여전히 폴레티Poletti의 소논문밖에 몰랐습니다. 이 논문 직후 처음으로 롬브로조, 페리, 가로팔로의 글을 알게 되었습니다. 그리고 나는 은혜를 모르는 자가 아니기 때문에, 그 글을 읽음으로써 얻은 즐거움과 이득을 프랑스 독자에게 알리려고 서둘렀습니다.

그러나 이 얻은 것이 많은 접촉 이전과 마찬가지로 그 이후에도, 내 모든 저작은 사실 어느 정도는 하나의 근본 사상, 하나의 유연한 체계에서 영

---

[1] 나는 내 사상 체계의 설명력을 그런 분야에서 실험해보고 텐, 리보, 에스피나스 등과 같은 고귀한 정신의 소유자들의 지지를 얻은 다음에야 일반적인 형태로(또 다른 한편으로는 아직도 불완전하지만) 제시하기로 마음먹었습니다. 특히 텐은 나의 관점이 "거의 모든 서랍을 열어주는 열쇠"라고 친절하게도 나에게 편지를 썼습니다. 당신이 보기에는 이 열쇠가 만능열쇠가 아니라는 것이어서 나는 진실로 유감입니다.

감을 얻었습니다. 그 체계는 그 후 결코 변하지 않고 발전했습니다. 단언하지만, 나는 《모방의 법칙》에 발표된 사상 전체나 일부를 생각해내기 위해 미조네이즘에 관한 짤막한 기사를(《과학평론》에서, 기껏해야 5년이나 6년 전에) 읽게 될 날을 기다린 것은 아닙니다. 반복해서 말하지만 이 《모방의 법칙》은 전체적으로 롬브로조의 이론보다 훨씬 전, 아니 적어도 내가 그 이론을 알게 된 것보다 훨씬 앞섭니다. 그 책에서 내가 모르는 사상을, 게다가 내 것과 별로 비슷하지 않은 사상을 어떻게 다룰 수 있었겠습니까? 약 1년 전에 《철학평론》에 발표한 정치 범죄Delitto politico에 관한 논문에서, 나는 미조네이즘에 대해 생각한 것을 말했습니다. 여기에서 그것을 다시 말할 필요는 없겠지요.

사실, 나보다 먼저 모방의 사회적 중요성에 대해 몇 쪽 발표한 배젓Bagehot을 인용하지 않았다고 나를 비난하는 것이 더 정당할 것입니다(그리고 나는 이 기회를 이용해서, 내게 아직은 행해지지 않은 비난을 미리 막고자 합니다). 그러나 진실은—이 진실이 사실인 것처럼 보일 수 있다면 좋겠는데 말입니다—내가 《모방의 법칙》을 출간하기 전에는 배젓을 결코 읽은 적이 없다는 것입니다. 그렇지 않다면, 내가 그의 공적을 인정할 기회와 또한 나와 그의 수많은 생각 사이에서 순전히 우연적이며 그만큼 더 의미 있는—나로서는 기분 좋은—일치를 기뻐할 기회를 그냥 지나칠 리 없었을 것입니다.

당신은 또 하나 비판하고 있는데, 이 비판은 내게 말로 다 표현할 수 없는 놀라움을 주었습니다. "그 말의 정상적인 의미에서의 모방이 범죄의 발생에서조차 근본적인 중요성을 지닌다는 것을 타르드는 몰랐을 리 없을 것이라고" 당신은 말하면서(p. 322), 이 점에 관해서 당신은 "《살인의 전염》이라는 오브리Aubry의 훌륭한 책"을 나와 비교하고 있습니다.

나는 모방을 이용한 범죄 설명을 거의 놓치지 않았습니다. 그 설명은 《형사 철학》의 6장 전체를, 아니 좀 더 정확하게 말하면 바로 그 책 전체, 일반적으로는 내 모든 범죄학 저작을 사로잡고 있습니다. 당신이 하는 것처럼, 내게서 범죄학을 칭찬하고 사회학을 낮게 평가하는 것은 따라서 논리상의 분명한 오류입니다. 두 가지는 하나에 불과합니다. 그것들은 대단한 것이 아닐 수 있지만, 이것은 취향에 달려 있습니다. 그러나 그것들은 서로 똑같은 가치를 지닙니다.

다른 한편으로, 당신은 내가 모방이라는 말의 의미를 지나치게 확대하기 위해 그 의미를 왜곡했다고 비난하고 있습니다. 당신에 따르면, 그 말의 습관적인 의미를 유지하고 그 의미를 유일하게 정상적인 것으로 간주해야 좋을 것입니다. 나로서는, 모방이라는 말의 의미를 자발적이고 의식적인 행위의 영역으로 제한하고, 무의식적이거나 비자발적인 것은 정의상 제외해야 할—정신이라는 말에 대해 옛 심리학자들이 했던 것처럼—아주 조그마한 철학적인 이유도 모르겠습니다. 부디 다른 곳에서와 마찬가지로 여기에서도 무의식과 습관이 권리를 되찾도록 해줍시다. 그리고 어떤 정신 현상(행위든 관념이든 이것은 중요하지 않습니다)이 다른 정신 현상의 다소 정확한 재현이며, 이 다른 정신 현상이 없으면 그 정신 현상이 존재할 리 없을 때마다 모방이 있다고 말합시다(의식적인 재현이든 무의식적인 재현이든, 자발적인 재현이든 비자발적인 재현이든 이것은 똑같은 것입니다). 이런 식의 의미일 경우, 그 말이 결국에는 "어떤 의미도 없다"는 것이 사실입니까? 이에 대한 판단은 독자들에게 맡기겠습니다. 나는 당신처럼 판단할 경우, 당신 자신이 매우 놀랍게도 서서히 조금은 미조네이즘 쪽으로 기울어질까 걱정됩니다. 5장에서는 내가 의식적인 모방과 무의식적인 모방 간의 구분이 부차적인 것처럼 생각되는 이유를 말했다는 것에 주목하십시오. 그런데 나는 오래된 학파의 한 심리학자가 나에게 이 비구별을 말해줘서 알게 되었습니다. 그러나 나는 이러한 비판이 당신과 같은 혁신가의 펜에서 나온다는 것이 이해되지 않습니다.

마지막으로, 어처구니없게도 나를 깜짝 놀라게 하는 것이 있습니다. 당신은 내가 발명과 천재의 사회적 중요성을 부정했으며, 모방과 타성routine

의 중요성만 이해했고, 그것도 내가 모방을 무력화시켰을 정도로 타성을 과장했다고 비난하고 있습니다.

그런데 나는 그렇게는 전혀 말하지 않았을 뿐만 아니라, 여러 장에서 나는 그 반대를 말했습니다. 당신에게 과오를 범하게 할 수 있었던 것은 사실 여러 번 반복된 주장, 즉 발명, 그 여하한 혁신은 언제나 한 뇌 안에서의 모방의 교잡으로 이루어져 있다는 주장이었습니다.

그런데 내가 혹시 이 교잡이 대수롭지 않은 것이라고 말했습니까? 나는 진정 풍부한 독창성은 세상에서 유통되는 모든 사상이나 행위의 흐름—모든 모방의 원천—의 이 독특한 간섭에서 바로 드러난다고 생각합니다. 그 흐름들이 서로 만나 교차하는 장소라는 것은 특별한 방식으로 만들어진 뇌, 그것도 일정한 환경 속에 있는 뇌에게만 주어져 있습니다. 혹시 그 뇌의 독특한 성격들을 명시할 수 있겠습니까? 나는 이 문제에 몰두하지 않을 것입니다. 그렇지만 적어도 언어, 종교, 정부, 산업, 과학, 예술, 도덕의 형성의 역사에서 발명의 발전, 혁신적인 사상의 출현을 이끌어온 논리적인 규칙들은 지적할 수 있지 않겠습니까?

나는 그렇게 할 수 있다고 생각합니다. 이것이 아마도 내가 염두에 두고 있는, 발명의 법칙Lois de l'invention에 관한 책의 주제일 것입니다. 그리고 이것은 《모방의 법칙》을 보충해줄 것입니다.

이 책에서 내가 사회현상 중 모방 측면을 더 특별하게 다루었지만, 이것은 그 모방 측면과 정말 끊을 수 없을 정도로 관련되어 있는 발명 측면을 무시했다는 것을 의미하지 않습니다. 증거로 약간의 인용을 원하십니까? 처음에 나는 "따라서 반복은 변이를 위해 있으며"〔이 책, p. 35〕, "반복은 하나의 존재 이유, 즉 나타나려고 하는 독특한 독창성을 그 모든 측면에서 보여주기 위해서만 존재한다"〔같은 곳〕는 것을 밝혔습니다. 그리고 나는 다음과 같이 덧붙여 말했습니다. "사회적 반복이든 유기체의 반복이든 물리적 반복이든 상관없이, 다시 말해 **모방적** 반복이든 **유전적** 반복이든 **진동적**

반복이든, 모든 반복은 모든 빛이 어떤 광원에서 나오는 것처럼 어떤 혁신에서 나온다."〔이 책, p. 36〕 말의 기초를 다른 사람들에게 가르쳐 준 최초의 유인원에 관해서는 다음과 같이 썼습니다. "이 불티가 없었다면, 진보라는 화재는 야수들로 가득 찬 원시림에서 결코 신고되지 않았을 것이다. 그 불티, 모방을 통한 그 불티의 전파야말로 진보의 진정한 원인이자 필수불가결한 조건이다."〔이 책, p. 79〕

그리고 모든 것은 "개인의 창의에 달려 있기도 하고, 이전의 발명가들과 학자들의 성질에 달려 있기도" 하다고 했습니다.〔이 책, pp. 82~83〕 그리고 "아무리 단순한 아이디어라도 얼마나 많은 비범한 재능과 특별한 기회를 필요로 했는지 우리로서는 상상하기 힘들다"라고 덧붙여 말했습니다. 4장의 일부를 요약하면서 나는 "고고학자들에게 단순화되고 변형된 역사는 독창적인 관념이나 독창적인 욕구, 한마디로 말하면 발명의 출현, 전개, 경쟁 및 갈등으로만 구성되어 있다. 발명은 이렇게 해서 역사상의 위대한 배역이자 인류 진보의 진정한 동인이 된다"〔이 책, p. 151〕고 말했습니다. 요컨대, 이러한 행을 썼는데도 발명과 천재의 중요성을 부정했다고 나를 비난할 수 있습니까? 내 책에서는 종종 이와 유사한 생각들을 볼 수 있습니다. 예를 들면 "예측된 곡선을 교란시킬 가능성이 있는 위인들의 영향력은 줄어들기는커녕 증대될 뿐이다. ……우리가 앞으로 나아가면 갈수록 예상하지 못한 것이 발명가라는 지배계급에서는 갖가지 종류의 새로운 형태로 더욱더 넘쳐날 것 같고, 또 모방자라는 피지배계급에서는 예상한 것이 그 어느 때보다 더 획일적이고 단조롭게 펼쳐질 것 같다"〔이 책, p. 190〕라고 쓴 부분이 있습니다. 나는 인용문을 더 늘릴 수도 있습니다. 하지만 혁신가를 비방했다는 비난에서 내 무죄를 밝히는 데는 이 정도로도 충분하다고 생각합니다. 만일 내가 모방 현상을 눈에 잘 띄게 했고 그 생산자가 되었다면, 나는 일종의 사회 조직학histologie sociale에서 기관organes을 말하는 것이 아니라 사회 조직tissus sociaux을 말하는 것입니다. 내가 너무나도 인정받지 못한 그 중요성을 증명하려고 했다면, 이것은 나의 특정한 성향에 의해서가 아니라—단언합니다만—어쩔 수 없이 그렇게 된 것이었습니다. 게다가, 나는 본성상 모방이나 모방자인 것을 몹시 싫어합니다. 나는 옛 본보기가 자기 할 일을 끝마쳤는데도 사람들이 그것을 모방하는 것을 싫어할 뿐만 아니라, 새로운 본보기를 무분별하고 맹목적으로 모방하는 것도 매우 싫어합니다. 나는 필로네이스트philoneistes든 네오필neophile이든 새로운 것이면 뭐든지 첫눈에 보자마자 열광하는 사람들을 많이 알고 있는데, 이들은 이러한 측면에서는 가장 고질적인 미조네이스트들과 절대적으로 유사합니다. 그들 둘 다 똑같은 정도로 흉내 내는 사람들입니다. 적어도 이 점에서는 우리가 일치합니다. 나는 그러기를 바랍니다.

선생님, 매우 유감스럽게도 편지가 약간 길어졌습니다. 그러나 내 대답의 길이 자체는 내가 당신 독자들의 견해에, 무엇보다도 당신의 견해에 부여하는 존중을 당신에게 증명하는 것입니다.

부록 II

게오르크 지멜의 서평[*]

《모방의 법칙》은 사회심리학에 매우 주목할 만한 암시를 주는, 아이디어가 풍부하고 자극적인 책이다. 저자는 역사의 자료 전체를 두 그룹으로 나눈다. 즉 독창적이며 창조적인 행위나 기준 전체, 그리고 사회권에서의 그러한 것들의 반복으로 나눈다. 이때 사회권은 이 반복을 통해 자신의 특정한 내용과 생활양식을 유지한다. 앞의 것들은 그 개별적인 성격 때문에 진정한 과학의 대상이 될 수 없다. 진정한 과학은 법칙을 세우기 위해서는 언제나 규칙성을 필요로 하기 때문이다. 반면에 어떤 나타난 자극의 전파, 즉 집단의 다수의 구성원들에 의한 어떤 주어진 본보기의 모방은 아주 일정한 법칙을 따른다. 우리는 사회적 모방이 무한히 자주 나타나는 것을 보는데, 이처럼 무한히 자주 나타나기 때문에 사회적 모방은 우리에게 과학적으로 추론할 수 있는 자료를 제공한다. 모방이 일종의 최면 암시라는 것, 즉 집단 속의 개인이 어떤 식으로든 힘을 얻은 관심사, 충동, 사고방식이나 행동

---

[*] 《Zeitschrift für Psychologie und Physiologie der Sinnesorgane》, 1891, pp. 141~142. 여기에서는 게오르크 지멜 전집(Georg Simmel Gesamtausgabe) 1권(Suhrkamp, 2000) 248~250쪽에 재수록된 것을 번역했다. 타르드가 1893년 《사회논리학》을 출간한 뒤 지멜에게 서평을 부탁한 것을 보면, 그는 지멜의 이 1891년 서평에 만족했던 것 같다. 그런데 지멜은 할 일이 많다는 이유로 타르드의 부탁을 정중하게 거절했다. 한편 타르드는 이 서평에서 지멜이 한 지적, 즉 대립의 힘을 너무 고려하지 않았다는 비판에 마치 응답이라도 하듯이 1897년 《보편적 대립》을 세상에 내놓았다.

방식을 본의 아니게 따른다는 것이 매우 흥미롭게 상술되어 있다.

"사회 상태란 최면 상태와 마찬가지로 꿈의 한 형식에 불과하다. 즉 조종 받은 꿈이며 활동하고 있는 꿈이다. 암시된 관념들을 갖고 있는 것에 불과한 데도 그것들을 자발적인 것이라고 믿는 것, 이것은 몽유 상태에 있는 사람만이 아니라 사회적인 인간에게도 있는 고유한 착각이다."〔이 책, pp. 120~121〕

"자발적으로 사고하는 것은 다른 사람을 통해 사고하는 것보다 언제나 더 피곤하다. 또한 사람이란 활기찬 환경, 즉 항상 새로운 광경과 콘서트, 대화와 독서 등을 제공하는 긴장되고 변화가 많은 사회에서 살 때마다 점점 더 모든 지적인 노력을 그만둔다. 그의 정신은 점점 둔해지는 동시에 점점 더 지나치게 흥분되어—내가 반복해서 말하는 바와 같이—최면 상태에 들어간다. 이것이 바로 대다수 도시인에게 고유한 정신 상태다."〔이 책, pp. 128~129〕

"사회는 모방이며 모방은 일종의 몽유 상태다."〔이 책, p. 132〕

사회적 모방이 취하는 길은 이제 섬세한 심리학적 이해와 많은 역사 지식이 있으면 추적될 수 있을 것이다. 믿음과 욕구라는 문제에서의 모방, 동시에 존재하는 본보기들 사이에서의 선택 근거, 사회적으로 위에 있는 자가 아래에 있는 자에게는 언제나 본보기가 된다는 중요한 규칙과 그 예외가 논의되며, 마지막으로 관습이라는 모방 형태(여기에서는 옛 본보기가 인기 있다)와 유행이라는 모방 형태(여기에서는 새로운 본보기가 우위에 있다)가 언어 형성, 종교, 정치 형태, 정신적이거나 외적인 욕구와 관련해서 주의 깊게 관찰되었다.

내가 생각하는 바로는, 저자는 사회심리학에 큰 도움을 주었다. 그는 단순한 형식으로서의 모방을 그것이 지니는 내용과 분리시키며, 또 그렇게 함으로써 문제점을 최소화하고 기능적인 동등성을 찾는 것을 가능하게 하기 때문이다. 그렇지 않으면, 모방되는 것의 현저한 차이로 인해서 그 기능적 동등성이 쉽게 눈에 띄지 않는다. 경쟁이 그 대상과는 비교적 무관하게 일어나 전형적인 형식과 발전을 지니는 것처럼, 모방의 경우에도 마찬가지일 수 있다. 또한 모방의 사회화하는 힘이 여태껏 이처럼 인상 깊게 강조된 적이 없었다. 집단 전체를 관통하며 그것을 통일된 생활양식 속에 한데 묶는 바로 이 모방은 의식되지 않는 것이 예사다. 왜냐하면 모방이 개인들에게는 자명하기 때문이다. 모방의 확대와 그 영향을 과학적인 의식 속에 끌어올리는 것은 매우 인정할 만하고 아마도 성과가 많은 시도다. 이러한 시도의 상대적인 의의가 저자에게 모방을 바로 절대적인 것으로 간주하도록 유혹하는 것, 저자가 이 새로 발견된 열쇠로 사회현실의 모든 수수께끼를 남김없이 열 수 있다고 생각하는 것은 심리학적으로 확실히 이해할 만하다. 따라서 그가 사회 부분 서로 간의 작용을 너무 마음 놓고 모방으로만 파악한다 해도(원인이 대체로 결과에 언제나 그 고유한 형식을 각인시키지는 못하는 것처럼, 모방도 언제나 그렇지는 못하다. 그 형식은 오히려 종종 완전히 다른 성질의 현상으로 나타날 수 있다), 그가 대립의 힘을, 즉 모방의 본보기로 나타나는 것에 대항하는 모순의 자극을 너무 고려하지 않는다 해도, 그가 종종 심리적인 것과 물질적인 것의 유추 놀이에 길을 잃어버리고도 이와 관련해서 모방의 법칙(자연과학적인 법칙이라는 의미에서의 그런 것은 결코 아니지만)을 찾고자 한다 해도, 이것은 개인 심리학이 사회 집단 안의 현상을 돌이켜보는 것을 통해 보완되어야 하는 주요 지점 중 하나를 맨 먼저 독창적으로 깊이 있게 다룬 그의 공적을 조금밖에 해치지 않는다.

해설

가브리엘 타르드와《모방의 법칙》

> 19세기 사상에서 가장 독창적으로 표출된 것 중에서도
> 사상사가는 틀림없이 모방의 철학에 높은 지위를 부여할 것이다.
> _앙리 베르그송

> 가브리엘 타르드의 철학은 최근의 위대한 자연철학 중 하나다.
> _질 들뢰즈

I. 잊힌 사회학자의 귀환

장 가브리엘 타르드Jean Gabriel Tarde(1843~1904). 그는 살았을 때 동시대인에게서 매우 위대한 독창적인 사상가 중 한 명으로 찬사를 받았으며 에밀 뒤르켐(1858~1917)과 더불어 프랑스 사회학계를 대표하는 인물로 간주되었다. 뒤르켐도 타르드를 자신의 유일한 경쟁자로 인정할 만큼 그의 능력과 영향력은 대단했다. 오로지 독서와 사색만을 통한 독학으로 사상가 대열에 오른 그는 파리사회학회 초대 회장, 콜레주 드 프랑스의 교수, 프랑스 학사원(정신과학 정치학 아카데미)의 회원으로 선출되었다. 그리고 그는 15권이 넘는 저서와 수많은 논문 및 서평 등 약 5,000쪽 분량의 글을 썼으며, 그의 저서 중 일부는 일찍부터 영어, 독일어, 러시아어, 스페인어로 번역되어 외국으로까지 명성이 퍼져 나갔다. 러시아와 베네수엘라 정부는 그에게 훈장을 수여하기도 했다. 타르드가 죽었을 때 사람들은 그를 오귀스트 콩트, 심지어는 찰스 다윈이나 허버트 스펜서 같은 대사상가와도 견줄 만한 인물이라고 생각했다.

그러나 그가 죽은 지 몇 년 지나지 않아 그의 이름은 망각되었으며 마침내는 무대 밖으로 밀려났다. 그의 글도 모두 절판되며 같은 운명을 겪었다. 어쩌다가 아주 가끔씩 발표된 그에 대한 연구도 과거에 그가 있었다는 사실을 상기시켰을 뿐 별다른 반향을 일으키지 못했다. 타르드라는 이름은 주로 뒤르켐의 저서에서 비판의 대상으로, 그것도 많은 경우 각주에나 남아 있는 처지가 되었다. 타르드는 과거의 인물이 된 것이다.

뒤르켐과 그의 추종자들에게서 사실상 쓰레기 취급 받으며 기억 속에서 사라졌던 타르드에게서 그 무거운 침묵의 장막이 걷힌 것은 그가 죽은 지 60여 년이 지나서였다. 특히 철학자 질 들뢰즈Gilles Deleuze에 의한 재평가는 그에 대한 학계의 관심에 불을 지폈다. 부당하게 잊힌 사상가 또는 비과학적인 인물이라는 상반된 평가 속에서 타르드를 재발견하려는 움직임이 나타났으며, 절판된 그의 저작도 다시 출간되기 시작했다. 프랑스에서 시작된 연구 열기는 국경을 넘어 영미권, 독일, 덴마크, 스페인, 브라질, 일본 등으로 퍼져 나갔다. 프랑스 국내외의 여러 학술지는 타르드를 주제로 한 특집호를 발간했다.[1] 또 한편으로는 그동안 죽어 있었던 타르드 번역서들도 재출간되거나 새로 번역되어 나왔다. 중국에서는 2008년 《모방의 법칙》이 인민대학 출판부에서 번역되어 출간되었다. 영미권과 일본에서는 아직 번역되지 않은 그의 저작들에 대해서 번역 작업이 진행 중이라고 한다. 현재는 행위자 연결망 이론ANT의 주창자로 유명한 브뤼노 라투르Bruno Latour가 전도사 역할을 하며 앞에서 이끌고, 이탈리아 출신으로 프랑스에서 활동하는 신예 사상가 마우리치오 라차라토Maurizio Lazzarato가 뒤에서 밀어주는 형세로 타르드에 대한 관심을 국제적으로 확산시키고 있다. 최근에는 인류학자들까지 가세해 그 논의의 폭이 더욱 넓어지고 있다. 가브리

---

1 《인문과학 역사 평론 Revue d'Histoire des Sciences Humaines》, 2000, n. 3; 《다중 Multitudes》, 2001, n. 7; 《탁월 Distinktion》, 2004, n. 9; 《경제와 사회 Economy and Society》, 2007, n. 36(4).

엘 타르드, 그는 누구인가? 그는 후대에게 어떤 사상적 유산을 남겼는가? 그리고 그 유산은 오늘날의 사회를 이해하는 데 과연 도움을 주는가?

II. 생애

가브리엘 타르드는 프랑스 남서부의 도르도뉴 사를라에서 태어났다. 사를라는 인구 1만여 명이 사는 작은 마을로 푸아그라와 트뤼프 등 맛의 고장으로 유명하다. 중심가는 아직도 중세 모습을 간직하고 있어 휴가철마다 많은 관광객으로 붐빈다. 지금은 이웃 지역 라 카네다와 합쳐져 정식 명칭은 사를라 라 카네다이다. 타르드 가家의 발상지는 사를라에서 남쪽으로 약 10km 떨어진 라 로크 가작이다. 이곳에는 아직도 타르드 가의 성城이 있다. 타르드 가는 아주 오래전부터 이곳에서 살았는데, 조상 중 특기할 만한 사람은 장 타르드Jean Tarde(1561~1636)로, 그는 프랑스 왕 앙리 4세의 특별 사제를 지냈으며 역사학자 겸 지리학자면서 또한 당시 매우 유명한 천문학자기도 했다. 장 타르드는 이탈리아의 갈릴레오 갈릴레이에게서 천체망원경을 선물 받을 정도로 그와 친분이 두터웠는데, 그것은 프랑스에서 처음 사용된 천체망원경이라 한다. 타르드 가는 17세기와 18세기에 대대로 왕조에 충성을 다해 사를라의 선거 고문이라는 관직을 세습하며 프랑스혁명 때까지 귀족 칭호를 지녔다. 프랑스혁명 뒤 일시적으로 귀족 칭호가 폐지되지만 1885년 8월 12일의 복권법에 의해 타르드 가는 다시 귀족 칭호를 얻었다. 그렇지만 타르드는 자기 이름에 귀족 출신임을 나타내는 'de'를 쓰지 않았다.

아버지 피에르 폴 타르드Pierre Paul Tarde(1797~1850)는 군인 장교 출신으로 말년에 사를라에서 판사가 되었다. 그의 첫 번째 부인은 결혼한 지 몇 년 뒤 죽었으며 그들 사이에 아이는 없었다. 그는 1841년 44세 때 사를라 지방의 명문가 출신인 19세의 처녀 알랭 루Anne Alin Roux와 재혼했다. 그녀의 아버지는 변호사로 후일 사를라의 시장이 되었다(타르드가 11살 때다). 가브리엘 타르드는 1843년 3월 12일 외아들로 태어났다. 아버지는 타르드가 7살 때 죽었고, 이때부터 타르드는 어머니의 지극한 보살핌 속에서 자라났다. 그는 어머니에게 한없는 사랑과 존경심을 지니며 어머니가 죽을 때까지 곁을 떠나지 않았다. 그는 11살이 되자 사를라에 새로 생긴 예수회계의 콜레주(중학교)에 입학했으며, 14살부터는 기숙사 생활을 했다. 엄격한 규율로 인해 여러 번 탈출을 시도할 정도로 많은 고통을 겪었기 때문에, 후일 타르드는 기숙사 제도를 매우 비인간적인 교육 방식이라고 술회했다. 3년간 기숙사 생활을 거친 뒤 콜레주를 졸업한 그는 문과와 이과의 바칼로레아(대학 입학 자격 시험)에 합격했다. 과학자가 될 생각으로 이공계 엘리트 양성소인 에콜 폴리테크니크École polytechnique(파리 이공과대학) 시험 준비를 하지만, 심한 눈병을 앓아 공부를 중단했다. 수개월간 어두운 방에서 지내며 독서는 최대한 피하고, 대신 산책과 사색 그리고 기숙사 시절부터 시작한 시를 쓰면서 내면적인 성찰의 힘을 키웠다.

 1862년(19살) 눈병이 한결 나아지면서 타르드는 새로운 진로를 모색하던 중 어머니의 희망에 따라 법관이 될 생각을 했다. 그해 11월 툴루즈 대학 법학부에 입학하지만 눈병이 재발해 학업을 계속할 수 없게 되자 사를라로 돌아왔다. 청년 타르드는 큰 충격을 받고 고민 끝에 독학으로 자신의 인생을 개척하기로 결심했다. 이 무렵 그는 프랑스의 철학자 멘 드 비랑Maine de Biran(1768~1824)과 철학자 겸 경제학자인 오귀스탱 쿠르노Augustin Cournot(1801~1877)를 책을 통해 접한다. 특히 쿠르노에게 깊이 심취했다가 1864년 3월에는 심한 눈병으로 독서가 완전히 금지되자, 어머니가 쿠르노 책을 대신 읽어주는 식으로 공부했다. 그에게는 쿠르노가 삶의 빛이자 사상의 스승이었다. 타르드는 다시 시력 상태가 좋아지면서 쿠르노의 책을 집중적으로 탐독하며, 또 한편으로는 헤겔의 역사 철학과도 접했다. 헤겔 철학과의 만남은 그에게 새로운 사상의 발견이 되었다.

그는 약 2년 간의 독학을 거친 뒤 다시 대학에서 학업을 계속하기로 마음먹었다. 1865년 법학 공부를 마치기 위해 어머니와 함께 파리로 이주하지만, 눈병이 도져 심한 좌절감 속에 이듬해 라 로크 가쟉으로 돌아온다. 그곳에서 고독한 산책자promeneur solitaire가 되어 휴식과 안정을 취한 뒤 1867년 어머니와 함께 거처를 사를라로 옮겼다. 눈병이 거의 나으면서 같은 해 아버지가 판사로 근무했던 사를라 법원에 판사 서기 조수로 취직했고, 2년 뒤에는 사를라 검사실의 대리 판사가 되어 일심 재판 이전의 경범죄를 다뤘다. 이 당시 타르드는 낮에는 법원에서 근무하고 밤에는 철학 공부에 매진하는 이중생활을 하면서 연구자 길에 들어섰다. 30세의 타르드는 공화국 검사 대리가 되어 샤랑트의 뤼펙으로 전근했다. 그곳에서도 밤에는 철학 연구에 몰두해 몇 편의 논문을 쓰지만 발표되지는 않았고, 고향을 떠난 지 2년 만에 예비 판사로 임명되어 사를라로 돌아왔다.

34세가 되는 해, 타르드는 보르도 고등법원 판사의 딸 마르트 바르디 들리슬Marthe Bardy Delisle과 결혼했다. 결혼생활은 순탄했으며 세 아들을 얻었다. 결혼할 무렵부터 그는 새로운 분야에 눈을 돌려 범죄학에 관심을 갖기 시작했다. 1878년에는 《철학평론 Revue philosophique》(1876년 창간)의 편집을 맡은 심리학자 테오뒬 리보Théodule Ribot에게 익명의 편지를 보냈다. 그는 이 편지에서 '고대 방식의 아카데미로 매년 휴가철에 함께 피서를 보내는 철학자협회의 결성'을 제안했다. 리보는 편지 내용의 일부를 《철학평론》에 공개하고 이름을 밝혀줄 것을 요구했다. 이 일을 계기로 타르드는 철학평론의 회원이 되었다.

그는 마침내 1880년 8월 《철학평론》 제10호에 〈믿음과 욕망 La croyance et le désir〉이라는 제목의 논문을 발표했다. 이후 그는 《철학평론》을 통해 철학, 사회학, 심리학 등에 관한 논문을 연이어 발표했다. 그렇지만 이때는 타르드가 무엇보다도 범죄학자로서의 지위를 착실하게 쌓아간 시기였다. 1880년대의 프랑스는 제3공화정(1871~1941) 시절로 세속 교육, 의무교육, 무상 교육 등을 골자로 교육제도가 개혁되는 때였다. 또한 소비문화가 발전하고 철도의 발달과 더불어 산업화와 도시화가 급격하게 진행되었다. 그렇지만 또 다른 한편으로는 범죄(특히 재범의 두드러진 증가)가 심각한 사회문제가 되면서 학계에서도 범죄 문제에 큰 관심을 나타냈다. 이러한 상황에서 시작된 타르드의 범죄 연구는 빠르게 진척되었다. 그는 당시 많은 사람들의 관심을 끌고 있었던 이탈리아의 범죄인류학파에 주목하고 이들과 접촉을 시도했다.[2] 타르드는 1882년 이들에게 편지를 보내 의견을 교환하지만, 그 다음 해부터는 롬브로조의 이론을 비판하면서 그들과 대립하게 되었다. 타르드는 범죄자를 일반인과 구분짓는 특별한 생물학적 및 해부학적 형질은 없으며 범죄 원인은 사회적인 요인에서 찾아야 한다고 생각했다. 1885년에는 롬브로조를 정면으로 반박하는 논문 〈범죄자 유형 Le type criminel〉을 발표해 타르드와 이탈리아 범죄학파(특히 롬브로조 및 그의 제자들) 간의 대립과 논쟁이 절정에 달했다. 1886년 타르드는 기존에 발표한 논문과 새로 쓴 글을 묶어 《비교범죄론 La criminalité comparée》을 출간했다. 첫 번째 저서가 되는 이 책을 통해 그는 범죄사회학자로서의 입지를 굳혔다. 이 책의 출간 직후 당시 보르도 대학의 문학부 교수인 알프레드 에스피나스 Alfred Espinas(1844~1922)는 타르드에게 다음과 같은 내용의 편지를 보냈다. "나는 사회학 교수로서 당신에게 경의를 표합니다. 당신의 저서는 강력하고 위대합니다. …… 당신은 범죄 문제를 사회학이라는 진정한 영역으로 권위 있게 끌어들이고 있습니다. …… 당신은 그 책에서 우리에게 진정한 지적 새로움을

---

[2] 이 학파는 롬보로조 C. Lombroso, 페리 E. Ferri, 가로폴로 R. Garofolo 등을 중심으로 1880년대에 절정을 이루었다. 이 학파의 창시자 역할을 한 정신의학자 롬브로조는 범죄자의 신체적 특징 및 유전적 특징 등 인류학적 조건을 강조하면서 '선천적인 범죄자 criminel-né' 이론을 주창했다. 페리는 범죄사회학이라는 용어를 처음 사용한 법률가인데, 그는 롬브로조가 강조한 인류학적 측면에 범죄의 지리적 및 사회적 요인을 추가했다. 가로폴로는 범죄학이라는 용어를 처음 만들어낸 법률가이다. 이들의 범죄 연구는 고전 형법학파의 이론을 배격하고 실증과학에 기초한다는 의미에서 실증주의학파라고도 불린다.

주고 있습니다. 나는 당신을 진심으로 칭찬합니다."[3]

한편 이미 수년 전부터 롬브로조의 생물학적 결정론을 비판하며 범죄의 사회환경설을 주장해온 리용 대학 의학부의 법의학자 알렉상드르 라카사뉴Alexandre Lacassagne(1843~1924)는 1886년 《범죄인류학논문집Archives de l'anthropologie criminelle》을 창간했다. 이 잡지를 중심으로 해서 프랑스 학파(또는 리용 학파)라 불리는 범죄 연구학파가 형성되는데, 라카사뉴는 타르드에게 이 그룹에 참여할 것을 요청했다. 타르드는 1887년부터 이 잡지에 논문을 발표하기 시작해 1893년에는 라카사뉴와 함께 이 잡지의 공동 편집 책임자가 되었고, 죽을 때까지 이 잡지에 범죄학, 사회유기체론 비판 등 다양한 주제로 총 35편의 논문을 발표했다. 《범죄인류학논문집》은 그에게 연구논문을 발표하는 창구에 머무르지 않고 인생의 큰 전환점도 제공했다. 1889년 그는 자신의 운명을 바꾸게 된 논문 〈샹비주 사건 L'affaire Chambige〉을 이 잡지에 발표했는데,[4] 이 논문은 발표 즉시 많은 사람의 관심을 끌었다. 1890년은 타르드에게 대단히 의미 있는 해였는데, 자신의 대표작 《모방의 법칙: 사회학적 연구》도 이때 출간했다. 이 책은 사회학자로서 그의 입지를 확실하게 만들어주었으며 동시에 그의 이름을 프랑스 지식인 사회에 널리 알리는 데 결정적으로 기여했다. 또한 이해에 578쪽에 달하는 대작 《형사철학 La Philosophie Pénale》도 출간해 법학자로서의 능력도 과시했다. 그렇

---

3 Eric Alliez, et al., 《La Criminalité comparée》, Paris: Seuil, 2004, p. 210.
4 샹비주 사건: 1882년 1월 25일 당시 프랑스의 식민지인 알제리의 콩스탕틴 근처 시디마부룩의 한 별장에서 22세의 청년 샹비주가 옷이 벗겨진 여성의 시체 옆에서 부상당한 채 발견되었다. 이 사건은 단순한 살인 사건이 아니라 남편과 아이가 있는 30세의 한 여성이 서로 사랑하는 젊은이와 동반자살을 시도했다가 여성만 죽고 청년은 살아남은 사건으로 그 당시의 유럽에서는 상당한 화젯거리가 되었다. 라카사뉴는 타르드에게 이 사건을 분석해 《범죄인류학논문집》에 발표해줄 것을 요청했다. 타르드는 단순히 법률적인 관점에서 분석하지 않고, 심리학의 관점에 문학적인 수법을 가미해 분석했다. 이 논문은 타르드의 몇 안 되는 사례 분석 중 가장 중요한 것으로 평가받는다.

지만 그는 여기에 머무르지 않고 집단범죄 및 군중심리에 대해서도 연구를 시작하며 관심 분야를 넓혔다. 1891년에는 자신을 혼자 힘으로 키워온 어머니가 69세의 나이로 죽자 깊은 슬픔에 잠겨 몇 편의 시를 썼다. 한편 1892년 8월 7일부터 14일까지는 벨기에 브뤼셀에서 열린 제3회 국제범죄인류학대회에 명예회장 자격으로 참가했다. 타르드의 눈부신 활약에 고무된 친구들은 그에게 상원의원이나 하원의원에 출마할 것을 권했으며 또 그르노블이나 리용, 몽펠리에 같은 대도시 법원에서 일할 것을 권하기도 했지만, 그는 사를라에 머물면서 개인적인 연구에 몰두했다.

 타르드의 연구 활동과 특히 논문〈샹비주 사건〉에 깊은 인상을 받은 리용 대학의 롤레Rollet 교수는 1893년 당시의 법무부 장관인 앙토냉 뒤보스Antonin Dubost에게 타르드를 소개했다. 법무부 장관은 타르드에게 프랑스의 범죄 통계에 관한 리포트를 과제로 제시했는데, 한 달 뒤 제출된 보고서에 만족한 그는 타르드에게 파리로 올라오라고 제의했고, 1894년 1월 법무부 법률통계 국장으로 임명했다. 법률통계국장으로서 타르드의 일과는 프랑스 전역에서 보내는 범죄 통계를 분류해 프랑스의 범죄 성향을 분석하고 연보로 편찬하는 일이었다. 직무에 시달리면서도 그는 콜레주 드 프랑스에서 에스피나스가 행하는 공개 강의를 듣기도 하고 형무소연구회에도 참여해 학자들과의 교제 범위를 넓혔다. 또한 그는 젊은 사회학자이자 탁월한 조직가인 르네 웜스René Worms(1869~1926)가 세운 국제사회학협회Institut international de sociologie에도 적극적으로 참여한다.[5] 한편 1893년부터 시작된 뒤르켐과의 논쟁은 점

---

5 국제사회학협회 : 1893년 24세의 젊은 사회학자 르네 웜스는 세계의 모든 사회과학자와 모든 학파에게 개방된 세계 최초의 국제적인 사회학잡지《국제사회학평론 Revue internationale de sociologie》을 창간하고 그 다음 해 '국제사회학협회'를 조직했다. 그 취지는 사회를 엄격한 과학적인 방법에 따라 연구하고 아울러 여러 사회적 사실들을 모아 법칙을 발견하자는 것이었다. 프랑스에서는 알프레드 에스피나스, 가브리엘 타르드 등이, 독일에서는 페르디난트 퇴니스, 게오르크 짐멜 등이, 러시아에서는 막심 코발레프스키Maxime Kovalewski, 자크 노비코프Jacques Novicow 등이, 미국에서는 레스터 워드Lester Ward, 영국에서는 에드워드 버넷 타일러Edward

점 더 격렬해졌다. 그렇지만 타르드는 당시《자살 Le suicide》을 쓰고 있던 뒤르켐에게 편의를 제공하기도 했다. 교수 자격시험에 갓 합격한 뒤르켐의 조카, 23세의 청년 마르셀 모스 Marcel Mauss(1872~1950)가 뒤르켐을 대신해 11월 타르드의 집무실에서 프랑스 연례 보고서에 실리지 않은 미발표 자료(1889년에서 1891년까지의 약 2,600건)를 면밀히 조사했다. 12월에 타르드는 '파리사회학회 la Société de sociologie de Paris' 초대 회장이 되었다.

1896년에는 법률통계국장직을 수행하면서 정치과학 자유학교 École libre des sciences politiques(1871년 설립)와 사회과학 자유대학 Collège libre des sciences sociales(1895년 설립)이라는 사립 교육기관에 나가 강의했다. 이 강의를 통해 타르드에 대한 평가는 한층 좋아졌으며 특히 젊은 학생들에게 인기를 얻었다. 이처럼 바쁘게 활동하는 가운데서도 사교계에 나가 지인의 폭을 넓혔지만, 결코 연구를 소홀히하지 않았다. 1890년대에는 거의 해마다 책을 세상에 내놓았는데, 1892년에는《형사적·사회적 연구 Études penales et sociales》(스페인어로 번역), 1893년에는《법의 변형 Les transformations du droit》(스페인어로 번역), 1895년에는《사회학논문집 Essais et mélange sociologiques》(러시아어로 번역)과《사회논리학 La logique sociale》, 1897년에는《보편적 대립 L'opposition universelle》, 1898년에는《사회심리학연구 Études de psychologie sociale》와《사회법칙 Les lois sociales》(영어와 독일어로 번역), 1899년에는《권력의 변형 Les

---

Burnett Tylor 등이 이 협회에 참여했다. 하지만 뒤르켐은 정기적인 잡지를 낼 만큼 진정한 의미에서의 사회학은 아직 성숙하지 못했다고 생각해 참여하지 않았다.

그리고 르네 웜스는 더 자주 모이자는 국제사회학협회 파리 회원들의 요구에 따라 '파리사회학회'를 만들었다. 첫 번째 모임이 1895년 12월 11일 열렸으며, 타르드가 초대 회장이 되고 실무는 웜스가 맡아 행했다. 그렇지만 이 학회의 회원 대부분은 외교관, 군인, 여권 운동가 등 비전문가, 즉 '아마추어들'이었다. 한편 뒤르켐과 그의 추종자들은 1898년 전문적인 사회학 잡지《사회학연보 L'Année Sociologique》를 창간했다. 그런데 뒤르켐의 협력자로 창간 때부터 논문을 기고한 가스통 리샤르 Gaston Richard(1860~1945)는 뒤르켐과 학문적 견해를 달리하면서 1907년을 끝으로 뒤르켐 학파에서 이탈했다. 그는 웜스의 국제사회학파에 가담해 1917년에는《국제사회학평론》의 편집장이 되었다.

transformations du Pouvoir》 등을 출간했다. 이는 그의 비범한 능력과 초인적인 집중력을 보여주는 증거라 할 수 있다.

그 뒤 《철학평론》의 창간자이자 1889년부터 콜레주 드 프랑스에서 강의해 온 심리학자 테오뒬 리보와 당시 공교육부 고등교육국장인 철학자 루이 리아르Louis Liard의 적극적인 권유로 타르드는 콜레주 드 프랑스의 근대철학 강좌 교수직에 지원했다. 타르드는 근대철학이라는 강좌명을 사회학으로 바꿔줄 것을 교수회에 요청하지만 거절당했고, 결국 그는 근대철학 강좌 교수직에 지원한다. 이때 같은 자리를 놓고 경쟁한 사람이 고등사범학교 교수인 철학자 앙리 베르그송Henri Bergson(1859~1941)이었다. 1900년 1월 15일 교수회의 투표 결과 총 투표수 29표 중 18표를 얻은 타르드가, 7표를 얻는 데 그친 베르그송을 제치고 근대철학 교수 자리를 차지했다. 그 무렵 누가 콜레주 드 프랑스 교수가 되는지에 대해 촉각을 곤두세우고 있던 뒤르켐은 타르드가 사회학 강의를 못하게 된 것에 내심 안도하는 내용의 편지를 조카 마르셀 모스에게 보냈다(1900년 1월). 베르그송도 곧이어(5월 17일) 그리스라틴철학 교수가 되었으며, 12월 타르드는 정신과학 정치학 아카데미 회원으로 선출되어 학계에서 강력한 영향력을 행사할 수 있는 지위에 올랐다.

콜레주 드 프랑스 교수가 된 타르드는 그해 3월에서 6월까지 〈정신간 심리학 Psychologie intermentale〉, 1900~1901년에는 〈경제심리학 La psychologie économique〉, 1901~1902년에는 〈도덕의 변형 Les transformations de la morale〉, 1902~1903년에는 〈형사철학 La Philosophie Pénale〉과 〈쿠르노의 철학사상 Les idées philosophiques de Cournot〉, 1903~1904년에는 〈정신간 심리학의 원리 Les éléments de la psychologie intermentale〉 등을 강의했다. 정신간 심리학(또는 심간 심리학)은 타르드의 독특한 심리학적 사회학이다.

그는 1901년에는 공중le public을 군중과 대비시킨 《여론과 군중 L'opinion et la foule》을, 1902년에는 두 권으로 된 대작 《경제심리학》을 출간했다. 그리고 1903년 12월에는 파리의 사회고등연구원l'école des hautes études sociales에서

'사회학과 사회과학La sociologie et les sciences sociales'이라는 제목으로 뒤르켐과 공개적인 논쟁을 벌였다. 파리대학의 문과대학장 알프레드 크루아제 Alfred Croiset의 진행 속에서 타르드와 뒤르켐이 각각 사회학이란 무엇이며 어떤 학문이 되어야 하는가에 대해 각자의 견해를 밝힌 다음 서로 질문하는 방식이었다. 다음 해 5월 12일(목요일) 타르드는 61세의 나이로 눈을 감았다. 그의 정신적 고향인 라 로크 가작에서 장례식이 거행된 뒤 마을의 작은 교회 묘지에 묻혔다. 콜레주 드 프랑스의 근대철학 교수 후임에는 앙리 베르그송이, 정신과학 정치학 아카데미 후임으로는 사회학자 알프레드 에스피나스가 선출되었다. 5년 뒤 1909년 9월 12일에는 타르드가 오랫동안 근무한 사를라 법원 마당에서 그를 기리는 흉상의 제막식이 거행되었다.

Ⅲ.《모방의 법칙》

이 책의 내용을 살펴보기 전에 먼저 짚고 넘어가야 할 문제가 하나 있다. 그것은 타르드가 《모방의 법칙》을 쓰기 전에 또는 쓰는 과정에서 영국의 《이코노미스트 Economist》 편집장 월터 배젓Walter Bagehot(1826~1877)이 쓴 《물리학과 정치학 Physics and politics》(1872)을 읽었는가 하는 문제다. 좀 더 정확하게 말하면, 타르드보다 먼저 비슷한 이론을 제시했지만 그의 글에는 그 이름이 전혀 등장하지 않는 월터 배젓에게서 타르드의 모방 이론이 영향을 받았는가 하는 문제다. 이 문제와 관련해 타르드는 1891년 8월 이탈리아의 잡지 〈실증주의 학파〉의 책임 편집장 지울리오 피오레티에게 보낸 편지에서 다음과 같이 말했다. "사실, 나보다 먼저 모방의 사회적 중요성에 대해 몇 쪽 발표한 배젓을 인용하지 않았다고 나를 비난하는 것이 더 정당할 것입니다(그리고 나는 이 기회를 이용해서, 내게 아직은 행해지지 않은 비난을 미리 막고자 합니다). 그러나 진실은—이 진실이 사실인 것처럼 보일 수 있다면 좋겠는데 말입니다—내가《모방의 법칙》을 출간하기 전에는 배젓을 결코 읽은 적이 없다는 것입니다. 그렇지 않다면, 내가 그의 공적을 인정할 기회와 또한 나와 그의 수많은 생각 사이에서 순전히 우연적이며 그만큼 더 의미 있는 —나로서는 기분 좋은—일치를 기뻐할 기회를 그냥 지나칠 리 없었을 것입니다."(이 책, p. 478) 하지만 타르드의 편지가 당시에 이탈리아 잡지에 발표되어서인지 이 내용은 학자들 사이에 널리 알려지지 않았다.

배젓은 1867년 11월부터《격주평론 Fortnightly review》에 일련의 소논문을 연재했다. 그는 기고문에서 인간의 본성에서 가장 강력한 것 중 하나가 자기 앞에 있는 것을 모방하는 성향이라고 말하면서 이 무의식적인 모방이 사회 속에서 인간을 만들어내는 주요한 힘이라고 주장했다. 그는 지역적 특성이나 국민적 특성, 한 시대의 문학 양식, 일 년 또는 십 년의 유행을 형성하는 데 의식적 또는 무의식적 모방이 큰 역할을 하기 때문에 국민을 형성하는 가장 강력한 요인 중 하나가 모방이라고 말했다. 연재물이 여러 사람들의 관심을 끌자 배젓은 글을 조금 수정한 뒤 1872년《물리학과 정치학 또는 자연선택과 유전의 원리를 정치사회에 적용하는 것에 대한 생각 Physics and politics or thoughts on the application of the principles of natural selection and inheritance to political society》이라는 긴 제목을 붙여 한 권의 책으로 출간했다. 그 책은 곧바로 프랑스어, 독일어 등 7개 국어로 번역되어 인기를 누렸고, 프랑스에서는 '국민 발전의 과학적인 법칙 Lois scientifiques du developpement des nations'이라는 제목으로 1877년 출간되었다. 문제는 타르드가 모방 이론의 영감을 이 책에서 얻었는가다. 아마도 이 문제가 불거진 이유는 미국의 사회심리학자 제임스 마크 볼드윈 James Mark Baldwin(1861~1934)이 두 차례(1895년과 1897년)에 걸쳐 모방의 원리를 누가 먼저 발견했는가를 다루었기 때문인 것 같다. 일찍부터 타르드 사상에 주목한 미국의 사회학자 마이클 데이비스 Michael M. Davis는 1906년에 출간한《가브리엘 타르드, 사회학 이론의 한 시론 Gabriel Tarde. An essay in sociological theory》에서 타르드의 모방이론이 배젓과는 완전히 무관한 것 같다고 추측했다. 그리고 그는 그러한 추측에 앞서서 타르드의 《모방의 법칙》과 오귀스탱 쿠르노의 철학 사이에 상당한 정신적 우애spiritual brotherhood가 있다는 것을 밝혔다. 데이비스의 이러한 설명이 있음에도 후대의 몇몇 학자는 타르드가 배젓에게서 영향을 받았을 것이라고 추측했다. 예를 들면 미국의 사회심리학자 버나드Luther Lee Bernard는 1926년 《사회심리학 입문An introduction to social psychology》에서 "타르드가 롬바르드의 훌륭한 에세이스트[월터 배젓]에게서 직접적으로 영향을 받았는지는 결정하기 어렵지만, 그는 확실히 당시의 논의를 통해 간접적으로 그의 영향을 받았을 것이다"라고 말했다.[6] 일본의 이나바 미치오稻葉三千男는 타르드의 《여론과 군중》의 일역판(《世論と群集》, 未來社, 1964)에 쓴 해설에서, 《모방의 법칙》 발견의 영예를 둘러싸고 타르드와 배젓이 싸운 것은 유명한 이야기며, 배젓 책의 프랑스어 번역서가 1877년에 나왔고 타르드 책이 1890년에 나왔기 때문에 타르드가 배젓을 '모방했다'는 주장에는 무리가 없다고 말했다. 또한 1999년 9월 영국의 맨체스터 대학교 역사학자 스튜어트 존스Stuart Jones는 새로 출간된 배젓의 《물리학과 정치학》(1999)에 대한 서평 〈배젓과 논쟁의 시대Bagehot and the Age of Discussion〉에서 불역판이 프랑스에서 1885년까지 5쇄를 찍은 것을 근거로 "가브리엘 타르드와 귀스타브 르 봉 같은 프랑스의 사회심리학자들은 배젓에게 분명히 빚졌다. 비록 그들은 그 빚을 인정하기를 꺼리지만 말이다"라고 단정했다. 존스는 더 나아가 배젓이 타르드보다 먼저 관습, 따라서 응집력 있는 사회를 발생시키는 데 모방이 중요한 역할을 한다는 사실을 강조했다고 말했다.

타르드보다 먼저 월터 배젓이 비슷한 모방 이론을 제시했지만, 그의 이름이 타르드의 글에서는 보이지 않는다는 이러한 사실을 어떻게 해석할 것인가? 이 문제는 타르드가 독학자autodidacte였다는 사실에서 생겨난 것 같

---

[6] Luther Lee Bernard, 《An introduction to social psychology》, New York : Henry Holt, 1926, p. 27.

다. 타르드가 참고했으면 좋았겠지만 그의 책에 등장하지 않는 학자는 배 젯만이 아니다. 마이클 데이비스는 그러한 예로 당시에 출간된 책들 중 폴 졸리Paul Jolly의 《정신건강 Hygiène morale》(1877), 보르디에A. Bordier의 《사회 생활 La vie des sociétés》(1887) 등을 제시했다. 이러한 사정을 보면 타르드는 자신이 연구하는 분야의 성과나 연구 동향에 대해 잘 알지 못했던 것 같다. 이것은 타르드의 약점이라고 말할 수 있을 것이다.

타르드의 모방 이론은 누구에게서 영향을 받은 것인가? 결론을 미리 말하면, 타르드에게 영감을 준 사람은 그가 18세부터 사상의 지도자로 삼은 오귀스탱 쿠르노일 것이다. 쿠르노는 다음과 같이 말했다. "생명의 모든 현상에는 모방하는 경향, 즉 비슷한 행동을 반복하는 분명한 경향이 있다. 연속적인 생식 과정에서 (식물이나 동물의) 특별한 변종의 생산은 명백하게 이러한 경향과 관계있다. ……개인[개체] 안에서 비슷한 행위의 반복은 습관을 발생시키며 감각을 교육하고 모든 기능을 규칙적으로 작용하게 하며 능력[기능]과 본능을 개선하거나 왜곡하는 원리가 된다. 모방은 말하자면 개인의 특정한 성질을 고스란히 만들어내거나 아니면 그 개인에게 타고난 싹 때부터 그 성질들을 발전시킨다. 아무리 최고 수준에 속하는 것이라 하더라도 고등동물을 보면, 모방, 즉 반복의 경향, 한마디로 말해서 **습관**은 다시 감각이나 관념을 결합시키는 원리—그 종species이 그것을 지닐 수 있는 한에서는—가 되며 또한 동물의 본성이 허용하는 정도에서는 상상이나 기억의 모든 현상들을 결합시키는 원리가 된다." [7] 이 긴 인용문을 보면 타르드가 쿠르노에게서 영향받았을 것이라고 쉽게 추측할 수 있다. 미국의 사회학자 테리 클라크Terry Clark도 쿠르노의 많은 논문 특히 〈과학과 역사

---

[7] Augustin Cournot, 《L'enchainement des idées fondamentales dans les sciences et dans l'histoire》, Vol. I, pp. 384~385; M. M. Davis, 《Gabriel Tarde, An Essay in Sociological Theory》, p. 30에서 재인용.

학에서의 기초 관념의 연쇄 L'enchainement des idées fondamentales dans les sciences et dans l'histoire〉가 타르드 모방론의 주요한 영감의 원천이라고 말했다.[8] 또한 독일의 사회학자 스테판 뫼비우스Stephan Mœbius도 2004년의 논문에서 반복과 모방에 대한 타르드의 성찰은 쿠르노의 책에서 영향을 받았으며 이미 그 책에서 생물현상, 물리현상, 사회현상 간의 유사 사상이 전개되고 있다고 말했다.[9]

타르드는 1890년《모방의 법칙》을 출간하고 5년 뒤 제2판을 냈다. 그는 제2판 서문에서 "본서를 한 군데도 삭제하지 않고 재판을 냈다"고 말했다. 초판과 제2판을 비교해보면 초판에서는 하나의 문단이 대단히 긴 것을 많이 볼 수 있는데, 제2판에서는 여러 군데 읽기 편하게 문단을 나눈 점이 눈에 띈다. 그리고 단 한 군데에서 약간의 수정을 가한 것이 보이는데, 내용의 큰 변화는 없다. 그렇다면 초판과 제2판의 결정적인 차이는 무엇인가? 그것은 타르드가 제2판에서 여러 곳에 내용을 추가했다는 것이다. 추가된 것들을 조사해보면 1장에서 여섯 곳(본문 두 곳, 각주 네 곳), 2장에서 두 곳(본문 한 곳, 각주 한 곳), 3장에서 네 곳(본문 한 곳, 각주 세 곳), 4장에서 한 곳(각주 한 곳), 5장에서 한 곳(본문 한 곳), 6장에서 열한 곳(본문 네 곳, 각주 일곱 곳), 7장에서 열세 곳(본문 네 곳, 각주 아홉 곳), 8장에서 두 곳(각주 두 곳. 이 장에서는 각주 6과 7이 추가된 것이다)이다. 짧게는 두 줄에서 길게는 네 쪽에 이를 만큼 추가된 문장의 길이도 천차만별이다. 총 마흔 군데에서 추가되었는데, 이 많은 곳 중 어떤 부분(어디인지는 분명하게 알 수 없지만)은 혹시 뒤늦게 알게 된 배젓의 책을 읽고서 추가된 것이 아닌가 하고 추측해볼 수 있을

---

8 Terry Clark, 《가브리엘 타르드, 커뮤니케이션과 사회적 영향에 대해 Gabriel Tarde on communication and social influence》, Chicago : University of Chicago Press, 1969, p. 4.

9 Stephan Mœbius, 《모방, 차별적 반복 그리고 반복 가능성 Imitation, differentielle Wiederholung und Iterabilität》, p. 258. in ; C. Borch und U. Stäheli(hrsg.), 《모방과 욕망의 사회학 Soziologie der Nachahmung und des Begehrens》, Frankfurt am Main : Suhrkamp, 2009.

것이다. 말하자면 타르드가 1890년 《모방의 법칙》을 출간한 다음, 여러 학자나 지식인을 만나는 과정에서 배젓의 책을 알게 돼 그 책을 접하게 되지는 않았을까. 그리고 그 책을 읽은 뒤 《모방의 법칙》을 증보하면서 비록 배젓의 이름은 적시하지 않았지만 그의 생각을 반영하지 않았을까 하는 생각이 든다. 그러나 이것은 어디까지나 추측에 불과하며 확실한 증거는 없다.

A. 성립 과정과 출간 당시의 반응

타르드는 1884년부터 《사회심리학과 사회논리학Psychologie sociale et logique sociale》이라는 제목을 붙인 책을 구상했다. 그 뒤 여러 가지 제목을 생각하다가 마침내 그는 1887년 《사회심리학: 사회의 과학에 대한 시론La psychologie sociale:essai sur la science des sociétés》이라는 제목으로 책을 내기로 결정했다. 그리고 그 책은 각각 350쪽과 400쪽으로 된 두 권으로 구성되었다. 타르드는 자신이 몸담은 《철학평론》의 창간자이자 편집장인 심리학자 테오뒬 리보의 소개로 파리의 출판업자 펠릭스 알캉Félix Alcan과 접촉했다. 1887년 8월과 9월 편지로 의견을 교환하는 과정에서 알캉이 책의 분량이 너무 많은 것에 난색을 표하며 타르드 자신이 비용을 대겠다면 책을 출판하겠다는 의사를 전했다. 타르드는 이에 동의했고, 책을 분리해 독립된 두 종의 책으로 내자는 데도 타르드와 알캉 사이에 합의가 이루어졌다. 이렇게 해서 세상에 나온 것이 《모방의 법칙》이다. 다른 한 종은 1895년 《사회논리학》이라는 제목으로 출간되었다.

펠릭스 알캉이 타르드에게 보낸 자료에 따르면 《모방의 법칙》은 1897년에서 1901년까지 약 4,600부를 찍었다. 그리고 《사회과학 인용 색인 Social Sciences Citation Index》(Philadelphia, Institut for Scientific Information)에 의하면 1966년에서 1980년까지 타르드에 대한 언급 중 42.6%는 《모방의 법칙》과 관계 있었다. 반면에 《사회논리학》은 1895년에서 1913년까지 약 2,500부를 찍었으며, 또 마찬가지로 1966년에서 1980년까지 타르드에 대한 언급 중 0.6%

만이《사회논리학》과 관계있었다.[10] 타르드의 처음 구상대로 두 종의 책을 하나로 묶어 출간했다면 당시나 그 뒤에 학자들에게서 얼마나 많은 관심을 받았을까? 섣불리 단정할 수는 없지만《모방의 법칙》을 별도로 냈을 때보다 타르드가 덜 주목받았을 것이라는 추측은 충분히 가능하다.

《모방의 법칙》이 출간된 해는 1890년이지만, 타르드가 서문에서 밝힌 것처럼 그중 몇 장은 이미《철학평론》에 발표된 논문들이다. 1장 '보편적 반복 La répétition universelle'은 1882년 〈자연과 역사의 공통점 Les traits communs de la nature et de l'histoire〉이라는 제목으로, 3장 '사회란 무엇인가 Qu'est-ce qu'une société?'는 1884년 같은 제목으로 발표되었다. 4장 '고고학과 통계학 L'archéologie et la statistique'은 1883년 같은 제목으로, 5장 '모방의 논리적 법칙 Les lois logiques de l'imitation'은 1888년 〈사회변증법 La dialectique sociale〉이라는 제목으로 발표된 것이었다. 기존에 발표된 논문과 새로 쓴 글을 합친 것이지만, 논문을 발표할 때부터 한 권의 책을 염두에 두었기 때문에《모방의 법칙》은 하나의 일관된 체계를 이루고 있다.

장 밀레 Jean Milet에 따르면 책을 출간한 뒤 1890~1891년 당시 세 개의 서평이 나온다. 폴랑 Frédéric Paulhan은 1890년《철학평론》에서 타르드의 독창성을 칭찬하면서 사회학에서의 커다란 중요성을 그 책에 부여했다. 그렇지만 그는 모방 개념이 너무 넓기 때문에 수정되어야 한다고 지적했다. 1891년 코르 Corr 박사는《범죄인류학논문집》에서 가브리엘 타르드가 새로운 학파에서 탁월한 위치를 차지한다고 말하면서 그에게 경의를 표했다. 또한 알렉시 베르트랑 Alexis Bertrand도 1891년 같은 잡지에서 사회심리학이나 일반심리학의 연구에서 가장 독창적이며 가장 빛나는 것 중 하나라고

---

10 Ian Lubek,《잃어버린 사회심리학의 역사 : 가브리엘 타르드의 경우 Histoire des psychologies sociales perdues : le cas de Gabriel Tarde》, Revue française de sociologie, 1981, vol. 22, pp. 366~367.

말했다.¹¹ 또한《모방의 법칙》은 러시아어, 영어, 스페인어로 번역되었다.¹²

한편 독일의 사회학자 게오르크 지멜Georg Simmel(1858~1918)은 1891년《심리학과 감각기관의 생리학 잡지 Zeitschrift für Psychologie und Physiologie der Sinnesorgane》에 두 쪽 분량의 서평을 썼다. 그는《모방의 법칙》이 사회심리학에 매우 주목할 만한 암시를 주는, 아이디어가 풍부하며 자극적인 책이라고 찬사를 보냈다. 그는 타르드가 모방이 일종의 최면 암시라는 것과 집단 내의 개인이 자기 의지 없이 이해관계, 충동, 사고방식 및 행동 방식에 굴복한다는 것을 매우 흥미롭게 서술했다고 말했다. 또한 그는 타르드의 큰 업적이 단순한 형식으로서의 모방을 모방 내용과 분리시켰으며 그렇게 함으로써 기능적인 동일성을 찾을 수 있게 한 사실에 있다고 평가했다. 그렇지만 서평 말미에서 지멜은 모방의 본보기로 제시되는 것과 비교해볼 때 대립의 힘이나 모순의 자극에 대해서는 타르드가 적게 고려했다고 지적한 뒤, 그렇다고 해도 그것은 그의 업적을 조금밖에는 해치지 않는다고 대단히 완곡하게 비판했다.¹³

1887년에《공동사회와 이익사회 Gemeinschaft und Gesellschaft》를 출간한 바 있는 페르디난트 퇴니스Ferdinand Tönnies(1855~1936)는 1892년 잡지《철학월간 Philosophischen Monatsheften》에 서평을 썼다. 그는 타르드의 역사 서술이 불충분하다고 비판하면서 타르드가 찾는 공식, 즉 '사회생활의 커다란 역

---

11 Jean Milet,《가브리엘 타르드와 역사 철학Gabriel Tarde et la philosophie de l'histoire》, Paris:Vrin, pp. 27~29.
12 장 밀레는 독일어로도 번역되었다고 말하는데(Jean Milet,《Gabriel Tarde et la philosophie de l'histoire》, p. 26), 독일어권 학자들의 논문을 보면 이에 대한 언급이 없다. 현재 나와 있는 독역판은 프랑스 독일 친선협회의 지원으로 2003년 출간된 것이며, 장 밀레의 책은 1970년 출간되었다. 장 밀레의 착오가 아닌가 하는 생각이 든다.
13 Georg Simmel,《칸트의 물리학적 단자론에 따른 물질의 본질, 1882~1884년 논문 1883~1901년 서평 Das Wesen der Materie nach Kant's Physischer Monadologie, Abhandlungen 1882~1884 Rezensionen 1883~1901》, Frankfurt am Main:Suhrkamp, 2000, pp. 248~250에서 재인용.

사적 이율배반을 위한 공식'은 새로 제시되어야 한다고 말했다. 퇴니스에 따르면 그 공식은 '본질 의지Wesenwille'(인간 상호 간의 사랑을 바탕으로 한 감정에 의존하는 본능적인 의지)와 '선택 의지Kürwille'(서로 같은 이익이나 목적을 달성하기 위한 이성에 의한 의지)의 공식으로 제시되어야 했다. 그리고 다시 퇴니스는 1896년 〈1893년에서 1894년까지 사회학의 현황에 대한 연례보고서 Jahresbericht über Erscheinungen der Soziologie aus dem Jahren 1893 bis 1894〉에서 타르드에 대해 "대단히 운 좋게도 프랑스 정신의 섬세함을 몸소 지닌" 저자라고 말하면서, 《모방의 법칙》을 사회생활 및 역사의 모든 공리와 밀접한 관계가 있는 독창적이며 빼어난 저작이라고 칭찬했다. 퇴니스는 "자신이 모방이라는 거대한 영역에 지금까지 충분한 주의를 기울이지 않았는데 그 책에서 많은 새로운 관점을 얻었다"고 고백한 뒤 이 책의 긍정적인 측면들을 모두 평가하려면 긴 논문이 필요할 것이라고 말했다. 그렇지만 그는 찬사만을 늘어놓지 않고 두 가지 점에서는 분명하게 비판했다. 첫째, 타르드는 모방을 단 하나의 원리, 즉 문화의 본질로 완전히 제시하려는 의도를 일관성 있게 관철하지 못했다. 그는 그 반대 개념, 즉 발명 개념을 말할 수밖에 없었다. 현대는 대대적이며 획기적인 발명들로 우리 인간을 모든 면에서 둘러싸고 있는 시대라는 것을 타르드도 우리 못지않게 잘 알고 있을 것이므로 결국 그가 그 두 개의 중요한 힘 모두에 대해 말해야 했다는 것이다. 둘째, 모방 개념에 대한 정확한 분석과 그 내용에 대한 정의가 결여되었다. 타르드는 의식적인 모방과 무의식적인 모방, 깊이 생각한 모방과 자연 발생적인 모방, 자발적인 모방과 비자발적인 모방 등의 구분에 적은 가치를 부여했다. 퇴니스는 또 의식적인 형태의 모방이 문명과 함께 늘어나기보다는 오히려 점점 더 무의식적인 것에 빠져들어간다는 식으로 생각함으로써 그가 매우 중요한 사실들을 오해했다고 지적했다. 또한 모든 인간 행위와 마찬가지로 모방도 목적 자체로 간주되느냐 아니면 수단으로 간주되느냐에 따라 본질적으로 다르다고 주장했다.[14]

한편 미국의 볼드윈 J. M. Baldwin은 1894년의 논문 〈모방: 의식의 자연사에서의 한 장 Imitation : A chapter in the natural history of consciousness〉에서 《모방의 법칙》이 기억 문제를 충분히 다루지 못했다고 비판했다. 그 후 그는 배젓 문제를 거론했지만, 결국 그 자신과 타르드 모방 이론의 독자성을 인정하면서 1898년 1월 24일 타르드에게 다음과 같은 내용의 편지를 보냈다. "당신이 말하는 것은 나 자신의 견해와 일치합니다. 누가 먼저 말했는가의 문제는 당신이 말하는 바와 같이 조금도 중요하지 않습니다. 나는 당신과 소견을 완전히 함께합니다." 이어서 그는 다음과 같이 썼다. "우리는 독립된 길을 통해 사회현상으로서의 모방 원리에 도달했으며 아울러 우리 각자는 별개의 시각에서 기여했기 때문에, 나는 우리가 타르드-볼드윈의 사회학 원리 principe sociologique de Tarde-Baldwin(순서는 먼저 했다는 것을 가리킵니다) 라고 부르는 데 동의할 것을 제안합니다."[15] 볼드윈은 1896년부터 《모방의 법칙》을 영어로 번역해 출판하는 작업을 수신하는네 먼억은 세사에게 맡겼다. 그러나 헨리 홀트 Henry holt 출판사 측에서 책을 내줄 용의는 있지만 번역료는 지불하지 않겠다는 의사를 전해와 작업이 지연되었다. 결국 볼드윈은 타르드의 친구인 컬럼비아 대학 사회학 교수 프랭클린 기딩스 Franklin H. Giddings에게 작업을 맡겼다. 기딩스는 무료로 번역을 하겠다는 사람을 찾았는데, 다행히 바나드 대학의 사회학 강사 엘시 쿨류스 파슨스 Elsie Clews Parsons가 나섰다. 그녀의 헌신적인 수고 끝에 1903년 영역판(《The laws of imitation》)이 나왔으며, 기딩스는 그 영역판에 소개글을 썼다.

---

14 Arno Bammé, 《뒤르켐이 아니라 타르드이다 Nicht Durkheim, sondern Tarde》, in : Gabriel Tarde, 《Die sozialen Gesetze》, Marburg:Metropolis, 2009, pp. 134~136 ; Peter-Ulrich Merz-Benz, 《역사의 〈공식〉: 페르디난트 퇴니스, 가브리엘 타르드와 사회생활의 기하학 문제 Die 〈Formel〉 der Geschichte: Ferdinand Tönnies, Gabriel Tarde und die Frage einer Geometrie des sozialen Lebens》, in : Borch und Stäheli(hrsg.), 《Soziologie der Nachahmung und des Begehrens》, pp. 180~181.

15 Lubek, 《Histoire des psychologies sociales perdues : le cas de Gabriel Tarde》, p. 380.

이처럼 프랑스 국내외에서 좋은 평가를 받는 가운데 《모방의 법칙》에 단순한 비판 이상의 의미를 지닌 비판이 1893년 나왔다. 타르드보다 15살이나 어린 젊은 도전자 에밀 뒤르켐이 《모방의 법칙》을 겨냥해 첫 번째 공격을 날린 것이다. 그는 자신의 박사학위 논문이자 첫 번째 저서인 《사회분업 De la division du travail social》에서 "모방 그것만으로는 아무것도 설명할 수 없다 l'imitation ne peut rien expliquer à elle seule"고 비판했다.[16] 이 비판이 11년간이나 지속되는 타르드와 뒤르켐 논쟁의 시발점이 될 것이라고는 뒤르켐도 타르드도 둘 다 미처 몰랐을 것이다. 전체적으로 보면 《모방의 법칙》은 큰 인기를 누렸다. 마르셀 모스 Marcel Mauss(1872~1950)도 1934년의 한 인터뷰에서 《모방의 법칙》은 중요하지 않은 저작이라고 말하지만 타르드가 큰 성공을 거두었다는 사실은 인정했다. 좋은 시절도 주인이 죽으면서 끝난다. 《모방의 법칙》은 1906년 제5쇄를 끝으로 절판되었고, 1979년에 재출간될 때까지 긴 세월 동안 어둠 속에 묻혔다.

B. 《모방의 법칙》

1. 과학으로서의 사회학

1789년 대혁명 이후 프랑스는 정권이 자주 바뀌고 수많은 폭동과 반란이 일어나 오랜 기간 무질서와 혼란을 겪었다. 나폴레옹 시대 이후에는 산업혁명이 진척되면서 근대적인 의미의 산업 노동자들이 출현하는데 이들이 일하는 공장의 위생 상태나 노동 조건이 대단히 열악했기 때문에 그들의 불만은 종종 대중 봉기로 이어졌다. 많은 사람들이 정신적으로나 물질적으로 좌절과 고통을 겪는 가운데서도 당시 프랑스는 과학 발전의 주요한 중심지로 자리잡았다. 특히 자연과학과 수학은 대단히 높은 수준을 과시했다. 19세기 전반기 오귀스트 콩트 Auguste Comte(1798~1857)는 전통에 의존

---

[16] Émile Durkheim, 《De la division du travail social》, Paris : Félix Alcan, p. 368.

하기보다는 적절한 추론과 관찰된 사실에 입각한 새로운 과학을 세워 인류를 지배하는 운동 법칙을 밝히려고 했다. 그는 처음에는 이 새로운 과학을 사회물리학이라고 불렀지만 나중에는 '사회학 sociologie'이라고 명명했다. 그가 생각하는 사회학의 임무는 관찰, 실험, 비교 등 자연과학적인 방법을 사용하는 실증과학으로서 모든 사회 현상의 근본적인 발전 법칙을 설명하는 것이었다. 그의 노력은 실증주의 사상과 인류의 3단계 법칙(또는 인류의 진화 법칙)의 수립에 이르지만, 콩트가 말년에 인류를 모든 고통에서 구원할 수 있는 새로운 종교(인류교)의 창시자로 자처하면서 과학으로서의 사회학 발전은 지지부진한 상태에 빠졌다.

한편 영국에서 허버트 스펜서 Hebert Spencer(1820~1903)는 라마르크 Lamarck와 다윈의 영향을 받아 사회진화론을 주창했다. 스펜서에 의하면 생물 유기체든 인간의 집합체인 사회든 모두 진화의 법칙을 따른다. 생물유기체가 단순한 것에서 복잡한 것으로 진화하는 과정에서 그 구조와 기능이 분화되면 각 부분들이 상호의존적인 것이 되어 통합이 진전되는 것과 마찬가지로, 사회에서도 단순한 것이 복잡한 것으로 진화하는 과정에서 그와 비슷한 분화와 통합이 생긴다는 것이다. 그는 사회학이 이러한 사회의 진화 과정을 설명하는 학문이라고 주장했다. 스펜서의 학설은 그 당시 비약적인 발전을 거듭한 생물학, 물리학, 지리학 등의 발견과도 잘 어울리는 것으로 받아들여져 유럽에서 큰 인기를 누렸다. 프랑스의 사회학자 알프레드 에스피나스는 스펜서의 영향을 받아 마찬가지로 사회유기체론을 주장하며 그의 학설을 프랑스에 널리 전했다. 에스피나스에 따르면 사회란 하나의 살아 있는 의식이자 여러 관념을 지닌 유기체로서 생물과 마찬가지로 태어나서 성장하다가 사멸한다. 그리고 그는 스펜서의 사회유기체론을 더욱 심화시켜 사회학을 생물학의 일부분으로까지 여겼다.

그렇지만 타르드는 당시 프랑스에서 상당한 영향력을 행사한 이러한 사상들에 대해서 공감하지 않았다. 우선 콩트에 대해서는 다음과 같이 평가했다. 인류의 모든 역사가 실증주의가 지배하는 시대로 수렴한다는 콩트의 사고방식은 일종의 세속적인 신가톨릭주의에 불과하며, 아울러 인류 발전의 3단계(신학적 단계, 형이상학적 단계, 실증적 단계) 법칙도 일종의 3부작으로 이루어진 역사철학이라고 비판했다. 결국 콩트가 세운 것은 사회학이 아니라는 것이었다. 그리고 스펜서에 대해서는 진화 이론이 기초로 삼는 전제 자체부터 문제 삼았다. 사회진화론을 포함해 모든 진화 이론이 '생존투쟁 struggle for life'을 우주의 첫 번째 원리이자 근본적인 원리로 삼고 있는데, 타르드는 그것이 우주의 두 번째 원리에 불과하며 첫 번째 원리는 생명을 위한 결합, 존재 자체들의 내적인 결합이라고 주장했다. 그리고 투쟁이란 더 큰 유대를 만들어내기 위한 간접적인 수단이라고 보았다. 또한 사회진화론에는 연속주의적인 입장과 일종의 역사적 결정론이 들어 있는데, 타르드에 따르면 세계는 근본적으로 비연속성에 근거하며 진화는 일련의 대체와 축적으로 이루어지는 연속적인 삽입, 즉 뜻밖의 일로 가득찬 장관일 뿐이다. 알프레드 에스피나스에 대해서는 다음과 같이 비판했다. 즉 생물학에서 볼 수 있는 바와 같이 생물체들끼리 (예를 들면 동물은 동물들끼리, 식물은 식물들끼리) 비교해 생물학이 발전한 것처럼, 사회학도 언어, 법, 정치, 종교, 산업 등의 측면에서 각 사회끼리 비교해야 발전할 수 있지 사회와 생물유기체를 비교해서는 발전할 수 없다고 주장했다. 타르드는 그러한 사고방식은 쓸모없으며 경우에 따라서는 위험할 수도 있다는 입장을 분명하게 밝혔다.

그렇다면 타르드가 생각하는 사회학은 어떠한 것인가? 그것은 수학을 그 원형으로 하고 있는 과학으로서의 사회학이다. 수학은 현실의 인과관계를 제시하지 않지만 하나의 과학, 아니 대표적인 과학이다. 그러므로 과학은 역사학처럼 현실의 원인과 결과의 관계를 탐구하는 것에 머물러서는 안 되며, 현실을 세 가지 측면에서 고찰해 그 현실 속에 들어 있지만 많은 변이, 비대칭 및 부조화로 인해 잘 보이지 않는 법칙을 찾아내야 한다. 그 세 가지 측면이란 반복, 대립, 적응이다. 과학은 현상의 반복의 법칙, 대립의 법칙, 적응의 법칙을 탐구하는 것이다. 과학의 진보도 이 반복, 대립, 적응에 대한 모호하거나 잘못된 법칙을 점점 더 분명하고 올바른 법칙으로 대체하려고 노력할 때 그리고 그러한 노력이 성공을 거둘 때 이루어진다. 사회학의 고유한 연구 대상은 무엇인가? 그것은 정신과 정신이 접촉할 때 일어나는 상호작용이다. 타르드는 이에 대한 연구를 뇌간 심리학psychologie inter-cérébrale, 정신간 심리학psychologie inter-mentale, psychologie inter-spirituelle 또는 나중에는 간심리학inter-psychologie이라고 부름으로써 자신이 구상하는 사회학이 심리학적 사회학임을 분명하게 드러냈다. 정신 간의 상호작용을 과학적으로 고찰한다는 것은 무엇을 뜻하는가? 그것은 정신의 움직임을 수량화해 시간의 흐름 속에서 변화를 추적한다는 사실을 의미한다. 여기에서 타르드는 통계학에 손을 내밀었다. 통계학의 목적은 뒤죽박죽 섞여 있는 사회적 사실에서 진정한 양을 계산하고 연구하는 것이기 때문이다. 따라서 과학으로서의 사회학이 통계학을 이용하는 것은 바람직할 뿐만 아니라 필수불가결하기까지 하다. 타르드가 《모방의 법칙》에서 사회학적 통계학 la statistique sociologique의 영역과 과제에 대해서 자세하게 언급한 것은 이러한 사상적 배경에서다. 이것을 보면 그가 사회학에 통계학을 이용하려고 한 몇 안 되는 선구자 중 한 사람임을 확실하게 알 수 있다. 말이 나온 김에 그의 글을 한번 읽어보는 것도 무익하지는 않을 것이다. "나는 여기에서 가장 재미없는 예를 선택했다. 그렇지만 이 따분한 숫자 덕분에 일반인의 새로운 욕구와 새로운 유행의 탄생, 발전 및 강화를 목격하지 않는가? 일반적으로 통계학자의 연대표보다 더 유익한 것은 없다. 연대표에서 통계학자들은, 우리에게 어떤 특별한 소비나 생산, 투표용지에 나타나는 특정한 정치 의견, 화재보험료나 저축통장으로 표현되는 일정한 안전 욕구 등이 해마다 증가하거나 감소하는 것을 보여준다. 말하자면 근본적으로 이것들은 언제나 유입되고 모방된 믿음이나 욕망의 일생이다. 그 연대표 하나하나, 아니 오히려 그 연대표를 나타내는 그래프 곡선 하나하나는 어떻게 보면 역사 모노

그래프다. 그리고 그것들 모두는 우리가 서술할 수 있는 최상의 역사다."(이 책, p. 154)

또한 타르드는 사회 상태를 이해하려면 사회 변화를 현장에서 상세히 조사할 필요도 있다고 말하면서 다음과 같은 방법을 제시했다. 프랑스의 여러 지역이나 다른 나라에 사는 20명, 30명 또는 50명의 사회학자가 각각 가능한 한 정성과 세심함을 갖고 각 지역의 정치 체계나 경제체제의 작은 변화를 기록한다. 각각의 관찰자들은 작은 마을이나 자신의 고향에서 우선 자기 주위 사람들을 관찰하기 시작한다. 그리고 각각의 주민에게서 종교적 신앙이나 정치적 신념이 어떻게 변하는지, 도덕성이나 부도덕성, 사치나 안락함 등을 추구하는 경향이 어떻게 증감하는지를 상세히 조사한다. 이를 위해 각각의 주민, 가족, 친구 등의 순서로 조사 범위를 넓히면서 그 피조사자가 정확하게 기억하고 실제로 보고 들은 것을 기록한다. 이 때 그 조사는 조사자 자신의 기술에 근거하는 기술적인 조사 연구monographies descriptives가 되어서는 안 되고 피조사자들의 진술에 근거하는 이야기 조사 연구monographies narratives가 되어야 한다. 타르드는 이러한 연구가 오랫동안 쌓이면 사회 변화의 일반적인 공식, 더 나아가서는 사회 형성의 일반적인 공식도 얻을 수 있고 심지어는 그 공식이 모든 나라의 모든 시대에 적용될 수 있을 것이라고 보았다.

이상을 종합해보면, 타르드는 통계적인 과학으로서의 사회학뿐만 아니라 대단히 세밀한 관찰에 입각한 경험과학으로서의 사회학도 구상했다는 것을 알 수 있다.

2. 반복, 대립, 적응

타르드에 따르면 세 개의 근본적인 법칙이 함께 어우러져 우주를 지배한다. 그것은 반복의 법칙, 대립의 법칙, 적응의 법칙이다. 그가 우주현상의 움직임을 반복, 대립, 적응의 관점에서 보게 된 데는 독학 시절 접한 헤겔의 역사 철학에서 큰 영향을 받은 것에 그 원인이 있는 것 같다. 그 세 가지 법칙은 별개의 것인 동시에 서로 연관되어 있다. 예를 들면 생물계에서 반복의 법칙(종種이 기하급수적으로 증가하는 경향)은 대립의 법칙(생존 경쟁과 도태)의 기반이며 적응의 법칙(여러 개체 사이에 새로운 변이, 능력, 조화가 생겨나며 그것들이 결합되면서 확대되는 것)은 그 두 개의 법칙이 기능하는 데 필요하다. 타르드는 첫 번째 법칙과 세 번째 법칙이 두 번째 법칙보다 훨씬 더 중요하다고 보며 두 번째 법칙은 다른 두 법칙보다 하위에 있는 것으로서 그 두 법칙 사이의 일종의 보조적인 중간항이라고 말한다. 첫 번째 법칙은 우주의 비밀을 해명하기 위한 커다란 만능열쇠인 만큼 과학적 연구의 첫 번째 대상으로서의 지위를 차지한다. 만일 우주가 온통 뜻밖의 일과 새로운 것으로 이루어진 세계, 그 어떤 종류의 기억도 없이 창조적인 상상력이 마음껏 발휘되는 세계, 별들의 운동에 주기가 없고 계속 이어지는 세대에게 공통된 성격과 유전적인 유형이 없는 세계라면, 그러한 세계에서는 과학이 있을 수 없다. 그렇지만 세 번째 법칙 역시 현상의 조화, 즉 창조적인 공동 생산 관계를 이해하는 데에는 없어서는 안 되는 만큼 첫 번째 법칙 못지않게 중요하다.

반복이란 무엇인가? 그것은 보존적인 생산, 즉 현상의 재생산을 의미한다. 달리 말하면 그 어떤 창조도 없이 결과가 원인을 재생산하는 것을 의미한다. 모든 유사는 이 반복에 기인한다. 우주에서 반복은 여러 가지 형태로 나타나는데, 생물계에서는 습성이나 유전의 형태로 물리계에서는 파동이나 주기운동으로 사회계에서는 모방의 형태로 나타난다. 인간은 어느 사회에 속하든 발명하지 않는 한, 언제나 다른 사람을 모방하며 인간의 발명이나 혁신도 대부분 이전 본보기들의 조합이다. 모방 행위는 이미 결합한 개인들 사이에서는 사회적 유대를 유지하거나 강화하는 경향이 있으며, 아직 결합되지 않은 개인들 사이에서는 장차 결합할 수 있는 가능성을 제공한다. 사회학이 주목해야 하는 것은 바로 이 인간에서 인간으로의 모방이다. 왜냐하면 모방은 사회적 사실의 기본적인 성격인 만큼 전체적인 사실(예를 들면 언어, 종교, 법, 예술, 과학 및 기술, 도덕 및 습속 등)에 대해서 분석적인 설명을 제시하기 때문이다. 그리고 모방의 법칙은 생물학에서 습성과 유전의 법칙이, 물리학에서 파동의 법칙이, 천문학에서 인력의 법칙이 차지하고 있는 것과 똑같은 위치를 사회학에서 차지한다.

모방은 어느 한 본보기가 퍼져 나가는 확산인데, 이 확산은 대부분의 경우 다양한 종류의 방해물에 의해 저지된다. 기후나 지리적인 장벽, 언어나 인종의 차이 등으로 인해 저지되는 경우도 있지만, 그 본보기의 확산을 가로막는 가장 주된 방해물은 역시 마찬가지로 확산되고 있는 또 다른 본보기다. 이 또 다른 본보기가 앞선 본보기와 도중에 만나 그 확산에 간섭(개입)한다. 실제로 개인이 두 가지 관념 사이에서, 두 가지 믿음 사이에서, 두 가지 말투 사이에서, 두 가지 행동방식 사이에서 어떤 것을 선택할까 망설일 때마다 그의 정신 속에서는 모방적 방사rayonnement imitatif의 개입이 일어난다. 모방적 방사란 어느 한 본보기가 종종 시간적으로 또는 공간적으로 서로 매우 멀리 떨어져 있는 발생원(발명자나 창시자, 혁신자)에서 그에게 퍼진 것을 뜻한다. 사회생활은 이러한 방사들로 빽빽하게 얽혀 있다. 그렇지만 모든 모방적 방사의 개입이 언제나 서로를 방해하는 것은 아니다. 그것은 때로는 서로 협력해서 그 방사를 가속화하고 확대시키기도 한다. 또 드문 경우이긴 하지만, 모방적 방사의 개입이 한 인간의 뇌에서 만나 결합해 천재적인 아이디어를 낳기도 한다.

대립은 매우 특수한 종류의 반복으로서 반복을 그 그림자처럼 따라다닌다. 하나의 반복의 파동이 퍼지면 어디에서나 반대 방향에서의 반발, 즉 반작용이 나타난다. 따라서 반대물 또는 대립물은 언제나 하나의 쌍, 이원성을 이룬다. 그 두 사물은 단순한 존재나 상태로서 대립하는 것이 아니라 경향, 방향, 힘으로서 대립한다. 타르드는 많은 철학자들이 우주에서의 대립의 존재는 인정하지만 그것을 진지하게 분석한 사람은 아리스토텔레스를 제외하면 없었다고 말하면서 특히 헤겔의 명제와 반反명제의 대립을 문제삼았다. 그는 헤겔의 대립개념이 실제적인 대립을 포함하는 경우도 있지만 단순한 차이에 불과한 것도 종종 포함하고 있다고 비판했다. 타르드에게 있어서 차이란 정태적인 성질의 것이고 대립은 동태적인 성질의 것인데, 역사에 자극을 주는 것은 차이가 아니라 대립이다. 그리고 대립은 모순이 아니라 반작용(반발)에 불과하기 때문에 상승을 향한 움직임, 즉 그 어떤 진보도 함축하지 않는다. 또한 대립은 우연적인 것이지, 헤겔이 말하는 것처럼 필연적인 것이 아니다. 타르드는 대립을 서로 비슷하기 때문에 서로 파괴하기에 적합한 두 사물의 반복으로 정의한 뒤, 그것을 크게 세 부류로 구분했다. 그는 우선 그 두 개의 힘이 실현되는 현상과 관련해서 대립을 계열의 대립oppositions de série, 정도의 대립oppositions de degré, 기호의 대립 oppositions de signe으로 나눈다. 계열의 대립은 진화와 역진화처럼 이질적인 양상의 대립이며, 정도의 대립은 동질적인 양상의 대립으로 보통 증가와 감소, 성장과 쇠퇴, 상승과 하락 등으로 불리는 것이다. 기호의 대립은 플러스와 마이너스, 양과 음의 대립이다. 그리고 대립이 여러 존재 사이에서나 여러 인간 사이에서 힘(경향, 방향)의 대립으로 나타날 때에는 외부적 대립oppositions extérieures이라 부르고, 대립이 동일한 존재 안에서나 동일한 인간 안에서 상이한 힘(경향, 방향)의 대립으로 나타날 때는 내부적 대립 oppositions internes이라 부른다. 외부적 대립은 타자와의 대립(투쟁, 경쟁, 논쟁)이며 내부적 대립은 자신과의 대립(망설임, 의심, 갈등)이다. 대립은 일시적으로는 어느 한쪽의 승리로 끝나지만 최종적으로는 적응(조화)을 만들어내기 때문에, 대립의 유일한 유용성이자 존재 이유는 적대적인 힘들 간에 긴장을 유발시켜 창조적인 재능이 생기게 하는 것이다. 요컨대 대립이란 과도기에 불과하며, 그 역할은 적응에 이르는 길을 마련해주는 것이다.

적응은 균형, 조화를 뜻한다. 이 때의 균형(조화)은 최종적인 것이 아니라 일시적인 것이다. 적응도 반복이나 대립과 마찬가지로 우주의 본질적인 현상으로서 생물계에서는 기관 간의 기능의 조화로 나타나 생명의 유지와 진화를 돕는다. 물리계에서는 파동 간의 적절한 상호작용을 통한 동적인 균형(순환)으로 나타나며, 사회계에서는 발명으로 나타나 인류에게 평화와 진보를 가져다준다. 타르드는 적응을 두 단계로 나누고 있는데, 첫 번째 단계는 체계 내의 요소 간 적응이며 두 번째 단계는 요소들을 둘러싼 체계(또는 환경)에 그 요소들을 결합시키는 적응이다. 집합체agrégat란 그것이 무엇이든 간에 이러한 단계들을 거쳐 결합된 존재들의 혼합물, 즉 적응체adaptat다. 그리고 서로 관계를 맺고 있는 집합체들은 서로 적응함으로써 더 높은 수준의 적응체가 된다. 적응의 사회적 형태인 발명의 밑바탕에는 한 인간에게서의 관념들 간 협력이 있다. 왜냐하면 이 발명이라는 조화는 실행되기 전에 생각되어야 하기 때문이다. 발명은 그것이 사회라는 광대한 영역으로 퍼져 나가기 전에 먼저 한 개인의 뇌 안에 있는 관념이 그 뇌 안에 있는 다른 관념들과 연합해 만들어진 내적인 적응체다. 그 발명은 다른 사람들의 발명과 만나 복잡해지고 확대되어 더 높은 수준의 종합, 즉 새로운 발명을 낳는다. 이러한 일은 계속되는데 여기에는 두 가지의 진전이 있다. 하나는 외연적인 진전이며 다른 하나는 내포적인 진전이다. 외연적인 진전이란 발명이 모방적 전파를 통해 사회에 널리 퍼지는 것이며, 내포적인 진전이란 다른 발명과 논리적으로 결합해 체계화가 이루어지는 것이다. 이 두 개의 진전은 나란히 진행되며 서로 분리될 수 없다. 이 두 가지 진전이 지속적으로 서로 얽히면서 발명은 조금씩 축적되며 마침내는 거대한 구성물로 나타난다. 이렇게 보면 모든 것, 즉 사회의 소재와 계획은 개인에게서 생겨난 것이며, 모든 혁신도 보통 무명의 사람들의 것이긴 하지만 어쨌든 개인의 창의에서 시작된 것이다. 타르드의 이러한 주장에는 두 가지 의미가 함축되어 있다. 첫째, 앞에서 이미 본 바와 같이 그는 사회 변화의 원천을 연구하기 위해서는 개인의 수준으로까지 내려가야 한다고 말하면서, 그 연구방법으로 각각의 주민에 대한 관찰 조사에 입각한 모노그래프 연구법을 제시했다. 그가 이처럼 개개인에 대해서 주의를 기울이는 것은 바로 이러한 사상적 배경에서다. 둘째, 타르드의 이러한 사상은 개인에 대한 사회적 사실의 외재성과 구속성을 주장하는 뒤르켐의 견해와 상충된다는 것이다. 타르드는 만일 사회적 현실이 개인에 대해서 외재성과 구속성을 지닌다면 그 현실은 결코 성장할 수 없으며, 그 거대한 구성물도 세워질 수 없다고 말했다.

이상과 같이 타르드는 사회현상을 포함한 우주의 모든 현상이 반복에서 대립으로, 대립에서 적응으로 발전해나가며 이 과정이 무한히 지속되는 것으로 보았다. 그는 반복에 대해서는《모방의 법칙》(1890년), 대립에 대해서는《보편적 대립》(1897년)이라는 제목으로 각각 한 권의 독립된 책을 쓰지만, 적응에 대해서는 별도의 저서를 남기지 않았다. 그는《사회법칙》(1898년)의 3장 '현상의 적응 Adaptations des phénomènes'에서 이 주제를 집중적으로 다룰 뿐이며, 여타의 저서에서는 산발적으로 언급하는 정도에 그쳤다. 그렇다고 해서 타르드가 적응의 법칙이 중요하지 않다고 생각한 것으로 여겨서는 안 될 것이다. 그는 적응의 법칙은 과학이 고찰하는 우주의 가장 심층적인 측면으로서 우주에서 가장 많이 숨겨진 대단히 중요한 보고라고 분명하게 주장했다.

3. 믿음과 욕망

타르드는 당시 신생 학문인 심리학에 매우 일찍부터 관심을 나타냈다. 그는 특히 정신물리학을 제창한 독일의 물리학자이자 철학자인 구스타브 테오도르 페히너 Gustav Theodor Fechner(1801~1887)에 주목했다. 페히너는 인간은 외부 자극에 기계적으로 반응하기 때문에 인간의 반응을 예측할 수 있으며 인간 행동을 지배하는 법칙을 수학적인 형태로 표현할 수 있다고 주장했다. 그렇지만 타르드는 페히너의 이러한 견해를 받아들이지 않는다. 타르드는 인간의 감각(즐거움, 괴로움, 맛, 냄새 등)에는 질적인 요소도 포함되어 있으며, 사람마다 느끼는 방식이 다르기 때문에 감각은 계량화할 수 없다고 생각했다. 또한 그는 감각은 한 주체에서 다른 주체로 전달될 수 없기 때문에 (즉 사회적인 성격을 지닐 수 없기 때문에) 그것은 사회학의 연구 대상이 될 수 없다고 판단했다.

타르드는 사회학적 연구에 적합한 것으로 두 가지의 정신 상태를 제시했는데, 그것들은 믿음la croyance과 욕망le désir이다. 그는 이 두 개념을 그의 첫 발표작인 《믿음과 욕망 : 그 측정 가능성 La croyance et le désir:la possibilité de leur mesure》(1880년)에서 자세히 논의한 뒤, 말년에 이르기까지 계속 다루었다. 이 논문에서 그는 인간의 정신에서 믿음과 욕망의 존재는 확인할 수 있으나, 그 개념에 대해서는 정의할 능력이 자신에게 없다고 고백하면서 다른 사람들도 마찬가지로 그것들의 개념을 정의하는 데는 실패했다고 말했다. 그렇지만 1898년의 《사회법칙》에서는 개념 정의를 시도했다. "내가 욕망이라고 부르는 심리적 경향 및 정신적 갈망의 에너지는 내가 믿음이라고 부르는 지적 파악, 정신적 지지 및 수축의 에너지와 마찬가지로 하나의 동질적이며 연속된 흐름이다. 그 흐름은 각각의 정신에 고유한 감성적 색채를 다양하게 띠면서 때로는 분산되어 흩어지기도 하고 때로는 집중되기도 하지만, 어쨌든 동일하게 흐르며 아울러 한 사람에서 다른 사람으로 또는 각각의 개인 안에서는 하나의 지각에서 다른 지각으로 변하지 않고 전달된다. ……나는 다른 곳〔《믿음과 욕망》〕에서 두 가지 정신의 양적인 성격을 강조했는데, 이 두 정신적 에너지는 갈라진 두 개의 강처럼 자아의 두 비탈, 즉 지적인 활동과 의지적인 활동을 적셔준다. 이러한 성격을 부정한다면 사회학이 불가능하다고 선언하는 것이다."[17]

이 인용문은 타르드가 믿음과 욕망을 어떻게 생각하고 있는지를 잘 보여준다. 첫째, 그는 믿음과 욕망을 각각 하나의 동질적이며 연속적인 흐름으로 보았다. 하나의 동질적이며 연속적인 흐름이란 유사성을 의미하기 때문에 그것들은 양으로서 측정할 수 있다. 즉 더하고 빼고 곱하고 나눌 수 있는 것이다. 특정한 믿음이나 욕망에 대한 측정은 개인 수준에서뿐만 아

---

[17] Gabriel Tarde, 《Les lois sociales》, Paris:synthélabo, pp. 56~57.

니라 집단 수준에서도 가능하다. 타르드는 믿음과 욕망의 양적인 성격이 개인보다는 집단 수준에서 더 분명하게 나타나며 또 집단이 클수록 그것들을 측정하기가 더 쉽다고 말한다. "문제의 양이 진실로 사회적이라는 증거는 다음과 같은 사실이다. 즉 그 두 정신적 에너지는 인간집단 안에서 대중적인 믿음이나 열정, 전통적인 확신이나 관습적인 완고함 등의 형태로 나타나는데, 그 집단의 규모가 크면 클수록 그 두 정신적 에너지의 양적인 성질이 더 잘 나타나 인간의 정신을 그만큼 더 생생하고 분명하게 알려준다는 것이다. 집단이 커지면 커질수록, 여론(즉 어느 주어진 대상에 대해 긍정하거나 부정하는 국민의 믿음이나 바람)의 상승이나 하락—특히 증권거래소의 시세표에 의해 나타나는 상승이나 하락—은 더 잘 측정될 수 있으며 아울러 기온이나 기압의 움직임 또는 폭포의 생생한 힘에 비할 만한 것이 된다. 국가가 크면 클수록 통계학이 점점 더 쉽게 발전하는 것은 이 때문이다."[18]

둘째, 타르드는 믿음과 욕망을 모두 에너지, 즉 힘으로 파악하고 있다. 믿음은 정적인 힘이고 욕망은 동적인 힘이다. 이때 힘이란 서로 영향을 줄 수도 있고 받을 수도 있는 능력을 뜻한다. 타르드에게 있어서 믿음과 욕망은 인간 정신의 일차적인 소여所與이며 의식의 원동력이다. 그 둘 간의 관계는 어떠한가? 믿음은 욕망보다 앞선다. 사람은 자기 자신이나 자기 주위 사람들이 좋다고 믿는 것을 욕망한다. 정신 활동의 밑바탕을 이루는 것은 믿음이다. 욕망의 대상은 언제나 믿음이며 믿음과 분리되어 나타날 수 없다. 반면에 믿음은 별개로 고찰될 수 있다. 인간은 믿음이 바뀌면 그의 욕망도 바뀐다. 믿음이 욕망을 일으킨다. 개인의 의식에서와 마찬가지로 사회생활에서도 믿음이 욕망을 지휘한다. 개인의 경우에서와 같이 인류도 더 큰 진리와 더 큰 확신, 믿음을 얻는 방향으로 움직인다. 인류는 욕망보다는 믿음으로 많은 사회제도와 문화를 만들어내고 발전시킨다. 믿음이 세계를

---

[18] Tarde, 《Les lois sociales》, p. 57.

이끌어간다. 그렇지만 욕망도 일단 생겨나면 자기 나름대로 움직인다. 욕망은 믿음 속에서 완전한 만족을 얻지 못하므로 믿음과 욕망 사이에는 불일치가 생겨나 많은 간섭이 일어난다. 개인의 의식 안에서 믿음과 욕망 사이에 때로는 협력이 때로는 투쟁이 일어나 결국 개인의 의식은 그 두 힘 간의 합력合力이 된다. 사회생활과 그곳에서 일어나는 사건도 믿음과 욕망이 서로 간섭하며 생기는 결과물이다. 발명이든 모방이든 간에 모든 사회적 행위는 믿음이나 욕망의 투사다. "우리는 발명과 모방이 기초적인 사회적 행위라는 것을 알고 있다. 그러나 이 행위를 만들어내는 사회적 실체나 힘은 무엇인가? 그리고 이 행위는 그 사회적 실체나 힘의 형식에 불과한가? 다른 말로 하면 발명되거나 모방되는 것은 무엇인가? 발명되는 **것**, 모방되는 **것**은 언제나 어떤 관념이나 의욕, 어떤 판단이나 의도인데, 이러한 것에서는 일정량의 **믿음**과 **욕망**이 표현된다."(이 책, p. 200)

그런데 매우 흥미로운 것은 믿음과 욕망에 대한 타르드의 논의가 지금까지 본 바와 같은 심리학적 수준에 머무르지 않는다는 사실이다. 그는 《모방의 법칙》의 증보판을 낸 1895년에 《사회학논문집》을 출간했는데, 여기에는 그가 1893년 《국제사회학평론》에 〈모나드와 사회과학 Les monades et la science sociale〉의 제목으로 발표한 논문을 수정한 〈모나돌로지와 사회학 Monadologie et sociologie〉이 들어 있다. 이 논문에서 그는 믿음과 욕망에 관해 매우 의미심장한 진술을 했다. "만일 감각과는 다른 우리의 내적 상태 중에 내가 다른 곳에서 보여주고자 했던 것처럼 양적 변량이 있다면, 이 특이한 성격은 어쩌면 그것을 통해 우주의 정신화 la spiritualisation de l'univers를 시도하는 것을 허락할 것이다. 내 생각에는 혼의 두 가지 상태, 아니 오히려 믿음과 욕망이라고 불리는 혼의 두 힘(긍정과 의지는 여기에서 유래한다)은 이 뚜렷하고 분명한 성격을 나타낸다."[19] 믿음과 욕망을 통해 우주의 정신화를 시도한다는 것은 무엇을 의미하는가?

타르드는 당시 급속도로 발전한 생물학과 물리학에서 미시적인 생명 요소와 물질 요소를 발견한 것에 깊은 인상을 받았다. 그는 그러한 발견의 논리적인 종착점이 '무한소infinitésimal'가 될 것이라고 생각하면서 다음과 같이 말했다. "무한소에 이르는 이 경향을 멈출 수 있는 방법은 전혀 없다. 전혀 기대하지 않은 것인데, 그것은 우주 전체의 열쇠가 되고 있다."[20] 무한소란 연장(크기, 길이, 부피)이 없는 가설적인 실체다. 만일 그것에 크기나 양이 있다면 계속 분할되기 때문이다. 그것을 진짜 물질이라고 말할 수 있는가? 이 의문에 대해 타르드는 라이프니츠Leipniz의 단자론monadologie에 기대어 그것은 물질적인 실체라고 볼 수 없고 물질 이전의 것, 즉 어떤 정신적인 실체일 수밖에 없을 것이라고 생각했다. 무한소는 서로 결합해 복합체가 되고 또 그러한 결합을 계속하면서 더 높은 차원의 복합체를 만들어내며 확대되어간다. 이때 그 결합과 확대의 운동은 어떤 원리에 근거하는가? 무한소는 물질이 아닌 만큼 물질적인 원리에 따라서 결합하는 것이 아니라 어떤 정신적인 원리에 따라서 결합할 것이다. 타르드는 그 원리를 믿음과 욕망이라는 두 개의 정신적인 힘에서 찾는다. 믿음은 개체들을 결합시키고 그 결합을 유지하는 힘이며, 욕망은 각각의 개체가 자신을 확대하는 힘이다. 이 정적인 힘과 동적인 힘이 소립자, 원자, 세포, 인간, 사회에 이르기까지 공통으로 적용되는 결합과 확대의 원리다. 여기까지 오게 되면 믿음과 욕망은 저 크기도 양도 없는 무한소에서 저 거대한 인간 사회(국가, 국제 관계)에 이르기까지 그 모든 것을 수직으로 관통하는 하나의 철학적인 원리로 자리잡는다. 타르드는 자신의 이러한 원리를 의심론疑心論, psychomorphisme이라는 말로 표현했다. 의심론이란 물질을 포함한 모든 것을 정신(심리적인 것)인 것처럼 생각한다는 것으로 그는 이것이 의인론

---

[19] 이 논문은 1999년 하나의 독립된 책으로 출간되었다. 여기에서는 이 책에서 인용한다. Tarde, 《Monadologie et sociologie》, p. 45.
[20] Tarde, 《Monadologie et sociologie》, p. 37.

anthropomorphisme과는 다른 것임을 분명히 한다. "물질은 정신에 속하며 그 이상의 것이 아니다"[21]라고 말하는 이 독특한 정신일원론은 타르드 사상의 요체로서 물질과 정신을 구분하는 데카르트의 이원론을 극복하려는 야심의 표현이다. 그리고 이러한 의심론은 그를 세포 간의 결합이든 원자 간의 결합이든 인간 간의 결합이든 상관없이 결합된 것이면 그 어떠한 것도 일종의 사회로 보는 의사회론(疑社會論, sociomorphisme)으로 이끈다. "모든 사물은 사회이며 모든 현상은 사회적 사실이다. Toute chose est une société, tout phémomène est un fait social."[22]

타르드는 자신의 이러한 생각이 기존의 사회과학의 틀을 벗어났다는 것을 잘 알았다. 그가 사회학사에 등장한 사람들 중에서 가장 형이상학적인 인물로 평가받는 것도 이러한 이유에서일 것이다. 여하튼《모방의 법칙》에서 전개되고 있는 믿음과 욕망에 대한 타르드의 논의가 이러한 사상을 배경으로 하고 있다는 사실은 반드시 염두에 두어야 할 것이다.

4. 사회는 모방이며 모방은 일종의 최면 상태다

이 책 3장 후반부에 등장하는 이 명제는《모방의 법칙》중에서 가장 널리 알려져 있으며 또 가장 많이 인용되는 구절이다. 이 명제는 두 문장으로 되어 있는데, 앞부분은 사회란 무엇인가라는 질문에 대한 대답이 될 것이고 뒷부분은 모방이란 무엇인가에 대한 대답이 될 것이다.

사회란 무엇인가? 먼저 경제적인 관점에서는 서로 도움을 주는 개인들의 집단으로 정의할 수 있을 것이다. 그렇지만 이렇게 정의할 경우 인간 사회와 동물 사회 간의 차이점이 나타나지 않는다. 그다음 법적인 관점에서는 사회를 법률이 정한 권리와 널리 받아들여진 관습이나 전통에 의해 결합된

---

[21] Tarde,《Monadologie et sociologie》, p. 44.
[22] Tarde,《Monadologie et sociologie》, p. 58.

개인들의 집단으로 정의할 수 있을 것이다. 이러한 정의는 경제적인 관점에서의 정의보다는 낫지만, 사회를 너무 좁게 규정한다는 인상을 지울 수 없다. 마지막으로 정치적 및 종교적 관점에서는 사회적 유대에 초점을 맞춰 사회를 동일한 애국심에서 협동하거나 동일한 믿음을 공유하는 개인들의 집단으로 규정할 수 있을 것이다. 그렇지만 이 도덕적· 정신적 일치는 상당히 발전한 사회의 특징이며, 사회를 정의하기에는 충분한 요소가 되지 못한다. 그것은 조금씩 계속해서 이루어진 모방의 축적된 결과다. 타르드는 인간의 사회적 관계에 주목하면서, 사회를 현재 서로 모방하고 있는 사람들의 집단 또는 현재는 모방하고 있지 않지만 전에 똑같은 본보기를 모방했기 때문에 공통된 특징을 갖게 되었거나 서로 유사해진 사람들의 집단으로 정의한다. 타르드에 따르면, 사회성은 모방성이기 때문에 사회란 어떤 사람이 다른 사람을 모방하는 순간부터 형성되는 하나의 결합association이며 그 결합과 모방성의 관계는 유기체가 생명력에 대해서 지니는 관계와 같다. 그의 정의를 받아들인다면 완전한 사회란 관념의 모방이 순식간에 이루어지는 사회, 어느 한 뇌에서 생겨난 관념이 모든 구성원에게 곧바로 전달되는 사회다.

그리고 타르드의 정의에서 보면 사회(또는 집단) 자체라는 관념은 허구다. 물론 그는 어느 정도의 사회실재론에 대해서는 반대하지 않는다. "그 사회적 현실이 일단 만들어지면 그것은 때로(매우 드물긴 하지만) 강제에 의해서, 대부분의 경우 설득과 암시에 의해서 그리고 독특한 즐거움—아이가 모유를 먹고 싶어 하는 것처럼 우리가 어릴 때부터 주위의 수많은 본보기의 예에 물들면서 맛보는 독특한 즐거움—에 의해서 개인을 압도한다는 것을 나도 잘 알고 있다."[23] 그렇지만 그는 기본적으로 사회명목론적 입장을 취했다. 사회란 개인들의 행동의 전체적인 결과에 대한 이름에 불과하다. 왜냐하면 행동하고 사고하는 것은 개인이며 개인 간의 관계만이 있기

---

[23] Tarde, 《Les lois sociales》, p. 125.

때문이다. 소위 구조라는 것은 없다. 또한 저절로 형성되었다는 의미에서의 자연적인 사회도 없기 때문에 자연법이라는 것도 없으며, 그 어떠한 종류의 합의, 즉 사회적 계약도 없었기 때문에 계약사회도 없다. 존재하는 것은 오로지 개인 간의 관계뿐이다. 이렇게 정의되는 사회는 일종의 초유기적인 유기체인 국민과 다르다. 타르드는 오늘날 수많은 사람들이 국민성을 잠차 잃어버리면서도 점점 더 사회화되는 것을 통해 사회와 국민이 다르다는 것을 잘 알 수 있다고 말했다.

모방이란 무엇인가? 그것은 일종의 최면 상태다. 현재 우리뿐만 아니라 그 당시의 학자들에게도 대단히 비과학적이고 상식 밖의 대답으로 들렸을 이러한 해석을 정당화하기 위해 타르드는 다음과 같이 말했다. "이 주제에 대한 현대 저작들, 특히 리셰C. R. Richet(프랑스의 생리학자, 1850~1935), 비네A. Binet(프랑스의 심리학자, 1857~1911), 페레Féré(프랑스의 심리학자, 1852~1907), 보니H. Beaunis(프랑스의 심리학자, 1830~1921), 베르넴Bernheim(프랑스의 의사, 1840~1919), 델뵈프Delboeuf(벨기에의 철학자이자 심리학자, 1831~1896) 등의 저작을 다시 읽는다면, 사회적 인간을 진정한 몽유병자로 간주한다고 해서 내가 공상의 과오에 결코 빠지지 않았다는 것을 확신할 것이다. 반대로 나는 내가 가장 엄격한 과학적인 방법을 따른다고 생각한다." (이 책, pp. 119~120)

이 인용문을 보면 타르드가 모방 현상의 성질을 파악함에 있어서 그 당시 최면 연구에 많은 영향을 받았다는 것을 알 수 있다. 최면은 프랑스에서 19세기 내내 비과학적인 속임수로 간주되어 왔는데, 1880년대에 들어와 파리의 의사 장 마르탱 샤르코Jean Martin Charcot(1825~1893)가 히스테리 환자를 최면 기법으로 치료하는 데 성공한 것을 계기로 점차 학계에서도 인정하기 시작했다. 앞에서 언급한 바 있는 1882년의 샹비주 사건 때 죽은 여성의 가족은 샹비주가 여성에게 최면을 걸어 그녀를 강간 살해했다고 주장하기도 했다. 타르드 역시 이러한 분위기 속에서 그 당시 최면 연구에 관심을 지녔다. 19세기 말 프랑스에서는 최면 연구가 장 마르탱 샤르코를 중심으로 한 살페트리에르Salpetriere 학파와 이폴리트 베르넴Hippolite Bernheim(1840~1919)을 중심으로 한 낭시Nancy 학파로 나뉘어 진행되었다. 샤르코는 최면 현상이 히스테리 증상과 같다는 견해를 주장했는데, 지그문트 프로이트 (1856~1939)도 한때는 샤르코의 최면 기법에 매료되어 최면을 임상에 활용하기도 했다.[24] 반면 낭시 학파는 최면은 순수한 암시의 문제며, 일정한 조건에서는 히스테리환자뿐만 아니라 모든 사람이 최면에 걸릴 수 있다는 견해를 주장했다. 타르드는 이 낭시 학파를 따라서 모방을 한 인간에서 다른 인간으로의 암시 작용의 효과로 이해했다. 타르드가 종종 암시모방la suggestion-imitation이라는 용어를 쓰는 이유도 이 때문이다. 다음이 그 한 예이다. "아무리 혼란스러운 시대라도 사회생활의 기반을 이루는 정신 간의 또 의지 간의 이 세심한 일치, 달리 말해서 어느 한 주어진 순간에서 볼 때 한 사회의 모든 정신과 의지에서 그토록 많은 분명한 관념, 그토록 많은 분명한 목적과 수단이 이처럼 동시에 존재한다는 것은 사람들을 서로 상당히 비슷하게 태어나게 한 생물적 유전의 결과도 아니고, 거의 비슷한 능력에 거의 똑같은 자원을 준 지리적 환경의 결과도 아니다. 그것은 바로 어느 한 관념이나 행위를 처음 만들어낸 사람에게서 그 본보기를 점점 퍼뜨린 암시모방의 결과라고 나는 주장한다."[25]

모방이 암시 작용의 효과라는 것을 근거로 해서 타르드는 다음과 같이 말했다. "사회 상태란 최면 상태와 마찬가지로 꿈의 한 형식에 불과하다. 즉 조종받은 꿈이며 활동하고 있는 꿈이다. 암시된 관념들을 갖고 있는 것에 불과한데도 그것들을 자발적인 것이라고 믿는 것, 이것은 몽유 상태에

---

24 그렇지만 프로이트는 최면 유도에 자주 실패하면서 최면이 저항을 없애지 못할 뿐만 아니라 제한된 치료 효과밖에 없다고 결론짓고는 후일 자기 나름의 자유연상법을 개척했다.
25 Tarde, 《Les lois sociales》, p. 59.

있는 사람만이 아니라 사회적인 인간에게도 있는 고유한 착각이다."(이 책, pp. 120~121) 즉 사람들은 자신이 자동인형이면서도 자율적인 존재라고 생각한다는 것이다. 그는 이 사회학적 관점이 옳다는 것을 알기 위해서는 현재 우리 자신보다는 우리와 매우 무관한 문명에서 산 고대 민족(예를 들면 이집트인, 스파르타인, 히브리인 등)을 관찰해볼 것을 권했다. 왜냐하면 우리가 우리 자신을 관찰할 경우 그 관점이 주장하는 최면 상태의 맹목성에서 벗어나기 때문이다. 이 최면 상태는 어떻게 일어나는가? 그것은 본보기가 되는 어느 한 사람과 그 본보기를 모방하는 자의 비대칭적인 관계에서 시작된다. 맨 먼저 아버지와 자식 간의 일방적이며 불가역적인 관계에서 시작되는데 아버지는 자식들의 최초의 주인, 최초의 사제, 최초의 본보기이기 때문이다. 이 지도자로서의 아버지는 어떠한 존재인가? 집안의 최고 어른으로서의 권위, 즉 '위세prestige'를 통해 매혹하는 자다. 조상, 예언자, 정치 지도자의 경우에도 마찬가지다. 사람들은 오랫동안 지도자들이 공포와 속임수 등으로 지배했다고 생각했지만 그렇지 않다. 지도자는 위세가 있는 자이며 이 위세가 모든 것을 말해준다. 그 위세에 의해 복종과 모방이 일어난다. 이 위세는 어떻게 생겨나는가? 그것은 사람들에게 잠재적인 상태로 있는 믿음과 욕망의 힘에 출구를 열어줌으로써, 또한 사람들이 높이 평가하는 재화를 얻는 데 적합한 우월성을 보여줌으로써 생겨난다. 즉 어떤 발명이나 혁신, 뛰어난 사냥(전쟁) 기술, 탁월한 지혜나 유창한 언변, 예언의 적중, 외부 발명의 도입 등으로 생겨난다. 위세를 지닌 자에게 사람들의 모든 욕망과 믿음의 힘이 집중된다. 이것이 바로 매혹fascination에 의해 일어나는 복종과 모방의 효과다. 매혹이란 일종의 사랑과 믿음이 단 하나의 극으로 집중되는 것, 즉 편극polarisation 작용이다. 람세스, 알렉산더, 마호메트, 나폴레옹 등 역사상 많은 위인들이 이러한 현상의 예다.

이러한 현상은 지도자와 일반 백성 사이에서만 일어나지 않는다. 일반인들 사이에서도 일어난다. 그들 자신도 때때로 본보기가 된다. "어떤 최면 상태에 있는 사람이 그의 매체médium를 계속 모방해서 그 자신이 매체가 될 정도에 이른 다음 또 제3자를 매혹하고, 이번에는 다시 그 제3자가 그를 모방하고 그런 식으로 계속된다고 가정해보자. 그것이 바로 사회생활이 아닌가?"(이 책, p. 129) 사회적 관계는 차례로 계속되며 사슬처럼 묶여 있는 최면 작용의 연쇄이다. 모든 사회는 일반화된 최면 상태를 나타낸다. 도시 생활이 그 좋은 예다. 거리의 움직임과 소음, 상점의 쇼윈도, 바쁜 일상생활의 과도한 충동적인 흥분 등은 도시인을 피곤하게 만들기 때문에 그들이 자발적으로 사고하기보다는 다른 사람을 통해 생각하는 쪽을 택하게 한다. 이러한 자발적인 정신적 노력의 포기는 도시인의 정신을 점점 더 둔하게 만드는 동시에 흥분시켜 최면 상태에 들어가게 한다. 미국의 사회학자 에버릿 휴스Everett C. Hughes는 《미국 사회학 잡지 The american journal of sociology》에 기고한 글 〈타르드의 경제심리학 : 어느 한 잊힌 사회학자에 의한 알려지지 않은 고전 Tarde's PSYCHOLOGIE ÉCONOMIQUE: An unknown classic by a forgotten sociologist〉에서 "그의 저작은 도시, 즉 점점 더 복잡한 생활에 대한 사랑을 나타낸다"고 말한 바 있는데,[26] 그의 말을 타르드의 저작(여기에서는 《모방의 법칙》)이 도시 생활에 더 잘 들어맞는다는 것으로 이해해도 된다면 그의 지적은 타당하다고 볼 수 있을 것이다.

지금까지 '사회는 모방이며 모방은 일종의 최면 상태다'라는 명제의 내용을 간단히 살펴보았다. 그런데 타르드는 이 명제가 등장하는 3장 말미에서 다음과 같이 말했다. "명제의 두 번째 부분에 대해서는 독자에게 내가 과장하고 있다는 것을 참작해주기를 부탁한다."(이 책, p. 132) 이렇게 말한 타르드의 의도는 무엇인가? 혹시 그것은 자신이 가장 엄격한 과학적인 방법을 따른다고 말은 했지만 그래도 모방이 최면 상태와 완전히 일치하기보

---

[26] Everett C. Hughes, 〈Tarde's PSYCHOLOGIE ÉCONOMIQUE: An unknown classic by a forgotten sociologist〉 in 《The american journal of sociology》, 1961, n. 6, p. 558.

다는 그 최면 상태의 성질을 어느 정도 지니고 있다는 식으로 해석해주기를 바란 것이 아닐까? 그렇다 하더라도 그가 모방을 최면 상태로 설명하려는 심리학적 방법을 이용한 것은 부인할 수 없는 사실이다. 사회학을 다른 여타의 과학과는 독립된 과학으로 세우려고 한 뒤르켐이 타르드를 비판하는 주요한 이유 중 하나가 이 심리학적 방법이라는 것은 지적할 필요가 있을 것이다. 그리고 '사회는 모방이다'라는 명제도 제한적인 의미로 해석되어야 할 것이다. 타르드에 대한 오해 중 하나가 타르드는 모든 사회현상을 모방으로 해석한다는 것인데, 이러한 오해를 낳은 일등공신이 바로 이 문장이 아닌가 하는 생각이 든다. 타르드에게 있어서 모방은 사회현상의 가장 중요한 요소지 결코 유일한 요소가 아니며 또 사회현상의 모든 것도 아니다.

5. 모방의 법칙

타르드는 모방이 일종의 최면 상태라고 말했는데, 이것은 모방에 대한 정의라기보다는 모방의 내적인 성질을 지적한 것에 지나지 않는다. 그러면 그는 모방이라는 말을 어떻게 정의하는가? 그는 1890년 《모방의 법칙》을 출간한 이후 줄곧 모방의 의미를 지나치게 확대해석해 그 말을 쓰기에는 거의 적절하지 않은 사실도 모방이라고 불렀다는 비판에 시달렸다. 따라서 그는 1895년 제2판 서문에서 자신은 모방이라는 말에 항상 명확하고 특징적인 의미를 부여했다고 반박하면서 그 정의를 다음과 같이 제시했다. 즉 모방의 의미는 "한 정신에서 다른 정신으로의 원거리 작용, 즉 어떤 뇌 속에 있는 음화陰畵를 다른 뇌의 감광판感光板에 거의 사진처럼 복제하는 것으로 이루어지는 작용이라는 의미"(이 책, p. 8)다. 그렇지만 그는 능동적이고 의식적인 모방 행위뿐만 아니라 의도적이지 않은 무의식적인 모방 행위도 심지어는 반대 모방contre-imitation도 모두 모방 행위 속에 포함시킴으로써 모방에 대단히 넓은 의미를 부여한다. 이는 우리의 일상적인 용법과는 크게 다르다. 타르드는 이처럼 모방이라는 말에 대한 자신의 이용법을 변호

하고 그 나름의 정의를 제시하지만, 그래도 그 말의 과도한 사용에 대해서는 논란이 끊이지 않는다.[27]

그런데 여하튼 모방하기 위해서는 그전에 모방되는 것이 있어야 되지 않겠는가? 모방되는 것, 본보기, 달리 말해서 발명은 무엇을 의미하는가? 타르드는 여기에서도 독특한 정의를 제시했다. 그는 발명(또는 발견)이라는 말 속에 아무리 단순한 것이라도 혁신된 것(새로운 것)이면 모두 포함시켰다. "언어, 종교, 정치, 법률, 산업, 예술 등 모든 종류의 사회현상에서 앞서 일어난 혁신에 뒤따르는 그 어떠한 혁신이거나, 아무리 사소하더라도 향상시키는 것을 뜻한다."(이 책, p. 30) 그는 다음과 같이 덧붙여 말했다. "모든 것은 사회적으로는 발명이나 모방에 불과하다. 모방은 강이고 발명은 [그 원류가 있는] 산이다."(이 책, p. 31) 발명은 어떻게 생겨나는가? 사람들은 보통 무無에서 유有를 만들어내는 것이 발명(또는 창조)이라고 말하지만, 무에서는 아무것도 나오지 않는다. 발명이란 기존의 것들을 모방하고 새로 조합해서 만들어낸 혁신이다. 그렇다면 발명이라는 것도 언제나 '모방한 발명'이다. "따라서 모든 발명과 발견은, 외부로부터의 본질적으로 빈약한 몇몇 기여를 제외하면 이전의 모방을 요소로 하는 복합체다. 그리고 이 복합체는 이번에는 자신이 모방되어 더 복잡한 새로운 복합체의 요소가 되는 운명에 처해 있다."(이 책, pp. 81~82) 타르드는 발명을 모방되는 운명에 있다고 말하는데, 이는 아무리 위대한 것이라도 그 창안자의 정신 속에 갇혀 있는 것은 사회적으로 의미 없는 것, 즉 개인적인 것에 불과하다는 뜻을 함축하고 있다.

새로운 발명(발견, 혁신)이라고 해서 모두 다른 사람들에게 받아들여지지 (즉 모방되지) 않는다. 새로운 발명 중 소수만이 그 창안자의 예를 따라 일반 대중에게 퍼지고 대다수는 잊힌다. 왜 이러한 일이 일어나는가? 여기

---

[27] 타르드의 모방 개념에 정면으로 비판을 가한 대표적인 인물이 에밀 뒤르켐이다. 이에 관해서는 나중에 다시 볼 것이다.

에는 물리적인 원인도 생물학적인 원인도 있겠지만, 타르드는 자신은 순수한 추상적인 사회학la sociologie pure et abstraite에 관심을 두기 때문에 물리적 및 생물학적 수준의 고찰은 하지 않겠다고 말한다. 그가 말하는 순수한 추상적인 사회학이란 사회현상(여기에서는 모방 현상)을 지배하는 일반적인 법칙을 파악하는 것을 의미한다. 모방의 법칙을 파악하려고 할 때 반드시 고려해야 하는 사회적인 원인이 두 가지 있는데, 하나는 논리적인 원인이고 또 하나는 비논리적인 원인이다. 논리적인 원인은 다음과 같은 경우에 작용한다. "어떤 개인이 어떤 특정한 혁신을 선택하는 이유는 그가 그 혁신이 다른 혁신들보다 더 유용하거나 옳다고 판단하기 때문이다. 즉 그 혁신이 다른 혁신보다 그의 마음속에 (언제나 모방을 통해) 이미 확립된 목적이나 원리에 더 잘 일치한다고 판단하기 때문이다. 이 경우에는 어떤 발명이나 발견을 퍼뜨린 사람들의 인격, 그 발명이나 발견이 생겨난 시대나 장소의 위세나 불신은 고려하지 않는다."(이 책, p. 196) 그렇지만 논리적인 원인이 순수하게 작용하는 경우는 매우 드물며, 일반적으로 비논리적인 (즉 논리 외적인) 원인이 작용한다. 그 혁신이 생겨난 장소나 시대 때문에 그것이 다른 혁신보다 더 많이 받아들여지는 경우가 있다. 따라서 논리적인 원인과 비논리적인 원인 모두를 살펴보아야 한다.

a. 논리적 법칙

모방의 논리적 법칙은 연속적인 세 가지 형태(집합적인 성찰, 논리 대결, 논리 결합)를 취한다. 이 법칙은 우선 집합적인 성찰Méditation collective 형태로 시작한다. 어느 한 새로운 발명이 사회에 나타났을 때 사람들은 그것을 곧바로 받아들이기보다는 그것을 관찰하고 검토하면서 서로 의견을 교환한다. 한 개인이 발명에 직면할 때 그의 뇌에서 일어나는 것과 똑같은 과정이 사회 구성원 사이에서 일어난다. "어떤 사람이 어느 주어진 주제에 대해 심사숙고하면 하나의 생각이 떠오르고 그다음에는 또 다른 생각이 떠오른다.

생각을 거듭하고 삭제를 거듭하다 보면 그는 마침내 문제의 해결책을 올바르게 포착하며 이때부터는 희미한 빛에서 밝은 빛으로 달려간다. 역사도 이와 똑같지 않은가? 한 사회가 어떤 위대한 착상(예를 들면 세계에 대한 기계론적 설명)을 그 사회의 과학이 발전시키고 정밀화하기 전에 먼저 그 사회의 아주 오래된 호기심에서 만들어내려고 할 때, 또는 어떤 위대한 성과(예를 들면 증기기관에 의한 생산, 수송 또는 항해)를 그 사회가 실제로 활용하기에 앞서 먼저 야심차게 꿈꿀 때, 무슨 일이 일어나는가? 우선 이렇게 제기되는 문제는, 여기저기에서 나타났다가 곧 사라지는 서로 모순된 갖가지 종류의 발명과 상상력을 불러일으킨다. 이러한 상황은 어떤 분명한 공식이나 어떤 편리한 기계가 생겨날 때까지 계속된다. 그런 공식이나 기계는 나머지 모두를 잊어버리게 하고 이제부터는 그 이후의 연속적인 개선과 발전에 확고한 기초로 쓰인다."(이 책, pp. 203~204) 그렇다면 사회의 진보도 일종의 집합적인 성찰의 산물이다. 그것은 그 자신의 고유한 뇌는 없지만, 자신의 발명을 교환하며 평가하는 수많은 사람의 뇌의 협동에 의해 이루어진다. 그리고 문자(기록) 덕분에 이 집합적인 성찰은 세대에서 세대로 수세기에 걸쳐 지속될 수 있다.

이 집합적인 성찰에서 두 개의 정신적(심리적) 반응이 생겨난다. 그 하나는 논리 투쟁이고, 또 하나는 논리 결합이다. 두 개의 정신적 흐름, 특히 동일한 목적을 지녔거나 똑같은 욕구에 대답하는 두 개의 서로 다른 발명이 만났을 때 논리 대결duel logique이 일어나는 경우가 있다. 인류의 역사는 (논리 결합이 아닐 때에는) 잇달아 일어나거나 동시에 일어나는 논리 대결로 가득 차 있다. 동일한 지역을 놓고 싸우는 두 언어 (예를 들면 오리엔트 지역에서의 설형문자와 페니키아 문자) 간의, 똑같은 관념에 해당되는 두 표현(똑같이 말을 가리키는 equus와 caballus) 간의, 다양한 통치 형태 간의, 예술 유파 간의, ……논리 대결이 있었다. 이러한 대결은 어떻게 해결되는가? 이 사회적인 논리 대결은 세 가지 방식으로 해결된다.

첫째, 두 대적자 중 어느 한쪽의 진보가 외부나 내부의 도움 없이 단순히 길어지면서 다른 한쪽이 자연스럽게 제거된다. 둘째, 두 대적자 중 한쪽이 그 대립을 없애고 싶은 욕구를 강하게 느껴서 무력이나 권위적인 힘을 행사해 다른 한쪽을 제거한다. 셋째, 두 대적자가 서로 타협하거나 아니면 그들 중 어느 한쪽이 새로운 발명을 통해 다른 한쪽을 퇴출시킨다.

사회생활에 대결, 즉 대체만 있는 것은 아니다. 축적도 있다. 두 개의 정신적 흐름이 만나 합쳐져서 더 강해질 수 있다. 이것이 논리 결합 accouplement logique이다. 논리 결합은 새로운 흐름을 만들어내는데, 이때 그 흐름을 구성하는 요소들은 어느 때는 서로 의지하면서 강력하게 연결되는 체계화 형태를 취하기도 하고, 어느 때는 서로 모순되지 않을 뿐만 아니라 서로 옳다는 것도 입증해주는 확대의 길을 걷기도 하며, 또 어느 때는 하나의 요소가 다른 요소에 통합되는 흡수의 형태를 취하기도 한다. "완전하지 않은 기계라도, 겉으로 보기에 또는 몇 가지 점에서 그 기계를 죽여버린 더 완전하고 더 복잡한 기계 속에 근본적으로 일종의 윤회를 통해 살아 있다. 그리고 막대기, 지렛대, 바퀴 같은 단순한 기계 모두도 우리의 더욱 현대적인 도구 속에 다시 나타난다. 활은 강철활 속에, 강철 활은 화승총과 소총 속에 남아 있다. 원시적인 짐수레는 스프링 장치가 달린 마차 속에 남아 있으며, 또 이 스프링 장치가 달린 마차는 기관차 속에 남아 있다. 기관차는 그 마차에 증기기관과 뛰어난 신속함을 덧붙이면서 그 마차를 쫓아낸 것이 아니라 흡수해버렸다."(이 책, p. 238) 이러한 체계화, 확대, 흡수 등이 쌓이면서 논리 결합이 일어나며, 이 논리 결합은 사회생활의 자산을 조금씩 풍부하게 한다.

b. 논리 외적인 법칙

타르드에 따르면 모방은 의식적인 것일 수도 있고 무의식적인 것일 수도 있으며, 깊이 생각한 것일 수도 있고 자연 발생적인 것일 수도 있다. 그리고 또한 자발적인 것일 수도 있고 비자발적인 것일 수도 있다. 이러한 사정으로 인해 모방 행위의 논리적인 과정에 혼란이 일어난다. 그렇다고 해서 모방의 진행 과정에 일관성이 없는 것은 아니다. 타르드는 그 일관성에 주목해 모방의 논리 외적인 법칙을 세우는데, 여기에는 두 가지 종류가 있다.

첫 번째 법칙(모방은 안에서 밖으로 진행한다)은 내면적(정신적)인 충동이 모방을 먼저 일으킨다는 것을 의미한다. 타르드는 말한다. "고등감각의 기능은 하등감각의 기능보다 모방을 통해 더 잘 전파될 수 있다."(이 책, p. 256) 따라서 관념(사상)의 모방이 그 표현의 모방에 선행하며, 목적의 모방이 수단의 모방에 선행한다. 안이란 목적이나 관념이며 밖은 수단이나 표현이다. 언뜻 보기에 다른 민족이나 계급을 모방하는 민족이나 계급은 그들의 취향, 문학, 관념 등 그들의 정신에 깊이 빠져들기 전에 그들의 사치품이나 예술을 먼저 받아들이는 것 같지만 사실은 그렇지 않다. 오히려 사정은 정반대다. 예를 들면 16세기 프랑스에서 일어난 의상의 유행은 스페인의 영향을 받은 것인데, 이는 이미 스페인 문학이 당시 스페인의 강력한 국력과 함께 프랑스인에게 깊은 인상을 주었기 때문이다. 어느 한 계급이 다른 계급과 접촉할 때 그 계급은 다른 계급의 믿음이나 욕망을 먼저 받아들인 다음 그 다른 계급의 억양, 의상, 가구, 건축물 등을 모방한다. "우리의 법칙에 따르면, 믿음의 융합이 언제나 또 어디에서나 습속이나 예술의 융합보다 훨씬 이전에 이루어진 이유와, 또한 그에 따른 결과로 작은 국가들이 나란히 있으면서 서로 적대적이었던 시대에도 하나의 공통된 종교가 방대한 영토에 퍼질 수 있었던 이유를 이해할 수 있다. ……중세에도 마찬가지로 동일한 신앙이 유럽을 지배했는데, 이는 강대한 군주 국가들이 화려한 궁정과 쉽게 전염되는 사치의 교환으로 사람들의 겉모습을 획일화하기 수세기 전이다. 그렇지만 이와 반대되는 예는 없다."(이 책, p. 270)

두 번째 법칙(모방은 아래에서 위로 진행한다)은 첫 번째 법칙에서 유래하며 그 첫 번째 법칙 속에 부분적으로 함축되어 있다. 그리고 이 법칙은 논리 외적인 법칙 전체를 지배한다. 본보기와 모방자의 관계는 거의 일방적인 것으로 사도와 새로운 신도의 관계며 주인과 하인의 관계다. 모방이란 본보기의 하강, 즉 위에서 아래로 내려가는 것이다. "발명은 국민의 최하층에서도 나올 수 있다. 그러나 그것이 퍼지기 위해서는 높이 솟아 있는 사회적인 꼭대기, 즉 모방의 연속적인 폭포가 내려갈 수 있는 일종의 사회적인 **급수탑**château d'eau이 필요하다."(이 책, p. 284) 개혁도 언제나 엘리트(정신적이든 정치적이든)에서 시작되며 평등에 대한 요구도 하층에서 나오는 것이 아니라 상층에서 나온다. 지역 간의 관계에서도 사정은 마찬가지다. 예전에는 궁정이 국경을 넘어 그들 간에 지속적으로 교류하며 서로를 물들였으며 또 각각의 궁정이 도시 위에 군림하면서 국민에게 본보기를 제시하는 중심이었다. 오늘날에는 수도나 대도시가 궁정의 후예로서 그 역할을 다한다. "오늘날 수도나 대도시는 말하자면 자신들이 추려낸 일 등급의 인구다. 국민 전체로는 남녀 두 성의 숫자상의 크기가 거의 균형을 이루지만 대도시에서는 남자의 수가 여자의 수보다 눈에 띄게 더 많다. 게다가 그곳에 있는 성인의 수는 나머지 지역에 있는 성인의 수보다 훨씬 많다. 마지막으로 특히 도시는 가장 활동적인 두뇌와 가장 활기찬 조직들, 즉 현대적인 발명을 이용하는 데 가장 적합한 두뇌와 조직을 전국의 모든 곳에서 끌어모은다. 따라서 그들은 현대의 귀족, 즉 세습에 의해서가 아니라 자유롭게 충원되는 엘리트 조합을 형성한다."(이 책, p. 291) 그리하여 수도나 대도시의 본보기는 여타의 지방 도시에 영향을 미치고 이 중소 도시는 다시 주변 지역에 영향을 미친다. 수도 간의 관계에서도 모방은 위에서 아래로 진행된다. "옛날에도 모든 궁정의 본보기가 되는 궁정이 있었던 것처럼, 다른 모든 수도가 내면적으로뿐만 아니라 표면적으로도 본받는 경향이 있는 수도는 언제나 있다. 옛날에는 승리한 왕의 궁정이나 아니면 최근에는 패배했더라도 오랫동안 승리하는 데 익숙해온 궁정이 그랬던 것처럼, 오늘날에는 현재 우위에 있거나 얼마 전까지만 해도 우위에 있었던 민족의 수도가 그러하다."(이 책, p. 292) 이 두 번째 법칙으로 인해 일반적인 평준화가 생겨나는 경향이 있다는 사실은 기억해둘 필요가 있을 것이다. 모방의 능력과 솜씨는 발명의 수 및 복잡성보다 더 빠르게 늘어나며, 또 모방은 점점 더 완전한 유사를 만들어내기 때문이다.

6. 관습과 유행

논리적인 가치가 똑같다고 판단되는 수많은 발명 중에서 어느 하나가 받아들여지는 이유는 그것을 만들어낸 사람, 계급, 그것이 생겨난 장소하고만 관계있는 것이 아니라 그것이 생겨난 시점이 오래되었는지 아니면 최근인지와도 관계가 있다. 이것은 모방이 위에서 아래로 진행된다는 법칙의 결과 중 하나로 논리 외적인 법칙에 포함된다. 그렇지만 이것을 따로 논의하는 이유는 관습과 유행의 관계 속에 타르드의 역사 철학이 함축되어 있기 때문이다.

오래된 것이 위세가 있는지 새로운 것이 위세가 있는지에 대한 판단은 시대마다 다르다. 오래된 것을 위세가 있다고 생각하는 시대는 관습의 시대이고, 새로운 것을 위세가 있다고 생각하는 시대는 유행의 시대다. 타르드는 과거(조상)를 본보기로 삼는 모방을 관습 모방imitation-coutume이라고 부르고, 동시대인의 혁신이나 외국인의 것을 본보기로 삼는 모방을 유행 모방imitation-mode이라고 불렀다. 오래된 것의 위세가 지배하는 시대는 자기 시대보다 자기 나라에 더 심취하는 시대로, 오래되었다는 것의 의미에는 좋아한다는 의미도 포함되어 있다. 이 시대의 대표적인 준칙은 '오래된 것이면 뭐든지 좋다'이다. 사람들은 조상에게서 물려받은 전통, 습속 및 문화적 유산을 자랑스럽게 여기고 예전 시대를 찬양하며 내면적인 생활을 한다. 이에 반해 새로운 것의 위세가 지배하는 시대는 자기 나라보다 자기 시대를 더 자랑스럽게 여기는 시대로 과거보다는 현재를 중시한다. 이 시대 사람들의 대표적인 준칙은 '새로운 것이면 뭐든지 좋다'이며, 동시대의 발명이나 외국의 새로운 본보기를 받아들이는 데 더 많은 열의를 나타낸다. 이 시대는 호기심이 왕성한 시대여서 상상력이 풍부한 발명품을 끊임없이 원하는 외면적인 생활을 추구한다.

인류 초기에는 어느 집단(사회)이든 그 집단은 아버지(조상)의 지배 하에 있기 때문에 그 집단 구성원들은 권위자와 전통에 대한 존중 속에서 생활한다. 관습 모방이 지배한다. 그렇지만 인구가 증가하고 외부와의 접촉이 늘어나면 사람들의 정신과 의지 속에 언젠가는 혁명이 일어난다. 사람들이 점차 관습에서 벗어나 그날그날의 취향, 즉 유행을 따르게 되면, 그들은 가족 정신(또는 부족 정신)보다는 군중 정신 아래 있게 된다. 성직자나 조상의 말을 믿는 경향보다는 동시대 혁신자의 말을 믿는 경향이 우세해진다. 이웃 나라 말에서 단어를 빌려오는 경우가 많아지고 아이들에게 외국어를 가르치는 열기도 높아진다. 세계주의 정신도 싹튼다. 그렇다고 해서 조상에게서 물려받은 관습이나 전통에 대한 존중심이 모두 사라지고 그 자리를 동시대인의 새로운 본보기와 영향에 대한 추종만이 차지하는 것은 아니다. 왜냐하면 "새로운 시대의 시민은 이 나중의 동기〔동시대인의 자극, 충고 및 암시〕에 따라 행동하면서, 자신에게 주어진 명제 중에서 **자유롭게 선택**하는 것을 뽐낸다. 그렇지만 실제로 그가 기꺼이 받아들이고 따르는 명제는, 이전부터 존재하는 필요와 욕망, 즉 풍습이나 관습처럼 그가 복종하는 과거 전체에서 생겨난 필요와 욕망에 가장 잘 부합하는 명제"(이 책, p. 313)기 때문이다. 관습의 영향이 유행의 영향으로 완전히 대체되는 것이 아니라 잠시 약해지는 것이다. 따라서 인간은 관습의 굴레에서 빠져나와도 완전히 벗어나지 못하며 언제나 불완전하게 벗어난다. 그러고는 인간은 다시 관습의 굴레 속에 떨어지면서 그 일시적인 해방으로 얻은 성과를 공고히 한다. 그가 다시 재능을 발휘해 관습에서 벗어나 동시대인의 혁신이나 외국의 본보기를 받아들여도 또 다시 관습의 굴레 속으로 떨어진다. 이러한 순환이 계속 반복되어 나타난다. 그러나 이처럼 유행 정신이 다시 관습 정신으로 돌아간다고 해서 이것이 후퇴를 의미하는 것은 아니다. 처음에는 관습 모방이 지배하다가 그다음에는 유행 모방이 지배하고 다시 관습 모방이 나타난다고 할 때, 이 뒤에 나타난 관습 모방은 처음의 관습 모방보다 그 폭과 깊이에서 훨씬 더 크고 성격도 반대되는 모습을 나타낸다.

  이 관계를 좀 더 자세하게 살펴보자. 보편적 반복의 세 가지 형태(파동, 생식, 모방)는 각각 처음에는 그 자신을 발생시킨 것과 관계있고 그것의 명령에 따르지만, 그다음에는 그 명령에서 벗어나 이번에는 그것을 자신에게 복종시키려고 한다. 하위에 있는 생명일수록 생식은 전적으로 파동에 따른다. 즉 그 생명은 빛이나 태양열 등 외부 물리적 에너지의 변화에 충실하게 따르며 생명 활동을 펼친다. 그러나 생명이 진화해 고등종, 즉 인간이 되면 그는 태양광선이라는 외부 에너지를 수동적으로 받는 것만으로 만족하는 경우가 점점 적어진다. 인간이 외부의 물리적인 에너지에 전적으로 의지하는 단계를 넘어서 그 에너지를 상당한 정도로까지 마음대로 하는 때가 온다. 문명이 아무리 고도로 발전해도 인간은 여전히 하나의 단순한 생명체에 불과하지만, 인간은 램프, 가스 가로등, 용광로, 기관실 화차 등에 불을 붙여 대도시에서는 밤을 낮으로 만들고 겨울을 여름으로 만든다. 그는 자연의 모든 파동에너지(열, 전기, 태양광선 등)를 하나씩 점점 더 많이 자신에게 복종시키며 그 힘을 자기 마음대로 사용한다. 생식과 모방도 이와 비슷한 관계에 있다. 처음에는 생물 원리가 사회 원리의 진행을 지배하며 모방도 생식에는 관여하지 않는다. 그러나 모방은 무한히 퍼져나가려는 경향으로 인해 생식의 한계(가족, 부족, 민족, 심지어는 인종)를 벗어나려고 갈망하기 때문에 마침내는 생물 원리에 간섭한다. 사회 원리가 생물 원리의 진행을 지배한다. 인위적인 산아제한(즉 실천적인 맬서스주의)이 사회에 도입되는 것이 이때다. 이는 생식력을 예측된 생산력의 한계 안에 제한시키는 것으로 생식을 모방에 복종시키는 것이다. "처음의 관습은 생식에 복종하지만 최종적인 관습은 생식에 명령한다. 전자는 생물 형태가 사회 형태를 이용하는 것이며, 후자는 사회 형태가 생물 형태를 이용하는 것이다."(이 책, pp. 321~322)

이상이 타르드가 생각하는 역사의 일반적인 공식이다. 타르드는 이 일반적인 공식이 모든 문명의 발전 전체를 요약해줄 뿐만 아니라 한 사회의 부분적인 발전(즉 언어, 종교, 통치, 법, 산업, 예술, 도덕 등)에도 잘 들어맞는다고 말한다. 관습과 관습 사이에서 유행이 나타나고 유행과 유행 사이에서 관습으로의 정착이 이루어지고 있어 역사의 일반적인 공식은 단순히 관습과 모방의 무한한 교대인 것 같지만 결코 그렇지 않다. 처음에 나타난 관습과 나중에 나타난 관습은 그 폭과 깊이가 다르기 때문이다. 그리고 타르드는 유행의 흐름도 관습이라는 큰 강에 비하면 매우 약한 급류에 불과한 것으로 보고 있어, 그가 유행보다는 관습에 더 많은 무게를 두고 있다는 것을 알 수 있다. "역사상 모든 변화의 목적은 강력하고 거대하며 최종적인 관습으로 흘러들어가는 것에 있는 것 같다. 자유로우며 강력한 모방도 결국은 거기에서 가능한 한 깊고 넓게 이루어진다."(이 책, p. 366)

그러면 관습 시대와 유행 시대 간의 차이가 항상 명확하게 눈에 들어오는가? 그렇지 않다. 그 이유는 동시대인의 혁신을 모방하든 외국의 것을 모방하든 간에 그 유행의 확산이 사회 활동의 거의 모든 분야에서 동시에 나타나는 경우는 매우 드물기 때문이다. 정치에서는 혁신의 물결이 일어나도 종교는 여전히 전통적인 관습의 정신에 젖어 있는 경우가 있으며, 산업에서는 발명의 열기가 뜨거워도 문학에서는 여전히 고전 작품을 좋아하는 분위기가 지배적인 경우도 있다. 그렇다 하더라도 그 직전이나 직후의 시대와 대조해보면 그 차이가 드러날 수밖에 없다. 또 하나 지적해야 할 것은 유행과 관습 사이에 항상 서로를 대체하거나 약화시키는 대립 관계만 있는 것은 아니라는 사실이다. 그 둘 간에는 종종 접목 관계도 있다. 이것은 새로운 유행이 아직도 살아 있는 관습 속에 슬며시 스며들어 도입되는 경우다. 예를 들면 혈연관계의 한계 안에서만 서로 도덕적인 의무나 우애의 유대가 있다고 여기는 시대(또는 사회)에서 외부인과의 계약이 계약 당사자끼리 피를 몇 방울 섞는 관습이나 또는 외부인과의 유대가 양자결연의 관습으로 이루어지는 경우가 그러하다. 또한 그리스 건축물이 원시 주민의 나무로 만든 오두막집의 특징을 화려한 대리석으로 나타내는 경우도 역시 그러하다. 이러한 것들은 새로운 유행이 그 시대(또는 사회)의 관행이라는 제복을 입을 때 더 잘 정착될 수 있다는 것을 보여준다.

그런데 유행의 지배는 위에서 아래로의 모방의 진전과 유사한 효과를 나타낸다. 유행 모방이 오래되면 모방의 속도가 발명의 속도보다 빠른 만큼 평준화 작용이 일어나 그때까지는 배우는 처지에 있었던 사람도 가르칠 수 있는 능력을 갖추게 된다. 도움과 차용의 상호성이 일어난다. 이렇게 되면 각각의 우월성을 인정하게 되고 상호적인 모방이 행해진다. 모방은 사람 간의 관계를 일방적인 것에서 상호적인 것으로 이행시킨다. 무리지어 다니는 강도에 의한 일방적인 공격이라는 의미의 인간 사냥에서 거의 대등한 무력투쟁이자 타격의 교환이라는 의미의 인간 간의 전쟁으로, 일방적인 아첨에서 상호적인 예의바름으로, 경신 또는 맹신에서 자유 검토의 입장으로, 일방적인 주장이라는 의미의 독단주의에서 상호적인 교육으로, 특권에서 모두에게 평등한 법으로, 증여나 도둑질에서 교환으로, 노예 제도에서 산업 협동으로, 남편이 아내를 일방적으로 소유한다는 의미의 원시적인 결혼에서 남편과 아내가 동등한 위치에서 서로를 소유한다는 의미의 평등한 결혼으로 이행한다. 이러한 변화는 단지 개인 간의 관계에서만 일어나는 것이 아니라 민족 간의 관계, 국가 간의 관계에서도 일어난다. 이제 모방은 변화를 촉진시키는 잠재적인 힘으로 작용한다. 타르드는 그러한 힘과 성질을 지닌 모방의 법칙이 순수 사회학의 윤곽, 즉 과거와 현재 또는 미래의 있을 수 있는 모든 사회에 적용되는 일반 사회학의 법칙이라고 말하면서, 그 법칙을 개인이라는 미시적인 수준과 민족이나 국가라는 거시적인 수준 모두에 적용한다. 이러한 그의 진술과 논증 속에는, 미시적인 것이든 거시적인 것이든 모두 동일한 원리로 설명되며 거시적인 것도 미시적인 것의 확대에 불과하다는 것을 보여주고자 하는 그의 의도가 들어 있는 것 같다.

IV. 에밀 뒤르켐의 모방론 비판

사회학을 심리학이나 역사학 등 여타의 학문들과 구분되는 독립된 분과학문, 즉 독자적인 연구 대상과 방법을 지닌 과학으로 만들고자 한 에밀 뒤르켐에게는 모방이라는 심리적 요소로 사회현상을 설명하는 타르드가 일종의 위험한 존재 내지는 하나의 장애물로 보였을 것이다. 따라서 뒤르켐은 타르드의 범죄학 논문들에 대해서는 긍정적이거나 중립적인 평가를 내리면서도 그의 사회학 저작(특히 《모방의 법칙》)에 대해서는 대단히 부정적인 입장을 취했다. 뒤르켐은 우선 《사회분업》(1893년)에서 사회가 진화할수록 사람들 간의 사회적 유대가 원시적인 부족 집단처럼 유사에 기초한 기계적 연대solidarité mecanique에서 현대 문명사회처럼 분업에 기초한 '유기적 연대solidarité organique'로 이행한다고 주장했다. 이는 사회가 유사(동질성)에서 차이(이질성)로 변해간다는 것을 의미하는 것으로, 모방에 의한 동화작용으로 사회가 점점 더 동질적인 것이 된다는 타르드의 생각과는 상충되었다. 게다가 그는 그 책에서 "모방, 그것만으로는 아무 것도 설명할 수 없다"고 노골적으로 말함으로써 자신이 타르드의 모방론에 대해 비판적이라는 것을 분명하게 밝혔다.

한편 타르드는 같은 해 발표한 서평 논문 〈사회문제 Questions sociales〉에서 사회 분업을 "주목할 만한 심오한 연구"라고 평가하면서도 세 가지 점에서 비판했다. 첫째, 사회 분업에서의 사회 진화에 대한 설명은 국내 관계만 고려하고 국제 관계는 고려하지 않기 때문에 전쟁, 대량 학살 및 난폭한 합병 등을 무시했다. 사회구조에서의 변화는 오히려 합병과 정복의 결과인데, 이러한 것은 야심, 탐욕, 명예욕, 개종시키려는 광신적 행위 등에 의해 일어난다. 둘째, 분업은 재능의 소산으로 사회의 부피와 밀도의 증가에서 나오는 것이 아니라 새로운 활동 영역을 만들어내는 창의의 존재에서 나온다. 셋째, 타르드는 뒤르켐이 기계적 연대와 유기적 연대를 대립시키는 것에 의문을 제기하며 다음과 같이 주장했다. 즉 분업 자체가 사람들을 사회화할 수도 없고 도덕적이게 할 수도 없다고 주장했다.[28]

타르드에 대한 비판은 뒤르켐이 먼저 했지만 타르드가 서평을 통해 본격적인 비판을 가함으로써 이후 그 둘 사이에서는 열띤 공방전이 계속되었다. 논쟁이 거듭될수록 쟁점도 확대되어 뒤르켐과 타르드는 마치 물과 불처럼 거의 모든 점에서 충돌했다. 뒤르켐은 1894년의 〈사회학 방법의 규칙 Les règles de la mèthode sociologique〉(1895년에 출간된 같은 제목의 책의 원형), 1895년의 〈프랑스에서 사회학연구의 현재 상태 L'état actuel des études sociologiques en France〉(본래는 이탈리아어로 발표된 것인데, 프랑스어로 번역되어 다음에 재수록되었다. 《Textes》, vol. I), 1895년의 〈범죄와 사회적 건강 crime et santé sociale〉 등의 논문을 통해, 타르드는 1894년의 〈불기소된 경범죄 les délits impoursuivis〉, 〈기초사회학 la sociologie élementaire〉, 1895년의 〈범죄성과 사회적 건강 criminalité et santé sociale〉 등의 논문을 통해 비판과 반박을 교환했다. 이들이 주고받은 논쟁의 쟁점은 다음의 세 가지로 요약될 수 있다. 첫째, 사회학의 연구 대상 및 방법을 둘러싼 근본적인 대립으로 사회적 사실이 과연 모방으로 설명될 수 있는가 하는 문제다. 둘째, 사회적 사실이 개인에 대해 외재성과 구속성을 지녔다는 뒤르켐의 사회실재론적 입장과 개인을 제거하면 사회적인 것에는 아무것도 남지 않는다는 타르드의 사회명목론적 입장 간의 대립이다. 셋째, 범죄가 정상 현상인가 병리 현상인가를 둘러싼 대립

---

[28] Steven Lukes, 《Émile Durkheim. His Life and Work : A historical and critical study》, London : Penguin Books, 1973, pp. 304~305.

이다. 타르드는 특히 뒤르켐이 범죄를 정상 현상으로 보는 것에 크게 반발했다(여기에는 법무부 법률통계국장이라는 그의 입장도 어느 정도 반영되었을 것이다). 이에 대해 뒤르켐은 범죄를 용인한다는 의미에서가 아니라 어느 사회나 범죄가 존재한다는 의미(즉 보편성이라는 의미)에서 정상 현상이라고 반박하고, 아울러 범죄가 정상 현상이지만 그 양이 늘어나면 병리 현상이 된다고 주장한다. 그렇지만 타르드는 정상적인 것과 병리적인 것을 구분하는 기준 자체와 정상적인 범죄율을 정하는 객관적인 기준에 대해서 계속 의문을 제기한다. 뒤르켐은 이 당시 자신과 타르드 간의 다툼의 원인이 자신은 과학을 믿는 데 반해 타르드는 믿지 않는 것에 있다는 말로 요약한다.

이러한 논쟁은 타르드가 죽을 때까지 계속되었는데, 뒤르켐은 그중에서도 1895년부터 준비한 《자살 Le suicide》에서 타르드에게 대대적이면서도 실로 본격적인 비판을 시도했다. 뒤르켐이 《자살》을 쓴 주된 목적은 《사회학 방법의 규칙》에서 천명한 원리를 구체적인 사회 현실에 적용해 그 원리의 유효성을 입증해 보이는 것과 19세기 후반 유럽 사회가 겪은 심각한 진통(자살율의 급격한 증가)을 진단해 그 치유책을 찾고자 하는 것이었지만, 또 다른 한편으로 그에게는 당시 모방 이론의 취약성을 결정적으로 입증하려는 의도도 있었다. 물론 뒤르켐의 칼끝이 주로 타르드를 향해 있다는 것은 새삼 강조할 필요조차 없을 것이다. 《자살》이 1897년 6월 말 출간되었을 때 사람들은 그 책을 '반反타르드 책 un livre anti-Tarde'으로 여겼으며, 타르드 역시 처음부터 끝까지 자신을 겨냥한 것 같다고 생각했다. 여기에는 그럴 만한 충분한 이유가 있다. 왜냐하면 뒤르켐은 《자살》에서 타르드의 모방론만 비판한 것이 아니라 《자살》의 제3부 〈사회현상 일반으로서의 자살에 대해〉에서는 그의 통계 처리 방식도 문제 삼았고, 그의 《사회학 방법의 규칙》 비판에 대한 반론도 함께 전개했기 때문이다.

당시에는 모방 이론을 펼친 사람들이 여럿 있었지만 뒤르켐의 주된 표적은 타르드의 모방 이론이었다. 그는 그 표적을 향해 개념 비판과 실증적 비판이라는 이중적인 전략을 구사했다. 《자살》은 3부로 구성되어 있는데, 제1부에서는 자살의 비사회적인 요인을 다루었다. 뒤르켐은 모방을 정신 질환, 인종, 유전 등의 유기적· 심리적인 요인 및 기후, 계절 온도 등의 우주적(또는 물리적 환경) 요인과 함께 비사회적인 요인 속에 포함시켰다. 그 이유는 모방이 순수하게 심리적인 현상이기 때문이다. 모방이 심리적인 현상인 근거는 모방이 사회적 유대가 없는 개인 사이에서도 일어나고 또 사람들 사이에 유대를 만들어낼 능력도 없다는 사실에 있다. 뒤르켐은 서로 구분되어야 할 다른 사실들임에도 불구하고 그것들을 뭉뚱그려 모방이라는 말로 표현해 혼란이 초래되는 만큼 그 말을 엄밀하게 정의할 필요가 있다고 주장했다. 모방이라는 말은 다음의 세 가지 뜻으로 사용되고 있다. 첫째, 동일한 집단 내 사람들이 상호 간의 영향을 통해 결합하면서 동시에 똑같이 생각하고 똑같이 느끼는 의식 상태를 의미하는 것으로 사용된다. 이러한 의미의 모방은 도시의 흥분에 가득 찬 집회나 혁명의 위대한 장면에서 가장 잘 나타난다. 둘째, 사람들이 자기가 속한 사회와 조화를 이루기 위해 주위의 일반적인 사고방식이나 행동 방식을 따르는 욕구도 모방이라고 말한다. 조상을 동조하고 싶은 본보기로 삼을 때는 관습 모방이 되고, 동시대인을 본보기로 삼을 때는 유행 모방이 된다. 셋째, 다른 사람이 한 행동을 그대로 반복하는 경우 모방이라는 말을 쓴다. 다른 사람이 하품하는 것을, 웃거나 우는 것을 보고 있기 때문에 우리도 하품하고, 웃고 우는 경우다.

　뒤르켐은 첫 번째 경우에는 순수한 재현 행위가 없으며 또 상호 간의 영향으로 새로운 상태가 형성되기 때문에 모방이라는 말을 사용할 수 없다고 본다. 뒤르켐은 모여 있는 사람들의 상호 반응으로 평화로운 시민들의 모임이 무서운 괴물로 바뀌는 경우를 예로 들면서, 이러한 현상에는 본보기도 모방자도 없고 있는 것은 오로지 여러 상태 간의 침투와 융합으로 인한 변형, 즉 새로운 집단 상태기 때문에 이것은 모방이라기보다는 오히려 창조라고 불러야 한다고 말했다. 두 번째 경우는 재현 행동이 있다는 점에서 첫 번째 행위와는 구분된다. 유행을 따르거나 관습을 지킬 때 우리는 다른 사람들이 이미 해왔거나 매일 하는 행동을 반복하지만 이 반복 행위는 소위 모방 본능으로 인해 일어나는 것이 아니다. 유행을 따르거나 관습을 지키는 행동은 주위 사람들의 감정을 거스르고 싶지 않은 의무감이나 그들과 교류를 이어가는 것이 유익할 것이라는 생각, 또는 우리가 집합적 사고방식이나 행동 방식에 대해 느끼는 존경심, 아니면 우리에게 그 존경심을 유지하게 하려는 집합체의 직간접적인 압력 등에 의한 것이다. 따라서 유행이나 관습에 따른 행동은 원숭이처럼 흉내 내며 반복하는 것과 전혀 다른 의미를 지니고 있기 때문에 모방이라고 부를 수 없다고 뒤르켐은 주장했다. 즉 전자에는 이유(동기)가 있지만 후자에는 이유가 없다는 점에서 구분된다는 것이다. 그리고 그는 세 번째 경우의 행동, 즉 다른 사람의 행동을 기계적으로 그대로 재현하는 자동적인 반사 행위만이 모방이라는 말을 쓰기에 적합하다고 말하면서 문제의 용어를 다음과 같이 정의했다. "어떤 행위가 다른 사람에 의해 그전에 이루어진 비슷한 행위의 표상을 직접적인 선례로 삼으면서, 재현된 행위의 내적인 성격에 대한 그 어떤—분명하든 암암리에든—지적인 조작이 그 표상과 실행 사이에 개입하지 않을 때 모방이 있다."[29] 이는 모방이라는 말의 사용을 직접적으로 선행하는 행위가 있고 그것을 무의식적으로 재현하는 행위에만 국한시키는 것인데, 나중에 보게 되는 바와 같이 타르드는 뒤르켐의 이러한 개념 정의에 큰 불만을 나타냈다.

뒤르켐은 개념 비판에 이어서 모방의 영향력(전파력)도 문제 삼았다. 모방을 암암리에 전염 현상으로 이해해 모방의 전파를 전염의 확산으로 해석하는 경우, 타르드가 주장하는 바와 같이 모방이 진정 사회현상의 근원이고 풍부한 원천이라면 모방이 자살률이라는 사회적 사실에 많은 영향을 미

---

[29] Émile Durkheim, 《Le suicide》, Paris: PUF, 1985, p. 115.

친다는 증거가 나타나야 할 것이다. 뒤르켐에 따르면 자살만큼 쉽게 전염되는 사례가 없기 때문이다. 모방이 자살율의 변화에 만족할 만한 설명을 제시할 수 없다면 다른 현상은 더욱 설명하지 못할 것이므로 모방 이론은 사회현상을 설명할 수 있는 과학적인 이론으로서의 자격을 상실할 수밖에 없다. 그리하여 그는 모방으로는 자살율의 변화를 설명할 수 없다는 것을 경험적으로 보여주기 위해 군郡을 단위로 해서 5년간(1887~1891년)의 자살 분포를 표시한 지도를 작성했다(이 자료를 제공한 사람이 바로 당시에 법무부 법률통계국장인 타르드다). 이 군 단위의 자살률 분포를 보면 파리, 루앙, 마르세이유 같은 중심 도시(수도 또는 대도시)보다 그 주위의 군에서 더 높은 자살률을 나타낸다는 것을 알 수 있으며 이러한 사정은 독일이나 이탈리아에서도 똑같았다. "결국 모든 지도가 우리에게 보여주는 것은 다음과 같은 것이다. 즉 자살은 어떤 중심에서 바깥으로 점점 약해져가는 다소 동심원적인 형태로 배치되기는커녕 반대로 거의(그러나 단지 거의일 뿐이다) 동질적이며 그 어떤 중심 핵도 없는 큰 덩어리로 나타난다는 것이다. 따라서 그러한 형상에는 모방의 영향을 나타내는 그 어느 것도 없다. 그러한 형상은 자살이 도시마다 어느 정도 일반적이라는 것만을 가르쳐준다."30 분포도를 보면 모방하는 쪽도 모방되는 쪽도 없기 때문에 모방 자체가 자살률에 미치는 영향력은 없거나 영향을 미친다 해도 미미할 것이라고 뒤르켐은 말하면서 다음과 같이 결론지었다. "따라서 모방이 갖고 있다고들 여기는 힘은 상상의 것이다. 모방은 좁은 범위 안에서는 똑같은 생각이나 똑같은 행동의 어떤 반복을 일으킬 수 있다. 그러나 그것은 사회의 정신에 도달해 그것을 변형시킬 만큼 충분히 폭넓고 깊은 파급 효과는 결코 없다. 집합 상태는 거의 만장일치고 일반적으로 매우 오랜 지지 덕분에—집합 상태는 그러한 지지의 대상이다—하나의 개인적인 혁신이 제거하기에는 너무나도 많은

---

30 Durkheim, 《Le suicide》, pp. 128~129.

저항력을 지니고 있다."³¹

《자살》이 출간되었을 때 타르드는 뒤르켐에게 반론을 제기하겠다고 예고했고, 뒤르켐도 그의 반론을 기대했지만 그는 결국 죽을 때까지 반론을 제기하지 못했다. 단지 1895년에 발표한 논문 〈범죄성과 사회적 건강〉을 1898년에 출간한 《사회심리학연구 Études de psychologie sociale》에 재수록하면서 붙인 부록에서 다음과 같이 말하는 정도에 그쳤다. "과학적인 지식 중 가장 객관적인 통계까지 가장 주관적인 해석에 동참하고 있다. 자살에 대한 뒤르켐의 최근 책은―다른 점에서 보면 흥미롭고 매우 정성들여 깊이 파고든 것이지만―그 풍부한 증거다."³² 오히려 반론은 타르드의 정신적인 제자라고 할 수 있는 구스타보 토스티Gustavo Tosti에게서 나왔다. 토스티는 뉴욕에서 활동하는 이탈리아 출신의 사회학자로 타르드와는 서신을 교환할 만큼 친밀한 사이였지만 뒤르켐에 대해서는 대단히 부정적인 인식을 갖고 있었다. 그는 1898년 뒤르켐의 《자살》을 '지금까지 시도된 것 중에서는 가장 완전한 연구'라는 것을 인정하면서도 '사회적인 힘이 개인에게서 어떻게 되는지'를 설명하지 못한 것이 그가 접근한 방식의 큰 약점이라는 내용의 짧은 서평과 "뒤르켐은 하나의 복합체란 그 요소들의 성격과 그것의 상호작용의 법칙에 의해 동시에 설명된다는 것을 이해하지 못하고 있다"는 비판적인 내용의 글을 발표했다.³³

그런데 타르드가 1897년 7월부터 작성한 것으로 보이는 육필 원고가 1996년 발견되었다. 타르드의 미공개 자료를 조사한 필립 베나르Philippe Besnard와 마씨모 보르란디Massimo Borlandi가 2000년에 편집해 발표한 것에 따르면 그 글에는 '뒤르켐의 《자살》에 관해 그에게 반대하며 Contre

---

31 Durkheim, 《Le suicide》, pp. 136~137.
32 Gabriel Tarde, 《Études de psychologie sociale》, Paris : Giard & Brière 1898, p. 161.
33 Marcel Fournier, 《Émile Durkheim(1858~1917)》, Paris : Fayard, 2007, pp. 326~327.

Durkheim à propos de son Suicide'라는 임시 제목이 붙어 있는데, 이것을 보면 그가 반론을 준비하고 있었다는 것을 알 수 있다. 타르드가 그 글을 완성하지도 공표하지도 않았기 때문에, 그의 최종적인 견해는 알 수 없지만 그래도 그의 생각을 엿보는 데는 큰 도움이 된다.[34] 베나르와 보르란디는 타르드가 원고를 완성하지 않고 중도에 그만둔 이유를 다음과 같이 추측했다. 첫째, 통계 자료의 처리는 타르드가 특별히 좋아하는 분야가 아니라는 것. 둘째, 자살이라는 주제가 타르드에게는 별로 친숙하지 않은 영역이라는 것. 셋째, 콜레주 드 프랑스에 사회철학 교수 자리가 신설될 것이라는 소식이 1897년 7월 나돌았는데, 내심 그 자리를 원하고 있던 타르드로서는 뒤르켐과의 공개적인 논쟁으로 새로운 격화 속에 빠지는 것을 꺼렸을 것이라는 추측이 그것이다. 아마도 타르드는 방대한 통계자료를 제시하며 자신의 주장을 전개한 뒤르켐의 능력에 깜짝 놀랐을 것이다.

마르셀 프루니에Marcel Fournier가 《에밀 뒤르켐Émile Durkheim》에서 "뒤르켐이 자살에 대해 제시한 분석에 관해서 타르드가 대단히 적절한 언급을 약간 하고 있다"고 말한 바와 같이,[35] 타르드의 초고를 보면 몇 가지 눈여겨볼 대목이 있다. 그것을 중심으로 초고 내용을 조금 살펴보자. 타르드는 우선 자살이 사회적 사실이라는 것에 대해서는 뒤르켐에게 전적으로 동의했다. 그 역시 자살하는 사람은 대부분 기후, 인종, 개별적인 병리 현상 등에 의해서가 아니라 동류와의 사회적 관계에서 발생한 압력이나 관념에 영향을 받기 때문이라고 생각했다. 그렇지만 그는 이 동류와의 사회적 관계를 개별적으로 검토하면 그 모두가 모방적 관계라는 생각을 굽히지 않았다. 이어서 그는 모방 개념을 자동적인 반사 행위로만 국한시킨 뒤르켐

---

[34] 타르드의 글은 베나르와 보르란디의 해설과 함께 다음에 실렸다. M. Borlandi et M. Cherkaoui (éds.), 《자살, 뒤르켐 이후 한 세기 Le suicide, un siècle après Durkheim》, Paris:PUF, 2000, pp. 219~255.

[35] Fournier, 《Émile Durkheim》, p. 325.

에게 너무 좁은 의미로 정의했다고 불만을 나타내면서, 모방을 그런 의미로 생각한다면 조금이라도 지적인 사람들의 사회에서는 모방이 중요성을 거의 지니지 못할 것이 확실하다고 주장했다. 자살 분포도가 가장 위세 있는 수도를 중심으로 해서 동심원적인 형태를 나타내지 않는다는 뒤르켐의 경험적 반박에 대해 타르드는 모방 현상이 본보기가 되는 지역보다 모방하는 지역에서 더 강력해지는 경우도 종종 일어난다고 말하면서 벨기에의 경우를 예로 들었다. 즉 철도의 경우, 벨기에가 영국을 모방했는데 오히려 벨기에의 철도망이 영국보다 더 촘촘하며 이용도 더 활발하다는 이유였다. 뒤르켐의 자살 유형에서는 이기적 자살과 이타적 자살의 구분이 문제가 되었다. 통합에 대해서 그 과다와 과소를 구분하는 것은 완전히 자의적인 구분인데, 그 이유는 그 경계가 어디인지를 뒤르켐이 말할 수 없었기 때문이다. 특히 타르드는 군인의 자살을 이타적 자살이라고 보는 것에 대해 이의를 제기했다. 군인의 자기 희생이 비인격주의에 의한 것이 아니라 대부분 생물적 삶보다 사회적 자아를 우선시하는 결과에 따른 것, 즉 인격의 최고의 고양이 아닌가 하고 반문했으며, 아노미적 자살에 대해서는 그것이 본질적으로 이기적 자살이라고 말했다. 그리고 뒤르켐이 말하는 것처럼 자살이 아노미, 즉 무규율에 비례한다면, 자살은 수도원에서와 같이 군대에서도 극히 드물어야 할 것이다. 그런데 뒤르켐은 규율이 수도원과 군대에서 일으키고 있는 결과 간의 매우 명백한 차이를 설명하지 않는다고 지적했다. 그리고 타르드는 농촌보다 도시에서 자살과 이혼이 더 많은 것은 도시가 농촌보다 덜 통합되어 있기 때문이 아니라, 도시 생활이 농촌 생활보다 더욱 지나친 흥분을 주며 강렬한 희망이나 바람에 대해서도 자극적이고 사랑에서도 많은 욕심을 갖게 하기 때문이라고 생각했다.

필립 베나르는 뒤르켐의 타르드 비판에 관해서 매우 주목할 만한 논문 《뒤르켐이 타르드를 비판한다. '규칙'에서 '자살'까지 Durkheim critique de Tarde. Des règles au suicide》를 1995년 발표한 바 있는데, 이 논문에서 그는 뒤르켐의 모방 개념에 대해 다음과 같이 말했다. "모방이라는 말에 대한 그러한 정의가 일상적인 의미에서 벗어나 있다는 것은 말할 필요가 없다. 일상적인 의미는 재현의 의지와 따라서 지적인 조작을 함축하기 때문이다."[36] 사실 모방을 뒤르켐처럼 정의한다면 우리는 모방 범죄나 모방 제품, 모방 자살이라는 말을 더 이상 쓸 수 없을 것이다. 또한 베나르는 뒤르켐의 실증적 반박이 "사실 대단한 것이 아니며 타르드가 대답하지 못한 것 자체가 놀랍다"[37]고 말했다. 베나르에 따르면 전염에 의한 전파 과정은 두 가지로 해석될 수 있다. 첫째, 확대에 의한 전파la diffusion par extension로 해석될 수 있으며, 이 경우는 열원에서 열의 방사처럼 발생원에서 문제의 현상이 계속 일어나며 주위에 영향을 미치는 경우다. 이때는 발생원에서 그 현상이 가장 많이 출현한다. 자살의 모방을 이런 식으로 생각한다면 뒤르켐이 제시한 분포도는 타르드의 모방론을 반박할 수 있을 것이다. 둘째, 이동에 의한 전파la diffusion par migration로 해석할 수 있으며, 이것은 전염병의 경우처럼 전염이 퍼져 나감에 따라 발생원에서는 환자의 수가 감소하고 나중에 감염된 지역에서 환자의 수가 늘어나는 경우다. 자살의 전파를 이런 식으로 해석한다면 중심 도시(수도나 대도시)의 자살율이 주변 지역보다 낮아도 문제될 것이 없다는 것이다. 마지막으로, 베나르는 뒤르켐이 모방을 세 가지 종류로 구분했지만 막상 그 자신의 주장 속에서는 그것들을 뒤섞어놓고 있다고 지적했다.

여하튼 뒤르켐은 《자살》을 통해 대성공을 거두었다. 그는 프랑스 사회학계의 중심 인물이 되었으며, 그다음 해(1898년)에는 《사회학연보》를 창간해 뒤르켐 학파를 형성했다. 뒤르켐과 타르드 사이에는 그 뒤에도 논쟁이 계속되었

---

[36] Massimo Borlandi et Laurent Mucchielli(dir.), 《 La sociologie et sa méthode. Les règles de Durkheim un siècle après》, Paris: L'Hartman, 1995, p. 233.

[37] Borlandi et Mucchielli, 《La sociologie et sa méthode. Les règles de Durkheim un siècle après》, p. 237.

고, 마침내는 1903년 12월 공개 토론회를 갖게 되지만 대세는 이미 뒤르켐 쪽으로 기울어진 상태였다. 하지만 타르드에 대한 뒤르켐의 비판은 상당히 강력했으며 타르드가 죽은 뒤에도 계속되었다. 그는 여전히 타르드의 모방론을 완전히 자의적인 이론, 역사에서 몇 가지 일화를 끌어와 짜맞춘 단순주의 simplisme라고 비판하며, 모방으로는 아무것도 설명하지 못한다는 입장을 고수했다. 필립 베나르는 타르드를 상대로 한 뒤르켐의 싸움이 뒤르켐 자신에게는 유익하지 않았다고 보았다. 왜냐하면 베나르가 보기에는 타르드와의 논쟁 때문에 뒤르켐이 극단적인 입장을 취했기 때문이다. 즉 논쟁이 뒤르켐을 사회적인 것과 개인적인 것의 대립을 더욱 강화하는 쪽으로 그리고 더욱 더 사회실재론적인 입장으로 치우치게 했다는 것이다.

미국의 사회학자 테리 클라크는 뒤르켐의 타르드 비판을 좀 더 넓은 틀 속에서 해석했다. 즉 그는 그 두 사람의 대립을 프랑스 지성사의 두 흐름 간의 격돌—파스칼Pascal에게서 그 표현을 빌려와 '섬세함의 정신esprit de finesse'과 '기하학의 정신esprit de géometrie' 간의 격돌—로 이해하며, 또 다른 한편으로 사회 정치적으로는 자발성spontanéité론을 지지하는 세력(반부르주아적인 전통 귀족의 후손과 가톨릭계의 상류 계급)과 데카르트주의를 지지하는 세력(반교권적인 관료들, 부르주아) 간의 대립으로 해석했다. 1897년 이후에도 타르드가 소위 경력 면에서는 뒤르켐을 계속 앞서갔지만, 사회학이라는 학문 영역에서는 뒤르켐의 영향력이 점점 커졌다. 1898년에 개최된 경제학 및 사회과학 부문 학술대회에서 심리학과 사회학의 관계가 중심 의제가 되어 학자들 사이에서도 논쟁이 일어났지만 분위기는 뒤르켐식의 사회학으로 기울었다. 이렇게 된 데는 역시 뒤르켐의 《자살》이 결정적인 영향을 미쳤을 것이다. 결국 뒤르켐과 타르드 간의 논리 투쟁에서 한쪽은 시대 정신이 되고 다른 쪽은 패배해 무대에서 퇴장당했다.

V. 재발견

보르도 대학 문학부 교수인 에밀 뒤르켐은 1902년 파리 대학 문학부 교육과학 강사가 되어 파리에 입성했다. 그는 1906년 교수로 승진하며 1913년에는 프랑스 최초로 공식적으로 창설된 사회학 강좌를 담당했다. 그는 명실공히 프랑스 사회학의 아버지가 되었으며, 대학계에서도 가장 강력한 영향력을 행사하는 인물이 되었다. 반면에 타르드는 사람들의 기억에서 사라졌고, 1902년에 출간된 그의 마지막 저작 《경제심리학》이 1922년 제8쇄를 찍은 것을 끝으로 그의 저작은 모두 절판되었다.

1960년대 말 질 들뢰즈에 의한 재평가가 있기 전에도 타르드에 대한 주목할 만한 연구는 있었다. 우선 범죄학자 장 피나텔Jean Pinatel은 1959년 뒤르켐과 타르드의 논쟁에 관한 논문 발표를 시작으로 1970년대 초까지 타르드에 대해 높이 평가하는 일련의 글을 썼다. 그의 논의는 주로 범죄학 분야에 머물러 있어 사회학자와 철학자에게서 큰 관심을 불러일으키지는 못했지만, 타르드를 범죄학의 선구자로 평가하는 그의 시도는 결국 결실을 맺어 1972년 3월 범죄학 분야에서 뛰어난 연구 성과를 낸 사람에게 수여되는 '가브리엘 타르드 상 Le Prix Gabriel Tarde'이 제정되었다(현재 이 상의 운영은 프랑스범죄학회에서 맡고 있다). 또 같은 해에 피나텔의 권유로 출판사 퀴자스Cujas에서 타르드의 《형사철학 La philosophie pénale》이 재출간되었다. 사회학자 레이몽 부동Raymond Boudon은 1964년 타르드의 심리학적 통계학에 대한 논문을 발표했다. 그는 타르드의 범죄학 저작에 나타나는 경험적인 연구에서 출발해 그의 사상을 재해석하는 것도 유용한 방법이 될 것이라고 말했지만, 《모방의 법칙》에 대해서는 독단주의le dogmatisme라는 평가를 내렸다. 타르드에 대한 가장 확실한 재발견은 1968년 들뢰즈에 의해 이루어졌다. 그는 자신의 박사학위 논문 〈차이와 반복 Différence et répétition〉에서 타르드 철학에 중대한 의의를 부여하며 타르드를 미시사회학의 창시자로 기술했다. 타르드 저작에 대한 가장 의미 있는 복권은 들뢰즈와 가타리Felix Guattari 덕분이라는 평가가 나올 만큼 타르드에 대한 들뢰즈의 긍정적인 언급은 1980년의 《천 개의 고원 Mille plateaux》(가타리와의 공저), 1986년의 《푸코 Foucault》에서도 계속되었다.

1970년에는 매우 중요한 타르드 연구서가 출간되었다. 장 밀레Jean Milet 의 박사학위 논문 〈가브리엘 타르드와 역사 철학 Gabriel Tarde et la philosophie de l'histoire〉이 그것인데, 이 책은 지금까지도 유일하게 타르드 사상의 발전과 그 전체적인 윤곽을 서술한 책이다. 특기할 만한 사항은 그가 타르드 가家가 소장한 미발표 자료를 이용해 타르드 생애에 대해 상세히 기술했다는 점이다. 비록 타르드에 대해서 지나치게 호의적인 해석을 하고 있어 일방적이라는 평가를 받기는 하지만, 그의 책은 타르드 연구에는 필수적인 기초로 이용될 만큼 중요한 문헌이다. 1979년에는 레이몽 부동의 제의로 《모방의 법칙》이 출판사 슬라킨Slatkine에서 재출간되었는데, 그 책에 부동은 방법론적 개인주의자로 평가하는 내용의 해설을 붙였다. 이에 대해 현재 가브리엘 타르드의 전집 간행 작업을 지휘하는 철학자 에릭 알리에즈Éric Alliez는 《가브리엘 타르드의 차이와 반복 Die Differenz und Wiederholung von Gabriel Tarde》에서 "타르드의 복권이 레이몽 부동의 방법론적 개인주의에 의해서야 비로소 가능해졌다"라고 평한다.[38] 다음 해에는 역사공상 소설 《미래 역사의 단편 Fragment d'histoire future》이 같은 출판사에서 재출간되면서 타르드의 '귀환retour'이 본격적으로 시작될 조짐이 나타났다. 1989년에는 정치학자 도미니크 레이니에Dominique Reynié가 서문을 쓴 《여론과 군중 L'opinion et la foule》이, 1993년에는 철학자 브뤼노 카르센티Bruno Karsenti가 머리말을 쓴 《모방의 법칙》이 출간되었다. 1994년에는 《법의 변형 Les transformations du droit》이, 1998년에는 철학자 르네 슈레르René Scherer가 서문

---

[38] Borch und Stäheli(hrsg.), 《Soziologie der Nachahmung und des Begehrens》, p. 130, Fn. 11.

을 쓴 새로운 판의《미래 역사의 단편》이 나왔다. 마침내 타르드의 전집 간행이 추진되어 1999년에는 에릭 알리에즈의 지휘하에 출판사 셍테라보 Synthélabo에서 타르드의 책이 다섯 종이나 출간되었다.《모나돌로지와 사회학 Monadologie et sociologie》,《사회논리학 La logique sociale》,《보편적 대립 L'opposition universelle》,《사회법칙 Les lois sociales》,《사회학논문집 Essais et mélanges sociologiques》이 그것이다. 1999년은 '타르드의 해'라고 말해도 좋을 만큼 타르드의 재발견이 절정에 달한 해였다. 이 해에는 일간지와 잡지에서도 타르드를 다뤄 일반적인 지식인 사이에서도 타르드에 대한 관심을 증폭시켰다. 일간지《리베라시옹 Libération》은 3월 11일 한 면 전체를 할애하고, 잡지《연구 La Recherche》도 5월호에서 타르드에 관한 글을 실었다. 다음 해에는 월간지《르 몽드 데 데바 Le Monde des débats》(2월호)에서 타르드를 다루었다.

들뢰즈(그리고 가타리)가 타르드를 여러 차례 긍정적으로 언급해 그에 대한 관심을 촉발했지만, 이는 어디까지나 그 자신의 독자적인 철학 범위 안에서였다. 현재 타르드 부활의 중심에 있는 사람은 파리 정치학교의 브뤼노 라투르다. 그는 타르드를 프랑스 밖으로 알리는 데도 많이 기여했지만, 그의 가장 큰 공헌은 타르드의 모나돌로지론을 부활시킨 것에 있다. 그는 타르드에게서 자신이 주창하고 있는 '행위자 연결망 이론'과의 연결점을 찾는 시도를 하면서, 타르드를 '주류 사회학mainstream sociology'과는 다른, 사회학의 진정한 또 하나의 고전으로 내세웠다. 그는 사회학이 뒤르켐의 길을 따르지 않고 타르드의 길을 따랐다면 더 많이 열린 길을 갔을 것이라고까지 말한다. 프랑스에서는 라투르 외에도 에릭 알리에즈, 르네 슈레르, 브뤼노 카르센티, 마우리치오 라차라토, 마크 렌느빌 Marc Renneville, 마르탱 J.-C. Martin 등이 전집 간행에 관여하면서 타르드 연구의 활성화를 이끌고 있다. 흥미로운 것은 이들 중 상당수가 들뢰즈의 제자거나 그에게서 영향을 받았다는 사실이다. 또 하나 주목할 만한 사실은 타르드를 재발견한 시기가 프랑스에서 구조주의를 비판하는 시기와 일치한다는 것인데, 라투르의 논문 〈타르드 당신은 어째서 그토록 늦게 오는가 Pourquoi viens-tu si tarde?〉의 부제 "구조주의의 후임자를 어떻게 찾을 것인가 Comment trouver un successeur au structualisme?"가 이를 잘 보여준다.

타르드에 관한 자료 대부분은 현재 두 곳에 보관되어 있다. 한 곳은 아쟁이라는 프랑스 남서부 도시에 있는 국립형무행정학교 École Nationale d'Administration Pénitentiaire 가브리엘 타르드 매스미디어 자료관 Médiathèque de Gabriel Tarde이며, 이곳은 인터넷으로도 접속이 가능하다. 여기에는 타르드의 개인적인 장서와 타르드의 저서 및 논문, 그리고 타르드에 대한 연구서 및 논문 등 약 3,000점의 자료가 보관되어 있다. 2004년에는 타르드 사후 100주년을 기려 프랑스범죄학회의 국제학술대회가 이곳에서 개최되었다. 또 하나는 파리의 정치학교에 있는 가브리엘 타르드 문고 Le fonds de Gabriel Tarde다. 여기에는 타르드의 육필 원고, 일기, 타르드가 받은 편지, 당시에 발표된 글 중에서 타르드에 관한 문장 등이 다수 보관되어 있다.

타르드는 외국에서도 같은 운명의 길을 걸었다. 미국에서는 타르드가 19세기 말 상당한 수의 학자에게서 주목받았는데, 볼드윈은 《사회법칙》의 영역판 서문에서 다음과 같이 쓸 정도였다. "현재의 사회학 논의에 정통한 영미권 독자에게는 타르드에 대한 소개가 필요 없다는 것은 말할 필요가 없다."[39] 특히 사회학자 에드워드 로스 Edward A. Ross는 1908년에 출간한 《사회심리학 Social psychology》 서문을 다음과 같은 말로 끝맺었다. "이 책을 출간하는 이 순간 나는 잠시 천재 가브리엘 타르드에게 진심으로 경의를 표한다. 본문에서 공적을 당연히 그에게 돌리려고 애썼지만, 아무리 많은 발췌문과 인용을 쌓아도 저 심오하고 독창적인 사상가에게 내가 진 빚을 충분히 나타낼 수 없다. 비길 데 없는 그의 《모방의 법칙》이 준 최초의 자

---

[39] Gabriel Tarde, 《Social laws : An outline of sociology》, New York : Macmillan, 1899, p. 4.

극과 두 개의 큰 구성 라인—관례conventionality[통념]와 관습custom—이 없었다면, 과연 내가 사회심리학을 끝까지 다 썼을지 장담할 수 없다. 감사함에 대한 나의 이러한 표현이 그에게 전해질 수 있다면 좋겠다."[40] 사회학자 에모리 보가더스Emory S. Bogardus는 《사회사상사 A history of social thought》(1922)에서 "사회심리학의 주요 창시자는 가브리엘 타르드(1843~1904)였다. 그는 사회심리학 분야에서 최고로 중요한 논문을 썼다. 《모방의 법칙》은 사회심리학자로서의 그의 명성을 확립했으며, 동시에 사상 체계를 사회과학의 새로운 국면의 존재로 이끌었다"라고 말한 뒤 타르드를 다음과 같이 평가했다.[41] "사회 사상에 대한 타르드의 기여가 수많은 연구자들을 사회심리학 분야에 입문하도록 자극했다. 타르드의 생각이 심리학자들에게서는 심하게 비판받았고 사회학자들에 의해서는 수정되었지만, 그의 생각은 귀중한 사회적 광석들이 묻혀 있는 광산을 개발했다. 타르드의 사상이 E. A. 로스 같은 미국 저술가에게 준 자극은 전혀 중요한 문제가 아니었다. 그러나 타르드의 이름은 그가 모방 개념을 발전시킨 통찰력 있는 방법 때문에 오랫동안 존경받을 것이다."[42] 타르드의 영향은 사회심리학자에게만 그치지 않는다. 그는 인류학에서 문화 전파 모델의 지지자(특히 프란츠 보아스Franz Boas)에게도 큰 자극을 주었다. 시카고 학파의 사회학자들도 로버트 에즈라 파크Robert Ezra Park(1864~1944)를 통해 타르드를 접했다. 파크는 버제스Ernest W. Burgess와 함께 쓴 《사회학이라는 과학에의 입문 Introduction to the science of sociology》에서 뒤르켐이나 베버보다 타르드를 더 많이 언급하며 그의 사상을 널리 알렸다. 그렇지만 1930년대에 타르드에 대한 중대한 비판이 두 가지 방향에서, 즉 하나는 사회심리학 쪽에서, 또 하나는 사회학

---

40 http://www.brocku.ca/MeadProjet/Ross/Ross_1919/Ross_1919_00.html

41 Emory S. Bogardus, 《A history of social thought》, Los Angeles:University of Southern California, 1922, p. 372.

42 Bogardus, 《A history of social thought》, pp. 379~380.

내부에서 나왔다. 사회심리학 쪽 비판의 대표자는 조지 허버트 미드George Herbert Mead(1863~1931)로, 그는 《정신, 자아, 사회 : 사회적 행동주의자의 관점에서 Mind, Self and Society : From the standpoint of a social behaviorist》(1934)에서 타르드의 모방 이론을 근본적으로 거부했다. "모방이라는 용어는 한동안 사회심리학과 사회학에서 아주 중요했다. 이 개념은 프랑스의 사회학자 타르드에 의해 사회학 전체 이론의 기반이 되었다. 처음에는 심리학자들이 적절한 분석을 하지도 않고 사람들 쪽에 다른 사람이 하는 것을 따라하려는 경향이 있다고 가정했다. 그러한 종류의 메커니즘을 이해하기가 얼마나 어려운 일인지 알 수 있다. 왜 사람은 다른 사람이 윙크한다고 해서 자기도 윙크해야 하는가? 왜 자극이 다른 사람에게 그런 식으로 행동하게 하는가? 또 다른 사람을 보면 또 다른 방식으로 행동하는가? 이것은 불가능한 가정이다."[43] 미드는 인간에게는 다른 사람에게 반응을 불러일으키는 그의 행동과 제스처가 마찬가지로 그 자신에게서도 같은 반응을 일으키는 성향이 있고 이 성향이 모방에 선행하며 그 기반이라고 생각했고, 이러한 생각은 결국 미드로 하여금 타르드의 무의식적인 암시로서의 모방론을 받아들일 수 없게 했다. 한편 사회학자 탈코트 파슨스Talcott Parsons(1902~1979)는 《사회적 행위의 구조 The structure of social action》(1937)에서 미국 사회학계에 완전히 새로운 전통을 도입했다. 그 역시 파크와 마찬가지로 독일 유학을 통해 유럽 사회학을 접했지만, 그가 선택하는 사상은 파크와 많이 달랐다. 파슨스는 그 자신의 자원론적 행위 이론을 수립함에 있어서 알프레드 마셜 Alfred Marshall, 빌프레도 파레토Vilfredo Pareto, 에밀 뒤르켐, 막스 베버 등의 고전 이론은 받아들이지만 타르드는 의식적으로 무시하는 태도를 드러냈다. 여기에는 타르드에 대한 뒤르켐의 거부 입장이 큰 영향을 미친 것으로 보인다. 타르드의 이름은 《사회적 행위의 구조》에서 단 한 번 등장한다.[44]

---

[43] 조지 허버트 미드, 《정신, 자아, 사회》, 나은영 옮김, 한길사, 2010, pp. 130~131.

참고문헌 목록에는 타르드의《사회심리학연구 Études de la psychologie sociale》
(1898)가 올라와 있는데, 당시에 타르드의 대표작《모방의 법칙》의 영역판
이 있었음에도 목록에조차 등장하지 않은 것을 보면 파슨스는 타르드에게
사실상 별 관심이 없었던 것 같다. 결국 미드와 파슨스는 각각 자신의 시각
에서 미국의 사회 이론에 대한 타르드의 영향력을 크게 쇠퇴시키는 데 결정
적인 역할을 했다.

1960년대에는 타르드에 대한 관심이 조금 나타났다. 휴스Everett C.
Hughes는 1961년 5월 사회학자들에게 타르드의《경제심리학》을 읽어볼 것
을 권유하는 내용의 글을 썼다.[45] 그는 그 글에서 타르드의《경제심리학》
이 다른 사회학 고전들과 마찬가지로 아이디어의 원천으로 읽혀지고 논의
될 가치가 충분히 있음을 역설했다. 1962년에는 커뮤니케이션 연구 분야에
서 로저스Everett M. Rogers가《개혁의 확산Diffusion of innovation》을 출간했는
데, 그는 그 책에서 타르드를 개혁 확산 연구의 선구자로 평가했다. 1969년
시카고 대학의 사회학자 테리 클라크는 자신이 긴 해설을 쓰고 타르드 저
작 중에서 발췌 번역해 편집한《가브리엘 타르드, 커뮤니케이션과 사회적
영향에 대해 Gabriel Tarde On communication and social influence》를 출간했다. 그
는 믿음과 욕망에 대한 타르드의 분석이 오늘날의 퍼서낼리티personality 연
구에 해당되는 것이며, 이는 당시의 많은 사회학자들이 보지 못한 것을 타
르드는 분명하게 본 것이라고 말하면서 타르드의 창조적인 사상가로서의
모습을 보여주려고 애썼다. 그러나 이들의 그러한 노력에도 불구하고 타르
드에 대한 관심은 되살아나지 않았다. 1990년대부터 커뮤니케이션 분야에
서 엘리후 카츠Elihu Katz가 타르드의 중요성을 강조했지만, 타르드에 대한

---

44 Talcott Parsons,《The Structure of social action》, New York:Free Press, 1937, p. 385, fn.1.
45 Everett C. hughes,《타르드의 경제심리학 : 잊힌 사회학자에 의한 알려지지 않은 고전 Tarde's psychologie économique : An unknown classic by a forgotten sociologist》, American journal of sociology, n. 66(6), pp. 553~559.

논의는 21세기에 들어와서야 비로소 활기를 띠었다. 2007년에는 《경제와 사회 Economy and society》에서 타르드 특집호를 내고, 2008년에는 영국 케임브리지 대학의 코퍼스 크리스티 칼리지Corpus Christi College에서 3월 14~15일에 걸쳐 학술대회 '타르드/뒤르켐 : 사회적인 것의 궤도 Tarde/Durkheim : trajectories of the social'가 열렸다. 그리고 2010년에는 《가브리엘 타르드 이후의 사회적인 것 The social after Gabriel Tarde》이 출간되었는데, 이 책에서 특기할 만한 점은 인류학자의 글이 많았다는 것이다. 이는 타르드 연구가 현재 철학, 사회학을 넘어 인류학에까지 퍼져 나가고 있음을 잘 보여주는 것이라 할 수 있다.

한편 독일에서는 크리스티안 보크Christian Borch와 우르스 스태헬리Urs Stäheli가 편집한 논문 모음집 《모방과 욕망의 사회학 Soziologie der Nachahmung und des Begehrens》이 2009년 출간되었다. 보크와 스태헬리는 현재의 타르드 연구 열기를 오랫동안 잊힌 사회학자의 단순한 재발견으로만 보지 않고 현대사회를 이해함에 있어서 의미 있는 새로운 사회학의 길을 넓혀주는 데 도움을 줄 것으로도 보았다. 그들의 해설에 따르면 초기 독일 사회학자, 예를 들면 알프레드 비어칸트Alfred Vierkandt, 게오르크 지멜, 페르디난트 퇴니스, 레오폴드 폰 비제Leopold von Wiese 등은 뒤르켐보다 타르드를 더 호의적으로 수용했다고 한다.[46] 그리고 제2차 세계대전 이후 타르드의 영향력이 사라지는데, 이는 비제와 지멜의 형식사회학이 주변으로 밀려나는 것과 관련이 있으며 또 다른 한편으로는 1960년대에 네오 마르크스주의가 득세한 것과도 연관이 있는 것으로 보았다. 이 책은 독일어권에서의 논의 현황을 알려준다는 점에서 중요한 문헌인데, 한 가지 아쉬운 점은 모방과 관련해서 막스 베버를 언급하는 대목이 없다는 것이다. 막스 베버 역시 《경제와 사회 Wirtschaft und Gesellschaft》 여러 곳에서 모방에 대해 말했다. 우선 제1부 사회

---

[46] Borch und Stäheli, 《Soziologie der Nachahmung und des Begehrens》, pp. 28~29.

학적 범주론의 제1장 사회학의 기초 개념에서 그는 다음과 같이 썼다. "게다가 다른 사람에 대한 행위의 단순한 모방이—그 의의에 대해서는 가브리엘 타르드가 올바르게 강조하고 있다—자신의 행위를 다른 사람의 행위에 의미 있게 지향시키지 않고 오로지 반사적으로만 일어난다면 개념상 특별히 '사회적인 행위'가 되지 못할 것이다."[47] 자신의 글에서 뒤르켐의 이름은 전혀 말하지 않는 베버가 타르드의 이름을—그것도 긍정적으로—거명했다는 것은 매우 주목할 만한 사실이라 할 수 있을 것이다. 여기에는 당시 독일 사회학계의 분위기가 어느 정도 반영된 것 같다. 다음의 문장은 대단히 흥미롭다. "새로운 종류의 행동을 널리 퍼뜨리는 방법인 행동의 모방을 일차적이며 근본적인 과정으로 간주하는 것은 혼란에 빠지는 것이다. 모방은 정말로 대단히 중요하다. 그렇지만 그것은 일반적으로 이차적이며 언제나 특별한 경우에 불과하다."[48] 여기에서 베버가 타르드의 이름을 직접 거론하지는 않지만, 타르드를 염두에 두고 썼을 것이라는 추측은 충분히 가능하다고 볼 수 있다. 마지막으로 용어법을 살펴보면, 베버는 "깊이 생각하지 않은 모방 unreflektierte Nachahmung"[49]이라는 표현과 "모방—목적합리적인 모방 또는 '군중심리에 의해' 야기된 모방 der Nachahmung—der zweckrationalen oder der 'massenpsychologisch' bewirkten"[50]이라는 표현을 썼다. 후자의 경우는 뒤르켐이 모방이라는 말을 쓰기에 부적합하다고 지적한 것인데, 이 경우에도 모방이라는 말을 쓴 것을 보면 베버가 뒤르켐보다는 모방이라는 말을 더 폭넓게 사용한다는 것을 확실하게 알 수 있다. 그렇다고 해서 베버가 타르드의 용법을 그대로 받아들인 것은 아니라는 사실은 새삼 강조할 필요가 없을 것이다.

---

47 Max Weber, 《Wirtschaft und Gesellschaft》, Tübingen: J. C. B. Mohr, 1972, p. 11.
48 Max Weber, 《Wirtschaft und Gesellschaft》, p. 189.
49 Max Weber, 《Wirtschaft und Gesellschaft》, p. 192.
50 Max Weber, 《Wirtschaft und Gesellschaft》, p. 189.

일본에서는 타르드 연구서가 최근 세 종 나와 있다. 나쓰카리 야쓰오夏刈康男의 《타르드와 뒤르켐—사회학자로의 여정 タルドとデュルケム—社會學者へのパルクール》(東京, 學文社, 2008), 같은 출판사에서 2009년에 출간된 이케다 요시후사池田祥英의 《타르드 사회학에의 초대 タルド社會學への招待》, 그리고 2011년에 출간된 나카쿠라 도모노리中倉智德의 《가브리엘 타르드. 증여와 어소시에이션의 체제로 ガブリエルタルド. 贈餘とアソシアシオンの體制へ》(洛北出版)가 그것들이다. 이케다 요시후사에 따르면 일본에서는 콜레주 드 프랑스에서 타르드의 강의를 직접 들은 요네다 쇼타로米田庄太郎가 1901년 12월 귀국하면서 타르드를 소개했으며, 그 뒤 타르드의 저작 일부가 번역되었다고 한다. 제2차 세계대전 이후에는 타르드의 공중론公衆論이 활발하게 논의되었으며, 현재는 젊은 사회학자들이 중심이 되어 연구를 진행하고 있다. 우리나라에서는 연구 논문이 두 편 나와 있다. 하나는 이상길의 〈공론장의 사회적 구성: 가브리엘 타르드의 논의를 중심으로〉(한국언론학보, 47권 1호, 2003년 2월)이고 또 하나는 조창호의 〈가브리엘 타르드의 미세 지각과 공중의 사회학에 대한 연구〉(서울대학교 석사학위 논문, 2005년)이다.

VI. 타르드의 현재성

프랑스에서 타르드에 대한 관심이 크게 고조되고 있을 무렵, 그 이상 열기에 강력하게 제동을 거는 논문이 발표되었다. 사회학자 로랑 뮈키엘리 Laurent Mucchielli는 2000년 〈타르도마니아—현재의 타르드 이용에 대한 반성 Tardomania—Réflexions sur les usages contemporains de Tarde〉 (《Revue d'histoire des sciences humaines》)에서 타르드의 재발견자들을 타르도마니아(타르드광)라고 칭하면서 당시의 타르드 해석 및 수용을 정면으로 비판했다. 그의 논지는 크게 세 가지로 요약될 수 있다. 첫째, 타르드를 과대평가하는 경향에 대한 비판. 둘째, 타르드에게서는 물려받을 사상적 유산이 없다는 것. 셋째, 타르드가 부당하게 잊혔다는 인식에 대한 비판. 뮈키엘리는 첫 번째 사항과 관련해서는 우선 프랑스의 대표적인 사회학자 중 한 사람인 레이몽 부동의 평가를 문제 삼았다. 부동은 1964년의 논문〈타르드의 심리학적 통계학 La statistique psychologique de Tarde〉에서는《모방의 법칙》을 독단적인 체계라고 평했는데, 1979년 그 자신의 제의로 출간된《모방의 법칙》에 대한 해설에서는 타르드를 방법론적 개인주의자로 기술하며 긍정적으로—타르드가 아마도 사회학의 기초를 가장 분명하게 정의한 저자 중 한 명일 것이라고—평가했다. 뮈키엘리는 부동의 이러한 입장 변화를 다소 전략적인 것으로 보았다. 즉 그는 부동이 당시 '전체론적 사회학la sociologie holiste'(프랑스에서의 뒤르켐적 사회학 또는 구조주의 사회학, 영국이나 미국에서의 기능주의 또는 문화주의 사회학)과 싸우는 데 타르드를 일종의 응원군으로 끌어들이는 것으로 해석했다. 그는《모방의 법칙》을 좀 더 체계적으로 읽어보면 타르드의 개인관이 뒤르켐과 마찬가지로 결정론적이거나 어쩌면 뒤르켐보다 더 결정론적일지도 모른다고 말하면서 부동의 그러한 해석 방식에 반대했다. 뮈키엘리는 그다음으로 타르드가 사회심리학을 창시했다는 장 밀레의 평가, 타르드가 사후에 사회과학의 최근 발전에 그 길을 열어주는 데 기여했다는 브뤼노 카르센티의 평가, 타르드가 은밀하면서도 감지할 수 없을 만큼 익명적으로 영향을 미쳤다는 에릭 알리에즈의 평가 등에 대해서는 1981년의 뤼벡의 글을 인용하며 일축했다. "《모방의 법칙》이《사회논리학》보다 인기가 훨씬 더 많았지만, 사회심리학자들은 그 책들 중 어느 것도 프랑스에서나 북미에서나 그 학문의 선구자적인 저작이나 중요한 기여로 간주하지 않았다."[51]

---

51 Lubek,《Histoire des psychologies sociales perdues : le cas de Gabriel Tarde》, p. 368. 그러나 앞에서 인용한 로스와 보가더스의 글에서 본 바와 같이 타르드는 적어도 미국에서는 상당한 평가를 받았기 때문에, 뤼벡의 이러한 평가는 사실과 일치하지 않는다.

둘째, 뮈키엘리는 타르드 이론에서 개인(주체)이 관념의 사회적 흐름을 전달하는 공허한 거죽enveloppe〔겉봉〕에 불과하며 동조주의 외에는 어떠한 합리성도 갖고 있지 않다고 단언했다. 이처럼 주체의 자율성을 부정하는 그의 이론을 현대적인 것으로 보는 마우리치오 라차라토의 해석을 뮈키엘리는 너무나도 부분적이며 때로는 편파적인 것으로 판단한다. 셋째, 타르드가 오랫동안 묻힌 이유가 뒤르켐 학파의 부정행위foul play 때문이라는 인식에 대해서 뮈키엘리는 그것은 잘못된 인식이라고 주장했다. 뒤르켐은 일정한 유형의 합리성(논리적 추론, 검증 및 논증의 표준적인 절차에서의 과학적인 합리성)을 구현하지만 타르드에게서는 그러한 것을 찾아볼 수 없기 때문에, 합리성의 한 형태인 과학의 발전 흐름상 타르드가 묻힌 것은 자연스러운 일이지 결코 뒤르켐 학파의 부정행위로 간주되어서는 안 된다고 그는 강조했다.

뮈키엘리의 강력한 비판에도 불구하고 재발견자들은 타르드의 사상을 다양한 방향(예를 들면 푸코의 미시권력론, 들뢰즈의 차이의 철학, 라투르의 행위자 연결망 이론 등)으로 연결했다. 게다가 독일의 사회학자 스테판 뫼비우스는 타르드를 포스트 구조주의 사회과학의 증조부쯤으로 여겼고, 특히 브뤼노 라투르는 타르드의 사회학을 '대안적인 사회과학을 위한 대안적인 시작'으로까지 치켜세웠다. 재발견자들의 해석에 대해서는 현재 상이한 평가가 오가고 있다. 타르드를 급진적인 정치 이론가로 보는 들뢰즈(그리고 가타리)의 해석에 대해서는 과도한(따라서 잘못된) 것으로 판단하는 논의도 있고, 또 그의 사회학을 개인주의 사회학으로 보는 시각에 대해서도—비록 그러한 시각이 호의적인(긍정적인) 의도에서 비롯된 것이라 하더라도—역시 부적절한 것으로 평가하는 글도 나왔다. 지금은 초기의 흥분을 가라앉히고 차분하게 논의가 진행되고 있는 느낌이다. 타르드의 사상 전체를 부활시키려는 시도는 없는 것 같고, 그보다는 그의 저작들을 창조적으로 재해석해 사상의 현재성과 잠재력을 밝혀내려는 시도가 많이 나오고 있다. 엘리후 카츠의 연구 방법도 타르드의 현재성을 보여주는 한 가지 방법이라 말할 수 있을 것이다. "엘리후 카츠는 《여론과 군중》을 잊힌 고전으로가 아니라 '경험적 연구에 부칠 수 있는 조작적 명제들의 집합'으로 다시 읽기를 제안한다. 그는 학생들과 더불어 이 책에서 100여 개의 연구 의제를 뽑아낼 수 있었다는 것이다."[52] 카츠의 이러한 독해법은 《모방의 법칙》에도 활용할 수 있을 것이다. 그러한 점에서 보면 인류학자들이 《모방의 법칙》에 관심을 나타내는 것은 대단히 의미 있는 일이라고 말할 수 있다.

《모방의 법칙》은 타르드의 대표작인 만큼 타르드 연구가들에 의해 가장 많이 인용되며 논의되고 있지만, 언급될 가치가 있음에도 잘 다뤄지지 않은 부분들이 몇 군데 있어 그것들의 의미를 간단히 살펴보고 싶다. 그 문장을 예시하는 이유는 그것들의 내용이 비록 단편적이긴 하지만 타르드 사상의 현실성을 충분히 보여준다고 생각하기 때문이다. 그러므로 타르드가 왜, 또 어떻게 해서 그러한 진술을 하게 되었는가를 주의 깊게 숙고해본다면 《모방의 법칙》의 현재성이 어느 정도 드러날 것이라고 생각한다.

첫째, '사회적 거리social distance'라는 말은 사회학이나 커뮤니케이션학 등에서 매우 유용하게 쓰이고 있는 개념 도구이다. 개인과 개인, 집단과 집단, 개인과 집단 사이의 친소親疎 정도에서 비롯되는 감정적 거리를 뜻하는 이 개념은 파크가 지멜에게서 끌어와 처음 제시한 것으로 알려져 있다. 그렇지만 타르드도 '거리' 개념을 그러한 의미로 쓰고 있는 대목이 있다. "이 나중의 법칙[모방이 위에서 아래로 진행된다는 법칙]만이 작용한다면, 가장 상위에 있는 것이 가장 많이 모방될 것이다. 그러나 실제로 가장 많이 모방되는 것은 **가장 가까이 있는 것 중에서** 가장 상위에 있는 것이다. 실제로 본보기의 영향력은 그 우월성에 정비례해서 작용할 뿐만 아니라 그 본보기와의 **거리**에 반비례해서도 작용한다. 여기에서 **거리**Distance라는 말은 사회학적인 의

---

[52] 이상길, 〈공론장의 사회적 구성 : 가브리엘 타르드의 논의를 중심으로〉, 《한국언론학보》, 2003, p. 26.

미로 이해해야 한다. 어떤 외국인이 지리적으로 아무리 멀리 떨어져 있어도 만일 날마다 자주 접하는 관계에 있다면 또 그를 모방하고 싶은 욕망이 쉽게 충족될 수 있다면, 그는 사회학적 의미에서 가까이 있는 것이다."(이 책, p. 287) 타르드가 이 거리 개념을 정교하게 발전시키지는 않았지만, 그가 파크나 지멜보다 먼저 인간 간의 친소 관계를 사회학적인 의미로 이해했다는 것은 주목할 만한 점이다. 타르드는 어떻게 해서 그러한 이해를 하게 되었는가? 이는 그가 사회생활을 정신 간 상호작용의 망網으로 인식했기 때문이다. 따라서 타르드를 연결망network 사회학의 선구자로 보는 해석에는 어느 정도 근거가 있다고 말할 수 있다.

둘째, 역사의 방향에 대한 그의 진술이다. "세계시민주의와 민주주의로의 동화 경향은 역사의 불가피한 성향"(이 책, p. 468)이다. 타르드는 인류의 역사가 중간에는 우여곡절을 겪는다 하더라도 결국은 민주주의와 세계시민주의 방향으로 나아간다고 생각한다. 그가《모방의 법칙》을 썼을 때가 1890년, 즉 제국주의의 전성기라는 것을 고려한다면, 그리고 120여 년이 지난 오늘날의 세계를 본다면, 그의 진술은 진실로 빛나는 통찰이 아닌가? 그는 한걸음 더 나아가 다음과 같이 말했다. "세계주의 홍수가 세계주의의 습속과 관념의 두꺼운 퇴적층을 인류 전체에 남기게 되면, 그다음에는 해체된 국민 의식이 결코 재형성되지 않을 것이다. 사람들은 중국식의 조상 숭배로 결코 되돌아가지 않을 것이고 외국의 관습도 다시는 경멸하지 않을 것이다. 그리고 사람들은 고정되고 강화된 **외면적인** 특성을 강조하기보다는, 모두가 참여하는 전체의 커다란 변화를 가속화하는 쪽을 택할 것이다."(이 책, p. 473) 타르드가 미래의 세계시민의 모습을 이와 같이 묘사한 것은 인류의 역사가 일방적 소유에서 상호적 소유로 이행한다는 그의 역사 철학 때문인데, 오늘날 세계의 동향과 앞으로의 전망을 생각해보면 그의 역사 철학에는 상당한 정도의 설득력이 있지 않은가?

셋째, 흔히 '필요는 발명의 어머니'라고 말한다. 이 말은 대부분의 발명품이 사회적으로 필요하기 때문에 발명되었다는 것을 의미한다. 사실 이러한 견해를 뒷받침하는 발명도 꽤 많다. 원자폭탄이 그 대표적인 예 중 하나로, 원자폭탄은 제2차 세계대전 중 미국 정부가 나치 독일보다 먼저 만들어야겠다는 필요에서 나온 발명품이다. 그러나 인류 발명의 역사를 보면 제품에 대한 수요와는 상관없이 호기심에서 또는 우연히 만들어진 발명품이 비교할 수 없을 정도로 월등히 많다. 그리고 그 발명품에 대한 필요도 때로는 상당한 시간이 흐른 다음 깨닫는 경우가 많다. 타르드는 말한다. "발명은 사회적 필요의 단순한 결과가 결코 아니다. 오히려 발명이 사회적 필요의 원인이다. 나는 발명을 과대평가했다고 생각하지 않는다. 어떤 특정한 순간에 발명가들이 일반적으로 그들의 상상력을 일반 사람들의 어렴풋한 욕구가 가리키는 쪽으로 돌린다면—반복해서 말하지만—그 발명가들보다 앞선 발명가들이 이미 일반 사람들을 그 욕구의 방향으로 부추겼기 때문이며, 또 그 앞선 발명가 자신도 역시 더 옛날의 발명가들에게서 간접적으로 영향 받았기 때문이라는 것을 잊어서는 안 된다. 이런 식으로 계속하다 보면, 결국 모든 사회와 모든 문명의 기원에는 최초의 필수적인 기반으로, 한편으로는 아마도 아주 힘들기는 하지만 아주 단순한 영감(매우 적은 수의 타고난, 순전히 생물적인 욕구에서 비롯한 영감)이, 다른 한편으로는 더 본질적인 것으로서 발견의 즐거움(창조적인 상상력을 자연스럽게 발휘하는 것에 지나지 않는 즐거움)에서 생겨난 우연한 발견이 있다는 사실을 알게 될 것이다. 참으로 많은 언어, 많은 종교와 시, 심지어는 많은 산업조차 이러한 출발점을 갖고 있다!"(이 책, p. 142)

마지막으로, 뒤르켐과 그의 학파는 타르드에게 비과학적이며 공상적이라는 비판을 줄기차게 퍼부어댔는데 그들의 비판은 오늘날에도 많은 사회학자로 하여금 타르드를 계속 외면하게 하는 일종의 선입관으로 작용한다. 통계학의 역할에 대한 타르드의 다음과 같은 예측은 그러한 선입관에서 조금이라도 벗어나게 해주는 데 도움을 줄 것이다.《모방의 법칙》은 1890년에 출간되었지만, 이 글이 들어 있는 4장은 그보다 7년 전인 1883년에 발표되었다. 즉 130여 년 전의 타르드의 생각이라 할 수 있을 것이다.

"만일 통계학이 지난 수년 전부터 해온 발전을 계속해 나간다면, 또 통계학이 우리에게 제공하는 정보들이 계속해서 더 완벽해지고 더 빨라지며 더 잘 정리되고 더 많아진다면, 진행 중에 있는 각각의 사회적 사실에서 이른바 자동적으로 어떤 수치가 새어 나오는 때가 올지도 모를 것이다. 그때에는 수치가 일반인에게 계속 전달되는 통계표에 즉시 기록되고 도표로 일간신문을 통해 널리 퍼질 것이다. 그렇게 되면 우리는 사실상 게시판 앞에 서거나 신문을 읽을 때마다, 현재 사회 상태의 모든 세부 사항(예를 들면 주식시장의 상승이나 하락, 이런저런 정당 지지율의 상승이나 하락, 이런저런 주의主義의 발전이나 쇠퇴 등)에 대한 통계 정보와 정확하면서도 종합된 자료로 둘러싸일 것이다."(이 책, p. 186)

옮긴이의 말

이 책은 프랑스의 사회학자 가브리엘 타르드의 대표작 《모방의 법칙 : 사회학적 연구》를 번역한 것이다. 타르드는 《모방의 법칙》을 펠릭스 알캉 Félix Alcan 출판사에서 1890년에 처음 출간했는데, 5년 후인 1895년에 부분적으로 수정하고 서문도 새로 써 같은 출판사에서 제2판을 세상에 내놓았다. 여기에서는 이 제2판(Paris: Les empêcheurs de penser en rond, 2007)을 번역의 대본으로 삼았지만, 오자나 누락된 부분을 확인하기 위해 초판(Elibron classics replica edition)도 참고했다. 제2판 원서에는 절節에 제목이 있는 장章도 있고 제목이 없는 장도 있는데, 본 역서에서는 절의 제목이 없는 곳에 독자의 이해를 돕기 위해 제목을 달았다. 이 경우 역자가 자의적으로 절의 제목을 붙이기보다는, 초판의 차례에 상세하게 나와 있는 내용 목차 중에서 제일 앞에 있는 것을 절의 제목으로 선택했다. 그 이유는 옮긴이가 나름대로 판단해서 절의 제목을 새로 만들 경우 자칫하면 저자의 본래 의도를 왜곡할 우려가 있다고 판단했기 때문이다. 내용 차례 중 첫 번째 것을 선택할 경우, 그것이 절의 내용과 반드시 항상 일치하지는 않더라도 대체로 일치하는 것을 볼 수 있어 그러한 방법을 취했다는 사실을 먼저 독자에게 밝힌다.

러시아의 대문호 톨스토이가 1899년에 발표한 작품 《부활》을 보면 타르드 이름이 두 번 등장한다. 참으로 흥미로운 사실인데, 이를 보면 타르드가 당시에 프랑스 국내에서만 아니라 외국에서도 유명했다는 것은 사실인 것 같다. 그랬던 그가 왜 그토록 오랫동안 잊혔을까? 그 이유는 두 가지로 생각해 볼 수 있다. 우선 타르드에게는 공식적인 제자가 없었다는 사실이 제일 먼저 거론될 수 있을 것이다. 그가 인생 말년에 몸담은 콜레주 드 프랑스는 비록 학문적인 권위는 가장 높았지만, 뒤르켐이 재직한 보르도 대학이나 소르본 대학처럼 학위를 주는 곳이 아니라 일반 대중을 상대로 공개강의를 하는 곳이기 때문에, 그는 자신의 사상을 계승하고 발전시킬 제자들을 길러낼 수 없었다. 이것이 가장 큰 이유일 것이다. 여기에 또 하나의 부차적인 이유가 가세했다. 즉 그의 난삽하고 만연체적인 문체도 사람들로 하여금 그를 외면하게 한 무시할 수 없는 하나의 요인으로 작용했다고 볼 수 있다. 그의 문장은 좋게 표현하면 문학적인 섬세함을 지녔다고 말할 수도 있겠지만, 사실은 프랑스인조차 읽기 불편할 정도로 대단히 무겁다. 게다가 그는 개념의 명확성, 논리적 엄밀성을 추구하기보다는 때때로 독자의 상상력을 자극하는 에세이적 문체를 구사하면서 논리 비약을 저질렀기 때문에, 명확하면서도 엄밀한 논리를 중시하는 학자들로부터는 상대적으로 적은 호응을 받을 수밖에 없었다.

그런데 현재의 우리에게 더욱 중요한 것은 타르드가 잊힌 이유보다는 그가 부활한 이유, 좀 더 정확하게 말하면 타르드에 대한 관심이 점점 더 커지고 있는 이유가 아니겠는가? 작금의 상황을 보면 타르드에 대한 연구 논문이 꾸준히 나오고 있고 또 그를 직접적으로 언급하는 학자들이 계속 늘어나는 것을 확인할 수 있는데, 이는 타르드에 대한 관심이 단순히 사회학사의 공백을 메우는 수준을 넘어섰다는 것을 뜻한다. 그리고 그에 대해 관심을 갖는 학자들의 전공 영역도 사회학에 그치지 않고 철학, 인류학, 커뮤니케이션학, 경제학 등 사회과학 전체로 확대되고 있다. 이러한 현상이 함축하고 있는 의미는 무엇인가? 단언할 수는 없지만, 혹시 사회과학의 패러다임이 바뀌고 있다는 것을 말해주는 것은 아닌가? 시대의 변화, 즉 디

지털 사회의 출현, 세계화 현상, 다문화 사회의 진전 등은 우리에게 새로운 사회관을 요구하고 있는데, 이러한 분위기에서 새로운 사회이론을 찾고자 하는 열망이 타르드에 대한 관심으로 이어지고 있는 것은 아닌가?

한동안 타르드에게는 '잊힌 사회학자'라는 표현이 유행처럼 따라다녔다. 그렇지만 지금은 그러한 표현이 진부하다 못해 식상한 것이 되었을 정도로, 타르드의 조용한 혁명이 진행되고 있다. 이제는 호기심의 차원을 넘어 타르드 사상에 대한 깊이 있는 탐구가 필요하다.

끝으로, 연세대 철학과 이종철 선생님과 고려대 철학과 양운덕 선생님께는 감사의 뜻을 표하지 않을 수 없다. 두 선생님은 강의와 연구로 바쁜 가운데에서도 본 역서의 번역문과 해설을 꼼꼼히 읽고 유익한 조언을 해주셨다. 이 과정에서 이종철 선생님은 라이프니츠의 철학에 대해, 양운덕 선생님은 들뢰즈의 철학에 대해 많은 가르침을 주셨다. 이 자리를 빌려 두 선생님께 감사를 드린다.

2012년 8월
이상률

옮긴이 **이상률**
고려대학교 문과대학 사회학과와 같은 대학원을 졸업하고
프랑스 니스대학교에서 수학했다. 현재는 번역가로 활동 중이다.
주요 번역서로는 타르드의《여론과 군중》,
막스 베버의《儒敎와 道敎》,《직업으로서의 학문》,
칼 뢰비트의《베버와 마르크스》, 로제 카이와의《놀이와 인간》,
데이비드 리스먼의《고독한 군중》, 세르주 모스코비치의《군중의 시대》,
피터 L. 버거의《사회학에의 초대》, 베르너 좀바르트의《사치와 자본주의》,
그랜트 매크래켄의《문화와 소비》등이 있다.

모방의 법칙

1판 1쇄 발행   2012년 10월 26일
1판 3쇄 발행   2020년 8월 20일

지은이 가브리엘 타르드 │ 옮긴이 이상률
펴낸곳 (주)문예출판사 │ 펴낸이 전준배
출판등록 1966. 12. 2. 제1-134호
주소 03992 서울시 마포구 월드컵북로 6길 30
전화 393-5681 │ 팩스 393-5685
홈페이지 www.moonye.com │ 블로그 blog.naver.com/imoonye
페이스북 www.facebook.com/moonyepublishing │ 이메일 info@moonye.com

ⓒ 이상률, 2012
Printed in Seoul, Korea.
저작권법에 의해 한국 내에서 보호를 받는 저작물이므로 무단 전재와 복제를 금합니다.

ISBN 978-89-310-0718-3 03300

이 도서의 국립중앙도서관 출판시도서목록(CIP)은 e-CIP홈페이지
(http://www.nl.go.kr/ecip)와 국가자료공동목록시스템(http://www.nl.go.kr/kolisnet)에서
이용하실 수 있습니다.(CIP제어번호: CIP2012004670)